Innovatives Produktions- und Technologiemanagement

Springer
*Berlin
Heidelberg
New York
Barcelona
Hongkong
London
Mailand
Paris
Singapur
Tokio*

Bernd Kaluza

Thorsten Blecker
Hans G. Gemünden
Herausgeber

Innovatives Produktions- und Technologiemanagement

Festschrift für
BERND KALUZA

Springer

Dr. Thorsten Blecker
Universität Klagenfurt
Abteilung Produktions-, Logistik-
und Umweltmanagement
Universitätsstraße 65–67
9020 Klagenfurt
Österreich

Prof. Dr. Hans G. Gemünden
Technische Universität Berlin
Fachgebiet Technologie-
und Innovationsmanagement
Hardenbergstraße 4–5
10623 Berlin
Deutschland

Mit 108 Abbildungen und 20 Tabellen

ISBN 3-540-41661-7 Springer-Verlag Berlin Heidelberg New York

Die Deutsche Bibliothek – CIP-Einheitsaufnahme
Innovatives Produktions- und Technologiemanagement: Festschrift für Bernd Kaluza / Hrsg.: Thorsten Blecker; Hans G. Gemünden. – Berlin; Heidelberg; New York; Barcelona; Hongkong; London; Mailand; Paris; Singapur; Tokio: Springer, 2001
ISBN 3-540-41661-7

Dieses Werk ist urheberrechtlich geschützt. Die dadurch begründeten Rechte, insbesondere die der Übersetzung, des Nachdrucks, des Vortrags, der Entnahme von Abbildungen und Tabellen, der Funksendung, der Mikroverfilmung oder der Vervielfältigung auf anderen Wegen und der Speicherung in Datenverarbeitungsanlagen, bleiben, auch bei nur auszugsweiser Verwertung, vorbehalten. Eine Vervielfältigung dieses Werkes oder von Teilen dieses Werkes ist auch im Einzelfall nur in den Grenzen der gesetzlichen Bestimmungen des Urheberrechtsgesetzes der Bundesrepublik Deutschland vom 9. September 1965 in der jeweils geltenden Fassung zulässig. Sie ist grundsätzlich vergütungspflichtig. Zuwiderhandlungen unterliegen den Strafbestimmungen des Urheberrechtsgesetzes.

Springer-Verlag Berlin Heidelberg New York
ein Unternehmen der BertelsmannSpringer Science+Business Media GmbH

http://www.springer.de

© Springer-Verlag Berlin Heidelberg 2001
Printed in Germany

Die Wiedergabe von Gebrauchsnamen, Handelsnamen, Warenbezeichnungen usw. in diesem Werk berechtigt auch ohne besondere Kennzeichnung nicht zu der Annahme, dass solche Namen im Sinne der Warenzeichen- und Markenschutz-Gesetzgebung als frei zu betrachten wären und daher von jedermann benutzt werden dürften.

Einband: Erich Kirchner, Heidelberg
SPIN 10797227   42/2202-5 4 3 2 1 0 – Gedruckt auf säurefreiem Papier

Vorwort

Die Beiträge in diesem Band sind Herrn Professor Dr. Bernd Kaluza von langjährigen Freunden, Kollegen und Schülern zum 60. Geburtstag am 26. Juni 2001 gewidmet.

Ähnlich wie das Arbeitsgebiet von Professor Dr. Bernd Kaluza ist auch die thematische Ausgestaltung des Buches breit angelegt und reicht von versicherungswirtschaftlichen Fragestellungen über die traditionelle Industriebetriebslehre bis zum modernen Produktions-, Logistik- und Umweltmanagement. Der Jubilar hatte und hat nach seiner Promotion über die Ziele von Versicherungsunternehmen, in der er u.a. eine Analyse der von Witte und Team erhobenen Daten des Forschungsprojektes COLUMBUS vornimmt, und der Habilitation zu Fragen des Strategischen Management von Industrieunternehmen an der Universität Mannheim Lehrstühle in Karlsruhe (Betriebswirtschaftslehre), Duisburg (Betriebswirtschaftslehre, insbesondere Produktion und Industrie) und Klagenfurt (Betriebswirtschaftslehre, insbesondere Produktions-, Logistik- und Umweltmanagement) inne. Immer ist es ihm ein besonderes Anliegen in Forschung und Lehre ein umfassendes Bild der Untersuchungsgegenstände zu zeichnen, die einzelnen Themengebiete zu verknüpfen und dabei frühzeitig aktuelle Probleme aufzugreifen. Um dies auch seinen Mitarbeitern zu ermöglichen, fördert er sie aktiv und schafft ihnen die für ein erfolgreiches wissenschaftliches Arbeiten erforderlichen Freiräume.

Entsprechend der Arbeitsweise des Jubilars versuchen auch die Autoren und Herausgeber sich dem „Innovativen Produktions- und Technologiemanagement" als zentralem Thema dieser Festschrift aus verschiedenen Perspektiven zu nähern. In einem ersten Teil des Buches werden in elf Beiträgen die Herausforderungen eines innovativen Produktionsmanagement untersucht und Lösungsansätze für aktuelle Probleme entwickelt. Die untersuchten Fragestellungen reichen von strategischen Aspekten, über Fragen des operativen Produktionsmanagement bis zu den Auswirkungen des E-Commerce auf das Produktionsmanagement. Im Mittelpunkt der acht Beiträge des zweiten Teils des Buches steht das Innovations- und Technologiemanagement. Dabei werden sowohl die Grundlagen und die Bedeutung des Innovationsmanagements hinterfragt als auch besonders aktuelle Entwicklungen, z.B. Individualisierungstendenzen, die Berücksichtigung ökologischer Fragestellungen und das Wissensmanagement, analysiert. Der dritte Teil des Buches widmet sich der Verwendung, Steuerung und dem Risk Management von Innovationen. Die sechs Beiträge untersuchen zum einen die Auswirkungen und Anforderungen, die ein innovatives Produktions- und Technologiemanagement an andere betriebliche Funktionen stellt. Zum anderen werden aber auch Innovationsaspekte des Strategischen Managements und von Dienstleistungsunternehmen betrachtet.

Es ist uns ein Anliegen, allen Autoren herzlich für ihre Unterstützung und engagierte Mitarbeit zu danken, ohne die diese Festschrift nicht zustande gekommen wäre. Für die finanzielle Unterstützung bei der Drucklegung danken wir der Karlsruher Hochschulvereinigung e.V., dem Land Kärnten und der Universität Klagenfurt, dem Kärntner Universitätsbund sowie dem Förderverein des Instituts für Wirtschaftswissenschaften der Universität Klagenfurt. Den Mitarbeitern des Springer-Verlag in Heidelberg, insbesondere Herrn Dr. Werner A. Müller, danken wir für die gute Zusammenarbeit bei der Entstehung dieser Festschrift.

Klagenfurt / Berlin, März 2001
Th. Blecker
H. G. Gemünden

Inhaltsverzeichnis

Teil I: Innovatives Produktionsmanagement

Wettbewerbsvorteile durch moderne Produktionskonzepte?   3
Th. Blecker

Marktorientiertes Vielfaltsmanagement als Basis für effiziente
Produktionssysteme und kontinuierliche Produktinnovation   35
W. Kersten

Third Party Customization   55
M. Reiß / M. Koser

Service Produktentwicklung durch Service Engineering   87
H. Wildemann

Ansatzpunkte für die opportunistische Koordinierung in der
auftragsorientierten Produktionsprogrammplanung   113
H. Corsten

Konzept für die Feinterminierung eines JiT-Zulieferers,
gezeigt an einem Praxisfall aus der Automobilindustrie   135
G. Zäpfel / M. Wasner

Intelligente Agenten zur Steuerung dezentraler Fertigungsstrukturen   151
H. Krallmann / S. Albayrak

Advanced Planning Systems: Eine elementare Voraussetzung für ein
erfolgreiches Supply Chain Management   171
W.-R. Bretzke / V. Roelofsen / A. Gärtner

Simulationsgestützte Produktionsplanung in virtuellen Unternehmen   199
H. Mayr / A. Erkollar

Der Einfluß des E-Commerce auf das Produkt- und Zuliefergeschäft   215
D. J. G. Schneider / A. Schwarz-Musch

Effiziente B2B-Marktplätze —
Regeln für eine erfolgreiche Nutzung des Internet   237
M. Sonnenschein / S. Tenge

Teil II: Technologie- und Innovationsmanagement

Innovatives Management — Ein Widerspruch in sich selbst? 253
F. Lehner

Innovationen in Netzwerken 271
K. Bellmann / A. Haritz

Der Einfluß der Strategie auf die Technologische Kompetenz, die
Netzwerkkompetenz und den Innovationserfolg eines Unternehmens 299
H. G. Gemünden / Th. Ritter

Mass Customized Communication: Innovation durch
kundenindividuelle Massenkommunikation 317
D. Möhlenbruch / U.-M. Schmieder

Einführung umweltorientierter Prozeßtechnologien in
Produktionsunternehmen 349
E. J. Schwarz / Th. Höllweger

Aktuelle Innovationsanforderungen an das Produktionsmanagement
der Automobilindustrie 385
R.-J. Ostendorf

Wissensmanagement in Forschungs- und Entwicklungskooperationen 409
J. Fischer

Wissensmanagement für das Innovationsmanagement 423
A. Pasckert

Teil III: Verwendung, Steuerung und Risk Management von Innovationen

Innovations in Strategic Management Systems:
How Do Firms Adopt, Apply and 'Root' New Management Concepts? 453
G. Müller-Stewens / C. Lechner / K.-C. Muchow

Die Abbildung von Produktinnovationen im Rechnungswesen 477
K.-P. Franz / P. Kajüter

Von der Kostenrechnung über das Kostenmanagement
zum integrierten Erfolgsmanagement 511
D. Kropfberger / W. Mussnig

Wandel des Insurance Managements bei Produktions-
und Produktrisiken 543
E. Helten / T. Hartung

Innovatives Management von Kreditportfoliorisiken *B. Rolfes*	565
Wissenschaft, neue Technologien und unternehmerisches Handeln *W. Weber*	589
Autoren- und Adreßverzeichnis	603
Lebenslauf des Jubilars	609
Schriftenverzeichnis des Jubilars	611

Teil I:

Innovatives Produktionsmanagement

Wettbewerbsvorteile durch moderne Produktionskonzepte?

Th. Blecker

1 Einleitung

2 Nutzenpotentiale ausgewählter Konzepte und Studien einer modernen Produktion

    2.1 World Class Manufacturing

    2.2 Agile Manufacturing

    2.3 Next Generation Manufacturing

    2.4 „Produktion 2000" und „Forschung für die Produktion von morgen"

    2.5 E-Manufacturing

3 Charakteristika einer wettbewerbsfähigen Produktion

4 Entwicklungstendenzen der Produktion in der unternehmerischen Praxis

5 Zusammenfassung und Ausblick

Literatur

1 Einleitung

Das zentrale Thema der vorliegenden Festschrift für Professor Dr. Bernd Kaluza ist das Gebiet des innovativen Produktions- und Technologiemanagements, auf dem der Jubilar seit vielen Jahren intensiv forscht. Er warnt davor, daß viele Industrieunternehmen einer zunehmend komplexeren und sich immer schneller wandelnden Umwelt gegenüber stehen.[1] So treffen die Unternehmen in ihrem gewohnten Wettbewerbsumfeld vermehrt auf eine Individualisierung der Nachfrage, eine zunehmende globale Konkurrenz, eine wachsende Diffusion moderner Informations- und Kommunikationstechnologien, insbesondere des Internet, sowie auf rapide technische Fortschritte bei der rechnerintegrierten Produktion.

Dieser tiefgreifende Wandel schlägt sich in dramatisch veränderten Spielregeln des Wettbewerbs nieder. Die traditionelle Produktion und der Wettbewerb über die Erfolgsfaktoren Kosten und Qualität werden heute von fast allen erfolgreichen Unternehmen beherrscht.[2] Der zukünftige Erfolg eines Unternehmens wird deshalb davon abhängen, ob und wie es ihm gelingt, diese Veränderungen frühzeitig zu erkennen und bei seinen Produktionskonzepten sowie bei seinen Wettbewerbsstrategien rechtzeitig zu berücksichtigen.

Kaluza weist daher zu Recht darauf hin, daß heute noch immer von vielen Unternehmen unreflektiert die generischen Wettbewerbsstrategien von Porter verfolgt werden.[3] Diese generischen oder traditionellen Wettbewerbsstrategien, z.B. die Kostenführerschaft, die Differenzierung oder die Fokussierung, reichen angesichts der geänderten dynamischen Umfeldbedingungen sowie der großen Flexibilitätspotentiale moderner Technologien nicht mehr aus. Es sind vielmehr hybride Wettbewerbsstrategien zu ergreifen, die die Alternativhypothese von Porter in Frage stellen.

Bereits in den achtziger Jahren hat Kaluza daher mit der Dynamischen Produktdifferenzierung eine Strategie entwickelt, die diese Kritikpunkte und den dynamischen Charakter der Strategiewahl stärker berücksichtigt. Kaluza fordert mit der Dynamischen Produktdifferenzierung, Produkte gleichzeitig zu niedrigen Kosten mit einem hohen Zusatznutzen für sich ändernde Kundenwünsche herzustellen.[4]

---

[1] Vgl. z.B. Kaluza (1989), S. 9 ff., Kaluza (1996), Kaluza/Blecker (2000a), S. 1 ff.

[2] Vgl. Kaluza/Blecker (1999), S. 232 ff.

[3] Vgl. Kaluza (1989), S. 29 ff., Kaluza (1996), S. 191 ff.

[4] Vgl. Kaluza (1987) und Kaluza (1989).

Ziel dieser Strategie ist es, ungeplante Erzeugniswechsel aufgrund von sich ändernden Kundenbedürfnissen durch den Aufbau von Flexibilitätspotentialen zu reduzieren und statt dessen programmierte Erzeugniswechsel kostengünstig, schnell und qualitätsgerecht durchzuführen.[5] Der Aufbau von Erzeugniswechselpotentialen wird damit zur strategischen Maxime.

Das aktuelle Wettbewerbsumfeld und die dafür geeigneten Wettbewerbsstrategien stellen hohe Anforderungen an die industrielle Produktion.[6] Obwohl die Produktion heute von vielen Industrieunternehmen bewußt als Instrument zur Erzielung von Vorteilen im Wettbewerb eingesetzt wird,[7] sind tradierte Produktionskonzepte zur Bewältigung der aktuellen Anforderungen kaum geeignet. Insbesondere fehlt es häufig an einer ausreichenden konzeptionellen Berücksichtigung neuer Technologien, z.B. des Internet. Wir nehmen dies zum Anlaß, in diesem Professor Dr. Bernd Kaluza zum 60. Geburtstag gewidmeten Aufsatz, die Eigenschaften und Nutzenpotentiale aktueller Konzepte und Studien einer modernen Produktion zum erfolgreichen Bestehen im Wettbewerb zu untersuchen und zu überprüfen, ob dort ein geeignetes Produktionskonzept entwickelt wird.

2 Nutzenpotentiale ausgewählter Konzepte und Studien einer modernen Produktion

Im folgenden werden zunächst ausgewählte Studien und Konzepte einer modernen Produktion vorgestellt. Dabei konzentrieren wir uns auf besonders verbreitete und/oder aktuelle Konzepte, wie das World Class Manufacturing, das Konzept des Agile Manufacturing, die Ergebnisse der amerikanischen Studien zum „Next Generation Manufacturing,", die Ergebnisse der Forschungsprogramme „Produktion 2000" und „Forschung für die Produktion von morgen" sowie das E-Manufacturing.

---

[5] Vgl. Kaluza (1989), S. 29 ff., sowie z.B. Kaluza (1990a), S. 60, und Kaluza (1995), S. 76 ff.
[6] Vgl. auch Kaluza/Blecker (2000b), S. 12 ff.
[7] Vgl. z.B. Kaluza (1990a), S. 57 ff., Kaluza (1990b), S. 15, Kaluza (1996), S. 191 ff., und Kaluza/Blecker/Sonnenschein (1996), S. 1 ff.

2.1 World Class Manufacturing

Das Konzept des World Class Manufacturing (WCM) wurde erstmals 1984 von Hayes und Wheelwright vorgestellt.[8] Streng genommen handelt es sich somit nicht mehr um ein modernes Konzept der industriellen Produktion. Da dieses Konzept jedoch noch immer deutliche Auswirkungen auf die Gestaltung modemer Produktionssysteme besitzt und insbesondere seit der 2. Hälfte der 90'er Jahre eine stark steigende Bedeutung aufweist, ist es erforderlich, die wesentlichen Aussagen des World Class Manufacturing hier vorzustellen.

Grundlegende These des World Class Manufacturing ist, daß die Wettbewerbsfähigkeit eines Industrieunternehmens wesentlich von der Fähigkeit geprägt ist, überlegene Produkte zu entwerfen und zu fertigen. In dem internationalen Forschungsprojekt „World Class Manufacturing" bemühen sich Forschungsgruppen aus den USA, Großbritannien, Italien, Deutschland und Japan, die Erfolgsfaktoren im Bereich der Produktion zu evaluieren. In Deutschland wird das Projekt von Milling an der Universität Mannheim betreut.[9]

Im World Class Manufacturing müssen die Unternehmen zum Erreichen einer hohen Wettbewerbfähigkeit in der Produktion ihre Prozeßabläufe permanent verbessern, die Strukturen nachhaltig vereinfachen und in allen relevanten Variablen zu den weltweit besten Unternehmen zählen. Überlegene Unternehmen sollen dann Wettbewerbsvorteile bei den Strategischen Erfolgsfaktoren Kosten, Qualität und Zeit simultan erzielen.[10] Die Alternativhypothese von Porter, nach der die Kostenposition und die Erlösposition sich ausschließende Optionen bei der Strategiewahl sind,[11] wird im World Class Manufacturing negiert. Der Produktionsbereich ist gefordert, die zum Teil widersprüchlichen Anforderungen umzusetzen, ohne Verschlechterungen einzelner Variablen zuzulassen.

Es wird ein Methodenbaukasten bereitgestellt, der die Unternehmen bei einer kontinuierlichen Verbesserung der Fertigung unterstützen soll. Als wichtige Elemente des Methodenbaukastens rekurriert das World Class Manufacturing dazu schon länger bekannte Konzepte, wie Supply Chain Management, Just-in-Time (JiT), Kanban-Systeme, Cellular Manufacturing, Minimierung der Rüstzeiten, vorbeu-

---

[8] Vgl. Hayes/Wheelwright (1984). Vgl. aber z.B. auch Schonberger (1986), Schonberger (1996), Keegan (1997).

[9] Vgl. http://iswww.bwl.uni-mannheim.de/lehrstuhl/forschung/wcm.htm. Vgl. z.B. auch Maier (1997), S. 667 ff., Milling (1998), Milling/Maier/Mansury (1999), S. 573 ff., und Milling/ Schwellbach/Thun (2000).

[10] Vgl. Milling (1998), S. 1, Milling/Schwellbach/Thun (2000), S. 3.

[11] Vgl. Porter (1998), S. 41 ff.

gende Instandhaltung, Qualitätsmanagement und Partizipation der Mitarbeiter.[12] Allerdings unterscheiden sich die diskutierten Elemente des Methodenbaukastens in den einzelnen Untersuchungen und Konzepten zum World Class Manufacturing zum Teil deutlich.[13] Neu am World Class Manufacturing ist neben dem methodischen Zugang zur Problemstellung lediglich, daß der Gedanke des Methodenbaukastens hervorgehoben und eine intensive Schulung der Mitarbeiter sowie deren Beteiligung bei der Auswahl der jeweils einzusetzenden Methode betont wird. Positiv ist, daß mit Hilfe von empirischen Untersuchungen Daten über die Erfolgsfaktoren der Produktion sowie die einzelnen Methoden erhoben und daß diese Daten in einer internationalen Datenbank zusammengeführt werden.[14]

Empirische Untersuchungen zum World Class Manufacturing zeigen, daß der überlegte Einsatz und die optimale Einbindung moderner Fertigungstechnologien sowie moderner Informations- und Kommunikationssysteme wichtige Parameter beim Erreichen von Wettbewerbsvorteilen sind.[15] Dies wird — allerdings aus wettbewerbsstrategischer Perspektive — schon im Resource-Based View propagiert. So werden im Resource-Based View insbesondere drei Möglichkeiten zur Realisierung von produktionsbezogenen Wettbewerbsvorteilen mit Hilfe von geeigneten Produktions- und Technologiestrategien[16] untersucht: die Führerschaft bei den eingesetzten (Produktions-)Technologien, das Erzielen neuer und besserer Produkteigenschaften mit Hilfe überragender und einzigartiger Ressourcen sowie ein geschützter Zugang zu den strategisch wichtigen Produktionsfaktoren.[17] Der konsequente Einsatz neuer Produktionstechnologien sowie Informations- und Kommunikationstechnologien ermöglicht jedoch per se keinen Wettbewerbsvorteil und kann schnell durch andere Unternehmen imitiert werden. Der Resource-Based View betont deshalb, daß es für den Erwerb von Wettbewerbsvorteilen erforderlich ist, die Technologien optimal organisatorisch einzubinden und insbesondere die technologischen Fähigkeiten der Mitarbeiter zu verbessern. Die grundsätzliche Philosophie des World Class Manufacturing, daß die einzelnen Methoden nur als ein integriertes, auf den jeweiligen Anwendungsfall abgestimmtes Gesamtkonzept unter enger Einbindung der Mitarbeiter eingesetzt werden sollen, ist daher positiv zu bewerten.

---

[12] Vgl. z.B. Shunta (1995), Schonberger (1996), S. 19 ff., Brown (1996), S. 327 ff., Flynn et al. (1997), S. 673 ff., Harrison (1998), S. 397 ff., Yamashina (2000), S. 132 ff.

[13] Vgl. hierzu die Übersicht bei Flynn/Schroeder/Flynn (1999), S. 252 ff.

[14] Vgl. Flynn et al. (1997), S. 672 f., Milling (1998), S. 4 ff.

[15] Vgl. z.B. Maier (1997), S. 667 ff., Milling (1998), S. 12, Saxena/Sahay (2000), S. 29 ff.

[16] Vgl. z.B. Zahra/Das (1993), S. 90 ff., Chiesa/Barbeschi (1994), S. 300 ff., und Hayes/Pisano (1994), S. 84 ff.

[17] Vgl. Zahra/Das (1993), S. 94 f.

Ein wirklich neues oder gar revolutionäres Produktionskonzept, daß den heutigen Herausforderungen vollkommen genügt und dauerhafte Wettbewerbsvorteile sichern kann, wird jedoch nicht entwickelt. Vielmehr konzentriert sich das World Class Manufacturing darauf, gegebene Produktionsstrukturen mit Hilfe traditioneller Instrumente temporär zu verbessern. Wettbewerbsvorteile existieren nur solange, bis ein Konkurrent ebenfalls die weltweit verbreiteten Instrumente einsetzt. Ebenso findet der konsequente Einsatz moderner Informations- und Kommunikationstechnologien, bis auf wenige Ausnahmen, keine explizite Beachtung und konzentriert sich meistens auf Unterstützung der traditionellen Prozesse. Zu kritisieren ist somit, daß das World Class Manufacturing an gegebenen Konzepten der Produktion und Methoden festhält. Grundsätzlich ist es daher bei kontrollierbaren Umwelten und Prozessen für die Verbesserung der Wettbewerbsposition relativ gut einzusetzen,[18] reicht für die heutige turbulente Umwelt jedoch allein nicht aus.

2.2 Agile Manufacturing

Das Konzept des Agile Manufacturing wurde im Jahre 1991 im Rahmen der Studie „21st Century Manufacturing Enterprise Strategy"[19] entwickelt und wird insbesondere vom Iacocca Institute der Leigh University, Bethlehem (USA), und vom Agility Forum propagiert. Es beschreibt interorganisational disloziierte Leistungserstellungsprozesse, also die Produktion in einem Netzwerk oder einem Virtuellen Unternehmen,[20] und ersetzt sowohl die klassische Massenproduktion als auch das Konzept der Lean Production.[21] Vereinzelt wird das Agile Manufacturing aber auch als eine Erweiterung der Lean Production angesehen[22] oder als ein gleichberechtigtes Konzept mit diesem zusammengeführt[23]. In allen Fällen ist es das grundlegende Ziel des Agile Manufacturing, die Unternehmen zu befähigen, in einer dynamischen und turbulenten Umwelt zu überleben. Um in ihrem Umfeld erfolgreich agieren zu können, müssen die Unternehmen sehr kundenorientiert sein und individualisierte Produkte schnell, flexibel und zu niedrigen Kosten anbieten, wie dies auch schon von Kaluza mit seiner Strategie der Dynamische Produktdif-

---

[18] Vgl. Maskell (1997).

[19] Vgl. Goldman/Preiss (1992a) und Goldman/Preiss (1992b).

[20] Vgl. hierzu und zum folgenden Goldman/Nagel/Preiss (1995), S. 3 ff. und 41 ff., Jordan (1997), S. 26 ff., Gunasekaran (1999a), S. 1 ff.

[21] Vgl. auch Duguay/Landy/Pasin (1997), S. 1183 ff., Gunneson (1997), S. 35 ff., Harrison (1997), S. 257 ff., Sharifi/Zhang (1999), S. 9, Vernadat (1999), S. 37 f. sowie die Übersicht bei Sharp/Irani/Desai (1999), S. 157.

[22] Vgl. z.B. Robertson/Jones (1999), S. 14.

[23] Vgl. Naylor/Naim/Berry (1999), S. 107 ff.

ferenzierung gefordert wird[24]. Im amerikanischen Schrifttum wird das Agile Manufacturing deshalb auch häufig im Zusammenhang mit der dort dominierenden Strategie der Mass Customization diskutiert[25] und als ein bedeutender Ansatz zu deren produktionswirtschaftlichen Realisation angesehen[26].

Ein anderes Verständnis der Agilität interpretiert sie ausschließlich als Mobilität oder Flexibilität eines Unternehmens im Umgang mit den Veränderungen des Umfeldes, die jedoch nicht mit quantitativen und/oder qualitativen Überkapazitäten verbunden ist.[27] Da die angestrebte Steigerung der Flexibilität und der erforderliche vollständige Verzicht auf einen Organizational Slack bei Autarkie nicht simultan möglich sind, werden Kooperationen zum Erzielen der Flexibilitätspotentiale eingesetzt.[28] So sollen die Unternehmen in einer Kooperation nicht mehr eine erhöhte Quantität an Ressourcen selbst vorhalten, da sie schnell und flexibel auf die ungenutzten Ressourcen ihrer Partnerunternehmen zurückgreifen können. Dies bedeutet, daß die Verfügbarkeit der Ressourcen von der internen Ebene eines Unternehmens auf die unternehmensübergreifende Ebene verlagert werden kann. Der Ausgleich eines Mehr- oder Minderbedarfs an Ressourcen wird interorganisational erzielt und so der erforderliche Sicherheitsbestand kollektiviert. Statt eines individuellen Organizational Slack wird daher nun der Slack in der Kooperation aufgebaut. Wir bezeichnen dies als *Cooperative Slack,* der „...analog zum Organizational Slack die in einer Kooperation für jeden Partner zur Verfügung stehenden, in einer Periode jedoch nicht gebrauchten Ressourcen aller beteiligten Unternehmen"[29] darstellt.

Die Betrachtung des Agile Manufacturing wird aufgrund dieser Wirkungen im Schrifttum manchmal auch auf einen Kooperationsaspekt reduziert.[30] Es wird dann gefordert, daß die Unternehmen zum Erreichen der angestrebten Ziele über die Fähigkeit verfügen, Kernkompetenzen unterschiedlicher Unternehmen, u.a. mit Hilfe moderner Informations- und Kommunikationstechnologien, dynamisch zu dem jeweils benötigten Gesamtsystem zusammenzufügen und es später wieder aufzulösen. Dies reicht u.E. jedoch nicht aus, da der bedeutende Bereich der Produktion bei dieser Betrachtung nur unzureichend berücksichtigt wird.

---

[24] Vgl. Kaluza (1989), S. 29 ff.

[25] Vgl. Pine (1997), S. 3 ff., Oleson (1998).

[26] Vgl. Anderson (1997).

[27] Vgl. z.B. Warnecke (1997), S. 4, Schuh/Friedli (1999), S. 222.

[28] Vgl. Blecker (1999a), S. 134 ff.

[29] Blecker (1999a), S. 136. Vgl. auch Kaluza/Blecker (1999), S. 272 f.

[30] Vgl. z.B. Martin (1996), S. 131 f.

Wenn das Agile Manufacturing umfassender, d.h. als Management- und Produktionskonzept zum Erreichen einer hohen Wettbewerbsfähigkeit in einem dynamischen und turbulenten Umfeld, verstanden wird, sind aber auch die spezifischen Anforderungen des Konzepts an die Produktion zu evaluieren. Im Schrifttum werden zwar immer Kooperationen, d.h. die Integration von Zulieferern, Kunden und Kooperationspartnern, als eine wichtige Aufgabe genannt.[31] Dabei wird die These vertreten, daß bestimmte Kooperationen von Industrieunternehmen, z.B. Produktionsnetzwerke, eine agile Fertigung durch eine hohe Reaktionsfähigkeit auf die Änderungen am Markt, in der Politik, im Wettbewerb und im eigenen Unternehmen ermöglichen.[32]

Aus produktionswirtschaftlicher Sicht sind aber insbesondere die Fähigkeit zur dynamischen Rekonfiguration der Produktionsprozesse, eine hohe Variantenvielfalt und eine hohe Nachfrageunsicherheit wesentliche Kennzeichen des Agile Manufacturing.[33] Um den hohen Anforderungen zu genügen, müssen in der Produktion geeignete Systeme und Techniken zur Reduktion der auftretenden Komplexität eingesetzt werden.[34] In einer Synopse der im Schrifttum genannten Bausteine eines Agile Manufacturing sind dazu u.a. folgende produktionswirtschaftlichen Voraussetzungen zu identifizieren: standardisierte Bauteile und Prozesse, kleine Losgrößen, JiT- und Kanban-Systeme, ein optimales Fabriklayout, kleine oder keine Lager, Softtooling-Techniken, flexible Fertigungssysteme, durchgängige CAx-Systeme, Simulationstechniken, Concurrent Engineering, (Rapid) Prototyping, flexible und dezentrale Systeme der Produktionsplanung und -steuerung, sowie Teamstrukturen und Umweltmanagementsysteme.[35]

Zusätzlich betrachten wir eine optimale informations- und kommunikationstechnologische Infrastruktur, insbesondere in der Produktion, als eine wesentliche Voraussetzung des Agile Manufacturing. Dabei sind z.B. Internet-Technologien

---

[31] Vgl. z.B. Goldman et al. (1996), S. 24 f., Preiss/Wadsworth (1995), S. 1 ff., Preiss/Goldman/Nagel (1996), Gunneson (1997), S. 279 ff., Schönsleben (2000), S. 33 ff.

[32] Vgl. Kaluza/Blecker (1999), S. 261 ff., Kaluza/Blecker (2000c), S. 546 ff., Eversheim/Schellberg/Terhaag (2000a), S. 36.

[33] Vgl. Tan (1998), S. 357 ff., Webster/Beach (1999).

[34] Vgl. auch Piller (1999), S. 658, der feststellt, daß dieser Aspekt in den meisten Veröffentlichungen zum Agile Manufacturing nicht ausreichend berücksichtigt wird.

[35] Vgl. z.B. Anderson (1997), S. 182 ff., DeVor/Graves/Mills (1997), S. 813 ff., Plonka (1997), S. 11 ff., Flores (1998), S. 284 ff., Gunasekaran (1998), S. 1223 ff., Lee (1998), S. 1023 ff., Quintana (1998), S. 452 ff., Babu (1999), S. 24 ff., Sharp/Irani/Desai (1999), S. 160 f., Tracey/Vonderembse/Lim (1999), S. 411 ff., Yan/Jiang (1999), S. 103 ff., van Assen/Hans/van de Velde (2000), S. 16 ff. Vgl. zu einer Literaturübersicht auch Gunasekaran (1999b), S. 92 ff.

zweckmäßig zu nutzen.[36] So ermöglichen z.B. eine eigene Homepage, email, Chatrooms und Intranets eine Beobachtung von Kunden und damit die Erfassung der sich permanent ändernden Kundenwünsche, den Entwurf individueller Produkte durch Kunden, die Beschleunigung der internen und externen Transaktionen durch die Beseitigung von Medienbrüchen, eine Verbesserung des Service, eine effiziente Einbindung der Zulieferer und Partner und neuerdings auch eine Internet-basierte Überwachung und Bedienung von Maschinen und Anlagen.[37]

Ergänzend zu den produktionswirtschaftlichen sowie informations- und kommunikationstechnologischen Systemen wird zudem in einigen Fällen, allerdings meistens relativ unspezifiziert, auf innovative Management- und Organisationsstrukturen sowie das Wissensmanagement als weitere Voraussetzungen hingewiesen.[38] Zweckmäßig schlägt z.B. Wildemann den umfangreichen Aufbau modularer Organisationsstrukturen für agile Unternehmen vor.[39] Ziel ist es dabei, die exakte und meistens zentralistische Planung und Steuerung der betrieblichen Prozesse durch die Prinzipien der Selbstorganisation und Selbstoptimierung zu substituieren.[40] Die dezentralen Leistungseinheiten sollen selbständig ohne zentrale Planung agieren können, mit dem Ziel, innerbetrieblich Flexibilitätspotentiale aufzubauen. Damit die Mitarbeiter die hierfür erforderliche Wissensbasis zur Verfügung haben, ist insbesondere bei einer kooperativen Leistungserstellung der Aufbau eines interorganisationalen Wissensmanagements erforderlich.[41]

Obwohl das Agile Manufacturing im Schrifttum zuweilen fälschlicherweise als ein verwandter oder sogar synonymer Begriff für Flexibilität benützt wird,[42] handelt es sich um einen Ansatz, der nur als ein Teilziel eine Steigerung der Flexibilität anstrebt. Weitere Ziele sind die Beschleunigung der Geschäftsprozesse insbesondere in der Produktion, die nahezu individuelle Befriedigung von Kundenwünschen sowie die umfassende Verbesserung der Strategischen Erfolgsfaktoren Qualität, Differenzierung und Kosten.[43] Aufgrund des massiven Einsatzes moderner, aber weitgehend bekannter Technologien, einer mangelnden Operationalisie-

---

[36] Vgl. insbesondere Metes/Gundry/Bradish (1998), McGaughey (1999), S. 7 f., Blecker (2000), S. 55 ff., John/Cannon/Pouder (2000), S. 144, Moody (2001), S. 12 f.

[37] Vgl. McGaughey (1999), S. 8 ff. Vgl. auch Blecker (1999), S. 60 ff.

[38] Vgl. Pérez-Bustamente (1999), S. 6 ff., Yusuf/Sarhadi/Gunasekaran (1999), S. 39.

[39] Vgl. Wildemann (1998a), S. 12 ff.

[40] Vgl. Westkämper (2000), S. 641.

[41] Vgl. hierzu Blecker/Neumann (2000), S. 68 ff.

[42] Vgl. Sharifi/Zhang (1999), S. 9.

[43] Vgl. Westkämper (2000), S. 650.

rung und einer trotz der angestrebten Ziele fehlenden strategischen Fokussierung wird jedoch die Eigenständigkeit des Agile Manufacturing häufig bezweifelt. So sehen mit Goldman und Nagel selbst wichtige Vertreter des Agile Manufacturing diesen Ansatz nur als eine gelungene Synthese existierender Technologien und Produktionskonzepte an.[44] Die Kritik von Schonberger verwundert hingegen nicht, da er ein wesentlicher Protagonisten des World Class Manufacturing ist. Schonberger sieht nur die Möglichkeit eines schnellen und kostengünstigen Erzeugniswechsels als vorteilhaft für die Unternehmen beim Agile Manufacturing an.[45]

2.3 Next Generation Manufacturing

Die Inhalte und Ergebnisse des Agile Manufacturing wurden im Jahre 1995 von einem Verbundforschungsprogramm in der amerikanischen Industrie (NGM, Next Generation Manufacturing)[46] und einer internationalen Studie (NGMS, Next Generation Manufacturing Systems)[47] aufgegriffen.[48] Ausgangspunkt der Überlegung ist ebenfalls, daß die Unternehmen heute einer dynamischen und turbulenten Umwelt gegenüberstehen und individualisierte Produkte schnell, flexibel und zu niedrigen Kosten anbieten müssen. Ziel der Studien war es deshalb, die Entwicklungen in der amerikanischen Industrie bis zum Jahr 2010 zu prognostizieren und vor diesem Hintergrund ein ideales produzierendes Unternehmen zu entwerfen. Die Zielsetzung des NGM entsprach nahezu vollkommen den hier zu untersuchenden Anforderungen des aktuellen Wettbewerbsumfeldes und der dafür geeigneten Wettbewerbsstrategien. Durchgeführt wurde die Studie vom „Leaders for Manufacturing" Programm des MIT, dem Agility Forum und den Sandia National Laboratories.

In einem ersten Schritt wurden sieben Schlüsselfaktoren der Veränderungen im unternehmerischen Umfeld identifiziert.[49] So werden beispielsweise neue Informations- und Kommunikationstechnologien, ein immer schnellerer technologischer Wandel und die Globalisierung der Märkte genannt.[50] Aus diesen Schlüssel-

---

[44] Vgl. Goldman/Nagel (1993), S. 18 ff.

[45] Vgl. Schonberger (1996), S. 129 ff.

[46] Vgl. z.B. NGM Project Office (1997a), S. 307 ff.

[47] Vgl. z.B. Bunce/Limoges/Okabe (1997), S. 274 ff.

[48] Vgl. Vernadat (1999), S. 37, John/Cannon/Pouder (2000), S. 144.

[49] Vgl. zu einer Übersicht der gesamten Studie NGM Project Office (1997b), Hughes (1997), S. 3 ff.

[50] Vgl. NGM Project Office (1997c), S. 11 ff.

faktoren werden in einem zweiten Schritt die für eine adäquate Reaktion auf die Veränderungen erforderlichen Eigenschaften der Unternehmen ermittelt.

Diese Eigenschaften sind:

- Customer responsiveness,
- Physical plant and equipment responsiveness,
- Human resource responsiveness,
- Global market responsiveness,
- Teaming as core competency sowie
- Responsive practices and cultures.[51]

Darauf aufbauend wurden zehn erforderliche Eigenschaften eines Industrieunternehmens für das Next Generation Manufacturing definiert. Dazu zählen u.a. der Einsatz gut ausgebildeter, flexibler Mitarbeiter, eines Innovationsmanagement, eines Change Management, flexibler Fertigungssysteme, moderner Informations- und Kommunikationstechnologien sowie neuer Kooperationskonzepte.[52]

Zusammenfassend ist zu konstatieren, daß es sich beim Next Generation Manufacturing um eine Aneinanderreihung eigentlich bekannter Elemente und Prinzipien handelt, die zum überwiegenden Teil bereits im Agile Manufacturing angesprochen wurden. So wird ein Bild eines zukünftigen Industrieunternehmen gezeichnet, daß eine umfangreiche Wissensbasis nutzen soll, um flexibel konfigurierbare, skalierbare und kostengünstige Prozesse aufzubauen, die schnell an die sich ändernden Umfeldbedingungen anzupassen sind. Für die Produktion bedeutet dies: „The NGM Enterprise will leverage intelligent processes and flexible, modular equipment to enable new levels of flexibility and responsiveness [...]. Manufacturing will be optimized as a total system, using integrated, interoperable information systems [...]"[53].

Allerdings wird häufig ungeachtet der geringen Novität der Konzeptelemente das in den Studien zum Next Generation Management aufgebaute Gesamtbild eines zukünftigen Industrieunternehmens als fundamentale Neuheit beurteilt.[54] Da zudem die einzelnen Elemente und Prinzipien gut aufeinander abgestimmt werden, wird von einigen Autoren trotz der aufgezeigten Monita sogar von einem neuen Paradigma der industriellen Produktion gesprochen.[55] Die in dieser Arbeit zu un-

---

[51] Vgl. NGM Project Office (1997c), S. 14 ff.
[52] Vgl. NGM Project Office (1997c), S. 26 ff., NGM Project Office (1997d).
[53] NGM Project Office (1997c), S. 7.
[54] Vgl. auch Piller (2000), S. 156.
[55] Vgl. Nagel/Erben/Piller (1999), S. 26.

tersuchenden Anforderungen werden dennoch nicht zufriedenstellend gelöst, da ingenieurwissenschaftliche Fragestellungen dominieren und wettbewerbsstrategische Aspekte kaum beachtet werden.[56]

2.4 „Produktion 2000" und „Forschung für die Produktion von morgen"

Ausgangspunkt der beiden deutschen Rahmenprogramme „Produktion 2000" und „Forschung für die Produktion von morgen" war die im Jahre 1994 erschienene Studie „Strategien für die Produktion im 21. Jahrhundert"[57]. In dieser Studie wurden die Defizite der deutschen Industrie aufgezeigt und insbesondere die bereits von Kaluza diskutierte[58] stark steigende Dynamik des gesellschaftlichen, technischen und strukturellen Wandels als Ursache sowie als Herausforderung an eine moderne Produktion identifiziert. Als Maßnahmen zur Bewältigung der Probleme und Herausforderungen wurden sechs Forschungsfelder zur Standortsicherung definiert:[59]

- Standortsicherung als Prozeß,
- Innovation,
- Vernetzung durch Kooperation und Logistik,
- Produkte und Prozesse,
- Kreislaufwirtschaft und
- Produzieren in turbulentem Umfeld.

Diese Vorgaben wurden in dem von 1995 bis 1999 laufenden Rahmenprogramm „Produktion 2000" aufgegriffen. In diesem Rahmenprogramm wurden über 150 Verbundforschungsprojekte zu den Schwerpunkten *„Produktentwicklungsmethoden und Produktionsverfahren"*, *„Wirtschaften in Kreisläufen"*, *„Logistik für die Produktion"*, *„Informationstechnik für die Produktion"*, *„Produzieren im turbulenten Umfeld"* und *„Übergreifende Themenfelder"* durchgeführt und in Projektträgerschaft durch das Forschungszentrum Karlsruhe betreut.[60]

---

[56] Vgl. Piller (2000), S. 156.

[57] Vgl. hierzu Warnecke/Becker (1994a) und Warnecke/Becker (1994b).

[58] Vgl. Kaluza (1989), S. 9 ff., Kaluza (1996), Kaluza/Blecker (2000a), S. 1 ff.

[59] Vgl. Warnecke/Becker (1994a), S. 150 ff.

[60] Vgl. herzu und zum folgenden auch BMBF (1995), S. 12 ff., BMBF (1997), S. 5 ff., und http://fifserver.iai.fzk.de/pft/.

Die Spannbreite der bearbeiteten Themen reicht im Rahmenprogramm „Produktion 2000" im für uns relevanten Schwerpunkt „Produktentwicklungsmethoden und Produktionsverfahren" vom *kooperativen Management in der textilen Kette* über *laserunterstütztes Warmdrückwalzen* bis zu *Produkte automatisch klassifizieren*. Ein grundlegendes Konzept, wie die industrielle Produktion zur Sicherung des Standorts Deutschland gestaltet werden soll, wird dabei nicht erzielt. Der Schwerpunkt „Produzieren im turbulenten Umfeld" setzt sich zwar z.B. mit Themen wie *Frühaufklärung-Strategien-Produktionssysteme* sowie *Gestaltung und Umsetzung dynamischer Produktionsstrukturen* auseinander, allerdings sind die Projekte sehr stark fokussiert und liefern u.E. kein ausreichend theoretisch fundiertes und wettbewerbsstrategisch relevantes Produktionskonzept.[61] Auch in dem für das heutige Wettbewerbsumfeld besonders wichtigen Schwerpunkt „Informationstechnik für die Produktion" werden lediglich relativ unverbundene Projekte zu Themen wie *Teleservice für den Maschinen- und Anlagenbau*, *Datenintegration in der grafischen Industrie* und *Internationalisierung der Bediensysteme* durchgeführt. Besonders zu kritisieren ist zudem, daß aus dem noch bis Juni 2001 laufenden und für den Entwurf eines neuen Produktionskonzepts bedeutenden Projekt *Intranet-Kommunikationssystem für die Produktion (INTRAPRO)* (http://www.intrapro.iao.fhg.de) bis heute keine nennenswerten Ergebnisse veröffentlicht wurden.

Trotz der umfangreichen Aufgabenstellung im Rahmenprogramm „Produktion 2000" ist damit u.E. zu konstatieren, daß ein umfassendes Bild einer modernen industriellen Produktion nicht entwickelt wird. Es werden lediglich sehr viele disjunkte Projekte durchgeführt. Gemeinsam haben sie nur, daß Lösungen zur Standortsicherung der deutschen Industrie gefunden werden sollen und daß neben neuen Produktionstechnologien auch Kooperationen und der Einsatz moderner Informations- und Kommunikationstechnologien adressiert wird.[62] Zudem ist zu kritisieren, daß häufig schwerpunktmäßig ingenieurwissenschaftliche Probleme und Lösungsansätze untersucht werden. Betriebswirtschaftliche Fragestellungen werden in diesen Fällen nur am Rande behandelt. Ein neues Produktionskonzept, daß zum erfolgreichen Bestehen im aktuellen Wettbewerbsumfeld geeignet ist und alle Facetten der Produktion betrachtet, entsteht somit nicht.

Aufbauend auf den bis dahin vorliegenden Erfahrungen aus dem Rahmenprojekt „Produktion 2000" wurde Anfang 1997 die Untersuchung „Produktion 2000plus" initiiert.[63] Ziel war es, standortbestimmende Faktoren für produzierende Unter-

---

[61] Vgl. auch Piller (2000), S. 159 f.

[62] Vgl. zu diesen für die Wettbewerbsfähigkeit von Industrieunternehmen dennoch wichtigen Themen aber auch z.B. auch Kaluza/Blecker (2000d), S. 137 ff., und Kaluza/Blecker (2000e), S. 117 ff.

[63] Vgl. Klocke (1998).

nehmen in Deutschland zu ermitteln und Handlungsempfehlungen zu erarbeiten. Auf Basis dieser Studie wurde am 27. Oktober 1999 ein neues Rahmenprogramm „Forschung für die Produktion von morgen" vom BMBF verkündet. In diesem neuen Rahmenprogramm werden seit der Jahresmitte 2000 auch die wichtigen Fragen des *Einsatzes moderner Informations- und Kommunikationstechnologien in der industriellen Produktion, neuer Wettbewerbsstrategien* und der *Charakteristika einer modernen Produktion* intensiver untersucht. Bedeutende Ergebnisse des neuen Rahmenprogramms liegen zur Zeit noch nicht vor.

2.5 E-Manufacturing

Das E-Manufacturing oder Electronic Manufacturing ist ein Schlagwort, daß in neuester Zeit im Zusammenhang mit Begriffen wie E-Commerce und E-Business aufgetreten ist. Dabei handelt es um kein neues Produktionskonzept im eigentlichen Sinne, sondern um eine noch relativ unstrukturierte Sammlung von Ansätzen und Technologien, die einen zeitgemäßen Einsatz moderner Informations- und Kommunikationstechnologien, insbesondere von Internet-Technologien, fokussieren und die Eigenschaften der Produktion im E-Commerce skizzieren.

Ausgangspunkt der Überlegungen ist erneut, daß die Unternehmen in einer turbulenten Umwelt die Strategischen Erfolgsfaktoren Flexibilität, Zeit, Erzeugnisvielfalt und Service besonders verbessern müssen[64] und daß die bisherigen Grundlagen der industriellen Produktion hierzu nicht ausreichen. Beim E-Manufacturing wird die Beherrschung der gesamten Wertschöpfungskette mit E-Technologien als zentrale Aufgabe der Industrieunternehmen angesehen.[65] Weitere Schwerpunkte sind z.B. die durchgängige Ausrichtung der Produktion an den individuellen Kundenbedürfnissen, eine umfassende Optimierung der Supply Chain, das e-Procurement, eine kooperative Leistungserstellung in Produktionsnetzwerken, flexible und dezentrale Planungs- und Steuerungssysteme sowie eine direkte Vernetzung der dezentralen Produktionseinheiten.[66] Zudem wird eine Integration der dislozierten EDV-Systeme benötigt.[67] Erfüllt werden sollen die verschiedenen Anforderungen, indem in vielen Fällen auf Internet-Technologien basierende Systeme

---

[64] Vgl. auch Kaluza/Blecker (2000a), S. 1 ff.
[65] Vgl. auch Wildemann (2000a), S. 22 ff.
[66] Vgl. Aldrich/Sonnenschein (2000), S. 35 ff., Küchler (2000), Selinger (2000) und Zaika (2000).
[67] Vgl. Süss (2001), S. 44 f.

der Produktionsplanung und -steuerung, des Product Data Management / Engineering Data Management sowie neuere CAx-Technologien eingesetzt werden.[68]

Das E-Manufacturing zeichnet damit, vom Einsatz der sog. E-Technologien abgesehen, kein detailliertes Szenario eines zukünftigen Industrieunternehmens und ist als Leitbild nur schwer zu operationalisieren. Es hat mehr den Charakter eines Beratungs- als eines umfassenden Produktionskonzepts. Zutreffend ist lediglich, daß Industrieunternehmen zum Beherrschen der aktuellen Entwicklungen im Umfeld einen intelligenten Einsatz moderner Informations- und Kommunikationstechnologien benötigen und daß ein neues Paradigma der industriellen Produktion im Zeitalter des Internet gefunden werden muß. Den aktuellen internationalen Bemühungen,[69] ein derartiges Konzept zu entwickeln, wird das E-Manufacturing nicht gerecht.

3 Charakteristika einer wettbewerbsfähigen Produktion

Bei der Untersuchung der Eigenschaften und Nutzenpotentiale aktueller Konzepte und Studien einer modernen Produktion zum erfolgreichen Bestehen im Wettbewerb wurde festgestellt, daß in nahezu allen Fällen einige wichtige Eigenschaften von Industrieunternehmen beschrieben werden. Dabei werden zwar häufig auch Praxisbeispiele diskutiert, fundierte Analysen, die Entwicklung eines originär neuen Konzepts und/oder eine Operationalisierung der Ergebnisse erfolgt jedoch meistens nicht.

Inhaltlich ist insbesondere zu kritisieren, daß in vielen Studien und Konzepten lediglich Möglichkeiten zur Verbesserung der bestehenden Strukturen der Produktion gesucht werden (World Class Manufacturing) und zum Erreichen der gesetzten Ziele nur schon lange bekannte Konzepte und Technologien zusammengeführt werden (Agile Manufacturing). Selbst Studien, die das Ziel der Entwicklung einer neuen Produktion explizit verfolgen (Next Generation Manufacturing) zeichnen zwar ein rudimentäres Bild eines zukünftigen Industrieunternehmens. Daraus ein umfassendes Konzept einer neuen Produktion zu entwickeln, gelingt aber nicht. Es werden auch hier nur bekannte Elemente und Prinzipien eingesetzt, die bereits in anderen Studien angesprochen wurden.

---

[68] Vgl. auch Raskop (2000), S. 37.
[69] Vgl. John/Cannon/Pouder (2000), S. 144.

Die neuesten Ansätze und Forschungsprogramme verfolgen zwar zum Teil die richtigen Zielsetzungen und untersuchen die richtigen Fragestellungen. Sie ähneln aber entweder theoretische nicht fundierten und kaum zu operationalisierenden Schlagworten und Beratungskonzepten (E-Manufacturing) oder können noch keine nennenswerten Ergebnisse vorweisen (Forschung für Produktion von morgen). Ein konsequentes Konzept einer zeitgemäßen industriellen Produktion, wie dies u.a. von Kaluza gefordert wird,[70] fehlt somit bislang.

Trotz dieser Monita sprechen die meisten Studien und Konzepte zumindest vergleichbare Probleme des aktuellen unternehmerischen Umfeldes und der heutigen Produktion an. Da sie zudem ähnliche Forderungen an eine zeitgemäße und wettbewerbsfähige Produktion stellen, ist es möglich, auf Basis der diskutierten Studien und Konzepte einige wichtige Charakteristika einer modernen industriellen Produktion zu extrahieren.[71]

Die Anforderungen an die Wettbewerbsfähigkeit und die strategische Ausrichtung der Produktion sind heute aufgrund von zwei wesentlichen Entwicklungen besonders hoch:[72] 1. Unternehmen dürfen sich heute nicht mehr auf einen oder wenige Erfolgsfaktoren konzentrieren, sondern müssen einen hybriden Strategieansatz verfolgen. 2. Eine Ausrichtung an den Chancen und Gefahren der Umwelt reicht für ein erfolgreiches Strategisches Management nicht aus; zusätzlich sind auch die innerbetrieblichen Ressourcen und Kompetenzen zu beachten. Da ein einzelnes Unternehmen diesen Anforderungen nur begrenzt genügen kann, werden eine Optimierung der gesamten Wertschöpfungskette und kooperative Verhaltensmuster von ansonsten konkurrierenden Unternehmen im Strategischen Management zunehmend berücksichtigt.[73] Es wird vorgeschlagen, daß die Unternehmen zukünftig z.B. in Virtuellen Unternehmen oder Produktionsnetzwerken operieren und den entstehenden großen Pool von Ressourcen und Kernkompetenzen gemeinsam nutzen.[74] Im amerikanischen Sprachraum wurde für diese Formen der simultanen Existenz von Wettbewerb und Kooperation der Begriff „Coopetition„

---

[70] Vgl. z.B. Kaluza (1989), S. 29 ff., Kaluza/Blecker (1999), S. 232 ff., Kaluza/Blecker (2000b), S. 12 ff.

[71] Vgl. auch die Synopse verschiedener Ansätze bei Nagel/Erben/Piller (1999), S. 28 f., und Piller (2000), S. 140 f., sowie den Vergleich internationaler Studien bei Klocke (1998), S. 87 ff.

[72] Vgl. auch Kaluza/Blecker (2000a), S. 1 ff., John/Cannon/Pouder (2000), S. 143 ff., Christensen (2001), S. 105 ff.

[73] Vgl. Klocke (1998), S. 99, Reichwald/Piller, (2000), S. 605 ff., Zahn/Foschiani (2000), S. 493 ff.

[74] Vgl. hierzu Blecker (1999a), Blecker (1999b), Blecker (2001).

geprägt.[75] Eine Folge dieser Entwicklungen ist, daß in den letzten Jahren die strategische Bedeutung der Produktion wieder gestiegen ist und insbesondere in der Produktion versucht wird, mehrere Strategische Erfolgsfaktoren simultan zu verbessern. Dies wird von nahezu allen Studien und Konzepten einer modernen Produktion unterstützt. So wird häufig versucht, eine flexible, kundenindividuelle Fertigung zu niedrigen Kosten zu realisieren. Voraussetzung bei der Gestaltung der Produktionsprozesse ist, daß der Flexibilität zumindest partiell eine höhere Bedeutung eingeräumt wird, als der Automatisierung, damit die erforderlichen kleinen Losgrößen erreicht werden.

Zudem streben viele Konzepte eine Verbesserung sowohl der Kosten- als auch der Flexibilitätsposition z.B. mit Hilfe von

- Just-in-Time-Konzepten,
- Concurrent Engineering,
- (Rapid) Prototyping,
- dezentraler, autonomer Strukturen,
- einem flexiblen Fabriklayout,
- einer Dislozierung der Produktionsprozesse sowie
- einer kooperativen Leistungserstellung, d.h. dem Zugriff auf bislang nicht verfügbare Kernkompetenzen und Ressourcen,[76]

an.[77]

Aus technologischer Sicht wird zur Unterstützung dieses Ziels insbesondere der Einsatz flexibler Fertigungstechnologien, des Soft-Tooling sowie die Integration vor- und nachgelagerter Aufgaben in den dezentralen Produktionseinheiten betont. Zunehmend wichtiger wird auch der optimale Einsatz moderner Informations- und Kommunikationstechnologien.[78] Dabei stehen ein durchgängiger Einsatz moderner CAx-Systeme sowie die Integration vormals disjunkter Teilsysteme im Vordergrund. Besonders wichtig ist, daß ein wesentlicher „Mega-Trend" für die nächste Dekade die Durchdringung der industriellen Planung und Fertigung mit Internet-Technologie ist.[79] Insofern ist sogar von einer Konvergenz[80] von Pro-

---

[75] Vgl. z.B. Brandenburger/Nalebuff (1996), Martin (1996), S. 147 f., Tapscott (1996), S. 115, Lipnack/Stamps (1997), S. 155, Reiss/Beck (1997), S. 9, und Wildemann (1998b), S. 5. Vgl. auch die Diskussion bei Goldman/Nagel/Preiss (1995), S. 29 ff., und Goldman et al. (1996), S. 24 ff.

[76] Vgl. z.B. Sen/Egelhoff (2000), S. 174 ff.

[77] Vgl. Kaluza/Blecker (2000b), S. 12 ff.

[78] Vgl. Klocke (1998), S. 100.

[79] Vgl. o.V. (2000), S. 257.

duktions- und Informationssystemen zu sprechen. Allerdings ist die industrielle Praxis noch immer durch ein erhebliches Defizit bei der Nutzung moderner Rechnersysteme und neuer Informations- und Kommunikationssysteme gekennzeichnet.[81] So ist beispielsweise eine *durchgängige* und *integrierte* Nutzung der rechnerunterstützten Konstruktion und Fertigung nur selten festzustellen, obwohl die erforderlichen Technologien bereits seit über 10 Jahren zur Verfügung stehen.[82] Eine wesentliche Forderung ist somit der Einsatz moderner Informations- und Kommunikationstechnologien auf Basis der Internet-Technologien in *und* zwischen den Unternehmen, denen diese Technologien bislang nicht verfügbare Nutzenpotentiale auch in der Produktion bieten.

Bei einer derart umfassenden Neugestaltung der betrieblichen Produktion sind jedoch auch Veränderungen der Organisation erforderlich. Zusätzlich zu der Externalisierung strategisch nicht relevanter Aufgaben, d.h. in vielen Fällen der Bildung von Netzwerken und Virtuellen Unternehmen, sind auch innerbetrieblich dezentrale, modulare Strukturen aufzubauen. Inner- und zwischenbetrieblich steigt damit der Bedarf, anstatt der traditionellen zentralen Planung und Lenkung nun die Prinzipien der Selbstorganisation und Selbststeuerung zu nutzen sowie die Organisation insgesamt an den betrieblichen Prozessen auszurichten. Die Unternehmen werden damit vor die Aufgabe gestellt, die Organisation ihrer Produktion an zum Teil gänzlich neuen Konzepten auszurichten.

Insgesamt betrachtet kann auf Basis der diskutierten Anforderungen und Charakteristika ein allen Studien und Konzepten implizit oder explizit gemeinsames Bild einer modernen Produktion ermittelt werden. Dieses Bild faßt die Abb. 1 zusammen.

---

[80] Vgl. zum Begriff und den Grundlagen der Konvergenz am Beispiel von Informations- und Kommunikationstechnologien z.B. Kaluza/Blecker/Bischof (1998), S. 2 ff., und Kaluza/Blecker/Bischof (1998), S. 2223 ff., sowie die dort zitierte Literatur.
[81] Vgl. Stock (1995), S. 28, VDMA (1996), S. 3.
[82] Vgl. Spur/Krause (1997), S. 46.

Merkmalsgruppe	Eigenschaften einer modernen Produktion
Strategische Ausrichtung	• Berücksichtigung der betrieblichen Ressourcen • Unterstützung hybrider Wettbewerbsstrategien • Kooperation über die gesamte Wertschöpfungskette
Produktionsprozesse	• Kleine Losgrößen • Kundenindividuelle Fertigung • Höhere Bedeutung der Flexibilität als der Automatisierung • Just-in-Time-Konzepte • Concurrent Engineering • Dezentrale, autonome Strukturen • Flexibles, leicht zu reorganisierendes Fabriklayout • Interorganisationale Dislozierung der Produktionsprozesse • Kooperative Leistungserstellung • Stärkere Berücksichtigung der Mitarbeiter
Produktionstechnologien	• Flexible Fertigungstechnologien • Soft-Tooling • Integration vor- und nachgelagerter Aufgaben • (Rapid) Prototyping • Konvergenz von Produktions- und Informationstechnologien
Informations- und Kommunikationstechnologien	• Durchgängiger Einsatz von CAx-Systemen • Integration disjunkter Systeme • Einsatz von Internet-Technologien in und zwischen den Unternehmen
Organisation	• Modulare Strukturen in den Unternehmen • Bilden von Netzwerken und Virtuellen Unternehmen • Selbstorganisation und Selbststeuerung • Prozeßorientierung

Abb. 1: Ausgewählte Charakteristika einer wettbewerbsfähigen Produktion

4 Entwicklungstendenzen der Produktion in der unternehmerischen Praxis

In der unternehmerischen Praxis sind aufgrund aktueller technischer und organisatorischer Entwicklungen sowie einem verschärften Wettbewerb in den letzen Jahren deutlich veränderten Rahmenbedingungen der Produktion festzustellen. Ein von immer mehr Unternehmen verfolgter Ansatz ist, mit Hilfe von modernen Organisationsformen, z.B. Virtuellen Unternehmen und Unternehmensnetzwerken, ihre Ressourcenausstattung zu verbessern sowie ihre Flexibilität und Effizienz bei der Nutzung dieser Ressourcen zu steigern. Dazu werden Wertschöpfungsprozesse auf mehrere Unternehmen verteilt und von den beteiligten Unternehmen kooperativ bearbeitet, wie dies spätestens seit dem International Motor Vehicle Program (IMVP) des MIT aus der Automobilindustrie[83] und aus der Elektronikbranche bekannt ist. Die Unternehmen versuchen bei einer derart dislozierten Leistungserstellung mit Hilfe einer intensiven Zusammenarbeit gemeinsam Wettbewerbsvorteile durch eine Konzentration auf Kernkompetenzen zu erreichen.[84]

Neben diesen häufig das gesamte Unternehmen betreffenden Konzepten moderner Organisationsformen sind heute für eine wettbewerbsfähige Produktion insbesondere neue Fertigungstechnologien, z.B. die Entwicklung und der Einsatz der Nanotechnologien oder von Steckmodulen im Sinne eines „Plug and Produce", sowie moderne Informations- und Kommunikationstechnologien, z.B. das Internet, von besonderer Bedeutung. Allerdings besitzen u.E. nur die Internet-Technologien das Potential, über eine vergleichsweise einfach zu imitierende Verbesserung der Produktionsprozesse hinaus zu wirklich neuen und umfassenden Produktionskonzepten zu führen und erhebliche Wettbewerbsvorteile zu ermöglichen. Es ist daher erforderlich, zusätzlich zu den theoretischen Ansätze moderner Produktionskonzepte besonders auch die praktischen Veränderungen und Potentiale der Internet-Nutzung *in* der Produktion zu untersuchen. Dazu teilen wir die Aufgaben der Produktion sowie der vor- und nachgelagerten Prozesse in vier Gruppen bzw. Teilgebiete ein: 1. Entwurf des Leistungssystems, 2. Entwurf des Leistungsprogramms, 3. Faktorbereitstellung und 4. Leistungserstellung.

Trotz der teilweise überaus großen Euphorie bezüglich der Nutzenpotentiale des Internet, ist bei vielen Ansätzen festzustellen, daß es sich um reine Insellösungen handelt, die keine durchgängige Nutzung der Internet-Technologien in der Produktion vorsehen. Besonders stark fällt dies beim *Entwurf des Leistungssystems* auf. Es existieren zur Zeit keine Konzepte oder Systeme, die diesen Aufgabenbereich oder einzelne Teilaufgaben daraus gezielt unterstützen. Lediglich vereinzelt ist eine Nutzung von Internet-Technologien zur informationstechnischen Verbesserung der bereits eingesetzten Systeme festzustellen. So können beispielsweise einige Simulationsprogramme internetgeeignete Datenformate nutzen und/oder Daten über das Internet direkt austauschen.[85] Dies ist aber nicht als eine Nutzung des Internet in der Produktion und ihren Teilbereichen zu interpretieren.

Für den *Entwurf des Leistungsprogramms* existieren einige Anwendungen, die gezielt (technische) Teilaufgaben unterstützen sollen. So werden Internet-Technologien z.B. vermehrt bei der Telekooperation und dem Concurrent Engineering ein-

---

[83] Vgl. Womack/Jones/Roos (1992), S. 164 ff.
[84] Vgl. hierzu ausführlich die Beiträge in Kaluza/Blecker (2000f).
[85] Vgl. zur Simulation am Beispiel des Virtual Engineering z.B. AWK (1999a), S. 141 ff.

gesetzt.[86] Ziel ist es, den Produktentwurf und die Konstruktion zu unterstützen.[87] Beispielsweise können mit Autocad in der Version 2000i Konstruktionsdaten direkt im Internet abgelegt und gemeinsam mit (dislozierten) Teammitgliedern und/ oder den Kunden bearbeitet werden. Ein anderer Ansatz ist, die benötigte Software von der Konstruktion über digitale Versuchsmodelle[88] bis hin zum physischen Prototyping im Rahmen eines Application Service Providing (ASP) direkt im Internet über Dienstleister zu nutzen,[89] z.B. bei der work-center GmbH (http://www.work-center.de). Insgesamt ist aber festzustellen, daß auch bei der Erstellung des Leistungsprogramms nur Insellösungen existieren und vorwiegend technische Teilsysteme unterstützt werden. Die strategische und operative Programmplanung wird nicht unterstützt. Eine umfassende internetbasierte Basis für den gesamten Entwurf des Leistungsprogramms liegt somit nicht vor.

Vergleichsweise viele Ansatzpunkte für den Einsatz von Internet-Technologien in der Produktion bestehen bei der *Faktorbereitstellung*. Der Schwerpunkt liegt hier auf den betriebswirtschaftlichen Systemen. So setzen sich Internet-Technologien zunehmend bei der Beschaffung und beim C-Artikelmanagement durch,[90] z.B. bei http://www.cacontent.com. Dabei kehren die Unternehmen von zentralistischen Beschaffungsprozessen ab und ermöglichen ihren Mitarbeitern dezentral den Eigenbedarf zu decken. Allerdings sind diese Systeme nicht für eine umfassende und kurzfristige Bereitstellung von Produktionsfaktoren nach Vorgabe der Mengenplanung, insbesondere nicht für A- und B-Artikel, geeignet. Auch die sowohl im betriebswirtschaftlichen Schrifttum als auch der unternehmerischen Praxis intensiv diskutieren elektronischen Marktplätze[91], z.B. „e-commerce for engineered components" (http://www.ec4ec.com), sowie die Versteigerungen im Internet[92] sind u.E. nicht für die permanente Bereitstellung von Produktionsfaktoren geeignet. Zu monieren ist insbesondere, daß eine Integration mit den Systemen der Produktionsplanung und –steuerung nur selten vorliegt.[93] Auch bei dem Einsatz der Internet-Technologien für die intra- und interorganisationale Produktionspla-

---

[86] Vgl. Luczak/Eversheim (1999), S. 29 ff.
[87] Vgl. Wagner/Castanotto (1997), S. 773 ff., Scharf (1998), S. 12.
[88] Vgl. Eversheim/Schellberg/Terhaag (2000b), S. 371 f.
[89] Vgl. auch Sendler (2000), S. 12 f., und Scharf (2000), S. 22.
[90] Vgl. Riedel (2000), S. 55 f., und Simossek/Walter (2000), S. 64 f.
[91] Vgl. z.B. Arnold (1999), S. 285 ff.
[92] Vgl. Wildemann (2000b), o.S.
[93] Vgl. Brenner/Wilking (1999b), S. 54.

nung[94] und die Interaktion mit Zulieferern werden häufig nur bereits bestehende Konzepte nachgebildet und als eine von mehreren Möglichkeiten Internet-Technologien für die informationstechnische Realisierung herangezogen. Ähnlich ist die Situation bei den technischen Systemen. Auch hier werden Internet-Technologien nur gezielt für eng abgegrenzte Aufgabengebiete, z.B. für die Ferndiagnose, das Werkzeugmanagement und den Lieferabruf, eingesetzt.[95] Zudem zu monieren, daß eine Integration technischer und betriebswirtschaftlicher Teilsysteme meistens unterbleibt und somit lediglich einige wenige Insellösungen vorliegen.

Bei der *Leistungserstellung* können zum Teil dieselben Systeme eingesetzt werden, wie bei der Faktorbereitstellung. So sind bei betriebswirtschaftlichen Systemen elektronische Kanban-Karten sowie die internetbasierten Systeme des Produktionsplanung und -steuerung auch dazu geeignet, die innerbetrieblichen Produktionsprozesse zu steuern. Dabei handelt es aber ebenfalls häufig nur um die elektronische Umsetzung bereits länger bekannter Konzepte mit Hilfe von Internet-Technologien. Neu ist allerdings, daß im Rahmen von Konzepten des Customer Relationship Management die Endkunden mit Hilfe von Internet-Technologien relativ einfach über den Produktionsfortschritt informiert oder sogar in die Produktion eingebunden werden können. Auf der technischen Seite ist nur eine geringe Unterstützung der Leistungserstellung durch Internet-Technologien festzustellen. Dort existieren nur einzelne Lösungskonzepte und Prototypen, z.B. für internetgeeignete Oberflächen und Bedienelemente von Werkzeugmaschinen oder internetbasierte Systeme zur Übermittlung von Steuerungsinformationen, z.B. in einer für Menschen nicht geeigneten Arbeitsumgebung.[96] Im praktischen Einsatz sind jedoch meistens nur relativ einfache Systeme, wie als Intranet ausgestaltete Montage-Informationssysteme.[97]

Zusammenfassend ist festzuhalten, daß auch in der unternehmerischen Praxis zur Zeit kein neues Produktionskonzept existiert, daß eine (dauerhaft) erfolgreiche Positionierung im Wettbewerb erlaubt: Zum einen führt die Nutzung kooperativer Leistungserstellungsprozesse nicht zu einem neuen Produktionskonzept und wird bereits von sehr vielen Unternehmen genutzt, zum anderen ist das Konzept einer internetbasierten Produktion, zumindest von der Auftragsplanung bis zur Fertigung, bislang nur als Zukunftsszenario verfügbar.

---

[94] Vgl. z.B. Mörs (1999), S. 50 f., Bullinger/Gerlach/Rally (2000), S. 359 und 363 ff., sowie Fischer (2000), S. 421 ff.
[95] Vgl. AWK (1999b), S. 372 ff.
[96] Vgl. AWK (1999b), S. 359 f. und 372 ff.
[97] Vgl. dazu o.V. (1997), S. 20.

5 Zusammenfassung und Ausblick

In diesem Aufsatz haben wir die Frage untersucht, ob moderne Produktionskonzepte die Basis für Wettbewerbvorteile von Unternehmen darstellen. Dazu wurden aktuelle Konzepte und Studien einer modernen Produktion vorgestellt und ihre Eignung für die hohen Anforderungen des heutigen turbulenten und dynamischen Umfeldes diskutiert. Es wurde gezeigt, daß obwohl im Unterschied zu dem in den 60'er Jahren von Skinner beklagten „missing link in strategy"[98] die Produktion von vielen Industrieunternehmen heute bewußt als Instrument zur Erzielung von Vorteilen im Wettbewerb eingesetzt wird, die aktuellen Entwicklungen und Herausforderungen meistens nicht aufgegriffen werden. Es ist zu kritisieren, daß die Produktion sich nicht der vielversprechenden Optionen neuer Technologien, z.B. des Internet, bedient und ihre konzeptionelle Gestaltung statt an den Prinzipien dieser neuen Technologien an historischen Entwicklungen der Produktionstechnik und des Produktionsmanagement ausrichtet. Es fehlt ein somit Ansatz, der die aktuellen Herausforderungen und die neuen Gestaltungsspielräume konzeptualisiert und ein darauf basierendes, tragfähiges Konzept einer modernen und zukunftsfähigen Produktion entwickelt. Die untersuchte Fragestellung ist daher zur Zeit noch negativ zu beantworten.

Es ist jedoch auch festzustellen, daß die neueren Ansätze und Forschungsprogramme durchaus die richtigen Zielsetzungen verfolgen und die richtigen Fragestellungen untersuchen. Insbesondere ist es bereits möglich, wichtige Charakteristika geeigneter Produktionskonzepte abzuleiten. Zudem wird zur Zeit mit dem Web-integrated Manufacturing ein Produktionskonzept entwickelt, daß sowohl das turbulente und dynamische Umfeld berücksichtigt als auch einen konsequenten und durchgehenden Einsatz des Internet in Industrieunternehmen konzeptualisiert. Bevor allerdings die Produktion nachhaltig als Waffe im Wettbewerb eingesetzt werden kann und ein erfolgreiches Bestehen unter heutigen Wettbewerbsbedingungen ermöglicht, sind noch umfangreiche Forschungs- und Entwicklungsaufgaben zu bewältigen. Hierzu soll die vorliegende Festschrift einen Beitrag leisten.

Literatur

Aldrich, D. F./Sonnenschein, M. (2000): Digital Value Network. Erfolgsstrategien für die Neue Ökonomie, Wiesbaden.

---

[98] Skinner (1969), S. 136 ff.

Anderson, D. M. (1997): Agile Product Development for Mass Customization. How to Develop and Deliver Products for Mass Customization, Niche Markets, JIT, Build-to-Order and Flexible Manufacturing, Chicago et al.

Arnold, U. (1999): Nutzung elektronischer Märkte für die Beschaffung, in: Nagel, K./ Erben, R. F./Piller, F. T. (Hrsg.): Produktionswirtschaft 2000. Perspektiven für die Fabrik der Zukunft, Wiesbaden, S. 285 – 299.

AWK, Aachener Werkzeugmaschinen-Kolloquium (1999a): Virtual Engineering — Leistungsfähige systeme für die Produktentwicklung, in: AWK (Hrsg.): Wettbewerbsfaktor Produktionstechnik, Aachener Perspektiven, Aachen, S. 141 – 167.

AWK, Aachener Werkzeugmaschinen-Kolloquium (1999b): Internet-Technologien für die Produktion — Neue Arbeitswelt in Werkstatt und Betrieb, in: AWK (Hrsg.): Wettbewerbsfaktor Produktionstechnik, Aachener Perspektiven, Aachen, S. 357 – 398.

Babu, A. S. (1999): Strategies for enhancing agility of make-to-order manufacturing systems, in: International Journal of Agile Management Systems, 1(1999)1, S. 23 – 29.

Blecker, Th. (1999a): Unternehmung ohne Grenzen — Konzepte, Strategien und Gestaltungsempfehlungen für das Strategische Management, Wiesbaden.

Blecker, Th. (1999b): Unternehmung ohne Grenzen, in: Tagungsunterlagen zum Fachkongreß „Supply Chain Management — (Re)Design der Wertschöpfungskette", Produktions- und Logistik-Management Tagung 99, Wien, 23. September 1999.

Blecker, Th. (2000): Das Internet als Basis der Unternehmung ohne Grenzen. Temporäre logistische Verknüpfung im Internet, in: Hossner, R. (Hrsg.): Jahrbuch Logistik 2000, Düsseldorf, S. 55 – 60.

Blecker, Th. (2001): Unternehmung ohne Grenzen — ein modernes Konzept zum erfolgreichen Bestehen im dynamischen Wettbewerb, in: Gronalt, M. (Hrsg.): Logistikmanagement — Erfahrungsberichte und Konzepte zum Redesign der Wertschöpfungskette, Wiesbaden (im Druck).

Blecker, Th./Neumann, R. (2000): Interorganizational Knowledge Management: Some Perspectives for Knowledge Oriented Strategic Management in Virtual Organizations, in: Malhotra, Y. (Ed.): Knowledge Management and Virtual Organizations, Hershey — London.

BMBF, Bundesministerium für Bildung, Wissenschaft, Forschung und Technologie (1995): Rahmenkonzept „Produktion 2000" 1995 – 1999, Bonn.

BMBF, Bundesministerium für Bildung, Wissenschaft, Forschung und Technologie (1997): Rahmenkonzept „Produktion 2000" — Zwischenbilanz, Bonn.

Brandenburger, A. M./Nalebuff, B. J. (1996): Co-opetition: A revolutionary Mindset That Combines Competition and Co-operation: The Theory Strategy That's Changing the Game of Business, Boston.

Brenner, W./Wilking, G. (1999a): Einkaufsseiten im Internet, in: Beschaffung aktuell, (1999)7, S. 62 – 65.

Brown, S. (1996): Strategic Manufacturing for Competitive Advantage. Transforming Operations from Shop Floor to Strategy, London et al.

Bullinger, H.-J./Gerlach, S./Rally, P. J. (2000): dezentrale Verantwortungsbereiche in Produktionsnetzwerken, in: Kaluza, B./Blecker, Th. (Hrsg.): Produktions- und Logistikmanagement in Virtuellen Unternehmen und Unternehmensnetzwerken, Berlin et al., S. 347 – 366

Bunce, P./Limoges, R./Okabe, T. (1997): NGMS — next generation manufacturing systems, in: Kosanke, K./Nell. J. (Eds.): Enterprise Engineering and Integration: Building International Consensus, Berlin, S. 274 – 281.

Chiesa, V./Barbeschi, M. (1994): Technology Strategy in Competence-based Competition, in: Hamel, G./Heene, A. (Eds.): Competence-Based Competition, Chichester et al., S. 293 – 314.

Christensen, C. M. (2001): The Past and Future of Competitive Advantage, in: Sloan Management Review, 42(2001)2, S. 105 – 109.

DeVor, R./Graves, R./Mills, J. J. (1997): Agile manufacturing research: accomplishments and opportunities, in: IEE Transactions, 29(1997), S. 813 – 823.

Duguay, C. R./Landy, S./Pasin, F. (1997): From mass production to flexible/agile production, in: International Journal of Operations & Production Management, 17(1997)12, S. 1183 – 1195.

Eversheim, W./Schellberg, O./Terhaag, O. (2000a): Gestaltung und Betrieb von Produktionsnetzwerken, in: Kaluza, B./Blecker, Th. (Hrsg.): Produktions- und Logistikmanagement in Virtuellen Unternehmen und Unternehmensnetzwerken, Berlin et al., S. 35 – 59.

Eversheim, W./Schellberg, O./Terhaag, O. (2000b): Einsatz von EDV-Hilfsmitteln in unternehmensübergreifenden Entwicklungsprozessen, in: Kaluza, B./Blecker, Th. (Hrsg.): Produktions- und Logistikmanagement in Virtuellen Unternehmen und Unternehmensnetzwerken, Berlin et al., S. 367 – 390.

Fischer, J. (2000): Nutzung des Internet im interorganisationalen Produktionsmanagement, in: Kaluza, B./Blecker, Th. (Hrsg.): Produktions- und Logistikmanagement in Virtuellen Unternehmen und Unternehmensnetzwerken, Berlin et al., S. 421 – 449.

Flores, M. A. (1998): Computer information systems in complex manufacturing, in: Journal of Materials Processing Technology, 76(1998), S. 284 – 288.

Flynn, B. B./Schroeder, R. G./Flynn, E. J. (1999): World class manufacturing: an investigation of Hayes and Wheelwright's foundation, in: Journal of Operations Management, 17(1999), S. 249 – 269.

Flynn, B. B./Schroeder, R. G./Flynn, E. J./Sakakibara, S./Bates, K. A. (1997): World-class manufacturing project: overview and selected results, in: International Journal of Operations & Production Management, 17(1997)7, S. 671 – 685.

Goldman, S. L./Nagel, R. (1993): Management, technology and agility, in: International Journal of Technology Management, 8(1993)1/2, S. 18 – 38.

Goldman, S. L./Nagel, R. N./Preiss, K. (1995): Agile Competitors and Virtual Organizations. Strategies for Enriching the Customer, New York et al.

Goldman, S. L./Nagel, R. N./Preiss, K./Warnecke, H.-J. (1996): Agil im Wettbewerb. Die Strategien der virtuellen Organisation zum Nutzen des Kunden, Berlin et al.

Goldman, S. L./Preiss, K. (1992a, Eds.): 21st Century Manufacturing Enterprise Strategy. Volume 1: An Industry-Led View, Bethlehem.

Goldman, S. L./Preiss, K. (1992b, Eds.): 21st Century Manufacturing Enterprise Strategy. Volume 2: Infrastructure, Bethlehem.

Gunasekaran, A. (1998): Agile manufacturing: enablers and an implementation framework, in: International Journal of Production Research, 36(1998)5, S. 1223 – 1247.

Gunasekaran, A. (1999a): Design and implementation of agile manufacturing systems, in: International Journal of Production Economics, 62(1999), S. 1 – 6.

Gunasekaran, A. (1999b): Agile manufacturing: A Framework for research and development, in: International Journal of Production Economics, 62(1999), S. 87 – 105.

Gunneson. A. O. (1997): Transitioning to Agility. Creating the 21st Century Enterprise, Reading et al. 1997.

Harrison, A. (1997): From leanness to agility, in: Manufacturing Engineer, (1997), S. 257 – 260.

Harrison, A. (1998): Manufacturing strategy and the concept of world class manufacturing, in: International Journal of Operations & Production Management, 18(1998)4, S. 397 – 408.

Hayes, R. H./Pisano, G. P. (1994): Beyond World Class: The New Manufacturing Strategy, in: Harvard Business Review, 72(1994)1, S. 77 – 86.

Hayes, R. H./Wheelwright, S. C. (1984): Restoring our Competitive Edge — Competing Through Manufacturing, New York.

Hughes, J. J. (1997): Views of the future, in: Wolkoff, R. L. (Ed.): Next-Generation Manufacturing: A Framework for Action, Bethlehem.

John, C. H. St./Cannon, A. R./Pouder, R. W. (2000): Change drivers in the new millenium: implications for the manufacturing strategy research, in: Journal of Operations Management, 19(2000), S. 143 – 160.

Jordan, J. (1997): Enablers for agile virtual integration, in: Agility & Global Competition, 1(1997)3, S. 26 – 46.

Kaluza, B. (1987): Erzeugniswechsel als betriebswirtschaftliches Problem, unveröffentl. Habilitationsschrift, Mannheim.

Kaluza, B. (1989): Erzeugniswechsel als unternehmenspolitische Aufgabe. Integrative Lösungen aus betriebswirtschaftlicher und ingenieurwissenschaftlicher Sicht, Berlin et al.

Kaluza, B. (1990a): Wettbewerbsstrategien und sozio-ökonomischer Wandel, in: Czap, H. (Hrsg.): Unternehmensstrategien im sozio-ökonomischen Wandel. Wissenschaftliche Jahrestagung der Gesellschaft für Wirtschafts- und Sozialkybernetik am 3. und 4. November 1989 in Trier, Berlin 1990, S. 57 – 73.

Kaluza, B. (1990b): CIM als Element der Wettbewerbsstrategie, in: Systec, 1990, S. 15.

Kaluza, B. (1995): Dynamische Wettbewerbsstrategien und moderne Produktionskonzepte, in: U.D.H.-Zeitschrift, 47(1995)1, S. 76 – 82.

Kaluza, B. (1996): Dynamische Produktdifferenzierungsstrategie und moderne Produktionssysteme, in: Wildemann, H. (Hrsg.): Produktions- und Zuliefernetzwerke, München, S. 191 – 234.

Kaluza, B./Blecker, Th. (1999): Dynamische Produktdifferenzierungsstrategie und Produktionsnetzwerke, in: Nagel, K./Erben, R. F./Piller, F. T. (Hrsg.): Produktionswirtschaft 2000. Perspektiven für die Fabrik der Zukunft, Wiesbaden, S. 261 – 280.

Kaluza, B./Blecker, Th. (2000a): Wettbewerbsstrategien — Markt- und ressourcenorientierte Sicht der strategischen Führung. Konzepte — Gestaltungsfelder — Umsetzungen, TCW-report Nr. 16, München.

Kaluza, B./Blecker, Th. (2000b): Management der Produktion und Logistik in der Unternehmung ohne Grenzen, in: Kaluza, B./Blecker, Th. (Hrsg.): Produktions- und Logistikmanagement in Virtuellen Unternehmen und Unternehmensnetzwerken, Berlin et al., S. 1 – 31.

Kaluza, B./Blecker, Th. (2000c): Strategische Optionen der Unternehmung ohne Grenzen, in: Kaluza, B./Blecker, Th. (Hrsg.): Produktions- und Logistikmanagement in Virtuellen Unternehmen und Unternehmensnetzwerken, Berlin et al., S. 533 – 567.

Kaluza, B./Blecker, Th. (2000d): Technologiemanagement in Produktionsnetzwerken und Virtuellen Unternehmen, in: Albach, H./Specht, D./Wildemann, H. (Schriftl.): Virtuelle Unternehmen. Zeitschrift für Betriebswirtschaft (ZfB) –Ergänzungsheft 2/2000, Wiesbaden, S. 137 – 156.

Kaluza, B./Blecker, Th. (2000e): Supply Chain Management und Unternehmung ohne Grenzen — Zur Integration zweier interorganisationaler Konzepte, in: Wildemann, H. (Hrsg.): Supply Chain Management, München, S. 117 – 152.

Kaluza, B./Blecker, Th. (2000f, Hrsg.): Produktions- und Logistikmanagement in Virtuellen Unternehmen und Unternehmensnetzwerken, Berlin et al.

Kaluza, B./Blecker, Th./Bischof, Ch. (1998): Strategic Management in Converging Industries, Diskussionsbeiträge des Instituts für Wirtschaftswissenschaften der Universität Klagenfurt, Nr. 9803, Klagenfurt 1998.

Kaluza, B./Blecker, Th./Bischof, Ch. (1999): Implications of Digital Convergence on Strategic Management, in: Dahiya, S. B. (Ed.): The Current State of Economic Science, Vol. 4, Rohtak, S. 2223 – 2249.

Kaluza, B./Blecker, Th./Sonnenschein, M. (1996): Telekommunikationstechnologien — eine Waffe im Wettbewerb?, Diskussionsbeitrag Nr. 230 des Fachbereichs Wirtschaftswissenschaft der Gerhard-Mercator-Universität - GH Duisburg, Duisburg.

Keegan, R. (1997): An Introduction to World Class Manufacturing, Dublin.

Klocke, F. (1998): Produktion 2000 plus. Visionen und Forschungsfelder für die Produktion in Deutschland. Untersuchungsbericht zur Definition neuer Forschungsfelder für die Produktion nach dem Jahr 1999, Bonn.

Küchler, D. (2000): e-manufacturing. Unterlagen zum Vortrag beim Innovationsdialog in der Investitionsbank Berlin (IBB) Beteiligungsgesellschaft mbH: Produktionstechnologien für die Märkte von morgen: e-manufacturing (Konvergenz der Softwaresysteme) und Trends der Mikrotechnologie, 14. April 2000, Berlin, URL: http://www.ibb-bet.de/shows/LiproDrKuechler14-04-00.pdf.

Lee, G. H. (1998): Designs of components and manufacturing systems for agile manufacturing, in: International Journal of Production Research, 36(1998)4, S. 1023 – 1044.

Lipnack, J./Stamps, J. (1997): Virtual Teams. Reaching Across Space, Time, and Organizations with Technology, New York et al.

Luczak, H./Eversheim, W. (1999, Hrsg.): Telekooperation. Industrielle Anwendungen in der Produktentwicklung, Berlin et al.

Maier, F. (1997): Competitiveness in Manufacturing as Influenced by Technology – Some Insights from the Research Project: World Class Manufacturing, in: Barlas, Y./Diker, V. G./Polat, S. (Ed.): Proceedings of the 15th International System Dynamics Conference - Systems Approach to Learning and Education into the 21st Century, Volume 2, Istanbul, 1997, S. 667 – 670.

Martin, J. (1996): cybercorp. the new business revolution, New York et al.

Maskell, B. H. (1997): An Introduction To Agile Manufacturing, URL: http://www.maskell.com/agiart.htm.

McGaughey, R. E. (1999): Internet technology: contributing to agility in the twenty-first century, in: International Journal of Agile Management Systems, 1(1999)1, S. 7 – 13.

Metes, G./Gundry, J./Bradish, P. (1998): Agile Networking.: Competing through the Internet and Intranets, New York.

Milling, P. (1998): Wo stehen deutsche Industriebetriebe im internationalen Wettbewerb? - Faktoren, Profile und Analysen des „World Class Manufacturing", Forschungsberichte der Fakultät für Betriebswirtschaftslehre, Universität Mannheim, Nr. 9807, Mannheim.

Milling, P./Maier, F. H./Mansury, D. (1999): Impact of Manufacturing Strategy on Plant Performance — Insights from the International Research Project: World Class Manufacturing, in: Bartezzaghi, E./Filipini, R./Spina, G./Vinelli, A. (Ed.) Managing Operations Networks - European Operations Management Association Conference, Venice, June 7th – 8th 1999, S. 573 – 580.

Milling, P./Schwellbach, U./Thun, J.-H. (2000): Die Bedeutung des Faktors Zeit für den Erfolg industrieller Unternehmen - eine empirische Analyse im Rahmen des „World Class Manufacturing"-Projektes, Forschungsberichte der Fakultät für Betriebswirtschaftslehre, Universität Mannheim, Nr. 2000-02, Mannheim.

Moody, P. E. (2001): What's Next After Lean Manufacturing, in: Sloan Management Review, 42(2991)2, S. 12 – 13.

Mörs, P. (1999): Supply Ch@ain und Internet: Herausforderungen und Chancen, in: Beschaffung aktuell, (1999)2, S. 50 – 51.

Nagel, K./Erben, R. F./Piller, F. T. (1999): Informationsrevolution und Industrielle Produktion. Eine einführende Betrachtung, in: Nagel, K./Erben, R. F./Piller, F. T. (Hrsg.): Produktionswirtschaft 2000. Perspektiven für die Fabrik der Zukunft, Wiesbaden, S. 3 – 32.

Naylor, J. B./Naim, M. M./Berry, D. (1999): Leagility: Integrating the lean and agile manufacturing paradigms in the total supply chain, in: International Journal of Production Economics, 62(1999), S. 107 – 118.

NGM Project Office (1997a): NGM — next generation manufacturing. A framework for action, in: Kosanke, K./Nell. J. (Eds.): Enterprise Engineering and Integration: Building International Consensus, Berlin, S. 307 – 315.

NGM Project Office (1997b): Executive Overview, Bethlehem.

NGM Project Office (1997c): Project Report, Volume I: summary report, Bethlehem.

NGM Project Office (1997d): Project Report, Volume II: Imperatives for Next-Generation Manufacturing, Bethlehem.

Oleson, J. D. (1998): Pathways to agility: mass customization in action, New York et al.

o.V. (1997): Arbeitsanweisung direkt aus dem Intranet. Produktion: Fertigungsinformationen sind stets in der aktuellsten Version verfügbar, in: VDI-Nachrichten, 21.11.1997, S. 20.

o.V. (2000): Internet-Trends. Auf gutem Weg, in: Wirtschaftswoche, (2000)20, S. 257.

Pérez-Bustamente, G. (1999): Knowledge management in agile innovative organizations, in: Journal of Knowledge Management, 3(1999)1, S. 6 – 17.

Piller, F. T. (1999): Agile Manufacturing, in: Das Wirtschaftsstudium, 28(1999)5, S. 658.

Piller, F. T. (2000): Mass Customization. Ein wettbewerbsstrategisches Konzept im Informationszeitalter, Wiesbaden.

Pine, B. J. (1997): Mass Customization. The New Imperative in Business, in: Anderson, D. M.: Agile Product Development for Mass Customization. How to Develop and Deliver Products for Mass Customization, Niche Markets, JIT, Build-to-Order and Flexible Manufacturing, Chicago et al., S. 3 – 24.

Plonka, F. E. (1997): Developing a Lean and Agile Work Force, in: Human Factors and Ergonomics in Manufacturing, 7(1997)1, S. 11 – 20.

Porter, M. E. (1998): Competitive Strategy. Techniques for Analyzing Industries and Competitors, 2nd Ed., New York et al.

Preiss, K./Goldman, S. L./Nagel, R. N. (1996): Cooperate to Compete. Building Agile Business Relationships, New York et al.

Preiss, K./Wadsworth, B. (1995): Agile Customer-Supplier Relations, 2nd Printing, Bethlehem.

Quintana, R. (1998): A production methodology for agile manufacturing in a high turnover environment, in: International Journal of Operations & Production Management, 18(1998)5, S. 452 – 470.

Raskop, J. (2000): Supply chain key to e-procurement gains, in: Advanced Manufacturing, 2(2000)4, S. 35 – 38.

Reichwald, R./Piller, F. T. (2000): Produktionsnetzwerke für Mass Customization — Potentiale, Arten und Implementation, in: Kaluza, B./ Blecker, Th. (Hrsg.): Produktions- und Logistikmanagement in Virtuellen Unternehmen und Unternehmensnetzwerken, Berlin et al., S. 599 – 628.

Reiss, M./Beck, T. C. (1997): Zwischen Kooperation und Konkurrenz. Neue Spielregeln für das Wirtschaften in Netzwerken/Größenvorteile und Effizienzdruck verbinden, in: Blick durch die Wirtschaft, 20.02.1997, S. 9.

Riedel, U. (2000): E-Procurement für C-Teile, in: Logistik heute, 22(2000)4, S. 55 – 56.

Robertson, M./Jones, C. (1999): Application of lean production and agile manufacturing concepts in a telecommunications environment, in: International Journal of Agile Management Systems, 1(1999)1, S. 14 – 16.

Saxena, K. B. C./Sahay, B. S. (2000): Managing IT for world-class manufacturing: the Indian scenario, in: International Journal of Information Management, 20(2000), S. 29 – 57.

Scharf, A. (1998): Konstruktion in schnellen Netzen. Produktentwicklung: Teamarbeit per Internet stellt CAD-Anbieter vor neue Herausforderungen, in: VDI-Nachrichten, 21.08.1998, S. 12.

Scharf, A. (2000): Konstrukteure treffen sich im Internet-Engineering-Center, in: VDI-Nachrichten, 1.09.2000, S. 22.

Schonberger, R. J. (1986): World Class Manufacturing: The Lessons of Simplicity Applied, New York.

Schonberger, R. J. (1996): World Class Manufacturing: The Next Decade. Building Power, Strength, and Value, New York et al.

Schönsleben, P. (2000): With agility and adequate partnership strategies towards effective logistics networks, in: Computers in Industry, 42(2000), S. 33 – 42.

Schuh, G./Friedli, Th. (1999): Die Virtuelle Fabrik. Konzepte, Erfahrungen, Grenze, in: Nagel, K./Erben, R. F./ Piller, F. T. (Hrsg.): Produktionswirtschaft 2000. Perspektiven für die Fabrik der Zukunft, Wiesbaden, S. 217 – 242.

Selinger, G. (2000): Softwaresysteme: Werkzeuge im Wettbewerb. Unterlagen zum Vortrag beim Innovationsdialog in der Investitionsbank Berlin (IBB) Beteiligungsgesellschaft mbH: Produktionstechnologien für die Märkte von morgen: e-manufacturing (Konvergenz der Softwaresysteme) und Trends der Mikrotechnologie, 14. April 2000, Berlin, URL: http://www.ibb-bet.de/shows/FraunhoferProf_Seliger14-04-00.ppt.

Sen, F. K./Egelhoff, W. G. (2000): Innovative Capabilities of a Firm and the Usage of Technical Alliances, in: IEEE Transactions on Engineering Management, 47(2000)2, S. 174 – 183.

Sendler, C. (1998): C-Technik und Java. Neue Perspektiven für die Industrie, München — Wien.

Sharifi, H./Zhang, Z. (1999): A methodology for achieving agility in manufacturing organizations: An introduction, in: International Journal of Production Economics, 62(1999), S. 7 – 22.

Sharp, J. M./Irani, Z./Desai, S. (1999): Working towards agile manufacturing in the UK industry, in: International Journal of Production Economics, 61(1999), S. 155 – 169.

Shunta, J. P. (1995): Achieving World Class Manufacturing Through Process Control, Englewood Cliffs, N. J.

Simossek, K./Walter, J. (2000): Angefangen hat es mit Büromaterial, in: Beschaffung aktuell, (2000)6, S. 64 – 65

Skinner, W. (1969): Manufacturing - missing link in a corporate strategy, in: Harvard Business Review, (1969), S. 136 – 145.

Spur, G./Krause, F.-L. (1997): Das virtuelle Produkt. Management der CAD-Technik, München — Wien.

Stock, W. (1995): Europas Weg in die Informationsgesellschaft, in: Ifo-Schnelldienst, 48(1995)6, S. 15 – 28.

Süss, G. (2001): Vertikale Integration nimmt gestalt an, in: Computer @ Produktion, (2001)1/2, S. 44 – 45.

Tan, B. (1998): Agile Manufacturing and Management of Variability, in: International Transactions in Operational Research, 5(1998)5, S. 375 – 388.

Tapscott, D. (1996): Die digitale Revolution. Verheißungen einer vernetzten Welt — die Folgen für Wirtschaft, Management und Gesellschaft, Wiesbaden.

Tracey, M./Vonderembse, M. A./Lim, J.-S. (1999): manufacturing technology and strategy formulation: keys to enhancing competitiveness and improving performance, in: Journal of Operations Management, 17(1999), S. 411 – 428.

van Assen, M. F./Hans, E. W./van de Velde, S. L. (2000): An agile planning and control framework for customer-driven discrete parts manufacturing environment, in: International Journal of Agile Management Systems, 2(2000)1, S. 16 – 23.

VDMA, Verband deutscher Maschinen- und Anlagenbau (1996): Anwendungen der Informationstechnik in der Produktion, Frankfurt.

Vernadat, F. B. (1999): Research agenda for agile manufacturing, in: International Journal of Agile Management Systems, 1(1999)1, S. 37 – 40.

Wagner, R./Castanotto, G. (1997): FixtureNet: interactive computer-aided design via the World Wide Web, in: International Journal of Human-Computer Studies, 46(1997)6, S. 773 – 788.

Warnecke, H.-J. (1997): Agilität und Komplexität — Gedanken zur Zukunft produzierender Unternehmen, in: Schuh, G./Wiendahl, H.-P. (Hrsg.): Komplexität und Agilität. Steckt die Produktion in der Sackgasse?, Berlin et al., S. 1 – 8.

Warnecke, H.-J./Becker, B.-D. (1994a, Hrsg.): Strategien für die Produktion. Standortsicherung im 21. Jahrhundert. Ein Überblick, Stuttgart et al.

Warnecke, H.-J./Becker, B.-D. (1994b, Hrsg.): Strategien für die Produktion, Bd. 2 — Endberichte der Arbeitskreise, Stuttgart.

Webster, M./Beach, R. (1999): Linking Operations Networks that Include Subcontractors to Contemporary Manufacturing Paradigms, in: Bartezzaghi et al.: Managing Operations Networks, Proceedings of the EurOMA Conference, Venice, S. 345 – 352.

Westkämper, E. (2000): Auf dem Weg zum Virtuellen Unternehmen, in: Kaluza, B./ Blecker, Th. (Hrsg.): Produktions- und Logistikmanagement in Virtuellen Unternehmen und Unternehmensnetzwerken, Berlin et al., S. 629 – 651.

Wildemann, H. (1998a): Der Weg zum agilen Unternehmen: Kostenführerschaft und Service, in: Wildemann, H. (Hrsg.): Das agile Unternehmen: Kostenführerschaft und Service. Tagungsband Münchner Management Kolloquium, 28. und 29. April 1998, München, S. 1 – 42.

Wildemann, H. (1998b): Der Aufbau von Entwicklungsnetzwerken. Strategien zur Marktführerschaft (14) Teil 1, in: Blick durch die Wirtschaft, 9.02.1998, S. 5.

Wildemann, H. (2000a): Kernkompetenz-Management: Mit intelligenten Technologien Kunden binden, in: Wildemann, H. (Hrsg.): Kernkompetenzen und E-Technologien. Tagungsband Münchener Management Kolloquium, 11. und 12. April 2000, München, S. 15 – 59.

Wildemann, H. (2000b): E-Technologien im Supply Chain Management, Unterlagen zum Vortrag in der Reihe BWL aktuell an der Universität Klagenfurt, 02.10.2000.

Womack, J. P./Jones, D. T./Roos, D. (1992): Die zweite Revolution in der Autoindustrie. Konsequenzen aus der weltweiten Studie aus dem Massachusetts Institute of Technology, 6. Aufl., Frankfurt - New York.

Yamashina, H. (2000): Challenge to world-class manufacturing, in: International Journal of Quality & Reliability Management, 17(2000)2, S. 132 – 143.

Yan, H. S./Jiang, J. (1999): Agile concurrent engineering, in: Integrated Manufacturing Systems, 10(1999)2, S. 103 – 112.

Yusuf, Y. Y./Sarhadi, M./Gunasekaran, A. (1999): Agile manufacturing: The drivers, concepts and attributes, in: International Journal of Production Economics, 61(1999), S. 33 – 43.

Zahn, E./Foschiani, S. (2000): Wettbewerbsfähigkeit durch interorganisationale Kooperation, in: Kaluza, B./ Blecker, Th. (Hrsg.): Produktions- und Logistikmanagement in Virtuellen Unternehmen und Unternehmensnetzwerken, Berlin et al., S. 493 – 532.

Zahra, S. A./Das, S. R. (1993): Building Competitive Advantage on Manufacturing Resources, in: Long Range Planning, 26(1993)2, S. 90 – 100.

Zaika, M. (2000): e-manufacturing — Konvergenz der Softwaresysteme. Unterlagen zum Vortrag beim Innovationsdialog in der Investitionsbank Berlin (IBB) Beteiligungsgesellschaft mbH: Produktionstechnologien für die Märkte von morgen: e-manufacturing (Konvergenz der Softwaresysteme) und Trends der Mikrotechnologie, 14. April 2000, Berlin, URL: http://www.ibb-bet.de/shows/ugs-m-zaika.ppt.

Marktorientiertes Vielfaltsmanagement als Basis für effiziente Produktionssysteme und kontinuierliche Produktinnovation

W. Kersten

1 Vielfaltsmanagement und Dynamische Produktdifferenzierungsstrategie

2 Wirkungsanalyse der Variantenvielfalt

    2.1 Wirkungen der Variantenvielfalt in der Wertschöpfungskette

    2.2 Interdependenzen eines marktorientierten Vielfaltsmanagement

3 Die methodischen Ansätze des integrierten Vielfaltsmanagement

    3.1 Methoden zur Analyse und Bewertung des Produktprogramms

    3.2 Konzepte zur Optimierung der Produktstruktur

    3.3 Konzepte zur Prozeßoptimierung

4 Modulare Produktarchitekturen

    4.1 Die Bedeutung der Modularisierung im Rahmen des Vielfaltsmanagement

    4.2 Modularität als Eigenschaft der Produktarchitektur

    4.3 Methodische Hilfsmittel zum Entwickeln modularer Produktarchitekturen

5 Vielfaltsmanagement als permanenter Regelungsprozeß

Literatur

1 Vielfaltsmanagement und Dynamische Produktdifferenzierungsstrategie

Der ständige Wandel der Anforderungen ist charakteristisch für die Markt- und Wettbewerbssituation in nahezu allen Branchen. Verantwortlich hierfür sind immer individuellere Kundenwünsche, schnell wechselnde Konstellationen der Wettbewerber und neue Technologien. Sowohl private als auch industrielle Kunden verlangen heute Produkte, die speziell auf ihre Bedürfnisse zugeschnitten sind und erwarten gleichzeitig eine äußerst kurzfristige Lieferung. Verstärkt wird dieser Trend durch die rasche Verbreitung von E-Businessansätzen, bei denen sich der Kunde mit Hilfe von Konfiguratoren sein Produkt individuell zusammenstellen kann. Wettbewerber finden sich durch Fusionen und Beteiligungen, durch Kooperationen und Vernetzung in immer neuen Konstellationen zusammen und nutzen die Vorteile global verteilter Wertschöpfung. Neue Technologien wie das Internet schaffen neue Kommunikations- und Interaktionsmöglichkeiten der Unternehmen und führen zu gravierenden Veränderungen der Geschäftsprozesse. Virtuelle Märkte führen zu weltweiter Präsenz und Erreichbarkeit jedes Unternehmens. Gleichzeitig erhöhen sie drastisch die Transparenz über Produkt- und Leistungsangebote aller Wettbewerber.

In einem solchen Umfeld sind statische Produktdifferenzierungs- oder Kostenführerschaftsstrategien kaum noch erfolgversprechend. Kaluza hat dies frühzeitig erkannt und seinerseits eine Strategie der Dynamischen Produktdifferenzierung vorgeschlagen (vgl. Kaluza 1987, Kaluza 1989). Der Grundgedanke dieser Strategie ist es, wechselnde Bedürfnisse der Kunden über die Zeit hinweg erfüllen zu können, indem ein optimales Erzeugniswechselpotential aufgebaut wird. Flexibilität ist deshalb der zentrale strategische Erfolgsfaktor der Dynamischen Produktdifferenzierungsstrategie. Dabei wird angestrebt, Produkte gleichzeitig zu „relativ niedrigen Kosten und mit einer hohen Differenzierung zu produzieren" (Kaluza 1996, S. 202).

In der Praxis haben viele Unternehmen in den letzten Jahren versucht, dieser Strategie Rechnung zu tragen, indem sie ihre Produktions- und Logistiksysteme flexibler ausgestaltet und kontinuierlich weiterentwickelt haben. Darauf aufbauend haben die Unternehmen unter dem Druck des harten Wettbewerbs versucht, jeden Kunden möglichst individuell zu bedienen und auch kleinste Marktnischen auszuschöpfen. Dies hat über Jahre hinweg zu einem deutlichen Anstieg der Variantenvielfalt der angebotenen Produkte geführt. Diese Produktvielfalt ist in der Regel mit einer überproportionalen hohen Teilevielfalt verbunden. Die daraus resultierende Komplexität der Auftragsabwicklung ist für die Unternehmen kaum noch beherrschbar. Störpotentiale und Fehlerquellen in der gesamten Wertschöpfungskette sind die Folge und führen zu höheren Produktkosten, zu schlechterer

Qualität sowie zu längeren Durchlaufzeiten in Entwicklung und Produktion (vgl. Kersten 2000).

Die erfolgreiche Umsetzung einer Dynamischen Produktdifferenzierungsstrategie erfordert flexible und effiziente Produktions- und Logistiksysteme genauso wie permanente Innovationen am Produkt selbst. Ein ungebremster Zuwachs der Variantenvielfalt wirkt im Hinblick auf Effizienz und Innovation jedoch kontraproduktiv. Im Rahmen einer Dynamischen Produktdifferenzierungsstrategie ist deshalb ein marktorientiertes Vielfaltsmanagement, das die Erfüllung aller wesentlichen Kundenwünsche sicherstellt und gleichzeitig die Produkt- und Teilevielfalt im Unternehmen optimiert, unverzichtbar.

2 Wirkungsanalyse der Variantenvielfalt

2.1 Wirkungen der Variantenvielfalt in der Wertschöpfungskette

Produkt- und Variantenvielfalt wirkt grundsätzlich in zwei Richtungen: Zum einen bestimmt die Definition des Produktprogramms über die faktisch erzielte Vergütung am Markt die Erlöse der Unternehmung. Zum anderen stellt sie grundlegende Anforderungen an die Ausgestaltung der Unternehmensstruktur und beeinflußt damit wesentlich die Kostensituation des Unternehmens. Ein marktorientiertes Vielfaltsmanagement, das die Problematik vollständig erfaßt, muß daher immer beide Wirkrichtungen der Produktvielfalt in die Betrachtungen einbeziehen.

Vielfalt ermöglicht die Erfüllung individueller Kundenwünsche. Für die praktische Realisierung einer Differenzierungsstrategie ist Vielfalt auf der Produktebene unerläßlich. Eine Variantengenerierung unterstützt darüber hinaus die vollständige Ausschöpfung der Marktpotentiale und ermöglicht die Verlängerung des Produktlebenszyklus. Auch strategische Aspekte, wie z.B. die Bereitstellung eines Vollsortimentes, um potentiellen Wettbewerbern den Marktzutritt zu erschweren, können eine entsprechende Produkt- und Variantenvielfalt erforderlich machen.

Auf der Teile- und Baugruppenebene ergeben sich ebenfalls positive Wirkungen der Vielfalt. So sind speziell angepaßte Baugruppen und Unterschiedsteile Voraussetzung für eine funktionsspezifische Optimierung von Produktvarianten. Speziell entwickelte Komponenten ermöglichen darüber hinaus eine Reduzierung der Materialkosten bzw. eine Optimierung des Bauteilgewichtes.

Jede Maßnahme, die das Vielfaltsniveau erhöht, hat jedoch stets auch zusätzliche Kosten zur Folge. Neben der unmittelbaren Wirkung auf Fertigungsmaterial und -löhne erhöht sich mit zunehmender Produkt- und Variantenvielfalt der Koordinationsbedarf in der Unternehmung. Die Anzahl der nicht-wertschöpfenden Tätigkeiten steigt proportional zur Anzahl der Varianten, da in der Infrastruktur für jedes neue Produkt bzw. jede neue Variante eine Vielzahl zusätzlicher Leistungen und daher Kosten anfallen, sogenannte variantenabhängige bzw. variantenproportionale Gemeinkosten (vgl. Roever 1991).

Vielfaltsinduzierte Kosten fallen nicht nur an dem Ort ihrer Verursachung an, sondern entlang der gesamten Wertschöpfungskette. Besonders betroffen sind die Produktions- und Logistiksysteme des Unternehmens (Abb. 1).

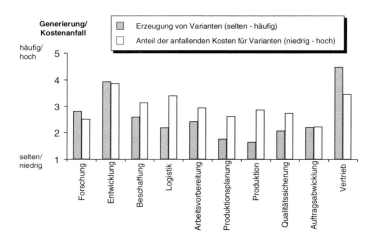

Abb. 1: Verursachung und Kostenanfall der Varianten

In der Beschaffungslogistik, dem Bindeglied zwischen den unternehmensinternen Logistiksystemen und den Lieferanten, führt eine Erhöhung der Variantenvielfalt zwangsläufig zu einer höheren Anzahl zu beschaffender Positionen. Die erhöhte Vielfalt führt zu einer veränderten Zusammensetzung der Lieferungen, so daß bei gleichbleibendem Gesamtliefervolumen die Menge pro Lieferposition abnimmt. Für die Vorgänge im Wareneingang (z.B. im Lager oder in der Kommissionierung) bedeutet dies zusätzlichen Handlingsaufwand, da sich die Gesamtmenge in kleinere Einzelmengen aufteilt. Begleitend erhöht sich auch der dispositive und administrative Aufwand in Form zusätzlichen Steuerungsbedarfs. Mit steigender Vielfalt nimmt tendenziell auch die Prognosesicherheit der Einzelbedarfe ab. Dies schlägt sich entweder in höheren Beständen (Sicherheitsbeständen) oder in einer höheren Anlieferungsfrequenz mit entsprechend zusätzlichem Administrations-, Transport- und Handlingsaufwand nieder (vgl. Kestel 1995).

Die Produktion ist einer der Bereiche im Unternehmen, die die negativen Folgen einer großen Variantenvielfalt am stärksten spüren. Mit der Erhöhung der Endprodukteanzahl sind häufig auch zusätzliche Bearbeitungsstationen im Produktionsprozeß zu durchlaufen. Außerdem haben die einzelnen Varianten unterschiedliche Bearbeitungszeiten an den Bearbeitungsstationen, so daß die Zahl der Produkte, die als gemeinsame Losgröße durch die Produktion geführt werden können, abnimmt. Mit abnehmender Losgröße steigt die Anzahl interner Transportvorgänge. Die Unsicherheiten bei der Prognose des Primärbedarfs, die infolge einer hohen Variantenvielfalt auftreten, ziehen stärkere Schwankungen auf der Teile- und Baugruppenebene nach sich, die insbesondere bei zeitkritischen Komponenten gegebenenfalls auch zu höheren Beständen in den Zwischenlagern führen. In der Summe führen die vorgestellten Auswirkungen dazu, daß die Komplexität in der Produktionslogistik stark ansteigt. Aus der erhöhten Komplexität resultiert ein erheblicher Planungs- und Steuerungsaufwand, der nicht nur nahezu alle Aufgabenfelder der Produktionslogistik tangiert, sondern auch den Neuentwurf des übergeordneten Produktionslogistikkonzeptes erforderlich machen kann (vgl. Kestel 1995).

Neben den variantenproportionalen Kosten, die direkt aus der größeren Belastung der Infrastruktur infolge einer erhöhten Variantenvielfalt resultieren, kommt es mit zunehmender Produkt- und Variantenvielfalt zur Überlastung vorhandener Unternehmensressourcen. Es treten vermehrt komplexitätsbedingte Ablaufstörungen und Engpässe in unterschiedlichen Wertschöpfungsstufen des betrieblichen Leistungserstellungsprozesses auf. Dies bezieht sich nicht nur auf bestimmte Betriebsmittel in der Fertigung, sondern betrifft auch und gerade die Entwicklungsabteilungen. In den Entwicklungsabteilungen führt die zusätzliche Variantenbelastung dazu, daß qualifizierte und knappe Entwicklungsressourcen für die Ableitung von Produktvarianten mit geringer Stückzahl verbraucht werden, anstatt diese Zeit etwa für zukunftsorientierte Grundlagenentwicklungen zu nutzen, die zukünftige Absatzmärkte und damit Erlöspotentiale bedeuten können (vgl. Roever 1991).

Die nicht-optimale Ressourcennutzung des Unternehmens kann zu erheblichen Opportunitätskosten in Form von Umsatz- und Deckungsbeitragsausfällen führen (vgl. Schulte 1989). Darüber hinaus veranlaßt die vielfaltsbedingte Überlastung der betrieblichen Kapazitäten die Unternehmensführung meist zusätzliche Kapazitäten aufzubauen, mit dem Ziel, die identifizierten Engpässe zu beseitigen. Über diesen Mechanismus werden die Vielfaltskosten schrittweise der Struktur inkorporiert, indem sie als Fixkosten manifestiert werden.

2.2 Interdependenzen eines marktorientierten Vielfaltsmanagement

Die differenzierte Analyse der innerbetrieblichen Wirkungen der Produkt- und Variantenvielfalt läßt erkennen, daß Vielfaltsmanagement in einem komplexen System erfolgt, das eine Vielzahl an Freiheitsgraden und mannigfaltige Wechselwirkungen zwischen diesen Freiheitsgraden aufweist.

Ein Strukturbild (Abb. 2) verdeutlicht diese Interdependenzen des marktorientierten Vielfaltsmanagement im Unternehmen. Von der Betriebswirtschaft werden die Kosten- und Nutzenwirkungen der Variantenvielfalt analysiert und bewertet. Aus der Gegenüberstellung von Kosten und Nutzen der Vielfalt läßt sich prinzipiell ein optimales Vielfaltsniveau ableiten (vgl. hierzu Rathnow 1993). Aus diesen betriebswirtschaftlichen Bewertungen entstehen Vorgaben für die technische und organisatorische Umsetzung der Vielfalt im Unternehmen. Bei der Umsetzung sind einerseits die technischen Produktstrukturen zu definieren. Zum anderen sind die organisatorischen Strukturen, die Abläufe und die Technologien in der Produktion, aber auch in Entwicklung und Vertrieb, festzulegen. Anzahl und Art der Prozesse sind wiederum maßgebend für die Ressourcendimensionierung.

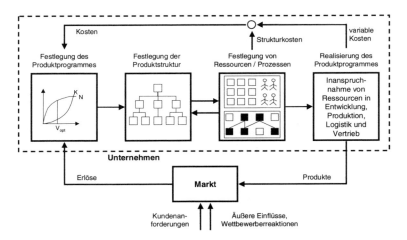

Abb. 2: Interdependenzen des Vielfaltsmanagement

Innerhalb dieses definierten strukturellen und technischen Rahmens wird die Variantenvielfalt im Unternehmen physisch realisiert. Die dabei entstehenden variablen Kosten fließen zusammen mit den Strukturkosten, die sich aus der Ressourcendimensionierung ergeben, in das Bewertungsmodell des Controllings zurück. Erforderliche Kapazitätsanpassungen, die bei der Realisierung des Produktprogramms erkennbar werden, werden rückgemeldet und umgesetzt. Die Nutzenwirkungen der Vielfalt hängen davon ab, ob das Produktangebot den Anforderungen der Kunden entspricht und in welchem Umfang es vom Markt angenommen wird. Daraus ergibt sich, welche Vergütung damit faktisch erzielt werden kann. Hierbei spielen äußere Einflüsse, wie z. B. Wettbewerberreaktionen, eine erhebliche Rolle.

Bereits diese stark vereinfachte Interdependenzbetrachtung des Vielfaltsmanagement läßt erkennen, daß aufgrund der vielfältigen Wechselwirkungen und der Vielzahl möglicher Stellhebel nur eine temporäre Annäherung an ein optimales Vielfaltsniveau möglich ist. Diese kann zudem durch externe und interne Veränderungen schnell wieder überholt sein. Entscheidungen über Produktvarianten und Teilevielfalt im Unternehmen müssen deshalb stets im Spannungsfeld positiver und negativer Wirkungen der Vielfalt erfolgen.

Die Interdependenzanalyse des Vielfaltsmanagement und die beispielhafte Darstellung der Auswirkungen einer überhöhten Variantenvielfalt anhand der Produktions- und Logistiksysteme sowie der Entwicklungsabteilungen macht deutlich, daß die Bemühungen um eine erhöhte Effizienz bei der prozessualen Beherrschung der Vielfalt keine Wettbewerbswirksamkeit entfalten, wenn das zugrunde liegende Produktprogramm und damit auch das Produkt- und Teilespektrum eine zu hohe Variantenvielfalt, also eine zu geringe Effektivität, aufweisen. Die Voraussetzung für den Entwurf effizienter Organisationsstrukturen ist daher ein Vielfaltsmanagement, das über die intelligente Festlegung des Produktprogramms und durch die variantengerechte Gestaltung der Produktstruktur zunächst eine hohe Effektivität gewährleistet, indem das Entstehen unnötiger Vielfalt bereits im Ansatz verhindert wird. Die dann noch verbleibende Vielfalt im Leistungserstellungsprozeß bildet die Dimensionierungsgrundlage für den Entwurf effizienter Produktions- und Logistiksysteme zur optimalen Vielfaltsbeherrschung.

3 Die methodischen Ansätze des integrierten Vielfaltsmanagement

Aufgrund der im vorangegangenen Kapitel dargestellten Komplexität und Interdependenz der Vielfaltsproblematik ist die Formulierung eines allgemeingültigen und in der Praxis handhabbaren Optimierungsmodells, das die im System vorhandenen Freiheitsgrade unter Berücksichtigung ihrer Wechselwirkungen simultan optimiert, kaum leistbar. Es erscheint hier erfolgversprechender, einzelne Methodenbausteine je nach Situation und Entscheidungsbedarf miteinander zu kombinieren, um den Unternehmen zu einer Annäherung an eine ergebnisoptimale Positionierung der eigenen Produkt- und Teilevielfalt zu verhelfen.

Die methodischen Ansätze eines integrierten Vielfaltsmanagement beziehen sich auf die Gestaltung des Produktprogramms mit Hilfe betriebswirtschaftlicher Bewertungsmethoden und Entscheidungsmodelle, auf die Optimierung der Produktstruktur über technische Konzepte zur Reduzierung der Teilevielfalt sowie auf die variantengerechte Gestaltung der Geschäftsprozesse im Unternehmen durch die Anwendung organisatorischer Konzepte zur Vielfaltsbeherrschung - insbesondere im Produktionsbereich (vgl. Kersten 2000).

3.1 Methoden zur Analyse und Bewertung des Produktprogramms

Für eine erste Beurteilung und Strukturanalyse bestehender Sortimente bietet sich die ABC-Analyse als einfaches und effizientes Verfahren an. Die *ABC-Analyse* macht die Defizite eines nicht optimalen Produktprogramms transparent und liefert Ansatzpunkte für eine systematische Elimination von Varianten. Über die Verknüpfung von produkt- und kundenbezogenen ABC-Analysen in einem Variantenportfolio lassen sich auch marktbezogene Risiken von Veränderungen des Produktprogramms zumindest qualitativ aufzeigen (vgl. Homburg/Daum 1997).

Als Methode zur verursachungsgerechten Kostenquantifizierung von Produktvarianten steht die *Prozeßorientierte Kalkulation* zur Verfügung (vgl. Horváth/Mayer 1989, Horváth/Gleich/Lamla 1993). Die Prozeßorientierte Kalkulation erhöht die Kostentransparenz in den indirekten Leistungsbereichen, so daß eine Leistungs- und Kostenplanung auf Mengenbasis erfolgen kann, die eine verursachungsgerechte Verrechnung produktabhängiger Gemeinkosten ermöglicht. Da die vollständige Umsetzung der Prozeßkostenrechnung einen hohen Aufwand verursacht, kann eine vereinfachte prozeßorientierte Kalkulation auch gezielt als vorbereitende Analyse für strategische Variantenentscheidungen herangezogen werden, ohne die konventionellen Kostenrechnungssysteme aufzugeben.

Darüber hinaus stehen Verfahren wie z. B. die Komplexitätskostenanalyse von Bohne (1998) zur Verfügung, mit deren Hilfe der gesamte komplexitätsinduzierte Kapazitätsbedarf berechnet werden kann. Dies geschieht über eine „Zero-Base-Analyse" der Ressourcendimensionierung, bei der eine fiktive Grundkapazität berechnet wird, die zur Herstellung und zum Vertrieb eines homogenen, vielfaltsfreien Produktionsvolumens notwendig ist. Diese hypothetische Grundkapazität dient dann als Bezugspunkt zur Erfassung der komplexitätsinduzierten Strukturkosten. Ein solches Verfahren ist besonders bei einer kompletten Neuplanung des Produktprogramms bzw. zur Positionsbestimmung angezeigt.

Im Rahmen der Nutzenquantifizierung sind Zusatzerlöse zu bestimmen, die sich durch die exaktere Anpassung an Kundenanforderungen mittels zusätzlicher Varianten ergeben. Im Gegensatz zur Kostenseite, bei der allein das Verhalten des direkt kontrollierbaren eigenen Systems betrachtet wird, sind hier eine Vielzahl von äußeren Abnehmersystemen einzubeziehen, deren Verhalten sich einem unmittelbaren Zugriff des Unternehmens entzieht. Ansatzpunkt für die Quantifizierung der Nutzenwirkungen ist die Präferenzbildung der Abnehmersysteme. Die Abnehmer müssen die angebotenen Leistungen faktisch vergüten und treffen damit die endgültige Entscheidung über die Bewertung des Produktes und damit auch über den Wert einer Variation (vgl. Wittmann 1998). Als methodische Unterstützung kann hier die *Conjoint Analyse* eingesetzt werden, mit deren Hilfe der vom Kunden wahrgenommene Produktnutzen in Verbindung mit bestimmten Merkmalsausprägungen des Produktes gesetzt wird und eine Beziehung zwischen einem einzelnen Produktmerkmal und dem Gesamturteil aufgebaut werden kann.

Um zusätzlich die Wechselwirkungen innerhalb einer Produktgruppe eines Unternehmens erfassen zu können oder die Plazierung dieser Produktgruppe im Vergleich zu Konkurrenzprodukten berücksichtigen zu können, sind unternehmensspezifische Modelle zur *Abbildung von Marktwirkungen* aufzubauen, die auch Wettbewerberreaktionen berücksichtigen. In Verbindung mit den Ergebnissen der ABC- und Prozeßkostenanalysen liefern sie die Basis für strategisch fundierte Vielfaltsentscheidungen. Die genannten Methoden zur Kosten- und Nutzenbewertung von Produktvarianten können dabei nicht nur für die Bewertung bestehender Sortimente eingesetzt werden, sondern lassen sich problemlos auch auf geplante Produktvarianten und neue Produkte ausweiten.

3.2 Konzepte zur Optimierung der Produktstruktur

Über die Produktstruktur wird die innere Vielfalt, also die Vielfalt auf der Baugruppen- und Teileebene determiniert. Die technischen Konzepte, die hier zur Anwendung gelangen, haben das Ziel, die positive Korrelation zwischen äußerer und innerer Vielfalt zu durchbrechen. Sie sollen – bei vorgegebener äußerer Vielfalt – das Ausmaß der inneren Vielfalt minimieren.

Die größte Bedeutung kommt in diesem Zusammenhang der *Produktmodularisierung* zu, d.h. dem Aufbau von Produkten aus standardisierten Funktionsmodulen, die über normierte Schnittstellen verbunden werden. Durch die Nutzung des Kombinatorikeffektes ermöglicht die Anwendung dieses Konzeptes das Bereitstellen einer großen Produkt- und Variantenvielfalt bei begrenzter Vielfalt auf der Baugruppen- und Teileebene. Aufgrund der besonderen Bedeutung dieses Konzeptes ist der Darstellung der Modularisierung nachfolgend ein eigenes Kapitel gewidmet.

Ein weiterer Ansatz zur Reduzierung innerer Vielfalt ist ein umfassendes *Gleichteilekonzept*. Dieser Ansatz zielt darauf ab, möglichst viele gleiche Teile in einem oder in mehreren unterschiedlichen Produkten zu verwenden. Erreichbar ist dies insbesondere über die Implementierung von Konstruktionskatalogen und rechnerunterstützten Systemen zur Wissensverarbeitung in der Konstruktion und Entwicklung. Das Zurückgreifen auf bewährte vorhandene Lösungen führt zu einer Erhöhung der Effizienz und der Flexibilität der Produktentwicklung und -erstellung sowie zu einer deutlichen Qualitätssteigerung (vgl. Franke u.a. 1991). Zur effizienten Realisierung dieses Ansatzes bedarf es eines rechnerunterstützten Systems, das in Form eines Moduls in das CAD-System integriert ist und den Konstrukteur bei der Wiederhol- bzw. Ähnlichteilsuche unterstützt. Das System sollte auf einem Produktmodell basieren, das neben der Bauteilgeometrie auch fertigungsrelevante Zusatzinformationen umfaßt, so daß die Suche nach nahezu allen technischen Ausprägungen unterstützt wird. Durch das zusätzliche Hinterlegen von Kosteninformationen im gemeinsamen Produktmodell besteht darüber hinaus die Möglichkeit der konstruktionsbegleitenden Kalkulation (vgl. Fried/Siefke/Seidler 1994).

3.3 Konzepte zur Prozeßoptimierung

Auf der Prozeßebene geht es schließlich um die Frage, wie der Prozeß der Produkterstellung durch die Anpassung an vielfaltsbedingte Erfordernisse optimiert werden kann, wie also die verbleibende innere Vielfalt effizient und kostengünstig beherrscht werden kann.

Der weitestgehende Ansatz zur Komplexitätsbewältigung besteht aus der Übertragung der Modularisierung auf die strukturelle Gestaltung der Produktion. In diesen Zusammenhang sind alle Konzepte der *flexiblen Produktion/Fertigungssegmentierung* einzuordnen, die die Restrukturierung der Produktion in selbstregulierende, dezentrale Subsysteme vorsehen. Diese Konzepte ermöglichen das Erreichen von Skalen- und Mengendegressionseffekten selbst bei variantenreicher Produktion, wenn in den einzelnen Fertigungssegmenten durch die Entflechtung von Kapazitäten größere Mengen einheitlicher Produkte gefertigt werden können. Da in den Fertigungssegmenten gezielt Flexibilität für ein begrenztes Produktspektrum vorgehalten werden kann, steigen die variantenabhängigen Kosten bei zunehmender Variantenvielfalt weniger stark an als in herkömmlichen Fabriken (vgl. Wildemann 1990).

Die Gewährleistung einer hohen Effektivität durch die Restrukturierung der Fertigungsablauforganisation ermöglicht den ergänzenden Einsatz eines weiteren Konzeptes zur Erhöhung der Effizienz bei der prozessualen Beherrschung der Vielfalt: der *flexiblen Automatisierung*. Die flexible Automatisierung der Produktion kann bei einer variantenreichen Serienfertigung z.B. über den Einsatz flexibler Fertigungssysteme erreicht werden.

Flexible Fertigungssysteme sind mehrstufige Produktionssysteme, in denen Bearbeitungs-, Materialfluß- und Informationssystem integriert sind. Flexible Fertigungssysteme sind für ein Sortiment geometrisch und technologisch ähnlicher Arbeitsgegenstände ausgelegt (vgl. Pleschak 1988), welches in der Regel in einem Fertigungssegment vorliegt. Ein flexibles Fertigungssystem enthält mehrere Bearbeitungsstationen, die durch ein automatisiertes Materialflußsystem so verknüpft sind, daß ein möglichst vollständiges Bearbeiten unterschiedlicher Werkstücke im System möglich ist. Die einzelnen Stationen lassen sich in beliebiger Reihenfolge anfahren, so daß die unterschiedlichen Werkstücke das System auf verschiedenen Pfaden durchlaufen können (vgl. Nedeß 1997).

Mit dem Konzept der flexiblen Automatisierung sind jedoch hohe Anfangsinvestitionen sowie ein Anstieg des Fixkostenniveaus verbunden, so daß dieses Konzept vor dem Einsatz auf jeden Fall einer gründlichen Prüfung im Rahmen der strategischen Investitionsplanung unterzogen werden muß.

Ein mit der Fertigungssegmentierung verwandtes Konzept ist die *Verschiebung des Differenzierungspunktes* für Produktvarianten in der Produktion. Diese Methode der Vielfaltsbeherrschung identifiziert zunächst die variantenbestimmenden Einflußfaktoren und prüft, inwieweit durch Konstruktionsänderungen am Produkt oder durch den Einsatz neuer Fertigungsverfahren der Variantenbestimmungspunkt in Richtung Ende der logistischen Kette verschoben werden kann. Hierdurch wird die innere Vielfalt und damit der logistische Aufwand auf allen vorgelagerten Produktionsstufen reduziert (vgl. Wildemann 1997). Entsprechend ist auch die Wahl der Bevorratungsebene (vgl. Hoitsch/Lingnau 1995) so zu treffen, daß sie vor einem größeren Wertzuwachs sowie der kundenspezifischen Produktdifferenzierung liegt.

Im Rahmen der Prozeßoptimierung ist auch die Frage der Positionierung des Unternehmens im Wertschöpfungszusammenhang (Integrationsgrad) zu hinterfragen. Fremdbezogene Leistungsbestandteile können zu einer Verringerung der fertigungstechnischen Komplexität im Unternehmen führen. Allerdings steigt im Gegenzug zu der sinkenden Ablaufkomplexität in der Fertigung die Dispositionskomplexität im Unternehmen deutlich an, so daß das Risiko von Ablaufstörungen nicht geringer wird. Zudem lassen sich die Zulieferanten variantenreiche Produktanforderungen vom Abnehmer vergüten. In den Unternehmen setzt sich deshalb die Erkenntnis durch, vor einer Vergabe an Zulieferanten zunächst die Variantenvielfalt zu bereinigen (vgl. Kersten 2000).

4 Modulare Produktarchitekturen

4.1 Die Bedeutung der Modularisierung im Rahmen des Vielfaltsmanagement

Trotz der aufgezeigten negativen Auswirkungen einer überhöhten Variantenvielfalt sehen sich viele Unternehmen durch die weitere Individualisierung der Nachfrage auch zukünftig einem verstärkten Druck zur Erhöhung Ihrer Produktvielfalt ausgesetzt. Eine solche Entwicklung wird z. B. durch die zunehmende Nutzung des Internets als Vertriebskanal forciert. So setzen viele Unternehmen die Produktvielfalt in diesem Vertriebskanal in besonderer Weise als absatzpolitisches Instrument ein, indem sie ihren Kunden z. B. die Möglichkeit bieten, ihre Produkte am Bildschirm individuell zu konfigurieren.

Aufgrund dieser Entwicklung rücken verstärkt Ansätze zur Produktstrukturoptimierung in den Brennpunkt des Interesses, da diese in der Lage sind, das Spannungsfeld zwischen positiven und negativen Wirkungen der Produktvielfalt abzuschwächen bzw. aufzulösen. Das Konzept, dem in diesem Zusammenhang die größte Bedeutung zukommt, ist die Produktmodularisierung. Der Grund hierfür liegt in der Nutzung des Kombinatorikeffektes: Durch die Kombination einer begrenzten Menge an Modulen kann eine relativ große Variantenvielfalt realisiert werden. Auf diese Weise wird also die positive Korrelation zwischen der Produktvielfalt und der Vielfalt auf der Baugruppen- und Teileebene durchbrochen (vgl. Rathnow 1993).

Das Konzept der Produktmodularisierung ermöglicht weiterhin eine Komplexitätsreduzierung in der frühen Phase der Produktentwicklung. Die Dekomposition eines Produktes in diskrete Module führt zu einer Entkoppelung der Entwicklungsaufgaben. Die Komplexität der Einzelaufgaben wird dadurch stark reduziert (vgl. Göpfert 1998). Da die Wechselwirkungen zwischen den Modulen weitgehend auf die Schnittstellen begrenzt sind, verringert sich die Anzahl der Abhängigkeiten, die die Entwickler bei der Bearbeitung ihrer Aufgabe berücksichtigen müssen. Außerdem können die Entwicklungsprozesse für die einzelnen Module parallel ablaufen, wodurch die Markteinführungszeit verkürzt wird. Im Produktionsbereich können die Module unabhängig voneinander in optimalen Losgrößen gefertigt und getestet werden, was bei einer kundenauftragsabhängigen Produktion zu einer schnelleren Auftragsabwicklung führt.

Eine modulare Produktarchitektur vereinfacht darüber hinaus die technische Weiterentwicklung eines Produktes, da neue Technologien in das Produkt integriert oder Funktionalitäten des Produktes erweitert werden können, ohne dafür ein komplett neues Produkt entwerfen zu müssen. Statt dessen werden einzelne Module erneuert, ohne die zugrunde liegende Architektur zu verändern. Auf diese Weise kann zum Beispiel unterschiedlichen Lebenszyklen der Produktkomponenten, die sich aus dem technologischen Fortschritt oder aus Markterfordernissen ergeben können, Rechnung getragen werden. So kann eine hohe Innovationsgeschwindigkeit realisiert werden, die für den Hersteller durch Begrenzung der Komplexität beherrschbar bleibt. Unterstützend wirkt hierbei die Tatsache, daß ein modularer Produktaufbau Zulieferern oder Fremdanbietern ermöglicht, sich als Systemlieferant ganz auf die Entwicklung bestimmter Module zu konzentrieren. Ein derart fokussierter Know-how-Aufbau begünstigt ebenfalls eine schnelle Weiterentwicklung der betreffenden Komponenten (vgl. Henderson/Clark 1990).

4.2 Modularität als Eigenschaft der Produktarchitektur

Für den Begriff Modularität existiert in der Technik bislang keine einheitliche Definition. Doch auch wenn das Verständnis bei der Benutzung des Begriffes variieren kann, so bezieht sich Modularität im Kern fast immer auf den Aufbau von Produkten aus standardisierten Funktionsbausteinen, die über normierte Schnittstellen miteinander verbunden werden (vgl. z.B. Schuh 1988, Koller 1994).

Für die weiteren Betrachtungen wird eine Definition zugrunde gelegt, die Modularität als eine graduelle Eigenschaft der Produktarchitektur versteht. Diese Eigenschaft entsteht aus der physischen Unterteilung der Produkte in bestimmte Komponenten. Produkte sind nicht entweder modular oder nicht modular, sondern sie besitzen eine mehr oder weniger modulare Architektur. Der Grad der Modularität wird durch die Ausprägung zweier wesentlicher konstruktiver Merkmale determiniert (vgl. Ulrich/Tung 1991):

1. dem Grad der Entsprechung von Funktionsstruktur und physischer Baustruktur eines Produktes und
2. der Entkoppelung der Schnittstellen zwischen den physischen Komponenten eines Produktes.

Je größer der Grad der Übereinstimmung zwischen der Funktionsstruktur und der physischen Realisierung in der Baustruktur ist, desto modularer ist eine Architektur. Größtmögliche Modularität wird also erreicht, wenn jede Teilfunktion genau von einer physisch separierbaren technischen Komponente / Baugruppe realisiert wird, und umgekehrt jede technische Komponente auch nur eine Funktion erfüllt, wenn also eine bijektive Abbildung zwischen Funktions- und Baustruktur vorliegt (vgl. Ulrich 1995).

Von der Entkoppelung der Schnittstellen spricht man, wenn diese so gestaltet sind, daß zwischen den einzelnen Komponenten nur die im Rahmen der Funktionserfüllung *gewollten* Energie-, Stoff- und Signalflüsse ausgetauscht werden und darüber hinaus keine strukturellen Abhängigkeiten bestehen. Auch dieses Merkmal stellt eine graduelle Eigenschaft dar. Je stärker die Schnittstellen entkoppelt sind, desto modularer ist eine Produktarchitektur, da in dem Fall der Veränderung einer Komponente nicht zwangsweise die Veränderung einer anderen Komponente erforderlich ist, die mit ersterer in Wechselwirkung steht (vgl. Ulrich 1995).

Sind beide definitorischen Merkmale erfüllt, so stellen die Module eines Produktes in beiden Dimensionen der Produktarchitektur, also unter funktionsorientierter und gestaltorientierter Sichtweise, weitgehend autonome Subsysteme dar, deren *interne* Verbindungen sehr viel stärker ausgeprägt sind als die Verbindungen *zwischen* den Modulen. Die Unabhängigkeit der Module ist die Voraussetzung der

Komplexitätsreduzierung in der Produktentwicklung, der Parallelisierung von Arbeitsabläufen und der Mehrfachverwendung der Module in unterschiedlichen Gesamtfunktionsvarianten (vgl. Göpfert 1998).

4.3 Methodische Hilfsmittel zum Entwickeln modularer Produktarchitekturen

Bislang existieren kaum systematische Ansätze, die die Entwicklung modularer Produktarchitekturen in der frühen Phase der Produktentwicklung, der Konzeptphase, unterstützen. Nachfolgend werden einige methodische Hilfsmittel zur Entwicklung modularer Produktarchitekturen vorgestellt, die dazu beitragen sollen, den bisher intuitiv gestalteten Entwicklungsprozeß ansatzweise zu systematisieren.

Im Rahmen des Vielfaltsmanagement werden modulare Produktarchitekturen in der Regel als Basis modularer Produktsysteme entwickelt, mit dem Ziel, den oben beschriebenen Kombinatorikeffekt zu nutzen. Für die wirtschaftliche Auslegung und Abgrenzung eines modularen Produktsystems sind Angaben über die marktseitig erwartete Häufigkeit der einzelnen Gesamtfunktionen und des ungefähren technischen Aufwandes zur Realisierung bestimmter Teilfunktionen unerläßlich. Die technische und wirtschaftliche Optimierung des modularen Produktsystems für die am häufigsten verlangten Gesamtfunktionsvarianten ist die Voraussetzung für eine wirtschaftliche Verbesserung gegenüber einer Einzelausführung. Selten benötigte Varianten, die die Realisierung des modularen Produktsystems verteuern, sollten im Interesse eines wirtschaftlichen Gesamtsystems aus dem modularen Produktsystem herausgenommen werden (vgl. Pahl/Beitz 1997).

Die Module eines Produktsystems können hinsichtlich ihrer Verwendung generell in Grundmodule und Anpassungsmodule klassifiziert werden. Grundmodule sind in allen Gesamtfunktionsvarianten enthalten, sie stellen die Produktplattform dar. Mit Hilfe der Anpassungsmodule werden die unterschiedlichen Produktvarianten realisiert.

Für die Festlegung der Modulaufteilung und des Modulumfanges ist es zweckmäßig, das Produkt analytisch als eine Menge von technischen Komponenten zur Erfüllung der wesentlichen Teilfunktionen zu betrachten. Der Auflösungsgrad hängt hierbei von dem Innovationsgrad der Entwicklungsaufgabe bzw. von dem schon vorhandenen Lösungswissen ab. Die Komponenten werden zunächst daraufhin untersucht, ob sie aufgrund unterschiedlicher Funktions- und Leistungsanforderungen oder im Hinblick auf die Produktdifferenzierung und Kundenwahrnehmung ein eigenes Modul bilden sollten, das spezifisch für die jeweiligen Gesamtfunktionsvarianten angepaßt wird. In diesem ersten Schritt werden also diejenigen Komponenten herausgefiltert, die — durch technische Varianz oder

Marktvarianz begründet — in Form eines Anpassungsmoduls realisiert werden sollten (vgl. Pahl/Beitz 1997).

Die verbleibenden Komponenten werden in der sogenannten Modul-Indikations-Matrix (MIM) (vgl. auch Erixon 1998), deren Aufbau einer QFD-Matrix ähnelt (Abb. 3), gegen allgemeine Modularisierungstreiber gespiegelt. Modularisierungstreiber sind Kriterien, die eine Indikation dafür sind, daß eine Komponente ein eigenes Modul oder zumindest die prägende Basis eines Moduls darstellen sollte. Ist z.B. der Technologiezyklus einer Komponente länger oder kürzer als die Produktlebensdauer, soll diese Komponente also in der nächsten Produktgeneration wiederverwendet werden oder vor Ende der Produktlebensdauer durch eine andere ersetzt werden, dann sollte diese Komponente ein eigenes Modul bilden. Muß eine Komponente spezielle Fertigungsprozesse durchlaufen oder liegen besondere Montageanforderungen vor, so kann dies ebenfalls eine Modulbildung rechtfertigen. Wird ein Fremdbezug für eine bestimmte Komponente angestrebt, ist es vorteilhaft, diese Komponente als möglichst unabhängiges Modul im Entwicklungsprozeß vorzusehen. Bedarf eine Komponente der speziellen Entsorgung und muß daher als möglichst eigenständige Einheit demontierbar sein, so kann auch dies eine Indikation für eine Modulbildung darstellen. Auch wenn eine Komponente aus Gründen der Wartung und Instandhaltung leicht austauschbar sein muß oder während des Fertigungsprozesses separat getestet werden muß, ist es zweckmäßig, diese Komponente in Form eines eigenen Moduls zu realisieren.

○ = 1 ◐ = 3 ● = 9		Komponente 1	Komponente 2	Komponente 3	Komponente 4	....
Technologiezyklus	länger als Prod.	●	●			
	kürzer als Prod.			◐	●	
Fertigung / Montage		●	●			
Einkauf / Fremdvergabe				◐		
Spezielle Entsorgung			●			
Wartung / Instandhaltung			◐	○		
Separates Testen			●			
Σ		18	39	7	9	....

Abb. 3: Die Modul-Indikations-Matrix

Je nach dem Grad der Erfüllung dieser Kriterien werden nun in die entsprechenden Felder der Modul-Indikations-Matrix die Werte 0, 1, 3 oder 9 eingetragen. Die einzelnen Werte der Modularisierungstreiber werden anschließend spaltenweise für jede Komponente aufsummiert. Komponenten, die viele einzigartige, hoch gewichtete Modularisierungstreiber aufweisen, werden zu Modulinitiatoren. Sie sind Ausgangspunkt für den weiteren Modularisierungsprozeß, da sie in Form eines eigenen Moduls realisiert werden oder die Grundlage eines Moduls darstellen. Wenige, niedrig gewichtete Modularisierungstreiber deuten dagegen darauf hin, daß die entsprechende Komponente gut mit anderen Komponenten zusammengefaßt bzw. leicht in andere Module integriert werden kann. Bei dem Gruppieren von Komponenten oder dem Integrieren von Komponenten in Module muß darauf geachtet werden, daß die Treiberprofile der Komponenten eine möglichst hohe Kongruenz aufweisen, zumindest aber konfliktfrei sind. So sollte z.B. eine Komponente mit kürzerem Technologiezyklus als das Produkt nicht mit einer Komponente, die einen längeren Technologiezyklus als das Produkt aufweist, in einem Modul zusammengefaßt werden. Unter Beachtung dieser Maßgabe können nach Auswertung der Modul-Indikations-Matrix erste Konzepte modularer Produktarchitekturen generiert werden.

Ein wichtiges methodisches Hilfsmittel zur Bewertung modularer Produktarchitekturen auf der Konzeptebene ist die System-Interaktions-Matrix (Abb. 4) (vgl. auch Baldwin/Clark 1999 und Gausemeier/Riepe 2000). In der System-Interaktions-Matrix werden die gegenseitigen Beeinflussungen der Komponenten bei Ihrer Funktionserfüllung untersucht. Hierbei ist das Ziel, starke Wechselwirkungen zwischen Komponenten, die eine enge gegenseitige Abstimmung hinsichtlich der Funktionsoptimierung erforderlich machen, in ein gemeinsames Modul zu integrieren. Diese Forderung referiert auf das zuvor erwähnte Unabhängigkeitsprinzip, wonach die Module weitgehend autonome Subsysteme in der Produktarchitektur darstellen sollten, bei denen die internen funktionalen und physischen Beziehungen sehr viel stärker ausgeprägt sind als die Beziehungen zwischen den Modulen. Erfüllt das Konzept der modularen Produktarchitektur diese Forderung nicht, sondern weist es starke Wechselwirkungen und dementsprechend einen hohen Abstimmungsbedarf zwischen den einzelnen Modulen auf, sollte die Produktarchitektur in Abstimmung mit der Modul-Indikations-Matrix überdacht werden. Unterschiedliche Modulkonfigurationen können in der System-Interaktions-Matrix durch einfaches Umsortieren der Zeilen und Spalten untersucht werden.

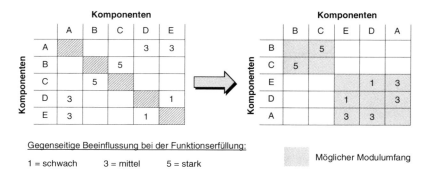

Abb. 4: Die System-Interaktions-Matrix

Vor der Entwurfsfreigabe muß das Konzept der modularen Produktarchitektur allgemein auf mögliche Unverträglichkeiten hinsichtlich Schwingungen, Temperatur oder elektromagnetischer Phänomene untersucht werden. Gelingt es nicht, vorhandene Unverträglichkeiten über eine Schnittstellenentkopplung zu beseitigen, so muß die zugrunde liegende Architektur modifiziert werden. Hierbei ist jedoch anzumerken, daß die endgültige Verträglichkeitsprüfung nicht auf der Konzeptebene vorgenommen werden kann, sondern erst möglich ist, wenn ein detaillierter Entwurf vorliegt, der z.B. auch Aussagen hinsichtlich erforderlicher geometrischer Packungsdichten erlaubt.

5 Vielfaltsmanagement als permanenter Regelungsprozeß

In den beiden vorangegangenen Kapiteln wurden die methodischen Ansätze des Vielfaltsmanagement im allgemeinen und das Konzept der Produktmodularisierung im besonderen vorgestellt. Ein wirksames Vielfaltsmanagement läßt sich jedoch nicht auf die einmalige Anwendung der richtigen Methodenkombination reduzieren. Wie bereits im zweiten Kapitel gezeigt wurde, ist das System des Vielfaltsmanagement durch eine erhebliche Komplexität und Dynamik gekennzeichnet, so daß jeweils nur eine temporäre Annäherung an das optimale Vielfaltsniveau der Unternehmung möglich ist. Zur nachhaltigen Sicherung der Optimalität der Ausrichtung des Unternehmens muß Vielfaltsmanagement daher als permanenter Regelungsprozeß verstanden und als solcher dauerhaft im Unternehmen implementiert werden.

Am Anfang dieses Prozesses steht die Formulierung strategischer Ziele für die Produkt- und Teilevielfalt. Methodische Hilfestellung bei der Zielformulierung geben für die Produktvarianten die Analyse von Erfolgsfaktoren und Kernkompetenzen sowie die Analyse der Wettbewerbsangebote. Auf dieser Basis können gezielt variantenorientierte Abschätzungen bzw. Modellrechnungen für den Umsatz vom Vertrieb durchgeführt werden. Zur ökonomischen Bewertung bieten sich auch die Modelle der strategischen Programmplanung an, sofern Deckungsbeiträge verwendet werden, die die variantenbedingten Infrastrukturkosten durch die Varianten explizit berücksichtigen (vgl. Roever 1991).

Die strategischen Vielfaltsziele lassen sich besonders wirksam bei neuen Produkten umsetzen. Die formulierten Zielsetzungen sind deshalb bereits in der Konzeptphase produktbezogen zu operationalisieren und im Lastenheft bzw. in der Produktspezifikation zu verankern sowie bei der Vereinbarung von Zielkosten zu berücksichtigen.

Die Umsetzung eines neuen Produktkonzepts im Produktentstehungsprozeß erfolgt in aller Regel in Projektform. Die produktbezogenen Vielfaltsziele gelten deshalb nur mittelbar für die Funktionsbereiche und sind diesen im nächsten Schritt zuzuordnen, um sie in die Bereichsziele als wesentliches Zielelement aufnehmen zu können. Zusätzlich müssen auf Bereichsebene auch die Vielfaltsziele für Produkte aus der laufenden Serie eingebracht werden. Um auf dieser Ebene die Konvergenz zwischen Individualzielen und Zielen des Unternehmens herzustellen, sind die Vielfaltsziele genau wie andere Ziele des Bereichs als persönliche Ziele gehaltswirksam zu vereinbaren. Im Rahmen der Führung nach Zielvereinbarung erfolgt dies kaskadenartig von der obersten Führungsebene bis zur Mitarbeiterebene. Die gemeinsame Festlegung der individuellen Ziele und die Diskussion des Beitrags, den der Einzelne selbst bzw. mit seinem Bereich leisten kann, erhöht das Problembewußtsein im Unternehmen und fördert die Akzeptanz der Vielfaltsziele. Die individuelle Verantwortlichkeit ist im Hinblick auf variable Vergütungsbestandteile eindeutig zu klären (vgl. Kersten 1999).

Da die Führungskräfte und Mitarbeiter in der Regel nicht bei anderen Zielsetzungen entlastet werden, erhöht sich der individuelle Anspannungsgrad zur Zielerreichung. Es empfiehlt sich daher, die Einsteuerung von Vielfaltszielen in den Zielvereinbarungsprozeß auch mental vorzubereiten und hierzu zunächst ein entsprechendes Problemverständnis und Vielfaltsbewußtsein aufzubauen. Darüber hinaus sind dem Einzelnen seine Beeinflussungsmöglichkeiten aufzuzeigen und die notwendigen Informationen bereitzustellen. Auch eine praktikable instrumentelle Unterstützung, die im täglichen Arbeitsprozeß eine wirkliche Hilfe bei der Zielerreichung darstellt, ist erforderlich.

Damit die strategischen Ziele auch wirklich erreicht werden und nicht im Tagesgeschäft untergehen, ist auf dieser Basis ein permanentes Vielfaltscontrolling durchzuführen. Hierzu gehört die Bestimmung von Komplexitätskennzahlen genauso wie eine laufende Visualisierung des Vielfaltsstatus. Dies ermöglicht eine Erfolgskontrolle der Maßnahmen auf Produktprogramm- und Produktstrukturebene genauso wie das Wachhalten des neu geschaffenen Vielfaltsbewußtseins (vgl. Kersten 1999).

Erst durch diese konsequente Integration in den Führungsprozeß kann Vielfaltsmanagement als permanenter Regelungsprozeß im Unternehmen etabliert werden und damit die Voraussetzung für effiziente Produktionssysteme und kontinuierliche Produktinnovation schaffen. Andernfalls gehen die erarbeiteten Optimierungserfolge im Tagesgeschäft rasch wieder verloren, so daß die im Rahmen der Dynamischen Produktdifferenzierungsstrategie geforderte gleichzeitige Realisierung von Flexibilität und relativ niedrigen Kosten (vgl. Kaluza 1996) kaum noch möglich ist. Marktorientiertes Vielfaltsmanagement ist deshalb ein wesentlicher Baustein für die erfolgreiche Umsetzung einer Dynamischen Produktdifferenzierungsstrategie.

Literatur

Baldwin, C.Y.; Clark, K.B. (1999): Design Rules. Volume 1. The Power of Modularity, Cambridge 1999

Bohne, F. (1998): Komplexitätskostenmanagement in der Automobilindustrie: Identifizierung und Gestaltung vielfaltsinduzierter Kosten, Wiesbaden 1998

Erixon, G. (1998): Modular Function Deployment – A method for product modularization, Dissertation, Royal Institute of Technology (KTH), 1998

Franke, H. J. u.a. (1991): Nutzung konstruktionsmethodischer Informationssysteme in der Automobilzulieferindustrie, in: VDI-Z (1991) Nr. 7, S. 75-79

Fried, W.; Siefke, U.; Seidler, R. (1994): Wiederhol- und Ähnlichteilsuche: Ermittlung über assoziative Ähnlichkeit – Anwendungsbeispiel Brose, Coburg, in: VDI-Z 136 (1994), Nr. 3 – März, S. 43-45

Gausemeier, J.; Riepe, B. (2000): Komplexitätsbeherrschung in den frühen Phasen der Produktentwicklung, in: Industrie Management 16 (2000) 5, S. 54-58

Göpfert, J. (1998): Modulare Produktentwicklung: zur gemeinsamen Gestaltung von Technik und Organisation, Wiesbaden 1998

Henderson, R. M.; Clark, K. B. (1990): Architectural Innovation: The Reconfiguration of Existing Product Technologies and the Failure of Established Firms, Administrative Science Quarterly 35 (1990), S.9-30

Hoitsch, H.J.; Lingnau, V. (1995): Charakteristika variantenreicher Produktion, in: Die Betriebswirtschaft 1995, H. 4, S. 481-492

Homburg, C.; Daum, D. (1997): Wege aus der Komplexitätskostenfalle. ZWF Zeitschrift für wirtschaftlichen Fabrikbetrieb Band 92 (1997) Heft 7-8, S. 333-337

Horváth, P.; Gleich, R.; Lamla, J. (1993): Kostenrechnung in flexiblen Montagesystemen bei hoher Variantenvielfalt, im: WISU (1993), H. 3, S. 206-215

Horváth, P.; Mayer, R. (1989): Prozeßkostenrechnung – Der neue Weg zu mehr Kostentransparenz und wirkungsvolleren Unternehmensstrategien, in: Controlling (1989), H.4, S. 214-219

Kaluza, B. (1987): Der Erzeugniswechsel als betriebswirtschaftliches Problem, unveröffentl. Habilitationsschrift, Mannheim 1987

Kaluza, B. (1989): Erzeugniswechsel als unternehmenspolitische Aufgabe. Integrative Lösungen aus betriebswirtschaftlicher und ingenieurwissenschaftlicher Sicht, Berlin 1989

Kaluza, B. (1996): Dynamische Produktdifferenzierungsstrategie und moderne Produktionssysteme, in: Wildemann, H. (Hrsg.): Produktions- und Zuliefernetzwerke, München 1996, S. 191-234

Kersten, W. (1999): Wirksames Variantenmanagement durch Einbindung in den Controlling- und Führungsprozeß im Unternehmen, in: VDI-Gesellschaft Systementwicklung und Projektgestaltung (Hrsg.): Plattformkonzepte auch für Kleinserien und Anlagen?, VDI-Berichte 1510, Düsseldorf 1999, S. 155-176

Kersten, W. (2000): Integration von Vielfaltsmanagement in das Führungssystem des Unternehmens – Handlungsbedarf und Lösungsansätze, in: Wildemann, H. (Hrsg.): Produktion und Controlling, München 2000, S.201-222

Kestel, R. (1995): Variantenvielfalt und Logistiksysteme: Ursachen, Auswirkungen, Lösungen, Wiesbaden 1995

Koller, R. (1994): Konstruktionslehre für den Maschinenbau: Grundlagen zur Neu- und Weiterentwicklung technischer Produkte mit Beispielen, 3., völlig neu bearb. und erw. Aufl., Berlin u.a. 1994

Nedeß, C. (1997): Organisation des Produktionsprozesses, Stuttgart 1997

Pahl, G.; Beitz, W. (1997): Konstruktionslehre: Methoden und Anwendung, 4. Aufl., Berlin 1997

Pleschak, F. (1988): Flexible Automatisierung: wirtschaftliche Gestaltung und Einsatzvorbereitung, Zürich 1988

Rathnow, P.J. (1993): Integriertes Variantenmanagement: Bestimmung, Realisierung und Sicherung der optimalen Vielfalt, Göttingen 1993

Roever, M. (1991): Goldener Schnitt, in: manager magazin 1991, H. 11, S. 253-264

Schuh, G. (1988): Gestaltung und Beherrschung von Produktvarianten – Ein Beitrag zur systematischen Planung von Serienprodukten, Dissertation TH Aachen 1988

Schulte, C. (1989): Produzieren Sie zu viele Varianten?, in: HARVARDmanager (1989), Nr. 2, S. 60-66

Ulrich, K. (1995): The role of product architecture in the manufacturing firm, in: Research Policy 24 (1995), S. 419-440

Ulrich, K.; Tung, K. (1991): Fundamentals of Product Modularity, Working Paper # 3335 – 91 – MSA, 1991

Wildemann, H. (1990): Kostengünstiges Variantenmanagement, in: io Management Zeitschrift 59 (1990), Nr. 11, S. 37-41

Wildemann, H. (1997): Produktionscontrolling, 3. Aufl., München 1997

Wittmann, J. (1998): Target Project Budgeting – Markt- und technologieorientiertes Budgetmanagement, Wiesbaden 1998

Third Party Customization

M. Reiß / M. Koser

1 An Organizational Approach to Mass Customization
    1.1 Customizing and Customizers
    1.2 Requirements for Customizers

2 Internal Customizers

3 Third Party-Customizers
    3.1 Customizers in the Value Chain
    3.2 Customizers in the Value Net: Complementors

4 Third Party Customization in e-Business
    4.1 Relevance of Third Parties in e-Business
    4.2 Scope of Third Party Customizers in e-Business
    4.3 Specific Challenges of Customizing in e-Business
    4.4 Infrastructure, Tools and Role Concepts for Third Party Customizers

5 Outlook: Reward Systems for Third Parties

References

1 An Organizational Approach to Mass Customization

1.1 Customizing and Customizers

Mass customization (MC) is the art of combining cost focus and customer focus in the same business. MC means pursuing a hybrid competitive strategy yielding advantages from „mass" (cost leadership) and „class" (differentiation) simultaneously (see exhibit 1).

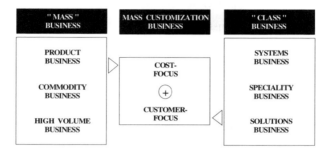

Exhibit 1: Mass customization as hybrid competitive strategy

The challenge of MC arises from the inherent conflict between cost competitiveness and high quality. This antagonism is sometimes reflected in a stakeholder conflict „shareholder value versus customer value" or between cost focused „commerce" and customer focused „community" in e-business.

Customization represents the core of all efforts of *personalization* (individualization) of marketing activities. In addition to customizing products and services, personalization also covers individualized communication, pricing and distribution.

The cost-customer-demarcation within MC is somehow artificial: Due to the roots of MC in the paradigm of mass production, „costs" predominantly stand for costs of development, manufacturing and logistics. Consequently cost reduction is primarily achieved by standardization, high volume production, yielding economies of scale and experience curve effects. Without doubt, in times of globalization strategy (standard products distributed worldwide) and reduction of complexity (e.g. platforms in the automotive industry, international standards in logistics) manufacturing costs represent a top priority. Still, relevant costs for a MC cost accounting system must also comprise transaction costs. A major part of these non-manufacturing costs are costs of customer relationship management (CRM) programs, e.g. costs generated by customizing agents. In CRM, cost savings are accomplished by retaining existing customers, thus reducing the high costs of acquiring new customers. Possibly, standardization activities may succeed in decreasing manufacturing costs while increasing transaction costs (including opportunity costs caused by „lost order" or „lost customer") at the same time. Apparently, the evaluation of MC activities must take into account both manufacturing and transaction costs.

Almost everybody in the MC-community of practitioners and academics emphasizes the shift from cost focus to customer focus. Thanks to flexible manufacturing technology and low costs of logistics services customization is considered to be more or less „free". Modern IT has the capability to master complexity induced by segment-of-one-marketing. Consequently „mass" is „out" (at least out of focus). However, we have to realize that in the real world „mass"-businesses are alive and well. Just think of the so called McDonaldization of services, the industrialization of retail banking, and the globalization and increasing prefabrication in construction industries. Obviously, customization, personalization, and 1:1-marketing is not the one and only paradigm for 21st century business. Probably, some „evangelists" and fans of MC are too optimistic about the ubiquitous relevance of this strategy.

Several principles and tools of MC have been developed during the last 30 years. They represent the functional approach to mass customization by clarifying what can be done to support both cost and customer orientation. The spectrum covers:

- *Customizing by services (around standardized products).* The scope of common industrial services is depicted in exhibit 2.

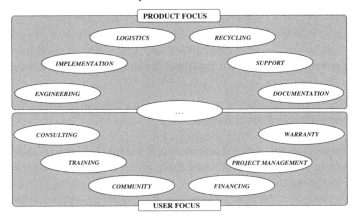

Exhibit 2: Scope of industrial services

The relevance of this stream in MC must be evaluated against the background of some „radical" innovations: Take the virtualization of products and processes by digitizing. During the development process of a vehicle for example, the product only exists in virtual reality for a considerable time. Less radical than replacing products by information, but more relevant is replacing products by services. This represents a major business innovation. Think of leasing instead of buying a car. In the software industry, Application Service Providing (ASP) stands for the idea of renting applications out of the plug instead of selling (and implementing) that software to a customer. Leasing and ASP are examples of businesses with a high service content. Nevertheless, these businesses must be based on a hybrid MC-strategy to foster profit.

- *Built-in customizability of products for self customizing*: Flexible, sometimes intelligent products and offers allow self-adaption, self-configuration (based upon cafeteria, buffet or menu models), cut and paste, etc. These operations are executed by agents located downstream in the value chain, including the customer as end user. They do not require high expertise, but are time-consuming, though. Another drawback of self-customizing is complicated support (e.g. of software) when users implement highly individual „alterations" without documenting them.

- *Splitting of the value chain*: This splitting yields mass focused process segments (e.g. manufacturing standard components) and customer focused process segments. Customizing is located either in the end of pipe-part of the value chain (e.g. point of delivery-customizing) or in the initial processes (e.g. on-demand-configuration, build to order-processes or customer-focused engineering).

- *Modularization of products and services*: Examples are modular vehicles, software packages bundled of component ware, or component sharing. Customizing is enabled by a wide range of options for customized configuration. Today, „dynamic" customizing allows the scalability of facilities, a feature found for example in modern computer technology (e.g. the Hewlett-Packard Superdome platform).

Like any other value creating activity customizing consists of both *primary* functions and secondary or *support* functions.

Primary customizing functions: They transform standard products into customized or customizable products. Examples of these direct tailoring processes are adapting standard ERP-software to specific contexts (e.g. migrating from legacy systems, adding customer-specific software „..."), designing modular software, translating manuals into customer language, or configuring standard components to meet customer needs.

Third Party Customization   59

Support customizing functions: These are facilitating activities, like

- information processing and knowledge management (to improve market overview, customer modeling and profiling (up to physical profiling by body scanners),
- design of customer data bases,
- controlling of design and CRM-activities, establishing standards,
- benchmarking and evaluating web sites,
- warranting security of customer data and transactions (e.g. by authentication),
- risk management (e.g. risks in internet based transaction processes), and
- training of customizing skills.

Most facilitating customizing functions deliver an *infrastructure* to enable efficient execution of primary customizing processes and functions. This infrastructure for customization contains five sectors:

- *Informational infrastructure*: Especially in Business Process Reengineering- and CRM-approaches to MC, emphasis rests on IT as key enabler of customizing. Core components of this high tech-infrastructure are CRM-software, advanced use of data bases, internet enabled online-transactions, cookies, and electronic agents enabling automatic customizing. The use of personal agents enables so called silent commerce (cf. chapter 4).

- *Technocratic infrastructure*: This sector furnishes all administrative systems for an activity-based cost controlling of customization, pricing of customized products (normally imbedded in target costing), tools for customizing (like quality function deployment or modular toolsets) and service level agreements. Standard procedures are defined and security measures (e.g. in terms of compliance programs) are implemented.

- *Manpower infrastructure*: These activities foster all required skills and (embedded) knowledge bases for customizing by training programs for CRM and competencies to handle IT as well as incentives for customization agents to act according to the expectations of their principals (e.g. customers).

- *Organizational infrastructure*: This covers the agents of customizing as well as structural devices to handle conflicts between the involved parties, including trusted third parties, which are integrated either in a proactive fashion (trust centers) or in a reactive mode (in escalation procedures).

- *Cultural infrastructure*: Culture facilitates transactions by providing a set of shared rules and generally accepted principles for the customizing game. These rules are not purely cooperative, since customizing does not necessarily lead to a win-win-situation. Customizing can be rather characterized as a mixture of cooperation and competition, an environment for which the term „coopetition" has been coined. Hence, mutual trust among participating parties must not be interpreted as „harmony". Shared values or ethics relevant for customizing are for example reciprocity with respect to some intangible assets, like consumer data (privacy and security of these data). Shared beliefs refer to the adequate degree of individualization within society in general (individualistic western versus collectivistic eastern cultures) or in specific market segments (e.g. „Is a sedan a commodity or an individual product?").

Compared to IT-infrastructure, little attention has been given so far to organisational infrastructure, i.e. the structural aspects of MC. The focus was primarily on „customizing", not on „customizers". All we can find in literature are organizational rules of thumb: it is commonly recommended that mass process segments should be centralized, whereas customizing process segments should be decentralized. From a logistics point of view, mass processes are to obey the rules of push-control, while customizing is best accomplished by pull-control. Only little research is available on flexible manufacturing organization supporting hybrid production strategies.

However, the question „Who is in charge of customizing?" must be answered more accurately. The responsibility for customizing determines both effectiveness and efficiency of customizing activities. As for the cost efficiency of customizing not only the level of costs depends on the organization of customizing. Equally or even more important is the question „Who bears the costs of customizing?". Up to date, this facet of transaction costs has been more or less neglected by most transaction cost theoreticians.

In the infancy of MC we identified just two apparent candidates for the customizing job:

- The *supplier* („manufacturer", „vendor",...) who utilizes service customizing (industrial services like technical support, implementing or consulting, see exhibit 2), process splitting, or modularization to improve customization. Customizing efforts of suppliers are usually part of their CRM-programs.

- The *customer* gets involved into customizing by so called self customizing activities. Self customizing is accomplished by choosing options (like self service in a cafeteria or choosing one's native language out of a menu of several languages), adapting (steering wheels in automobiles, mobile phones, alterating software by macros, etc.), uttering demand in on demand-systems, selecting channels or views on TV, and even by merging and integrating prefabricated components. The customer thus plays a vital part in the process of value generation, he becomes an involved „prosumer" rather than a distant consumer. The problem with „*prosumerism*" and mass customizing is that they require customers to do a lot of the initial legwork. This means completing forms, deciding about choices, and so on, all in all spending a lot of time assisting manufacturers as an unpaid customizing agent. That may be fine for major purchases but is not satisfactory for minor goods.

None of the (two) parties involved does all the customizing alone. Customers for example are automatically integrated into secondary customizing operations of the supplier by providing data for customer profiling. Sometimes this works in an explicit way, sometimes implicitly. In other words, any customizing is performed by several agents at the same time: From an organizational perspective, customizing usually is a joint effort performed by several customizers, sometimes by an entire „network" of customizers. This may include suppliers, OEMs, retailers, customers, community organizers, etc. The profit they gain from this cooperative effort is sometimes referred to as „economies of interaction".

A growing interest is in *third parties* that play the role of (more or less) specialized customizers. This trend is similar to and connected to the debate about intermediaries in e-business. The current controversy on the generic role of intermediaries in e-business underlines the challenge and relevance of the organizational view on MC. Just like in e-business, relevance of customizers is determined by trends like disintermediation, reintermediation or new intermediation. This implies the question: „Which intermediaries are appropriate candidates for third party customizing?"

From an organizational point of view four basic *organizational configurations* for customizing can be discriminated according to the distribution of the customizing workload among participating agents (see exhibit 3).

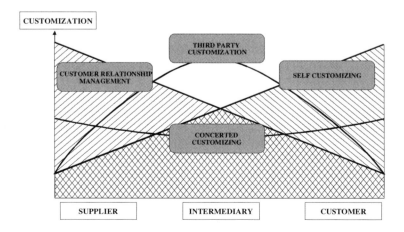

Exhibit 3: Basic types of responsibility for customizing

Supplier-operated customization: This type of CRM-based customizing is still prevailing. All suppliers (especially those facing buyer markets) are self-evident candidates for the customization job. The generic „outsourcing trend" that leads to an (upstream) value shift from OEM to supplier value creation is accompanied by an outsourcing of customizing functions. Since manufacturers in the post-industrial era are supposed to go through a specific metamorphosis „from manufacturers to solution providers", as shown in exhibit 4, they have to take over a major part of the customizing workload. This trend corresponds to replacing mass transaction marketing by personalized relationship marketing. The sophisticated „1:1-marketing" or „segment of one-marketing" is enabled and supported by powerful IT-infrastructure, like the Internet, use of data warehouses, data mining tools and increasing employment of „intelligent" agents.

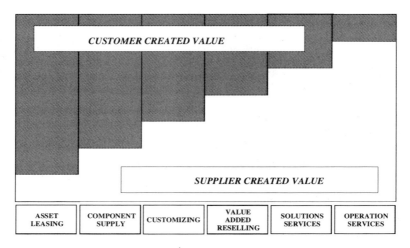

Exhibit 4: Distributed value creation in Mass Customization

Unfortunately there are important cost-barriers to this metamorphosis. The M-component of their competitive strategies urges suppliers to reach economies of scale and strive for cost reduction. The M-focus or cost-focus is very often reflected in globalization strategies, as is the case with world automobiles, printers, PCs, clothing, beverages, operating systems, or application software. They are sold worldwide without needing too many local modifications. In addition, many companies are pressed to reduce their proximity to the customer, due to high costs of customizing: They replace neighborhood offices by online services and face to face-communication by call centers. Obviously there are cost limits to CRM-programs, concerning not only distribution and communication, but also customizing. Even the Internet does not provide free customizing: at most it reduces transaction costs (though not eliminating them), whilst it only slightly decreases manufacturing costs.

Customer-operated customization: Usually this means reactive self customizing, i.e. adapting a premanufactured or ready-made products to individual requirements. One prominent example are ERP-software implementation projects that are mainly run by user-manpower. Especially in e-business, self customizing can be accomplished in a proactive way. One famous example in the domain of business-to-consumer online commerce were the custom-tailored jeans offered by Levi Strauss, manufactured according to individual measures. While this service no longer exists, the manufacturing of self-customized CDs (imix.com, musicmacer.com,...), self-customized books and the like is still offered. All these services rely heavily on the input of the user. He is bearing the greater part of the customizing workload.

Third party-operated customization: Here, suppliers and customers concentrate on their respective core competencies and outsource secondary and/or primary customizing services from external customizers, i.e. third parties. The list of traditional customizers contains value added resellers (e.g. customized tuning of cars), system integrators or retailers. The new and emerging internet business brings with it a whole range of new customizers like portals and information brokers (cf. chapter 4). Customizers are not manufacturing themselves. They adapt, combine, configurate, modify, implement, complete products and services of one or more suppliers to meet specific customer demands. Apparently, these third parties have many features in common with intermediaries.

Concerted customizing: In this „hybrid" type of customizing there is not one dominant „focal" customizer. Instead, two or more parties handle the customizing job jointly in a concerted way. This takes place within a heterarchical environment, where there is no single „owner" of customizing. One example is the configuration of simultaneous engineering teams, where team members come from all stakeholders involved, i.e. manufacturer, key customers, 1st–tier suppliers etc., all contributing their ideas to design a customized product. Since all participating partners have selfish interests and their own specific goals, concerted customizing must rely on structures for resolving conflicts.

1.2 Requirements for Customizers

What makes a perfect customizer? Answering this question is not easy. Take for instance retailers, an intermediary positioned rather close to the customer. Are they ideal customizers? Telling from their traditional roles, only few contribute directly to customizing. This holds true for creating scope, i.e. options of choice, consumer-oriented sizing of lots, and interpreting consumer demand.

A comprehensive clarification of this question must take into account that requirements concern both effectiveness and efficiency of customizers.

Effectiveness of customization: Generally speaking, effective customizers must fulfill not only „skill"-requirements, but also „will"-requirements. As for s*kill requirements,* customizing requires professional expertise and competency in three fields:

- Products and services
  Here it is necessary to know how products are designed and modified to meet customer's demand.
- Processes
  Customizers must be soundly familiar with the value chain. The knowledge of processes is the base for high level integration needed for effective customization.
- Customers
  Customizers must be able to diagnose customization needs. Many, but not all customers appreciate customization efforts, i.e. some are not willing to pay for customized products. From the bandwaggon-effect for example we know that some fashionable customers want exactly the same standard fashion products that others have.

By *will requirements* we mean the adequate motivation of a customizer. At first glance, customizers are supposed to exclusively pursue customers objectives: In this view, customizers are the voice of the customer, customer's advocates and helpful agents. But this consumer view is too one-sided and naive. A more realistic view reveals that customizers are expected to pursue *both* supplier and customer goals. They must contribute to the optimization of a value chain that is shaped by mass and class criteria. Since customization is not necessarily a win-win-situation, they must be capable of coping with conflicts. This requires an integrative capacity, impartiality and neutrality. The complexity of this situation is due to the specific configuration, consisting of two principals (supplier, customer) and one agent (third-party customizer).

Efficiency of customization: Ideal customizers do not only work effectively, but also cost and time efficiently. With respect to cost efficiency of customizing processes two categories of relevant costs must be considered:

- *Production costs*: When customizing is viewed as a process of generating (or procuring) goods, information and services it causes labor, materials, and facility costs for transforming, modifying, configurating, and enhancing these inputs. Collecting relevant information is facilitated by applying powerful IT tools (namely networks and data bases) and profits from continuously decreasing costs of IT infrastructure. All in all, the mastering of production costs is largely skill determined, highlighting the prominent role of the customizer.

- *Transaction costs*: Customizing viewed as an interaction process causes costs of communication between customizer, supplier and customer. Negotiating and contracting, the establishment of trust, the search for and identification of partners do all add to increasing costs. One way to build up trust is by offering high-standard warranties (e.g. satisfaction guaranteed or money back). Trust in itself is a complex triangular relationship and primarily will determined. Some of its complexity is due to an asymmetrical distribution of power in these relationships. The Internet is quite powerful in reducing transaction costs of *linking* (new) partners. Its contributions to reducing transaction costs of *fitting* (negotiating a deal, consensus, etc.) are rather limited, though.

There may be *conflicts* between the two categories of costs. These trade-offs may raise overall costs of customzing. This is often the case with high expertise consultants that are experienced with implementation projects but reluctant to follow the „home made" procedures and rules of their clients thereby causing discussions and considerable costs of conflict resolution.

By far more challenging is a *dilemma between effectiveness and efficiency*. On the one hand, to meet skill requirements, customizers should be very close to the business. This is necessary to perform in a job where a maximum of specifity is wanted. According to transaction theory reasoning, i.e. to find a minimal transaction costs solution, internal customizers (e.g. sales force) are preferred. On the other hand, with respect to the will-factor, customizers should be impartial and neutral. This favors non-proprietary external customizers like independent brokers that have some distance to the other parties involved.

In the following chapters both internal customiziers in the supplier and customer organisations and external, (formally) independent third parties are examined with respect to their abilities to do customizing effectively and efficiently against the background of the effectiveness-efficiency-dilemma.

2 Internal Customizers

The two parties-model is based on a black box-view of both the supplier and the customer system. Especially in business-to-business marketing this approach is too simplistic. Even „direct" marketing is not direct in the sense of non-intermediated interaction between manufacturing units in the supplier system and end user-units in the customer system. Hence, a closer look at the *internal organization* of the two parties is mandatory: Who is in charge of customizing inside the two interacting corporations? Which are the relevant internal customizers?

Since customizing represents such an ubiquitous phenomenon, the most plausible answer to these questions is „Customizing is everybody's business". This outlines the principle of „*Total customizing*" analogous to the wide-spread approach of total quality management. Total customizing as a principle of organization is supported by the fact that companies have installed internal markets, where internal suppliers and customers meet, thus forcing *everybody* to act customer focused.

However, meeting both cost and customer requirements exceeds the capabilities of many units. To mitigate the stress of these hybrid expectations, some specialists in customization are needed. Such internal customizers have customization as a specific responsibility in their job descriptions.

Supplier-based internal customizers: Customizing is a front office-job performed by key accounters, sales force, customer care centers, service engineers, or designers. Some of these customizers are geographically decentralized, like local distribution offices. They think and act customer-focused. In the supplier organization they play the role of *internal intermediaries*, connecting internal suppliers (product units) that operate primarily cost-focused with sales force- and customer units. These internal agents fulfill skill requirements with respect to products and processes, customers, helping to minimize transaction costs. Still, they are not „ideal" customizers: Being captives in the supplier organization, inhibits their customizing potential. Only non captives can operate as non- proprietary brokers that configurate products and services across company borders.

Customer-based internal customizers: The customer system contains end-users and internal intermediaries. Usually, these intermediaries like the procurement department act cost-focused, buying high volume standard input at low procurement and transaction costs. This forces self-customizing by internal end-users. To support these end-users, several internal customizing agents have been installed. The list of internal customizers contains buying centers, user service centers (that act proactively and not only reactively via hotline services), and implementation specialists like project managers.

3 Third Party-Customizers

3.1 Customizers in the Value Chain

The simple two parties-model had to be extended to take into account the intensified division of labor along the value chain due to the trends of *disaggregation* and *outsourcing*. Take the disaggregated power value chain or other net based businesses (telecommunication, railways) as examples. Upstream as well as downstream agents were integrated into value creation, especially value creation by customization (see exhibit 4). Many of these additional contributors are specialists in customization, which is reflected in their slogan „Customizing is our business".

System suppliers represent typical *upstream customizers*. Within system or modular sourcing, they provide specific (customized) systems instead of standard components.

Value added resellers or system integrators are typical examples of *downstream customizers*. The same holds true for (other) business partners like franchisees or distributors.

3.2 Customizers in the Value Net: Complementors

Value chain models do not cover all relevant customizers. Therefore we have to switch from a value *chain*-approach to a more sophisticated value *net*-approach. These value nets also cover so called complementors. Most of them are located in a different, but interdependent industry. The supplier-complementor-differences in location go along with many integration problems, ranging from different cultures (like old versus new economy) and business models to different IT-systems.

The bonds to complementors originally do not have a contract base, i.e. they represent only factual firm-to-firm-interdependencies. Especially in e-business, the degree of interdependence has increased so tremendously that the involved parties have turned to formal contracting to manage these crucial interdependencies more systematically. These contracts define alliances for developing e-business more efficiently. Take LevelSeas, eONE Global or Amazon with its logistics partners (Ingram,...), billing partners (VISA, MasterCard, Amexco) and communication infrastructure partner (Yahoo!) as examples.

Generally, the scope of relevant complementors with customizing potential contains

- traditional intermediaries (retailers),
- logistics companies: their contribution to customizing is product „finishing" (final assembling), delivering services (e.g. adding price labels) and making products available according to customers' schedules (e.g. just-in-sequence-sourcing),
- consultants (implementing and project management,...),
- organizers of communities (selection of members,...),
- navigating services for e-business, and
- customer care centers.

Apart from logistics companies and consultants, most complementors are primarily in charge of secondary customizing functions, like handling information on customers.

4 Third Party Customization in e-Business

4.1 Relevance of Third Parties in e-Business

In e-business, suppliers as well as customers have to decide whether to *make* or *buy* customizing services in a context of internet technologies enabling distributed customizing in virtual structures. If a firm decides to externalize customization functions, it does so because one or several of the following reasons are in favour of outsourcing: customization is not regarded as a core competency of the firm (customizing is not mission critical) and/or internal customization costs are higher than the costs of using third parties and/or external customizers are available at a comparatively low level of transaction costs.

Besides operational costs, opportunity costs must be taken into account. Like in traditional make-or-buy comparisons, costs of outsourcing also depend on the specific usage of capacity, i.e. customizing costs increase with declining free capacity.

Customers as well as suppliers can profit from a broad choice of customizers, since global sourcing of customizers, infomediaries and other third parties is facilitated by the Internet. Reliability and trustworthiness are of prime importance when dealing with the customization of information goods. Keeping data confidential is a prerequisite of successful third-party customizing, in fact, customers as well as suppliers chose a third party because they suppose its neutrality and value its safekeeping of data.

4.2 Scope of Third Party Customizers in e-Business

In addition to generic external customizers (logistics companies, consultants, value added resellers, etc.) e-business introduces and employs a wide range of specific third-party customizers: the spectrum contains automated and autonomous software agents, organizations like portal operators, and trust centers. They operate in primary functions and /or secondary, supporting functions of customization.

Primary customization involves direct interaction with customers in customizing a product or service, e.g. online modification or updating of a standard software installation. *Secondary* customizing functions such as *providing customization tools* normally correspond to a non-interactive role of the third party. Software tools employed in third-party customizing are CRM-systems, e-Commerce platforms and portals, intelligent software bots, spiders, personal search agents and innovative human-machine interfaces, e.g. avatars like the advanced multimedia supported human-machine interfaces provided by Kiwilogic or other companies. Personal agents are software programs that are instructed by their owners to perform specific tasks, primarily customization. They cannot only be used as information collectors, but also to provide suitable (and customized) interfaces to computers as well as to the Internet.

Providing customizing tools is a „weak" form of third-party customization: the essential tasks still remain with suppliers, customers or complementary customizers. A higher level of outsourcing is accomplished by employing *interactive* third party customizers that *operate* customizing devices. This scope covers portal sites (e.g. MyYahoo!), customizable search engines (e.g. Excite), internet marketers (e.g. DoubleClick), companies that act as third-party information customizers and brokers (e.g. content syndicators like ScreamingMedia) or companies that act as customizing middlemen in e-business (e.g. privacy services like enonymous or privaseek that individually shield users from unsolicited mail, i.e. allowing only marketing efforts that the user has not objected to). An example of a third-party that is customizing the web experience for individual consumers is passport.com, a „single sign-in" service that allows customers to use a single name and password at different e-businesses and to use a personal „wallet", facilitating fast shopping.

4.3 Specific Challenges of Customizing in e-Business

The examples of third-party customizers indicate that third-party customization in e-business is facing a number of conflicts, problems, and challenges. Some of these derive from of the specific nature of electronic business, others are connected with the specialities of third-party based customization.

Customized products, services, or processes: Digital goods can be produced, distributed and procured by electronic information systems. Due to their digital nature they can be easily modified, thereby offering a high *potential of customization*. „Information ware" is prominent among digital goods: here the product is information itself, such as current stock data, weather reports or news. They can be customized with respect to content, accuracy, and timing. With commodities like MP3-files, MPEG-videos or e-books, customizing is restricted to service factors such as timing of distribution processes. As for news, different customers have different expectations concerning the timeliness of the distribution process.

Information overflow: Internet-based commerce is providing much more data than conventional forms of business, as every part of any transaction is conducted along communication channels that can easily be logged and documented. This abundance of data often represents an overflowing mass rather than a data bounty. Both sides are concerned: customers as well as suppliers must filter through an abundance of data, finding it hard and overly expensive in terms of opportunity costs to retrieve useful information. Apparently, customizing information flows by transforming data into information turns out to be a major task for third-party customizers.

Risks of internet commerce: The processing of personal information raises some privacy concerns. It is necessary to make the system purpose known and assure customers that the customization of content and service is based on their authorized use. Third-party auditing services like e.g. nonprofit group TRUSTe are offering new ways to handle security and privacy concerns. As internet commerce exhibits characteristics that hinder the development of generic trust, e.g. due to the inability to inspect goods beforehand or distant geographic locations of suppliers and customers that prohibit the establishment of personal trust by meeting face-to-face, building up a trusting relationship between individual suppliers and customers by employment of such third-party customizers is regarded a critical success factor in e-business. Still, challenges remain even if „trust customizers" have gained wide acceptance, because the „neutrality" of trust customizers is in doubt.

Dual agency: Third-party customizing is characterized by a situation known as dual agency. One agent, the third-party customizer, is acting for two principals (customers and suppliers) which normally pursue conflicting goals. This situation is reflected in the specific will requirements for third party customizers (cf. chapter 1.2). Examples of third-party customizers that are caught between interests of suppliers and customers are auditing services, test centers and value added resellers. Suppliers and customers must be particularly mindful of the agent's divided loyalties.

4.4 Infrastructure, Tools and Role Concepts for Third Party Customizers

Scope of technological infrastructure and tools: In third-party customization, some interesting ways to cope with the cited challenges are employed: CRM-software (e.g. Siebel Systems) supports the bundling and analysis of customer data. Elements of a cultural infrastructure are e.g. personalization and privacy consortia like TrustE. Customized portals, the integration of third-party content providers like syndicators that apply mass customization concepts to weed through data masses or third-party customizers that act as customizable data managers and knowledge keepers may solve some of the more generic problems of customizing in e-business.

Increased information complexity as well as uncontrolled information growth call for smart tools. Information systems and tools, as well as innovative services have flourished. They are employed to enhance information identification, organization, analysis, dissemination, maintenance and quality assurance.

First attempts to deal with information overload on the Web were effected by search engines. Modern, powerful search engines such as Google (www.google.com) and AllTheWeb (www.alltheweb.com) are impressive examples of how digital technology can be used to retrieve information.

As the Web is transforming the paradigms of communication from mass communication („broadcasting") to tailored communication („narrowcasting"), customized presentation becomes another key to success. While in mass communication everybody is getting the same information, without any means to customize, new devices on the Web are offering new ways to personalize, e.g. to select needed information, to choose an appropriate level of assistance or to personalize the ways in which information is presented.

Customization currently covers simple forms (like a personalized welcome at the entrance of one's website) and rather complex forms of interaction (customized interaction throughout the site, spanning topics as prices, conditions and more). Fulfilling customers' wishes may even require to implement a customization that can be denied, or in other words, only occurs when customers demand it. Customizing consumer experience isn't always needed and wanted. There may be constellations when it is not necessary or when it is even embarrassing, so consumers may prefer standard settings.

Pull- and push-technologies: „*Pull*"-technology is furnishing information that is specified by visitors, as he demands the desired information. Most web sites are based on pull technology. The user specifies what site he wants to go to by entering a destination into his internet browser (using the standard way to express the location of a resource on the Internet, an Uniform Resource Locator, or URL). A popular form of pull is using a data entry screen. The customer or partner select options that are of interest to them. A new web page is generated and displayed based on this criterion making it easy for a person to find information.

„*Push*"-technology is depending on third parties which are playing a prominent role in a „solicited push" paradigm. They are aggregating, filtering and organizing data that is then sent directly to customers. An example is EntryPoint, a company that delivers personalized alerts, a news and stock ticker, and other services directly to the internet user. On the client side, an application is running an autonomous window that is providing downloaded information from selected news feeds. Push technology can be set up as an event-driven technology, i.e. information is only sent if triggered by an customizable event. A consumer may set up a trigger to alarm him when the first tickets of a certain concert go into sale. To get this service, he usually has to fill out an online form.

Customization depends on knowledge about wishes, habits, contexts, etc. of customers. Getting a customer's name, address and purchasing history is only the beginning, however. A Web merchant can record digital footprints of a customer as he saunters through the merchant's site, taking note not only of purchases but also of window shopping. The promised end result is a dossier that allows merchants to determine what that customer is most likely to purchase next - and then fitting offers to propose a deal.

On the Web this knowledge for customizing can be retrieved in either direct and explicit or indirect, implicit ways. Direct ways are characterized by an involvement of customers in the process of information collection, like when he fills out an online questionnaire or interactively configures his specific order. Indirect ways rely much less on direct participation of customers, but on cookies that help in the continuous and automatic customization of a web site. Extracting information that is made transparent by browsing software is one way to sample identities of web surfers.

Data mining: Data mining techniques have been used by companies to understand the demographics of their customers and to provide them with personalized interactions. There are various data mining techniques that have been deployed in order to identify hidden trends and new opportunities within the data. It enables a company to logically group customers according to specific characteristics that allow provision of specialized and enhanced customer service.

Data warehouses provide an IT infrastructure for the application of data mining tools and methods. Three levels of data access are integrated within data warehouse generation and management: query and data access, enterprise reporting, and dynamic analyses. Data access tools allow users to customize the manner in which information is viewed and analyzed. Structured reporting tools enable users to enhance or revise existing business applications, such as sales or commission reports.

Customizing the information value chain: Exhibit 5 outlines the processes in the information value chain that can serve as domains of customizing. The core processes are finding, filtering, formatting, and focussing information *content* relevant to customers or suppliers.

Third Party Customization

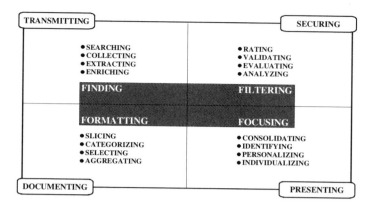

Exhibit 5: Customization of the information value chain

Additionally, processes of information „logistics" serve as further levers for customizing. This has to do with customized transmitting (communication ways, employed media,...), security (level, elements,...), documentation (storage, categorization,...) and presentation (sequentially or parallel, employed media,...).

Role concepts for third party-customizers in e-business: Third-party customizers differ significantly in the level of achieved customization (see exhibit 6). The relation between customizing capabilities and customizing performance is not necessarily linear: performance may also be the result of customers or suppliers efforts within concerted customizing (see exhibit 3).

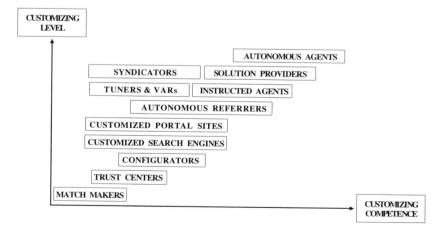

Exhibit 6: Scope of third-party customizers in e-business

Personal agents can „go shopping" for a user, taking specifications from their respective owners and returning with recommendations for purchases which meet those specifications. They can act as „salespeople" for sellers by providing product or service sales advice, and they can help troubleshoot customer problems in after-sales. Agents differ in the level of their autonomy: While *autonomous agents* act mostly independent, they still need to be instructed with goals to achieve. They may then act proactively and adapt themselves to changing conditions. Roaming networks (i.e. the Internet or a corporate intranet) they ferret information and may be authorized to take action that seems appropriate to them. This enables so called *silent commerce*, i.e. economic transactions that are carried out on behalf of the user, but without needing his explicit interference. Collaboration leads to synergies between several agents, i.e. the overall system performance is enhanced, freeing the owner from most of the labor involved in navigating the Web and dealing with intermediaries. *Instructed agents* operate with a lower degree of independence and need more coordination and control by their operator. Big problems are raised with respect to agents` competency and trustworthiness. Consequently, the prevailing application of personal agents is furnishing customized information, where security concerns are not that important.

Customized Portals: Internet portals like Yahoo!, Excite or Lycos offer a wide range of services, information and applications. The standard appearance is tuned to fit and attract a great number of possible visitors. This is often confusing to users who must then navigate through an intransparent aggregation of resources, a dilemma that can only partly be resolved through the employment of site search engines or standard classifications. As portals develop into one-stop information providers this problem is aggravating, leading to an increased need for customization.

Customizing the initial standard presentation means adapting, combining and modifying the portal's components according to preferences of individual users. Some portals offer a kind of „buffet" approach, where the available resources are laid out before the user, and he picks as he slides his tray, or mouse, past the offers. The user is left to determine his own „slice" of information, as no interpretation is given by the portal operator. This approach fits large user groups where no distinction is made between individual user needs. In contrast, some third-party customizers offer guidance and interpretation of the information and present only preselected resources to meet the needs of identified user segments. This strategy thus represents a „restaurant"-like approach to customizing.

With the evolution of data warehousing and data mining technology, smarter and more focused customer and supplier profiling is possible. Profiling is achieved by employment of sophisticated data mining and other programming tools to search data warehouses and to build a model to predict the future value of an individual customer, based on demographic characteristics, life-style, and previous (buying) behavior. This model produces information for customer retention and recruitment programs to build and retain the most profitable customer base.

Public portals enable customizations only after the user has registered with the site. Registering may be as simple as choosing a username and password, but may also imply giving away one's email (that is then verified by the site's operator via a confirmation mail), real name, location, age, gender, income etc.

Customer-information brokers: Third-party customizers like Microsoft sponsored passport.com gather information about customers and make that data available to suppliers via a web-based interface. Customer-oriented services like MySimon.com are providing a similar service to customers, i.e. they collect information about suppliers and present it to customers in an individualized, customized way. This way MySimon.com is enabling customized comparison shopping and purchasing services to online shoppers. These infomediaries offer a wide range of services, like storage of personal information, organisation and administrating it (e.g. defining which e-businesses get what kind of information, automatically filling out online forms that request personal information,…). The role of customer-information brokers is not restricted to storing and organizing online passwords and usernames. Additional services may include provision of facilities that allow anonymous surfing. Infomediaries like passport.com are offering central access to ones personal data, and may even allow users to trade and sell this personal information. Customer data is valuable, it may be traded against special discounts, services or other incentives.

A steadily increasing convergence between front and back office regarding customization of information can be observed in e-business. Traditional internal customizers, i.e. front offices of businesses are subjected to a kind of internal disintermediation. Their customer contact is no longer a prerequisite for customizing. Powerful data mining tools and back office services are leveraging power, as customers are more willingly allowed to access back office contacts. One example is the parcel tracking service of UPS: customers are allowed to directly access their needed data. Nevertheless it is necessary to collect and preserve customer and transaction data via data warehouses. Unifying distributed databases is one prominent application of data warehouses, eliminating the need for a central customer interaction center.

5 Outlook: Reward Systems for Third Parties

Outsourcing of customization services from third parties cannot be accomplished by structural intervention like role concepts alone. To meet all skill- and will- requirements, competence building and motivation activities must also be implemented. With respect to *motivation* of third parties reward systems play a major role. The quality of third party customization depends upon customizers' commitment to the role of a veritable third party. From principal-agent reasoning we know that customizing agents are opportunistic, i.e. they also pursue their own goals. They are not automatically advocates of their principals, neither customer nor supplier, but their own advocates in the first place. Consequently, an integration of external customizers does not necessarily turn the customer-supplier-customizer-triangle into a win-win-win-environment. Rather we have a complex *co-opetitive* triangular relationship. First, coopetition is due to the possible conflict between supplier and customer goals. Secondly, coopetition results from ubiquitous principal-agent-conflicts. In the context of mass customization, these conflicts are located at the customizer-customer-interface as well as at the customizer-supplier-interface (dual agency-problem).

Two challenges go along with this coopetitive, „mixed motives" constellation:

At the principal-customizer-interface, win-lose-constellations are due to dysfunctional reward systems. Whenever third parties profit primarily from problems and costs of their clients, this conflict is basically provoked by a bad construction of the reward system. For example, this holds true for lawyers profiting from maximum conflict in court or for doctors profiting from a serious disease.

To handle this conflict, a reconstruction of reward systems is more efficient than installing costly information and control systems. Rewards should correlate with the principal's welfare, rather than with his troubles and problems. For customers, this means customer satisfaction from customized products with reasonable prices. For suppliers, performance means revenues, profit or simply „stickiness" of their websites (traffic, click-rates, etc.). Currently, these win-win-reward-systems are implemented in risk sharing pricing and similar arrangements in the consulting business.

The second challenge results from supplier-customer-conflict in mass customization. From the perspective of third parties, the two conflicting parties attempt to „occupy" the third party for their interests. This is normally accomplished by asymmetrical commission based reward systems: the customizer follows the party that pays him (a higher) commission. To cure this bias, customizers should be paid according to the overall performance of the entire value chain. This reward system is similarly construed to the total cost of ownership-models.

The demand for unbiased, reward systems is derived from rational construction of mass customization, Still, the implementation of these reward systems primarily depends on the distribution of power along the value chain.

References

Ahsen, K.(1999): Push und Pull im Internet, in: WISU, Vol. 28, 1999, 6, pp. 818-822

Albers, S. et al. (Eds., 1998): Marketing mit Interaktiven Medien, Frankfurt am Main 1998

Albers, S.; Clement, M.; Peters, K.; Skiera, B. (Eds., 1999): eCommerce – Einstieg, Strategie und Umsetzung im Unternehmen, Frankfurt am Main 1999

Alt, R.; Schmidt, B. (2000): Logistik und Electronic Commerce – Perspektiven durch zwei sich wechselseitig ergänzende Konzepte, in: Zeitschrift für Betriebswirtschaft, Vol. 70; 2000, 1, pp. 75-99

Ammann, P.; Strittmatter, J. (2000): E-Commerce für Industriegüter, in: io management, Vol. 69, 2000, 5, pp. 84-89

Anderson, D.M. (1997): Agile product development for mass customization, Chicago (IL) 1997

Baldwin, C.; Kim, C. (1997): Managing in the age of modularity, in: Harvard Business Review, Vol. 75; 1997, September-October, pp. 84-93

Baldwin, Th.F. et al. (1996): Convergence: integrating media, information, and communication, London – Thousand Oaks 1996

Bapna, R.; Sugumaran, V; Warkentin, M. (2000): The Role of Mass Customization in Enhancing Supply Chain Relationships in B2C E-Commerce Markets, in: International Journal of Electronic Commerce, Vol. 1, 2, pp. 1-18

Barnett, N.; Hodges, S.; Wilshire, M. J. (2000): M-commerce: An operator's manual, in: The McKinsey Quarterly, Vol. 37, 2000, 3, pp.163-173

Beck, J. C.; Phelps, A. (2000): Portrait of the new global consumer, in: Outlook, Vol. 12, 2000, 2, pp. 45-49

Becker, J. (1994): Vom Massenmarketing über das Segmentmarketing zum kundenindividuellen Marketing (Customized Marketing), in: Tomczak, Belz (Eds., 1994), pp. 15-29

Behme, W. (1996): Das Data Warehouse als zentrale Datenbank für Managementinformationssysteme, in: Hanning, U. (Ed., 1996), pp. 13-22

Bennahum, D.S. (2000): The Biggest Myth of the New Economy, in: Strategy & Business, Vol. 6, 2000, 18, pp. 15-17

Berg, C.C. (2000): Logistik im virtuellen Markt, in: Der Betriebswirt, Vol. 41, 2000, 3, pp. 8-11

Berg, St. (1998): Personalisierung von Web-Sites, in: Business Online, Vol. 2; 1998, 8/9, pp. 44-48

Berghel, H.; Berleant, D.; Foy, T.; McGuire, M. (1999): Cyberbrowsing: Information Customization on the Web, in: JASIS Journal of the American Society for Information Science, Vol. 50, 1999, 6, pp. 505-511

Bessant, J. (1994): Towards total integrated manufacturing, in: International Journal of Production Economics, Vol. 34; 1994, 3, pp. 237-251

Bettis, R.A. (1991): Strategic management and the straightjacket: An editorial essay, in: Organization Science, Vol. 2, 3, pp. 315-319

Bliemel, F.; Fassott, G. (1999): Electronic Commerce und Kundenbindung, in: Bliemel, Fassott, Theobald (Eds., 1999), pp. 11-26

Bliemel, F.; Fassott, G.; Theobald, A. (Eds., 1999): Electronic Commerce. Herausforderungen, Anwendungen, Perspektiven, Wiesbaden 1999

Bliss, Ch. (1998): Integriertes Komplexitätsmanagement (1998): Arbeitspapier Nr. 115 der Wissenschaftlichen Gesellschaft für Marketing und Unternehmensführung e.V., Münster 1998

Bötzow, H.A.; Brommundt, H. (2000): Vom Massenmarketing zum umfassenden personalisierten Kundenmanagement, in: io management, Vol. 69; 2000, 5, pp. 68-71

Boutellier, R.; Schuh, G.; Seghezzi, H.D. (1997): Industrielle Produktion und Kundennähe – ein Widerspruch?, in: Schuh, G.; Wiendahl, H. (Eds., 1997): Komplexität und Agilität, Berlin et al. 1997, pp. 41-63

Brandenburger, A.M.; Nalebuff, B.J. (1996): Co-Opetition: 1. A Revolutionary Mindset That Redefines Competition and Cooperation; 2. The Game Theory Strategy That is Changing the Game of Business, New York (NY) 1996

Büttgen, M.; Marc, L. (1997): Mass-Customization von Dienstleistungen, Arbeitspapier des Instituts für Markt- und Distributionsforschung der Universität zu Köln 1997

Cairncross, F. (1997): The Death of Distance, Boston (MA) 1997

Choi, S.-Y.; Stahl, D.O.; Whinston, A.B. (1997): The Economics of Electronic Commerce, Indianapolis (IN) 1997

Cingil, I.; Dogac, A.; Azgin, A. (2000): A Broader Approach To Personalization, in: Communications of the ACM, Vol. 43, 2000, 8, pp. 136-141

Clement, M.; Litfin, Th.; Peters, K. (1998): Netzeffekte und Kritische Masse, in: Albers, S. et al. (Eds., 1998), pp. 81-94

Cornet, P.; Milcent, P.; Roussel, P. (2000): From e-commerce to €-commerce, in: The McKinsey Quarterly, Vol. 37, 2000, 2, pp. 31-42

Corsten, H. (1998): Grundlagen der Wettbewerbsstrategie, Stuttgart, Leipzig 1998

Davis, S. (1987): Future Perfect, Reading (MA) 1987

Diez, W. (2000): Wenn das Internet als Verkäufer arbeitet, in: Harvard Business Manager, Vol. 22, 2000, January-February, pp. 22-29

Doringer, Ch. (1991): Kundenindividuelle Fertigung, Wien 1991

Elofson, G.; Robinson, W.N. (1998): Creating a custom mass-production channel on the Internet, in: Communications of the ACM, Vol. 41, 1998, 3, pp. 56-62

Evans, P.B.; Wurster, T.S. (1997): Strategy and the New Economics of Information, in: Harvard Business Review, Vol. 75, 1997, September-October, pp. 70-83

Fein, A.J.; Jap, S.D. (1999): Manage Consolidation in the Distribution Channel, in: Sloan Management Review, Vol. 41, 1999, Fall, pp. 61-72

Feitzinger, E.; Lee, H. (1997): Mass Customization at Hewlett-Packard: The Power of Postponement, in: Harvard Business Review, Vol. 75, 1997, January-February, pp. 116-121.

Figueiredo, J.M. de (2000): Finding Sustainable Profitability in Electronic Commerce, in: Sloan Management Review, Vol. 41, 2000, Summer, pp. 41-52

Fischer, R.; Fisseler, D.; Rüeger,B.P. (1999): Fünf Faktoren definieren den Erfolg im E-Commerce, in: io management, Vol. 68, 1999, 12, pp. 74-79

Fleck, A. (1995): Hybride Wettbewerbsstrategien, Wiesbaden 1995

Fröhling, O. (2000): Gedanken über E-Commerce, in: controller magazin, Vol. 25, 2000, X4, pp. 361-368

Fulkerson, B.; Shank, M. (2000): The New Economy Electronic Commerce, and the Rise of Mass Customization, in : Shaw, Blanning, Strader, Whinston (Eds., 2000), pp. 411-430

Ghosh, S. (1998): Making Business Sense of the Internet, in: Harvard Business Review, Vol. 76, 1998, March-April, pp. 126-135

Gilmore, J.H.; Pine, B.J.II (1997): The four faces of mass customization, in: Harvard Business Review, Vol. 75, 1997, January-February, pp. 91-101

Glazer, R. (1999): Winning in smart markets, in: Sloan Management Review, Vol. 40, 1999, Summer, pp. 59-69

Goshal, S.; Bartlett, Ch.A. (1998): The individualized corporation, London 1998

Hämmerling, A. (2000): Markenleben im Internet, in: CYbiz, Vol. 3, 2000, 7, pp. 68-70

Hanning, U. (Ed., 1996): Data Warehouse und Managementinformationssysteme, Stuttgart 1996

Hart, C.W.L. (1995): Mass customization: conceptual underpinnings, opportunities and limits, in: International Journal of Service Industry, Vol. 6, 1995, 2, pp. 36-45

Hill, Ch. W.L.; Jones, T.M. (1992): Stakeholder-Agency Theory, in: Journal of Management Studies, Vol. 29, 1992, pp. 131-154

Hirsh, H.; Basu, C.; Davidson, B.D. (2000): Learning to Personalize, in: Communications of the ACM, Vol. 43, 2000, 8, pp. 102-106

Homburg, Ch.; Weber, J. (1996): Individualisierte Produktion, in: Kern, W. et al. (Eds., 1996), c. 653-663

Hutzschenreuter, T. (2000): Electronic Competition, Wiesbaden 2000

Jacob, F. (1995): Produktindividualisierung: Ein Ansatz zur innovativen Leistungsgestaltung im Business-to-Business-Bereich, Wiesbaden 1995

Jung, H.H. (1997): Neurobasiertes Mass Customizing im Rahmen der Automobilmarktsegmentierung, Wiesbaden 1997

Kalakota, R.; Robinson, M. (1999): E-business: roadmap for success, Reading (MA) 1999

Kaluza, B.; Blecker, Th. (1999): Dynamische Produktdifferenzierungsstrategie und Produktionsnetzwerke, in: Nagel, Erben, Piller (Eds., 1999), pp. 265-280

Kaluza, B.; Blecker, Th. (Eds., 2000): Produktions- und Logistikmanagement in Virtuellen Unternehmen und Unternehmensnetzwerken, Berlin 2000

Kenny, D.; Marshall, J.F. (2000): Contextual Marketing, in: Harvard Business Review, Vol. 78, 2000, November-December, pp. 119-125

Kern, W. et al. (Eds., 1996): Handwörterbuch der Produktionswirtschaft, 2nd Ed., Stuttgart 1996

Klein, S. (1997): The Diffusion of Auctions on the Web; in: Klein, S.; Williams, H. (Eds., 1997): 3rd Research Symposium on Emerging Electronic Markets, Arbeitsbericht 46 des Kompetenzzentrums Elektronische Märkte am Institut für Wirtschaftsinformatik der Hochschule St. Gallen, September 1997

Klein, S.; Güler, S.; Lederbogen, K. (2000): Personalisierung im elektronischen Handel, in: WISU, Vol. 29, 2000, 1, pp. 88-94

Kleinaltenkamp, M. (1995): Standardisierung und Individualisierung, in: Tietz, B. (Ed.): Handwörterbuch des Marketing, 2. Ed., Stuttgart 1995, c. 2354-2364

Kotha, S. (1995): Mass customization: implementing the emerging paradigm for competitive advantage, in: Strategic Management Journal, Vol. 16, 1995, Special issue 'Technological transformation and the new competitive landscape', pp. 21-42.

Kotler, P. (1989): From mass marketing to mass customization, in: Planning Review, Vol. 18, 1989, 5, pp. 10-13, 47

Kräkel, M. (1999): Organisation und Management, Tübingen 1999

Kramer, J.; Noronha, S.; Vergo, J. (2000): A User-Centered Design Approach to Personalization, in: Communications of the ACM, Vol. 43, 2000, 8, pp. 44-48

Kuhl, J.; Nissen, V.; Tietze, M. (Eds., 1998): Soft Computing in Produktion und Materialwirtschaft, Göttingen 1998

Kuhlen, R. (1999): Die Konsequenzen von Informationsassistenten: was bedeutet informationelle Autonomie oder wie kann Vertrauen in elektronische Dienste in offenen Informationsmärkten gesichert werden, Frankfurt am Main 1999

Küll, U. (2000): Das Tor zum E-Business, in: IT Management, Vol. 6, 2000, 10, pp. 80-84

Lampel, J.; Mintzberg, H. (1996): Customizing customization, in: Sloan Management Review, Vol. 37, 1996, 1, pp. 21-30

Locke, C. (2000): Smart Customers, Dumb Companies, in: Harvard Business Review, Vol. 78, 2000, November-December, pp. 187-191

Logman, M. (1997): Marketing mix customization and customizability, in: Business Horizons, Vol. 40, 1997, 6, pp. 39-44

Loose, A.; Sydow, J. (1994): Vertrauen und Ökonomie in Netzwerkbeziehungen - Strukturationstheoretische Betrachtungen, in: Sydow, Windeler (Eds., 1994), pp. 160-193

Lord, C. (2000): The Practicalities of Developing – A Successful E-Business Strategy, in: Journal of Business-Strategy, Vol. 21., 2000, March-April, pp. 40-43

Ludwig, M.A. (2000): Beziehungsmanagement im Internet: eine Analyse der Informationsbedürfnisse auf Konsumgütermärkten und der Möglichkeiten ihrer Befriedigung durch Beziehungsmanagement unter Nutzung des Internets, Lohmar 2000

Magnus, S. (2000): E-Engineering, Wiesbaden 2000

Magretta, J. (1998): The Power of Virtual Integration: An Interview with Dell Computer's Michael Dell, in: Harvard Business Review, Vol. 76, 1998, March-April, pp. 72-85

Manber, U.; Patel, A.; Robinson, J. (2000): Experience with Personalization on Yahoo!, in: Communications of the ACM, Vol. 43, 2000, 8, pp. 35-39

Marchland, D.; Kettinger,W.; Rollins, J. (2000): Information Orientation: People, Technology and the Bottom Line, in: Sloan Management Review, 41 Jg., 2000, Summer, pp. 69-80

Mattes, F. (1999): Electronic Business-to-Business: E-Commerce mit Internet und EDI, Stuttgart 1999

McCutcheon, D. et al. (1994): The customization-responsiveness squeeze, in: Sloan Management Review, Vol. 35, 1994, 4, pp. 89-99

McGovern, G. (1999): The Caring Economy: Business principles for the new digital age, Dublin 1999

McLoughlin, D.; Horan, C. (2000): Business Marketing: Perspectives from the Markets-as-Networks Approach, in: Industrial Marketing Management, Vol. 29, 2000, pp. 285-292

Mobasher, B.;Cooley, R.; Srivastava, J. (2000): Automatic Personalization Based on Web Usage Mining, in: Communications of the ACM, Vol. 43, 2000, 8, pp. 142-151

Mohr, M. (2000): Das Niederreißen der Einstiegsbarrieren des eCommerce, in: Der Betriebswirt, Vol. 41, 2000, 3, pp. 12-17

Mulvenna, M.D.; Anand, S.S.; Büchner, A.G. (2000): Personalization on the Net using Web Mining, in: Communications of the ACM, Vol. 43, 2000, 8, pp. 123-125

Nagel, K.; Erben, R.; Piller, F. (Eds., 1999): Produktionswirtschaft 2000 – Perspektiven für die Fabrik der Zukunft, Wiesbaden 1999

Ollmert, C.; Schinzer, H. (2000): Software-Agenten im Internet, in: WISU, Vol. 29, 2000, 2, pp. 213-220

Palmer, J.W.; Bailey, J.P.; Faraj, S. (2000): The role of intermediaries in the development of trust on the WWW: The use and prominence of trusted third parties and privacy statements, in: Journal of Computer-Mediated Communication, Vol. 5, 2000, 3, [http://www.ascusc.org/jcmc/vol5/issue3/palmer.html]

Patel, K.; McCarthy, M.; Chambers, J. (2000): Digital Transformation: the Essentials of E-business Leadership, Reading (MA) 2000

Peppers, D.: Rogers, M. (1999): The one to one fieldbook, New York (NY) 1999

Peppers, D.; Rogers, M. (1997): Enterprise one to one: Tools for competing in the interactive age, New York (NY) 1997

Piller, T.F. (1998): Kundenindividuelle Massenproduktion, München, Wien 1998

Piller, T.F. (2000): Mass Customization. Ein wettbewerbsstrategische Konzept im Informationszeitalter, Wiesbaden 2000

Piller, T.F.; Schoder, D. (1999): Mass Customization and Electronic Commerce, in: Zeitschrift für Betriebswirtschaft, Vol. 69, 1999, 10, pp. 1111-1136

Piller, T.F. (2000): Brokers for Mass Customization, in: http://www.mass-customization.de/engl_broker.htm

Piller, T.F. (2000): Mass Customization based Business Models for e-business, in: http://www.mass-customization.de/engl_ebiz.htm

Piller, T.F. (2000): The Information Cycle of Mass Customization, in: http://www.mass-customization.de/engl_infocycle.htm

Pils, J. (2000): Internet-Portale als Basis im Informationsdschungel, in: Information Management & Consulting, Vol. 15, 2000, 2, pp. 15-17

Pine, B.J.II (1993): Mass Customization, Boston (MA) 1993

Pine, B.J.II; Gilmore, J.H. (1999): The experience economy, Boston (MA) 1999

Pine, B.J.II; Gilmore, J.H. (1999): Willkommen in der Erlebnisökonomie, in: Harvard Business Manager, Vol. 21, 1999, 1, pp. 56-64

Pine, B.J.II; Victor, B.; Boynton, A.C. (1993): Making Mass Customization Work, in: Harvard Business Review, Vol. 71, 1993, September-October, pp. 108-119

Porter, A.L. et al. (Eds., 1998): The information revolution, Greenwich 1998

Porter, M.E. (1980): Competitive Strategy, New York (NY) 1980

Prahalad, C.K.; Ramaswamy, V. (2000): Wenn Kundenkompetenz das Geschäftsmodell mitbestimmt, in: Harvard Business Manager, Vol. 22, 2000, 4, pp. 64-75

Pribilla, P.; Reichwald, R.; Goecke, R. (1996): Telekommunikation im Management, Stuttgart 1996

Proff, H. (1997): Möglichkeiten und Grenzen hybrider Strategien – dargestellt am Beispiel der deutschen Automobilindustrie, in: Die Betriebswirtschaft, Vol. 57, 1997, 6, pp. 796-809

Ramsdell, G. (2000): The real business of B2B, in: The McKinsey Quarterly, Vol. 36, 2000, 3, pp. 174-184

Rebstock, M. (2000): Elektronische Geschäftsabwicklung, Märkte und Transaktionen, in: HMD, Vol. 37, 2000, 215, pp. 5-15

Reichheld, F.F.; Schefter, P. (2000): E-Loyality: Your Secret Weapon on the Web, in: Harvard Business Review, Vol. 78, 2000, July-August, pp. 105-113

Reichwald, R.; Piller, F.T (2000): Produktionsnetzwerke für Mass Customization – Potentiale, Arten und Implementation, in: Kaluza, Blecker (Eds., 2000), pp. 599-628

Reiss, M. (Ed., 2000): Netzwerkorganisation in der Unternehmenspraxis, Bonn 2000

Reiss, M. (2000): Wie Kundenorientierung bezahlbar wird. Mass Customization, in: eco Managementwissen für Führungskräfte, Vol. 2, 2000, 2, pp. 8-12

Reiss, M.; Beck, T.C. (1994): Fertigung jenseits des Kosten-Flexibilität-Dilemmas, in: VDI-Z, Vol. 136, 1994, 11/12, pp. 28-30

Reiss, M.; Beck, T.C.(1994): Mass Customization - ein Weg zur wettbewerbsfähigen Fabrik, in: ZWF, Vol. 89, 1994, 11, pp. 570-573

Reiss, M.; Beck, T.C.(1995): Mass Customization: Kostenverträglichen Service anbieten, in: Gablers Magazin, Vol. 9, 1995, 1, pp. 24-27

Reiss, M.; Beck, T.C.(1995): Mass Customization-Geschäfte: Kostengünstige Kundennähe durch zweigleisige Geschäftssegmentierung, in: THEXIS, Vol.12, 1995, 3, pp. 30-34

Reiss, M.; Beck, T.C.(1995): Maßgeschneiderte Massenproduktion, in: REFA-Nachrichten, Vol. 54, 1995, 4, pp. 12-18

Reiss, M.; Beck, T.C.(1995): Performance-Marketing durch Mass Customization, in: Marktforschung & Management, Vol. 39, 1995, 2, pp. 62-67

Reiss, M.; Koser, M. (2000): Netzwerkstrukturen für das E-business, in: Reiss (Ed., 2000), pp. 113-142

Rieg, R. (2000): Controlling and E-Business, in: Controlling, Vol. 12, 2000, 8/9, pp. 403-407

Röder, H. (1999): Electronic Commerce und One-to-One-Marketing, in: Bliemel, Fassott, Theobald (Eds., 1999), pp. 233-246

Rosenbloom, B. (1995): Marketing Channels, 5th ed., Fort Worth (TX) 1995

Röver, S. (2000): Mobile Commerce: Von der Vision zur Realität, in: HMD, Vol. 37, 2000, 215, pp. 49-57

Scheer, A.-W. (2000): E-Business – Wer geht? Wer bleibt? Wer kommt?, Heidelberg 2000

Schmitz, W. (2000): IT-Sicherheitskonzepte, in: HMD, Vol. 37, 2000, 215, pp. 43-49

Schnäbele, P. (1997): Mass Customized Marketing – effiziente Individualisierung von Vermarktungsobjekten und –prozessen, Wiesbaden 1997

Schneider, D.; Gerbert, P. (1999): E-Shopping – Erfolgsstrategien im E-Commerce, Wiesbaden 1999

Schreiber, G.A.(1998): Electronic-Commerce-Business in digitalen Medien: Geschäftsmodelle – Strategien – Umsetzung, Frankfurt am Main1998

Schuh, G.; Wiendahl, H. (Eds., 1997): Komplexität und Agilität, Berlin et al. 1997

Schwarz, J. (2000): Mass Customization von Prozessen durch Unternehmensportale, in: Information Management & Consulting, Vol. 15, 2000, 2, pp. 40-45

Shapiro, C.; Varian, H. (1998): Information rules, Boston (MA) 1998

Shapiro, C.; Varian, H. (1998): Versioning: The Smart Way To Sell Information, in: Harvard Business Review, Vol. 76, 1997, November-December, pp. 106-114

Sharma, P. (2000): E-transformation basics, in: Strategy & Leadership, Vol. 28, 2000, 4, pp. 28-31

Shaw, M.; Blanning, R.; Strader, T.; Whinston, A. (Eds., 2000): Handbook on electronic commerce, Berlin et. al 2000

Siebel, T.M.; House, P. (2000): Cyber Rules. Die neuen Regeln für Spitzenerfolg im e-Business, Landsberg am Lech 2000

Sihn, W.; Vollmer, E.; Lisgara, E. (1998): Die Unterstützung der Mass-Customization-Strategie durch Netzwerkstrukturen, in: VDI-Zeitung Integrierte Produktion, Vol. 140, 1998, 11/12, pp. 60-63

Simpson, T.; Lautenschlager, U.; Mistree, F. (1998): Mass customization in the age of information: the case for open engineering systems, in: Porter, A.L. et al. (Eds., 1998), pp. 49-71

Steimer, F. (2000): Mit E-Commerce zum Markterfolg: Multimedia und Internet im Unternehmen, München 2000

Strauß, R.E.; Schoder, D. (1999): Wie werden die Produkte den Kundenwünschen angepasst? – Massenhafte Individualisierung, in: Albers, Clement, Peters, Skiera (Eds., 1999), pp. 109-119

Sydow, J.; Windeler, A. (Eds., 1994): Management interorganisationaler Beziehungen. Vertrauen, Kontrolle und Informationstechnik, Opladen 1994

Thompson, R. (2000): E-commerce: changing the rules of strategy implementation, in: Strategy & Leadership, Vol. 28, 2000, 4, pp. 35-39

Tomczak, T.; Belz, C. (Eds., 1994): Kundennähe realisieren. Ideen – Konzepte – Methoden, St. Gallen 1994

Turowski, K. (1998): Potentiale von Softcomputing-Ansätzen zur Verbesserung von Mass Customization am Beispiel der Angebotserstellung, in: Kuhl, Nissen, Tietze (Eds., 1998), pp. 33-37

Turowski, K. (1999): A virtual electronic call center solution for mass customization, in: Proceedings of the 32nd Annual Hawaii International Conference on System Sciences, Maui Hawaii 1999, [http://dlib.computer.org/conferen/hicss/0001/pdf/00018027.pdf]

Van Hoek, R.; Peelen, E.; Commandeur, H. (1999): Achieving mass customization through postponement, in: Journal of Market Focused Management, Vol. 3, 1999, 3, pp. 353-368

Verwoerd, W. (1999): Value-Added Logistics: The Answer to Mass Customization, in: Hospital Material Management Quarterly, Vol. 21, 1999, pp. 31-36

Watson, R.T.; Akselsen, S.; Pitt, L.F. (1998), Attractors: building Mountains in the flat Landscape of the WORLD WIDE WEB, in: California Management Review; 40 Jg1998, 2, pp.36-56

Wehrli, H.P.; Krick, M. (1998): Mit strategischen Netzwerken Kundennähe realisieren, in: Absatzwirtschaft, Vol. 41, 1998, 1, pp. 62-68

Wehrli, H.P.; Wirtz, B. (1997): Mass Customization und Kundenbeziehungs-management, in: Jahrbuch der Absatz- und Verbrauchsforschung, Vol. 43, 1997, 2, pp. 116-138

Werbach, K. (2000): Syndication, in: Harvard Business Review, Vol. 78, 2000, May-June, pp. 85-93

Wiegran, G.; Koth, H. (2000): firma.nach.maß : Erfolgreiches E-business mit individuellen Produkten, Preisen und Profilen, München 2000

Wikström, S. (1996): The Customer as Co-Producer, in: European Journal of Marketing, Vol. 30, 1996, 4, pp. 6-19

Wise, R.; Morrison, D. (2000): Beyond the Exchange: The Future of B2B, in: Harvard Business Review, Vol. 78, 2000, November-December , pp. 86-96

Wetlaufer, S. (2000): Kill Thy Web Site, in: Harvard Business Review, Vol. 78, 2000, November-December, p. 10

Zeleny, M. (1996): Customer-specific value chain: beyond mass customization?, in: Human Systems Management, Vol. 15, 1996, 2, pp. 93-97

Zelewski, S. (1987): Der Informationsbroker, in: Die Betriebswirtschaft, Vol. 47, 1987, 6, pp. 737-748

Service Produktentwicklung durch Service Engineering

H. Wildemann

1   Service Engineering als Differenzierungsmerkmal im Wettbewerb

2   Kundenintegration und Immaterialität des Service

3   Der Service-Engineering-Prozeß: Das Phasenmodell

4   Empirische Analysen und Erkenntnisse

5   Handlungsanleitung zum Methodeneinsatz und zur Organisation des Service Engineering

Literatur

1 Service Engineering als Differenzierungsmerkmal im Wettbewerb

Serviceleistungen sind bei einem immer homogener werdenden Produktangebot ein Mittel zur Absatzförderung und in Form von „Value-Added-Services" ein Differenzierungskriterium gegenüber den Wettbewerbern (vgl. Meyer u. Blümelhuber 1996). Die verstärkte Deregulierung in einzelnen Branchen (z.b. Telekommunikation, Postservice) und die Öffnung bislang nationaler Märkte, die es für viele Unternehmen attraktiver macht, international zu agieren, verschärft den ohnehin schon intensiven Wettbewerb. Auch die zunehmend kritischer und anspruchsvoller werdenden Nachfrager lassen die Produktentwicklung im Service zu einem entscheidenden Erfolgsfaktor werden (vgl. Kaluza 1989; Heskett et al. 1994; Kaluza 1995, 1996, Bullinger 1998; Goecke u. Stein 1998b; Wildemann 1998c; Kaluza u. Blecker 1999, 2000).

Die Differenzierungsmöglichkeiten im Wettbewerb sind durch Produkt, Prozeß oder Serviceleistung möglich (vgl. Abb. 1-1).

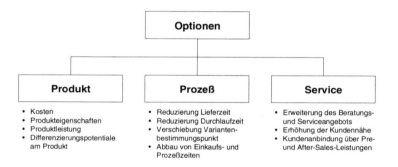

Abb. 1-1: Differenzierungsmöglichkeiten im Wettbewerb

Die Marktposition durch das Produkt zu verbessern, ist durch Kosten, Produkteigenschaften, Produktleistung oder Designunterschiede zu den Konkurrenten möglich. Diese Differenzierungsmerkmale sind in den meisten Branchen ausgeschöpft. Die Ausgestaltung der verschieden Unternehmensprozesse, die zu einer verbesserten Liefertreue und Lieferzeit führt, stellt eine weitere Möglichkeit zur Differenzierung dar. Es zeigt sich allerdings, daß Unternehmen nicht mehr allein durch Kostenführerschaft, Qualitäts- oder Technologievorsprünge erfolgreich sind. Die Erweiterung des Beratungs- und Serviceangebotes, die Verbesserung der Kundennähe und die Kundenanbindung über Pre- und After-Sales-Leistungen tragen gleichermaßen zu diesem Wettbewerbsvorsprung bei (vgl. Kaluza 1989, 1995, 1996, Kaluza u. Blecker 2000).

Um die Wettbewerbsvorteile zu erreichen, sind Serviceleistungen nach den Anforderungen der Kunden auszugestalten. Serviceleistungen müssen einen Kundennutzen darstellen, für den der Kunde bereit ist, einen Preis zu zahlen. Ein solcher Service trägt zur Erschließung neuer Märkte und somit neuer Ertragsquellen bei. Das Wachstum entsteht zum einen durch zusätzliche Einnahmen aus dem Verkauf des Service, zum anderen auch durch die Erhöhung der Kundenbindung. Zur Zeit geht die Initiative zur Entwicklung neuer Serviceleistungen in einem größeren Ausmaß vom Kunden aus. Der Kunde verlangt nach neuen Gesamtlösungen, die über das Standardangebot hinausgehen. Die Unternehmen beantworten diese Nachfragen mit Ad-hoc-Entwicklungen. Dies führt innerhalb der Unternehmen zu Fehlentwicklungen, da die Zeiten der Serviceentwicklung sich durch unnötige Korrekturschleifen verlängern. Ebenfalls kommt es zu kostenintensiven Entwicklungsprozessen und zu einem unkontrollierten Kostenwachstum. Oftmals werden zwar die Qualitätsansprüche einzelner Kunden erfüllt, eine Betrachtung der Anforderungen der eigentlichen Zielkundensegmente unterbleibt jedoch und führt zu einem unabgestimmten Qualitätsniveau.

Um Service als Differenzierungskriterium und Erfolgsfaktor im Wettbewerb einzusetzen, muß bereits im Vorfeld der Entwicklung von Serviceleistungen eine Strategie nicht nur für Sachleistungen sondern auch für zugeordnete Serviceleistungen erarbeitet werden. Dabei sind im Rahmen des Service zwei Ausgangssituationen zu unterscheiden: Zum einen die Neuentwicklung einer Serviceleistung oder die Weiterentwicklung einer bereits am Markt angebotenen Serviceleistung. Für beide Ausgangssituationen wird aus Unternehmenszielen, Serviceproduktgestaltung und -differenzierung, Serviceorganisation, Mitarbeiterorientierung und Servicekosten und -leistungsmanagement die Notwendigkeit der Einführung des systematischen Service Engineering zur Erfüllung von Kundenanforderungen, Zeit- und Kostenzielen erkennbar (vgl. Kaluza u. Blecker 1999).

Um diesen Produktentstehungsprozeß für Serviceleistungen ableiten zu können, wird das Produkt „Service" anhand von Merkmalen konkretisiert, um die daraus resultierenden Besonderheiten für den Entwicklungsprozeß für Serviceleistungen zu beschreiben. Im Rahmen des Phasenmodells des Service Engineering werden die unterschiedlichen Methoden und Aufgabenträger herausgearbeitet. Die empirischen Befunde zum Service Engineering, die im Rahmen eines Arbeitskreises mit Industrieunternehmen und in einer Befragung erhoben wurden, zeigen den Stand der Umsetzung und die Anwendung der Konzepte sowie den weiteren Forschungsbedarf auf. Darauf aufbauend werden Handlungsanleitungen für den Einsatz unterschiedlicher Methoden und für die Organisation des Service Engineering gegeben.

2 Kundenintegration und Immaterialität des Service

Für Serviceleistungen werden in der Literatur verschiedene Begriffsdefinitionen vorgeschlagen. Sie erstrecken sich von der Vorstellung, daß Service durch Leistungsbereitschaft gekennzeichnet ist, die durch die Kundennachfrage konkretisiert wird, über eine Prozeßbetrachtung als Interaktion Anbieter - Kunde bis zur Messung der Nutzenstiftung beim Kunden des immateriellen Produkts Service (vgl. Berekoven 1983; Corsten 1985; Hilke 1989; Engelhardt 1990; DIN 1992; Meyer 1994; DGQ 1995; Meffert u. Bruhn 1995; Homburg u. Garbe 1996; Corsten 1997; Klose 1999; Wildemann 2001).

In der neueren Literatur wird die Trennung in Sachgüter und Serviceleistungen aufgegeben und ein neuer Ansatz vorgeschlagen (vgl. Engelhardt u.a. 1993; Güthoff 1998; S. 614; Nüttgens u.a. 1998, S. 14f.). Dieser Denkansatz beruht auf der Beobachtung, daß in der Praxis Sach- und Serviceleistungen fast immer gemeinsam auftreten. Nur in einem kleinen Bereich an einem Ende des Spektrums, den sogenannten „reinen" Serviceleistungen, ist dies nicht der Fall (vgl. Abb. 2-1). Dabei ist es häufig nur eine Frage des Produktverständnisses, was als Sachgut oder als Serviceleistung deklariert wird, denn die Grenze von der produktbegleitenden Serviceleistung zum serviceleistungsbegleitenden Produkt ist fließend. Als Absatzobjekte werden im Rahmen dieses ganzheitlichen Ansatzes sogenannte Leistungsbündel angesehen, die dem Kunden die Befriedigung seiner Bedürfnisse ermöglichen sollen. Im Mittelpunkt steht dabei die Betrachtung eines komplexen Leistungspakets, das sich jeweils zu einem bestimmten Anteil aus materiellen und immateriellen Leistungen zusammensetzt und durch deren Zusammenwirken der Kunde einen Mehrwert gegenüber der Summe der Teilleistungen erhält (vgl. Klose 1999). Systemzufriedenheit, darunter versteht man die Zufriedenheit des Kunden mit dem Leistungsbündel, wird dann erreicht, wenn weder der materielle noch der immaterielle Leistungsanteil beim Kunden Unzufriedenheit erzeugt (vgl. Gath 1996, S. 66ff.). Der Service unterliegt demnach den gleichen Gesichtspunkten hinsichtlich der Erfüllung der Kundenerwartungen wie ein eigenständiges marktfähiges Produkt (vgl. Pepels 1996, S. 312).

Trotz der fließenden Grenze bei der Abgrenzung in Sach- oder Serviceleistung und der allgemeinen Heterogenität der Leistungen im Service kristallisieren sich zwei charakteristische Merkmale heraus, die Serviceleistungen von anderen Wirtschaftsgütern abheben (vgl. Meyer u. Mattmüller 1987; Stauss 1989; Benkenstein 1993; Gogoll 1996; Güthoff 1998; Meffert u. Bruhn 1995; Quartapelle u. Larsen 1996):

Service Produktentwicklung durch Service Engineering 91

- Immaterialität: Nichtgreifbarkeit der in Anspruch genommenen Leistung, die als solche nicht gegenständlich ist und deshalb nicht als Objekt in Augenschein genommen werden kann;
- Teilnahme des Kunden: Der Kunde oder ein Objekt des Kunden wirken an der Leistungserstellung zumindest passiv mit.

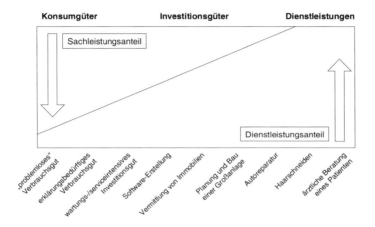

Abb. 2-1: Der Marketing-Verbund-Kasten (nach Hilke, 1989)

Aufgrund ihrer Immaterialität können Serviceleistungen nicht gelagert werden, im Gegensatz zu ihren Ergebnissen, wie Berichte eines Unternehmensberaters, deren Lagerung oder Speicherung zumindest vorübergehend möglich ist. In der Folge müssen Angebot und Nachfrage zeitlich exakt aufeinander abgestimmt werden, da eine nicht genutzte Möglichkeit zur Leistungserstellung verloren ist.

Da Serviceleistungen der Kundenintegration bedürfen und damit erst nach Vertragsabschluß produziert werden, kann der Anbieter nur ein bestimmtes Leistungsversprechen abgeben. Er signalisiert lediglich seine Fähigkeit und Bereitschaft, eine serviceleistende Tätigkeit auszuüben. Vorab kann der Kunde deshalb weder die Serviceleistung noch ihre Qualität begutachten und muß darauf vertrauen, das zu erhalten, was er sich vom Erwerb erwartet. In diesem Zusammenhang wird der Preis oft als Indikator für den Wert der Serviceleistung genutzt. Je höher der Preis, desto höher die vermutete Qualität. Gleichzeitig spielt die Kommunikation zwischen Anbieter und Kunde wegen des hohen Risikos und der hohen „Erklärungsbedürftigkeit" von Serviceleistungen eine besonders wichtige Rolle beim Abbau von Unsicherheiten. Sie soll den Informationsbedarf, der quantitativ und qualitativ mit der Komplexität und dem Neuigkeitsgrad der Serviceleistung steigt, auf der Seite des Kunden decken und Transparenz von Inhalt und Umfang schaffen, so daß schließlich ein Kaufvertrag zustande kommt.

Die Teilnahme des Kunden am Produktionsprozeß hat zur Folge, daß Ergebnis und Verlauf der Serviceleistungserstellung, und somit auch deren Qualität, untrennbar mit dem Kunden verbunden sind. Daraus ergeben sich Wechselwirkungen und eine gegenseitige Beeinflussung während der Interaktion, so daß weder der Erstellungsprozeß noch das Ergebnis vom Anbieter allein gesteuert werden können. Zwar kann das Kundenkontaktpersonal ausgebildet werden, eine bestimmte Tätigkeit mit nahezu gleichbleibendem Resultat auszuführen. Doch je nach den Bedürfnissen, der Kooperationsbereitschaft, der Erfahrung und den persönlichen Fähigkeiten beteiligt sich der Kunde auf seine ganz eigene Art. Im Endeffekt wird eine individuelle, für jeden Kunden neu erstellte und daher oft nur bedingt standardisierbare Serviceleistung erbracht. Das verringert die Nutzung von Erfahrungskurveneffekten und erschwert ein gleichbleibendes Qualitätsniveau.

Durch die Gleichzeitigkeit von Produktion und Absatz erhält die Serviceleistung ihre endgültige Form erst in der konkreten Absatzsituation. Produkt- und Produktionsfehler können vor dem Kontakt mit dem Kunden nicht mehr revidiert werden. Rückgabe und Umtausch sind prinzipiell ausgeschlossen, allenfalls ist eine Nachbesserung oder eine Gewährung von Vorteilen bei einer weiteren Nutzung der Serviceleistung möglich. Darüber hinaus werden beim Auftreten von Problemen hohe Anforderungen an die Flexibilität und die Reaktionsfähigkeit des Serviceleisters gestellt, um in einer solchen Situation das Entstehen von Unzufriedenheit zu vermeiden.

Eine weitere Konsequenz aus der Immaterialität von Serviceleistungen ist die fehlende Transportierbarkeit. Während im Sachgüterbereich Produktion und Absatz an verschiedenen Orten stattfinden können, müssen Kunde und Serviceleister räumlich zusammentreffen. Für den Anbieter ergibt sich daraus meist eine Beschränkung auf einen lokalen Aktionsraum. Die regionale Ausdehnung auf einen größeren Kundenkreis erfordert den Aufbau eines leistungsfähigen Distributionsnetzes durch Multiplikation des Leistungspotentials. Das Qualitätsniveau der erbrachten Serviceleistungen kann dann jedoch von Standort zu Standort schwanken, da es vor allem bei persönlich erbrachten Serviceleistungen in beträchtlichem Maße von den beteiligten Mitarbeitern abhängt. Hierbei spielen nicht nur deren Qualifikationsniveau und Serviceleistungsmentalität eine große Rolle, sondern auch intraindividuelle Schwankungen wie Laune, Tagesform oder Sympathie (vgl. Meyer/Mattmüller 1987, S. 189). In der Folge erweist es sich für den Anbieter als problematisch, die Deckung von Leistungsversprechen und produzierter Serviceleistung sicherzustellen, vor allem bei zentraler Vermarktung der Leistungen oder indirektem Absatz über Absatzmittler (vgl. Stauss 1995).

3 Der Service-Engineering-Prozeß: Das Phasenmodell

Eine systematische Entwicklung von Serviceleistungen läßt sich mit Hilfe des Phasenmodells des Service Engineering durchführen, das im Rahmen des vom BMBF geförderten Projekts mit dem Titel „Marktführerschaft durch Leistungsbündelung und kundenorientiertes Service Engineering" erarbeitet wurde. Mit ihm soll die Lücke von der Idee einer neuen Serviceleistung bis hin zu deren konkreter Umsetzung am Markt überwunden werden. Wegen der Merkmale und Besonderheiten von Serviceleistungen, speziell der Interaktion zwischen dem Unternehmen und den Kunden, gilt es bei der Entwicklung eines Phasenmodells folgende Punkte mit einem höheren Gewicht als bei der Produktentwicklung zu versehen:

- Ausgestaltung der Interaktion zwischen den Servicemitarbeitern und den zukünftigen Kunden,
- Beschreibung der Serviceprodukte auf Basis von Prozessen,
- Festlegen der benötigten Infrastruktur zur Erbringung der Serviceleistung und der Qualifikation der zukünftigen Servicemitarbeiter,
- Definition von Prozessen, die für den Kunden nicht sichtbar sind, den Servicemitarbeiter aber nachhaltig in seiner Arbeit unterstützen, und
- Definition von Informationsbeschaffungsprozessen, um Kundenwünsche und Anregungen bzw. Verbesserungsvorschläge systematisch zu erfassen und in die Entwicklung neuer Serviceprodukte einfließen zu lassen.

Durch die Konzentration auf die Kundenbedürfnisse als zentralem Ausgangspunkt des Produktdesigns wird den speziellen Charakteristika von Serviceleistungen besonders stark Rechnung getragen. Als prozeßorientiertes Vorgehensmodell unterstützt es vor allem die Ablaufstruktur von Entwicklungsprojekten (vgl. DIN 1998, S. 49ff.; vgl. Abb. 3-1). Durch die Vorgabe der Reihenfolge von Arbeitsschritten und die genaue Festlegung von Verantwortlichkeiten und Ergebnissen werden Planung, Durchführung, Steuerung und Überwachung des Projekts erheblich erleichtert. Gerade projektorientierte Formen der Zusammenarbeit haben sich als sehr zweckmäßig zur Realisierung kurzer Entwicklungszeiten erwiesen. Gleichzeitig läßt das Phasenmodell durch seinen Referenzmodell-Charakter genügend Freiraum zur unternehmens- und serviceleistungsspezifischen Detaillierung (vgl. Albrecht u.a. 1998; Hofmann u.a. 1998; Hoffrichter 1998; Goecke u. Stein 1998a; Penschke 1998).

In der ersten Phase des Entwicklungsprozesses, der Ideenfindung und -bewertung, werden Ideen für neue Serviceleistungen generiert, die geeignet erscheinen, zur

Umsetzung der Geschäftsstrategien beizutragen und in das Produktportfolio des Unternehmens passen. Hilfsmittel hierfür sind Methoden der Informationssammlung, wie Kunden- und Mitarbeiterbefragungen oder die Auswertung externer Quellen wie Fachzeitschriften, Messeberichte oder Marktforschungsuntersuchungen oder Techniken der Ideenfindung, zu denen beispielsweise das Brainstorming, der morphologische Kasten, die Expertenbefragung oder die Delphi-Methode zählen. Anschließend werden die so gewonnen Ideen anhand der Stärken und Schwächen des Unternehmens, der Chancen und Risiken im Wettbewerb und einer Machbarkeitsanalyse bewertet. Die Zielsetzung dieser Phase muß es sein, alle im Unternehmen vorhanden Ideenpotentiale auszuschöpfen. Zusätzlich sollte eine möglichst realistische Einschätzung des Marktpotentials stattfinden.

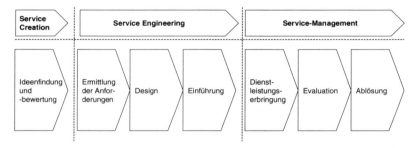

Abb. 3-1: Das Phasenmodell des Service Engineering (DIN 1998)

Daran anschließend beginnt mit der Ermittlung der Anforderungen die eigentliche Kernphase des Entwicklungsprozesses. Damit die Serviceleistung einen Nutzen in Form einer Problemlösung bieten kann, ist bereits zu diesem frühen Zeitpunkt eine intensive Einbeziehung der potentiellen Kunden in den Innovationsprozeß nötig. Die Bedürfnisse und Erwartungen müssen ermittelt und in konkrete Anforderungen an die Serviceleistung umgesetzt werden. Gleichzeitig unterstellt Kundenorientierung im Sinne des TQM ein durchgehendes Kunden-Lieferanten-Prinzip, so daß auch Mitarbeiter des Unternehmens als Kunden auftreten können (vgl. Bruhn 1997, S. 109f.). Im Rahmen des sogenannten „Customer Care Management" übernimmt der Kunde im Interesse einer gegenseitigen Nutzenmaximierung die Rolle eines „Co-Designers", so daß von Beginn an eine präzise Gestaltung der einzelnen Leistungselemente in Abstimmung mit den Kundenanforderungen erfolgen kann und beide Seiten ein klares Bild über erwartete und zu erbringende Serviceleistung bekommen (vgl. Hofmann u. Meiren 1998). Allerdings verfügen die Befragten bei originären Produktinnovationen mangels Erfahrung mit der Leistung oft nur über vage Vorstellungen über den tatsächlichen Nutzen, so daß sich die Erfassung der Kundenwünsche in diesem Fall als recht schwierig gestaltet (vgl. Hoeth u.a. 1999). Die DIN ISO 9004 Teil 2 empfiehlt die Umwandlung der vom Markt geforderten Leistungsmerkmale in ein Lasten-/Pflichtenheft, in dem zusätzlich die Ressourcen und Potentiale des Unternehmens und dessen Ziele Berücksichtigung finden. Gleichzeitig wird untersucht, ob die geplante Serviceleistung durch eine Kombination bereits existierender Serviceleistungskonzepte realisiert werden kann.

Als Ergebnis der Phasen liegt ein konkretes Anforderungsprofil der neuen Serviceleistung vor, das im Design aufgegriffen wird, um Potential-, Prozeß- und Ergebnisdimension unter Berücksichtigung des zuvor festgelegten Planbudgets und des Zeitpunkts des geplanten Markteintritts detailliert zu gestalten. Hierunter versteht man die Skizzierung von Aufbauorganisation und Infrastruktur sowie eine genaue Festlegung, welche Komponenten und Funktionen die Serviceleistung enthalten soll. Dadurch können entlang der gesamten Serviceleistungskette controllingfähige Prozeßmerkmale oder Verhaltensgrundsätze für nur schwer standardisierbare Situationen definiert werden. Die Operationalisierung der Kundenforderungen führt schließlich zu einem System von Kennzahlen, das in der Folge als Hilfsmittel zur Sicherstellung der vom Markt geforderten Serviceleistungsqualität dient (vgl. Bruhn 1997, S. 137). Eventuell kann es zur Erstellung der Serviceleistung nötig sein, mit anderen Unternehmen zu kooperieren oder Produkte von anderen Unternehmen zu beschaffen. Da diese Leistungen entscheidenden Einfluß auf die Gesamtqualität der Serviceleistung haben können, ist bei der Beschaffung darauf zu achten, nur qualifizierte Lieferanten auszuwählen (vgl. DIN 1992, Pkt. 6.2.4.3). Am Ende dieser Phase sollte ein Blueprint, also ein „Drehbuch", der geplanten Serviceleistung vorliegen. Speziell in dieser Phase sollte der Kunde verstärkt in den Entwicklungsprozeß einbezogen werden, denn sein Urteil entscheidet letztlich über Erfolg und Mißerfolg der angebotenen Serviceleistung. Eine Möglichkeit der Integration stellt die Bewertung eines ersten Prototyps mit Hilfe der Sequentiellen Ereignismethode oder dem Willingness-to-pay-Ansatz dar. Allerdings ergeben sich für den Probanden bei absolut neuen Serviceleistungen oftmals Probleme, diese Innovationen zu bewerten, da er keinen Vergleichsmaßstab in seinem Erfahrungsschatz besitzt. Darüber können bedingt klassische Verfahren, wie QFD oder FMEA, in dieser Phase genutzt werden. (vgl. Hoeth u.a. 1999; Orlowski/Radtke 1996). Gleichzeitig erfolgt im Serviceleistungsdesign die Ausarbeitung des Qualifizierungskonzeptes und die Festlegung des Marketing-Mix gemäß dem gewählten Marketingkonzept. Spätestens am Ende dieser Phase sollte ein Design-Review durchgeführt werden, in dem überprüft wird, ob die erarbeitete Spezifikation der Serviceleistung alle Anforderungen erfüllt (vgl. DIN 1992, Pkt. 6.2.6).

Mit der Einführung endet das eigentliche Service Engineering. Schwerpunkt dieser Phase ist die Ausgestaltung der Schnittstelle zum Kunden, so daß die Serviceleistung optimal erbracht werden kann (vgl. Töpfer 1999, S. 194). Das umfaßt die eventuell notwendige Anpassung der Organisation, die Bereitstellung der zur Erbringung benötigten Infrastruktur sowie die Schulung der Mitarbeiter im Hinblick auf ihre neuen Aufgaben. Dazu gehört auch die Gestaltung des äußeren Erscheinungsbildes. Dieses spielt bei Serviceleistern eine wichtige, wenn nicht sogar entscheidende Rolle, da man aufgrund der Immaterialität der Leistung diese nur schwer mit (Serviceleistungs-)Marken identifizieren kann. Der Identitätsträger ist in diesem Fall das Unternehmen selbst (vgl. Drosten 1998; Peters 1995). Bei Serviceleistungen wird also von der Art und Weise, wie sich der Anbieter präsentiert, auf die Serviceleistungsqualität geschlossen. Auch die Mitarbeiter, vor allem das Kundenkontaktpersonal, spielen in diesem Zusammenhang eine bedeutende Rolle. Vielfach identifiziert der Kunde das Serviceleistungsunternehmen und die Qualität seiner Leistungen mit der Art und Weise, wie die Angestellten ihm gegenüber auftreten (vgl. Stauss 1995; Quartapelle u. Larsen 1996, S. 13). Diese beiden Aspekte treffen um so mehr zu, je höher der Anteil der Erfahrungs- und der „Glaubenskomponente" ist. Gleichzeitig werden in dieser Phase die Instrumente zur Evaluierung implementiert, um so eine laufende Überwachung der Zielerreichung zu gewährleisten und frühzeitig die kontinuierliche Verbesserung der Prozesse zu initiieren. Wichtige Erfolgsfaktoren während der Einführung sind die Unterstützung durch das Management, um das Projekt mit dem entsprechenden Nachdruck voranzutreiben, und die frühzeitige Einbeziehung der Mitarbeiter, um so Betroffene zu Beteiligten zu machen und das notwendige Verständnis für die Prozesse und die Einordnung der eigenen Tätigkeit in den Gesamtzusammenhang zu schaffen. Parallel zur Gestaltung der Potentialdimension beginnt die Vermarktung der Serviceleistung, deren Aufgabe es vor allem ist, den Markt auf das neue Produkt vorzubereiten.

Mit der Serviceleistungserbringung beginnt der Bereich des Service-Managements, das sich in der eigentlichen Marktphase vollzieht. In dieser Phase wird das erarbeitete Marketingkonzept umgesetzt und die entwickelte Serviceleistung gemäß den definierten Spezifikationen erbracht, wobei es hier vor allem darauf ankommt, ein ständiges Feedback für Innovationen durch die Schaffung geeigneter Strukturen zu ermöglichen.

Auf die Ausführung folgt die Evaluation, die verschiedentlich nicht als eigenständige Phase behandelt sondern der Serviceleistungserbringung zugerechnet wird. Hier setzt die Qualitätsprüfung mit dem Ziel an, die Serviceleistung auf die Erfüllung der Qualitätsforderung hin zu überprüfen. Die regelmäßige Erfassung von Kennzahlen (z.B. Kundenzufriedenheit, Bearbeitungszeiten oder Anzahl der Beschwerden) soll die Abweichungen zwischen der in der Designphase festgelegten Spezifikation und der erbrachten Serviceleistung aufdecken, um damit die Serviceleistungsqualität bewerten zu können und den Prozeß der kontinuierlichen Verbesserung weiter voranzutreiben (vgl. Lingenfelder/Schneider 1991, Meister/ Meister 1996). Die Beurteilung der Serviceleistung im Rahmen der Evaluation führt zu einem Informationsfluß, der die Weiterentwicklung der bestehenden Serviceleistung (Reengineering) unterstützt. Ebenso können die gewonnenen Informationen im Rahmen einer Neuentwicklung genutzt werden, die Suche nach neuen Ideen oder die Ermittlung von Anforderungen zu unterstützen (vgl. Abb. 3-2).

Den Abschluß des Service-Engineering-Prozesses bildet die Ablösung, die wiederum in einen neuen Entwicklungsprozeß münden kann, sei es in Form einer

Weiterentwicklung eines bestehenden Serviceleistungsprodukts, z.B. durch die Ausrichtung auf neue Marktsegmente, oder einer völligen Neukonzeption als Ersatz für die vom Markt genommene Serviceleistung. Da sowohl die Kundenbedürfnisse als auch die Umweltbedingungen einer steten Veränderung unterliegen, muß kontinuierlich überprüft werden, ob die angebotene Serviceleistung noch wettbewerbsfähig ist. Als Hilfsmittel bietet sich in dieser Phase das Lebenszyklus-Konzept an, um rechtzeitig eine neue Serviceleistung in das Produktportfolio aufnehmen zu können.

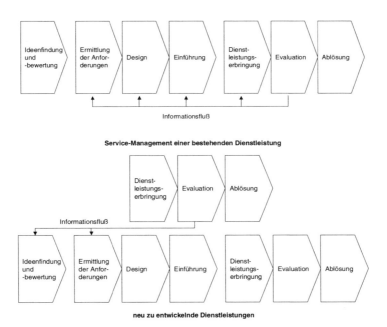

Abb. 3-2: Informationsfluß als Rückkopplung zur Verbesserung des Serviceangebots bei neuen oder bestehenden Leistungen

Ziel des gesamten Service-Engineering-Prozesses ist es, durch Entwicklung eines „Konstruktionsplans" von Beginn an aufbau- und ablauforganisatorische Gestaltungsfragen zu klären, so daß im Idealfall eine Ex-post-Optimierung überflüssig wird. Um Zufriedenheit der Kunden bereits ab dem ersten Kontakt gewährleisten zu können, muß die Serviceleistung in allen ihren Phasen exakt geplant werden. Planen bedeutet, den gesamten Erstellungsprozeß gedanklich vorwegzunehmen und durchzuspielen, um so eventuelle Verbesserungspotentiale erkennen zu können. Gleichzeitig ermöglicht das Service Engineering die gezielte Entwicklung der Serviceleistung auf einem bestimmten, gewünschten Qualitätsniveau, wobei die festgelegten Spezifikationen schließlich als Richtgröße für die Evaluation dienen. Der Vorteil dieses strukturierten Vorgehensmodells liegt in seiner Wiederholbarkeit und der daraus folgenden Anwendbarkeit bereits früher gemachter Erfahrungen, wodurch eine Wiederholung einmal begangener Fehler vermieden werden kann. Darüber hinaus wird durch die klare Definition der Ergebnisse jeder Phase der Koordinationsaufwand reduziert und so keine wertvolle Zeit verschwendet. Das macht sich durch die Verkürzung der Entwicklungszeiten in einer erheblichen Effizienzsteigerung der Entwicklung bemerkbar.

Allerdings muß berücksichtigt werden, daß das Phasenmodell nur als ein Vorgehensmodell bei der Entwicklung von Serviceleistungen zu betrachten ist (vgl. Albrecht u.a. 1998). Aufgrund der Heterogenität der Serviceleistungen ist es schwierig, eine allgemeingültige Anleitung zur Vorgehensweise zu geben. So muß bei Serviceleistungen mit hoher „Glaubenskomponente" der Ausgestaltung der Potentialdimension besondere Aufmerksamkeit geschenkt werden, da diese in den Augen des Kunden zentrale Bedeutung bei der Beurteilung der gesamten Serviceleistungsqualität hat, während bei sehr personenbezogenen Serviceleistungen der Verlauf der Interaktion Anbieter-Kunde von hoher Relevanz ist. Gleichzeitig darf das Service Engineering nicht als linearer Prozeß verstanden werden, der in eine zeitstabile neue Serviceleistung mündet, sondern als System verbunder Regelkreise, bei dem die neugewonnenen Erkenntnisse nicht nur dem eigenen Regelkreis zur Verfügung stehen, sondern auch den anderen Phasen (Entwicklung und Ablösung) zugänglich sein sollen.

4 Empirische Analysen und Erkenntnisse

Die Bedeutung der Serviceleistung für die Unternehmen legt die Frage nahe, inwieweit die heutigen wissenschaftlichen Erkenntnisse in der betrieblichen Praxis realisiert sind. Aus einer Überprüfung können die Defizite bei der Umsetzung als auch weiterer Forschungsbedarf abgeleitet werden. Vor diesem Hintergrund wurden im Rahmen eines einjährigen Arbeitskreises „Service- Differenzierungspotential im Wettbewerb" unter Beteiligung von 15 Industrieunternehmen Konzepte, Leitlinien und ein Einführungsleitfaden zur Realisierung des Service-to-Success-Konzeptes mit den Leitlinien Kundenorientierung, Differenzierungspotential und Servicequalität erarbeitet (vgl. Wildemann 1998a). Als Basis dienten die in den Unternehmen gelebte Praxis, Ergebnisse aus Beratungsprojekten und die vorliegenden ersten wissenschaftlichen Erkenntnisse.

Die Befragungsergebnisse im Rahmen des Arbeitskreises und einer Delphi Studie machen deutlich, daß das Angebot von Serviceleistungen zur Unterstützung der Kundenbindungsstrategie eingesetzt wird. Dies bestätigt die Tendenz zu langfristigen Geschäftsbeziehungen. Dieser sich abzeichnende Paradigmawechsel von der Marktanteilsstrategie hin zur Kundenbindungsstrategie, die die Kundenloyalität und die Kundentreuerate in den Mittelpunkt der unternehmerischen Aktivitäten stellt, kann durch ein differenziertes Serviceangebot unterstützt werden (vgl. Wildemann 1998d, Abb. 4-1).

Die Strategie Kundenbindung wurde auf einer Skala von 0 bis 5 mit 4,55 und die Bedeutung des Serviceangebotes als Grundnutzen sowie als Zusatznutzen im After Sales-Bereich an zweiter Stelle gleichwertig mit jeweils 3,73 eingeschätzt. Die Bedeutung der Strategie, die Serviceleistung als eigenständiges Produkt zu vermarkten, wurde aus heutiger Sicht mit 3,09 an letzter Stelle eingestuft. Dies verdeutlicht nochmals die Entwicklung der Industrieunternehmen hin zu Serviceanbietern, die zur Zeit ihre Sachprodukte noch in den Mittelpunkt ihrer Aktivitäten stellen und die Serviceleistung schwerpunktmäßig als Differenzierungskriterium nutzen.

Daß der Service in Zukunft den Bezug zum Sachgut verliert, wurde bei der Befragung nach der Bedeutung der Erfolgsfaktoren im Service heute und zukünftig deutlich (vgl. Abb. 4-2). Die Erfolgsfaktoren Mentalität, Qualität und Kundenorientierung werden in Zukunft zu den entscheidenden Kriterien für den Erfolg der Unternehmen werden. Der Bezug zum Sachgut wurde als einziges Kriterium gewertet, dessen Bedeutung in der Zukunft zurückgehen wird. Der größte Zuwachs bei der Bedeutung heute und zukünftig ist beim Service Engineering zu erkennen, dicht gefolgt von der Service-Mentalität und der selbständigen Service-Organisation. Die zentrale Rolle für den zukünftigen Erfolg wird zum einen in einer systematischen Service-Entwicklung und in der Eigenständigkeit der Service-Organisation gesehen. Die Konzentration auf diese Prozesse, losgelöst vom Sachprodukt, zeigen die Notwendigkeit, sich mit dem Themengebiet Service Engineering auseinanderzusetzen.

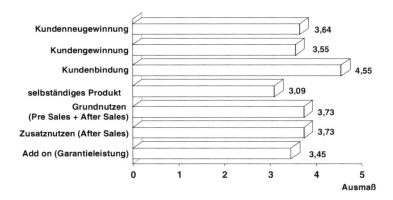

Abb. 4-1: Die Beudeutung von Servicestrategien

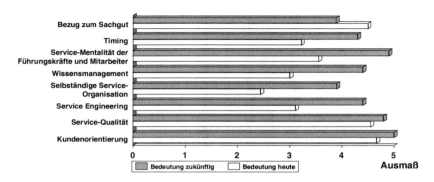

Abb. 4-2: Erfolgsfaktoren im Service

Im Rahmen des Service Engineering ist ebenfalls die organisatorische Gestaltung zu berücksichtigen. Die Bereiche Kundenorientierung und Service-Qualität werden heute auf einem hohem Niveau mit in Zukunft geringen Steigerungsraten eingeschätzt. Der Erfolgsfaktor Wissensmanagement stellt einen wichtigen unterstützenden Ansatz dar, dessen Bedeutung ebenfalls zunehmen wird. In diesem Bereich gilt es das im Servicebereich vorhandene Wissen systematisch zu erfassen, aufzuarbeiten und zur Verfügung zu stellen.

Die Qualitätssicherung der Service-Leistungen kann zum einen mit Hilfe von präventiven Maßnahmen bereits im Rahmen des Service Engineering durchgeführt werden, um die Änderungsquoten bei der Leistungserbringung zu reduzieren. Ebenfalls erfolgt die Qualitätssicherung mit Hilfe der Messung des Erreichungsgrades von Qualitätszielen im laufenden Prozeß (vgl. Abb. 4-3).

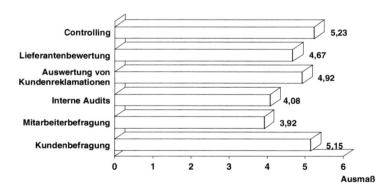

Abb. 4-3: Instrumenteneinsatz zur Messung von Qualitätszielen

Im Rahmen des Arbeitskreises wurde deutlich, daß die Erreichung der Qualitätsziele intern mit Hilfe von Service Controlling (5,23) auf einer Skala von 0 bis 6 und extern durch den Einsatz von Kundenbefragungen (5,15) überprüft wird. Darüber hinaus werden Kundenreklamationen (4,92) systematisch ausgewertet.

Die Bewertung von Lieferanten und Partnern (4,67) stellt eine weitere genutzte Möglichkeit zur Sicherung von Qualitätszielen dar. Die Methoden interne Audits (4,08) und Befragung der Mitarbeiter (3,92) werden weniger oft angewendet. Dies erscheint vor dem Hintergrund der zunehmenden Bedeutung des Erfolgsfaktors Service-Mentalität der Führungskräfte und Mitarbeiter erstaunlich. Hier werden in der betrieblichen Praxis die Möglichkeiten der Qualitätssicherung, abgeleitet aus Mitarbeiterbefragungen, nicht umfassend genug berücksichtigt.

Bezugnehmend auf die Instrumentarien verweisen die Experten im Rahmen der Delphi Studie darauf, daß vor allem Kundenbefragungen bezüglich Servicewünschen einen sehr hohen Stellenwert bei der Gestaltung von Service einnehmen (Mittelwert 3,69) und fast gleichbedeutend mit Marktbeobachtungen (Mittelwert 3,67) eingeschätzt werden. Das Instrument der Nutzenanalyse bezüglich unterschiedlicher Serviceleistungen wird auch relativ hoch eingeschätzt (Mittelwert 3,54), wobei Wettbewerbsvergleiche in bezug auf Servicestandards derzeit noch nicht als ein Instrument angesehen werden, das entscheidend die Gestaltung von Serviceleistungen beeinflußt (vgl. Abb. 4-4).

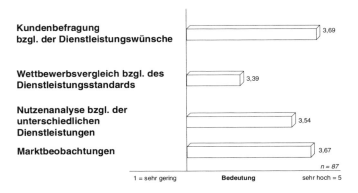

Abb. 4-4: Gestaltungsfaktoren von Serviceleistungen

Zur methodischen Unterstützung der Kundenbindung zeigen die Auswertungen der Experten auf, daß der Institutionalisierung von Instrumenten zur Einbeziehung von Kundenanregungen für die Dienstleistungsgestaltung eine hohe Bedeutung zugemessen wird (vgl. Abb. 4-5). An erster Stelle rangiert die Auswertung der Kundenvorschläge sowie der -beschwerden (Mittelwert 3,79). Weiterentwicklungen der Auswertungsprogramme von Kundenbefragungen erlauben beispielsweise, am PC mit dem Kunden gemeinsam die Bewertung der Serviceleistungen des Unternehmens über Vergleichskriterien durchzuführen und fast simultan die Auswertung mit dem Kunden zu diskutieren. Mit dieser Methodik kann der Kunde genau mitverfolgen, wie sich seine Bemerkungen und Anregungen auf das Auswertungsergebnis auswirken. Der Kundenbefragung als Methodik, um Kundenanregungen für die Gestaltung des Service einzubeziehen, wird von den befragten Experten auch ein relativ hoher Stellenwert zugeordnet (Mittelwert 3,63). Neben diesen Möglichkeiten, vom Wissen der Kunden zu profitieren, gehen viele Unternehmen auch dazu über, mit Kunden Kreativitätsworkshops durchzuführen (Mittelwert 3,54).

Einige Automobilhersteller richten beispielsweise Innovationsagenturen ein, um das Ideenpotential der Zulieferunternehmen zu nutzen und an die entsprechenden Verwertungsstellen weiterzuleiten. Analog diesem Konzept werden Kunden eng in die Entwicklung von Serviceleistungen eingebunden, wodurch versucht wird, so nahe wie möglich am Markt zu sein und das Leistungsprofil nicht nur zielgruppengenau sondern vor allem zielpersonengenau auszurichten. Die mit geringster Bedeutung eingeschätzten Methoden sind die Literaturauswertung des Kundensegmentes (Mittelwert 2,68) sowie die Kundenbeobachtung (Mittelwert 3,33). Die Kundenbeobachtung ist eine subjektive Methode, die auch sehr davon abhängig ist, welche Qualifikation der Beobachter besitzt und wie weit er sich in die Kunden hineinversetzen kann. In der Unternehmenspraxis zeigt sich, daß hier vor allem zumindest näherungsweise objektive Methoden bevorzugt werden, um Kundenanregungen für die Servicegestaltung zu nutzen.

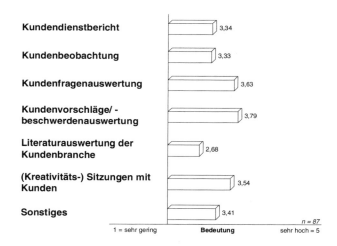

Abb. 4-5: Methoden zur Integration von Kundenanregungen

5 Handlungsanleitung zum Methodeneinsatz und zur Organisation des Service Engineering

Ausgangspunkt bei der Ausgestaltung des Service Engineering Prozesses ist die Kundensicht. Als Ergebnis des Prozesses soll der Service angeboten werden, der dem Kunden den höchsten Nutzen bringt. Das Prinzip Value to the Customer sollte auch im Service Prozeß oberste Priorität haben. Diese Vorgehensweise erfordert, daß die notwendigen Entwicklungskosten und die Entwicklungszeit beachtet werden und somit die Methoden des Simultaneous Engineering aus der traditionellen Entwicklung an die Anforderung der Service angepaßt werden. Letztendlich geht es um die Erfüllung der Anforderungen und eine hohe Servicequalität. Hierbei stellt die organisatorische Ausgestaltung des Service Engineering einen wesentlichen Erfolgsfaktor dar. Aufbauend auf der Beurteilung der verschieden Methoden und den Ergebnissen einer Delphi werden Handlungsanweisungen zur Organisation abgeleitet.

Die Methoden zur Qualitätssicherung in der Service-Entwicklung wirken in zwei Zielrichtungen: Durch präventive Qualitätssicherung soll das Auftreten von Fehlern überhaupt vermieden werden. Zum anderen geht es darum, entstandene Fehler so früh wie möglich zu entdecken. Besonders in den frühen Phasen des Entwicklungsprozesses sind Maßnahmen zur Fehlerentdeckung durchzuführen. Der erste Schritt zur Fehlerverhütung ist die schriftliche Fixierung von Richtlinien zur Service-Entwicklung. Deren Einhaltung ist in regelmäßigen Projektaudits zu überprüfen. Die Auditierung untersucht dabei nicht die Korrektheit von Konzepten oder deren sachliche und fachliche Angemessenheit. Es handelt sich vielmehr um eine Aktivität des prozeßorientierten Controllings, bei dem die Einhaltung von Standards oder die Anwendung von Methoden überprüft wird. Zur Anwendung in den frühen Phasen des Entwicklungsprozesses, wenn es darum geht, Konzepte auf ihre Angemessenheit und die Erfüllung der Anforderungen hin zu überprüfen, sind besonders Reviews gut geeignet. Sie können sich dabei auf Pflichtenhefte, Entwürfe oder auch Testpläne beziehen. Für die Untersuchung der Schnittstelle zwischen Service und Sachleistung bietet sich an die Zuverlässigkeit des gesamten Systems zu untersuchen. Ein in der Sachleistungsentwicklung bewährtes Instrument zur Reduzierung der Komplexität ist das Festlegen von Standards. Diese Vorgehensweise bietet sich ganz besonders auch für Service an. Standards wirken auf zwei Ebenen: Durch Entwicklungsrichtlinien läßt sich eine verringerte Leistungsstreubreite und damit erhöhte Qualitätskonstanz erzielen. Zweitens wirken Standards in Form von Standardbausteinen, die durch Mehrfachverwendung den Gesamtentwicklungsaufwand reduzieren. Der Schlüssel zur Akzeptanz von Standards liegt in ihrer Einfachheit und Anpaßbarkeit. Als vorteilhaft hat sich in der Praxis das Einbeziehen der Entwickler in die Definition von Standards herausgestellt. Die Anwendbarkeit wird noch weitergehend verbessert, wenn explizit festgelegt wird, wann vom Standard abgewichen werden darf.

Die Methoden Fehlermöglichkeits- und Einflußanalyse (FMEA), Quality Function Deployment (QFD), GAP-Analyse und Service Blueprint, Mapping, die aus der traditionellen Produktentwicklung bekannt sind, werden im folgenden exemplarisch auf ihre Eignung im Rahmen des Service Engineering untersucht. Mit der FMEA können komplexe Produkte und Prozesse gut abgebildet werden, der Zeitaufwand für die Bewertung ist in der Regel hoch. Bei Serviceleistungen mit ihrem geringen Grad an Strukturiertheit, dem hohem Grad an Interaktivität und dem hohem Kooperationsaufwand ist der notwendige Aufwand kaum wirtschaftlich zu erbringen, da bei jeder Änderung eine Neubewertung aller Prozesse und Produkte notwendig ist. Die FMEA hat in der klassischen Produktentwicklung mit stabilen sich oft wiederholenden Prozessen sicher zu Recht ihren Platz, sie ist aber für die Entwicklung von Serviceleistungen nur bedingt geeignet. Das QFD stellt eine umfassende Systematik zur kundenorientierten Entwicklung von Produkten und Prozessen dar, um diese optimal an den Bedürfnissen und Anforderungen der Kunden auszurichten. Da bei der QFD eine verbale Beschreibung der Abhängigkeiten und Zusammenhänge erfolgt, ist sie für unstrukturierte Aufgaben bedingt geeignet. Der Kunde ist nur zu Beginn, wenn seine Anforderungen und Wünsche ermittelt werden, in den Entwicklungsprozeß involviert. Damit ist diese Methode für Serviceleistungen kaum geeignet, da bei ihnen eine Interaktion und Mitarbeit des Kunden erforderlich ist und daher die Möglichkeit bestehen muß, sofort Änderungen in den Entwicklungsprozeß einfließen zu lassen. Die GAP-Analyse ist eine Vorgehensweise zur Erfassung, Beschreibung und Gestaltung der Servicequalität. Die Besonderheit der Analyse ist die genaue Darstellung der Diskrepanzen in der Kommunikation sowohl zwischen den einzelnen Bereichen im Unternehmen als auch zwischen Unternehmen und Kunde. Bei der Entwicklung müssen insbesondere die ersten beiden Lücken beachtet werden, um sie von Beginn an so klein wie möglich zu halten oder zu schließen. Kritisch ist bei dieser Methode, daß sie erst nach der Erbringung der Serviceleistung vollständig angewendet werden kann. Der Vorteil dieser Methode ist in der abschließenden Betrachtung eines Projekts zu sehen. Dabei stehen nicht die exakt meßbaren technischen Aspekte im Vordergrund, sondern die Perspektive des Kunden, aus der er die unterschiedlichen Stufen des Projektes wahrgenommen hat.

Methode \ Merkmale der Serviceleistung	prozessintensiv	Geringe Standardisierung/ hohe Komplexität	interaktiv/ kooperativ/ multipersonell	neue Märkte/ neues Wissen	Gesamtbewertung
FMEA	●	○	○	○	○
QFD	●	◐	○	○	◐
GAP-Analysen	●	◐	◐	●	◐/●
Service Blueprinting/Mapping	●	◐	●	●	●

● gut geeignet   ◐ geeignet   ○ weniger geeignet

Abb. 5-1: Methodeneignung im Service Engineering-Prozeß

Ein Service Blueprint ist die Prozeßdarstellung einer Dienstleistung in Form eines Ablaufdiagramms mit definierter Symbolik. Beim Service Mapping werden ergänzend zur Sichtbarkeitslinie (Line of visibility) explizit noch zwei weitere Linien - externe Interaktionslinie (Line of interaction) und interne Interaktionslinie (Line of internal interaction) - zur Trennung der Aktivitäten in unterschiedliche Handlungsbereiche eingeführt. Das Service Blueprinting und Mapping stellt ein sehr geeignetes Instrumentarium zur Planung, Entwicklung und Implementierung von Serviceleistungen dar. Das Defizit dieser Methode ist, daß keine abschließende Betrachtung am Ende eines Projekts vorgesehen ist. Deshalb sollte sie durch eine GAP-Analyse nach dem Abschluß eines Projekts ergänzt werden. So könnten bei Folgeprojekten kundenspezifische Anforderungen noch umfangreicher berücksichtigt und die Kundenbindung erhöht werden. Verbesserungsvorschläge und Anregungen in anderen Projekten könnten ebenfalls berücksichtigt werden.

Im Rahmen des Konzeptes Simultaneous Engineering wird der Faktor Zeit im Innovationsprozeß fokussiert. Einen vorgegebenen Zieltermin gilt es zeit-, kosten- und qualitätsoptimal zu realisieren. Das Konzept beruht auf fünf tragenden Gestaltungsprinzipien: Die Vorverlagerung von Erkenntnisprozessen, die Erhöhung des Anteils deterministischer Prozesse, die Parallelisierung von Aktivitäten, die Integration von Aktivitäten und das Beschleunigen von Aktivitäten. Die Aufgaben im Rahmen des Service Engineering stehen - im Vergleich zu den Aufgaben der Sachleistungsentwicklung - weitgehend isoliert. Dies hat zur Folge, daß Defizite in den Abstimmungsprozessen mit dem Sachprodukt festzustellen sind. Der Service wird zum Engpaß im Innovationsprozeß.

Ein Ergebnis der Delphi Studie zeigt die Verteilung des Entwicklungsaufwands für Service. Nahezu 75% des Aufwandes fallen in der Realisierungsphase (Design- und Einführungsphase) an. Etwa 12% des Aufwandes werden für die Ermittlung der Anforderungen eingesetzt. Schließlich werden knapp 10% darauf verwendet, Ideenfindung und -bewertung zu betreiben (vgl. Abb. 5-2).

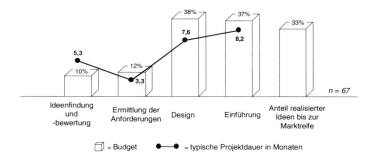

Abb. 5-2: Verteilung und Dauer der Innovationsphasen

Die geringe Intensität in den Phasen Ideenfindung und –bewertung sowie Anforderungsanalyse läßt den Schluß auf eine ungenügende Abklärung der Kundenbedürfnisse sowie auf nicht anforderungsgerechte Konzepte zu. Dies führt zu erheblichem Aufwand für Änderungen und Nachentwicklungen. Von den identifizierten Ideen werden lediglich 33% bis zur Marktreife entwickelt und eingeführt. Hierbei liegt die durchschnittliche Projektdauer für den gesamten Prozeß bei nahezu 25 Monaten. Deutlich wird, daß die beiden ersten Phasen des Prozesses hierbei lediglich 34% (8,4 Monate) in Anspruch nehmen. Dies führt ebenso wie bei der Budgetierung zu der Erkenntnis, daß die Wichtigkeit der frühen Phasen des Entwicklungsprozesses zu wenig erkannt wird.

Mit der Übertragung der Prinzipien des Simultaneous Engineering auf die Service-Entwicklung ist eine effizientere Einbindung der Service-Entwicklung in den gesamten Innovationsprozeß möglich. Die Weiterentwicklung von Service zielt nicht auf die Beseitigung von Verschleißerscheinungen ab, sondern dient der Fehlerbeseitigung oder auch der funktionellen Anpassung. Auch im Bereich der Zuverlässigkeit gibt es Unterschiede zwischen Service und Sachleistung. Beim Service hängt die Zuverlässigkeit nicht von Umgebungsbedingungen ab. Bei der Sachleistung ist der Ausfall meistens von Belastung, Belastbarkeit und Zeit abhängig. Ob eine Schwachstelle von der Spezifikation, dem Design oder dem Herstellungsprozeß herrührt ist einerlei, die physikalischen Grundlagen für den Ausfall bleiben die gleichen. „Service ist wesentlich leichter zu ändern als die Sachleistung", ist eine vielfach anzutreffende Ansicht. Einen wesentlichen Einfluß auf die spätere Änderbarkeit und den damit verbundenen Aufwand hat die Art und Weise, wie der Service beschrieben wurde. Gerade wegen der vermeintlich leichten Änderbarkeit wird vielfach für die Anforderungsanalyse eine wenig systematische Vorgehensweise gewählt, in der irrigen Annahme, spätere Erkenntnisse könnten auf einfache Art und Weise eingebaut werden. Dies wird aber gerade durch nicht angemessene Konzepte besonders erschwert.

Eine nicht zu unterschätzende Grundlage für den Erfolg der Entwicklung nach Prinzipien des Simultaneous Engineering bildet eine Beschreibung der einzelnen Phasen und das Aufzeigen der Beziehungen zwischen den verschiedenen Phasen. Erst die phasengerechte Entwicklung ermöglicht eine parallele Vorgehensweise und zeigt auf, welche Tätigkeiten vorgezogen werden können. Am Ende jeder Phase wird ihr erfolgreicher Abschluß durch ein Review gegenüber nicht unmittelbar in das Projekt einbezogenen Personen nachgewiesen. Neben dem Aspekt des Projektcontrolling dient diese Aktivität auch einem Erfahrungsaustausch zwischen den Entwicklern eines Unternehmens. Ein weiterer wesentlicher Aspekt des Service Engineering nach den Prinzipien des Simultaneous Engineering ist die deutliche Hervorhebung von Ideenfindung und –bewertung sowie Anforderungsspezifikation. Hierdurch werden die tatsächlichen Kundenanforderungen bereits in einer frühen Phase geklärt. Der vorgestellte Entwicklungsprozeß geht von einem idealen Phasenmodell aus. Mit der Unterteilung eines Entwicklungsvorhabens in einzelne definierte Phasen wird eine deutliche Steigerung der Transparenz erreicht. Projekte werden damit kalkulierbarer; sowohl die bereitzustellende Entwicklungskapazität wie auch der zeitliche Rahmen lassen sich besser abschätzen und nach jeder Phase überprüfen. Diese Vorgehensweise kann unabhängig von einzelnen formalen Methoden angewandt werden.

Die Wirkungen von Simultaneous Engineering für das Service Engineering lassen sich in den beiden Größen Kosten und Zeit quantifizieren. Als Kostengröße sind die Produktlebenszykluskosten geeignet. Es ist zu vermuten, daß mit zunehmender Komplexität des zu entwickelnden Service, die Einsparungseffekte besser zum Tragen kommen. Die zweite quantifizierbare Größe ist die Entwicklungszeit. Die Service Entwicklung stellt sich bezüglich der Termineinhaltung in der Praxis als Engpaß dar und führt häufig zu Terminverzögerungen beim Markteintritt. Nach Einführung der Bausteine können Reduzierungen der Entwicklungszeit, weniger Anlaufprobleme sowie eine gestiegene Kundenzufriedenheit festgestellt werden.

Als weitere Frage im Service Engineering ist zu klären, wie in den Unternehmen die organisatorische Verantwortung für die Entwicklung von Service heute geregelt ist. Die Entwicklung von Serviceleistungen könnte in einer Abteilung Service Engineering, in bereits bestehenden Organisationseinheiten wie Forschung und Entwicklung, Marketing, Vertrieb oder Service selbst, in Form von Projektteams oder aber durch externe Unternehmen oder Partner ausgeübt werden. Im Rahmen des Arbeitskreises wurde deutlich, daß die Mehrzahl der Unternehmen hierzu keine eigenen Organisationseinheiten besitzt sondern vielmehr diese Aufgaben von anderen Abteilungen übernommen oder spezielle Projektteams gebildet werden. Die Vergabe der Entwicklungsleistung an Externe konnte nicht beobachtet werden. Bei den Organisationseinheiten, denen die Aufgaben des Service Engineering übertragen wurden, dominiert eindeutig die Geschäftsführung. Sie wurde von ihrer Bedeutung auf einer Skala von 1 bis 5 mit 4,5 bewertet (vgl. Abb. 5-3).

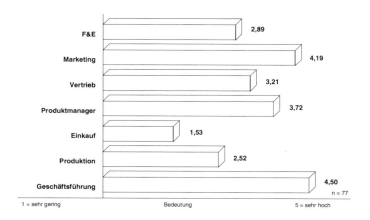

Abb. 5-3: Verantwortlich für Service Engineering

Die Entwicklung des Service wird also in den meisten Fällen zur Chefsache erklärt. Aufgrund der hohen Aufgabenvielfalt der Geschäftsführung kann dies allerdings auch negative Konsequenzen haben. Die Serviceleistung wird ad hoc entwickelt, ohne systematische Prüfung umgesetzt und somit das vorhandene Servicepotential nicht im vollen Umfange ausgeschöpft. Neben der Geschäftsführung sind vor allem die Unternehmensbereiche, die in engem Marktkontakt stehen, mit der Aufgabe betraut. Nach der Geschäftsführung folgt der Bereich Marketing (4,19), Produktmanager (3,72) und der Vertrieb (3,21). Dies scheint vor dem Hintergrund der Servicemerkmale Immaterialität und Integration des Kunden eine sinnvolle Lösung zu sein. Vernachlässigt wird allerdings die systematische Vorgehensweise der klassischen Produktentwicklung, wie sie in der F&E Abteilung praktiziert wird. Die F&E Abteilung folgt mit 2,89 auf dem fünften Rang, gefolgt von der Produktion mit 2,52 und dem Einkauf mit 1,53.

Neben der Übertragbarkeit der Aufgaben des Service Engineering auf andere Organisationseinheiten wurde als weitere organisatorische Lösung die Bildung von Teams genannt. Die Entwicklung der Serviceleistung erfolgt also zu unterschiedlichen Themenschwerpunkten, temporär losgelöst von festen Organisationsformen im Unternehmen. Hier stellt sich die Frage, wie diese Projektteams besetzt sind und welche Aufgaben sie wahrnehmen. Auch hier dominiert die Rolle der Geschäftsführung die ebenfalls mit 4,5 bewertet wurde. Allerdings ist der Abstand zu den Bereichen Marketing (4,23), Vertrieb (4,17) und Produktmanager (3,90) nicht so gravierend wie bei der Übertragung der Aufgaben an andere Organisationseinheiten (vgl. Abb. 5-4). Abweichend ist allerdings festzustellen, daß F&E (3,52) und insbesondere Einkauf (2,97) einen wesentlich höheren Stellenwert haben. Die Absolutwerte der einzelnen Abteilungen liegen bei der Befragung der Projektteams wesentlich höher. Dies kann als Anzeichen interpretiert werden, daß bei der Einberufung eines Projektteams mehrere Abteilungen in das Team integriert werden und die Entwicklung systematischer und koordinierter unter Berücksichtigung vieler Wissensquellen erfolgt. Die Produktion spielt bei der Besetzung dieser Teams eine untergeordnete Rolle (1,85).

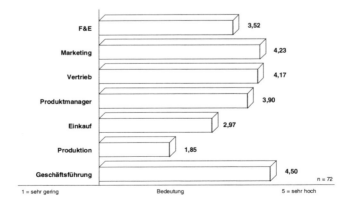

Abb. 5-4: Besetzung der Service Engineering-Teams

Die zunehmend strategische Rolle des Servicebereichs stellt neue Anforderungen an die Servicemitarbeiter. Diese haben sowohl den technischen Anforderungen Genüge zu leisten, als auch als Verkäufer und Berater sowie als Repräsentant mit gewinnender Persönlichkeit aufzutreten. Fachwissen, technische Kompetenz, Produkt- und Anlagenkenntnisse sind ebenso Voraussetzungen wie Kommunikationssicherheit, Rhetorik, Argumentationsgeschick und Einfühlungsvermögen. Die Persönlichkeit der Servicemitarbeiter zeichnet sich vor allem durch Zuverlässigkeit, Korrektheit, Selbstbewußtsein, Offenheit und Konsequenz aus. Damit gehen die Anforderungen an die Servicemitarbeiter weit über die fachliche Kompetenz hinaus und erfordern eine bereichsübergreifende Qualifikation. So gewinnen entsprechende Qualifizierungs- und Qualifikationsprogramme für serviceorientierte Unternehmen große Bedeutung. Erst serviceorientierte Mitarbeiter sichern den Unternehmenserfolg im Servicebereich. Diese Mitarbeiter gilt es zur Mitarbeit in den Entwicklungsteams anzuhalten, um sie als Informationsträger kontinuierlich in den Entwicklungsprozeß einzubinden.

Innovationsführerschaft erweist sich auch im Serviceleistungsbereich als Erfolgsstrategie. Allerdings sind Wettbewerbsvorsprünge durch Innovationen wegen der schwierigen Patentierbarkeit von Serviceleistungen und der daraus resultierenden leichten Imitierbarkeit sehr kurzlebig. Ein Schutz der Innovation kann durch den Aufbau von Markteintrittsbarrieren in Form von spezifischem Know-how und Kundenbindung realisiert werden. Deshalb werden Qualitäts- und Wissensmanagement für die Unternehmen immer wichtiger. Zusätzlich wird die Bedeutung von Qualität im Serviceleistungsbereich angesichts immer anspruchsvoller werdender Kunden weiter dramatisch ansteigen. Ziel aller Bemühungen muß eine hohe Kundenzufriedenheit sein, die eine dauerhafte Kundenbindung und dadurch eine Realisierung des Kundenwertes ermöglicht (vgl. Wildemann 1998b). Die Erfahrungen aus Entwicklung und Nutzung von Serviceleistungen können in ein aktives organisatorisches Lernen einfließen, das ermöglicht, den Herausforderungen sich permanent verändernder unternehmensexterner und -interner Bedingungen gerecht zu werden. Dadurch wird eine Verkürzung der Innovationszyklen möglich, was die Chance bietet, als erster am Markt aufzutreten und sich frühzeitig Marktanteile zu sichern, um einem kostspieligen Konkurrenzkampf aus dem Wege gehen zu können. Service Engineering stärkt die Innovationskraft des Unternehmens und steigert dadurch die Wettbewerbsfähigkeit von Anbieter wie Serviceleistung erheblich, denn die systematische Entwicklung neuer Serviceleistungen wird zum kritischen Erfolgsfaktor werden.

Literatur

Albrecht, M., Geib, T., Balzer-Schnurbus, S. (1998): Service Engineering im Informations- und Kommunikationsmanagement, in: IM, 13. Jg., August 1998, S. 73-78

Benkenstein, M. (1993): Dienstleistungsqualität. Ansätze zur Messung und Implikationen für die Steuerung, in: ZfB, 63. Jg., Heft 11, S. 1095-1116

Berekoven, L. (1983): Der Dienstleistungsmarkt in der Bundesrepublik Deutschland, Band 1 + 2. Göttingen 1983

Bruhn, M. (1997): Qualitätsmanagement für Dienstleistungen. Grundlagen - Konzepte - Methoden, 2. Aufl. Berlin Heidelberg New York u.a. 1997

Bullinger, H.-J. (1998): Dienstleistungen 2000plus – Zukunftsreport Dienstleistungen in Deutschland, Stuttgart 1998

Corsten, H (1985): Die Produktion von Dienstleistungen. Grundzüge einer Produktionswirtschaftslehre des tertiären Sektors. Berlin 1985

Corsten, H (1997): Dienstleistungsmanagement. 3. Aufl. München Wien 1997

DGQ - Deutsche Gesellschaft für Qualität e.v. (Hrsg.) (1995): Begriffe zum Qualitätsmanagement. DGQ-Schrift 11-04. 6. Aufl. Berlin Wien Zürich 1995

DIN - Deutsches Institut für Normung (Hrsg.) (1992): DIN EN ISO 9004 Teil 2. Qualitätsmanagement und Elemente eines Qualitätssicherungssystems. Leitfaden für Dienstleistungen. Berlin Wien Zürich 1992

DIN - Deutsches Institut für Normung (Hrsg.) (1998): Service Engineering. Entwicklungsbegleitende Normung (EBN) für Dienstleistungen (DIN-Fachbericht 75). 1. Aufl. Berlin Wien Zürich 1998

Drosten, M. (1998): Service-Design. Neuer Aspekt im Marketing-Mix? in: Absatzwirtschaft, Nr. 5, S. 46-48

Engelhardt, W.H. (1990): Dienstleistungsorientiertes Marketing - Antwort auf die Herausforderung durch neue Technologien, in: Adam, D. (Hrsg.): Integration und Flexibilität. Eine Herausforderung für die Allgemeine Betriebswirtschaftslehre, Wiesbaden 1990, S. 269-288

Engelhardt, W.H., Kleinaltenkamp, M., Reckenfelderbäumer, M. (1993): Dienstleistungen als Absatzobjekt, in: ZfB, 45. Jg., Nr. 5, S. 395-426

Gath, T. (1996): Beitrag zur Darstellung der kundenorientierten Qualitätssicherung von Dienstleistungen, Dissertation 1996

Goecke, R., Stein, S. (1998a): Service Engineering - Herausforderung für das 21.Jahrhundert, in: Office Management, Nr. 5, S. 64-66

Goecke, R., Stein, S. (1998b): Marktführerschaft durch Leistungsbündelung und kundenorientiertes Service Engineering, in: IM, 13. Jg., August 1998, S. 11-13

Gogoll, A. (1996): Untersuchung der Einsatzmöglichkeiten industrieller Qualitätstechniken im Dienstleistungsbereich. Dissertation 1996

Güthoff, J. (1998): Dienstleistungsqualität als strategischer Wettbewerbsvorteil, in: Wirtschaftswissenschaftliches Studium, 27. Jg., Nr. 12, S. 610-615

Heskett, J.L., Jones, T.O., Loveman, G.W., Sasser, W.E., Schlesinger, L.A. (1994): Dienstleister müssen die ganze Service-Gewinn-Kette nutzen, in: Harvard Business Manager, 16. Jg., Nr. 4, S. 50-61

Hilke, W (1989): Dienstleistungs-Marketing. Banken und Versicherungen - Freie Berufe - Handel und Transport - Nicht-erwerbswirtschaftlich orientierte Organisationen. Wiesbaden 1989

Hoeth, U., Reddemann, A., Strotmann, J. (1999): Der Kunde ist König. Dienstleistungen mit EDV-Unterstützung innovativ und kundenorientiert entwickeln, in: Qualität und Zuverlässigkeit (QZ), 44. Jg., Nr. 2, S. 168-171

Hoffrichter, M. (1998): Service Engineering - Dienstleistungen systematisch entwickeln, in: IM, 13. Jg., August 1998, S. 26-30

Hofmann, H.R., Klein, L., Meiren, T. (1998): Vorgehensmodelle für das Service Engineering, in: IM, 13. Jg., August 1998, S. 26-30

Hofmann, H.R., Meiren, T. (1998): Service Engineering in der Investitionsgüterindustrie, in: IM, 13. Jg., August 1998, S. 79-84

Homburg, C., Garbe, B. (1996): Industrielle Dienstleistungen. Bestandsaufnahme und Entwicklungsrichtungen, in: ZfB, 66. Jg., Nr. 3, S. 253-282

Kaluza, B. (1989): Erzeugniswechsel als unternehmenspolitische Aufgabe. Integrative Lösungen aus betriebswirtschaftlicher und ingenieurwissenschaftlicher Sicht, Berlin 1989

Kaluza, B. (1995): Dynamische Produktdifferenzierungsstrategie und moderne Produktionskonzepte, Diskussionsbeitrag Nr. 211 des Fachbereichs Wirtschaftswissenschaften der Gerhardt-Mercator-Universität – GH Duisburg, Duisburg 1995

Kaluza, B. (1996): Dynamische Produktdifferenzierungsstrategie und moderne Produktionssysteme, in: Wildemann, H. (Hrsg.): Produktions- und Zuliefernetzwerke, München 1996, S. 191-238

Kaluza, B., Blecker, Th. (1999): Dynamische Produktdifferenzierungsstrategie und Produktionsnetzwerke, in: Nagel, K., Erben, R.F., Piller, F.T. (Hrsg.): Produktionswirtschaft 2000 – Perspektiven für die Fabrik der Zukunft, Wiesbaden 1999, S. 261-280

Kaluza, B., Blecker, Th. (2000): Wettbewerbsstrategien- Markt- und ressourcenorientierte Sicht der strategischen Führung. Konzepte – Gestaltungsfelder – Umsetzungen, in: Wildemann, H. (Hrsg.): TCW-Report Nr. 16, München 1999

Klose, M. (1999): Dienstleistungsproduktion - Ein theoretischer Rahmen, in: Corsten, H.; Schneider, H. (Hrsg.): Wettbewerbsfaktor Dienstleistung - Produktion von Dienstleistungen, Produktion als Dienstleistung. München 1999, S. 3-21

Lingenfelder, M., Schneider, W. (1991): Die Kundenzufriedenheit. Bedeutung, Meßkonzept und empirische Befunde, in: Marketing - Zeitschrift für Forschung und Praxis, 12. Jg., Nr. 2, S. 109-119

Meffert H., Bruhn, M. (1995): Dienstleistungsmarketing. Grundlagen - Konzepte - Methoden, mit Fallbeispielen. Wiesbaden 1995

Meister, U., Meister, H. (1996): Kundenzufriedenheit im Dienstleistungsbereich. München Wien 1996

Meyer, A. (1994): Die Automatisierung und Veredelung von Dienstleistungen. Auswege aus der dienstleistungsinhärenten Produktivitätsschwäche, in: Corsten, H. (Hrsg.): Integratives Dienstleistungsmanagement. Grundlagen - Beschaffung - Produktion - Marketing - Qualität. Wiesbaden 1994, S. 71-90

Meyer, A., Blümelhuber, C. (1996): Dienstleistungen zur Differenzierung bei zunehmender Produkthomogenität, in: HMD - Theorie und Praxis der Wirtschaftsinformatik, Nr. 1, S. 24-34

Meyer, A., Mattmüller, R. (1987): Qualität von Dienstleistungen. Entwicklung eines praxisorientierten Qualitätsmodells, in: Marketing - Zeitschrift für Forschung und Praxis, 9. Jg., Nr. 3, S. 187-195

Nüttgens, M., Heckmann, M., Luzius, M.J. (1998): Service Engineering Rahmenkonzept, in: IM, 13. Jg., August 1998, S. 14-19

Orlowski, S., Radtke, P. (1996): Total Quality Deployment. Ein einfaches und praxisnahes Verfahren zur Erhöhung der Kundenzufriedenheit, in: QZ, 41. Jg., Nr. 11, S. 1287-1291

Penschke, S. (1998): Erfahrungswissen in der Produktentwicklung. Erfassung und Aufbereitung prozeßorientierter Informationen, in Konstruktionsprojekten. Düsseldorf 1998

Pepels, W. (1996): Qualitätscontrolling bei Dienstleistungen, München 1996

Peters, M. (1995): Besonderheiten des Dienstleistungsmarketing - Planung und Durchsetzung der Qualitätspolitik im Markt, in: Bruhn, M.; Stauss, B. (Hrsg.): Dienstleistungsqualität. Konzepte, Methoden, Erfahrungen. 2. Aufl. Wiesbaden 1995, S. 47-63

Quartapelle, A.Q., Larsen, G. (1996): Kundenzufriedenheit. Wie Kundentreue im Dienstleistungsbereich die Rentabilität steigert. Berlin Heidelberg New York u.a. 1996

Stauss, B. (1989): Beschwerdepolitik als Instrument des Dienstleistungsmarketing, in: Jahrbuch der Absatz- und Verbrauchsforschung, 35. Jg., Nr. 1, S. 41-62

Stauss, B. (1995): Kundenprozeßorientiertes Qualitätsmanagement im Dienstleistungsbereich, in: Preßmar, D.B. (Hrsg.): Total Quality Management II. Wiesbaden 1995, S. 25-50

Töpfer, A. (1999): Qualitätsmanagement von Dienstleistungen, in: Corsten, H., Schneider, H. (Hrsg.): Wettbewerbsfaktor Dienstleistung - Produktion von Dienstleistungen, Produktion als Dienstleistung. München 1999, S. 189-211

Wildemann, H. (1998a): Service – Differenzierungspotentiale: Das Service-to-Success Konzept, TCW Report Nr. 4, München 1998

Wildemann, H. (1998b): Die Ausschöpfung des Kundenwertes verlangt Service jenseits der Kernkompetenzen, Teil 1 und 2, in: FAZ – Blick durch die Wirtschaft, 17.04.1998, S. 5 und 20.04.1998, S. 5

Wildemann, H. (1998c): Der Weg zum agilen Unternehmen: Kostenführerschaft und Service, in: Wildemann, H. (Hrsg.): Das agile Unternehmen, München 1998, S. 1-42

Wildemann, H. (1998d): Kundenloyalität als Wachstumsfaktor, in: Bullinger, H.-J., Zahn, E., Dienstleistungsoffensive – Wachstumschancen intelligent nutzen, (Hrsg.) Stuttgart 1998, S. 67-87

Wildemann, H. (2001): Service – Leitfaden zur Erschließung von Differenzierungspotentialen im Wettbewerb, 3. Aufl. München 2001

Ansatzpunkte für die opportunistische Koordinierung in der auftragsorientierten Produktionsprogrammplanung

H. Corsten

1   Grundlagen

2   „Konventionelle" Modelle
        2.1   Periodenbezogene Modelle
        2.2   Zeitpunktbezogene Modelle
        2.3   Kritische Betrachtung

3   Opportunistische Koordinierung
        3.1   Grundidee
        3.2   Ansatzpunkte zur Integration

4   Abschließende Bemerkungen

Literatur

1 Grundlagen

Aufgabe der Produktionsprogrammplanung ist es, festzulegen, welche Produktarten in welchen Mengen in welcher zeitlichen Verteilung produziert werden sollen, d.h., ein Produktionsprogramm stellt die Zusammenstellung der Produkte dar, die eine Unternehmung in einem Zeitabschnitt zu erstellen beabsichtigt (vgl. Gutenberg 1979, S. 149 ff.; Hilke 1988, S. 2 ff.; Kern 1992, S. 142; zu weiteren Aufgaben vgl. Kaluza 1984, S. 304). Neben dem Begriff *Produktionsprogramm*, der im folgenden ausschließlich Verwendung findet, wird in der Literatur eine Vielzahl von Begriffen, die nicht immer Synonyme darstellen, verwendet: Erzeugungsprogramm, Fertigungsprogramm, Sortiment, Leistungsprogramm etc. (vgl. hierzu Kern 1979, Sp. 1564; Zäpfel 1982, S. 46). Wird das Kriterium „Stärke und Dauer der Erfolgswirkung" herangezogen, dann kann zwischen strategischer, taktischer und operativer Produktionsprogrammplanung unterschieden werden. Während die *strategische Ebene* die *Produktfelder* festlegt, auf denen eine Unternehmung tätig werden möchte (vgl. Kern 1992, S. 125 ff.), obliegt der *taktischen Produktionsprogrammplanung* die Aufgabe, die Produktfelder zu konkretisieren, und zwar hinsichtlich der *Breite und Tiefe des Produktionsprogramms*. Die *operative Programmgestaltung* bestimmt dann, welche *konkreten Produkte* in welchen Mengen in den einzelnen Perioden des unmittelbar anstehenden Planungszeitraums (z.B. Woche, Monat) produziert werden sollen. Die weiteren Überlegungen beziehen sich ausschließlich auf die operative Produktionsprogrammplanung, wobei zwischen

- marktorientierter und

- auftragsorientierter Programmplanung

zu unterscheiden ist.

Eine *marktorientierte Programmplanung* basiert auf Absatzprognosen, d.h., die Produktion wird auf der Basis von Erwartungen durchgeführt. Diese Vorgehensweise bietet sich insbesondere bei standardisierten Produkten an, deren wesentlicher Vorteil darin zu sehen ist, daß der Produktionsablauf unter ökonomischen Gesichtspunkten differenziert geplant werden kann. Demgegenüber ist die Unsicherheit zu beachten, die sich daraus ergibt, daß die produzierten Güter, z.B. aufgrund einer Fehleinschätzung des Bedarfs, nicht abgesetzt werden können.

Voraussetzung für eine marktorientierte Produktion bilden dabei

- standardisierte Produkte,
- relativ konstanter Bedarf, damit eine relativ verläßliche Prognose erstellt werden kann und
- hohe Sensitivität der Nachfrager hinsichtlich der Lieferzeiten (vgl. z.B. Corsten 2000, S. 243; Jahnke/Biskup 1999, S. 24 f.).

Zur Lösung dieser Problemstellung kann der Standardansatz der linearen Programmierung zur Bestimmung des gewinn- bzw. deckungsbeitragsmaximalen Produktionsprogramms herangezogen werden (vgl. Adam 1998, S. 242 ff., der auf die Simplex-Methode zurückgreift).

Liegt hingegen eine *auftragsorientierte Programmplanung* vor, dann ist das Produktionsprogramm mit den in einem Zeitraum eingegangenen Aufträgen identisch. Die Inanspruchnahme der Potentiale hängt dabei von der zufälligen Zusammensetzung des jeweiligen Auftragsbestandes ab, d.h., die Absatzschwankungen werden in die Produktion hineingetragen. Ein Kundenauftrag ist der Ausgangspunkt der Produktion des gewünschten Produktes und hat Initialwirkung. Die Programmplanung weist damit nur zum Teil deterministische Züge auf, wodurch unregelmäßige Kapazitätsauslastungen auftreten können. In dieser Situation ist die Bildung ökonomisch zweckmäßiger Auftragsgrößen kein Aktionsparameter der Produktion, sondern sie tritt, wenn überhaupt, eher zufällig auf. Auf der anderen Seite ist zu beobachten, daß bei dieser Programmplanung kaum Unsicherheiten hinsichtlich des Absatzes der erstellten Produkte gegeben sind. Um der unsicheren Nachfragesituation Rechnung tragen zu können, wird die Produktion unter diesen Gegebenheiten in der Regel in Form einer Werkstattfertigung organisiert (vgl. Hoitsch 1993, S. 344).

Gegenstand der weiteren Ausführungen soll die auftragsorientierte Produktionsprogrammplanung sein, bei der sich unter den skizzierten situativen Gegebenheiten die folgenden Problemstellungen ergeben:

- Soll ein Angebot auf eine Anfrage abgegeben werden und wie sind die Konditionen eines Angebotes zu gestalten oder soll auf die Abgabe eines Angebotes verzichtet werden?
- Soll ein Auftrag für die bevorstehende Planungsperiode angenommen oder soll er abgelehnt werden?

2 „Konventionelle" Modelle

Als relevante Daten für die in der Literatur vorgeschlagenen Modelle zur Erfassung der auftragsorientierten Produktionsprogrammplanung sind die Produktmenge, der Preis und der Liefertermin zu nennen:

- Im Rahmen einer auftragsorientierten Produktionsprogrammplanung stellt die *Produktmenge* für die Unternehmung in der Regel keinen Aktionsparameter dar, sondern sie wird durch den Nachfrager vorgegeben. Die Unternehmung steht damit vor der Wahl zwischen der gewünschten Produktionsmenge bei Auftragsannahme oder der Produktionsmenge „Null" bei Auftragsablehnung.

- Bei der auftragsorientierten Produktionsprogrammplanung geht mit der Auftragsannahme in der Regel die Festlegung eines festen *Einzel-* oder *Gesamtpreises* einher.

- Der *Liefertermin* kann entweder bei einem Auftrag oder Angebot fest vorgegeben sein, oder er ist durch die Unternehmung im Rahmen der Angebotserstellung vorzuschlagen. Einflußfaktoren des Liefertermins sind

    - die Beschaffungszeiten der erforderlichen Rohstoffe und Teile,
    - die Bearbeitungszeiten,
    - die Kapazitätsauslastung durch bereits vorliegende und erwartete Aufträge sowie
    - das Verhalten der Konkurrenten.

Wird ein Angebot abgegeben, bevor über andere bereits abgegebene Angebote entschieden wurde, dann hängt der frühestmögliche Liefertermin vom Erfolg der bereits abgegebenen Angebote ab. Für Modelle der Angebotserstellung durch die Unternehmung ist dann kein exakter Liefertermin bestimmbar, sondern es muß mit einer *Lieferfrist* (frühester und spätester Zeitpunkt) gearbeitet werden[1].

Unter der Voraussetzung, daß eine Unternehmung über ausreichend freie Kapazität verfügt und keine Engpässe bei der Beschaffung gegeben sind, ist die Produktionsprogrammplanung bei auftragsorientierter Produktion ein triviales Pro-

---

[1] Erfolgt beispielsweise die Auftragsbearbeitung nach dem first-come-first-served-Prinzip, dann ergäbe sich der frühest mögliche Liefertermin aus dem Termin, der sich dann errechnet, wenn keines der in der Schwebe befindlichen Angebote zu einem Auftrag wird. Der späteste Liefertermin ergibt sich dann daraus, daß alle noch nicht entschiedenen Angebote zu einem Auftrag würden. Eine Einplanung des betrachteten Auftrages wäre dann erst nach Abschluß aller bereits vorliegenden Aufträge und aller zuvor bereits abgegebenen Angebote möglich (vgl. Zäpfel 1982, S. 55 f.).

blem, da alle Aufträge mit einem entsprechend der Zielfunktion positiven Wert in das Programm aufgenommen werden, wenn nicht unternehmungspolitische Gründe (z.B. Mindestdeckungsbeiträge) dagegen sprechen (vgl. Jacob 1971, S. 503). Ebenfalls ergibt sich dann ein einfach zu lösendes Problem, wenn nur eine Bearbeitungseinheit einen Engpaß aufweist. In diesem Fall ist dafür zu sorgen, daß der Engpaß möglichst gut genutzt wird, d.h., der knappe Faktor ist so einzusetzen, daß der Gesamtdeckungsbeitrag maximiert wird (vgl. Jacob 1971, S. 509; ferner Czeranowsky 1987, S. 61). Die Aufträge werden dann in der Reihenfolge ihrer relativen Deckungsbeiträge (oder allgemeiner: Zielerfüllungswerte) solange eingeplant, wie die restliche Kapazität des Engpasses ausreicht (vgl. Hilke 1988, S. 53 f.).

Im Gegensatz hierzu beziehen sich die nicht-trivialen Fälle auf Situationen, in denen mehrere Bearbeitungsstationen Engpässe bilden können, wobei ex ante aber nicht bekannt ist, welche Maschine, Werkstatt oder welcher(s) Rohstoff/Teil in Abhängigkeit von dem zu ermittelnden Produktionsprogramm den Engpaß bilden wird (vgl. Hilke 1988, S. 55).

2.1 Periodenbezogene Modelle

Ausgangspunkt dieser Ansätze bildet die Annahme eines *abgeschlossenen Planungshorizontes*, d.h., zum Planungszeitpunkt sind alle in der nächsten Planungsperiode angebotenen Aufträge der Unternehmung bekannt. Es stellt sich damit das Entscheidungsproblem, aus dieser Auftragsmenge diejenige Teilmenge auszuwählen, die einer gegebenen Zielfunktion am besten entspricht.

Formalen Ausgangspunkt dieser Modelle bildet der sogenannte Standardansatz der *linearen Programmierung*, der von einer linearen Zielfunktion und linearen Restriktionen ausgeht. Dieser Ansatz, der ursprünglich für eine marktorientierte Produktionsprogrammplanung formuliert wurde, hat die folgende Struktur (vgl. z.B. Hoitsch 1993, S. 316 f.; Zäpfel 1982, S. 92 f.):

Zielfunktion:

$$Z = \sum_{\lambda=1}^{n} c_\lambda \cdot x_\lambda \to \max!$$

Nebenbedingungen:

$$\sum_{\lambda=1}^{n} a_{j\lambda} \cdot x_\lambda \leq ZF_j$$

$$x_\lambda \leq x_{\lambda\,max}$$

$$x_\lambda \geq 0$$

mit:

$a_{j\lambda}$ Produktionskoeffizient: Bearbeitungszeit von Produkt λ auf Aggregat j (mit: $j = 1, ..., m$) pro Mengeneinheit

ZF_j Zeitfonds des Aggregates j

c_λ dem Produkt λ zugeordnete ökonomische Erfolgsgröße

x_λ Menge des Produktes λ (mit: $\lambda = 1, ..., n$)

$x_{\lambda\,max}$ Absatzhöchstmenge für Produkt λ im Planungszeitraum

Auf der Grundlage dieses Ansatzes wurden in der betriebswirtschaftlichen Literatur Modifikationen und Erweiterungen vorgenommen um den Besonderheiten einer auftragsorientierten Produktionsprogrammplanung besser zu entsprechen. Als *Modifikationen* lassen sich nennen:

- Berücksichtigung von Ganzzahligkeitsbedingungen im Programmierungsansatz.
- Beachtung von Engpässen im Beschaffungsbereich, die sich mit Hilfe von Ober- und/oder Untergrenzen erfassen lassen.
- Einbeziehung von Rüstkosten und -zeiten, die einerseits in die Zielfunktion und anderseits in die Kapazitätsrestriktionen einfließen (vgl. z.B. Oßwald 1979, S. 163 ff.).

- Berücksichtigung zeitlicher Aspekte auf der Grundlage diskreter Zustandsfunktionen[2] (vgl. Pressmar 1974, S. 462 ff., und 1987, S. 137 ff.; ferner Oßwald 1979, S. 105 ff.).

Als *Erweiterungen* sollen Ansätze bezeichnet werden, die entweder zusätzliche Handlungsmöglichkeiten oder zusätzliche Beurteilungskriterien in die Überlegungen aufnehmen. Ansätze mit dem Ziel, *zusätzliche Handlungsmöglichkeiten* aufzunehmen, sind:

- Berücksichtigung alternativer Produktionsverfahren, wobei in Anlehnung an Jacob (1962, S. 249 ff.) zwischen arbeitsgangleiser Kalkulation und Alternativkalkulation unterschieden wird (vgl. Kilger 1973, S. 179 ff.).
- Berücksichtigung von Anpassungsmaßnahmen, wobei zwischen
  - der zeitlichen Anpassung von Bearbeitungsstationen (z.B. Überstunden, Kurzarbeit, Zusatzschichten) und
  - der intensitätsmäßigen Anpassung von Bearbeitungsstationen, wodurch letztlich variable Produktionskoeffizienten auftreten (vgl. z.B. Hilke 1988, S. 79 ff.), unterschieden wird.

Als ein Ansatz, der ein *zusätzliches Beurteilungskriterium* in die Überlegungen aufnimmt, ist das Modell von Jacob (1971, S. 495 ff.) zu nennen. Dabei wird die verplanbare Kapazität in die Teilklassen

- freie und
- reservierte Kapazität

aufgespalten. Um eine Grundlage für den Zugriff auf die *reservierte Kapazität* zu erhalten, werden sogenannte *Quasikosten* eingeführt. Ein vorliegender Auftrag wird nur dann angenommen, wenn dieser trotz der Quasikosten noch lohnend erscheint. Für das Management stellt sich dann die Aufgabe, die Quasikosten für jede Bearbeitungsstation und den Prozentsatz b_j für die *frei verfügbare Kapazität* festzulegen. Durch diese Mehrkosten soll der Anteil (100 % - b_j) der Kapazitäten für eventuell noch eingehende lukrative Aufträge reserviert werden.

---

[2] Dieses Modell und die hierin einfließenden erforderlichen Kontinuitätsgleichungen sind jedoch beim Auftreten von Störungen nicht einsetzbar, da hierdurch der gesamte Plan optimaler Zustandsfolgen obsolet würde (ein weiterer Ansatz wurde von Adam 1969, S. 152 ff. entwickelt).

Liegen jedoch zum Planungszeitpunkt ausreichend lohnende Aufträge vor, dann wird die reservierte Kapazität zu den um die Quasikosten erhöhten Preisen vollständig verplant.

Eine Erweiterung dieses Modells um ein detailliertes Terminplanungsmodell sowie die Berücksichtigung mehrerer alternativer Produktionsverfahren legt Czeranowsky (1974, S. 53 ff.) vor.

2.2 Zeitpunktbezogene Modelle

In realen Situationen wird ein potentieller Kunde bei auftragsorientierter Produktion nicht nur eine Unternehmung, sondern mehrere Unternehmungen um die Abgabe eines Angebotes bitten, d.h., eine Unternehmung gibt auf der Grundlage einer Kundennachfrage ein Angebot ab, das dann mit den Angeboten anderer Anbieter konkurriert. Für die anbietende Unternehmung ist damit zum Zeitpunkt der Angebotsabgabe unbekannt, welche Angebote zu einem Auftrag werden. Zeitpunktbezogene Modelle dienen dabei letztlich

- der *Beurteilung der ökonomischen Vorteilhaftigkeit* und bilden damit eine Basis für die Entscheidung über Annahme oder Ablehnung eines Auftrages oder

- der *Ermittlung der Konditionen eines Angebotes* und zwar insbesondere der Preisforderung und des Liefertermins als diejenigen Faktoren, die durch die Unternehmung beeinflußbar sind (vgl. z.B. Kayser 1978, S. 93 f.) und auf der Grundlage einer konkreten Nachfrage ermittelt werden[3].

Unter diesen Voraussetzungen gelangt ein Auftrag nur dann in das Produktionsprogramm, wenn der Nachfrager das Angebot der Unternehmung akzeptiert, mit der Konsequenz, daß sich das Produktionsprogramm sukzessive aus den angenommenen Angeboten ergibt.

---

[3] Für diese Klasse erschwert sich das Problem im Vergleich zu den in Abschnitt 2.1 skizzierten Ansätzen dadurch, daß unbekannt ist, welche Angebote letztlich zum Erfolg, d.h. zu einem konkreten Auftrag führen (vgl. Trampedach 1973, S. 3 f.).

Ansatzpunkte für die opportunistische Koordinierung

Hierzu wurde in der Literatur eine Vielzahl an *Modellen* zur Bestimmung des Angebotspreises aufgestellt, die sich cum grano salis in die drei folgenden Klassen einteilen lassen:

- Modelle, die nur für ein einziges Angebot unter Vernachlässigung von Kapazitätsrestriktionen die Ermittlung des Angebotspreises (Bietpreis) vornehmen (vgl. z.B. Friedman 1962).
- Modelle, die bereits vorliegende Aufträge und in der Vergangenheit abgegebene Angebote, über die bis zum Planungszeitraum noch nicht entschieden ist, unter gleichzeitiger Beachtung von Kapazitätsrestriktionen in die Überlegungen einbeziehen[4].
- Modelle, die versuchen, auch zukünftige Anfragen einzubeziehen (vgl. z.B. Goodman/ Baurmeister 1976; Laux 1971; Stark/Mayer 1971; Trampedach 1973) und in der Regel auf Entscheidungsbäumen aufbauen.

Neben der Preisforderung wurde die Bestimmung des Liefertermins als Problem angesprochen. Da Unsicherheit darüber gegeben ist, ob die in der Vergangenheit abgegebenen Angebote, über die noch nicht entschieden ist, angenommen oder abgelehnt werden, ist unklar, in welchem Umfang und zu welchen Zeiten Kapazitäten bereitgestellt werden können. Hierzu wird in der Regel eine netzplanbasierte Vorgehensweise eingeschlagen, wobei als Ergebnis lediglich eine zulässige Lösung ermittelt wird und zu unterscheiden ist, ob ein konkreter Liefertermin vorliegt oder nicht:

- ist ein *Liefertermin vorgegeben*, dann erfolgt eine Rückwärtsplanung,
- ist *kein Liefertermin vorgegeben*, dann erfolgt eine Vorwärtsplanung (vgl. Kayser 1978, S. 94 ff.; Trampedach 1973, S. 142 ff.).

Dabei bleibt jedoch ein möglicher Zusammenhang zwischen dem angebotenen Liefertermin und der Erfolgswahrscheinlichkeit eines Angebotes unberücksichtigt. So ist es etwa möglich, daß sich ein kurzfristiger und verbindlich zugesagter Termin bei in der Vergangenheit bewiesener Liefertermintreue positiv auf die Erfolgswahrscheinlichkeit auswirkt. Der Liefertermin wird, von Ausnahmen abgesehen (z.B. extrem hoher Zeitdruck), jedoch nicht der einzige Faktor sein, der die Erfolgswahrscheinlichkeit eines Auftrages beeinflußt, sondern eher als ein zusätzliches Kriterium neben dem Angebotspreis relevant.

---

[4] Bedingt durch die Zeitspanne zwischen Angebotsabgabe und Entscheidung über Ablehnung oder Annahme ist der verfügbare Kapazitätsbestand der Planperiode nur noch als Zufallsvariable darstellbar, die von der Erfolgswahrscheinlichkeit der abgegebenen Angebote abhängig ist (vgl. Trampedach 1973, S. 127).

Unter den *Voraussetzungen*, daß

- der Nachfrager den Auftrag auf der Basis eines gegebenen formalen, mehrdimensionalen Entscheidungssystems vergibt,
- die Präferenzordnung bekannt ist und
- das Konkurrentenverhalten bezüglich beider Kriterien in einer ex ante bekannten Wahrscheinlichkeitsverteilung erfaßbar ist,

läßt sich die Erfolgswahrscheinlichkeit in Abhängigkeit vom eigenen Angebotspreis und dem zugesagten Liefertermin ermitteln. Unter der Voraussetzung eines konkreten Preises wäre die Erfolgswahrscheinlichkeit dann um so höher, je kleiner die Differenz zwischen angebotenem und vom Kunden präferiertem Liefertermin ist.

2.3 Kritische Betrachtung

Ein zentrales Problem der „konventionellen" Modelle ist in der *Vernachlässigung von Störungen* und den damit einhergehenden Planabweichungen zu sehen (zur Störungsproblematik vgl. Corsten/Gössinger 1997, S. 3 ff.). Fox/Kempf (1985, S. 487) sprechen von executional uncertainty: „We can be assured that something will go wrong with most resources on the factory floor, but we cannot know what or when in advance."

Die Modelle ermitteln entsprechend der gewählten Zielfunktion zu Beginn des Planungszeitraumes eine optimale Lösung, die jedoch bei Auftreten unvorhergesehener Änderungen ihre Gültigkeit verliert, so daß schon vor Umsetzung der Lösung die Ausgangsbedingungen nicht mehr existieren und die Lösung nicht nur nicht mehr optimal, sondern teilweise sogar undurchführbar geworden ist. Der häufig empfohlene Weg, entsprechende Umplanungen im Extremfall sogar eine Neuplanung durchzuführen, stellt bei komplexen Systemen mit hohem Störungspotential aufgrund des damit verbundenen hohen Planungsaufwandes eine häufig praktisch inakzeptable Vorgehensweise dar (vgl. Corsten/Gössinger 1997, S. 9 ff; Zelewski 1995, S. 230). Derartigen „konventionellen" Modelle mangelt es damit

- einerseits an der erforderlichen *Robustheit*, um gegenüber unerwartet auftretenden Störungen unempfindlich zu sein und
- andererseits an *Flexibilität*, um auf veränderte Bedingungen reagieren oder an die neue Situation angepaßt werden zu können (zur Abgrenzung zwischen Flexibilität und Robustheit vgl. Schneeweiß/Kühn 1990, S. 379 f. und S. 383).

Diese Überlegungen lassen es damit zweckmäßig erscheinen, die einem Produktionssystem inhärente Flexibilität von Anfang an zu berücksichtigen, um so eine Grundlage zu schaffen, auf unerwartete Situationsänderungen reagieren zu können, eine Vorgehensweise, die dem Konzept der opportunistischen Koordinierung zugrunde liegt.

3 Opportunistische Koordinierung

3.1 Grundidee

Das von Fox/Kempf (1985, S. 488 f.) entwickelte Konzept der opportunistischen Koordinierung verzichtet explizit auf das Erstellen herkömmlicher Pläne, um so die einem Produktionssystem inhärente Flexibilität zu nutzen und durch die Inbetrachtziehung einer größtmöglichen Anzahl von Handlungsalternativen und die Vermeidung unnötiger Festlegungen die Auswirkungen von auftretenden Störungen zu minimieren. Vorausgesetzt wird dabei, daß die Wahrscheinlichkeit, durch Störungen verursachte negative Auswirkungen auf die Produktion kompensieren zu können, um so größer ist, je größer der Handlungsspielraum des Entscheidungsträgers beim Auftreten einer Störung ist. Die Berücksichtigung zukünftiger Handlungsspielräume findet dabei in den beiden folgenden Prinzipien ihren Niederschlag:

- Prinzip der größtmöglichen Auswahlfreiheit (principle of opportunism) und
- Prinzip der kleinstmöglichen Bindung (principle of least commitment) (vgl. Fox/Kempf 1985, S. 489).

Mit dem *Prinzip der größtmöglichen Auswahlfreiheit* wird postuliert, „... in jeder Produktionssituation bei den Entscheidungen über die Ausführung eines Produktionsprozesses alle Freiheitsgrade zu berücksichtigen, die im aktuellen Zustand des Produktionssystems offenstehen." (Zelewski 1995, S. 296; zu einer Konkretisierung dieses Prinzips vgl. Corsten/Gössinger 1998, S. 435 f.).

Aus dem *Prinzip der kleinstmöglichen Bindung* resultieren die Forderungen, einerseits Entscheidungen möglichst rechtzeitig zu treffen (vgl. Zelewski 1995, S. 262) und anderseits durch das Fällen einer Entscheidung möglichst große Freiräume derart zu erhalten, daß eine größtmögliche Anzahl von Entscheidungsalternativen für nachfolgende Entscheidungssituationen erreicht wird (vgl. Fox 1987, S. 234), d.h., die Wirkungen einer Entscheidung auf ihre zeitlich nachgelagerten Entscheidungen sollen minimiert werden. Im Gegensatz zur „konventionellen" Planung, bei der in einem Zeitraum vor Beginn der Planrealisation angestrebt wird, möglichst umfassend Entscheidungen zu fällen, die bei Zutreffen aller Planungsprämissen bis zur vollständigen Umsetzung des Plans notwendig sind, und die somit versucht, ein dynamisches stochastisches Entscheidungsproblem zu lösen, erfolgt bei der opportunistischen Koordinierung eine Reduzierung der Betrachtung von der Gesamtheit aller Entscheidungssituationen auf die jeweils während des Produktionsprozesses aktuelle Entscheidungssituation, d.h. auf ein statisches Entscheidungsproblem. Dabei wird die Alternativenmenge durch die Menge aller aktuell ausführbaren Handlungen gebildet. Bei der Auswahl der nächsten auszuführenden Handlung wird somit von weniger unsicheren Daten als bei der konventionellen Planung ausgegangen (zur Formalisierung dieses Prinzips vgl. Corsten/Gössinger 1998, S. 438 f.).

Durch diese situationsbezogene Vorgehensweise äußern sich Störungen somit nicht als Planabweichungen, sondern als erst im Verlauf des Prozesses für nachfolgende Schritte hinzukommende Restriktionen von Entscheidungssituationen (vgl. Corsten/Gössinger 1997, S. 17). Zelewski (1995, S. 265) spricht in diesem Zusammenhang von einer „zukunftsoffenen Planungsweise", bei der die Problemlösung „schritthaltend" zur Prozeßausführung entwickelt wird.

3.2 Ansatzpunkte zur Integration

Die operative Produktionsprogrammplanung bei auftragsorientierter Produktion ist durch eine Interaktion zwischen Kunden und Unternehmung charakterisiert (vgl. Arlt 1971, S. 7; Kayser 1978, S. 91 f.). Abbildung 1 gibt einen Überblick über deren Ablauf (zu einer anderen Darstellungsweise vgl. Kurbel 1999, S. 200 ff.).

Ansatzpunkte für die opportunistische Koordinierung 125

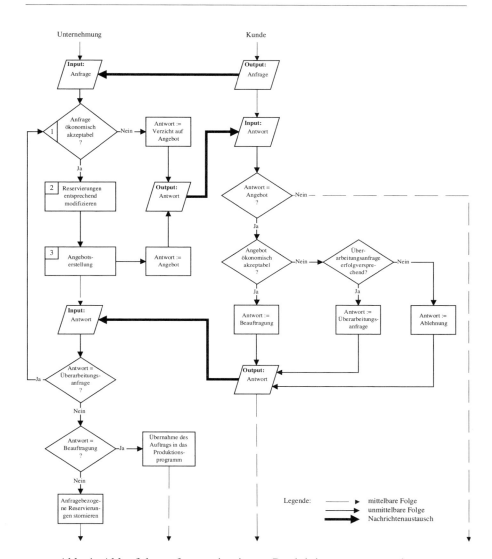

Abb. 1: Ablauf der auftragsorientierten Produktionsprogrammplanung

Möglichkeiten zur Einbeziehung der Grundprinzipien der opportunistischen Koordinierung bieten sich der Unternehmung insbesondere in den zur Beantwortung einer Kundenanfrage notwendigen Schritten:

① Grundlage der Entscheidung, ob ein Auftrag angenommen oder abgelehnt bzw. ein Angebot erstellt oder auf die Abgabe eines Angebotes verzichtet wird, bildet die Prüfung der ökonomischen Vorteilhaftigkeit einer Kundenanfrage. Da die gegebene Kapazität der Unternehmung die Entscheidung restringiert, sind die mit einer Auftragsannahme bzw. Angebotsabgabe einhergehenden Wirkungen auf erwartete lukrative Aufträge in die Betrachtungen einzubeziehen.

② Ist eine Anfrage ökonomisch vorteilhaft, dann sind die zur Ausführung des mit der Anfrage verbundenen Auftrags erforderlichen Materialien und Kapazitäten zu reservieren. Die jeweiligen Reservierungen sind sowohl zeitlich als mengenmäßig zu spezifizieren, wobei zu beachten ist, daß Reservierungen Handlungsspielräume zukünftiger Entscheidungen zusätzlich restringieren.

③ Mit einem Angebot wird dem Kunden ein Vorschlag unterbreitet, zu welchen Konditionen der Auftrag ausgeführt werden kann. Dabei ist zu berücksichtigen, daß Auftragskonditionen, wie etwa der Liefertermin, Bindungswirkungen entfalten, die in Entscheidungen über die Annahme zukünftiger Aufträge bzw. die Abgabe von Angeboten als Restriktionen einfließen.

Im Rahmen der Entwicklung eines Modells für die auftragsorientierte Produktionsprogrammplanung auf der Grundlage der opportunistischen Koordinierung sind die zu betrachtenden Handlungs- bzw. Entscheidungsspielräume zu bestimmen und in geeigneter Form abzubilden. Hierzu ist es zunächst erforderlich, eine inhaltliche Konkretisierung der beiden grundlegenden Prinzipien im Rahmen der Produktionsprogrammplanung vorzunehmen.

Das *Prinzip der größtmöglichen Auswahlfreiheit* erhebt den Anspruch, alle technisch möglichen Optionen in die Überlegungen einzubeziehen. In der Produktionsprogrammplanung handelt es sich bei den zu treffenden Entscheidungen um die Frage, ob ein möglicher Auftrag angenommen oder abgelehnt werden soll bzw. ob für eine vorliegende Anfrage ein Angebot abgegeben werden soll. Für den Fall, daß ein Gebot abgegeben werden soll, eröffnen sich dann weitere Handlungsoptionen bei der Ausgestaltung der Auftragskonditionen.

Neben diesen objektbezogenen Optionen bestehen zeitliche Optionen, d.h., die Entscheidung kann sofort getroffen oder auf einen zukünftigen Zeitpunkt verschoben werden (vgl. Wittmann 1959, S. 187 f.), wobei das über die bestehende Frist hinausgehende Verzögern einer Entscheidung für die Abgabe eines Angebotes bzw. Annahme des Auftrages entfällt.

Liegen gleichzeitig mehrere Anfragen bzw. Aufträge vor, sind alle denkbaren Kombinationen als Optionen anzusehen. Als technisch möglich ist eine Option dann zu bezeichnen, wenn ihre Auswahl keine bestehenden Restriktionen, z.B. im Beschaffungs- und Produktionsbereich überschreitet. Größtmögliche Auswahlfreiheit liegt vor, wenn dem Entscheidungsträger die Information über die technisch möglichen Optionen zur Verfügung steht.

Um zu überprüfen, ob die erwarteten Kapazitätsbedarfe einer Option in dem gegebenen Produktionssystem innerhalb des relevanten Zeitraums bewältigt werden können, ist es aus theoretischer Sicht erforderlich, alle technisch möglichen Produktionsverfahren und für jeden Arbeitsgang dieser Produktionsverfahren alle einsetzbaren Bearbeitungsstationen zu berücksichtigen. Diese Vorgehensweise erscheint jedoch für reale Problemstellungen kaum realisierbar, da die Anzahl möglicher Kombinationen sowohl mit der Anzahl der einsetzbaren Bearbeitungsstationen und deren Funktionen als auch mit der Anzahl der Aufträge und deren möglichen Bearbeitungsverfahren jeweils exponentiell ansteigt. Dies macht es erforderlich, auf entsprechende *Heuristiken* zurückzugreifen. Ein Ansatzpunkt ist es dabei, die Kapazitätsauslastung mit Hilfe der in der späteren Ablaufplanung anzuwendenden Verfahren zu simulieren. Aufgrund der Unsicherheit über die Details des Kapazitätsbedarfs und der Verfügbarkeit von Bearbeitungseinheiten bietet sich hierbei eine aggregierte Betrachtung an, bei der

- der *Kapazitätsbedarf* der angefragten Aufträge in Form von Grobarbeitsgängen, die z.B. auf gleicher Technologie basierende Arbeitsgänge erfassen,
- dem *Kapazitätsangebot*, das die auf Grobarbeitsgänge bezogene quantitative Kapazität erfaßt,

gegenübergestellt wird (vgl. Schneider/Schlüter 1999, S. 363 ff.; Switalski 1989, S. 107 f.).

Im Beschaffungsbereich bezieht sich die Überprüfung der technischen Möglichkeit einer Option insbesondere auf die Materialverfügbarkeit. Während für Standardmaterial, das für die Mehrzahl der Aufträge relevant ist, die erwartete Beschaffungsdauer der Nettobedarfsmengen den erwarteten Bedarfszeitpunkten gegenübergestellt wird, ist aufgrund fehlender Erfahrungswerte eine Verfügbarkeitsprüfung auftragsspezifischen Materials nur in pauschaler Weise möglich (vgl. Kurbel 1999, S. 222 f.; Zimmermann 1988, S. 110 ff. und S. 397).

Das *Prinzip kleinstmöglicher Bindung* ist sowohl in zeitlicher als auch in inhaltlicher Sicht für die Produktionsprogrammplanung zu konkretisieren. Aus *zeitlicher Sicht* ist zu berücksichtigen, daß ein vorzeitiges Entscheiden stets mit einer unnötigen Einengung von Handlungsspielräumen zukünftiger Entscheidungen einhergeht, da mit einer Auftragsannahme gleichzeitig Reservierungen von Kapazität und Material vorzunehmen sind, die benötigte Ressourcen für später eintreffende, möglicherweise lukrativere Auftragsanfragen blockieren. Die Wirkung des Hinauszögerns von Entscheidungen können nur innerhalb eines durch kundenseitige (z.B. explizit vorgegebene oder übliche Antwortfristen) und unternehmungsseitige Restriktionen (z.B. Zeitpunkte der frühesten Verfügbarkeit über Ressourcen) gegebenen Rahmens eindeutig positiv für die Handlungsspielräume zukünftiger Entscheidungen beurteilt werden. Eine Verletzung dieser Restriktionen kann mit dem unnötigen Verlust von Handlungsoptionen verbunden sein. In Analogie zu den

Überlegungen zur Entscheidungsverzögerung im Rahmen der Ablaufplanung bei Werkstattfertigung (vgl. Zelewski 1998, S. 240 ff.) läßt sich für die auftragsorientierte Produktionsprogrammplanung ableiten, daß eine auftragsbezogene Entscheidung

- entweder zum frühesten Zeitpunkt der Ressourcenverfügbarkeit
- oder zum spätesten vom Kunden akzeptierten Antwortzeitpunkt

zu treffen ist, je nachdem, welcher Zeitpunkt zuerst eintritt.

Da bei der auftragsorientierten Produktion von sukzessivem Auftragseingang ausgegangen werden kann, sind entsprechend dem Prinzip der kleinstmöglichen Bindung sukzessive, d.h. zeitpunktbezogene Ansätze der Programmplanung den periodenbezogenen Ansätzen vorzuziehen. Eine Anwendung periodenbezogener Ansätze widerspricht dem Prinzip der kleinstmöglichen Bindung insofern, als mit der Programmfestlegung für die nächste Planungsperiode vorzeitige Bindungen einhergehen und somit die Handlungsspielräume unnötig eingeengt werden.

Mit der *inhaltlichen Dimension* des Prinzips der kleinstmöglichen Bindung wird auf die mit der Auswahl einer Handlungsalternative einhergehende Einengung zukünftiger Handlungsspielräume, d.h. die Verminderung der nutzbaren *Bestandsflexibilität* (vgl. Jacob 1974, S. 322 f.; zu unterschiedlichen Ausprägungsformen im Rahmen der Produktion vgl. z.B. Kaluza 1984, S. 297 ff. und S. 308 ff.; Mahlmann 1976, S. 104 ff.; Mandelbaum/Brill 1989, S. 604 ff.; Sethi/Sethi 1990, S. 298 ff.) des Produktionssystems Bezug genommen. Obwohl mit der Produktionsprogrammplanung Rahmenbedingungen für andere Bereiche der Produktionsplanung und -steuerung, wie etwa die Mengenplanung und die Ablaufplanung, abgesteckt werden (zu Interdependenzen vgl. z.B. Arlt 1971, S. 21), seien die folgenden Ausführungen auf die Handlungsspielräume der zukünftigen Produktionsprogrammplanung fokussiert. Bezogen auf das Produktionsprogramm wird mit der Bestandsflexibilität die Fähigkeit verstanden, in quantitativer Hinsicht mengenmäßige Variationen vorzunehmen, d.h. weitere Aufträge anzunehmen, und in qualitativer Hinsicht sowohl Produktvariationen als auch Produktdifferenzierungen[5] zu realisieren, um so den marktlichen Gegebenheiten zu entsprechen. Damit stellt diese Komponente eine spezifische operative Ausgestaltung einer übergeordneten und allgemeinen dynamischen Produktdifferenzierungsstrategie nach Kaluza (1989, 1995, 1996) dar, die das Ziel verfolgt, ein optimales

---

[5] Während es sich bei der Produktvariation um eine Weiterentwicklung eines vorhandenen Produktes handelt, werden bei einer Produktdifferenzierung eine oder mehrere Komponenten eines Produktes verändert oder Varianten eines Produkttyps gebildet, die sich aus Käufersicht deutlich voneinander unterscheiden (vgl. Brockhoff 1988, S. 18).

Erzeugniswechselpotential aufzubauen, das einen schnellen, qualitätsgerechten und kostengünstigen Erzeugniswechsel erlaubt.

Die Anwendung des Prinzips der kleinstmöglichen Bindung setzt folglich eine Messung des nach einer Programmentscheidung verbleibenden, für die zukünftige Produktionsprogrammplanung nutzbaren Teils (vgl. z.B. Gupta/Rosenhead 1968, S. B21 und B26 f.; Lasserre/Roubellat 1985, S. 448 ff.; Marschak/Nelson 1962, S. 45 ff.; Schneeweiß/Kühn 1990, S. 382) der Bestandsflexibilität voraus. Grundlage eines entsprechenden *Flexibilitätsmaßes* (zu einem Überblick vgl. z.B. Meier-Barthold 1999, S. 25 ff.; Schlüchtermann 1996, S. 107 ff.) bildet dabei die Überlegung, daß Programmentscheidungen mit temporären Bindungen einhergehen können (vgl. Riebel 1954, S. 99 f.), d.h., durch die Auswahl einer Handlungsalternative werden zukünftige Handlungsalternativen für einen begrenzten Zeitraum ausgeschlossen. So determinieren etwa Entscheidungen über die Annahme oder Ablehnung von Kundenaufträgen die Verfügbarkeit des (der) zur Auftragsausführung benötigten Materials (Bearbeitungskapazität), da mit der Auftragsannahme entsprechende Reservierungen vorzunehmen sind, und schließen die Annahme zukünftiger Aufträge in entsprechendem Umfang aus.

Eine Quantifizierung der Flexibilitätswirkungen ist auf der Grundlage von Indikator- oder Wirkungsmessungen möglich (vgl. Jacob 1989, S. 25 f.). Während mit *Indikatormessungen* auf der Grundlage von Plausibilitätsüberlegungen versucht wird, aus der quantitativen Erfassung bestimmter Eigenschaften einer Handlungsalternative ohne Bezug zu einem konkreten Flexibilitätsbedarf tendenzielle Aussagen über die nutzbare Flexibilität abzuleiten, basieren *Wirkungsmessungen* auf einer Bewertung der Eigenschaften einer Handlungsalternative in Abhängigkeit vom Flexibilitätsbedarf. Für die vorliegende Problemstellung sind Wirkungsmessungen ungeeignet, da sie aufgrund ihrer informatorischen Anforderungen zeitlich offenen Entscheidungsfeldern[6] nicht Rechnung zu tragen vermögen. Indikatoren können hingegen unabhängig von der Offenheit eines Entscheidungsfeldes zur Flexibilitätsmessung herangezogen werden, wenngleich sie nur heuristische Aussagekraft besitzen (vgl. Schlüchtermann 1996, S. 122 f.).

Da Indikatormaße die Wirkungen einer Entscheidung auf monetäre Zielgrößen nicht direkt zu erfassen vermögen, können sie nur als zusätzliche, diese Zielgrößen ergänzende Entscheidungskriterien zur Anwendung gelangen (zur Verknüpfung monetärer und flexibilitätsorientierter Kriterien vgl. z.B. Lasserre/Roubellat 1985, S. 447; Mellwig 1972, S. 735 ff.). Aufgrund des Extremierungscharakters des Prinzips der kleinstmöglichen Bindung ist die Handlungsalternative zu wäh-

---

[6] Ein zeitlich offenes Entscheidungsfeld liegt vor, wenn im Zeitablauf Veränderungen des Entscheidungsfeldes auftreten, wobei die Informationen über diese Veränderungen zum Planungszeitpunkt unvollständig sind (vgl. Adam 1996, S. 16 ff.; Schlüchtermann 1996, S. 2 ff.).

len, die ein vorgegebenes monetäres Mindesterfolgsniveau aufweist und für die das Indikatormaß die höchste Flexibilität anzeigt. Auf dieser Grundlage ist es möglich, die inhaltliche Dimension des Prinzips der kleinstmöglichen Bindung in Modellen zur auftragsorientierten Programmplanung zu berücksichtigen (zu einem Modell, in dem beide Grundprinzipien Berücksichtigung finden, vgl. Corsten/Gössinger/Schneiker 2000, S. 17 ff.).

4 Abschließende Bemerkungen

Ziel des vorliegenden Beitrags war es, auf einer allgemeinen abstrakten Ebene zu zeigen, inwieweit die Prinzipien der opportunistischen Koordinierung, deren Ursprung in der Ablaufplanung liegt, in die auftragsorientierte Produktionsprogrammplanung integriert werden können. Unter Zugrundelegung des in Abbildung 1 dargestellten Ablaufs der auftragsorientierten Produktionsprogrammplanung lassen sich folgende Ansatzpunkte aufzeigen:

① Beurteilung der ökonomischen Vorteilhaftigkeit eines Auftrages bzw. einer Kundenanfrage.

② Vorgehensweise im Rahmen der Reservierung von Kapazität und Material.

③ Erstellung von Angeboten auf Kundenanfragen.

Damit zeigt sich, daß eine Integration der Prinzipien der opportunistischen Koordinierung in die auftragsorientierte Produktionsprogrammplanung grundsätzlich möglich ist. Aufgabe weiterer Forschungsaktivitäten ist es, Möglichkeiten der Berücksichtigung dieses Gedankengutes in quantitativen Ansätzen zur Produktionsprogrammplanung aufzuzeigen.

Literatur

Adam, D.: Produktionsplanung bei Sortenfertigung. Ein Beitrag zur Theorie der Mehrproduktunternehmung, Wiesbaden 1969

Adam, D.: Planung und Entscheidung. Modelle - Ziele - Methoden. Mit Fallstudien und Lösungen, 4. Aufl., Wiesbaden 1996

Adam, D.: Produktions-Management, 9. Aufl., Wiesbaden 1998

Arlt, J.: Dynamische Produktionsprogrammplanung. Voraussetzungen - Methodik - Durchführung, Diss. RWTH Aachen 1971

Brockhoff, K.: Produktpolitik, 2. Aufl., Stuttgart/New York 1988

Corsten, H.: Produktionswirtschaft, 9. Aufl., München/Wien 2000

Corsten, H.; Gössinger, R.: Multiagentensystemgestützte Störungsbehandlung auf der Grundlage der opportunistischen Koordinierung, Schriften zum Produktionsmanagement Nr. 14, hrsg. v. H. Corsten, Kaiserslautern 1997

Corsten, H.; Gössinger, R.: Produktionsplanung und -steuerung auf der Grundlage der opportunistischen Koordinierung, in: Zeitschrift für Planung, 9. Jg. (1998), S. 433-450

Corsten, H.; Gössinger, R.; Schneiker, K.: Überlegungen zur Integration der Prinzipien der opportunistischen Koordinierung in die auftragsorientierte Produktionsprogrammplanung, Nr. 34 der Schriften zum Produktionsmanagement, hrsg. v. H. Corsten, Kaiserslautern 2000

Czeranowsky, G.: Programmplanung bei Auftragsfertigung unter besonderer Berücksichtigung des Terminwesens, Wiesbaden 1974

Czeranowsky, G.: Programmplanung auf der Grundlage kundenspezifischer Deckungsbeiträge, in: Neuere Entwicklungen in der Produktions- und Investitionspolitik, hrsg. v. D. Adam, Wiesbaden 1987, S. 53-77

Fox, B.R.: The Implementation of Opportunistic Scheduling, in: Intelligent Autonomous Systems. An International Conference held in Amsterdam, The Netherlands, 8.-11. December 1986, hrsg. v. L.O. Hertzberger und F.C.A. Groen, Amsterdam u.a. 1987, S. 231-240

Fox, B.R.; Kempf, K.G.: Complexity, Uncertainty and Opportunistic Scheduling, in: The Second Conference on Artificial Intelligence Applications. The Engineering of Knowledge-Based-Systems, hrsg. v. C.R. Weisbin, Washington 1985, S. 487-492

Friedman, L.: A Competitive-Bidding Strategy, in: Operations Research, 4. Jg. (1956), Nachdruck New York 1962, S. 104-112

Goodman, D.; Baurmeister, H.: A Computational Algorithm for Multi-Contract Bidding under Constraints, in: Management Science, 22. Jg. (1976), S. 788-798

Gupta, S.K.; Rosenhead, J.: Robustness in Sequential Investment Decisions, in: Management Science, Vol. 15 (1968), S. B18-B29

Gutenberg, E.: Grundlagen der Betriebswirtschaftslehre, Bd. 1: Die Produktion, 23. Aufl., Berlin/Heidelberg/New York 1979

Hilke, W.: Zielorientierte Produktions- und Programmplanung, 3. Aufl., Neuwied 1988

Hoitsch, H.-J.: Produktionswirtschaft, 2. Aufl., München 1993

Jacob, H.: Produktionsplanung und Kostentheorie, in: Zur Theorie der Unternehmung, hrsg. v. H. Koch, Wiesbaden 1962, S. 205-268

Jacob, H.: Zur optimalen Planung des Produktionsprogramms bei Einzelfertigung, in: Zeitschrift für Betriebswirtschaft, 41. Jg. (1971), S. 495-516

Jacob, H.: Unsicherheit und Flexibilität. Zur Theorie der Planung bei Unsicherheit, in: Zeitschrift für Betriebswirtschaft, 44. Jg. (1974), Erster Teil: S. 299-326, Zweiter Teil: S. 403-448, Dritter Teil: S. 505-526

Jacob, H.: Flexibilität und ihre Bedeutung für die Betriebspolitik, in: Integration und Flexibilität. Eine Herausforderung für die Allgemeine Betriebswirtschaftslehre, hrsg. v. D. Adam u.a., Wiesbaden 1989, S. 15-60

Jahnke, H.; Biskup, D.: Planung und Steuerung der Produktion, Landsberg a.L. 1999

Kaluza, B.: Flexibilität der Produktionsvorbereitung industrieller Unternehmen, in: Internationale und nationale Problemfelder der Betriebswirtschaftslehre, hrsg. v. G.v. Kortzfleisch und B. Kaluza, Berlin 1984, S. 287-333

Kaluza, B.: Erzeugniswechsel als unternehmenspolitische Aufgabe. Integrative Lösungen aus betriebswirtschaftlicher und ingenieurwissenschaftlicher Sicht, Berlin 1989

Kaluza, B.: Wettbewerbsstrategien und sozio-ökonomischer Wandel, in: Produktion als Wettbewerbsfaktor. Beiträge zur Wettbewerbs- und Produktionsstrategie, hrsg. v. H. Corsten, Wiesbaden 1995, S. 85-98

Kaluza, B.: Dynamische Produktdifferenzierungsstrategie und moderne Produktionssysteme, in: Produktions- und Zuliefernetzwerke, hrsg. v. H. Wildemann, München 1996, S. 191-234

Kayser, P.: EDV-gestützte Produktionsprogrammplanung bei Auftragsfertigung. Ein Systementwurf für die industrielle Praxis, Berlin 1978

Kern, W.: Produktionsprogramm, in: Handwörterbuch der Produktionswirtschaft, hrsg. v. W. Kern, 1. Aufl., Stuttgart 1979, Sp. 1563-1572

Kern, W.: Industrielle Produktionswirtschaft, 5. Aufl., Stuttgart 1992

Kilger, W.: Optimale Produktions- und Absatzplanung. Entscheidungsmodelle für den Produktions- und Absatzbereich industrieller Betriebe, Opladen 1973

Kurbel, K.: Produktionsplanung und -steuerung. Methodische Grundlagen von PPS-Systemen und Erweiterungen, 4. Aufl., München/Wien 1999

Lasserre, J.B.; Roubellat, F.: Measuring Decision Flexibility in Production Planning, in: IEEE Transactions on Automatic Control, Vol. AC-30 (1985), S. 447-452

Laux, H.: Auftragsselektion bei Unsicherheit, in: Zeitschrift für betriebswirtschaftliche Forschung, 23. Jg. (1971), S. 164-180

Mahlmann, K.: Anpassung und Anpassungsfähigkeit der betrieblichen Planung, Diss. Göttingen 1976

Mandelbaum, M.; Brill, P.H.: Examples of Measurement of Flexibility and Adaptivity in Manufacturing Systems, in: Journal of the Operational Research Society, Vol. 40 (1989), S. 603-609

Marschak, T.; Nelson, R.: Flexibility, Uncertainty, and Economic Theory, in: Metroeconomica, Vol. 14 (1962), S. 42-58

Meier-Barthold, D.: Flexibilität in der Material-Logistik, Wiesbaden 1999

Mellwig, W.: Flexibilität als Aspekt unternehmerischen Handelns, in: Zeitschrift für betriebswirtschaftliche Forschung, 24. Jg. (1972), S. 724-744

Oßwald, J.: Produktionsplanung bei losweiser Fertigung. Operationale Modelle zur simultanen Programm-, Ablauf- und Losgrößenplanung bei ein- und mehrstufiger Produktion, Wiesbaden 1979

Pressmar, D.B.: Evolutorische und stationäre Modelle mit variablen Zeitintervallen zur simultanen Produktions- und Ablaufplanung, in: Proceedings in Operations Research 3, Vorträge der Jahrestagung 1973, hrsg. v. P. Gessner u.a., Würzburg 1974, S. 462-471

Pressmar, D.B.: Produktions- und Ablaufplanung auf der Grundlage von diskreten Produktionszustandsfunktionen, in: Neuere Entwicklungen in der Produktions- und Investitionspolitik, hrsg. v. D. Adam, Wiesbaden 1987, S. 137-152

Riebel, P.: Die Elastizität des Betriebes. Eine produktions- und marktwirtschaftliche Untersuchung, Köln/Opladen 1954

Schlüchtermann, J.: Planung in zeitlich offenen Entscheidungsfeldern, Wiesbaden 1996

Schneeweiß, C.; Kühn, M.: Zur Definition und gegenseitigen Abgrenzung der Begriffe Flexibilität, Elastizität und Robustheit, in: Zeitschrift für betriebswirtschaftliche Forschung, 42. Jg. (1990), S. 378-395

Schneider, H.; Schlüter, F.: Hybrides Produktionsplanungs- und -steuerungskonzept für heterogene Produktionsstrukturen in kleinen und mittleren Unternehmen, in: Produktionswirtschaft 2000. Perspektiven für die Fabrik der Zukunft, hrsg. v. K. Nagel, R.F. Erben und F.T. Piller, Wiesbaden 1999, S. 349-369

Sethi, A.K.; Sethi, S.P.: Flexibility in Manufacturing: A Survey, in: International Journal of Flexible Manufacturing Systems, Vol. 2 (1990), S. 289-328

Stark, R.M.; Mayer, R.H.jr.: Some Multi-Contract Decision-Theoretic Competitive Bidding Models, in: Operations Research. The Journal of the Operations Research Society of America, 19. Jg. (1971), S. 469-483

Switalski, M.: Hierarchische Produktionsplanung. Konzeption und Einsatzbereich, Heidelberg 1989

Trampedach, K.: Theorie und Organisation der Angebotsplanung als Mensch-Maschine-Entscheidungssystem, Diss. Karlsruhe 1973

Wittmann, W.: Unternehmung und unvollkommene Information. Unternehmerische Voraussicht - Ungewißheit und Planung, Köln/Opladen 1959

Zäpfel, G.: Produktionswirtschaft. Operatives Produktions-Management, Berlin/New York 1982

Zelewski, S.: Petrinetzbasierte Modellierung komplexer Produktionssysteme. Arbeitsbericht Nr. 6, Bd. 2: Bezugsrahmen, des Instituts für Produktionswirtschaft und Industrielle Informationswirtschaft, Leipzig 1995

Zelewski, S.: Flexibilitätsorientierte Produktionsplanung und -steuerung, in: Dezentrale Produktionsplanungs- und -steuerungs-Systeme. Eine Einführung in zehn Lektionen, hrsg. v. H. Corsten und R. Gössinger, Stuttgart/Berlin/Köln 1998, S. 233-257

Zimmermann, G.: Produktionsplanung variantenreicher Erzeugnisse mit EDV, Berlin u.a. 1988

Konzept für die Feinterminierung eines JiT-Zulieferers, gezeigt an einem Praxisfall aus der Automobilindustrie

G. Zäpfel / M. Wasner

1 Einführung

2 Praxisfall

3 Dynamisches Lösungskonzept

4 Ergebnisse

5 Zusammenfassung und Ausblick

Literatur

1 Einführung

In der Zulieferindustrie nimmt Just-in-Time (JiT) eine immer bedeutendere Rolle ein. Es werden dabei längerfristige Rahmenverträge geschlossen, die u.a. Aussagen über geplante Abnahmemengen des Automobilwerks vom Zulieferer enthalten. Die genauen Liefertermine und die exakt benötigten Mengen werden kurzfristig vom Abnehmer an den Lieferanten durch sog. *Direktabrufe* mitgeteilt, wenn beim Abnehmer echte Kundenbedarfe und daraus abgeleitet Fertigungs- und Montageaufträge vorliegen.

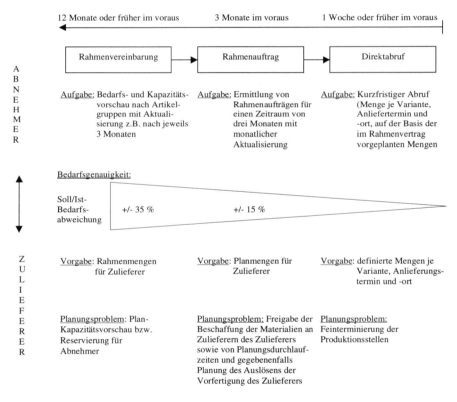

Abb. 1: Produktionssynchrone Beschaffung
(JiT-Abnehmer-Zulieferer-Beziehungen)

Um den Zulieferern einen Spielraum in seinen Dispositionen zu ermöglichen, werden den Direktabrufen - auch Lieferabrufe genannt – in der Regel zwei Planungsebenen zeitlich vorgeschaltet (Abbildung 1).:

- Rahmenvereinbarung: Diese hat in diesem Zusammenhang die Aufgabe, eine Bedarfs- und Kapazitätsvorschau nach Artikelgruppen auf Quartalsbasis mit einem Planungszeitraum von einem Jahr oder länger zu ermöglichen.
- Rahmenauftrag: Dieser dient dazu, die rechtzeitige Veranlassung der Materialbeschaffung und Vorfertigungen für den Zulieferer sicherzustellen und Plandurchlaufzeiten auf der Basis der Rahmenpläne bestimmen zu können.

Da die Direktabrufe in Form der exakt definierten Anlieferungsmenge sowie -zeitpunkte Just-in-Time erfolgen, ist das grundlegende Planungsproblem des Zulieferers in dieser Planungsphase die Feinterminierung. Da der Zulieferer in der Regel gleichzeitig eine Reihe von Abnehmern mit seinen Produkten nach dem Just-in-Time-Prinzip beliefert, stellt sich die Feinterminierung häufig als Problem der Maschinenbelegung unter Berücksichtigung von komplexen Nebenbedingungen dar, wie parallele Maschinen, reihenfolgeabhängige Rüstzeiten oder Werkzeugrestriktionen. Im Folgenden soll dies an einem Praxisfall näher erörtern werden.

2 Praxisfall

Der hier beschriebene und im Großraum Wien ansässigen Fertigungsbetrieb, der Autokühler für eine Vielzahl namhafter Automobilproduzenten wie etwa BMW, Mercedes, Ford oder Volkswagen herstellt, erzeugt insgesamt 40 verschiedene Autokühlertypen, die ihrerseits in mehreren Arbeitsvorgängen (AVG) hergestellt werden. Diese Arbeitsvorgänge reichen vom Biegen der Bleche (Rohlinge) bis zum Verpacken der fertiggestellten Autokühler. Insgesamt besteht der Betrieb aus 15 verschiedenen Fertigungsstufen (FS), wobei in jeder ein bestimmter Arbeitsvorgang verrichtet wird (z.B. in FS 1 biegen der Bleche, in FS 5 löten oder in FS 13 verpacken der fertigen Autokühler). Um zu einem fertigen Autokühler zu gelangen, muß eine Sequenz von AVG durchgeführt werden, wobei jeder AVG genau einer FS zugeordnet ist. Verschiedene Autokühler durchlaufen dabei die einzelnen FS in unterschiedlicher Reihenfolge, wobei Fertigungsstufen auch ausgelassen oder öfter benützt werden können. Beim Herstellungsprozeß ist aber darauf zu achten, daß ein AVG zuerst fertiggestellt sein muß, bevor sein chronologischer Nachfolger begonnen werden kann.

Tabelle 1 gibt in chronologischer Reihenfolge die Fertigungsstufen mit dazugehöriger Bearbeitungszeit an, die technologisch durchlaufen werden müssen, um einen fertigen Kühler eines gewissen Typs herzustellen. So sind etwa für den Herstellungsprozeß von Typ 2(E2985) acht Arbeitsschritte nötig, von denen der erste 263 min dauert und in FS 5 durchgeführt wird.

Arbeitsvorgang Autokühler	1	2	3	4	5	6	7	8	9	10	11	12	13	14
1(E2833)	1	2	4	5	12	6	7	8	11	9	10	13	...	FS
	147	33	33	83	17	309	167	68	99	69	118	95	...	Min
2(E2985)	5	12	6	7	11	9	10	13						
	263	24	346	167	291	69	118	123						
3(E3063)	1	2	5	15	6	7	11	10	11	13				
	30	23	156	30	102	34	36	35	109	108				
4(E3165)	...													
...														

Tab. 1: Chronologische Zuordnung der Arbeitsvorgänge zu Fertigungsstufen

Die einzelnen FS bestehen zum Teil aus mehreren identischen, parallelen Maschinen, so daß ein einer bestimmten Fertigungsstufe zugeordneter AVG wahlweise auf einer der parallelen Maschinen gefertigt werden kann. Tabelle 2 gibt die Anzahl der parallelen Maschinen in den entsprechenden FS an.

FS	1	2	3	4	5	6	7	8	9	10	11	12	13	14	15
ParM	4	3	3	3	9	10	7	2	2	2	10	1	7	1	1
Rüstzeit [min]	20	5	15	15	30	15	0	0	0	0	15	0	15	0	0

Tab. 2: Anzahl der parallelen Maschinen (ParM) sowie Rüstzeit in den jeweiligen Fertigungsstufen

Weiterhin gibt es in den FS 3, 4, 6, 11 und 13 Werkzeugrestriktionen, d.h. zur Durchführung des Arbeitsvorganges in den oben genannten FS ist ein Spezialwerkzeugtyp notwendig, der nicht in unbegrenzter Anzahl (kleiner als die Anzahl der parallelen Maschinen) zur Verfügung steht. Diese Werkzeugtypen (und damit auch die einzelnen Werkzeuge selbst) sind fertigungsstufengebunden, d.h. sie können nur in genau einer FS eingesetzt werden, aber nicht maschinengebunden, d.h. sie können auf jeder der parallelen Maschinen eingesetzt werden.

Tabelle 3 zeigt, welcher Werkzeugtyp (in Klammer die Anzahl der einzelnen Werkzeuge) in der entsprechenden FS zur Herstellung der verschiedenen Autokühler verwendet werden muß.

ID# Konzept für die Feinterminierung eines JiT-Zulieferers

FS Autokühler	3	4	6	11	13
1	-	3(1)	16(2)	54(1)	88(1)
2	-	-	17(1)	55(1)	89(1)
3	-	-	18(1)	56(1)	90(1)
4	1(2)	-	19(1)	57(1)	91(1)
5	...				
...					

Tab. 3: Typ und Anzahl der Werkzeuge in der entsprechenden FS

So benötigt man etwa zur Durchführung eines AVG von Autokühler 1 in FS 6 den Werkzeugtyp 16, der in doppelter Ausführung vorhanden ist (Klammerwert). Werkzeugtyp 16 wird in FS 6 außerdem noch von Arbeitsvorgängen zur Herstellung der Autokühler 21 und 30 benötigt - d.h. ein Werkzeugtyp kann auch von unterschiedlichen Kühlertypen verwendet werden.

Weiterhin ist bei der Generation eines Maschinenbelegungsplanes auf Rüstzeiten Bedacht zu nehmen. Diese kommen in den Fertigungsstufen 1-6, sowie 11 und 13 vor. Rüstzeiten treten genau dann auf, wenn

- auf einer Maschine zwei Arbeitsvorgänge hintereinander eingeplant werden, die verschiedene Werkzeugtypen benötigen (in FS 3,4,6,11 und 13), oder

- auf einer Maschine zwei Arbeitsvorgänge hintereinander eingeplant werden, die unterschiedlichen Kühlertypen angehören (in FS 1,2 und 5).

In obiger Tabelle 2 sind die Rüstzeit in den jeweiligen Fertigungsstufen angegeben. Für den analysierten Fertigungsbetrieb ergeben sich konkret folgende Randdaten:

- Anzahl der Fertigungsstufen   15
- Anzahl aller Maschinen   65
- max. Anzahl paralleler Maschinen   10
- min. Anzahl paralleler Maschinen   1
- Anzahl der Werkzeugtypen   116
- Anzahl aller Werkzeuge   134
- max. Anzahl gleicher Werkzeuge   2
- min. Anzahl gleicher Werkzeuge   1

Das anschließende Gantt-Diagramm soll der Verdeutlichung der Problemstellung dienen. Dabei ist der Auftragsfortschritt einer Kalenderwoche simuliert, in der 190 Autokühler (ca. 2000 Arbeitsvorgänge) freigegeben wurden. Man erkennt die Anzahl der parallelen Maschinen in den einzelnen Fertigungsstufen und den „Fluß" durch das Produktionssystem.

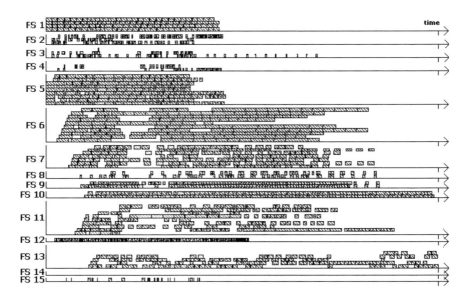

Abb. 2: Typisches Simulationsergebnis des
zugrundeliegenden Maschinenbelegungsproblems

Die mathematische Formulierung des Problems sieht dabei folgendermaßen aus: Gegeben ist eine Menge von Arbeitsvorgängen (AVG) $V = V_1 \cup V_2 \cup ... \cup V_K$, wobei V_k der Menge aller AVG von Auftrag k, k=1,...,K, entspricht. Innerhalb jedes Auftrags besteht eine chronologische Produktionsreihenfolge die eingehalten werden muß, d.h. für alle $(i, j) \in A_k$ gibt es Nachfolgebeziehungen. A_k ist dabei die Menge aller geordneten Paare von AVG, wobei AVG i (i$\in V_k$) unmittelbar vor AVG j (j$\in V_k$) gefertigt werden muß. Jeder AVG i muß in einer festgelegten Fertigungsstufe s(i), die aus verschiedenen parallelen Maschinen bestehen kann, produziert werden. Gleiches gilt für die Werkzeuge: Jeder AVG i muß mit einem bestimmten Werkzeugtyp t(i) gefertigt werden, der in mehrfacher Ausführung vorkommen kann. Mit den folgenden Symbolen kann das Problem nun formuliert werden:

Konzept für die Feinterminierung eines JiT-Zulieferers

Mengen und Indizes:

E_s = Menge aller AVG, die in Fertigungsstufe (FS) s produziert werden

$M = \bigcup_{s=1}^{S} M_s$ = Menge aller Maschinen, wobei M_s die Menge aller parallelen Maschinen von FS s darstellt

$s = 1,...,S$: Indizes der FS

W_t = Menge aller (gleicher) Werkzeuge vom Werkzeugtyp t

Variable:

V_k = Verspätung von Auftrag k

t_i = Startzeit von AVG i

$x_{im} = \begin{cases} 1, \text{ wenn AVG } i \text{ Maschine } m \text{ zugeordnet wird} \\ 0, \text{ sonst} \end{cases}$

$y_{iw} = \begin{cases} 1, \text{ wenn AVG } i \text{ Werkzeug } w \text{ zugeordnet wird} \\ 0, \text{ sonst} \end{cases}$

$\delta_{ij} = \begin{cases} 1, \text{ wenn AVG } i \text{ der selben Maschine oder dem selben Werkzeug vor AVG } j \text{ zugeordnet wird} \\ 0, \text{ sonst} \end{cases}$

Parameter:

T_k = vereinbarter Liefertermin von Auftrag k

a_i = Bearbeitungszeit von AVG i

r_{ij} = Rüstzeit zwischen AVG i und j, wobei $\begin{cases} r_{ij} > 0 \text{ wenn } s(i) = s(j) \wedge t(i) \neq t(j) \\ r_{ij} = 0 \text{ sonst} \end{cases}$

C_1, C_2 = sehr große Konstanten

Optimierungsproblem (P1)

$$\min \sum_{k \in K} V_k$$

(1) $t_j - t_i \geq a_i,$ $\hspace{2cm} \forall (i, j) \in A_k, k = 1, ..., K$

(2) $t_i \leq T_k + V_k,$ $\hspace{2cm} \forall (k \in K, i \in V_k)$

(3a) $C_1(1 - x_{im} \cdot x_{jm}) + C_2 \cdot \delta_{ij} + t_j - t_i \geq a_i + r_{ij},$

(3b) $C_1(1 - x_{im} \cdot x_{jm}) + C_2(1 - \delta_{ij}) + t_i - t_j \geq a_j + r_{ji}$ $\hspace{1cm} \forall \{i, j\} \in E_s, \forall m \in M_s$

$\hspace{10cm} s = 1, ..., S$

(4a) $C_1(1 - y_{iw} \cdot y_{jw}) + C_2 \cdot \delta_{ij} + t_j - t_i \geq a_i,$

(4b) $C_1(1 - y_{iw} \cdot y_{jw}) + C_2(1 - \delta_{ij}) + t_i - t_j \geq a_j$ $\hspace{1cm} \forall \{i, j\} \in E_s, s = 1, ..., S$

$\hspace{10cm} \forall w \in W_{t(i)} = W_{t(j)}$

(5) $\sum_{m \in M_{s(i)}} x_{im} = 1$ $\hspace{2cm} \forall i \in V$

(6) $\sum_{w \in W_{t(i)}} y_{iw} = 1$ $\hspace{2cm} \forall i \in V$

(7) $t_i \geq 0, \quad \forall i \in V$

$V_k \geq 0, \quad \forall k \in K$

$x_{im} \in \{0,1\} \quad \forall i \in V, \forall m \in M_{s(i)}$

$y_{iw} \in \{0,1\}, \quad \forall i \in V, \forall w \in W_{t(i)},$

$\delta_{ij} \in \{0,1\}, \quad \forall \{i, j\} \in E_s, s = 1, ..., S$

Ziel soll es sein, die Direktabrufe zum vorgegebenen Liefertermin ausliefern zu können. Ist dies nicht zu gewährleisten, soll die Lieferverspätung minimiert werden. Nebenbedingung (1) stellt die technologische Produktionsreihenfolge sicher. Durch (2) wird eine eventuelle Verspätung eines Auftrages bestimmt. Die Nebenbedingungen (3) bzw. (4) stellen sicher, daß eine Maschine bzw. ein Werkzeug stets nur von einem Arbeitsvorgang gleichzeitig benutzt wird. Die Restriktion (5) definiert, daß jeder AVG auf einer (beliebigen) der parallelen Maschinen der entsprechenden FS produziert werden muß. (6) legt selbes für die Werkzeuge fest. In den Nebenbedingungen (7) werden die stetigen und diskreten Variablen definiert.

Betrachtet man die Formulierung (P1), so erkennt man, daß es sich dabei um ein gemischt ganzzahliges Optimierungsproblem handelt. Dieses ist bekanntlich NP-vollständig und für die zugrundeliegende Problemdimension nicht mehr in vernünftiger Zeit exakt lösbar. Im weiteren soll deshalb ein dynamisches Näherungsverfahren vorgestellt werden, mit dem es in vertretbarer Zeit gelingt, qualitativ hochwertige Lösungen zu kreieren.

3 Dynamisches Lösungskonzept

Allgemein kann festgehalten werden, daß das hier beschriebene Problem eine Verallgemeinerung des klassischen Job-Shop-Problems ist, welches an sich schon schwierig zu lösen ist (Lawler/Lenstra/Rinnoy (1993), Blazewicz/Doschke/Pesch (1996)). Ein im Jahre 1963 von Fisher/Thompson (1963) formuliertes 10*10 Problem (10 Aufträge, 10 Maschinen), konnte erst 26 Jahre später von Carlier/Pinson (1989) exakt gelöst werden. Aufgrund der NP-Vollständigkeit (vgl. Lenstra/ Rinnoy (1979)) sind exakte Verfahren, etwa Branch&Bound Algorithmen (z.B. Applegate/Cook (1991)) nicht erfolgversprechend. Deshalb wurde auch für dieses verallgemeinerte Problem ein Lösungskonzept entwickelt, das in die Klasse der Näherungsverfahren einzuordnen ist.

Kernstück ist ein schneller, problemspezifischer Algorithmus zur Lösung des in Kapitel 2 beschriebenen verallgemeinerten Job-Shop-Problems (VJS-Algorithmus). Dieser schnelle VJS-Algorithmus ist in ein Local-Search-Konzept eingebettet, welches als Weiterentwicklung der Strategie von Storer/Wu/Vaccari (1992) gesehen werden kann – damals für das klassische Job-Shop-Problem entwickelt.

Der VJS-Algorithmus basiert auf einer (wesentlichen) Verallgemeinerung des Giffler/Thompson-Verfahrens. Es ist ebenso wie das Giffler/Thompson-Verfahren eine Vorwärtsterminierung, in der Schritt für Schritt ein neuer Arbeitsvorgang zu einem letztlich zulässigen Ablaufplan hinzugefügt wird. Dieser Arbeitsvorgang ist aus einer „Konfliktmenge" auszuwählen und der (noch unvollständige) Ablaufplan entsprechend dem gewählten AVG zu ergänzen. Interessant sind dabei die Aussagen, die zum Giffler/Thompson-Verfahren gemacht werden können: Wählt man nämlich in jedem Schritt den „richtigen" Arbeitsvorgang aus der Konfliktmenge, so läßt sich ein (bezüglich regulärer Zielkriterien) optimaler Ablaufplan daraus generieren.

Eine analoge Aussage kann auch für den entwickelten VJS-Algorithmus bewiesen werden - Satz und Beweis finden sich in Wasner (1996). Dieser zum Teil konstruktive Beweis ist mitverantwortlich für die Schnelligkeit und hohe Güte des Verfahrens. Aus dem Beweis geht auch die spezielle Gestalt der Konfliktmenge hervor, die aber aufgrund der Rüstzeiten im Vergleich zum Giffler/Thompson-Verfahren wesentlich komplexer ist.

Die Bestimmung der Konfliktmenge und daran anschließend die Auswahl des AVG aus der Konfliktmenge sind die wesentlichen Elemente des VJS-Algorithmus. Die Konfliktmenge soll zum einen möglichst klein sein (daraus resultiert ein kleiner generierbarer Lösungsraum), zum anderen aber die optimale Lösung nicht von vornherein ausschließen. Dabei ist festzuhalten, daß für die optimale Lösung nur die Existenz bewiesen werden kann – nicht aber deren Konstruktion. Es ist also nicht bekannt welcher AVG aus der Konfliktmenge der „richtige" ist – welcher also als nächstes ausgewählt werden muß. Um den Konflikt trotzdem zu lösen, werden typischerweise Prioritätsregeln herangezogen (z.b. kürzeste Operationszeit, Schlupfzeit, frühester Liefertermin, Zufallsregel).

Für jede Auswahl einer Prioritätsregel, generiert der VJS-Algorithmus eine zulässige Lösung für das zugrundeliegende Problem; die Qualität der Lösung kann dabei aber nur mäßig sein. Um die Wahrscheinlichkeit zur Konstruktion von „guten Lösungen" zu erhöhen, ist der VJS-Algorithmus in ein Local-Search-Konzept eingebettet: Die prinzipielle Idee besteht darin, eine zulässige Lösung durch kleine Veränderungen (Wahl einer Nachbarschaftslösung) leicht zu „stören" und somit eine neue, zulässige Lösung zu erzeugen. Die Nachbarschaftslösung wird mit der ursprünglichen verglichen und dann akzeptiert, wenn sich eine Verbesserung des Zielfunktionals ergibt.

Wesentlich ist dabei die Definition von Nachbarschaft. In dem entwickelten Konzept wird die Zeitachse in Intervalle geteilt und jedem Intervall eine Prioritätsregel zugewiesen. Die Auswahl des AVG aus der Konfliktmenge des VJS-Algorithmus erfolgt entsprechend der Prioritätsregel zum entsprechenden Zeitpunkt. Jedem Zeitfenster wird dabei genau eine Prioritätsregel zugeordnet; eine Prioritätsregel kann aber verschiedenen Zeitfenstern zugeordnet werden. Nachbarschaft N kann dabei präzise formuliert werden durch:

N: Eine Zeitfenster-Prioritätsregel-Zuordnung Z1 ist Nachbar der Zeitfenster-Prioritätsregel-Zuordnung Z2, genau dann wenn Z1 und Z2 in genau einem Zeitfenster eine andere Prioritätsregel aufweisen.

Auf dieser Definition basierend, resultiert das folgende Local-Search-Konzept:

0: Initialisierung. Bestimme für gegebene Zeitfenster eine Zuordnung von Prioritätsregeln und berechne eine zulässige Lösung mit dem VJS-Algorithmus.

1: Wähle ein zufälliges Zeitfenster

2: Wähle eine beliebige Prioritätsregel für das Zeitfenster (ungleich der ursprünglichen)

3: Bestimme eine neue Lösung mit Hilfe des VJS-Algorithmus

4: Vergleiche die ursprüngliche mit der neuen Lösung:
Hat sich der Zielwert verbessert, so akzeptiere die neue Lösung und die neue Prioritätregelzuordnung

5: Ist ein Abbruchkriterium noch nicht erfüllt, gehe zu Schritt 1.

Daraus resultiert ein theoretischer Suchraum von P^W, wobei P die Anzahl der Prioritätsregeln und W die Anzahl der Zeitfenster angibt. Der genaue Algorithmus ist im EJOPE, Zäpfel/Wasner (2000) dargestellt und kann dort nachgelesen werden.

4 Ergebnisse

Das Problem für den Automobilzulieferer besteht darin, die aufgrund von Rahmenvereinbarungen und Rahmenaufträgen kurzfristig eingehenden Direktabrufe innerhalb der Lieferfrist zu fertigen und zuzustellen. Laufend gehen beim Zulieferer Abrufe ein, die er zweimal wöchentlich als Fertigungsaufträge an die Produktion weitergibt. Dort erfolgt dann die Feinterminierung der einzelnen Aufträge – unter dem Aspekt die Liefertermine einzuhalten, eine hohe Auslastung zu erreichen und gleichzeitig die „alten", noch im Produktionsprozeß befindlichen Autokühler zu berücksichtigen.

Die Berücksichtigung der noch im Produktionsprozeß befindlichen Aufträge kann praktisch (und damit auch im Local-Search-Konzept) auf zwei Arten erfolgen:

- Die „alten" Aufträge werden entsprechend der ursprünglichen Feinterminierung abgearbeitet und die „neuen" Aufträge daran anschließend eingeplant. Das hat für das Local-Search-Konzept zur Folge, daß die Freigabe der Maschinen und Werkzeuge nicht zum Zeitpunkt Null erfolgt, sondern erst, wenn die alten Aufträge die Ressourcen nicht mehr benutzen. Dies läßt sich mit dem VJS-Algorithmus leicht realisieren, wobei die Existenzsätze über die optimale Lösung auch weiterhin gelten. Es handelt sich somit um ein dynamisches Local-Search-Konzept.

- Der ursprüngliche Maschinenbelegungsplan wird für nichtig erklärt und „alte" (die noch verbleibenden AVG) und „neue" Aufträge neu terminiert. In diesem Fall resultiert exakt das in Kapitel 2 beschriebene Problem und es erfolgt eine Terminierung unter Einhaltung der Liefertermine.

Im folgenden werden die Ergebnisse, die mit dem im letzten Kapitel vorgestellten Local-Search-Konzept erzielt worden sind, beschrieben. Um die Qualität des Algorithmus besser beurteilen zu können wurden die Ergebnisse auf untere Schranken der optimalen Lösung bezogen. Die optimale Lösung kann für solch komplexe Probleme nicht berechnet werden, sie kann nur nach unten abgeschätzt werden. Die dabei zugrunde gelegten Schranken sind in Zäpfel/Wasner (2000) beschrieben.

Abbildung 3 zeigt einen typischen Simulationsverlauf des dynamischen Verfahrens. Dabei werden zu Wochenbeginn neue Aufträge (mit vorgegebenen Fertigstellungsterminen) in der Produktion freigegeben, die entsprechend einem ehest möglichen Fertigstellungstermin eingeplant werden sollen. Dem Simulationsverlauf liegen 192 neu freigegebene Aufträge mit etwa 2000 AVG zugrunde. Die beste erzielte Lösung wird als Abweichung von der unteren Schranke der optimalen Lösung dargestellt. Der Begriff optimale Lösung ist dabei so definiert, daß die

Summe der Verzögerungszeiten ($\sum_{k \in K} V_k$) minimal sind. Ist eine Lösung mit $\sum_{k \in K} V_k = 0$ möglich, so gilt jene Lösung als optimal, die darüber hinaus die Summe der Schlupfzeiten minimiert.

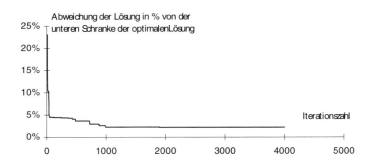

Abb. 3: Abweichung der Lösung von der optimalen Lösung in Abhängigkeit von der Iterationszahl

Der obige Lösungsverlauf ist typisch für das entwickelte Verfahren und wurde für insgesamt 100 verschieden Ausgangsdaten durchgeführt. In Abbildung 4 ist die Abweichung der nach 100, 300, 1000 und 3000 Iterationen erzielten Lösung zur optimalen dargestellt. Zudem wurde ein möglicher Zusammenhang der erzielten Lösung mit der Anzahl der Zeitfenster untersucht – wie man sich überzeugt, ist der Zusammenhang nicht signifikant. Es ist aber bemerkenswert, daß die durchschnittliche Abweichung von der unteren Schranke der optimalen Lösung weniger als 6% nach 100 Iterationen ist.

Konzept für die Feinterminierung eines JiT-Zulieferers

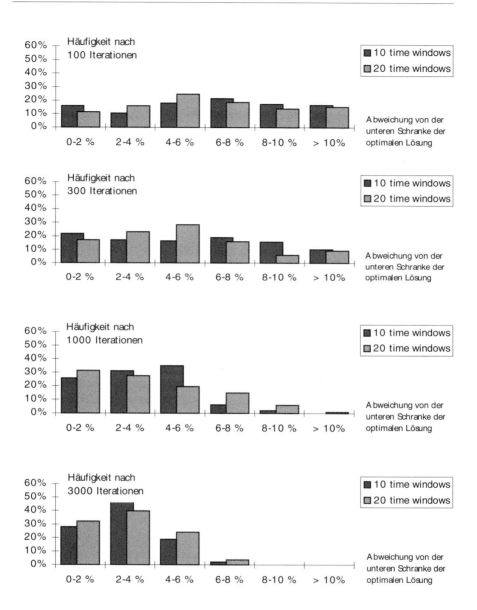

Abb. 4: Häufigkeitsverteilung der Lösungsabweichung nach 100, 300, 1000 und 3000 Iterationen von der optimalen Lösung – mit 10 bzw. 20 Zeitfenstern

Abbildung 5 zeigt die Lösungsverbesserungen zwischen einzelnen Iterationsintervallen:

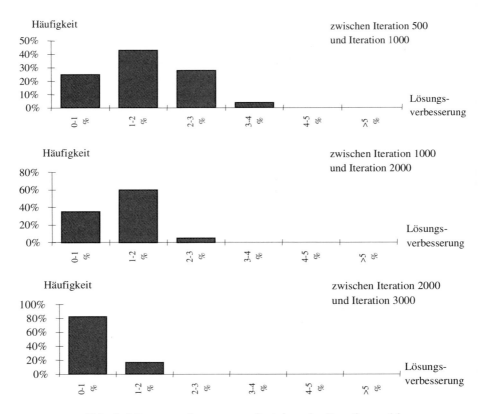

Abb. 5: Lösungsverbesserung mit steigender Iterationszahl

Interessant an dem entwickelten Verfahren sind die kurzen Rechenzeiten. Die Simulationsexperimente wurden auf einem Pentium II/400 MHz Rechner durchgeführt, wobei durchschnittlich 2500 Iterationen pro Minute gerechnet werden. Die Rechenzeit ist also keinerlei Kriterium für die Einsetzbarkeit des Verfahrens in der Praxis.

Vielfach werden in der Literatur zur Lösung von Maschinenbelegungsproblemen Ansätze wie Tabu-Search, Genetische Algorithmen oder Simulated Annealing vorgeschlagen. Für letzteren wurde ebenso ein Verfahren entwickelt und getestet — im Gegensatz zum VJS-Algorithmus liefert es jedoch weit schlechtere Ergebnisse. Grund ist im wesentlichen die nur ungenügend genutzte, problemspezifische Komponente, die aber im VJS-Algorithmus berücksichtigt wird.

5 Zusammenfassung und Ausblick

In dem vorliegenden Beitrag haben wir das Problem der Feinterminierung für Just-in-Time-Zulieferer dargestellt. Aus theoretischer Sicht handelt es sich um ein verallgemeinertes Maschinenbelegungsproblem, bei dem neben der technologischen Reihenfolge noch Werkzeugrestriktionen, reihenfolgeabhängige Rüstzeiten sowie parallele Maschinen auf verschiedenen Fertigungsstufen zu berücksichtigen sind. In der konkreten Fallstudie handelt es sich um eine Problemgröße mit durchschnittlich 200 Aufträgen und 15 Fertigungsstufen mit insgesamt 65 Maschinen. Für dieses komplexe Problem wurde ein geeignetes lokales Suchverfahren entwickelt und an dem praktischen Problem des Herstellers von Autokühlern für die Automobilindustrie getestet. Das neue lokale Suchverfahren ist in der Lage – wie Rechentests zeigen – das Maschinenbelegungsproblem für den realen Fall in wenigen Minuten zu lösen, wobei ein nahezu globales Optimum resultiert. Im einzelnen konnte dargestellt werden, daß das entwickelte lokale Suchverfahren zu Lösungen führt, die

- nach bereits 100 Iterationen Abweichungen vom Optimum um weniger als 6 % liefern,

- nach 2000 Iterationen im Durchschnitt nur um etwa 3 % vom Optimum (wobei aus Mangel an Kenntnis des jeweiligen exakten Optimums sich die Werte auf eine abgeleitete theoretische Untergrenze beziehen, die im schlechtesten Fall erreicht wird) abweichen,

- bei mehr als 2000 Iterationen kaum mehr zu verbessern sind,

- vom Rechenaufwand her gesehen relativ gering sind.

Dabei ist auch zu betonen, daß die bekannten Verfahren der Maschinenbelegung — wie z.B. die auf dem „simulated annealing" basierenden Konzepten — in der Regel zu schlechteren Ergebnissen führen, da sie die spezifische Struktur des zugrundeliegenden Problems weniger berücksichtigen.

Weiterhin kann vermerkt werden, daß das in dieser Arbeit entwickelte Verfahren auf noch allgemeinere Maschinenbelegungsprobleme angewendet werden kann. Vor allem kann das Verfahren leicht auf sog. dynamische Belegungsprobleme übertragen werden. Beispiele dazu sind: Kundenaufträge treffend laufend ein und sind zu verschiedenen Zeitpunkten des Planungszeitraums einzuplanen- (sind also mit anderen Worten nicht alle zu Beginn des Planungszeitraums vorhanden), Werkzeuge und Maschinen sind erst zu bestimmten Zeitpunkten innerhalb des Planungszeitraums verfügbar, z.B. weil Maschinenausfälle auftreten oder Werkzeuge repariert werden müssen, etc. Da sich mit diesem entwickelten Verfahren allgemeine Maschinenbelegungsprobleme lösen lassen und effiziente Lösungen resultieren, eignet sich dieses dargestellte Konzept für praktische Problemstellungen.

Literatur

Applegate, D.; Cook, W. (1991): A computational study of the job-shop scheduling problem, ORSA Journal of Computing, 3: 149-156.

Blazewicz, J.; Domschke, W. ; Pesch, E. (1996): The job shop scheduling problem: Conventional and new solution techniques, European Journal of Operational Research, 93: 1-33

Carlier, J. ; Pinson, E. (1989): An algorithm for solving the job-shop problem, Management Science, 35: 164-176.

Fisher, H.; Thompson, G.L. (1963): Probabilistic learning combinations of local job-shop scheduling rules, in: J.F: Muth and G.L. Thompson (eds.), Industrial Scheduling, Prentice-Hall, Englewood Cliffs, NJ

Lawler, E.L.; Lenstra, J.K. ; Rinnoy Kann, AH.G. (1993): Sequencing and scheduling: algorithms and complexity, in: S.C. Graves, A:H.G: Rinnoy Kann and P.H. Zipkin (eds.) Handbooks in Operations Research and Management Science, Vol. 4: Logistics of Production and Inventory, Elsevier, Amsterdam

Lenstra, J.K; Rinnooy Kann, A.H.G. (1979): Computational complexity of discrete optimization problems, Annals of Discrete Mathematics, 4: 1212-140.

Storer, R.H.; Wu, S.D; Vaccari, R. (1992): New search spaces for sequencing problems with application to job shop scheduling, Management Science, 38: 1495-1509.

Wasner, M. (1996): Heuristiken für ein Hybrid-Job-Shop-Problem unter Berücksichtigung von reihenfolgeabhängigen Rüstzeiten und Werkzeugrestriktionen, Diplomarbeit, Universität Linz.

Zäpfel, G.; Wasner, M. (2000): A heuristic solution concept for a generalized machine sequencing problem with an application in the supplier industry, angenommen für: European Journal Of Production Economics

Intelligente Agenten zur Steuerung dezentraler Fertigungsstrukturen

H. Krallmann, S. Albayrak

1   Einleitung

2   Supply Chain Management

3   Holonische Strukturen
       3.1   Struktureller Aufbau
       3.2   Typische Prozesse

4   Agententechnologie

5   Fallbeispiel: Modellierung eines Produktionsausschnitts mittels Holonen und Implementierung durch Agententechnologie als Kernelement einer Supply Chain

6   Zusammenfassung und Ausblick

Literatur

1 Einleitung

Die Unternehmen sind mit der Liberalisierung und Öffnung der Märkte großem Wettbewerb unterworfen. Daraus resultieren eine Reihe von Anforderungen, die die Unternehmen erfüllen müssen. Diese sind neben der Anforderung des Just-in-Time v.a. die Produktion nach Kundenwünschen. Um diese Wünsche erfüllen zu können, müssen die Unternehmen einerseits Werkzeuge bereitstellen, mit deren Hilfe diese Wünsche (Anfragen) bzgl. der Produkte erfaßt werden können, anderseits sind die Firmen darauf angewiesen, Partnerschaften mit anderen Firmen einzugehen, damit diese Anforderung überhaupt erfüllt werden kann. Mit Hilfe solcher Werkzeuge können die Produktpaletten der Unternehmen über das Internet – als ein alternativer Vertriebs- und Marketingkanal – angeboten werden. An diesem Prozeß sind viele Bereiche beteiligt, die dezentral und autonom sind. Allerdings ist die effiziente Realisierung des Informationsaustausch sehr zeitintensiv. Zudem dürfen auch die sicherheitsrelevanten Fragen nicht vergessen werden.

Für eine informationstechnische Unterstützung werden Hilfsmittel zur Beschreibung und Modellierung der Strukturen sowie anderseits Softwaretechnologien benötigt, die eine adäquate Operationalisierung der Strukturen ermöglichen. Einer der vielversprechendsten Ansätze ist die Agententechnologie. Eine mögliche Vorgehensweise bei der Realisierung der Supply Chain Management-Systeme ist es daher, die Strukturen als Holonen zu modellieren und anschließend mit Hilfe der Agententechnologie zu implementieren. Die Kommunikation kann unter der Nutzung von Standardkommunikationsplattformen (wie z.B. CORBA) realisiert werden.

Ausgehend von einer kurzen Einführung in das Supply Chain Management, werden die holonische Strukturen vorgestellt. Dem schließt sich die Vorstellung der Agententechnologie und die Präsentation eines Fallbeispiels an, bei dem die Strukturbildung mit Hilfe von Holonen und die Operationalisierung als Agenten vorgesehen ist. Abgeschlossen wird dieser Beitrag mit einer Zusammenfassung und einem Ausblick über die Entwicklung der hier vorgestellten Technologien.

2 Supply Chain Management

Eine Supply Chain kann definiert werden als „a network of facilities and distribution options that performs the functions of procurement of materials, transformation of these materials into intermediate and finished products, and the distribution of these finished products to customers"[1].

Traditionell handelnde Industrieunternehmen bestehen aus Organisationseinheiten wie etwa Marketing, Entwicklung, Planung, Produktion, Logistik, Vertrieb und Verkauf. Jede dieser Einheiten (Entitäten) verfolgte bisher individuelle Ziele unter Berücksichtigung eigener Restriktionen. Der Erfolg der einzelnen Entitäten hängt jedoch von der Leistung der anderen ab sowie deren Bereitschaft und Fähigkeit, zu kooperieren. Zum Beispiel wird die Fähigkeit eines Lieferanten, die Nachfrage von Kunden zu befriedigen, von der Bereitschaft und Fähigkeit der Kunden bestimmt, die Nachfrage dem Zulieferer in einer korrekten und fristgerechten Art und Weise mitzuteilen. Beim Fehlen einer solchen Kommunikation kann der Zulieferer gezwungen sein, höhere Lagerbestände zu halten, um Fehlmengenkosten zu reduzieren. Die höheren Lagerkosten und insbesondere Kapitalbindungskosten werden letztendlich von den Kunden in Form von Preisaufschlägen für die Produkte getragen[2].

Das Supply-Chain-Management-Konzept basiert auf einer ganzheitlichen Betrachtung der Supply Chain und berücksichtigt die Interdependenzen zwischen den einzelnen Entitäten[3]. Im Zentrum steht die integrierte Planung, Steuerung und Kontrolle der gesamten Supply Chain vom ersten Lieferanten bis zum Endkunden[4]. Voraussetzung hierfür ist eine Kooperation aller an der Supply Chain beteiligten Unternehmen[5].

Die Zufriedenheit des Endverbrauchers ist ein wichtiges Ziel jeder Supply-Chain-Management-Strategie. Sie hängt in einem hohen Maße von der Flexibilität der Supply Chain ab, also der Fähigkeit, auf Nachfrageänderungen umgehend zu reagieren. Aufgrund von langen Durchlaufzeiten, Unsicherheiten und unvorhersehbaren Ereignissen ist diese jedoch häufig unvollkommen. Um diesen Mangel an Flexibilität auszugleichen, halten Unternehmen Lagerbestände auf verschiedenen Stufen der Supply Chain. Das richtige Verhältnis zwischen den Logistikkosten und der Kundenzufriedenheit zu bestimmen, ist die klassische Aufgabe der Logistik und des Supply Chain Management[6].

---

[1] Ganeshan, R./Harrison, T. P. (SCM 1995).

[2] Vgl. dazu Swaminathan, J. M./Sadeh, N. M./Smith, S. F. (Information Exchange 1995).

[3] Vgl. dazu Vahrenkamp, R. (SCM 1999).

[4] Vgl. dazu Schuh, G./Weber, H./Kajüter, P. (Logistikmanagement 1996), Mertens, P. (SCM 1995) und Schütte, R. (SCM 1997).

[5] Vgl. dazu Vahrenkamp, R. (SCM 1999).

[6] Vgl. dazu Teigen, R. (SCM-System 1997).

3 Holonische Strukturen

Der Begriff der Holonischen Systeme allgemein stammt aus den Natur- und Sozialwissenschaften. Die entsprechenden Grundgedanken wurden Ende der 80er Jahre von japanischen Experten aus dem Bereich der Fertigung aufgegriffen und in diese Anwendungsdomäne transferiert. Man spricht dort entsprechend von Holonic Manufacturing Systems, kurz HMS.

Dieses Konzept ist bisher nur im Bereich der Forschung etabliert. Erfahrungen mit dem praktischen Einsatz liegen noch nicht vor, da es erst im Anfangsstadium begriffen ist. Bisher durchgeführte Tests erfolgten unter Laborbedingungen. Die dabei verwendeten Prototypen verwirklichten die Idee zudem erst in Ansätzen. Das HMS-Konzept wird speziell in dem von Japan initiierten Intelligent Manufacturing Systems-Programm weiter ausgearbeitet, in dem die technologischen Grundlagen der „Produktionssysteme für das 21. Jahrhundert" geschaffen werden sollen[7]. Es sind alle bedeutenden Industrienationen mit Vertretern aus Forschung und insbesondere auch der Praxis beteiligt.

In dem umfangreichen Programm ging es zunächst vor allem um Aspekte der Machbarkeit bzw. die Organisation von internationalen Forschungsprojekten. Hierzu wurde eine Studie angefertigt, deren Ergebnis als Entscheidungsgrundlage für den eigentlichen Start der auf eine lange Laufzeit angelegten Forschungsaktivitäten dienen sollte. HMS bildete dabei einen von insgesamt sechs Schwerpunkten, sog. „Test Cases" (TCs). Die besagte Studie wurde im Jahre 1994 abgeschlossen.

Erfolgreich war vor allem der Test Case, welcher speziell HMS zum Gegenstand hatte[8]. Auf Basis der Ergebnisse von TC5 wurde inzwischen ein weiterführendes Programm unter der Bezeichnung „Holonic Manufacturing System-Project" mit einer fünf- bis zehnjährigen Laufzeit gestartet. Dessen Beschreibung und Aussagen repräsentieren gleichzeitig den aktuellen Stand des HMS-Konzeptes und bilden die Grundlage der nachstehenden Beschreibung. Da dieses Projekt aber erst am Anfang steht und noch keine Ergebnisse vorliegen, können lediglich dessen Aufgaben (Tasks) skizziert werden.

Grundgedanke des HMS-Konzeptes ist es, durch einen modularen Aufbau eine hohe Flexibilität bzw. Anpassungsfähigkeit von Fertigungseinrichtungen sicher-

---

[7] Das IMS-Programm greift neben HMS auch die anderen im Rahmen dieser Studie betrachteten Anwendungskonzepte „Fraktale Fabrik" und „Virtuelles Unternehmen" als die Paradigmen für zukünftige Fertigungsunternehmen auf.

[8] Vgl. dazu VDI-N (Fertigungssysteme 1994).

zustellen[9]. Dies gilt sowohl in operativer als auch in struktureller Hinsicht. Insgesamt ergibt sich somit eine sehr hohe Nutzungsdauer der Fertigungsanlagen, da sie mit sich verändernden Anforderungen schritthalten können. Ferner soll innerhalb der Nutzungsdauer eine hohe Verfügbarkeit durch umfangreiche Monitoring- und Diagnose-Werkzeuge gewährleistet werden. Schließlich wird angestrebt, einen evolutionären Übergang ausgehend von heute im Einsatz befindlichen Fertigungsanlagen zu ermöglichen[10].

Hierzu wird eine generische Architektur für zukünftige Fertigungssysteme spezifiziert, wobei die in Hinblick auf den Anwendungsbereich Fertigung eher visionären Leitgedanken der Holonischen Systeme operationalisiert werden sollen. Ziel ist es, HMS in Richtung einer Schlüsseltechnologie für zukünftige Fertigungssysteme auszuarbeiten.

Im Gegensatz zu den voranstehend behandelten Konzepten ist die empirische Komponente bei HMS anders ausgeprägt. Ausgangspunkt bilden, wie bereits erwähnt, Prinzipien, die aus Naturwissenschaften und Soziologie bekannt sind. Es wird nicht der Bezug zu den obligatorischen o.g. Managementbausteinen hergestellt. Vielmehr liegt der Fokus, angelehnt an das Computer Integrated Manufacturing-Konzept (CIM), auf der Architektur von flexiblen Kontrollsystemen und Fertigungsanlagen.

Es kann dementsprechend als komplementäre Technologie zu CIM betrachtet werden und unterscheidet sich vor allem darin, daß der Mensch durch Einführung von Autonomie auf unteren Ebenen integriert wird[11]. HMS kann vor allem als neues Implementationskonzept für CIM dienen. Insgesamt geht HMS schon über den Charakter eines bloßen Anwendungskonzeptes hinaus. Es liegt bereits, wie gleich noch verdeutlicht wird, ein relativ starker Bezug zu Technologien und insbesondere auch Systemen vor.

---

[9] Unklar bleibt in diesem Zusammenhang allerdings, ob Flexibilität im Sinne einer Kombination von Einzel- und Massenfertigung angestrebt wird, oder ob ähnlich wie beim Ansatz der Fraktalen Fabrik zwischen an Menge oder an Vielfalt ausgerichteten Einheiten unterschieden wird.

[10] Vgl. dazu VDI-N (Fertigungssysteme 1994).

[11] Vgl. dazu IMS (HMS-Strategies 1994), S. 23 f. Bei CIM beschränken sich die menschlichen Aktivitäten auf mechanische Tätigkeiten bei separater Kontrolle.

3.1 Struktureller Aufbau

HMS sind zunächst durch ihren modularen Aufbau gekennzeichnet. Die einzelnen Komponenten, sog. Holone[12], können ihrerseits modular aufgebaut sein, so daß sich idealtypisch eine Art Hierarchie bildet (s. Abbildung 1).

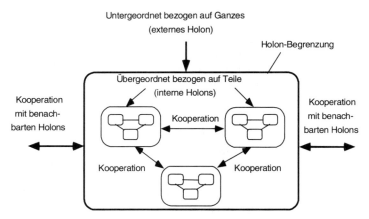

Quelle: IMS (Report 1993), S. 369

Abb. 1: Rekursiver Aufbau einer Holarchie

Im Kontext der Holonischen Systeme spricht man von der Holarchie[13]. Der in Abbildung 1 gezeigte Aufbau einer Holarchie hat eher Modell-Charakter und ist allenfalls in biologischen Lebensformen wiederzufinden. Es wird von einer wiederholten (rekursiven) Anwendung der Zerlegung ausgegangen, so daß Teile nicht absolut, sondern nur im Sinne der „part of"-Relation existieren.

Es geht hierbei hauptsächlich darum, ein ausgewogenes Verhältnis von zentraler Koordination durch ein übergeordnetes Holon und horizontaler Kooperation zwischen den Holonen einer Ebene herzustellen. Dadurch, daß es stabile Zwischenformen gibt, wird eine hinreichende Robustheit bei gleichzeitiger Flexibilität er-

---

[12] Der Begriff Holon wurde vor ca. 25 Jahren von Arthur Koestler geprägt. Hierbei handelt es sich um ein Kunstwort zusammengesetzt aus dem griechischen „holos" (Ganzes) und der Endsilbe „on" der Teilchenbegriffe (Proton, Neutron etc.). Hiermit soll zum Ausdruck gebracht werden, daß weder „Ganzes" noch „Teile" im absoluten Sinne existieren. Vielmehr bedingen sich, wie später noch gezeigt wird, beide gegenseitig.

[13] Eine „echte" Hierarchie wird im Gegensatz zur Holarchie aus getrennten Systemen gebildet. Beispielsweise läßt sich ein (hierarchisch strukturiertes) Unternehmen in ein Führungssystem und ein Ausführungssystem unterteilen. Das untergeordnete (Ausführungs-)System ist hier, anders als bei der Holarchie, nicht Bestandteil des übergeordneten (Führungs-)Systems.

reicht. Die zentrale Koordination erfolgt dabei genauso, wie im Falle der Fraktalen Fabrik mit Hilfe eines konsistenten Zielsystems.

Holone werden durch Eigenschaften wie Autonomie/Intelligenz, Kooperationsfähigkeit und standardisierter Aufbau charakterisiert (s. Abbildung 2). Autonomie bedeutet hierbei, daß Holone in der Lage sind, eigene Pläne und Strategien zu formulieren und durchzusetzen. Sie ist allerdings nicht mit vollautomatischer Fertigung gleichzusetzen. Vielmehr sollen in HMS die spezifischen Fähigkeiten des Menschen wie z.B. Flexibilität und Analyse optimal genutzt werden. Dementsprechend sieht der HMS-Ansatz den Menschen explizit als Teil eines Holons[14]. Mit der Eigenschaft der Kooperationsfähigkeit kommt zum Ausdruck, daß sich Holone einer Ebene untereinander abstimmen.

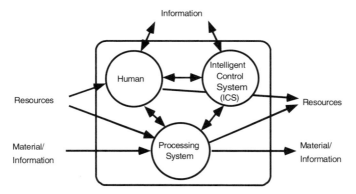

Quelle: IMS (Report 1993), S. 371

Abb. 2: Aufbau eines Holons und seine Beziehungen

Es liegen insoweit ähnliche Verhältnisse wie bei dem oben behandelten Konzept der Fraktalen Fabrik vor[15]. Dies gilt aber genaugenommen nur für das Prinzip der Strukturbildung. Der Fokus ist bei HMS ein anderer. Ziel ist es vor allem zukünftige Fertigungsanlagen zu konzipieren, welche die neue Generation von Fertigungsunternehmen unterstützen.

Da die Strukturierung bei HMS auf dem Prinzip der funktionalen Dekomposition von Fertigungsanlagen beruht, besitzen die entstehenden Module einen anderen Charakter. Während beispielsweise Fraktale in erster Linie durch ihre Eigenschaften charakterisiert sind, werden die Bausteine von HMS, was deren Inhalt

---

[14] Vgl. dazu VDI-N (Fertigungssysteme 1994).

[15] Teilweise wird das Konzept auch auf eine Stufe mit der „Fraktalen Fabrik" gestellt; Vgl. dazu Struger, O. (Fabrik der Zukunft 1995).

betrifft, schon recht konkret definiert[16]. Damit verbunden ist eine starke Technikorientierung des Konzeptes, worin auch die Anlehnung an das CIM-Konzept zum Ausdruck kommt[17].

Bei der Konkretisierung von HMS für die praktische Realisierung ist das rekursive Muster (Holarchie) nicht unbedingt wiederzuerkennen. Es existieren nach wie vor die von hierarchisch strukturierten Systemen bekannten Beziehungen zwischen den Elementen bzw. Subsystemen. So gibt es z.B. einen dedizierten zentralen Koordinator[18], und entsprechende zugeordnete Systemkomponenten (Beispiel aus TC5). Betont wird in erster Linie das Novum der „horizontalen" Kooperation autonomer und intelligenter Komponenten[19].

Obwohl die Dezentralisierung hier als neues Paradigma herausgestellt wird, ist anzunehmen, daß auch hierarchische Strukturen nach wie vor ihre Daseinsberechtigung haben werden[20]. Ihr Vorteil ist, daß das Verhalten der Hierarchie selbst deterministisch ist und sie ein hohes Maß an Stabilität bieten (siehe Abbildung 3).

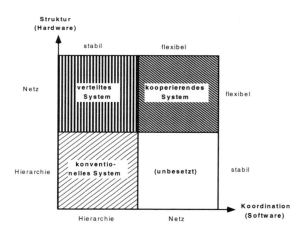

Abb. 3: Flexibilität vs. Stabilität bei alternativen Steuerungssystemen

---

[16] Hierin kommt eine deterministische Sichtweise zum Ausdruck, da unterstellt wird, daß es entsprechende (optimale) generische Module gibt.

[17] Vgl. dazu HMS (Project Description 1995), S. 43.

[18] Hierbei kann es sich beispielsweise um einen Fertigungsleitstand handeln.

[19] Die Hierarchie wird gewissermaßen gekippt.

[20] Vgl. dazu Bongaerts, L. et al. (Schedule Execution 1995), S. 118.

Somit kann ihr zeitliches Verhalten zuverlässig prognostiziert werden. Es gibt Anwendungsbereiche mit entsprechenden Anforderungen, bei denen die Vorteile der hierarchischen Struktur in der nahen Zukunft noch zum Tragen kommen oder sogar, aufgrund von Defiziten bei kooperierenden Systemen, unverzichtbar sind.

HMS sind, sofern eine Netzstruktur vorliegt, hinsichtlich der Koordination flexibel (siehe Abbildung 3). Es ist im Anwendungsfall zu klären, ob dauerhaft hierarchisch koordiniert wird, und wenn ja, ob dann nicht auf konventionelle Systeme zurückgegriffen werden kann.[21]

Es stellt sich in diesem Zusammenhang und auch in Hinblick auf die evolutionäre Einführung ferner die Frage, in welcher Form das Nebeneinander von konventionellen Systemen und HMS realisiert werden soll. Betrachtet man eine hinreichend hohe Granularitätsstufe, wäre es denkbar, daß die hierarchische Struktur konventioneller Systeme in einem Holon verborgen ist und gewissermaßen eine Kapselung realisiert wird (siehe Abbildung 4).

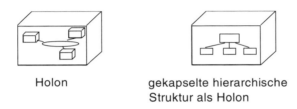

Holon　　　　　　　gekapselte hierarchische
　　　　　　　　　　Struktur als Holon

Abb. 4: Integration konventioneller Systeme

3.2 Typische Prozesse

Da sich die Forschungsaktivitäten noch im Anfangsstadium befinden, sind zu diesem Aspekt nur wenige Aussagen über Holonic Manufacturing Systems möglich. Es ist aber festzuhalten, daß das Konzept folgende Arten von Prozessen behandelt:

- Engineering und Design von Holonic Manufacturing Systems
- (Auto)-Konfiguration
- dynamische Ressourcenaufteilung
- Umstrukturierung
- Störungsbehandlung

---

[21] Die strukturelle Anpassung erfolgt auf einer übergeordneten Stufe (z.B. gemäß Fraktaler Fabrik).

Insgesamt spielt dabei die Kommunikation bzw. der Informationsaustausch eine Schlüsselrolle. Alle Prozesse betreffen in irgendeiner Form den Aspekt der Anpassung.

Der Ansatz läuft zunächst darauf hinaus, daß ein Teil der operativen Teilprozesse, die sich mit der Anpassung im laufenden Betrieb beschäftigen, automatisiert wird. Dies dürfte sich vor allem auf die Durchlaufzeit positiv auswirken. Darüber hinaus werden generell Stillstandszeiten (Störungen, Umstellung infolge Modell-/Variantenwechsel, etc.) reduziert. Insgesamt wird ein höherer Durchsatz erreicht, d.h. bessere Kapazitätsauslastung und gleichzeitig verringerte Durchlaufzeiten.

Da Ressourcen jetzt zudem universeller einsetzbar sind und die Planungsebene somit entlastet wird, kann die Variantenvielfalt besser gehandhabt werden. In Kombination mit der angestrebten dezentralen und dynamischen Ressourcen-Aufteilung ergäbe sich eine sehr viel effektivere Produktion.

Für den Prozeß der Kooperation existieren Regeln, die ein abgestimmtes Verhalten sicherstellen. So sind z.B. alle Holone an einem übergeordneten Ziel ausgerichtet[22].

Weitgehend ungelöst ist bisher das Problem, wie der Mensch konkret in die Prozesse integriert werden kann.

4 Agententechnologie

Das Forschungsgebiet Distributed Artificial Intelligence (DAI) beschäftigt sich mit Methoden und Technologien zur Erstellung verteilter Systeme, deren Glieder Agenten sind. Während in den frühen 80er Jahren das verteilte kooperative Problemlösen mit „hilfsbereiten" Agenten in relativ geschlossenen Systemen (zentrales Systemdesign) Gegenstand der Forschung war, konzentrieren sich die Anstrengungen heute verstärkt auf die Realisierung von Multiagentensystemen (MAS). Hierbei steht die Realisierung *autonomer* Agenten anstelle der *System*modellierung im Vordergrund[23]. Weder ist ein globales Ziel vorgegeben noch ein Problem zu lösen; anstelle dessen verfolgen die Agenten eigene, persönliche Ziele. Ein System bzw. Systemverhalten entsteht dadurch, daß mehrere „selbstinteressierte", durchaus konkurrierende Agenten miteinander interagieren.

---

[22] Vgl. dazu VDI-N (Fertigungssysteme 1994).

[23] Wooldridge und Jennings sprechen von einem konstruktivistischen Ansatz im Vergleich zur reduktionistischen Vorgehensweise beim verteilten Problemlösen; Vgl. dazu Wooldridge, M/Jennings, N. R. (Intelligent Agents 1995).

Es existiert bisher keine anerkannte Definition der Agenten. Anerkannt ist bisher, daß sich ein Agent durch folgende Eigenschaften beschreiben läßt:

- *Autonomie*, d.h. die Agenten sind in der Lage ohne äußeren Einfluß ihre Ziele zu verfolgen. Sie handeln autonom ohne direkte menschliche Assistenz.
- *Interaktivität*: Die Agenten sind in der Lage mit anderen zu interagieren, d.h. von ihrer Umgebung Informationen wahrzunehmen und mit ihrer Umgebung oder anderen Agenten aktiv zu kommunizieren.
- *Reaktivität* ist die Fähigkeit, daß Agenten auf Veränderungen ihrer Umgebung reagieren können.
- *Zielorientierung* bedeutet, daß Agenten zielorientiert handeln. Sie versuchen ihre Ziele unter der Zuhilfenahme ihres Wissen und ihrer Fähigkeiten in Kooperation mit anderen Agenten zu erreichen.
- *Mobilität* ist ein technischer Aspekt. Abhängig von der Anwendung können die Agenten von einem Platz zu einem anderen migrieren. Das setzt allerdings voraus, daß der Zielplatz in der Lage ist, Agenten migrieren zu lassen. D.h. es muß dort eine Umgebung hierfür existieren.
- *Kooperation* bedeutet, daß Agenten währen der Problemlösung auf die Hilfe von anderen Agenten angewiesen sind. Die Bereitschaft, Hilfe anzubieten und anzunehmen, wird als eine Art Kooperation bezeichnet.
- *Planung*: Diese Fähigkeit bedeutet, daß der Agent in der Lage ist, für die Erreichung seiner Ziele einen Plan zu erstellen. Er ist zudem in der Lage, in Abhängigkeit seines Zustandes, seine Aktivitäten auch zu verändern, seine Aktivitäten selber zu koordinieren und sich mit anderen Agenten abzustimmen und zu koordinieren.
- *Reflektion* bedeutet, daß der Agent in der Lage ist, ausgehend von seinem mentalen Zustand, über seine Aktivitäten und seine Umgebung zu reflektieren.

Häufig wird für die Realisierung eines agentenbasierten Systems eine Architektur benötigt. Eine Agentenarchitektur legt die Informationsspeicherung und -verarbeitung fest. Des weiteren stellt sie grundlegende, *generische* Fähigkeiten in den Bereichen Kommunikation, Reasoning und Handeln bereit. Die Palette implementierter Architekturen reicht von wissensbasierten kognitiven[24], über reaktive Belief-Desire-Intention (BDI)-Architekturen[25] bis hin zu stimuli-response-artigen subsymbolischen Modellen[26]. Auch Mischformen in Gestalt von Schichten[27] oder Komponentenarchitekturen[28] existieren.

---

[24] Vgl. dazu Van de Velde, W. (Cognitive Architectures 1995).
[25] Vgl. dazu Rao, A. S./Georgeff, M. P. (BDI-Agents 1995).
[26] Vgl. dazu Brooks, R. A. (Mobile Robot 1986) und Kaelbling, L. P. (Intelligent Reactive Systems 1986).

Agentenprogrammiersprachen (Agent Description Languages, ADL) unterscheiden sich von „gewöhnlichen" Programmiersprachen durch eine mächtigere Ausdrucksstärke. Zumeist werden Agenten, basierend auf einer darunterliegenden Architektur, deklarativ spezifiziert statt prozedural programmiert[29]. Dabei steht die Repräsentation der sogenannten „mentalen Zustände"[30] und das Kommunikationsverhalten[31] im Vordergrund.

5 Fallbeispiel: Modellierung eines Produktionsausschnitts mittels Holonen und Implementierung durch Agententechnologie als Kernelement einer Supply Chain

Als Fallbeispiel wählen wir uns einen kleinen Produktionsabschnitt, der aus einer Reihe von Produktionsanlagen besteht und bei dem die Produktionsanlagen untereinander sehr flexibel verbunden sind. Dieser Produktion liegen folgende Bedingungen zu Grunde:

- Jede Produktionsanlage ist in der Lage, eine Reihe Fertigungsschritte durchzuführen. D.h. die Produktionsanlagen können sich auch ergänzen. Die Qualität (Geschwindigkeit, Güte) ist von Anlage zu Anlage unterschiedlich. Das bedeutet, daß z.B. Produktionsanlage A für die Erbringung des Fertigungsschrittes F1 am Werkstück 10 Sekunden benötigt. Die Produktionsanlage B benötigt für den gleichen Fertigungsschritt 17 Sekunden.
- Die Produktionsanlagen sind miteinander über flexible Transportsteuerungssysteme verbunden.
- In der Produktion befinden sich Werkstücke, die auf einem Transportsysteme untergebracht sind. Die Werkstücke sind in der Lage zu wissen, welche Fertigungsschritte an ihnen zu erbringen sind.

---

[27] Vgl. dazu Hexmoor, H. H./Lammens, J. M./Shapiro, S. C. (GLAIR 1993), Ferguson, I. A. (Agent Models 1994), Müller, J. P./Pischel, M. (InteRRaP 1993) und Newell, A. (Knowledge Level 1982).

[28] Vgl. dazu Fricke, S./Albayrak, S./Meyer, U./Bamberg, B./Többen, H. (Telematic Services 1998) und Albayrak, S./Wieczorek, D. (Agent Architecure 1998).

[29] Architekturunabhängige Sprachen wie Agent-Tcl (http://www.cs.dartmouth.edu/~agent) bieten wenig Unterstützung zur Programmierung *intelligenter* Agenten.

[30] Vgl. dazu Shoham, Y. (AOP 1993).

[31] Vgl. dazu Genesereth, M. R./Ketchpel, S. P. (Software Agents 1994).

Intelligente Agenten zur Steuerung dezentraler Fertigungsstrukturen 163

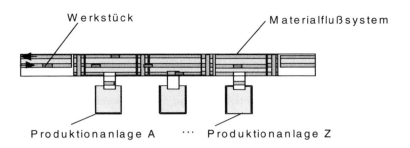

Abb. 5: Produktionsausschnitt

Solche Produktionsausschnitte werden in dieser Form häufig eingesetzt, um die teuren Transferstrassen zu ersetzten.

Die Modellierung dieses Produktionsausschnittes ist hier sehr einfach durchzuführen, da dieser aus autonomen und dezentralen Einheiten (Beladetisch, Identifikationspunkt, Produktionsanlagen, Werkstücke, etc.) besteht. Diese einzelnen Bestandteile werden jeweils als Holon realisiert, die miteinander kommunizieren.

Die Realisierung dieses Szenarios als agentenbasiertes System setzt einen agentenorientierten Softwareentwicklungsprozeß voraus. Dieser Prozeß umfaßt – ähnlich wie ein objektorientierter Softwareentwicklungsprozeß (objektorientierte (oo) Analyse, oo Design, oo Programmierung) – agentenorientierte (ao) Analyse, ao Design und die ao Programmierung. Die agentenorientierte Analyse umfaßt ihrerseits die Beschreibung des Szenarios, die Identifizierung der Agententypen (zwei Agenten sind vom gleichen Typ, wenn sie ähnliche Fähigkeiten aufweisen), die Beschreibung der Fähigkeit von Agenten und die Beschreibung der Interaktionen zwischen den Agenten. Die Operationalisierung des Designs (entsteht bei dem agentenorientierten Design) als agentenbasiertes System wird als agentenorientierte Programmierung bezeichnet.

In diesem Kapitel wird auf die Beschreibung des agentenorientierten Softwareentwicklungsprozesses dieser Anwendung verzichtet. Es werden hier lediglich die einzelnen Agententypen und ihre Fähigkeiten beschrieben und anschließend das realisierte Agentensystem.

Das Agentensystem für die Modellanlage besteht aus 10 Agenten, die sich in folgende vier Typen unterteilen:

Typ 1: Belade-Agent: Von diesem Typ existiert eine Instanz. Die Hauptaufgaben sind:
- Erzeugung der Werkstücke, die in den Bereich der Modellanlage eingebracht werden sollen (im Simulationsmodus)
- Einbringung der erzeugten Werkstücke in die Modellanlage abhängig vom variablen Einbringungstakt (im Simulationsmodus)

Typ 2: Werkstück-Agent: Von diesem Typ existieren für die Modellanlage zwei Instanzen. Ihre Hauptaufgaben sind:
- grundsätzliche Verwaltung der Werkstücke (Erstellung und Fortschrittsverwaltung der EBO (Elementare Basisoperationen)-Listen)
- Bestimmung der nächsten Zielanlage für ein Werkstück (durch Ausschreibungsverfahren in Kooperation mit den anderen Agenten)
- auf Anfrage eines DPT-Agenten (Typ 3) die Zielanlage des Werkstücks nennen

Typ 3: Doppelpendeltisch-Agent (DPT-Agent): Von diesem Typ existieren vier Instanzen, eine für jeden Doppelpendeltisch in der Modellanlage. Ihre Hauptaufgaben sind:
- Steuerung des Materialflusses durch Weiterleitung der Werkstücke auf bestimmte Ausgänge des eigenen Doppelpendeltisches (Kommunikation mit SPS (Speicherprogrammierbare Steuerung))
- Werkstücke, die den eigenen Bereich verlassen haben, werden dem nächsten DPT-Agenten „angekündigt"

Typ 4: AnlageB-Agent: Von diesem Typ existieren drei Instanzen, eine für jede Anlage in der Modellanlage. Ihre Hauptaufgaben sind:
- Kontrolle der Werkstücke im Anlagenbereich, Meldung von erbrachten elementaren Bearbeitungsobjekten an die Werkstückagenten
- Beteiligung am Ausschreibungsprozeß für Werkstücke auf der Basis der zu erwartenden Auslastung und der aktuellen Erbringbarkeit von elementaren Bearbeitungsobjekten

Intelligente Agenten zur Steuerung dezentraler Fertigungsstrukturen 165

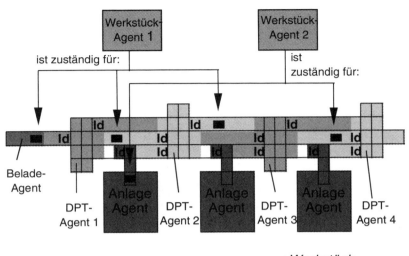

Abb. 6: Die Zuständigkeitsbereiche der Agenten der Modellanlage

Abbildung 6 verdeutlicht die Zuständigkeitsbereiche der zehn Agenten für die Modellanlage.

- Die AnlageB-Agenten kontrollieren je eine Anlage, den dazugehörigen Übergabetisch und das Identsystem vor der jeweiligen Anlage.
- Die DPT-Agenten sind einerseits für den Bereich ihres Doppelpendeltisches verantwortlich. Darüber hinaus haben sie Einblick in die Rollenbandbereiche ihrer Ein- und Ausgänge. Für die Ausgänge gilt dies nur in dem relativ kleinen Bereich der Ausgangssensorik, für die Eingänge erstreckt sich der Bereich über die Eingangssensorik und das Identsystem bis zur Ausgangssensorik des vorherigen bzw. nachfolgenden Doppelpendeltisches bzw. bis zum Übergabetisch der Anlage (für Eingang 1).
- Der Belade-Agent ist für den Einbringungsbereich der Modellanlage zuständig. Für ihn wurde ein Eingabefenster realisiert, über das vom Benutzer aus per Hand der Beladetakt festgelegt werden kann, mit dem die Werkstücke in der Simulation in die Modellanlage eingebracht werden.
- Die Verantwortlichkeit der Werkstück-Agenten ist nicht physikalisch an einen bestimmten Bereich der Modellanlage gebunden. Jedes Werkstück, welches in die Modellanlage eingebracht wird, bekommt einen der beiden Werkstückagenten zugeteilt, welcher die komplette Datenhaltung für das Werkstück leistet, bis dieses den Bereich der Modellanlage wieder verläßt.

Die Agenten erbringen als Gesamtleistung ihrer Berechnungen die Steuerung der Modellanlage. Dabei sind sie insofern autonom, als daß sie für die Erreichung ihre Ziele selber in Frage kommender Aktivitäten auswählen können.

Abbildung 7 zeigt einen Überblick über das implementierte agentenbasierte System. Sowohl die Produktionsanlagen als auch die Werkstücke sind als Agenten implementiert und können miteinander kooperieren.

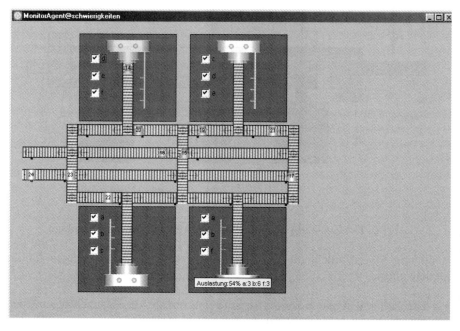

Abb. 7: Der implementierte Produktionsausschnitt als agentenbasiertes System

Jeder Werkstückagent gibt Auskunft über die an ihm auszuführende Operationen. Anhand dieser Informationen kann man nachvollziehen, welche Operationen am Werkstück auszuführen sind und für welchen Produktionsanlagenagent, der jeweils eine Produktionsanlage repräsentiert, sich der Werkstückagent entscheidet. Dieser Auswahlprozeß wird in einem Verhandlungsdialog ausgeführt. Nach dem erfolgreichen Verhandlungsdialog nimmt das Werkstück die Farbe der Produktionsanlage an. Abbildung 8 zeigt diese:

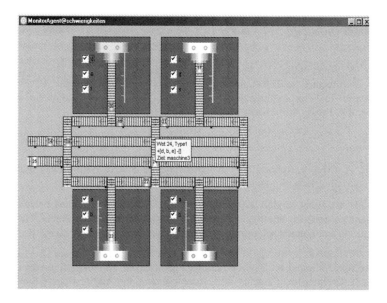

Abb. 8: Werkstückagenten

6 Zusammenfassung und Ausblick

In diesem Beitrag wird die Notwendigkeit der adäquaten informationstechnischen Unterstützung der einzelnen an der Wertschöpfungskette beteiligten Organisationseinheiten unterstrichen. Dabei darf nicht außer Acht gelassen werden, daß die Autonomie (Verantwortung) der einzelnen Organisationseinheiten beibehalten werden müssen und daß diese Einheiten miteinander kooperieren müssen, so daß die einzelnen, den Organisationseinheiten zugeordneten, Ziele, sowie die Unternehmensziele erreicht werden können.

Es wurde hier nur ein kleiner Ausschnitt der Produktion zunächst als Holon beschrieben und anschließend als agentenbasiertes System realisiert. Dies soll als kurze Einführung in das Supply Chain Management, in die holonischen Strukturen und in agentenorientierte Technologien dienen. Eine mögliche Lösung für die zukünftigen Herausforderungen könnte die Beschreibung der Strukturen als Holone sein, um diese anschließend mit Hilfe von agentenorientierten Softwareentwicklungsprozessen zu realisieren.

Zur effizienten Durchführung werden Werkzeuge sowohl für die Strukturierung als auch für den agentenorientierten Softwareentwicklungsprozeß benötigt. Dieses wird eine Herausforderung für die Unternehmen bedeuten.

Literatur

ALBAYRAK, S./WIECZOREK, D. (Agent Architecure 1998): JIAC - An Open and Scalable Agent Architecture for Telecommunication Applications, in: Albayrak, S. (Ed.): Intelligent Agents in Telecommunications Applicatins - Basics, Tools, Languages and Applications, IOS Press, Amsterdam 1998.

BONGAERTS, L. ET AL. (Schedule Execution 1995): Schedule Execution for a holonic shop floor control system, Leuven 1995.

BROOKS, R. A. (Mobile Robot 1986): A robust layered control system for a mobile robot, IEEE Journal of Robotics and Automation, 1986, 2(1), S. 14-23.

FERGUSON, I. A. (Agent Models 1994): Integrated control and coordinated behavior: A case for agent models, in: Intelligent Agents, ECAI-94 Workshop on Agent Theories, Architectures, and Languages, Springer-Verlag, Amsterdam 1994, S. 203-218.

FRICKE, S./ALBAYRAK, S./MEYER, U./BAMBERG, B./TÖBBEN, H. (Telematic Services 1998): A Development and Test Environment for Agent-based Telematic Services, in: Albayrak, S. (Ed.): Intelligent Agents in Telecommunications Applications - Basics, Tools, Languages and Applications, IOS Press, Amsterdam 1998.

GANESHAN, R./HARRISON, T. P. (SCM 1995): An Introduction to Supply Chain Management, Penn State University, URL: http://silmaril.smeal.psu.edu/misc/supply_chain_intro.html.

GENESERETH, M. R./KETCHPEL, S. P. (Software Agents 1994): Software Agents. Communications of the ACM 37(7), 1994, S. 48 - 53.

HEXMOOR, H. H./LAMMENS, J. M./SHAPIRO, S. C. (GLAIR 1993): Embodiment in GLAIR: A grounded layered architecture with integrated reasoning for autonomous agents, Technical Report 93-10, University at Buffalo, Dept. of Comp. Sci. and Engineering, Februar 1993.

HMS (Project Description 1995): Holonic Manufacturing Systems - Full Scale Project Description", Sidney 1995.

IMS (Report 1993): IMS Inernational Technical Committee Report, 1993.

IMS (HMS-Strategies 1994): HMS-Strategies, Vol.2 (1994), WP6-Deliverable.

KAELBLING, L. P. (Intelligent Reactive Systems 1986): An architecture for intelligent reactive systems, in: Reasoning About Actions and Plans - Proceedings 1986 Workshop (Hrsg. M.P. Georgeff, A.L. Lansky), Morgan Kaufmann, 1987, S. 395-410.

MERTENS, P. (SCM 1995): Supply Chain Management (SCM), in: WIRTSCHAFTSINFORMATIK, Jg. 37 (1995), Heft 2, S. 177-179.

MÜLLER, J. P./PISCHEL, M. (InteRRaP 1993): InteRRaP: Eine Architektur zur Modellierung Flexibler Agenten, in: Verteilte Künstliche Intelligenz (Hrsg. J. Müller), BI-Wissenschaftsverlag, 1993, S. 45 - 54.

NEWELL, A. (Knowledge Level 1982): The knowledge level. Artificial Intelligence 18(1), 1982, S. 87-127.

RAO, A. S./GEORGEFF, M. P. (BDI-Agents 1995): BDI-agents: From theory to practice, in: First International Conference on Multi-Agent Systems (ICMAS-95), San Francisco 1995.

SCHUH, G./WEBER, H./KAJÜTER, P. (Logistikmanagement 1996): Logistikmanagement – Strategische Wettbewerbsvorteile durch Logistik. Schäffer-Poeschel, Stuttgart 1996.

SCHÜTTE, R. (SCM 1997): Supply Chain Management. in: Mertens, P. et al. (Hrsg.): Lexikon der Wirtschaftsinformatik, 3. Auflage, Springer-Verlag, Berlin et al. 1997, S. 389-390

SHOHAM, Y. (AOP 1993): Agent oriented programming, Artifical Intelligence 60(1), 1993, S. 51-92.

STRUGER, O. (Fabrik der Zukunft 1995): Die Fabrik der Zukunft - Ein Blick in das 21. Jahrhundert, in: Gummi, Fasern, Kunststoffe Band 48 (1995), Heft 3, S. 165-166.

SWAMINATHAN, J. M./SADEH, N. M./SMITH, S. F. (Information Exchange 1995): Information Exchange in Supply Chains, in: Technical Report, The Robotics Institute, Carnegie Mellon University, 1995.

TEIGEN, R. (SCM-System 1997): Information Flow in a Supply Chain Management System. URL: http://www.eil.utoronto.ca/profiles/rune/dip-thesis.html.

VAHRENKAMP, R. (SCM 1999): Supply Chain Management, in: Weber, J.; Baumgarten, H. (Hrsg.): Handbuch Logistik, Schäffer-Poeschel, Stuttgart 1999, S. 308-321.

VAN DE VELDE, W. (Cognitive Architectures 1995): Cognitive architectures - from knowledge level to structural coupling, in: The Biology and Technology of Intelligent Autonomous Agents (Hrsg. L. Steels), Springer-Verlag, Berlin 1995, S. 197-221.

VDI-N (Fertigungssysteme 1994): Holonische Fertigungssysteme arbeiten autonom, in: VDI nachrichten, Nr. 44, 4. November 1994, S. 25.

WOOLDRIDGE, M/JENNINGS, N. R. (Intelligent Agents 1995): Intelligent agents: theory and practice, The Knowledge Engineering Review 10(2), 1995, S. 115 - 152.

Advanced Planning Systems: Eine elementare Voraussetzung für ein erfolgreiches Supply Chain Management

W.-R. Bretzke / V. Roelofsen / A. Gärtner

1　Einleitung

2　Supply Chain Management
　2.1　Begriffliche Grundlagen
　2.2　Ziele und Potentiale
　2.3　Konzeptbausteine

3　Advanced Planning (AP) Systeme im Rahmen des Supply Chain Management
　3.1　Begriff und Notwendigkeit einer „guten Planung"
　3.2　Vorstufen von Advanced Planning Systemen
　　3.2.1　Automatisierung funktionaler Aufgaben
　　3.2.2　Abbildung eines gesamten Unternehmens
　3.3　Advanced Planning Systeme
　　3.3.1　Begriffliche Grundlagen und Einordnung
　　3.3.2　Leistungsmerkmale von Advanced Planning Systemen
　　3.3.3　Funktionsweise von Advanced Planning Systemen
　　3.3.4　Systemintegration

4　Fazit

Literatur

1 Einleitung

Wenn es darum geht, die Unternehmen an den sich wandelnden Markterfordernissen neu auszurichten und Rationalisierungspotentiale im Rahmen einer Schnittstellenoptimierung auszuschöpfen, wird kaum ein Begriff in Theorie und Praxis heute häufiger verwendet als der des Supply Chain Managements. Dabei sind bislang allerdings weder der Begriff selbst noch die Komponenten des Konzepts vollständig und einheitlich geklärt.

Nachstehende Ausführungen konzentrieren sich daher zunächst auf die Darstellung des Supply Chain Management Konzepts, um dann im folgenden auf die Advanced Planning Systeme (APS) als dem integrativen Informations- und Kommunikationsbaustein des Konzepts näher einzugehen.

Die vielzitierte zunehmende Globalisierung und Reife der Märkte und der damit einhergehende Wandel zu Käufermärkten nicht nur im Konsumgüterbereich stellen heute stark veränderte Anforderungen an die strategische Ausrichtung global agierender Unternehmen.[1]

Zunächst nimmt durch die steigende Anzahl der Marktteilnehmer die Wettbewerbsintensität und Marktdynamik zu. Bei gleichzeitig austauschbaren Produktqualitäten ergibt sich hieraus für die Anbieter permanent die Notwendigkeit zum Aufbau neuer Differenzierungsmerkmale. Um den steigenden Kundenanforderungen gerecht zu werden und sich in dynamischer Sicht gegenüber den Konkurrenten behaupten zu können, resultierte hieraus in der Vergangenheit vor allem eine Verkürzung der Produktlebenszyklen und eine Zunahme der Variantenvielfalt bei gleichzeitig steigenden Amortisationsdauern für Entwicklungs- und Anlageninvestitionen.[2]

Der resultierenden Zunahme der Planungskomplexität[3] entlang der Supply-Chain bei steigendem Kostendruck versuchten viele Unternehmen mit der Konzentration auf Kernkompetenzen sowie der Abbildung des Betriebsgeschehens mittels vollständig integrierter Informationstechnologie (CIM/ERP) zu begegnen. Erhofft hatte man sich hiervon wesentliche Effizienz- und Informationsvorsprünge vor der Konkurrenz. Diesbezügliche Maßnahmen zielten auf eine Reduktion der Fertigungstiefe (und eine daraus resultierende Verringerung der innerbetrieblichen Planungskomplexität) sowie die Nutzung von Kostensenkungspotentialen durch

---

[1] Vgl. hierzu beispielhaft Ramsauer (1997), S. 118 sowie Bowersox/Closs (1996), S. 129.

[2] Vgl. Thaler (1999), S. 11.

[3] Vgl. zur Komplexitätssteigerungen ausführlich Lee (1998), S. 77.

Standortverlagerungen bzw. Auslagerungen an spezialisierte Zulieferer und Dienstleister (Outsourcing).[4]

Die Realität in den Unternehmen sah jedoch häufig anders aus, da lediglich Teilprobleme, wie die Reduzierung der Produktionskosten betrachtet und z.B. durch eine Standortverlagerung vermeintlich gelöst wurden. Nicht selten wurden die Einsparungen jedoch durch parallel steigende Koordinationsbedarfe und Logistikkosten überkompensiert. Augenscheinlich wurden in diesen Fällen nur Teilbetrachtungen angestellt, die zudem auch noch häufig allein auf die Kostenseite fokussiert waren.[5] Der innerbetriebliche Kostenfokus steht einem unternehmensübergreifenden Systemdenken[6] entgegen und resultiert in einem fehlenden Verständnis und Willen zur Anpassung der Unternehmensorganisation und der Geschäftsprozesse an die Erfordernisse einer global vernetzten Wertschöpfungsstruktur.

Vor dem Hintergrund von E-Commerce kommt den Wettbewerbsfaktoren Zeit und Flexibilität zudem eine steigende Bedeutung zu. Durch die höhere Markttransparenz mittels elektronischer Marktplätze und intelligenter Suchmaschinen ist die Konkurrenz hier lediglich einen Mouseclick entfernt.[7] Die direkte Verfügbarkeit von Produktinformation seitens der Anbieter erweckt zudem beim Nachfrager den Wunsch nach ebenso direkter physischer Erfüllung und Belieferung.[8] Entscheidend für die zukünftige Wettbewerbsposition ist heute also die optimale Organisation der Prozeßketten über die gesamte Supply Chain, um flexibel auf Kundenbedarfe reagieren zu können und dabei schneller als die Konkurrenz zu agieren.

2 Supply Chain Management

Mit zunehmender Arbeitsteilung vom Urproduzenten bis hin zum Endkonsumenten steigt einerseits die Anzahl der Schnittstellen innerhalb einer Wertschöpfungskette sowie die Menge der Verknüpfungen ganzer Wertschöpfungsketten untereinander. Der Kunde von heute ist nicht mehr bereit, Teil einer Warteschlange vor der Ware zu sein, sondern erwartet eher umgekehrt, daß die Ware

---

[4] Vgl. Schönsleben (1998), S. 58 und auch Boutellier: (1996), S. 10 f.
[5] Vgl. Fraunhofer IAO (2001).
[6] Vgl. Bretzke (1994), S. 150 f.
[7] Vgl. Bretzke (1999a), S. 229.
[8] Vgl. Strauss/Hämmerling (2000), S. 11.

bei ihm Schlange steht. Nur die Unternehmen, die den dynamischen Markt- und Kundenanforderungen hinsichtlich Lieferzeiten, Termintreue, Produktqualität und -preis zukünftig gerecht werden können, sind durch ihre Reaktions- und Anpassungsfähigkeit für den Kunden dauerhaft attraktiv.[9] Die gestiegene Erwartungshaltung gilt dabei völlig losgelöst von der Position des Unternehmens in der Wertschöpfung, so daß die grundlegenden Wettbewerbsfaktoren Kosten, Qualität, Zeit, Flexibilität und Service neben der unternehmensinternen auch eine überbetriebliche Dimension für die Wettbewerbsfähigkeit der jeweiligen Supply Chain erhalten.

Unternehmen, die im heutigen Wettbewerbsumfeld bestehen wollen, müssen sich folglich an neuen Paradigmen orientieren. Die Potentiale zur Schaffung eines Mehrwertes für den Kunden und zur Realisierung von Wettbewerbsvorteilen liegen heute auf der überbetrieblichen Ebene in einer Betrachtung und Optimierung des Gesamtsystems.[10] Die Gesamtoptimierung der Aktivitäten und Prozesse im Sinne einer ganzheitlichen Planung, Steuerung und Kontrolle entlang der Supply Chain im logistischen Netzwerk tritt gegenüber der Einzeloptimierung des Unternehmens in den Vordergrund.[11]

2.1 Begriffliche Grundlagen

Zur Begriffsklärung soll im folgenden unter einer *Supply Chain* (SC) „ein Netzwerk von Einrichtungen und Verteilzentren, welches die Funktionen Materialbeschaffung, Produktion von Halb- und Fertigprodukten und die Distribution dieser Produkte zum Kunden umfaßt" verstanden werden.[12] Ein Netzwerk kann sich dabei nicht auf die Betrachtung linearer Beziehungen in einer einzelnen Supply Chain beschränken, sondern umfaßt regelmäßig divergierende und konvergierende Waren-, Informations- und Zahlungsflüsse, die aus vielen verschiedenen Kundenbeziehungen resultieren und parallel geplant, gesteuert und kontrolliert werden müssen.[13]

---

[9] Vgl. Ramsauer (1997), S. 118.

[10] Eine zentrale Idee in diesem Zusammenhang ist die Erkenntnis, daß an der Fertigung und dem Vertrieb von Produkten und Dienstleistungen eine Vielzahl von Unternehmen beteiligt sind, die in der Vergangenheit mehr oder weniger autonom agiert haben und unternehmensinterne Optimierungsansätze verfolgten. Die Summe von Teiloptima ergibt jedoch in den seltensten Fällen ein Gesamtoptimum. Vgl. auch Kansky, D. (1999), S. 14.

[11] Vgl. Thaler (1999), S. 12 f.

[12] Fraunhofer IOA (2001).

[13] Aus diesem Grund sollte die Supply Chain besser als Supply Web verstanden werden. Vgl. hierzu auch Stadtler/Kilger (2000), S. 7.

Advanced Planning Systems 175

Unter *Supply Chain Management* (SCM) wird folglich die integrierte Planung, Steuerung und Kontrolle der unternehmensinternen und vor allem -übergreifenden Aktivitäten und Prozesse entlang der jeweiligen SC verstanden werden. Zur Komplexitätsreduktion kann es jedoch für ein Unternehmen innerhalb des Netzwerks sinnvoll sein, sich hierbei lediglich auf eine Teilbetrachtung der gesamten SC zu beschränken.[14]

2.2 Ziele und Potentiale

Das heutige Zielsystem kann entsprechend den bisherigen Ausführungen wie folgt dargestellt werden (vgl. Abb. 1). Allgemein kann als Zielsetzung des SCM die Steigerung der Wettbewerbsfähigkeit über eine (vor allem unter Kosten- und Serviceaspekten) optimale Befriedigung aktueller und zukünftiger Kundenbedarfe herausgestellt werden.[15]

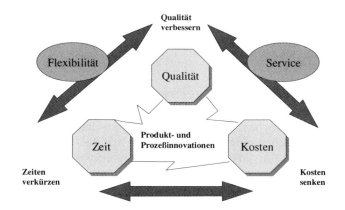

Quelle: Thaler (1999), S. 12 – leicht modifiziert

Abb. 1: Zielsystem der Wettbewerbsfaktoren

---

[14] Vgl. ebenda, a.a.O.

[15] Eine ähnliche Auffassung vertritt hierzu Hellingrath (1999), S. 77.

Konkret zielt das SCM dabei auf die Optimierung der Informations-, Waren- und Zahlungsströme über alle Glieder der jeweiligen Logistikkette (bzw. des Supply Webs), vom Zulieferer über den Produzenten bis hin zum Kunden (vgl. Abb. 2).

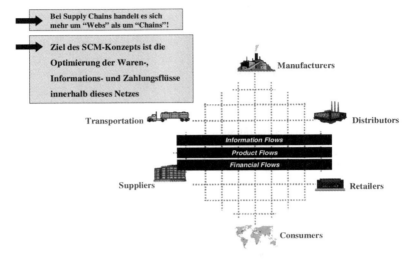

Quelle: KPMG

Abb. 2: Supply Chain Management

Schnittstellen, die zwischen Wertschöpfungspartnern durch die globale Arbeitsteilung entstehen, stellen eine potentielle Quelle von Ineffizienzen und Unwirtschaftlichkeiten dar. Aus ihnen resultieren Informationsverluste, Koordinationsbedarfe, Intransparenzen, Verzögerungen und hohe Transaktionskosten. Um diese Ineffizienzen drastisch zu reduzieren, ist idealerweise die vollständige Integration aller Partner einer SC anzustreben.[16] Ziel ist es, die Staus (Warteschlangen) und Arbeitsabrisse im logistischen Netzwerk auf ein möglichst geringes Niveau abzusenken, die Kundenzufriedenheit zu steigern und dies alles für die beteiligten Unternehmen in einem ganzheitlichen Kostenminimum zu bewerkstelligen (Win-Win-Situation).[17]

---

[16] Vgl. Knolmayer/Mertens/Zeier (2000), S. 9 f.

[17] Vgl. Scholz-Reiter/Jakobza (1999), S. 8 f.

Nach einer empirischen Studie des Supply Chain Council können durch ein erfolgreiches SCM (je nach Branche und bereits bestehender Unternehmensausrichtung in der SC) folgende Nutzenpotentiale realisiert werden:[18]

- Erhöhung der Prognosegenauigkeit um 25 – 28 % durch verbesserte Prognoseverfahren und informatorische Verknüpfung über die SC,
- Bestandsreduktion um 30 – 50 % u.a. durch Vermeidung des Bull-Whip Effekts sowie durch Übermittlung und Verarbeitung von Informationen in Echtzeit,[19]
- Reduktion der Durchlaufzeiten um 30 – 50 % im wesentlichen durch Geschäftsprozeßintegration,
- Verbesserung der Liefertreue um 16 – 28 % u.a. durch Einsatz von Echtzeitplanungsmodulen,
- Erhöhung der Kapazitätsauslastung um 10 – 20 % u.a. durch engpaßorientierte Planung.

Insgesamt können diese positiven Effektes zu

- einem Produktivitätszuwachs um 10 – 16 % und
- einer Reduzierung der Supply Chain Kosten um 25 – 50 % bei gleichzeitigen Umsatzsteigerungen (durch die Reduzierung von lost-sales) führen.[20]

2.3 Konzeptbausteine

Das Konzept des SCM kann in die vier grundlegenden Bausteine *Strategie, Organisation, Prozesse* und *IuK-Systeme* aufgegliedert werden, wobei die überbetriebliche Integration[21] und Kooperation als wesentlich für das Konzept gelten (vgl. Abb. 3).

---

[18] Vgl. Supply Chain Council (2001) und Schinzer (1999), S. 857.

[19] Unter dem Bullwhip- (oder Peitschen-) Effekt wird ein sich verstärkendes Aufschaukeln von Beständen stromaufwärts verstanden. Ursächlich hierfür sind (neben fehlender Transparenz) vor allem Unsicherheiten hinsichtlich des Bestellverhaltens der anderen SC-Player sowie innerbetrieblich orientierte Losgrößenoptimierungen. Vgl. hierzu z.B. Stadtler/Kilger (2000), S. 21 f.

[20] Eine ähnliche Größenordnung weisen auch einzelne Unternehmen wie z.B. D-Logistics und Wal Mart den Potenzialen des SCM-Konzepts zu. Vgl. Werner (2000), S. 1.

[21] Vgl. zur Integrationsnotwendigkeit auch exemplarisch Handfield/Nichols (1999), S.2.

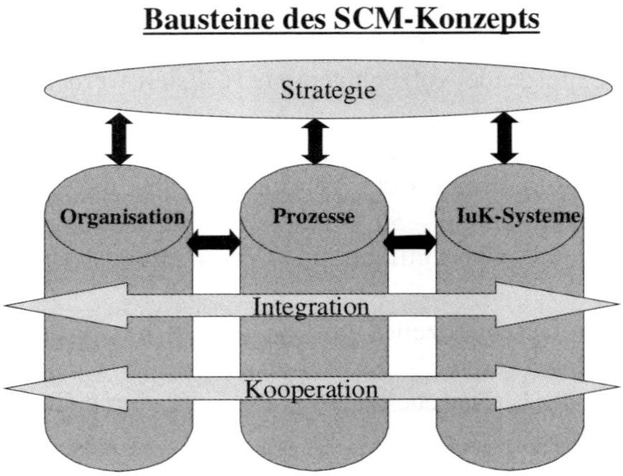

Bausteine des SCM-Konzepts

Quelle: KPMG

Abb. 3: Bausteine des Supply Chain Managements

Durch den Einsatz und die sehr schnelle Verbreitung von modernen IuK-Technologien wie z.B. dem Internet, eröffnen sich für Unternehmen aller Branchen neue Chancen zur Anbahnung und Abwicklung von Geschäften und zur effizienteren und schnelleren in- und externen Kommunikation. Neben technischen Problemen rücken insbesondere relevante strategische Fragen in den Mittelpunkt, die sich aus der Nutzung dieses Mediums ergeben. In diesem Kontext sind z.B. Aspekte, welche die Eignung bestehender Vertriebswege im eBusiness-Zeitalter thematisieren, von besonderer Relevanz, d.h. die strategische Gestaltung der Struktur des logistischen Netzwerkes ist von besonderer Bedeutung.[22] Da ein Großteil der gesamten Supply-Chain-Kosten durch strategische Entscheidungen festgelegt wird, sollte eine entsprechende Supply-Chain-Strategie aus der Unternehmensstrategie abgeleitet werden.[23]

Auf organisationaler Ebene ist zunächst die Partnersuche und -auswahl zu bewerkstelligen. Im folgenden müssen dann rechtlich unabhängige Organisationen für einen gewissen Zeitraum partnerschaftlich zusammenarbeiten. Dies stellt hohe Ansprüche an eine überbetriebliche Kooperation[24] und Integration, die von gegen-

---

[22] Vgl. zu den strategischen Aspekten des Supply-Chain-Managements und der damit einhergehenden Neuverteilung von Funktionen im logistischen Netzwerk Bretzke (1999a) S. 221-244 und Bretzke (1999b), S. 36-37.

[23] Aktuelle Untersuchungen haben jedoch gezeigt, da nur ca. 60% aller Unternehmen diese Vorgehensweise praktizieren. Vgl. detailliert Hillek/Schneider (2001), S. 3 f.

[24] Vgl. zur Kooperationsnotwendigkeit und damit verbundenen Risiken detailliert Christopher (1998), S. 281-284.

seitigem Vertrauen geprägt sein muß und neue Führungskonzepte sowie abgestimmte Unternehmensstrategien[25] erfordert.[26] Die hierbei bestehende Notwendigkeit zum Austausch vertraulicher Unternehmensdaten wie z.B. Bestandsreichweiten, Bestellzyklen, Auftragsdaten etc. stößt jedoch auf eine bisher geringe Bereitschaft bei den Unternehmen in der Praxis, da mit der Weitergabe der Informationen auch Gefahren verbunden sind und erhöhte Abhängigkeiten entstehen (können).[27]

Auf der Ebene der Unternehmensprozesse und deren unternehmensübergreifenden Verknüpfung ist die Bildung von einheitlichen Standards zur Prozeßdefinition und Leistungsmessung erforderlich.[28] Dies ist u.a. für das gemeinsame Prozeßverständnis, zur Beurteilung der Leistungsbeiträge einzelner Partner, der Lösung der Verteilungsproblematik und nicht zuletzt zur EDV-Integration essentiell. Einen möglichen Standard bildet hierfür das SCOR-Model, welches für die Supply Chain übergeordnete Basisprozesse (Beschaffen, Herstellen, Liefern, Planen) definiert, die sich je nach Branchen- und Unternehmensanforderungen in spezifischere Prozeßkategorien und -elemente aufgliedern lassen.[29] Darüber hinaus werden z.B. Benchmarks, Best Practices, Softwareanforderungen und mögliche Anbieter für die Beurteilung und informatorische Abbildung der Prozesse zur Verfügung gestellt, womit die Unternehmen die Leistungsfähigkeit ihrer eigenen Supply Chain verbessern können.[30] Die unternehmensübergreifende Verknüpfung zu Kunden-Lieferanten-Beziehungen erfolgt dabei auf der Planungsebene und führt hier zu einem verbesserten Ausgleich von Nachfrage und Angebot über die gesamte SC.

Die „enabling Technology" für eine funktions- und unternehmensübergreifende, simultane Planung in der SC stellen heute die Advanced Planning Systeme (APS) im Rahmen integrierter IuK-Systeme dar, welche im folgenden näher untersucht werden sollen.

---

[25] U.a. sind hier neben allgemein strategischen Fragestellungen der Marktausrichtung, des gemeinsamen Qualitätsverständnisses (TQM) etc. vor allem die Ver- und Entsorgungsstrategien der beteiligten Wertschöpfungspartner abzustimmen. Vgl. Werner (2000), S. 53 ff.

[26] Vgl. Stadtler/Kilger (2000), S. 9.

[27] Vgl. Bezikofer (1999), S. 80.

[28] Gleichzeitig sind die Geschäftsprozesse des Unternehmens auf die funktionsübergreifende Sichtweise des SCM-Konzepts anzupassen, um dessen Potentiale ausschöpfen zu können. Vgl. hierzu Hellingrath (1998), S. 89.

[29] Vgl. Supply Chain Council (2001).

[30] Vgl. Kaluza/Blecker (1999), S. 21.

3 Advanced Planning (AP) Systeme im Rahmen des Supply Chain Management

Zur Realisierung der in Kapitel 2.2. vorgestellten Zielsetzung des Supply Chain Managements müssen die beteiligten Prozesse, Akteure und Unternehmensfunktionen also zu einem beherrschbaren, plan- und steuerbaren Komplex integriert sowie die hieraus resultierenden Informations-, Material- und Warenflüsse koordiniert werden.[31]

Einen zentralen Ansatzpunkt im Rahmen dieser Koordinationsnotwendigkeit stellt neben Aspekten der inter- und intra-organisationalen Prozeß(-Re)organisation der Einsatz von fortschrittlichen Planungssystemen (APS) dar.[32] An dieser Stelle ist nochmals deutlich hervorzuheben, daß der SCM-Gedanke weit über den Einsatz moderner Decision-support-Systeme hinausgeht und alle der genannten Bausteine und deren interdependente Beziehungen zur Realisierung der möglichen Potentiale im Rahmen des SCM-Konzeptes zu berücksichtigen sind.[33]

Zur Verdeutlichung der Funktionsweise und Leistungspotentiale von Advanced Planning Systemen wird zunächst kurz auf den Begriff und die Bedeutung einer hohen Planungsqualität eingegangen, bevor eine kritische Darstellung der zur Zeit eingesetzten Planungssysteme erfolgt. Anschließend werden wesentliche Leistungsmerkmale moderner SCM-Planungs-Tools herausgearbeitet und deren allgemeiner funktionaler Aufbau sowie die Möglichkeiten zur Systemintegration mit bereits bestehenden Applikationen verdeutlicht.

3.1 Begriff und Notwendigkeit einer „guten Planung"

Unter Berücksichtigung der oben beschriebenen Rahmenbedingungen und der daraus resultierenden Komplexität wird deutlich, daß in einem Unternehmen jede Minute eine Vielzahl von Entscheidungen getroffen und koordiniert werden müssen, die wiederum Auswirkungen auf Entscheidungen der vor- und nachgelagerten Wertschöpfungspartner in der Supply Chain haben. Mit zunehmender Rele-

---

[31] Vgl. Stadtler/Kilger (2000), S. 8 f.

[32] Vgl. ebenda, S. 9.

[33] Einige Autoren und Anbieter entsprechender Softwaretools charakterisieren dabei den Einsatz dieser Tools als enabler zur Realisierung der dargestellten Potenziale. Andere Autoren messen den Effekten, die aus einer unternehmensinternen und unternehmensübergreifenden Prozeßoptimierung resultieren eine größere Bedeutung bei, als den durch den Einsatz moderner Softwarelösungen erzielbaren Potenzialen. Nach Meinung des Verfassers lassen sich die Schätze jedoch nur unter Berücksichtigung aller relevanten Ansatzpunkte heben.

Advanced Planning Systems 181

vanz für die Zielerreichung sollte dabei auch die Sorgfalt der Entscheidungsvorbereitung ansteigen. Genau diese Vorbereitung stellt die Aufgabe der Planung dar, in deren Rahmen die Entscheidungsfindung durch Identifikation von Alternativen und der entsprechenden Auswahl einer Alternative erfolgt.[34] Während und nach der Umsetzung der ausgewählten Alternative müssen entsprechende Kontrollmaßnahmen durchgeführt werden, um den Zielerreichungsgrad zu verfolgen und ggf. Anpassungen vorzunehmen.

Insgesamt lassen sich drei verschiedene Planungsebenen unterscheiden: die strategische, die taktische und die operative Planung. Die nachstehende Abbildung (vgl. Abb. 4) verdeutlicht neben der Strukturierung der Planungsebenen in zeitlicher Dimension auch typische Aufgaben auf den einzelnen Ebenen und ordnet diese wesentlichen Supply-Chain-Prozessen zu.[35]

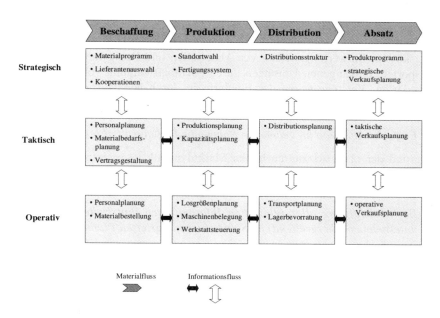

Quelle: in Anlehnung an Stadtler/Kilger (2000), S. 63

Abb. 4: SCM-Planungsmatrix

Unter Berücksichtigung des bereits dargestellten Wettbewerbsumfeldes und der Zielsetzung des SCM dürfte bereits jetzt erkennbar sein, daß die Planungsqualität

---

[34] Vgl. Frauenhofer IOA (2001).

[35] Vgl. Stadtler/Kilger (2000), S. 57 f.

von entscheidender Bedeutung zur Erreichung der angestrebten Zielsetzung ist. Schließlich werden auf Basis von Planungen in allen Unternehmensbereichen Entscheidungen umgesetzt, die u.a. einen erheblichen Einfluß auf Kosten- und Serviceaspekte aufweisen. Diese Entscheidungen können sowohl strategische (z.B. Gestaltung des logistischen Netzwerkes hinsichtlich Anzahl und Lokation von Produktions- und Lagerstandorten) als auch operative Relevanz aufweisen (z.B. Liefertermizusagen an die Endkunden in Echtzeit). Anhand dieser Beispiele wird deutlich, daß eine hohe Planungsqualität einen direkten Einfluß auf die Wettbewerbsfaktoren aufweist und folglich mitentscheidend für die Steigerung der Wettbewerbsfähigkeit ist.

Die sich daraus ergebenden Anforderungen an die Planung sind u.a.:

1. Erhöhung der Prognosegenauigkeit:

Ungenaue Absatz-Planungen (und deren Umsetzung in Produktions- und Beschaffungspläne) können zu Fehlauslastungen von Ressourcen, hohen Kapitalbindungskosten, Entwertungsrisiken von Materialien und Fertigwaren, teuren Quertransporten, entgangenen Umsätzen durch Nichtbefriedigung von externen Kundenbedarfen, Verstöße gegen das Fließprinzip durch Nichtbefriedigung interner Kundenbedarfe, und damit ggf. Produktionsstillständen etc. führen.

2. Einfache Adaption an geänderte Rahmenbedingungen (=Flexibilität):

Aufgrund der oben skizzierten hohen Marktdynamik ist es erforderlich, schnell und effizient auf unternehmensinterne sowie kunden- und lieferantenseitige Wünsche, Probleme und Engpässe reagieren zu können.

3. Berücksichtigung aller relevanten Informationen (unternehmensintern- und unternehmensübergreifend) im Sinne einer integrierten Planung.

4. Konzentration auf die wesentlichen Planungsobjekte im Sinne eines exception-managements.

Im folgenden wird untersucht, ob die zur Zeit in der Praxis bevorzugt eingesetzten Planungstools in der Lage sind, diesen (und weiteren) Anforderungen Rechnung zu tragen und die Realisierung der möglichen Potentiale zu unterstützen. Deshalb wird in einem ersten Schritt ein kurzer Überblick über die historische Entwicklung entsprechender Softwaresysteme gegeben, bevor die in der Praxis zur Zeit weit verbreiteten ERP-/Transaktionssysteme auf ihre Eignung zur Unterstützung entsprechender Planungsfunktionalitäten untersucht werden.

3.2 Vorstufen von Advanced Planning Systemen

Bei der Entwicklung der informationstechnischen Unterstützung der Planungsaufgaben lassen sich verschiedene Stufen unterscheiden.[36]

3.2.1 Automatisierung funktionaler Aufgaben

Auf der ersten Stufe der Entwicklung und des Einsatzes von entsprechenden Planungstools standen Softwarelösungen, die für Standardproblemstellungen bestimmter unternehmensinterner Bereiche eingesetzt wurden. Als Beispiel für solche Systeme seien an dieser Stelle die MRP I-Systeme genannt, die nur für die Materialbedarfsplanung eingesetzt wurden.

Mit zunehmendem Einsatz dieser Systeme wurde deren Funktionsumfang erweitert. Gleichzeitig wurden dabei wesentliche Schwächen, wie z.B. die Nichtintegration vor- oder nachgelagerter Prozeßschritte deutlich.

Als Konsequenz dieser und weiterer Schwächen wurden diese Systeme derart weiterentwickelt, daß gesamte Funktionalbereiche bzw. weitere Ausschnitte abgebildet werden konnten. Das klassische MRP II-Konzept zur Produktionsplanung und -steuerung (PPS) kann als ein derartiger Ansatz interpretiert werden. Neben der Tatsache, daß dieser den zunehmenden marktseitigen Anforderungen nicht gerecht wird, beschränkt er sich lediglich auf die Integration von Funktionsbereichen eines Unternehmens.[37]

Es lassen sich folgende Hauptkritikpunkte an dem MRP II-Ansatz identifizieren:[38]

(1) Es handelt sich um ein Sukzessivplanungskonzept, bei dem die Aufgaben der PPS nacheinander abgearbeitet werden. Die Ergebnisse einer übergeordneten Stufe stellen dabei die Planungsgrundlage der untergeordneten Stufe(n) dar. Wird z.B. auf der Stufe der Kapazitätsplanung festgestellt, daß die in der Mengenplanung ermittelten Produktionslose mit den vorhandenen Kapazitäten nicht gefertigt werden können, muß ein neuer Planungsdurchlauf angestoßen werden. Neben der daraus resultierenden fortlaufenden Planrevision werden die erforderlichen Rückkopplungen systemtechnisch nur bedingt unterstützt. Aufgrund fehlender Optimierungsmöglichkeiten werden Pläne häufig „blind" durchgerechnet, wodurch ein

---

[36] Vgl. Prockl (1998), S. 441-442.
[37] Vgl. ebenda, S. 442.
[38] Vgl. zur Kritik von auf dem MRP II-Konzept basierenden PPS-Systemen beispielhaft Vahrenkamp (1998), S. 227 ff. oder auch Frauenhofer IOA (2001).

erheblicher Änderungsbedarf auf der Steuerungsebene entsteht. Zu diesem Zeitpunkt sind jedoch bereits wesentliche Entscheidungen getroffen worden, wodurch ein hohes Maß an Verbesserungspotential verloren geht.

(2) Aufgrund der pufferfreien Einlastung der Aufträge führen kleinste Änderungen zu einem exponentiell ansteigenden Aufwand hinsichtlich einer Plananpassung und damit zu einer sich selbst verstärkenden Steuerungsproblematik.

(3) Die Stapelverarbeitung (batch processing) verhindert die heute notwendige Flexibilität im Planungssystem, da neue Planungsläufe einen Zeitraum von mehreren Stunden in Anspruch nehmen und deshalb nur z.B. wöchentlich vorgenommen werden

(4) Unternehmensinterne und -externe Restriktionen können nicht berücksichtigt werden, da diesem Konzept die Annahme unbegrenzter Kapazitäten sowie fester Bearbeitungs- und Standardwartezeiten zugrunde liegt. Vorhandene Kapazitäten werden dabei erst nach der Erstellung eines Planes berücksichtigt, d.h. die Übereinstimmung von Plänen und vorhandenen Ressourcen ist „Glückssache". Damit werden lediglich die Auswirkungen der generierten Pläne auf die Kapazitäten visualisiert und nicht die Kapazitätsnutzung selbst optimiert. Anhand dieses Beispieles wird darüber hinaus deutlich, daß MRP-Systeme keine methodische Unterstützung bei Planungsentscheidungen bieten.

(5) Die Produktionsplanung stellt den Betrachtungsschwerpunkt dieser Systeme dar. Grundlegend für die Aufgaben der Produktionsplanung sind Nachfrageprognosen, deren Anpassung vom System nicht oder nur unzureichend unterstützt wird. Es handelt sich also um Insellösungen und nicht um integrierte Ansätze.

(6) Eine unternehmensweite Planung, die z.B. verschiedene Produktions- und Distributionsstandorte umfaßt, zum Ausgleich schwankender Auslastungen kann grundsätzlich nicht berücksichtigt werden.

3.2.2 Abbildung eines gesamten Unternehmens

Die bisherigen Ausführungen verdeutlichen, daß bis dato keine Softwarelösungen verfügbar waren, die alle unternehmensinternen Funktionen integrierten. Dies wurde erst durch die Entwicklung von ERP-Systemen, die gegenwärtig noch den state-of-the-art in vielen Unternehmen darstellen, ermöglicht. Hierbei wurden die klassischen Produktionsplanungs- und Produktionssteuerungsfunktionen durch das

Rechnungswesen und Controlling, die Distributionsplanung, die Personalwirtschaft und das Produktmanagement ergänzt.[39]

ERP-Systeme erlauben es mehreren Benutzern, unternehmensweit auf eine Datenbasis zuzugreifen, so daß als wesentliche Neuerung im Vergleich zum reinen MRP II-Ansatz die Schaffung dieser Basis zu nennen ist. Diese ERP-Systeme (z.B. SAP R/3) umfassen also verschiedene Module, die durch eine relationale Datenbasis verbunden werden, wodurch alle informatorischen Maßnahmen, die ein einzelner Geschäftsvorfall erfordert, in einem Komplex verarbeitet werden können. Da diese Systeme die alltäglichen betrieblichen Leistungsprozesse betonen, werden sie auch als Transaktionssysteme bezeichnet.[40]

Aber auch diese Systeme sind ungeeignet, um den in Kapitel 3.1. dargestellten Anforderungen Rechnung zu tragen. Eine wesentliche Schwäche aus heutiger Sicht stellt die unzureichende Planungs- und Dispositionsebene dar, da 90-95 % dieser Systeme auf dem klassischen MRP II-Ansatz beruhen, dessen Kritikpunkte bereits diskutiert wurden.

Zusammenfassend bleibt festzuhalten, daß durch den Einsatz von ERP-Systemen keine Planung bzw. Abstimmung von Angebots- und Nachfrageströmen in einer Supply-Chain erfolgen kann, da diese weder die notwendige Transparenz noch die Flexibilität zur Unterstützung eines kundenorientierten Flußmanagements aufweisen.[41] Der Buchstabe „P" in ERP oder MRP-Systemen täuscht also letztlich Funktionalitäten vor, die diese Systeme bei kritischer Betrachtung nicht zu leisten in der Lage sind. Die technologische Basis dieser Systeme kann darüber hinaus nur als obsolet bezeichnet werden und wird den Anforderungen des modernen Wirtschaftslebens nicht mehr gerecht, da diese konzeptionell dem Stand der 60er Jahre entspricht.[42] Demzufolge sind ERP-Systeme zukünftig um moderne AP-Systeme zu ergänzen, die entscheidend die Realisierung der möglichen Potentiale unterstützen.

3.3 Advanced Planning Systeme

AP-Systeme erheben den Anspruch, die geforderte integrierte Planung der gesamten Supply Chain zu ermöglichen.

---

[39] Vgl. Bartsch/Teufel (2000), S. 18.
[40] Vgl. Prockl (1998), S. 441.
[41] Vgl. ebenda, S. 442 f.
[42] Vgl. Tempelmeier (1999), S. 69.

3.3.1 Begriffliche Grundlagen und Einordnung

Das Wort „advanced" kann in zweifacher Hinsicht interpretiert werden. Erstens soll die zugrunde liegende fortschrittliche Planungslogik dazu beitragen, die o.g. Schwächen bisheriger EDV-Planungstools zu reduzieren bzw. diese zu eliminieren. Daher werden diese Tools auch häufig als SCP (supply chain planning) - Produkte bezeichnet.[43] Zweitens soll die übergeordnete Stellung der AP-Systeme gegenüber traditionellen Transaktionssystemen betont werden, d.h. auch AP-Systeme können nicht auf aktuelle Daten verzichten, die sie von den zugrundeliegenden ERP- (und anderen EDV-) Systemen erhalten. Folglich können AP-Systeme als „add-ons" betrachtet werden,[44] die von ERP-Systemen Daten erhalten, durch neue Planungslogiken verarbeiten und zur Ausführung wieder an die ERP-Systeme oder entsprechende Execution-Module weiterleiten.[45]

Zum tieferen Verständnis dieser neuen Planungslogik werden nachfolgend die wesentlichen Leistungsmerkmale der AP-Systeme dargestellt.

3.3.2 Leistungsmerkmale von Advanced Planning Systemen

AP-Systeme ermöglichen durch den Einsatz einer modernen, objektorientierten Technologie und Methoden des Operations Research die Abbildung komplexer Supply Chains mit realistischen Restriktionen. In diesem Zusammenhang spricht man auch von sog. „Constrained based systems", mit deren Hilfe sich machbare (i.S. durchführbarer) engpaßorientierte Pläne erstellen lassen.[46]

Während ERP-Systeme für alle Funktionsbereiche separate Planungsgrundlagen verwenden, jeden Vorgang aus einer Datenbank lesen und die Teilergebnisse wieder dorthin zurückschreiben, basieren Planungsprozesse bei AP-Lösungen auf Modellen, die alle Kombinationsmöglichkeiten als Netz beschreiben. Aus diesem Netz werden nur solche Informationen zur Planung berücksichtigt, die für den aktuellen Vorgang relevant sind. Restriktionen und relevante Informationen (unternehmensintern und -extern!) können dabei in unterschiedlichem Detaillierungsgrad berücksichtigt werden. So können z.B. bei der Erstellung eines ge-

---

[43] SCM-Systeme lassen sich in zwei Kategorien einteilen: Neben den bereits vorgestellten APS / SCP-Lösungen werden von einigen Anbietern auch SCE (supply chain execution)-Lösungen angeboten, welche die Funktionalitäten der Ausführung von Plänen, als auch Funktionalitäten zur Integration inner- und überbetrieblicher EDV-Lösungen beinhalten. Vgl. hierzu auch Fraunhofer IAO (2001).

[44] Vgl. Servatius (1998), S. 15.

[45] Vgl. Prockl (1998), S. 443.

[46] Vgl. Prockl (1998), S. 443.

winnmaximierenden Absatzplanes notwendige Kapazitäten im Produktions- und Beschaffungsbereich „grob" berücksichtigt werden. Im Unterschied zur sukzessiven Planungsphilosophie, welche dem MRP II-Konzept zugrunde liegt, können mit Hilfe der modernen Systeme z.B. simultane Mengen- und Kapazitätsplanungen durchgeführt werden. Dies trägt mit dazu bei, daß durchführbare Pläne erstellt werden.[47]

Ein Großteil der planungsrelevanten Daten wird im Hauptspeicher der Systeme vorgehalten, so daß sich die Rechenzeiten im Vergleich zu klassischen Stapelprozessen deutlich verkürzen lassen, obwohl gerade hier sehr große Datenmengen verarbeitet werden müssen. Als Enabler für derartige Funktionalitäten dienen die rasanten Entwicklungen im Hard- und Softwarebereich.[48] Dabei werden die Planungsergebnisse für einen Bereich vor deren Rückgabe an die ERP-Systeme auf Wechselwirkungen bzw. Restriktionsverletzungen in anderen Bereichen abgeprüft und, falls notwendig, Ausgleichsmaßnahmen eingeleitet. Die grundlegenden Unterschiede der Arbeitsweisen von AP- und ERP-Systemen stellt die folgende Abbildung (vgl. Abb. 5) noch einmal dar.

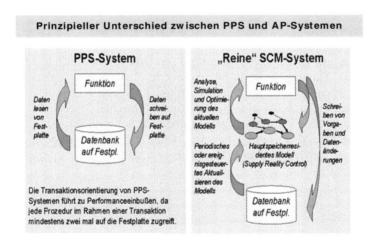

Quelle: Fraunhofer IAO, IAT Universität Stuttgart

Abb. 5: Unterschiedliche Arbeitsweise von PPS und AP-Systemen

Trotz dieser neuartigen Planungslogik soll der Mensch durch AP-Systeme nicht ersetzt werden. Vielmehr sind diese als Entscheidungsunterstützungstools konzipiert, d.h. manuelle Eingriffe sind hier jederzeit möglich. Planänderungen finden

---

[47] Vgl. Fraunhofer IAO (2001).
[48] Vgl. Tempelmeier (1999), S. 69.

dabei nicht in iterativen Planungsläufen statt, sondern können simultan an jeder Stelle in der Supply Chain vorgenommen werden, wodurch sich erhebliche Zeitersparnisse ergeben. Informationen können hier also „real time" abgerufen und weiterverarbeitet werden. Durch diese Möglichkeiten läßt sich die u.a. die Auskunftsfähigkeit bei Kundenanfragen drastisch erhöhen.[49] Diesbezüglich stellt der Einsatz von AP-Lösungen gerade im Sachgüterbereich ein wesentliches Erfolgspotential bei der Durchführung moderner eBusiness-Konzepte dar. Hier tragen diese Systeme entscheidend zur Steigerung der Kundenzufriedenheit bei, indem dem Kunden z.B. zuverlässige Liefertermzusagen in Echtzeit erteilt werden können und / oder der Kunde den Status eines Auftrages jederzeit selbständig online abfragen kann.[50]

Darüber hinaus erlauben AP-Systeme event-orientierte Planungen, d.h. es erfolgt kein regelmäßiger up-date von Plänen, sondern eine Fokussierung auf bestimmte Ereignisse respektive Ausnahmesituationen, was natürlich einen kontinuierlichen Datentransfer voraussetzt.[51] Ein wesentliches Charakteristikum bei AP-Lösungen stellt zudem die Möglichkeit zur unternehmensinternen und -übergreifenden integrierten Planung dar (vgl. auch Kapitel 3.3.4.).[52]

Ein weiteres Leistungsmerkmal liegt in der konzeptionellen Gestaltung von AP-Lösungen nach dem HPS-Prinzip (hierarchical planning system), welches eine Kombination aus der Sukzessivplanung (Top-Down) des MRP II-Ansatzes und der optimalen Planung darstellt. Die optimierte Planung einer umfassenden Supply-Chain einschließlich aller Waren-, Informations- und Finanzströme sowie deren Restriktionen ist weder in Form eines monolithischen Systems (simultane Berücksichtigung aller Planungsaufgaben) noch im Rahmen sukzessiver Planungsansätze möglich. AP-Lösungen basieren daher auf dem Konzept der hierarchischen Planung im Gegenstromverfahren als anschaulichem Kompromiß zwischen

---

[49] Vgl. Prockl (1998), S. 444.

[50] Available-to-Promise ist ein Modul im Rahmen der SCP-Systeme und steht für die kurzfristige Lieferterminermittlung "auf Knopfdruck", u.a. unter Berücksichtigung der aktuellen Kapazitäts- und Materialsituation sowie der Kosten von verschiedenen Alternativmöglichkeiten zur Auftragserfüllung. Dieses Modul macht sich insbesondere die große Integration von SCM-Systemen zunutze. Die Ermittlung und Weiterleitung von konkreten Lieferterminen setzt natürlich voraus, daß alle relevanten unternehmensinternen Pläne und externe Restriktionen berücksichtigt werden, wozu neben der integralen Planung vor allem die schnelle Übermittlung und Aktualisierung von Informationen von besonderer Relevanz ist.

[51] Vgl. Stadtler/Kilger (2000), S. 58.

[52] Vgl. ebenda, S. 60.

Advanced Planning Systems 189

Praktikabilität und Notwendigkeit zur Berücksichtigung der verschiedenen Beziehungen von Planungsaufgaben.[53]

Die Innovation bei AP-Systemen besteht also in einer stärkeren Gewichtung von Planungs- und Entscheidungsunterstützungsmethoden, die unternehmensübergreifend eingesetzt werden können. Es lassen sich hierdurch erhebliche Kosten-, Zeit- und Flexibilitätspotentiale erschließen und so das Reaktionsvermögen erheblich steigen. Zusammenfassend gibt nachstehende Abbildung (vgl. Abb. 6) einen Überblick über die Unterschiede von ERP- und AP-Systemen:

SCM-Systeme sind markt- und kundenorientiert ausgerichtet

	Enterprise Ressource Planing Systeme (ERP)	Advanced Planning and Scheduling Systeme (APS)
Philosophie	Produktionskoordination	Befriedigung von Kundenwünschen
Ziel	Kostenreduktion	Hoher Service und hohe Reaktionsfähigkeit bei gleichzeitig geringen Kosten
Reichweite	Werke und Lager	alle internen Aktivitäten (standortübergreifend), Lieferanten, Distributoren und Kunden
Inhalt	Endprodukte, Komponenten, Bauteile	Endprodukte (verfügbare Kapazität)
Beziehung zum Bedarf	Reagieren	Antizipieren und simulieren
Planungsziel	hohe Kapazitätsauslastung	mögliche und optimale Pläne (Gesamtoptimum)
Planungsbreite	Material und Werke	Material, Werke, Arbeit, Transport, Restriktionen, Bedarf, Distribution
Planungsraum	Teilprozeß	Prozeßkette
Planungsmethode	Hierarchisch-Sukzessiv	HPS (Gegenstromverfahren)

Quelle: KPMG

Abb. 6: Unterschiede von ERP- und APS-Systemen

---

[53] In der Praxis werden häufig nur „wichtige" Waren und Materialien (z.B. A-Artikel) mit Hilfe von AP-Lösungen geplant. Dies ist begründet in der Anzahl und Komplexität der jeweiligen Unternehmensstrukturen (z.B. Komplexität der Fertigungsstufen, Anzahl von Artikeln und Varianten, Tiefe der Stücklisten etc.), wobei immer der Aufwand (z.B. für Datenpflege und Datenmodellierung etc.) und der mögliche Nutzen abgewogen werden sollten. Vgl. zu diesem trade-off ausführlich Richmond (1998), S. 517. Aus vergleichbaren Gründen werden auch nicht alle Lieferanten in das Konzept integriert, da der Aufwand bei z.B. kleinen Lieferanten, zu denen nur sporadische Geschäftsbeziehungen bestehen häufig in keinem Verhältnis zum Nutzen steht. Jedoch muß auch in solchen Fällen (ggf. über erhöhte Sicherheitsbestände) ein effizienter Ablauf sichergestellt werden, denn jede Kette ist nur so stark wie das schwächste Glied.

3.3.3 Funktionsweise von Advanced Planning Systemen

Von den führenden Softwareherstellern werden Module angeboten, die alle o.g. Planungsaufgaben abdecken, d.h. die meisten Anbieter richten ihre Produkte an den Planungsaufgaben der oben dargestellten SCM-Planungsmatrix (vgl. Abb. 4) aus.[54]

Die folgende Abbildung (vgl. Abb. 7) verdeutlicht den grundsätzlichen modularen Aufbau von AP-Systemen. Dabei variieren zwar die Modulbezeichnungen je Anbieter, jedoch decken diese Module die unterschiedlichen allgemeinen Planungsaufgaben ab:

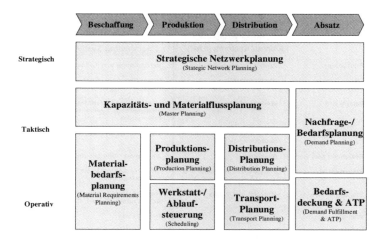

Quelle: Kilger S. 75

Abb. 7: Abdeckung der SCM-Planungsmatrix durch Softwaremodule

Im Rahmen der strategischen Netzwerkplanung werden alle vier Langfristplanungen berücksichtigt, wobei die Schwerpunkte auf den Aspekten Standortwahl und Design der strategischen Distributionsstruktur liegen. Des weiteren werden Grundfunktionalitäten für die strategische Verkaufsplanung angeboten. Weitere strategische Funktionalitäten, wie z.B. die Prognose der langfristigen Nachfrage und die mittelfristige Verkaufsplanung werden durch „Demand Planning"-Module unterstützt. Im operativen Bereich decken die Module „Demand Fulfillment & ATP" die kurzfristige Verkaufsplanung ab.

---

[54] Vgl. Stadtler/Kilger (2000), S. 62.

Das Modul „Master Planning" koordiniert Beschaffungs-, Produktions- und Distributionsplanungen auf einer mittelfristigen Ebene. Die Aufgaben der Distributions- Kapazitäts- und mittelfristigen Personalplanung werden dabei häufig simultan berücksichtigt. Ferner werden Funktionalitäten des MPS (Master Production Scheduling) berücksichtigt. Das Modul „Production Planning and Scheduling" (PPS) deckt z.B. Funktionalitäten zur Losgrößenermittlung, Maschinenbelegungspläne und Shop-floor-Aspekte ab. Die kurzfristige Transportplanung und die Planung der operativen Material- und Warenflüsse wird durch die Module „Transport Planning" und „Distribution Planning" abgedeckt.

Diese Planungsaufgaben variieren in den verschiedenen Branchen und Industriezweigen. Diese Spezifikationsnotwendigkeit wird von den APS-Anbietern durch die Entwicklung verschiedener Komponenten bzw. Module für spezifische Supply Chains berücksichtigt, deren Grundfunktionalität in Bezug auf die Planungsaufgaben jedoch der dargestellten Logik entspricht.

Die auf dem dargestellten HPS basierende zentrale Idee der AP-Systeme liegt hier in der Zerlegung der Gesamtplanung in die dargestellten Planungsmodule, wobei jede Planungsebene zwar die gesamte SC abdeckt, die Aufgaben der Planungsebenen jedoch unterschiedlich sind. Die Koordination der Pläne für die verschiedenen SC-Bereiche auf einer Planungsebene erfolgt dabei durch einen komprimierteren Plan auf der nächsthöheren Ebene. Die Erhöhung bzw. die Reduzierung des Detaillierungsgrades wird durch Aggregation bzw. Disaggregation erreicht. Eine Aggregation läßt sich z.B. von Produkten in Produktgruppen, von Ressourcen in Kapazitätsgruppen und in Bezug auf den Faktor Zeit realisieren (bei der Disaggregation gelten diese Ausführung vice versa). Die verschiedenen Module sind hierzu durch einen horizontalen und vertikalen Informationsfluß verbunden, wobei die Ergebnisse einer übergeordneten Planungsstufe Restriktionen für untergeordnete Stufe darstellen.[55]

Die verschiedenen Planungsbereiche (z.B. die strategische Absatzplanung) liefern zunächst eine isolierte Lösung für den jeweiligen Bereich, die erst in einem zweiten Optimierungsschritt zu einer für die gesamte SC optimalen Gesamtlösung zusammengeführt werden müssen.[56]

Die folgende Abbildung (vgl. Abb. 8) verdeutlicht nochmals die Zusammenhänge.

---

[55] Vgl. Stadtler/Kilger (2000), S. 25 ff.
[56] Vgl. Frauenhofer IAO (2001).

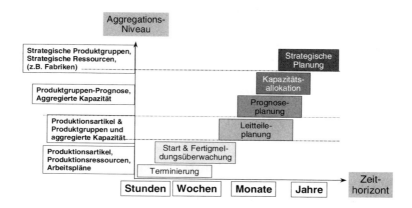

Quelle: KPMG

Abb. 8: Zeitraster, Aggregationsniveau und Restriktionen
bei der Planung von APS

Die einzelnen Module können auch separat implementiert werden. Dies bietet sich z.b. an, wenn in Firmen an einzelnen Stellen „akute Probleme" auftreten und dort schnell „quick wins" realisiert werden sollen.[57]

Es existieren mehrere hundert Anbieter von entsprechenden AP-Lösungen. Bei einem Großteil der angebotenen Produkte handelt es sich um Module, die reine Planungstools darstellen, d.h. keine eigene Datenhaltung erlauben (z.B. bei i2). Als Konsequenz sind diese neuen Systeme also nicht unabhängig von der ERP-Systemen, sondern nutzen deren Daten, laden sie in den Hauptspeicher, verarbeiten sie dort und leiten sie zur Ausführung wieder an die Transaktionssysteme weiter. Wie im Rahmen des Kapitels 3.3.1. erläutert wurde, kann die Ausführung der vom Planer bestätigten oder modifizierten Pläne von den jeweiligen ERP-Systemen oder gewissen SCE- (supply chain execution) Systemen erfolgen, die z.B. Funktionalitäten zur Auftrags-, Lager- und Transportsteuerung umfassen.[58]

Bei der Verwendung von Daten aus Transaktionssystemen ist dabei die Herkunft dieser Daten irrelevant. Die AP-Systeme verfügen über zertifizierte Schnittstellen, so daß diese nicht zwingend vom gleichen Hersteller wie das ERP-System stam-

---

[57] Dabei ist jedoch zu berücksichtigen, daß durch den Einsatz einzelner Module keine integrierte Planung durchgeführt werden kann, da die entsprechenden Restriktionen und Ergebnisse anderer Teilplanungen nicht berücksichtigt werden können.

[58] Vgl. Kortmann/Lessing (2000), S. 20-21.

men müssen. Des weiteren können auch verschiedene ERP-Systeme mit einem AP-System verbunden werden.[59]

Die folgende Abbildung (vgl. Abb. 9) verdeutlicht diese Zusammenhänge:

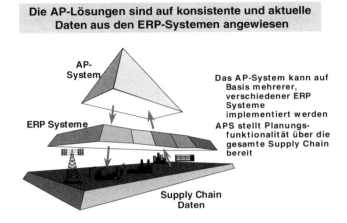

Quelle: KPMG

Abb. 9: Verknüpfung von AP- und ERP-Systemen

3.3.4 Systemintegration

Bisherige Ausführungen machen deutlich, daß die verschiedenen EDV-Systeme unternehmensintern und unternehmensübergreifend integriert werden müssen, um die geforderte Transparenz über die gesamte Wertschöpfungskette zu gewährleisten.[60]

---

[59] Vgl. Kansky (1999), S. 15.

[60] Selbstverständlich läßt sich die Transparenz über die logistische Wertschöpfungskette (bzw. das supply web) auch durch den Austausch von Informationen ohne den Einsatz von AP-Lösungen erhöhen. Damit läßt sich jedoch nur ein Teil der beabsichtigten Effekte erzielen, denn die Verfügbarkeit von Informationen ist ohne eine schnelle und optimierte Verarbeitung im Sinne durchführbarer und konsistenter Pläne nicht zielführend. Eine aktuelle Untersuchung hat ergeben, daß weniger als 20% der Unternehmen, die AP-Lösungen nutzen auch eine entsprechende kunden- und/oder lieferantenseitig ausgerichtete informatorische Vernetzung eingerichtet haben (Vgl. Kortmann/Lessing (2000), S. 126 ff. Dies ist vor allem vor dem Hintergrund der Logik des SCM-Konzeptes, die in einer Integration verschiedener Unternehmen liegt, unverständlich. Schließlich lassen sich wesentliche Potenziale erst durch eine verbesserte Zusammenarbeit von Unternehmen erschließen. Neben eines noch häufig fehlenden Verständnisses des SCM-Konzeptes in der Praxis liegt eine weitere wesentliche Ursache in

Im Rahmen der innerbetrieblichen Systemintegration sind bestehende ERP-Systeme und andere Insellösungen zu einem integrierten System zu vernetzen.[61] Diese innerbetriebliche Vernetzung erfolgt dabei häufig mittels zertifizierter Schnittstellen, Middleware u.a. Tools.[62] Für die überbetriebliche Verknüpfung bieten sich zunehmend elektronische Marktplätze als eine besonders kostengünstige Lösung an. Diese bilden einen zentralen Hub, an den sich die Supply Chain Partner über EDI/XML-Schnittstellen anbinden können. Für die Teilnehmer hat dies den Vorteil, daß es nicht notwendig ist, mit jedem SC-Partner eine teure Point-to-Point-Verbindung aufzubauen, da je Teilnehmer hierbei nur eine Verbindung zum Marktplatz benötigt wird.[63]

Die nachstehende Abbildung (vgl. Abb. 10) verdeutlicht nochmals diese Zusammenhänge:

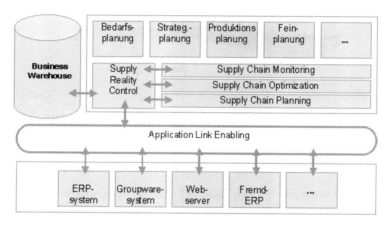

Quelle: Fraunhofer IAO / IAT Universität Stuttgart

Abb. 10: Systemintegration im Rahmen von APS

---

der fehlenden Bereitschaft (häufig begründet durch fehlendes Vertrauen) zum Austausch relevanter Planungs- und Steuerungsinformationen. Unabhängig davon sollten SCM-Projekte in einem ersten Schritt (vor der Integration anderer SC-Player) innerbetrieblich ausgerichtet sein, denn wenn keine Transparenz über die eigenen Prozesse und Strukturen herrscht, „stochert" man mit SCM-Projekten im Nebel.

[61] Dies ist u.a. auch deshalb notwendig, da die meisten APS-Lösungen keine Datenhaltung ermöglichen, sondern auf konsistente und aktuelle Daten aus den ERP und anderen IT-Systemen aufbauen. Vgl. hierzu auch Kapitel 3.3.3.

[62] Vgl. Kortmann/Lessing (1999), S. 87 f.

[63] Vgl. Robertson Stephens B2B-Research (2000). Vgl. ausführlich zur Informationsübermittlung via Internet-Technologien Christopher, M (1998), S. 281 ff.

Die Integration der verschiedenen inner- und überbetrieblichen EDV-Systeme stellt zur Zeit die eine der größten Herausforderungen im IT-Bereich dar. In diesem Kontext sind zwei Aspekte zu unterscheiden. Erstens sollten im Rahmen der Integration entsprechende Integrations-Systeme als eine Art Drehscheibe für Informationen fungieren. Zweitens sollten Übersetzungsfunktionalitäten hinsichtlich der verschiedenen Daten und Datenformate sowohl innerhalb eines Unternehmens als auch unternehmensübergreifend vorliegen. In jüngster Vergangenheit hat sich hierzu eine neue Technologie (EAI = Enterprise Application Integration) etabliert, die diesen Anforderungen gerecht werden soll.[64]

4 Fazit

Ausgehend von den aktuellen Wettbewerbsanforderungen wurde in dem vorliegenden Beitrag das Konzept des Supply Chain Management als geeignetes Instrument zum Auf- und Ausbau von Wettbewerbsvorteilen herausgestellt. Nach der Darstellung der begrifflichen Grundlagen dieses integrativen Konzeptes wurden deren wesentliche Ansatzpunkte und Komponenten skizziert, um im folgenden auf einen zentralen Bestandteil, die SCP- oder AP-Systeme, zu fokussieren.

Nach einer Darstellung der historischen Entwicklung von Planungssystemen, wurden Begriff, Leistungsmerkmale und die Funktionsweise von AP-Systemen erläutert. Als ein wesentliches Nutzenpotential wurde dabei die Erstellung optimierter und durchführbarer Pläne unter Berücksichtigung aller relevanten Restriktionen identifiziert. Da die relevanten Informationen in Echtzeit verarbeitet und übermittelt werden können, lassen sich also erhebliche Zeit- und Flexibilitätsvorteile erreichen, die entscheidend zum Auf- und Ausbau von Wettbewerbsvorteilen unter Berücksichtigung der eingangs dargestellten Rahmenbedingungen beitragen. Dadurch lassen sich positive Effekte hinsichtlich Kostensenkungen sowie Liefer- und Servicegradverbesserungen erzielen. Ferner wird die Kundenzufriedenheit durch online-Lieferterminzusagen und Tracking- & Tracing-Informationen gesteigert. In diesem Rahmen stellt der Einsatz von APS eine wesentliche Voraussetzung zur Durchführung erfolgreicher eBusiness-Konzepte dar.

Der isolierte Einsatz von AP-Lösungen ist aber nicht ausreichend, um die möglichen Potentiale von SCM-Konzepten zu realisieren. Erst die (informationstechnische) Integration vor- und nachgelagerter Stufen der Wertschöpfungskette schafft die notwendige Transparenz zum Heben möglicher Schätze, da wesentliche Inef-

---

[64] Es lassen sich verschiedene Architekturen von EAI-Lösungen unterscheiden, z.B. message oriented middleware, Application server etc. Zu den unterschiedlichen Anwendungsgebieten Vgl. auch Fraunhofer IAO (2001).

fizienzen heutiger Supply-Chains gerade in der unternehmensinternen Optimierung begründet sind (z.B. der Peitschen- / bull-whip-Effekt: Der Kunde bremst und der Lieferant gibt Gas !).

Neben der informationstechnischen Integration müssen zur erfolgreichen Realisierung von SCM-Konzepten entsprechende Reorganisationsmaßnahmen in den unternehmensinternen und -übergreifenden Prozeßabläufen mit entsprechenden organisatorischen Anpassungen erfolgen, um neben einer Optimierung der Informationsübermittlung und -verarbeitung eine entsprechende Optimierung des physischen Warenstromes zu ermöglichen. Neben der Lösung von technischen Problemen muß hierzu vor allem eine Änderung der mentalen Einstellung der Entscheidungsträger in den Unternehmen erfolgen, da heute noch häufig die Bereitschaft zum Austausch relevanter Planungs- und Steuerungsinformationen fehlt. Während in der Vergangenheit Unternehmen Wettbewerbsvorteile u.a. durch die Geheimhaltung relevanter Informationen und Daten erzielen konnten, werden Wettbewerbsvorteile über die Supply Chain zukünftig u.a. durch ein entsprechendes information-sharing erzielt.

Literatur

Bartsch, H.; Teufel, Th.: Supply Chain Management mit SAP APO, Supply-Chain-Modelle mit dem Advanced Planner and Optimizer, Bonn: Galileo Press GmbH 2000,

Bezikofer, W.: Supply Chain Management – Begriff und Wirklichkeit, in: PPS-Management 4 (1999) 3, September 1999.

Boutellier, R.: Ganzheitliches Management der Wertschöpfungskette durch Total Supply Chain Management, in: Logistik im Unternehmen, Heft 10/1996, S. 6-11.

Bowersox, D. und Closs, D.: Logistical Management, The Integrated Supply Chain", London et al.: The McGraw-Hill Companies, Inc., 1996.

Bretzke, W.-R. (1999a): Smart shopping im Internet: Industrie und Handel im Zeitalter von Electronic Commerce, in: Kopfer, H. und Bierwith, C: Logistikmanagement: Intelligente I+K-Technologien, Berlin et.al., Springer 1999, S. 221-244.

Bretzke, W.-R. (1999b): E-Commerce als Chance für Dienstleister: Absatzkanäle umgekrempelt, in: DVZ, 53 Jg., Nr. 68, S. 36-37.

Bretzke, W.-R.: Systemdenken in der Logistik, in: Hossner (Hrsg.): Jahrbuch der Logistik, Düsseldorf 1994, S. 150 f.

Christopher, M.: Relationships and Alliances. Embracing the era of network competition, in: Gattorna, J. (Hrsg.): Strategic Supply Chain Alignment. Best practice in supply chain management, Hampshire 1998, S. 281-284.

Fraunhofer IAO: URL: http://www.lis.iao.fhg.de/scm/index.html, online 22.01.2001.

Handfield, R. und Nichols, E. Jr.: Introduction to Supply Chain Management" Upper Saddle River, New Jersey: Prentice-Hall, Inc. 1999.

Hellingrath, B.: Supply Chain Management – PPS Anbieter auf SCM-Kurs, in: LH, Heft 9, 1998, S. 88 – 90.

Hellingrath, B.: Standards für die Supply Chain, in: LH, 21. Jahrgang, 06/07 1999, S.77-85.

Hillek, T. und Schneider, H. et.al.: Studie Electronic Supply-Chain-Management, Ilmenau 2001.

Kaluza, B. und Blecker, Th.: Integration von Unternehmung ohne Grenzen und Supply Chain Management, Klagenfurt 1999.

Kansky, D.: Supply-Chain-Management- der direkte Weg zur Steigerung von Ertrag und Wettbewerbsfähigkeit, in Industrie-Management 15, 1999, S. 14-17.

Knolmayer, G.; Mertens, P. und Zeier, A.: Supply Chain Management auf Basis von SAP-Systemen, Berlin 2000.

Kortmann, J. und Lessing, H.: Marktstudie: Standardsoftware für Supply-Chain Management, Paderborn 2000, S. 20-21.

Lee, H.: Postponement for mass customization. Satisfying customer demands for tailor-made products, in: Gattorna, J. (Hrsg.): Strategic Supply Chain Alignment. Best practice in supply chain management, Hampshire 1998.

Prockl, G.: Supply Chain Software, in Gabler-Lexikon Logistik: Management logistischer Netzwerke und Flüsse; Klaus, P. und Krieger, W. (Hrsg.); Wiesbaden 1998, S. 441-442.

Ramsauer, Ch.: Dezentrale PPS-Systeme – Neue Strukturen bei hoher Innovationsdynamik, Wiesbaden 1997.

Richmond, B. et. al: Supply chain management tools, in: Gattorna, J. (Hrsg.): Strategic Supply Chain Alignment. Best practice in supply chain management, Hampshire 1998, S. 515-519.

Robertson Stephens B2B-Research 08/2000: URL: http://www.line56.com/research/download/robstephens_b2b_building_technology.pdf, online 24.01.2001.

Schinzer, H.: Supply Chain Management, in: Wisu Heft 6/1999, S. 857-862.

Scholz-Reiter, B. und Jakobza, J.: Supply Chain Management – Überblick und Konzeption, in: HMD, Tübingen 1999, S. 7-14.

Schönsleben, P.: Integrales Logistikmanagement, Berlin 1998.

Servatius:Integration der Wertschöpfung von Unternehmen, Kunden und Zulieferern: Ein Überblick, in IM, 13 (1998) 3, S. 14 – 17.

Stadtler und Kilger Ch.: Supply Chain Management and Advanced Planning, Berlin 2000.

Strauss, R. und Hämmerling, A.: Kettenreaktion – Mit Prozessmanagement zum Erfolg, in: Cybiz Heft 11/2000, S. 10-18.

Supply Chain Council: URL: http://www.supply-chain.org/eu/html/scor.htm, online 22.01.2001.

URL: http://www.supply-chain-org./resources/scor overview.cfm, online: 22.01.2001.

Tempelmeier, H.: Advanced Planning Systems, in IM, 15, 1999, S. 69-72.

Thaler, K.: Supply Chain Management – Prozessoptimierung in der logistischen Kette, Köln 1999.

Vahrenkamp, R.: Produktionsmanagement, Oldenburg 1998.

Werner, H.: Supply Chain Management: Grundlagen, Strategien, Instrumente und Controlling, Wiesbaden 2000.

Simulationsgestützte Produktionsplanung in virtuellen Unternehmen

H. C. Mayr / A. Erkollar

1   Einführung

2   Produktionsplanungs- und -steuerungssysteme

3   Virtuelle Unternehmen und Intranet-basierte virtuelle Unternehmensstrukturen

4   Simulation in der Produktionsplanung

5   Eine Schnittstelle zwischen SAP R/3 und ARENA

6   Bestimmung des endgültigen Produktionsplanes

7   Zusammenfassung

Literatur

1 Einführung

In technisch-wissenschaftlichen Anwendungsbereichen wird die rechnergestützte Simulation bereits seit langem zur Analyse und Visualisierung komplexer Zusammenhänge eingesetzt. Allerdings waren die Kosten für eine durchgängige Simulationsanwendung bisher nicht unbeträchtlich, da für die Durchführung von anspruchsvollen Simulationsanwendungen spezifische Kenntnisse, spezielle Software und hohe Rechenleistung erforderlich sind. Die wachsende Leistungsfähigkeit preisgünstiger Rechnersysteme hat in der jüngsten Zeit aber insbesondere den dritten dieser Kostenfaktoren positiv beeinflußt. Damit ist ein wirtschaftlicher Simulationseinsatz zunehmend auch in anderen Bereichen und in Klein- und Mittelbetrieben (KMU) möglich. Ein besonders erfolgversprechendes Anwendungsgebiet ist die Planung und Steuerung der Fertigung in produzierenden Betrieben. Für die zunehmend vom Markt geforderte Flexibilität hinsichtlich Produktionsprogramm, Spezialanfertigungen, Fertigstellungsterminen und Auftragsmengen sind nämlich die herkömmlichen Planungs- und Optimierungsverfahren nicht mehr ausreichend.

Methoden des Operations Research beispielsweise sind nur mit größtem Aufwand an täglich veränderte Auftragsmixe und Fertigungsaufgaben anzupassen. Die von heutigen Softwaresystemen für die Produktionsplanung und –steuerung (PPS) verwendeten Planungsmechanismen können aufgrund ihrer grundsätzlich deterministischen Ausrichtung zu wenig die im Produktionsgeschehen möglichen Schwankungen hinsichtlich Bearbeitungszeiten, Wartungszeiten, Ausfallzeiten etc. berücksichtigen.

Zusätzliche Probleme ergeben sich aus der Zusammenarbeit bzw. gemeinsamen Planung für unterschiedliche Betriebe, die in einem dynamischen Netzwerk bzw. virtuellen Unternehmen zusammenarbeiten. Hier reicht es nicht mehr aus, sich wie bei der bisher durchgeführten lokalen Planung und Optimierung auf die Berücksichtigung lokaler Restriktionen und Ziele zu beschränken, vielmehr müssen auch globale Ziele, globale Restriktionen und Ressourcen in die Planung einbezogen werden.

Beide Einschränkungen können mit Hilfe der rechnergestützten Simulation überwunden werden. Für deren effektiven Einsatz ist allerdings eine enge Kopplung bzw. Integration der Planungs-, Steuerungs- und Simulationsinstrumente erforderlich.

Der vorliegende Beitrag beschreibt, wie eine derartige Kopplung für Unternehmensverbünde gestaltet werden kann und welche Mechanismen zu ihrer Realisierung erforderlich sind. Zu diesem Zweck geht Abschnitt 2 etwas genauer auf den derzeitigen Stand im Bereich der PPS-Systeme ein und zeigt anhand eines Beispiels, zu welchen Planungsfehlern es aufgrund der Orientierung an deterministischen Eingangswerten kommen kann. Abschnitt 3 gibt einen Überblick über verteilte Organisationsformen und insbesondere virtuelle Unternehmen. In den Abschnitten 4, 5 und 6 werden die Einsatzmöglichkeiten der rechnergestützten Simulation zur Planung und Optimierung von Logistikketten aufgezeigt und anhand eines konkreten Realisierungsansatzes illustriert. Wir behandeln dabei die Kopplung von PPS-Systemen und Simulationswerkzeugen am Beispiel des SAP R/3 Modul PP (Produktionsplanung) und der Simulationssoftware ARENA, einem Produkt der Rockwell Group.

2 Produktionsplanungs- und -steuerungssysteme

Die Zielsetzung der Produktionsplanung hat sich in den letzten Jahrzehnten stark verändert. Stand ursprünglich die Maximierung der Produktionsmengen im Vordergrund, so liegt heute der Schwerpunkt auf dem optimalen Einsatz der Betriebsmittel und der Optimierung des Materialflusses [13]. Hierfür existiert eine Reihe von Konzepten (MRP, MRP II, KANBAN, JIT, OPT, BOA [1, 12, 11]), die im Grunde ähnliche Planungsverfahren aber mit unterschiedlichen Durchführungsweisen [7, 1, 2, 3, 9, 14] verwenden. Gemeinsam ist diesen Verfahren auch, daß

- für die Planung grundsätzlich Vorgabezeiten mit konstanten (Durchschnitts-)Werten verwendet werden [21],

- dem Planer nur wenig ausgeprägte Möglichkeiten zur Visualisierung der Planungsergebnisse geboten werden,

- Planungsalternativen jeweils einzeln durchgerechnet werden müssen.

Durch die Beschränkung auf deterministische Durchschnittswerte bei den Planungsparametern (von den Ist-Auftragsmengen abgesehen) werden das tatsächlich mögliche Geschehen und die Gefahren, die sich aus Abweichungen in der Realität ergeben, nur unzureichend berücksichtigt. Der Planer kann nur eingeschränkt Engpässe und Planabweichungen vorhersehen. Auch wenn die reale Dauer eines Vorgangs innerhalb bekannter Grenzwerte liegt, liefern konstante Werte der Prozeßdauer aufgrund der in der Realität möglichen Schwankungen nicht immer richtige Ergebnisse.

Als Beispiel hierfür kann die Verfügbarkeit von Betriebsmitteln betrachtet werden, die bekanntlich Schwankungen unterworfen ist. Abbildung 1 zeigt einen Arbeitsgang, der bei einer Verfügbarkeit von 80 % von jedem einzelnen seiner 4 Betriebsmittel nur zu 10 % ausgelastet ist.

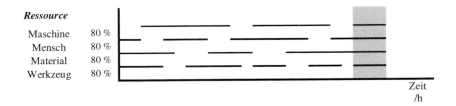

Abb. 1: Ungünstige Überlagerung der Verfügbarkeitszeiten von Betriebsmitteln

In konventionellen Verfahren würde man hier dagegen von einer mittleren Verfügbarkeit von rund 41% (0.8^4) ausgehen. Dem Planer bleiben derartige Abweichungsmöglichkeiten verborgen. Dementsprechend kann er auch nicht die notwendigen Maßnahmen auswählen bzw. deren Auswirkungen überprüfen. Während des realen Fertigungsablaufs festgestellte Abweichungen und dessen Endergebnisse können nur die Grundlage für Anpassungen und Verbesserungen in der nächsten Planungsperiode bilden. Durch diese schrittweise Vorgehensweise (Planen, Durchführen, Kontrollieren, Verbessern) basierend auf deterministischen Eingabewerten sind die oben genannten Ziele des optimalen Materialflusses und der optimalen Betriebsmittelauslastung nicht wirklich zu erreichen. Eine Verkürzung der Planungsperioden erlaubt zwar eine schnellere Identifikation Engpässen und Schwachstellen und damit eine Reduktion dieses Problems, sie ist in der Realität aber meist nicht durchführbar. Darüber hinaus führen sowohl serielle als auch parallele Abläufe aufgrund ihrer Dynamik in der Realität und der dadurch entstehenden Abweichungen bei der Verwendung kombinatorischer Berechnungsverfahren zu unrichtigen Planungsergebnissen unabhängig von der Periodendauer.

Dem könnte man nun dadurch zu begegnen versuchen, daß man während des Fertigungsablaufes unerwartete und unerwünschte Zustände durch entsprechende Steuerungsmaßnahmen verhindert. Dies ist allerdings in der Praxis nur sehr eingeschränkt möglich. Dementsprechend muß man mögliche Abweichungen bereits in der Planungsphase erkennen, geeignete Maßnahmen zur Abhilfe identifizieren und analysieren, die Auswirkungen dieser Maßnahmen bewerten und die gegebenen Alternativen berücksichtigen. Hierfür bietet sich die Simulation als Hilfsmittel an.

3 Virtuelle Unternehmen und Intranet-basierte virtuelle Unternehmensstrukturen

Im Unterschied zu anderen Organisationsformen, wie z.B. strategischen Netzwerken und Allianzen, liegt der Schwerpunkt *virtueller Organisationen* in der computervermittelten Kommunikation. Schlanke, flexible Netzwerkorganisationen können mit den Mitteln moderner Techniken wie dem Inter- und Intranet, mit Telearbeit und weiteren Techniken der Datenfernübertragung optimiert werden.

In einem virtuellen Unternehmen arbeiten mehrere reale Unternehmen und Unternehmensteile projektbezogen zusammen. Ziel ist die Realisierung eines konkreten Geschäfts, das von einem einzelnen dieser Unternehmen nicht oder nur weniger gewinnbringend abgewickelt werden kann.

Strategische Vorteile virtueller Organisationen sind insbesondere:

- Erschließung neuer Märkte
- bessere Kapazitätsauslastung
- Verteilung der Kosten von Forschung und Entwicklung
- kostengünstiges Benchmarking
- gemeinsame Verwendung von Ressourcen
- Know-How Gewinn.

Von virtuellen Unternehmen im engeren Sinne spricht man im Zusammenhang mit netzförmigen, informationstechnisch unterstützten Formen zeitlich befristeter Kooperation. Mehrere rechtlich selbständige Firmen und Personen erstellen konkrete Kundenaufträge. Beim Zusammenschluß in einem VU-Netzwerk bringt jedes Unternehmen seine Kernkompetenzen ein, welche die anderen Unternehmen synergetisch ergänzen. Das VU ist somit eine „best-of-everything-organisation", also ein Spitzenunternehmen auf Zeit, in dem sich die Kernkompetenzen der beteiligten Unternehmen konzentrieren. Für den Kunden erscheinen die Leistungen eines VU wie aus einer Hand, obwohl sie faktisch das Ergebnis einer auf viele unabhängige Träger räumlich verteilten Leistungserstellung sind und zwischen den Trägern laufend räumliche und zeitliche Distanzen zu überwinden sind. Es kann kooperiert werden, ohne dafür ein Unternehmen zu gründen, Personal einzustellen und eine Organisation aufbauen zu müssen. In virtuellen Allianzen teilen sich die Firmen Kosten und Risiko, ergänzen ihre Fähigkeiten und erschließen gemeinsam Märkte (Ressourcen-, Knowledge-, Risk-Sharing). Wenn der Geschäftszweck, zu dem das virtuelle Unternehmen gegründet worden ist, erreicht ist, kann es wieder aufgelöst werden. Zusammengefaßt läßt sich sagen, daß aus strategischer Sicht die Stärken der virtuellen Organisation in der Flexibilität und aus organisatorischer Sicht vor allem in der Kosteneffizienz liegen. Unproduktive Overheadbereiche werden nicht benötigt. Im virtuellen Netzwerk behalten die einzelnen Mitglieder ihre Beweglichkeit, das Netz als Ganzes besitzt die Vorteile einer großen, schlagkräftigen Organisation. Die einzelne Unternehmung kann sich mit dieser Strategie von der Konkurrenz abheben und damit wettbewerbsfähiger sein [3, 4].

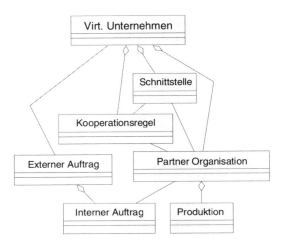

Abb. 2: Konzeptuelles Modell eines virtuellen Unternehmens (vereinfacht)

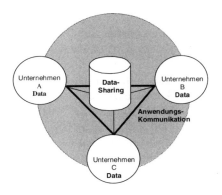

Abb. 3: Daten- und Informationsfluß in verteilten Umgebungen (vereinfacht)

Ein virtuelles Unternehmen basiert also auf einem Netzwerk von Betrieben, die sich rasch zusammenschließen, um eine sich bildende Wettbewerbschance zu nutzen. Die dabei entstehenden Zusammenhänge sind in Abb. 2 veranschaulicht. Die Kommunikation erfolgt auf der Basis gemeinsamer Datenbanken und Anwendungskommunikation (siehe Abb. 3). Nach erfolgreicher Abwicklung des geplanten Projekts löst sich der Verbund ggf. wieder auf und macht Platz für neue Allianzen.

Intranetbasierte virtuelle Strukturkonzeptionen umfassen zwei prinzipielle Basiskomponenten, die Telearbeit und die Telekooperation (siehe Abb. 4). Telearbeit berührt die Aufgabenkomplexe mit ihren klar abgegrenzten Weisungsbefugnissen, die räumliche Strukturierung sowie ein System von Kommunikationsbeziehungen. Damit beeinflußt sie die Aufbaustruktur. Telekooperation hingegen berührt die Abläufe bzw. Prozesse innerhalb des Systems und beeinflußt damit die Prozeßstruktur (Ablaufstruktur).

Aufbaustrukturen
- Bildung von telearbeitsspezifischen Aufgabenkomplexen
- Regelung der Weisungs- und Kommunikationsbeziehungen
- Räumliche Anordnung der Aufgabenkomplexe

Prozeßstrukturen
- Detaillierte Gestaltung von informations- und kommunikationstechnisch gestützten unternehmensinternen Verrichtungs- und Entscheidungsprozessen

Abb. 4: Die Basiskomponenten intranetbasierter virtueller Strukturkonzeptionen

4 Simulation in der Produktionsplanung

Die grundsätzliche Vorgehensweise der Simulation, übertragen auf den Bereich der Produktionsplanung, besteht darin, daß zunächst ein Modell des Produktionsprozesses (Produktionsanlagen, Betriebsmittel, Arbeitsgänge) gebildet und dieses anhand von ‚Experimenten' auf seine Gültigkeit hinsichtlich der realen Vorgänge überprüft und nötigenfalls verbessert bzw. ‚kalibriert' (Feineinstellung der Parameter) wird. Die Eingabewerte für einen konkreten Planungsfall werden, soweit in der Realität nicht fest vorgegeben (wie z.B. Ist-Auftragsmengen), aus Wahrscheinlichkeitsverteilungen ermittelt, die ihrerseits anhand von Ist-Daten aus vorangehenden Planungsperioden bestimmt werden (moderne Simulationswerkzeuge bieten hierfür geeignete Hilfsmittel an). In Simulationsläufen wird dann die betrachtete Planungsperiode durchgespielt [6]. Heutige Simulationswerkzeuge verfügen grundsätzlich über eine Visualisierungskomponente, die es dem Planer erlaubt, das simulierte Produktionsgeschehen zu verfolgen und auf diese Weise

Engpässe u.a. zu erkennen [15, 16]. Natürlich können durch Wiederholungen mit unterschiedlichen Parametern auch beliebige Varianten durchgespielt werden.

Die Forschungsgruppe ‚Praktische Informatik' am Institut für Wirtschaftsinformatik und Anwendungssysteme beschäftigt sich seit längerer Zeit mit Fragestellungen der rechnergestützten Simulation im Kontext der Produktionsplanung. In einer Reihe von Projekten mit industriellen Partnern wurden Mechanismen entworfen und erprobt, die auf der Basis eines Standard-Simulationswerkzeugs (ARENA) einen praxisgerechten Einsatz der Simulation in der Produktionsplanung ermöglichen. Das hierbei entstandene Konzept NETSIM (Network Simulation) basiert auf der Kombination von erweiterter Netzplantechnik und stochastischer Simulation. Die zugrundeliegende Idee dabei ist es [5, 7],

- die in PPS-Systemen typischerweise verwendeten Netzpläne als Basis für ein Simulationsmodell heranzuziehen,

- die darin verwendeten konstanten Parameter für die Bearbeitungszeiten durch geeignete stochastische Verteilungen zu ersetzen und dadurch deren möglichen Abweichungen zu berücksichtigen,

- das Simulationsmodell um zusätzliche stochastische Einflußgrößen (Verfügbarkeiten von Ressourcen, Bearbeitungs-, Transport- und Rüstzeiten) zu erweitern und

- um alternative Fertigungsabläufe (zur Berücksichtigung unterschiedlicher Fertigungslinien oder Maschinenausfällen) mit den entsprechenden Entscheidungsknoten zu ergänzen (siehe Abb. 5).

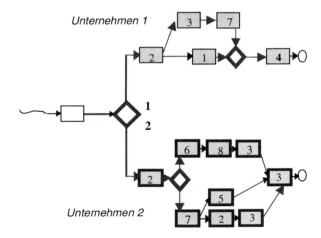

Abb. 5: Alternative Fertigungsabläufe in einem virtuellen Unternehmen

NETSIM erlaubt außerdem den interaktiven Eingriff während eines Simulationslaufes, durch den der Planer unmittelbar die Auswirkungen von Änderungen an Steuerungsparametern beobachten und untersuchen kann (siehe Abbildung 6 [5]).

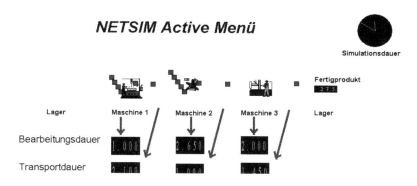

Abb. 6: Schnappschuß aus NETSIM (interaktive Parametermodifikation)

Während eines Simulationslaufes kann also ein ARENA Template aktiviert werden, mit dessen Hilfe Parameter analysiert (Details in Abb. 7) und modifiziert werden können, ggf. mit Anfangs- bzw. Grenzwerten.

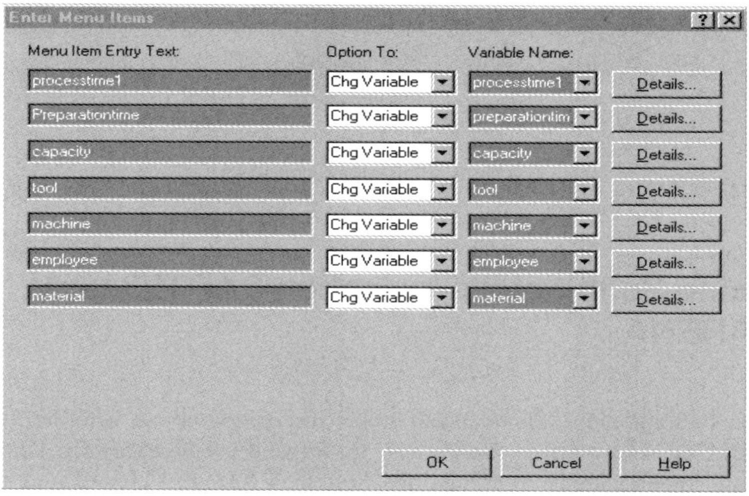

Abb. 7: NETSIM Bildschirm (Parameterdefinition)

Simulationswerkzeuge und PPS-Systeme sind eigenständige Softwaresysteme. Sie sind derzeit nicht miteinander integriert, so daß der Anwender die Planungssimulation als ‚stand-alone' Simulation durchzuführen hat. Das NETSIM-Konzept verhindert, daß er dabei die Modellbildung für die Simulation von Grund auf und eigenständig durchführen muß. Weiterhin übernimmt es den Transport der relevanten Daten zwischen PPS-System und Simulationswerkzeug. Dadurch wird ein effektiver Einsatz insbesondere in mittleren und kleinen Produktionsbetrieben ermöglicht, die in der Regel nicht über Mitarbeiter mit spezifischer Kompetenz im Bereich der Simulation verfügen.

Damit ergibt sich mit NETSIM eine integrierte Simulation, bei der PPS-System und Simulationswerkzeug einen Systemverbund bilden (siehe Abbildung 8). In diesem Fall kann nicht nur der Datenaustausch zwischen den Teilsystemen mit allen erforderlichen Strukturanpassungen automatisiert werden, sondern auch die Modellbildung zumindest halbautomatisch erfolgen. Außerdem kann dann auch die Integration mit Optimierungswerkzeugen in gleicher Weise erfolgen.

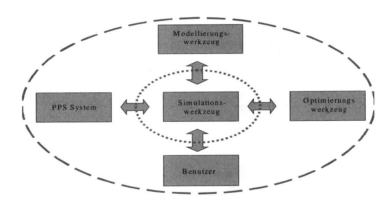

Abb. 8: Planungsverbund [6]

5 Eine Schnittstelle zwischen SAP R/3 und ARENA

Die Herstellung eines Planungsverbundes im obigen Sinne erfordert u.a. die Kopplung der verwendeten Werkzeuge. Im folgenden betrachten wir konkret die Kopplungsmöglichkeiten zwischen den Systemen SAP R/3 [10, 8] und ARENA [18].

Im einzelnen sind dabei folgende Aufgaben zu unterstützen:

- Extraktion der für die Simulation benötigten Daten aus R/3,
- Import dieser Daten in ARENA mit den erforderlichen Umwandlungen,
- Ergänzung des automatisch erstellten Simulationsmodells um weitere Parameter (s.o.) und ggf. lokale bzw. globale Entscheidungen,
- Export der Simulationsergebnisse aus ARENA,
- Import dieser Ergebnisse in R/3 zur weiteren Verarbeitung als Planungsparameter.

Für den Datentransfer können in R/3 die Verfahren Download und Upload verwendet werden. Die Anbindung des Simulationswerkzeuges erfolgt über den SAP-eigene Remote Function Call (RFC).

Für den Export werden die benötigten Daten (Materialien, Stücklisten, Arbeitspläne, Bearbeitungsplätze, Fertigungsaufträge) zunächst in eine entsprechend definierte Tabelle extrahiert und anschließend ausgewählt (eine bzw. mehrere Produktgruppen; hierfür wurde ein geeignetes Template implementiert). Die exportierte Datei(en) werden mit Hilfe einer Schnittstelle, die in Visual Basic implementiert wurde, an ARENA weitergegeben. ARENA bietet für den Import unterschiedliche Schnittstellen an (z.B. ASCII, OLE, ODBC). Somit können unterschiedliche Dateiformate eingelesen werden.

Die für die Simulationsanwendung benötigten Verteilungen für nichtdeterministische Parameter (z.B. Bearbeitungszeiten der Maschinen, Verfügbarkeit von Betriebsmitteln) sind aus den exportierten Daten der Planung zu bestimmen (hier hängt die ‚Qualität' der Verteilungen von der konkret vorliegenden Datenmenge von Betriebsdaten ab). Diese existierenden Daten werden automatisch mit dem Input-Modul von ARENA analysiert, die benötigen Verteilungen berechnet und eine Best-fit-Analyse durchgeführt.

Für den Rücktransport der aus der Simulation und Optimierung gewonnenen Planungsparameter (d.h. des endgültigen Produktionsplanes) kann die SAP R/3 Batch-Input Technik verwendet werden. Sie gewährleistet die Konsistenz der Daten in der SAP R/3 Datenbank.

In der Praxis werden natürlich die in einem virtuellen Unternehmen kooperierenden Partner nicht das PPS-System eines einzigen Herstellers einsetzen, sondern unterschiedliche Produkte verwenden, die in der Regel nicht miteinander kompatibel sind. In solchen Fällen würde eine universelle Schnittstelle benötigt.

6 Bestimmung des endgültigen Produktionsplanes

Alternativen in einem Fertigungsnetz führen zu verschiedenen Arbeitsplänen. Die Auswahl des endgültigen Produktionsplanes erfordert daher eine Analyse sowohl der lokalen Alternativen als auch der globalen. Zur Aggregation eines global durchführbaren und günstigen Planes müssen u.U. lokale Optima verworfen werden.

In der Praxis werden im Bereich der virtuellen Unternehmen üblicherweise nicht multikriterielle Optimierungen durchzuführen sein, bei denen sämtliche Optimierungskriterien gleich gewichtet werden. Vielmehr wird aus globaler Sicht eine Submenge von Kriterien priorisiert werden, während die übrigen lediglich auf lokaler Ebene zu optimieren sind. In diesem Fall kann die folgende iterative Prozedur zur Bestimmung des endgültigen Produktionsplanes angewendet werden (siehe Abb. 9): Zunächst sind die zwingend zu erfüllenden Randbedingungen anzuwenden. Ist beispielsweise der Liefertermin eine solche zwingende Randbedingung, so müssen alle Alternativen verworfen werden, die diesen Termin nicht innerhalb eines gewählten Konfidenzintervalles einhalten. Dies kann anhand der Simulationsergebnisse festgestellt werden. Die somit verbliebenen Alternativen werden nun hinsichtlich ihrer lokalen Bestandteile (d.h. den Subnetzen der einzelnen Partner im virtuellen Unternehmen) analysiert. Da in unserem Beispiel für alle Subnetze die Termineckdaten bekannt sind, können lokale Parameter (z.B. Maschinenauslastung, Kosten, Produktionsdauer und –menge) unter Einhaltung lokaler Restriktionen optimal belegt werden [17, 19, 20].

Die Iteration besteht darin, was-wäre-wenn–Analysen durchzuführen und die Modellparameter ggf. zu variieren. Hierfür können untere und obere Grenzen für die einzelnen Parameterwerte verwendet werden.

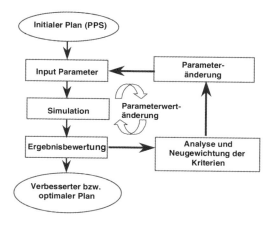

Abb. 9: Optimierungsablauf [8]

7 Zusammenfassung

Die rechnergestützte Simulation ermöglicht produzierenden Unternehmen eine realitätsnähere Produktionsplanung. Anwendungshindernisse, die sich aus der Komplexität von Aufgaben wie Modellbildung, Datentransfer usw. ergeben, können durch die Entwicklung geeigneter Vorgehensmodelle und Softwarewerkzeuge überwunden werden.

Bei der Vernetzung von Unternehmen zu virtuellen Organisationen tritt neben die lokale Planung des einzelnen Unternehmens die globale Planung über das gesamt Unternehmensnetzwerk. Da diese jedoch nicht losgelöst von den einzelnen Partnern erfolgen kann, müssen deren Planungsmodelle, zusammen mit den relevanten Daten zu einem Gesamtplanungsmodell integriert werden.

Mit dem NETSIM-Konzept wurde ein Ansatz vorgestellt, der eine Lösung für beide Problemstellungen anbietet. Hinsichtlich der technischen Realisierung haben wir uns bisher auf die Verwendung von SAP R/3 als ERP-System und ARENA als Simulationswerkzeug beschränkt. Im Rahmen von Virtuellen Organisationen können aber bei den einzelnen Partnerunternehmen unterschiedliche PPS-Systeme in Verwendung sein. Aus diesem Grunde muß eine universelle Plattform zur Integration unterschiedlicher PPS- und ggf. Simulationssysteme entwickelt werden.

Literatur

[1] Adam, D.: Produktions-Management, Gabler, 1997.

[2] Blazewicz J.; Ecker K.H.; Pesch E.; Schmidt G.; Eglarz J.: Scheduling computer and manufacturing processes, Springer Verlag Berlin-Heidelberg, 1996.

[3] Davidow, W.H. Malone, M.S.: The Virtual Corporation: Structuring and Revitalizing the Corporation for the 21 th Century, New York, 1992.

[4] Davis, S., Botkin, J.: Das künftige Geschäft, in: Harward Business Manager (17), 1995.

[5] Erkollar, A.; Mayr, H.C.: Simulation Aided Network Analysis in Production Planning and Control, 1st World congress on System Simulation, WCSS97, Singapur, 1997.

[6] Erkollar, A.: Ein Vorgehensmodell zum Einsatz der Simulation in den kleinen und mittelständischen Betrieben, Universität Klagenfurt, Dissertation, 1998.

[7] Erkollar, A.: The NETSIM Concept. In: Proc. 12. Symposium ASIM 98, vdf Verlag, ETH, Zürich, 1998.

[8] Erkollar, A.; Mayr, H. C.: The Netsim Concept and its application. In (A. Bargiela, E. Kerckhoffs ed.) Proc. ESS 98: Simulation technology:Science and Art, 1998.

[9] Erkollar, A.; Mayr, H.C.: Planning in Virtual Enterprises Using the NETSIM Approach: an application report, In Proc. PICMET 99, Technology and Innovation Management, Portland, USA, 1999.

[10] Fandel, G.: PPS- und integrierte betriebliche Softwaresysteme: Grundlagen, Methoden, Marktanalyse, Springer, 1997.

[11] Fandel, G.; Francois, P.; Gubitz, K.M.: PPS-Systeme. Springer Verlag, 1994.

[12] Gronau, N.: Management von Produktion und Logistik mit SAP R/3, Oldenburg Verlag, 1996.

[13] Hitomi, K.: Manufacturing Systems Engineering. Taylor&Francis, 1996.

[14] Kretschmer, R.; Wolfgang, W.: SAP-R/3-Entwicklung mit ABAP/4, Sybex Verlag, 1997.

[15] Kuhn, A.; Reinhardt, A.; Wiendahl, H. P. (Hrsg.): Handbuch Simulationsanwendungen in Produktion und Logistik, Vieweg Verlag, 1993.

[16] Luczak, H; Eversheim, W.: Produktionsplanung und –steuerung: Grundlagen, Gestaltung und Konzepte, Springer Verlag, 1998.

[17] Miltenburg, J.: Comparing JIT, MRP and TOC,and embedding TOC into MRP, In: International journal of production research, 35, 1997.

[18] Pegden, C.; Shannon, R.; Shadowski, R.: Introduction to Simulation Using. SIMAN, McGraw-Hill, 1996.

[19] Ruiz-Torres, A.J.; Nakatani, K.: Application of real-time Simulation to Assign due Dates on Logistic-Manufacturing Networks. Proc. WSC'98, Washington, USA,1998.

[20] Taj, Sh.; Cochran, D.; Duda, J.W.; Linck, J.: Simulation and Production Planning for Manufacturing Cells. Proc. WSC'98, Washington, USA, 1998.

[21] Vollman, Thomas E.: Manufacturing planning and control systems, McGraw-Hill, 1997.

Der Einfluß des E-Commerce auf das Produkt- und Zuliefergeschäft

D. J. G. Schneider / A. Schwarz-Musch

1 Begriff und Marktpotential des E-Commerce

2 Einsatzmöglichkeiten des E-Commerce bei unterschiedlichen Geschäftstypen

3 Ausgewählte Entwicklungen und Ihre Auswirkungen auf das Zuliefergeschäft

    3.1 Der Einfluß des E-Commerce auf das Beschaffungsverhalten der Kunden

    3.2 Elektronische Marktplätze

4 Resümee

Literatur

1 Begriff und Marktpotential des E-Commerce

Die Bedeutung des Einsatzes moderner Informations- und Kommunikationstechnologien für die Wettbewerbsfähigkeit von Unternehmen wird seit langem diskutiert.[1] Dabei hat sich die Bezeichnung „Electronic Commerce" im Schrifttum stellvertretend für die neuen Möglichkeiten der digitalen Geschäftsanbahnung, Geschäftsabwicklung und ihre kommunikative Unterstützung über das Internet und seine benachbarten Technologien (Intranet, Extranet)[2] etabliert. Jedoch ist der Begriff des E-Commerce in der Literatur bis heute nicht klar definiert. Die Begriffsabgrenzungen reichen vom Electronic Shopping bis hin zur Vernetzung von Wertschöpfungsketten von Unternehmen und ihren Partnern.[3] In anderen Quellen wird hingegen die Bezeichnung E-Business verwendet, wobei in der Literatur eine klare begriffliche Abgrenzung dieser beiden Bezeichnungen voneinander unterbleibt.[4] Allerdings muß gesehen werden, daß diese beiden Begriffe ineinander diffundieren und eine klare Trennung daher kaum möglich sein wird. Man kann dann unter E-Business als weitem Begriff die Anbahnung, Unterstützung und Abwicklung von Transaktionen auf Absatz- und Beschaffungsmärkten über elektronische Medien sowie die elektronische Unterstützung sämtlicher unternehmensinterner und unternehmensübergreifender beschaffungs- und absatzmarktbezogener Geschäftsprozesse und damit auch die Verknüpfung von Wertschöpfungsketten zwischen Kunden und Lieferanten auf Beschaffungs- und Absatzseite verstehen. Bei Fokussierung auf die marktlichen Transaktionen würde man hingegen eher von E-Commerce als Teilbereich des E-Business sprechen (vgl. Abbildung 1).

---

[1] Vgl. stellvertretend Kaluza (1989), S. 9 ff

[2] Vgl. Hermanns/Sauter (1999), o.S.

[3] Vgl. dazu ausführlich Hermanns/Sauter (1999), S. 15 ff

[4] Vgl. dazu stellvertretend die Beiträge bei Hermanns/Sauter (1999), S. 4 ff, Bliemel et al. (2000), S. 2ff, und Weiber (2000), S. 3 ff

Der Einfluß des E-Commerce auf das Produkt- und Zuliefergeschäft 217

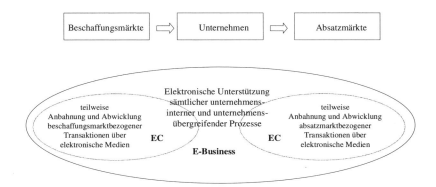

Abb. 1: Abgrenzung E-Business und E-Commerce

E-Commerce und E-Business unterscheiden sich zusammenfassend dadurch, daß im E-Commerce der Fokus auf die Anbahnung und Abwicklung von Transaktionen gerichtet ist, während der Begriff E-Business weiter gefaßt ist und zusätzlich die Unterstützung sämtlicher unternehmensinterner und unternehmensübergreifender Prozesse mittels elektronischer Medien enthält.

Die zunehmende Bedeutung des E-Commerce wird in aktuellen Studien durch die Prognose enormer Wachstumsraten dokumentiert. So soll nach einer Studie von Forrester Research der weltweite Umsatz in den Bereichen Business-to-Business (B-to-B) und Business-to-Consumer (B-to-C) von US $ 657 Milliarden im Jahr 2000 auf rund US $ 6,8 Billionen im Jahr 2004 ansteigen. Der Anteil der über E-Commerce erzielten Umsätze am Gesamthandelsvolumen wird in den USA demnach durchschnittlich 13,3 % betragen, die wichtigsten westeuropäischen Märkte Deutschland (6,5 %) und Großbritannien (7,1 %) werden hier deutlich zurückliegen. Ein ähnliches Bild zeigt eine aktuelle Studie der Boston Consulting Group (BCG) für den Umsatz im B-to-B Bereich, die davon ausgeht, daß in den USA bereits im Jahre 2003 rund 24 % (d.s. US $ 2,8 Billionen) des Gesamthandelsvolumens im B-to-B Bereich über E-Commerce abgewickelt werden, während dieser Wert in Europa nur rund 11 % ausmachen wird.[5] Auch wenn in naher Zukunft der größte Teil des Umsatzes nach wie vor in den USA erzielt wird, zeichnen sich vor allem der asiatisch-pazifische Raum und Westeuropa durch ein Hyperwachstum in den folgenden zwei Jahren aus. (vgl. Tabelle 1).

---

[5] Vgl. BCG (2000), o.S.

	2000	2001	2002	2003	2004	% of total sales in 2004
Total (billions US-$)	657,0	1.233,6	2.231,2	3.979,7	6.789,8	8,6 %
North America	509,3	908,6	1.495,2	2.339,0	3.456,4	12,8 %
United States	488,7	864,1	1.411,3	2.817,2	3.189,0	13,3 %
Canada	17,4	38,0	68,0	109,6	160,3	9,2 %
Mexico	3,2	6,6	15,9	42,3	107,0	8,4 %
Asia Pacific	53,7	117,2	286,6	724,2	1.649,8	8,0 %
Japan	31,9	64,4	146,8	363,6	880,3	8,4 %
Australia	5,6	14,0	36,9	96,7	207,6	16,4 %
Kora, Rep. Of	5,6	14,1	39,3	100,5	205,7	16,4 %
Taiwan	4,1	10,7	30,0	80,6	175,8	16,4 %
All other	6,5	14,0	60,6	130,5	197,1	2,7 %
Western Europe	87,4	194,8	422,1	853,3	1.533,2	6,0 %
Germany	20,6	46,4	102,0	211,1	386,5	6,5 %
United Kingdom	17,2	38,5	83,2	165,6	288,8	7,1 %
France	9,9	22,1	49,1	104,8	206,4	5,0 %
Italy	7,2	15,6	33,8	71,4	142,4	4,3 %
Netherlands	6,5	14,4	30,7	59,5	98,3	9,2 %
All other	25,9	57,7	123,4	240,8	410,8	6,0 %
Latin America	3,6	6,8	13,7	31,8	81,8	2,4 %
Rest of World	3,2	6,2	13,5	31,5	68,6	2,4 %

Quelle: Forrester Research 2000

Tab. 1: E-Commerce Umsätze weltweit (B-to-B und B-to-C)

Vergleicht man die Ergebnisse internationaler Marktforschungs- und Beratungsunternehmen zum Marktpotential des E-Commerce im B-to-B Bereich, so zeigt sich, daß die einzelnen Ergebnisse zum Teil stark voneinander abweichen (vgl. Tabelle 2).

Institut	Umsatz bezogen auf	Prognose 2002 (in Billionen US-$)	Prognose 2004 (in Billionen US-$)
AMR Research	USA	1,00	5,70
Gartner Group	weltweit	2,18	7,29
IDC	weltweit	0,80	2,20

Tab. 2: E-Commerce Umsätze weltweit (B-to-B)

Zwischen den Prognosen der Gartner Group und der IDC ergibt sich z.B. eine Lücke von rund US $ 5 Billionen, die z.T. auf eine uneinheitliche Abgrenzung dessen zurückzuführen ist, was den Umsätzen zuzurechnen ist.[6] Auffallend sind jedoch auch hier die in allen Studien prognostizierten, hohen jährlichen Zuwachsraten, eine Entwicklung, die sich auch in den Umsatzerwartungen für Europa widerspiegelt. Auch hier werden jährliche Zuwachsraten von über 100 % prognostiziert. Es wird dabei davon ausgegangen, daß im Jahr 2004 rund 85 % der E-Commerce Umsätze in der Höhe von Euro 1.550 Milliarden auf den B-to-B Bereich entfallen werden.[7]

Zusammenfassend läßt sich feststellen, daß die Prognosen über die künftigen Umsatzentwicklungen im E-Commerce hinsichtlich der konkreten Zahlen zwar stark voneinander abweichen, jedoch in allen Studien hohe Zuwachsraten und eine stark steigende Bedeutung des E-Commerce unterstellt wird. Getragen wird diese Entwicklung vor allem durch das nahezu explosiv wachsende Gewicht des B-to-B Bereichs, der - gemessen an seiner Bedeutung - im Schrifttum jedoch noch unterrepräsentiert ist. Dabei bestehen zwischen E-Commerce-Anwendungen im B-to-B Bereich und dem B-to-C Bereich z.T. erhebliche Unterschiede, da die „[…] Komplexität einer businessorientierten Electronic Commerce-Anwendung um ein Vielfaches höher liegt als die einer consumerorientierten."[8] Von zentraler Bedeutung sind darüber hinaus die Schwerpunkte hinsichtlich der vom Unternehmen angestrebten Zielsetzungen bzw. des angestrebten Kundennutzens (vgl. Tabelle 3).

	Strategischer Fokus	Angestrebter Kundennutzen
B-to-B	Optimierung der Wertschöpfungskette und Senkung von Prozeßkosten	Optimierung der Geschäftsprozesse
B-to-C	Ausschaltung von Handelsstufen / Zwischenhändlern	Orts- und Zeitunabhängigkeit der Kunden, einfachere Preisvergleiche, Surfen als Freizeiterlebnis

Quelle: in Anlehnung an Rohrbach, 1999, S. 275 f.

Tab. 3: Strategischer Fokus und angestrebter Kundennutzen

Die im B-to-B Bereich angestrebte Optimierung von Wertschöpfungsketten und Geschäftsprozessen macht deutlich, daß dem Kooperationsgedanken zwischen den beteiligten Unternehmen verstärkte Bedeutung zukommen wird. Dies zeigte sich

---

[6] Vgl. Gatzke (2000), S. 1
[7] Vgl. ECIN (2000), S. 2
[8] Rohrbach (1999), S. 273

bereits beim Einsatz von EDI (Electronic Data Interchange), wobei EDI-Transaktionen in den nächsten Jahren verstärkt auch über das Internet abgewickelt werden sollen.[9] Neue Entwicklungen wie das von DaimlerChrysler, General Motors und Ford geplante Portal zum E-Businessmarkt im Kfz-Bereich soll die teilnehmenden Unternehmen u.a. auch in die Lage versetzen, bei der Erstellung von künftigen Produktionsplänen zusammenzuarbeiten, um so „[...] innerhalb einer einzigen Lieferkette ... Nachfrageprognosen und kapazitätsbezogene Informationen untereinander austauschen und optimierte Pläne zur Erfüllung der Anforderungen von Endkunden entwickeln" zu können.[10]

2 Einsatzmöglichkeiten des E-Commerce bei unterschiedlichen Geschäftstypen

Zur Systematisierung der heterogenen Transaktionen auf industriellen Märkten finden sich im Schrifttum unterschiedliche Geschäftstypologien, die eine Systematisierung typenspezifischer Marketingprobleme und die Entwicklung typenadäquater Marketingkonzeptionen ermöglichen sollen.[11] Diese können aufgrund der Heterogenität der Angebotsleistungen - von der Vermarktung einfacher Standardleistungen bis hin zu komplexen und hochspezifischen Gütern - sehr unterschiedlich ausgestaltet sein. Hinsichtlich der Vermarktbarkeit von Produkten und Dienstleistungen mittels E-Commerce weist Wißmeier auf die unterschiedlich starke Eignungen dieser äußerst heterogenen Marktleistungen hin. Kriterien wie die Komplexität, Beratungsbedürftigkeit und Integrativität einer Leistung führen demnach dazu, daß die Bedeutung eines Vertriebs über das Internet variiert.[12]

Betrachtet man unter diesem Blickwinkel die Spezifika, die das Produkt-, Anlagen-, System- und Zuliefergeschäft charakterisieren,[13] so dürften E-Commerce Aktivitäten im Rahmen dieser Typologie unterschiedliche Auswirkungen haben. Das Produktgeschäft enthält nach Backhaus das Geschäft mit Einzelaggregaten und Standardkomponenten, die für einen anonymen Markt produziert werden.[14]

---

[9] Vgl. Gratzke (2000), S. 1 sowie ausführlich Deutsch (1999), S. 117 ff

[10] Covisint (2000), o,S.

[11] Vgl. Meyer et al. (1998), S. 118

[12] Vgl. Wißmeier (1999), S. 162

[13] Vgl. zur Abgrenzung der Geschäftstypen ausführlich Backhaus (1997), S. 275 ff. sowie kritisch Meyer et al. (1998), S. 128 ff. und S. 139 ff)

[14] Vgl. Backhaus (1997), S. 296

Im Vergleich dazu weisen die Leistungen oder Leistungsbündel, die den anderen genannten Geschäftstypen zu subsumieren sind, sowohl einen höheren Grad an Komplexität auf (z.b. durch zusätzliche Leistungen im Zuliefergeschäft), ebenso kann aufgrund der Spezifität der Leistungen (z.b. im Anlagengeschäft) oder der starken Bindung eines Kunden an den Hersteller (z.b. im Systemgeschäft) ein verstärktes Maß an Kommunikation nötig sein. Dementsprechend eignen sich diese Leistungen in einem geringeren Ausmaß für eine komplette Vertriebsabwicklung über das Internet, wohl aber für eine kommunikative Unterstützung des Vertriebs über elektronische Medien.

Eine Reduktion der Kriterien zur Beurteilung des Einflusses des E-Commerce auf den Business-to-Business Bereich auf die Dimensionen „Produktkomplexität" und „Notwendigkeit persönlicher Kontakte" würde allerdings zu kurz greifen, da hiermit in erster Linie auf Aspekte des *Vertriebs* abgestellt wird. Gerade im B-to-B Bereich kommt beim E-Commerce neben dem Vertrieb aber auch anderen Überlegungen, wie insbesondere der unternehmensübergreifenden *Verknüpfung von Wertschöpfungsketten* (z.B. mittels internetbasierter EDI-Tätigkeiten, Electronic Procurement oder der Mitarbeit an elektronischen Marktplätzen, auf denen ein Unternehmen als Partner akzeptiert werden muß), sowie dem Internet als *Instrument zur Kommunikation* mit Kunden und Lieferanten und als Instrument der *Kundenbindung* große Bedeutung zu. So wirkt sich das Internet nach einer aktuellen Umfrage der TechConsult GmbH unter mittelständischen Unternehmen in Deutschland vor allem fördernd auf eine bessere Kommunikation mit Kunden und Zulieferern sowie eine höhere Kundenorientierung/Kundenbindung aus.[15]

Betrachtet man die Einflußmöglichkeiten des Internet nach Geschäftstypen getrennt, so zeigt sich, daß der größte Einfluß für den Bereich des Produkt- und Zuliefergeschäfts zu erwarten ist. Während das Internet bei allen Geschäftstypen als Instrument zur Kommunikation mit (potentiellen) Kunden und Lieferanten sowie zur Kundenbindung eingesetzt werden kann, zeichnen sich im Produkt- und Zuliefergeschäft weitergehendere Einsatzmöglichkeiten ab (vgl. Abbildung 2).

---

[15] Vgl. TechConsult (2000), S. 51

Einfluß des Internet auf ...	Produkt-geschäft	Zuliefer-geschäft	System-geschäft	Anlagen-geschäft
Verknüpfung von Wertschöpfungsketten		X		
Wahl der Vertriebswege	X			
Kommunikation mit Kunden und Lieferanten	X	X	X	X
Kundenorientierung/ Kundenbindung	X	X	X	X

Abb. 2: Geschäftstypenspezifischer Einfluß des Internet[16]

Demnach wird sich das Internet am ehesten im Rahmen des Produktgeschäfts als Vertriebskanal nutzen lassen, während im Zuliefergeschäft die unternehmensübergreifende Optimierung von Wertschöpfungsketten im Vordergrund stehen wird. Wie Meyer et al. anführen,[17] sind die Übergänge vom Produktgeschäft zur Vermarktung von standardisierten Komponenten im Zuliefergeschäft jedoch fließend. Standardisierte Komponenten werden vom Hersteller weitgehend selbständig entwickelt und für einen anonymen Markt produziert (z.B. Zündkerzen oder Batterien) und können vom Kunden beispielsweise über einen Katalog beim Zulieferer gekauft werden. Hier bestehen in der Vermarktung zum reinen Produktgeschäft nur geringe Unterschiede. Übernimmt der Zulieferer hingegen spezifische logistische Leistungen (z.B. hinsichtlich Lieferservice und Liefertreue), können diese unspezifischen Transaktionsbeziehungen in spezifische Transaktionen übergehen. Eine unternehmensübergreifende Verknüpfung von Wertketten und Prozessen (z.B. im Bereich der Logistik) gewinnt an Bedeutung. Entwickelt und konstruiert der Zulieferer kundenindividuell komplette Module bzw. Spezialkomponenten (Modul- oder Systemlieferant) kommt der unternehmensübergreifenden Zusammenarbeit auch in anderen Teilbereichen (z.B. in Forschung und Entwicklung) große Bedeutung zu, während die Nutzung des Internet als Vertriebsschiene zur Ansprache von Neukunden in den Hintergrund tritt (vgl. Abbildung 3).

---

[16] Vgl. dazu auch die Ausführungen bei Rohrbach (1999), S. 277 f
[17] Vgl. Meyer et al. (1998), S. 156 f)

Der Einfluß des E-Commerce auf das Produkt- und Zuliefergeschäft

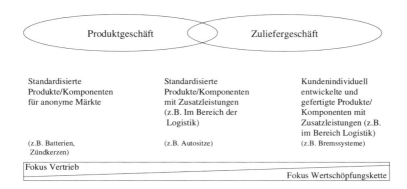

Abb. 3: Fokus im Einsatz des E-Commerce im Produkt- und Zuliefergeschäft

3 Ausgewählte Entwicklungen und Ihre Auswirkungen auf das Zuliefergeschäft

3.1 Der Einfluß des E-Commerce auf das Beschaffungsverhalten der Kunden

Der Einsatz von E-Commerce Applikationen zur Beschaffung von Gütern (z.B. Einsatz des Internets oder eines Extranets zur Bestellung über elektronische Kataloge, Einsatz von EDI-Systemen) bringt beschaffenden Unternehmen eine Reihe von Vorteilen, wie beispielsweise Kosteneinsparungen und Zeitersparnisse. Diese werden u.a. auf Einsparungen bei der Bearbeitung von Bestellungen (Ersparnis von doppelten Eingabearbeiten und Papiertransaktionen durch die Weiterverarbeitung von elektronischen Daten mit dadurch verringerten Fehlerquellen) sowie eine bessere Kommunikation zwischen Unternehmen und Lieferanten zurückgeführt, welche sich wiederum in kürzeren Bestellzyklen und einer zeitnahen Bereitstellung von beschaffungsrelevanten Informationen (z.B. Lieferstatus) niederschlägt.[18] Ein wichtiges Instrument zur Integration unternehmensübergreifender Geschäftsprozesse stellt dabei der elektronische Datenaustausch (EDI) dar.[19] Trotz der Vorteile, die mit der Installation eines solchen Systems verbunden sind,[20] hat sich EDI bisher weder in Europa noch in den USA vollkommen durchgesetzt:

---

[18] Vgl. Min/Galle (1999), S. 909 f

[19] Vgl. Deutsch (1999), S. 5

[20] Vgl. dazu im Überblick Deutsch (1999), S. 62 ff, sowie ausführlich Weid (1995), S. 59 ff

„Despite the fact that EDI was really one of the two foundation blocks for electronic commerce at the business-to-business level (the other was electronic payments) its diffusion rate has been disappointingly slow."[21]

Der mangelnde Verbreitungsgrad wird in der Literatur insbesondere auf die hohen Kosten, die mit dem Aufbau und Betrieb eines solchen Systems verbunden sind,[22] sowie die Abhängigkeit von Großkunden, durch die eine Installation des EDI-Systems initiiert wurde,[23] zurückgeführt. Insbesondere die hohen Kosten der Implementierung einer „klassischen" EDI-Lösung über ein proprietäres Value Added Network (VAN) zieht es nach sich, daß ihr Einsatz überwiegend Großunternehmen vorbehalten blieb, die eine entsprechend große Anzahl an Transaktionen mit ihren Kunden aufweisen können. Neue Entwicklungen im Bereich der Internet-Technologien ermöglichen jetzt jedoch die Nutzung des Internet zur Realisierung einer EDI-Lösung. Durch die Verbindung von XML („eXtensible Markup Language") und EDI bietet sich auch kleinen und mittelständischen Unternehmen (KMU) die Möglichkeit, den Anforderungen ihrer Großkunden nach EDI-Fähigkeit kostengünstig zu entsprechen.[24] So sollen sich durch den Einsatz des Internet im Vergleich zu klassischen VAN-Lösungen Kosteneinsparungen in der Höhe von rund 90 % erzielen lassen.[25] Die Tatsache, daß allein beim Datentransport Kosteneinsparungen in der Höhe von 15 bis 20 % zu realisieren sind, wird nach Schätzungen von Forrester Research dazu führen, daß zwischen 1998 und 2001 rund 16 % der über VAN's (Value Added Networks) getätigten EDI-Umsätze über das Internet abgewickelt werden.[26] Untersuchungen in den USA haben gezeigt, daß durch den Einsatz des Internet eine schnellere Realisierung von EDI- und JiT-Konzeptionen ermöglicht wurde: „Ever since the introduction of the Internet, JiT and EDI systems take only half of the needed time to develop and to be put into operation."[27]

Das Internet bietet mit dem World Wide Web (WWW) darüber hinaus die Möglichkeit, aufgrund seiner graphischen Benutzeroberfläche neben Texten auch Graphiken sowie Audio- und Videoapplikationen zu übermitteln.[28] Während mit-

---

[21] Angeles (2000), S. 45. Vgl. auch McIvor et al. (2000), S. 123 f
[22] Vgl. Mattes (1999), S. 101
[23] Vgl. Angeles (2000), S. 45
[24] Vgl. Mattes (1999), S. 101
[25] Vgl. Smith (1996), zitiert nach Angeles (2000), S. 49
[26] Vgl. Angeles (2000), S. 45
[27] Lancioni et al. (2000), S. 50
[28] Vgl. stellvertretend Heinzmann (2000), S. 70 ff

tels EDI-Lösungen nur standardisierte Daten übertragen werden können, besteht hier auch die Möglichkeit, die einer Bestellung und Bestellungsabwicklung vorgelagerten Phasen (Suche von Geschäftspartnern, Geschäftsanbahnung, Verhandlung), in denen unstrukturierte Informationen gesucht und ausgetauscht werden müssen, elektronisch zu unterstützen (vgl. Abbildung 4).

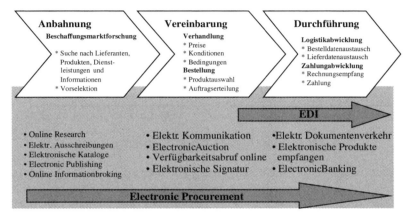

Quelle: Nenninger, 1998, entnommen aus Nenninger/Gerst , 1999, S. 290

Abb. 4: Transaktionen von Electronic Procurement

Durch die elektronische Unterstützung des Beschaffungsprozesses lassen sich demnach nicht mehr nur Transaktionskosten in der Abwicklungsphase, sondern auch Informations- und Kommunikationskosten der Anbahnungs- und Vereinbarungsphase senken. So bestätigt eine in den USA durchgeführte Studie über den Einsatz des Internet im Supply Chain Management die Bedeutung des Internet im Rahmen der Beschaffung.[29] Demnach werden eine Reihe von Aufgaben im Beschaffungsprozeß elektronisch unterstützt (vgl. Tabelle 4).

---

[29] Vgl. Lancioni et al. (2000), S. 49 f. Vgl. zum Begriff und Bedeutung des Supply Chain Management Kalzua/Blecker (2000a), S. 123 ff

	% Using	Rate of usage[30]
EDI with vendors	37.0	2.44
Purchase from catalogs	39.4	2.57
Communication with vendors	52.1	2.95
Negotiate with vendors	36.0	2.26
Check vendor price quotes	32.9	2.71
Damaged products to vendors	21.9	1.94
Vendor warranty issues	21.9	1.88

Quelle: Lancioni et al. (2000), S. 49

Tab. 4: Einsatz des Internet in der Beschaffung

Auffallend ist dabei auch, daß der Einsatz des Internet dazu führte, daß bei den befragten Unternehmen persönliche Verhandlungen mit Lieferanten nicht mehr im selben Ausmaß stattfinden, „[...] because the negotiations can conducted through the Internet. This includes the bargaining, re-negotiation, price and term agreements."[31]

Da sich die Vorteile der elektronischen Beschaffung nicht in vollem Umfang ausschöpfen lassen, wenn einige Marktpartner nicht daran teilnehmen,[32] ist in Zukunft mit einem verstärkten Druck von Unternehmen auf deren Lieferanten nach Einführung entsprechender Lösungen zu rechnen. So stellen Min/Galle anhand einer in den USA durchgeführten Studie fest, daß die Fähigkeit von Lieferanten, an E-Commerce Anwendungen im Bereich der Beschaffung teilzunehmen, allgemein zwar noch kein wichtiges Kriterium bei der Lieferantenauswahl darstellt, gerade Großunternehmungen die Fähigkeit zum E-Commerce jedoch als zunehmend wichtigeres Kriterium erachten. „In conclusion, the buying firm with large purchase volume is a heavy user of EC and is likely to force is suppliers into the EC network."[33] Gleichzeitig ergab die von Min/Galle durchgeführte Untersuchung, daß nur Unternehmen mit relativ großen Einkaufsabteilungen bereit sind,

---

[30] Im Rahmen der Verwendungshäufigkeit wurde auf einer Skala von 1 bis 5 (1 = geringer Einsatz, 5 = starker Einsatz) überprüft, in welchem Ausmaß die untersuchten Firmen die einzelnen Aktivitäten elektronisch unterstützen.

[31] Lancioni et al. (2000), S. 50

[32] Vgl. Min/Galle (1999), S. 912

[33] Min/Galle (1999), S. 919

Lieferanten beim Aufbau von E-Commerce Anwendungen zu unterstützen.[34] Daran zeigt sich, daß es in absehbarer Zeit gerade für kleine und mittelständische Unternehmen zwingend notwendig wird, sich mit dem Thema E-Commerce auseinanderzusetzen.

3.2 Elektronische Marktplätze

Eine im Schrifttum häufig diskutierte, kostengünstige Möglichkeit, am E-Commerce teilzunehmen, bieten elektronische Marktplätze. „Trading Exchanges, also called marketplaces, are allowing smaller companies to solicit customers, respond to bids, and take order via the Internet with minimal investment in technology."[35] Dabei handelt es sich bei elektronischen Marktplätzen nach einer Definition von Schmid um „[...]den *Begegnungsraum* (die Agora), in welchem sich Marktakteure bzw. ihre elektronischen Stellvertreter treffen und austauschen können, im digitalen Medium als virtuelle Begegnungsräume. [...] Gleichzeitig werden im elektronischen Markt die *Dienste* der Transaktionsphasen - Wissensphase, Absichtsphase, Vereinbarungsphase und Abwicklungsphase - in diesem neuen Medium realisiert."[36] Prinzipiell kann zwischen offenen elektronischen Märkten und geschlossenen elektronischen Marktplätzen, bei denen beispielsweise regional, personen- oder institutionenbezogen Zugangsbeschränkungen bestehen, unterschieden werden.[37]

Einer der Hauptvorteile der elektronischen Marktplätze wird in der Möglichkeit, Kosten einzusparen,[38] gesehen: „The experience of early participants suggests that an electronic marketplace can capture savings of 10 to 20 percent on sales and deliver lower prices for buyers."[39] So konnte Cisco Systems durch die Errichtung eines elektronischen Marktplatzes Kosteneinsparungen in der Höhe von US-$ 270 Mio. erzielen.[40] Weitere Vorteile werden in der größeren Reichweite elektronischer Märkte bei der Kundenansprache, geringeren Markteintrittskosten für neue

---

34 Vgl. ebenda

35 Bermudez et al. (2000), S. 4

36 Schmid (2000), S. 197

37 Kollmann (2000), S. 126

38 Vgl. stellvertretend Schneider/Schnetkamp (2000), S. 50 und Kollmann (2000), S. 126

39 Berryman et al. (1998), S. 152

40 Vgl. Berryman et al. (1998), S. 153

Anbieter und Nachfrager sowie in den aufgrund einer verschärften, transparenteren Wettbewerbssituation zu realisierenden niedrigeren Einkaufspreise gesehen.[41]

Wenn im Schrifttum auch Einigkeit über die potentiellen Vorteile von Marktplätzen herrscht, so steht eine einheitliche begriffliche Abgrenzung der einzelnen Arten von Marktplätzen noch aus.[42] Während Hanker innerhalb eines eher technischen Interpretationsrahmens Formen der elektronischen Aktivität nach den alternativen Grundstrukturen der Transaktionsregelung identifiziert,[43] analysieren Picot et al. die Ausprägungsformen elektronischer Märkte anhand von Veränderungen zu traditionellen Handels- und Absatzwegen.[44] Kollmann stellt wiederum auf die Machtverhältnisse für die Koordination von virtuellen Transaktionen ab und unterscheidet drei Arten elektronischer Handelsbeziehungen: elektronische Anbieterhierarchie, hier liegt die Koordinationsmacht beim Anbieter, elektronische Nachfragerhierarchie, hier liegt die Koordinationsmacht beim Nachfrager und dem elektronischen Markt, hier liegt die Koordinationsmacht beim Marktplatzbetreiber.[45] Diese Typologisierung entspricht der von Berrymann et al. getroffenen Einteilung in verkäufer-kontrollierte (seller controlled), käufer-kontrollierte (buyer controlled) und neutrale Marktplätze. Mattes wiederum berücksichtigt diesen Aspekt nicht und unterscheidet zwischen branchenspezifischen und branchenübergreifenden Marktplätzen.[46] Eine neue Bezeichnung wählen Schneider/Schnetkamp, sie subsumieren dem Begriff „E-Markets" Einkaufsplattformen, Marktplätze und Fachportale.[47] Die von Mattes gewählte Einteilung in branchenspezifische und branchenübergreifende Marktplätze entspricht dabei der von Schneider/Schnetkamp vorgenommenen Unterscheidung in vertikale (branchenspezifische) und horizontale (branchenübergreifende) Marktplätze.

Bei einer Kategorisierung der unterschiedlichen Typen von elektronischen Marktplätzen macht es nach Ansicht der Verfasser Sinn, sowohl die Frage, wer den Marktplatz betreibt und koordiniert[48] als auch die Frage nach den über die Plattform angesprochenen Marktpartnern, zu berücksichtigen. Hinter dem Kriterium „Betreiber" steht nicht nur der Aspekt der Koordinationsmacht, sondern auch die

---

[41] Vgl. Berrymann et al. (1998), S. 154 f. und Schneider/Schnetkamp (2000), S. 50 f

[42] Vgl. Kollmann (2000), S. 133

[43] Vgl. Hanker (1990), S. 347 zitiert nach Kollmann (2000), S. 133

[44] Vgl. Picot et al. (1996), S. 337 ff. zitiert nach Kollmann (2000), S. 133

[45] Vgl. Kollmann (2000), S. 133

[46] Vgl. Mattes (1999), S. 78 ff

[47] Vgl. dazu ausführlich Schneider/Schnetkamp (2000), S. 56 ff

[48] Vgl. Berrymann et al. (1998), S. 153 f. und Kollmann (2000), S. 133

mit der Plattform verfolgte Zielsetzung bzw. deren Funktion. Neue IuK-Technologien können sowohl auf der Absatz- als auch der Beschaffungsseite des Unternehmens eingesetzt werden, demnach sind zwei wesentliche Einsatzmöglichkeiten von elektronischen Marktplätzen mit der elektronischen Unterstützung des Einkaufs bzw. Verkaufs charakterisiert. Bei der Unterscheidung zwischen branchenspezifischen und branchenübergreifenden Marktplätzen steht die Frage im Vordergrund, ob die mit einem elektronischen Marktplatz angesprochenen Marktpartner (Kunden und/oder Lieferanten) aus nur einer oder mehreren Branchen kommen (vgl. Abbildung 5).

Betreiben ein oder mehrere Unternehmen einen elektronischen Marktplatz mit der Zielsetzung, diesen für den Bereich der Beschaffung von Leistungen einzusetzen, so handelt es sich um eine Einkaufsplattform. Bei elektronischen Einkaufsplattformen handelt es sich nach Schneider/Schnetkamp um „[...] multilaterale, DV-gestützte Transaktionssysteme, die von der Beschaffungsseite her dominiert werden."[49] Je nachdem, ob die mit der Plattform angesprochenen Marktpartner (Lieferanten) nur aus einer Branche oder aus mehreren Branchen kommen, handelt es sich um branchenspezifische oder branchenübergreifende Einkaufsplattformen. Dabei ist eine Einkaufsplattform, bei der die (potentiellen) Lieferanten aus nur einer Branche kommen prinzipiell zwar vorstellbar, in vielen Fällen aber nicht zweckmäßig. Häufig kommen die Lieferanten eines Unternehmens ja aus unterschiedlichen Branchen. Daher wird in diesem Fall eine branchenübergreifende Einkaufsplattform gewählt werden. So wurde im Februar 2000 von Daimler-Chrysler, Ford und General Motors die Gründung einer Einkaufsplattform im Kfz-Bereich bekanntgegeben. Mittlerweile haben sich das japanische Unternehmen Nissan und die französische Renault S.A. den Planungsarbeiten von Covisint angeschlossen. Zielsetzung von Covisint ist es, den teilnehmenden Unternehmen durch Dienste in drei Bereichen – Beschaffung, Lieferkettenmanagement und Produktentwicklung[50] – eine Senkung der Kosten in der Lieferkette sowie eine effizientere Gestaltung der Geschäftstätigkeit zu ermöglichen.[51] Aufgrund der Senkung von Produkt- und Prozeßkosten sollen allein im Beschaffungsbereich Einsparungen in der Höhe von US-$ 500,-- bis US-$ 1.000,-- je Fahrzeug ermöglicht werden. Produkt- und Prozeßkosten können beispielsweise auch durch die Veranstaltung von Online-Auktionen gesenkt werden. Dies gilt vor allem für Teile mit einem hohen Standardisierungsgrad bzw. C-Teile (z.B. Schrauben, Reifen und Verbrauchsartikel).[52] Je höher der Individualisierungsgrad der nachgefragten Lei-

---

[49] Schneider/Schnetkamp (2000), S. 66

[50] Für eine detaillierte Beschreibung der einzelnen Dienstleistungen vgl. die Darstellungen auf der Homepage von Covisint (http://www.covisint.com)

[51] Vgl. Covisint (2000), o.S.

[52] Vgl. Schneider/Schnetkamp (2000), S. 88 f

stungen ist, je stärker spezifische Know-How-Komponenten und Schutzrechte eine Rolle spielen, um so geringer wird die Vorteilhaftigkeit von Online-Auktionen für den Nachfrager und damit auch deren Bedeutung. Allerdings kann sich auch hier durch die internationale Erweiterung des Angebotsspektrums und durch die transparentere Wettbewerbssituation der Wettbewerbsdruck erhöhen, so daß für das beschaffende Unternehmen auch in diesen Fällen ein verbessertes Preis-Leistungsverhältnis erzielbar wird.

Das Beispiel der Einkaufsplattform Covisint zeigt, daß Einkaufsplattformen sehr weitreichende Funktionen übernehmen können. Durch elektronische Einkaufsplattformen können Interaktionen zwischen mehreren Marktteilnehmern ermöglicht werden sowie sämtliche Phasen des Beschaffungsprozesses unterstützt und auch weiterführende Aufgaben der Beschaffung, wie z.B. die Entwicklung von Beschaffungsstrategien oder die Durchführung von Lieferantenbewertungen, übernommen werden.[53]

Liegt die mit dem Einsatz elektronischer Marktplätze verfolgte Zielsetzung darin, diese zum Absatz der eigenen Leistungen einzusetzen, handelt es sich um Verkaufsplattformen. Diese können entweder von einem einzelnen Unternehmen, oder aber auch kooperativ durch mehrere Anbieter errichtet werden, die auf diese Weise — in komplementärer Ergänzung ihrer Leistungsangebote — ein kundenorientiertes Gesamtprogramm einem erweiterten Kundenkreis präsentieren können. Je nachdem, ob sich anbietende Unternehmen mit ihrem Leistungsangebot auf die Bedürfnisse einer bestimmten Branche spezialisiert haben oder ihre Leistungen in mehreren Branchen nachgefragt werden, handelt es sich um branchenspezifische oder branchenübergreifende Verkaufsplattformen. Ein Beispiel für eine branchenübergreifende Verkaufsplattform stellt jene von Cisco Systems dar, über die ein jährliches Umsatzvolumen in der Höhe von US-$ 3 Mrd., d.s. rund 40 % des Gesamtumsatzes der Unternehmung, abgewickelt wurde.[54]

Ein neutraler Marktplatzbetreiber übernimmt eine Handelsfunktion. Ihm werden „Angebote und Gesuche zugetragen, und er koordiniert diese zu einem optimalen Zuordnungsergebnis."[55] Auch hier wird, je nachdem, ob die Marktpartner (Kunden und Lieferanten) aus nur einer oder mehreren Branchen kommen, zwischen branchenspezifischen (vertikalen) und branchenübergreifenden (horizontalen) Marktplätzen differenziert.

---

[53] Vgl. Schneider/Schnetkamp (2000), S. 66

[54] Vgl. Berryman et al. (1998), S. 153

[55] Kollmann (2000), S. 133

Branchenspezifische (vertikale) Marktplätze nehmen derzeit eine rasante Entwicklung in vielen Branchen.[56] Zur Zeit gibt es etwa 150 branchenspezifische Internet-Marktplätze in unterschiedlichen Entwicklungsstadien.[57] Vertikale Marktplätze bieten neben dem Potential, Transaktionskosten zu senken, vor allem den Vorteil eines effizienten und kompletten Überblicks über die Branche. Käufer können aus den Angeboten einer Vielzahl an Lieferanten auswählen. Dies gilt insbesondere, wenn Internet-Auktionen zum Einsatz kommen, bei denen Kosteneinsparungen in der Höhe von durchschnittlich 15 – 20 % zu realisieren sind.[58] Lieferanten bietet sich im Gegenzug eine kostengünstige Möglichkeit, Ihre Leistungen weltweit zu präsentieren.

Branchenübergreifende (horizontale) Marktplätze bieten ihre Leistungen branchenübergreifend an. Während sie zu Beginn den B-to-B Bereich dominiert haben, nimmt ihre Bedeutung zahlenmäßig jedoch ab, ihr Anteil beträgt nur noch rund ein Drittel.[59] Die bekanntesten horizontalen Marktplätze sind das Trading Process Network (TPN) von GE Information Services, einem Unternehmensbereich von General Electrics[60] und Vertical-Net, einem Elektronischen Marktplatz, der einfache Marktplatzfunktionen für 56 unterschiedliche Branchen (Stand Sommer 2000) anbietet.[61] Anhand des Erfolgs von TPN lassen sich die Vorteile eines horizontalen Marktplatzes aufzeigen: TPN stellt für die Marktplatzteilnehmer ein Instrument zur weltweiten Beschaffung (Vertrieb) von Leistungen dar, während die Beschaffungszeiten um bis zu 50 % gesenkt wurden, konnten Beschaffungskosten um bis zu 30 % und Einstandspreise um bis zu 20 % gesenkt werden.[62]

---

[56] Vgl. Schneider/Schnetkamp (2000), S. 104
[57] Vgl. Mattes (1999), S. 78
[58] Vgl. Emiliani (2000), S.178 sowie die dort angeführten Quellen
[59] Vgl. Schneider/Schnetkamp (2000), S. 102
[60] Vgl. Mattes (1999), S. 82 ff
[61] Vgl. Schneider/Schnetkamp (2000), S. 121
[62] Vgl. Mattes (1999), S. 84

Betreiber (Koordinationsmacht) \ Marktpartner (Lieferanten / Kunden)	Branchenspezifisch (Lieferanten / Kunden aus einer Branche)	Branchenüberbreifend (Lieferanten / Kunden aus mehreren Branchen)
Beschaffende(s) Unternehmen (Einkaufsplattform)		Covisint (Kfz-Industrie)
Neutraler Marktplatzbetreiber	MetalSite (Metalle) Chemdex (chemische und biologische Materialien) Neoforma (Krankenhausbedarf)	VerticalNet (50 Branchen)
Anbietende(s) Unternehmen (Verkaufsplattform)		Cisco Systems

Abb. 5: Systematisierung elektronischer Marktplätze

Die Geschwindigkeit, mit der sich elektronische Marktplätze für bestimmte Produktarten entwickeln, wird sehr stark von den geschätzten Einsparungs- und Nutzenpotentialen der potentiellen Teilnehmer beeinflußt. Diese hängen einerseits vom Grad der Effizienz (Ineffizienz) der derzeitigen Abwicklung von Transaktionen ab. Solche Ineffizienzen können durch quantitative und qualitative Informationsunterversorgung, durch zu komplexe Distributionskanäle, fragmentierte Anbieter- und Nachfragerstrukturen usw. verursacht werden. Andererseits wird auch der Wissensstand der Nachfrager als wesentlich für die Entwicklung elektronischer Marktplätze angesehen. Dieser drückt sich in deren Fähigkeit, klare Produktspezifikationen zu definieren, ihrem Verständnis für die Unterschiede zwischen den Angeboten der Lieferanten und ihrer Bereitschaft, Produkte zu kaufen, die sie noch nicht gesehen haben, aus.[63]

Eine aktuelle Studie von AMR Research hebt die steigende Bedeutung von elektronischen Marktplätzen hervor. Während nach Schätzungen von AMR Research im Jahr 1999 auch die größten elektronischen Marktplätze weniger als 1 % des Umsatzes ihrer Branche auf sich vereinen konnten, soll dieser Wert bis zum Jahr 2004 auf durchschnittlich 52,3 % (rund US-$ 3 Billionen) ansteigen.[64]

---

[63] Vgl. Berryman et al. (1998), S. 155
[64] Vgl. Bermudez et al. (2000), S. 15

4 Resümee

Durch E-Commerce werden dem Unternehmen sowohl auf der Beschaffungs- als auch auf der Absatzseite zusätzliche Möglichkeitsräume eröffnet, ihre marktseitigen Prozesse effizienter, aber auch effektiver durchzuführen. Besonders deutlich werden diese Vorteile im Produkt- und Zuliefergeschäft, weil hier nicht nur die kommunikative Seite dieses neuen Mediums zur Geltung kommt. In unterschiedlich starker Eignung bietet sich hier der E-Commerce als zusätzliche Vertriebsmöglichkeit an, die die Reichweite des Vertriebs in verschiedene Branchen und Länder ausdehnen, die Vertriebsdichte erhöhen und Vertriebskosten und Bearbeitungszeiten einsparen kann. Weiterhin kann dieses Instrument auch zur Verknüpfung von Wertketten von Anbietern und Nachfragern eingesetzt werden. Durch diese unternehmensübergreifende Verknüpfung lassen sich für die beteiligten Unternehmen Einsparungspotentiale bei den Transaktionskosten realisieren. Darüber hinaus können sich durch die höhere Markttransparenz auch neue Möglichkeiten ergeben, bisher nicht wahrgenommene Produkte und Einsatzstoffe mit neuen oder verbesserten Eigenschaften in das Beschaffungsprogramm zu übernehmen. Eine kostengünstige Möglichkeit zur Teilnahme am E-Commerce bieten hier Elektronische Marktplätze bzw. elektronische Einkaufs- und Verkaufsplattformen an, deren Bedeutung im Steigen begriffen ist.

Neue Entwicklungen im Bereich der IuK-Technologien, wie z.B. internetbasierte EDI-Lösungen, ermöglichen es auch KMU's diese Potentiale auszunutzen. In Zukunft ist daher mit einem verstärkten Druck zur Integration dieses Mediums in die Beschaffungs- und Absatzaktivitäten von Unternehmungen zu rechnen, da in Zukunft die E-Commerce-Fähigkeit von Lieferanten an Bedeutung gewinnen wird. In Zukunft wird die Internet-Technologie nicht nur die Möglichkeit von Kooperationen, sondern auch den Druck zu kooperativen Aufgabengestaltungen erhöhen. Sie bildet eine effiziente Gestaltungsgrundlage beim Aufbau und Betrieb kooperativer, weltweit operierender Unternehmensnetzwerke bis hin zu virtuellen Unternehmen.[65] Allerdings darf nicht übersehen werden, daß sich der Wettbewerbsdruck über diese global einsetzbare Technologie noch erheblich verschärften wird. Dieser international steigende Wettbewerbsdruck wird sich in zunehmendem Preisdruck und auch stärkerer Spezialisierung bemerkbar machen. Es besteht dabei die Gefahr, daß der Preis zu einem dominanten Entscheidungskriterium werden kann, durch das qualitative Unterschiede der Produkte und die Qualität des Lieferservice und der Kundenorientierung zu sehr in den Hintergrund treten. Weltweit unterschiedliche Kostenstrukturen (z.B. durch unterschiedliche Sozial- und Umweltstandards) können dabei ebenso verzerrend wirken, wie die unterschiedlichen Entwicklungs- und Marktschließungskosten von Innovatoren und

---

[65] Vgl. Blecker (1999) und Kaluza/Blecker (2000b), S. 534 ff

Nachahmern. Deutlich wird, daß diese Technologie den weltweiten Druck zu einer Annäherung der weltweit recht heterogenen handelsrechtlichen Normen und Verfahren erhöhen wird.

Literatur

Angeles, R. (2000): Revisiting the role of Internet-EDI in the current electronic commerce scene, in: Logistics Information Management, 13, 1, S. 45 – 57

Backhaus, K. (1997): Industriegütermarketing, 5. erw. u. überarb. Auflage, München

BCG (2000): E-Commerce im Business-to-Business Bereich, URL: http://www.bcg.de/publikationen/studien/archiv/Business2Business.asp?sel=7, 2000

Bermudez, J./Kraus, B./O`Brien, D./Parker, B./Lapide, L. (2000): Special Report. B2B Commerce Forecast: $ 5.7T By 2004, AMR Research Inc.

Berrymann, K./Harrington, L./Layton-Rodin, D./Rerolle, V. (1998): Electronic commerce: Three emerging strategies, in: The McKinsey Quarterly, 1, S. 152 – 159

Blecker, Th. (1999): Unternehmung ohne Grenzen – Konzepte, Strategien und Gestaltungsempfehlungen für das Strategische Management, Wiesbaden

Bliemel, F./Fassot, G./Theobald, A.: Einleitung – Das Phänomen Electronic Commerce, in: Bliemel, F./Fassot, G./Theobald, A. (Hrsg.): Electronic Commerce. Herausforderungen – Anwendungen – Perspektiven, 3. überarb. u. erweit. Auflage, Wiesbaden, S. 1 - 8

Covisint (2000): URL: http://www.covisint.com/german/info/about.shtml, 2000

Deutsch, M. (1999): Electronic Commerce. Zwischenbetriebliche Geschäftsprozesse und neue Marktzugänge realisieren, 2. verb. Auflage, Braunschweig – Wiesbaden

ECIN (2000): Umsätze über Electronic Commerce, URL: http://www.electronic-commerce.org/marktbarometer/daten/umsatz.html, 2000

Emiliani, M. (2000): Business-to-Business online auctions: key issues for purchasing process improvement, in: Supply Chain Management: An International Journal, 5, 4, S. 176 – 186

Forrester Research (2000): Worldwide E-Commerce Growth, URL: http://www.forrester.com/ER/Press/ForrFin/0,1768,0,FF.html, 2000

Gatzke, M. (2000): B2B-Umsätze: Wo laufen Sie denn ?, URL: http://www.electronic-commerce.org/marktbarometer/b2b-umsatz/index.html, 2000

Heinzmann, P. (2000): Internet – Die Kommunikationsplattform des 21. Jahrhundert, in: Weiber, R. (Hrsg.): Handbuch Electronic Business, Wiesbaden, S. 59 – 89

Hermanns, A./Sauter, M. (1999): Electronic Commerce – Die Spielregeln der Neuen Medien, in: Hermanns, A./Sauter, M. (Hrsg.): Management-Handbuch Electronic Commerce, München, S. 3 - 9

Hermanns, A./Sauter, M. (1999): Electronic Commerce – Grundlagen, Potentiale, Marktteilnehmer und Transaktionen in: Hermanns, A./Sauter, M. (Hrsg.): Management-Handbuch Electronic Commerce, München, S. 13 – 29

Kaluza, B. (1989): Erzeugniswechsel als unternehmenspolitische Aufgabe. Integrative Lösungen aus betriebswirtschaftlicher und ingenieurwissenschaftlicher Sicht, Berlin et al.

Kaluza, B./Blecker, Th. (2000a): Supply Chain Management und Unternehmung ohne Grenzen – zur Verknüpfung zweier interorganisationaler Konzepte, in: Wildemann, H. (Hrsg.): Supply Chain Management, München, S. 117 - 152

Kaluza, B./Blecker, Th. (2000b): Strategische Optionen der Unternehmung ohne Grenzen, in: Kaluza, B./Blecker, Th. (Hrsg.): Produktions- und Logistikmanagement in Virtuellen Unternehmen und Unternehmensnetzwerken, Berlin et al., S. 533 – 567

Kollmann (2000): Elektronische Marktplätze – Die Notwendigkeit eines bilateralen One to One Marketingansatzes, in: Bliemel, F./Fassot, G./Theobald, A. (Hrsg.): Electronic Commerce. Herausforderungen – Anwendungen – Perspektiven, 3. überarb. u. erweit. Auflage, Wiesbaden, S. 122 – 144

Lancioni, R./Smith, M./Oliva, T. (2000): The Role of the Internet in Supply Chain Management, in: Industrial Marketing Management, 29, S. 45 – 56

Mattes, F. (1999): Electronic Business-to-Business. E-Commerce mit Internet und EDI, Stuttgart

McIvor, R./Humphreys, P./Huang, G. (2000): Electronic commerce: re-engineering the buyer-supplier interface, in: Business Process Management Journal, 6, 2, S. 122 – 138

Meyer, M./Kern, E./Diehl, H.-J. (1998): Geschäftstypologien im Investitionsgütermarketing – Ein Integrationsversuch, in: Büschken, J./Meyer, M./Weiber, R. (Hrsg.): Entwicklungen des Investitionsgütermarketing, Wiesbaden, S. 117 – 175

Min, H./Galle, W. (1999): Electronic commerce usage in business-to business purchasing, in: International Journal of Operations & Production Management, 19, 9, S. 909 – 921

Nenninger, M./Gerst, M. (1999): Wettbewerbsvorteile durch Electronic Procurement – Strategien, Konzeption und Realisierung, in: Hermanns, A./Sauter, M. (Hrsg.): Management-Handbuch Electronic Commerce, München, S. 283 - 295

Rohrbach, P. (1999): Electronic Commerce im Business-to-Business-Bereich – Herausforderungen, Konzeption und Fallbeispiele, in: Hermanns, A./Sauter, M. (Hrsg.): Management-Handbuch Electronic Commerce, München, S. 271 - 282

Schmid, B. (2000): Elektronische Märkte, in: Weiber, R. (Hrsg.): Handbuch Electronic Business, Wiesbaden, S. 179 – 207

Schneider, D./Schnetkamp, G. (2000): E-Markets. B2B-Strategien im Electronic Commerce. Marktplätze, Fachportale, Plattformen, Wiesbaden

TechConsult (2000): Internet- und E-Business-Einsatz im bundesdeutschen Mittelstand. Eine Untersuchung der TechConsult GmbH im Auftrag der Zeitschrift Impulse und IBM, o.O.

Weiber, R. (2000): Herausforderung Electronic Business: Mit dem Informations-Dreisprung zu Wettbewerbsvorteilen auf den Märkten der Zukunft, in: Weiber, R. (Hrsg.): Handbuch Electronic Business, Wiesbaden, S. 1 – 35

Weiber, R./Kollmann, T. (1998): Competitive advantages in virtual markets – perspectives of „information-based marketing" in cyberspace, in: European Journal of Marketing, 32, 7/8, S. 603 – 615

Weid, H. (1995): Wettbewerbsvorteile durch Elecronic Data Interchange (EDI). Analyse betrieblicher Effekte des Einsatzes zur zwischenbetrieblichen Kommunikation zwischen Lieferant und Abnehmer, München

Wißmeier, U. (1999): Electronic Commerce und Internationalisierung – Weltweiter Vertrieb über das Internet, in: Hermanns, A./Sauter, M. (Hrsg.): Management-Handbuch Electronic Commerce, München, S. 157 – 171

Effiziente B2B-Marktplätze —
Regeln für eine erfolgreiche Nutzung des Internet

M. Sonnenschein / S. Tenge

1   Umgestaltung von Supply Chains in Netzwerke durch das Internet

2   Erfolgsfaktoren von B2B-Marktplätzen im Internet

3   Voraussetzungen einer erfolgreichen Partizipation an B2B-Marktplätzen

4   Phasen einer erfolgreichen Etablierung eines B2B-Marktplatzes im Internet

    4.1 Transaktionsmarktplätze (Phase 1)

    4.2 Kooperationsmarktplätze (Phase 2)

    4.3 Marktplatzintegration (Phase 3)

    4.4 Marktintegration (Phase 4)

5   Ausblick

Literatur

1 Umgestaltung von Supply Chains in Netzwerke durch das Internet

Trotz der hohen Bedeutung der modernen, vernetzten Wirtschaft (E-Business) und den damit verbundenen Herausforderungen[1] sind in vielen Unternehmen erhebliche Defizite beim Umgang mit den neuen Medien festzustellen. Häufig fehlen Strategien für die Nutzung der neuen Medien sogar völlig. Dabei lautet eine der wichtigsten Fragen für Führungskräfte bereits heute: „Wie kann der Nutzen eines Business-to-Business (B2B)-Marktplatzes maximiert werden, obwohl dessen Entwicklung noch in den Anfängen steckt?"

Zum Beispiel wäre folgendes Szenario denkbar: Gegen Jahresende wird das neue Produkt eines Automobilzulieferers im Markt stark nachgefragt. Das Unternehmen kann jedoch keine weiteren Bestände vorhalten. Die Nachfrage der Kunden ist höher als die Prognose; die Rohmaterialien werden knapp. Fazit an dieser Stelle: Ohne zusätzliche Lieferungen würden die Produktionsanlagen in zwei Tagen stillstehen.

Über einen elektronischen Marktplatz wird weiteres Rohmaterial von strategischen Lieferanten geordert. Die Antwort erfolgt innerhalb von Minuten: Der Lieferpartner kann nur die Hälfte der Bestellung liefern. Der Unternehmer muß das akzeptieren. Doch wo wird der restliche Bedarf gedeckt? Über den Marktplatz am freien Markt. Eine Vielzahl von Lieferanten reagiert mit Produktverfügbarkeit, geforderter Qualität und Preis. Schnell entscheidet sich der Einkauf für das günstigste Angebot und wählt einen zuverlässigen Spediteur, der die Produkte zu Standardtarifen anliefert – rechtzeitig, um die Produktion nicht zu unterbrechen. Gesamte Transaktionszeit: 15 Minuten. Fazit dieses Unternehmens: „Wir werden die Absatzprognose um 50% schlagen".

Im Werk eines Wettbewerbers sind die Vorräte ähnlich knapp. Ein Dutzend Telefongespräche, Faxe und nach einer Stunde stellt sich heraus, daß die Lieferanten in Asien nicht mehr imstande sind zu liefern und die Spediteure keine Telefongespräche mehr annehmen. Fazit hier: „Es war ein guter Monat ... wenigstens haben wir alles verkauft."

Der Sieger steht fest, und allen Beteiligten ist klar, daß alte Medien wie Fax und EDI ausgedient haben, wenn es um Einsparungen von Zeit und Kosten geht. An die Stelle der festen, unflexiblen Verbindungen ist das Internet getreten. Das Netz macht den entscheidenden Quantensprung der Supply-Chain-Abläufe möglich

---

[1] Vgl. hierzu z.B. ausführlich die Beiträge in Tapscott (2000) sowie die Ausführungen bei Evans/Wurster (2000) und Zerdick et al (1999).

durch multiple Verbindungen zu einer Vielzahl von Marktteilnehmern entlang der gesamten Versorgungskette.

Die Vorteile der Teilnahme an B2B-Marktplätzen ergeben sich nicht automatisch. Ein Unternehmen, das hier Aktivitäten entwickelt, muß entsprechend vorbereitet sein, die konventionelle Denkweise in Frage zu stellen, Strategie und Abläufe aus einem neuen Blickwinkel betrachten und vor allem den Wandel wollen. Führungskräfte, die verstehen, wie das Internet die Wettbewerbslandschaft verändert, die den Nutzen einer Teilnahme den Kosten gegenüberstellen und die das Potential der Marktplätze realistisch bewerten, werden am besten positioniert sein, die Leistungsfähigkeit der Marktplätze für sich zu nutzen.

2 Erfolgsfaktoren von B2B-Marktplätzen im Internet

Das ideale Umfeld eines Internetmarktplatzes ist ein ineffizienter, stark fragmentierter und hoch komplexer Markt mit einer Vielzahl von Intermediären – die alle hoffen, von diesen Marktchancen zu profitieren. Das erste Ziel eines digitalen Marktplatzes liegt darin, aus den alten Ineffizienzen Wert sowohl für den Gründer wie für den Teilnehmer zu generieren. Wert kann auf vielfache Weise vernichtet werden, z.B. durch unangemessene Preisgestaltung in relativ neuen Märkten bis hin zu hohen Transaktionskosten in Märkten gegen Ende ihres Lebenszyklus.

Eine der wichtigsten Aufgaben der Marktplätze ist die Sicherung von Marktliquidität – dem Motor eines effizienten Marktes – durch Schaffung einer kritischen Masse von Kunden und Lieferanten. Marktliquidität zu erzielen, ist – im günstigsten Fall – schwierig. Marktplätze müssen über ein ausreichendes Transaktionsvolumen verfügen, um kontinuierlich Nachfrage, Angebot und Transaktionsfluß zu ermöglichen. Voraussetzung für ein ausreichendes Transaktionsvolumen ist jedoch die Schaffung von angemessenen Anreizen für die Teilnehmer sowie eine einfache und effektive Abwicklung. Es ist ein Balanceakt zwischen Preisgestaltung, hochwertigen Dienstleistungen, Bezahlung, Lieferung und integrierter Technologie.

Wenn die Liquidität erst einmal gesichert ist, wird sich die Dynamik des Marktes entwickeln. Preise werden wettbewerbsfähiger. Transaktionskosten werden sinken. Leistungsfähige Teilnehmer werden von der informationsbasierten Effizienz profitieren. Unternehmen, deren Kostenstrukturen nicht wettbewerbsfähig sind, werden zur Konsolidierung gezwungen – oder sie werden sich nicht weiter behaupten können, da der Preisdruck ihre Margen verringert bzw. völlig tilgt.

Mit der Entwicklung des Marktplatzes tritt an die Stelle der Effizienzorientierung sehr schnell der Aufbau hochwertiger Services, z.B. Lagerhaltung, Transport, Kundenservice und Design.

Die zahlreichen Interaktionen mit den unterschiedlichen Marktplatzpartnern setzen einen massiven Wandel der Denkweise einer Organisation voraus. Man läßt sich leicht dazu verleiten, B2B-Marktplätze als Nachfolger der traditionellen Einkaufs- oder Versorgungsseite der Supply Chain zu betrachten. Diese lineare Sichtweise ist bequem, da sie von einem inkrementellen Wandel des Front- und Back-ends einer existierenden Supply-Chain-Struktur ausgeht, die relativ einfach zu verstehen und umzusetzen ist. Und fundamentale Veränderungen der Struktur oder des Geschäftsmodells sind nicht erforderlich.

Allerdings gibt es Unterschiede in den Erfolgsfaktoren eines Marktplatzes, je nach Ausgangssituation:

- *Umfang der Marktchance:* Kritische Masse – eine ausreichende Anzahl von Kunden und Lieferanten – ist ein wichtiger Schritt in Richtung Marktplatzliquidität.
- *Fragmentierung von Kunden und Lieferanten:* Marktplätze generieren dann Wert, wenn sie Kunden und Lieferanten zusammenbringen, die ursprünglich nur schwer zueinander gefunden hätten.
- *Grad der Produktdifferenzierung:* Produkte mit einem niedrigen Differenzierungsgrad und gut definierten Spezifikationen werden schnellen Eingang in einen B2B-Marktplatz finden, da sie relativ standardisiert sind und ungesehen gekauft werden können.
- *Komplexitätsgrad des Beschaffungsprozesses:* Je komplizierter der Einkaufsprozeß, desto schwieriger ist er zu automatisieren. Zum Beispiel ist der Kauf eines Photokopierers über einen Marktplatz einfach (oder sollte es zumindest sein). Der Einkauf von „direktem" Material gestaltet sich ungleich schwieriger. Der Kauf eine Bildröhre für einen Monitor hängt z.B. ab von sehr vielen Variablen, wie Spezifikationen, Nachfrage nach dem Endprodukt, Qualität und Verfügbarkeit weiterer Komponenten für den Monitor.
- *Intermediäre und Value added:* Digitale Marktplätze müssen einen Mehrwert schaffen, Intermediäre dagegen nicht. Ohne den Mehrwert bestände für den Marktteilnehmer kein Anreiz, den Marktplatz zu nutzen.
- *Beschaffungshäufigkeit:* B2B-Marktplätze sind insbesondere wertvoll für Güter, die häufig gehandelt werden, weil sie einen zeitaufwendigen Prozeß mit wenig Wertschöpfung automatisieren.
- *Zeitsensitivität:* Unternehmen werden zögern Marktplätze zu nutzen, wenn eine pünktliche Lieferung sichergestellt werden muß. In diesen Fällen greifen

sie eher auf etablierte und zuverlässige Partner zurück, zu denen ein Vertrauensverhältnis besteht.

- *Grad der vertikalen Integration:* Der Grad der Rückwärts- oder Vorwärtsintegration unter den Supply-Chain-Teilnehmern hat Auswirkungen auf Anzahl und Menge der möglichen Handelsaktivitäten.
- *Grad des Informationszugriffs:* Märkte, in denen es sich für die Teilnehmer schwierig gestaltet, auf Lieferanten und Kunden oder durchgängige und präzise Produktinformationen zuzugreifen, werden neutrale, aggregierte Quellen für diese Informationen bevorzugen.

Dennoch werden sich die Marktplätze auf derzeitige Ineffizienzen und Chancen entlang der gesamten Versorgungskette fokussieren, um Produkte und Dienstleistungen zu entkoppeln und – wo immer möglich – Wert zu generieren oder wenigstens zu erhalten. Flexibilität und Anpassungsfähigkeit werden die Schlüsselfaktoren des Prozesses sein, wenn sich die lineare, eindimensionale Supply Chain in ein multidimensionales Eco-System entwickelt und die Beziehungen zwischen neuen und existierenden Partnern dynamischer werden. Mit diesen neuen Netzwerken, den sogenannten Eco-Systemen, werden sich die Beziehungen zwischen Lieferanten und Kunden dramatisch ändern und in einigen Fällen werden sich die Geschäftsmodelle als Reaktion auf kreative, neue Denkweisen radikal ändern.

Das Umfeld und die Auswirkungen eines Eintritts in einen Marktplatz (oder in Marktplätze) werden die Art und Weise, wie Unternehmen von anderen Marktplatzteilnehmern gesehen werden und wie sie andere Marktplatzteilnehmer sehen, für immer ändern.

3 Voraussetzungen einer erfolgreichen Partizipation an B2B-Marktplätzen

Wie positioniert man ein Unternehmen, um von den digitalen Marktplätzen zu profitieren?[2] Marktplätze können Einblicke „hinter die Kulissen" der Preisgestaltung, Kostenposition und Effektivität der Prozesse der Partner, Wettbewerber und des eigenen Unternehmens gewähren. Bevor ein Unternehmen sich für die Teilnahme entscheidet, sollten die Ziele der Marktteilnahme und Rolle im Marktplatz festgelegt werden.

Auf der Einkaufsseite ist die Reduzierung der Kosten indirekter (und manchmal direkter) Zukäufe die primäre Zielsetzung vieler heutiger Marktplätze. Eine ge-

---

2   Vgl. grundsätzlich zu Erfolgsstrategien im Internet auch Aldrich/Sonnenschein (2000).

bündelte Einkaufsmacht und die volle Ausnutzung der Vorteile der Lieferanten kann zu einer Kostenreduzierung von 15 Prozent und mehr beitragen. Aber das ist nur der Ausgangspunkt. Mit zunehmender Marktreife werden die meisten Wettbewerber zu ähnlichen Kosten anbieten. Die Vorreiter werden zwar noch einen vorübergehenden Kostenvorteil erzielen, sollten aber keinen nachhaltigen Wettbewerbsvorsprung erwarten.

Eine Reduzierung der Transaktionskosten ist ein weiterer weitläufiger Grund zur frühen Teilnahme an Marktplätzen. Beschaffungsrelevante Transaktionskosten liegen häufig weit über € 80 pro Transaktion – die Kosten elektronischer Transaktionen betragen nur ein paar Euro.

Während eine Kostenreduzierung möglicherweise nur einige schnelle Ergebnisse bringen sollte, liegt der wahre Nutzen einer frühen Marktplatzteilnahme in der Erfahrung. Einblicke in die Teilnahme und die Auswirkung auf das Geschäft ist häufig ein guter Ansatzpunkt zu internen Veränderungen, mit deren Hilfe die Chancen eines Marktplatzes voll ausgeschöpft werden können.

Die Beschaffung über digitale Marktplätze kann aber auch negative Auswirkungen haben. In Online-Märkten können neue Lieferanten bessere Angebote unterbreiten – aber werden sie genauso zuverlässig sein, wie die Partner, mit denen sie in der Vergangenheit zusammengearbeitet haben? Verzögerungen in der Versorgung kann die Produktion zum Stillstand bringen. Schlechte Qualität der Ausgangsmaterialien haben auch Auswirkungen auf die Endprodukte. Preisdruck von oben kann die Lieferanten zu Gegenmaßnahmen wie Auktionen unter umgekehrten Vorzeichen oder der Entbündelung von Dienstleistungen veranlassen. Eine variable Preisgestaltung in den Marktplätzen wird auch zu variablen Gewinnen beitragen.

Probleme können auch dadurch hervorgerufen werden, daß die strategische Kontrolle für Marktentscheidungen von der engen unternehmenszentrischen linearen Supply Chain auf das unabhängige neue Eco-System übertragen wird. Wenn ein Unternehmen in einen Marktplatz eintreten will, muß es auch berücksichtigen, daß die aktuelle Wettbewerbsstruktur aufgrund der Vielzahl der Marktteilnehmer verändert wird. Der Wettbewerbsvorteil eines Unternehmens durch eine einzigartige Supply Chain mit proprietären Beziehungen und integrierten Verknüpfungen zu Lieferanten könnte erodieren, je mehr der Marktplatz über Transaktionen, Informationen und Beziehungen die Kontrolle übernimmt.

Im Laufe der Zeit werden immer mehr Wettbewerber am Marktplatz teilnehmen und somit die Dynamik unter den Teilnehmern, Lieferanten und Kunden verändern. Wie kann der Marktplatz problemlose Abläufe während Phasen des Übergangs und des Wachstums sicherstellen? Dazu ist ein eindeutiges Marktplatz-Führungsmodell mit klaren Regeln zur Akzeptanz neuer Teilnehmer, Definition der operativen Verantwortlichkeiten aller Involvierten und Methoden zur Lösung

Effiziente B2B-Marktplätze

von Problemen erforderlich. Damit sich aber ein Marktplatz entwickeln und seine Teilnehmer halten können, sind eine gemeinsame Erwartungshaltung bezüglich der Abläufe und Erweiterungen sowie eine Notfallplanung für eventuelle Probleme und fehlende oder falsche Kommunikation von kritischer Bedeutung.

Marktplätze im Internet verändern die Value Proposition, das Unternehmen und die Supply Chain in ein stark verknüpftes „Eco-System", also ein Netzwerk.

Verstärkte Verknüpfungen und Kommunikation zwischen Geschäftspartnern forciert signifikante und weitreichende Veränderungen in einer Vielzahl von Dimensionen. Die Effizienz erhöht sich und die Kosten sinken. Die Time-to-Market verkürzt sich. Die Beziehungen zwischen Kunden und Lieferanten verändern sich. Auch die Nützlichkeit eines Produktes oder einer Dienstleistung verändert sich mit erhöhtem Grad der Zusammenarbeit.

In dem unten angeführten Beispiel wird die lineare Supply Chain der Produktfertigung überführt in eine Netzwerk-Umgebung, die alles bereitstellt, von Rohmaterialien zu Fertigung und Distribution bis hin zu After-Sales-Unterstützung, dem Eco-System.

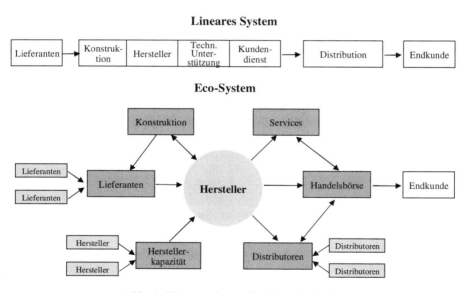

Abb. 1: Neugestaltung der Supply Chain

Aus Sicht eines Netzwerkes wird in einer e-unterstützten Wirtschaft „Inhalt" geschaffen, in eine Dienstleistung weiterentwickelt und dem Endkunden durch bestimmte Hilfsmittel zugänglich gemacht. Diese Sichtweise gilt gleichermaßen für physische und Informationsprodukte, wenn die Transformation von Rohmaterial zum Endprodukt als eine Dienstleistung innerhalb der gesamten Supply Chain betrachtet wird.

Die Dynamik des Geschäftsmodells eines B2B-Marktplatz-Teilnehmers gestaltet sich komplexer. Es gibt mehr Wettbewerber, mehr Interaktion, mehr Informationen – aber auch weniger Möglichkeiten, Vorteile aus der Einzigartigkeit der eigenen Supply Chain zur realisieren und diese auch nachhaltig abzusichern. Ein Unternehmen muß sicher sein, daß der Nutzen die Kosten einer Teilnahme an B2B-Marktplätzen überwiegt.

Die Absatzseite und die breitere Supply Chain erfordern sogar eine noch sorgfältigere Einhaltung der Zielsetzung. Der Preismechanismus der Marktplätze und die Möglichkeit der Preiskontrolle variieren sehr stark je nach Kundentyp. Wie strikt wird die Preisgestaltung geregelt? Sie unterliegt einer strengen Reglementierung durch den Marktplatz. Daher wird es schwierig sein, Preisreduzierungen wieder rückgängig zu machen. Darüber hinaus wird der Verkauf eines Produktes an einen neuen Kunden die Support-Kosten steigern. Wenn Preise steigen sollten (was in einem limitierten Versorgungsmarkt möglich ist) könnten andere Marktteilnehmer sich aufgefordert fühlen, mit neuen Kapazitäten in den Markt einzudringen. Unternehmen die derzeit einen Wettbewerbsvorteil besitzen (z.B. durch Produktdifferenzierung, loyale Kundenbasis oder value-added services), gewinnen durch Teilnahme an einem B2B-Marktplatz an Profitabilität und damit an Marktanteilen. In jeden Fall werden die Kundenbeziehungen für immer verändert.

In den letzten Jahren werden die Geschäftsmodelle mit dem Ziel der Steigerung des „Shareholder Value" neu ausgerichtet. Viele Firmen haben ihre Supply Chains und Informationsflüsse mit ERP-Systemen und Process Reengineering neu gestaltet. Der nächste natürliche Schritt ist die Ausweitung der Supply-Chain-Fähigkeiten auf eine breitere Kunden- und Lieferantenbasis in einem digitalen Marktplatz. Die Informationen aus diesem Netzwerk können die Prognoseerstellung, das Beschaffungsmanagement und das Nachfragemanagement verbessern und somit noch einmal zu effizienteren Abläufen führen. Bevor ein Unternehmen jedoch entscheidet, an einem Marktplatz teilzunehmen, muß sichergestellt sein, daß das Unternehmen bereit und willig ist, die notwendigen internen Anpassungen durchzuführen.

Aber das ist noch nicht ausreichend, weil jedes Unternehmen in einem Netzwerk oder Eco-System nur eine Komponente ist. Das Eco-System wird sich weiter ändern und somit Innovationen vorantreiben und Ineffizienzen eliminieren. Wer Teilnehmer bleiben will, muß lernen, sich neu auszurichten und an die sich ständig ändernden Formen des Wettbewerbs, der Partnerschaften und Beziehungen anzupassen. Die Voraussetzungen einer erfolgreichen Partizipation an B2B-Marktplätzen sind somit neue Ziele und ein neues Geschäftsmodell.

4 Phasen einer erfolgreichen Etablierung eines B2B-Marktplatzes im Internet

Bevor sich ein Unternehmen zur Teilnahme an einem digitalen Marktplatz entscheidet, sollte untersucht werden, ob es zu den notwendigen Anpassungen bereit ist, die erst den vollen Nutzen der Teilnahme ermöglichen. Unternehmen, die ihre Geschäftsprozesse und Informationstechnologie-Infrastruktur neu ausrichten, Geschäftsbeziehungen zu Lieferanten und Kunden durch den Marktplatz auf völlig eine neue Basis stellen und pflegen können ihren Nutzen maximieren.

Darüber hinaus muß die Branchenstruktur berücksichtigt werden. Entweder der Marktplatz verändert die Rolle der vorhandenen Intermediäre, also z.B. des Handels und fungiert in Zukunft selbst als Intermediär, oder der Marktplatz wird dort eingeführt, wo noch keine Intermediäre agieren. Die direkten Zulieferer von Ford, General Motors und DaimlerChrysler werden über einen Marktplatz operieren. Auch die chemische Industrie, eFodia.com, hat ein neues Geschäftsmodell entwickelt, das die Fähigkeiten der Distributoren in den Marktplatz integriert und damit ihre Rolle für immer verändert.

Wenn die Teilnahme an einem B2B-Marktplatz die richtige Wahl zu sein scheint, kommt es darauf an, daß alle anderen Teilnehmer den Markt in der gleichen Weise verstehen. Dies wird am Beispiel der Einkäufer von direkten Materialien besonders deutlich.

Die richtigen Lieferanten für Komponenten herausragender Produkte zu finden, ist nur der erste Schritt. Jede einzelne Komponente muß kompatibel zu den anderen sein, sie muß die geforderten Qualitätsmerkmale aufweisen und sie muß zum richtigen Zeitpunkt, d.h. wenn sie benötigt wird, verfügbar sein. Das Fehlen nur einer einzigen Komponente zu einem bestimmten Zeitpunkt wird zum Stillstand der Produktion führen. Dies ist nur ein potentielles Problem – aber ausreichend, um zu illustrieren, daß die detaillierte Kenntnis jedes Marktteilnehmers über die Abläufe innerhalb des Partnerunternehmens und die Erfordernisse der jeweiligen Branche von hoher Bedeutung ist.

Bewahrt der Marktplatz die Neutralität (d.h. fehlende Vorurteile gegenüber einen bestimmten Lieferanten oder Kunden und Sicherung eines „fairen" Marktplatzes) und Liquidität (d.h. ausreichendes Transaktionsvolumen zur Sicherstellung von Preis- und Produktangeboten und Geschäftsabschlüsse) erfolgreich? Ist der Marktteilnehmer ein früher Marktführer in einer Branche, in der es auf einen Vorsprung ankommt? Hat er ausreichende Kenntnisse sowohl über die Branche als auch die Technologie? Die Antworten auf diese Fragen werden die Fähigkeit zum langfristigen Überleben des Marktplatzes bestimmen.

Schließlich geht es darum, zu erkennen, daß ein Vorgehen in wohl abgewogenen Phasen am ehesten die erfolgreiche Etablierung eines Marktplatzes im Internet ermöglicht.

Wie dies in der Praxis aussehen könnte, soll in der Folge kurz dargestellt werden. Aus Unternehmenssicht ist – je nach Art der beschafften/gelieferten Waren – zwischen Transaktionsmarktplätzen oder mit weiteren Funktionalitäten ausgestatteten Kooperationsmarktplätzen zu unterscheiden.

4.1 Transaktionsmarktplätze (Phase 1)

Die ersten funktionierenden Online-Plattformen in Europa wurden schon 1999 initiiert. Inzwischen ist es vielen Unternehmen gelungen, Angebot und Nachfrage auf diesen eilig geschaffenen elektronischen Marktplätzen zu aggregieren. Es ist möglich, Produkt- und Preisinformationen gesteuert auszutauschen und Spot-Käufe abzuwickeln. Verkäufer nutzen die größere Reichweite ihres elektronischen Marktes während Einkäufer von der höheren Produktvielfalt, niedrigeren Produkt- und Prozeßkosten und einer höheren Informationstransparenz profitieren. An vorderster Front finden sich Marktplätze großer Automobil-, sonstiger Industrie- und Handelsunternehmen, die sich mit unabhängigen Marktplatzanbietern einen Wettbewerb um Liquidität und Funktionalität liefern.

In dieser Phase sind es primär Softwareanbieter, die Referenzen und Lösungen für die schnelle Implementierung von Marktplätzen bieten. Aber Vorsicht! Anbieter wie von Internet Lösungen für Marktplätze, Portals und Beschaffungsmärkte, stellen keine Plug-and-play Software bereit. Viele Unternehmen versäumen es, eigene Geschäftsprozesse zu überprüfen. Täten sie es, könnten sie die Möglichkeiten ihres elektronischen Marktplatzes voll nutzen und die Prozesse radikal vereinfachen.

Dazu gehören insbesondere vereinfachte und stabile Schnittstellen mit eigenen Back-end-Systemen, die einen automatischen Austausch von Geschäftsinformationen zwischen Marktplatz und eigener Infrastruktur ermöglichen. Unternehmen, die schon bald den vollen Nutzen aus elektronischen Marktplätzen ziehen wollen, müssen bereits heute mit Hochdruck anfangen, ihre eigenen Systeme integrationsfähig zu machen. Drei Dimensionen sind der Schlüssel für einen erfolgreichen Einstieg. Zum ersten müssen Geschäftsprozesse innerhalb des Unternehmens soweit wie möglich standardisiert werden, d.h. Geschäftsabläufe und ihre IT-Unterstützung durch ERP-Systeme müssen durchgängig und in möglichst international einheitliche Strukturen gefaßt werden. Dies kann im Extremfall die Revision einer bereits umgesetzten SAP R/3-Einführung nach sich ziehen.

4.2 Kooperationsmarktplätze (Phase 2)

Einige Marktplätze bieten heute schon mehr als die reine Transaktion. Sie erlauben den qualifizierten Austausch von Informationen und die Interaktion zwischen den Geschäftspartnern. Sie sind zu Kooperationsmarktplätzen (Market-Hubs) herangewachsen, d.h. die Geschäftspartner nutzen die Marktplätze, um automatisiert zusammenzuarbeiten. Beispielsweise könnte ein Anbieter seinen Kunden einen Blick in seine Supply Chain ermöglichen, um ihm Fragen zur Lieferfähigkeit und Preisgestaltung zu beantworten, oder Zeichnungen und technische Erläuterungen zur Verfügung stellen. Diese Angebote erfordern von Unternehmen zum ersten Mal eine tiefe Integration der Geschäftsprozesse der Marktplätze in die Back-end-Systeme.

In dieser Phase werden voraussichtlich 70% aller Unternehmen scheitern, weil sie die Komplexität der individuellen Integration ihres eigenen Unternehmens in möglicherweise mehrere Marktplätze nicht beherrschen. Die gerade in dieser Phase häufig angestrebten Effekte, wie Senkung der Prozeßkosten und Verbesserung der Auftragsdurchlaufzeiten, können vollständig konterkariert werden.

Um diese größere Komplexität, und damit einer Erhöhung der Gesamtkosten bei allen beteiligten Unternehmen entgegenzuwirken, muß ein einheitliches Prozeßdesign über alle Wertschöpfungsstufen hinweg geschaffen werden, das die eigentlichen Geschäftsprozesse und ihre Spiegelung in den Back-end-Systemen weitgehend automatisiert. Der Einsatz von über EAI-Funktionen weit hinausgehender Integrationssoftware wird hier zum kritischen Erfolgsfaktor. Gelingt dieses nicht, wird einer Reihe von Marktplätzen über kurz oder lang die notwendige Liquidität fehlen. Damit wird die erste Konsolidierungswelle der bestehenden Marktplätze beginnen.

Nur wenn die Unternehmen ihre Hausaufgaben gemacht haben und für die Transaktions- und Kooperationsmarktplätze bereit sind, können die Marktplätze sinnvoll untereinander vernetzt und auf ein höheres Niveau gehoben werden. Dazu müssen die im Rahmen des internen und externen Informationsaustauschs genutzten Formate und Regeln angepaßt und vereinheitlicht werden. Dies gilt für die innerhalb des Unternehmens genutzten ERP-Formate genauso wie für die im Geschäftsverkehr eingesetzten Bestell-, Zahlungs- und Auftragsformate.

4.3 Marktplatzintegration (Phase 3)

Innerhalb der nächsten drei Jahre werden aus den verbliebenen Kooperationsmarktplätzen sogenannte Metahubs entstehen, die verschiedene Marktplätze integrieren müssen. Kunden sollen dann ohne Mehraufwand zeitgleich auf mehreren

Marktplätzen vertreten sein und die jeweiligen Dienstleistungen in Anspruch nehmen können.

Die Schwierigkeiten, die traditionelle Unternehmen bereits früher bewältigen mußten, treffen nun die Betreiber von Marktplätzen. Die entstehende Komplexität wird das erwünscht One-stop-shopping für alle Marktteilnehmer schwierig gestalten, weil Standards für den Austausch von Informationen und ihre Integration in Back-end-Systeme nur rudimentär vorhanden sein werden. Der Markt für Integration wird in gleichem Umfang wie die Komplexität wachsen, so daß Integrationssoftware- oder weiterentwickelte Middleware- bzw. EAI-(Enterprise Application Integration) Anbieter zunehmend zu Dienstleistern in diesem Umfeld, vielleicht sogar zu Marktplatzbetreibern werden.

Der Einsatz dieser Integrationstools wird aber ohne grundlegende Umgestaltung der eigenen Back-end-Landschaft der Marktplätze Stückwerk bleiben. Wenn vorhandene Prozesse und Strukturen auf der Marktplatzebene zwar kopiert werden, die Leistungsfähigkeit der Back-end-Systeme aber nicht nachhaltig gestärkt werden, wird die Funktionsfähigkeit, aber auch die Servicevielfalt auf dem Marktplatz stark einschränkgeschränkt. Hier müssen die Unternehmen schon heute Maßnahmen zur Standardisierung von Inhalten treffen. Dazu gehören die Schaffung einer Struktur der Kunden- und Lieferantendatenverschlüsselung, der Aufbau einer schlüssigen Produkt- und Leistungsdatenbank für Einkauf und Vertrieb, die Durchgängigkeit dieser Inhalte durch die gesamte Supply Chain und nicht zuletzt auch bei der Betreuung von Kundenbeziehungen im Rahmen von Customer Relationship Management.

4.4 Marktintegration (Phase 4)

Vermutlich erst ab 2003 werden Marktplätze und Marktteilnehmer horizontal und vertikal vernetzt sein und in einem gemeinsamen E-Eco-System Geschäftsbeziehungen pflegen. Auch werden Kunden erst dann unter verschiedenen Anbietern auswählen können, die – je nach Branche und Service – individuelle Dienstleistungspakete zusammenstellen. Diese auf breitbandigen Netzwerken agierenden Player, müssen Marktplatzteilnehmern dann entscheidungsunterstützende Systeme sowie Transaktionslösungen anbieten.

Die Integrationsproblematik wird zu diesem Zeitpunkt ihren Höhepunkt erreichen, da Marktplätze und ihre Kunden nicht nur miteinander, sondern auch mit anderen Marktplätzen horizontal und vertikal kommunizieren müssen. Dabei haben sie zeitgleich die Integration in ihre eigenen Unternehmensprozesse und Back-end-Systeme sicherzustellen.

Insgesamt wird von den Marktplatzbetreibern – mit Ausnahme der strategischen Entscheidung über die Öffnung gegenüber Dritten – ein abgestimmtes Konzept bei der Wahl und Ausgestaltung der Marktplatz- und der Integrationssoftware sowie eine konsequente und umfassende Anpassung der Geschäftsprozesse entlang der gesamten Wertschöpfungskette verlangt.

5 Ausblick

Diese Aufgaben sind aus heutiger Sicht so komplex, daß elektronische Marktplätze in vielen Fällen über die Stadien einfacher Transaktions- und Informationstools nicht hinauswachsen dürften. Das heißt, der erwartete Nutzen wird ausbleiben, wenn die Unternehmen nicht über einheitliche Datenaustauschformate und die schrittweise Konvergenz von Marktplätzen, Integrationssoftware und Back-end-Systemen das Ganze zu einem erfolgreichen Geschäftsmodell heranwachsen lassen. Dies fordert von den Marktplätzen wie den Softwareanbietern eine frühzeitige Kooperation und die Hinwendung zu offenen IT-Standards und Inhalten. Wenn sie diese Hürde nehmen, sind die Weichen für erfolgreiche Marktplatzanbieter und -teilnehmer gestellt.

Literatur

Aldrich, D. F./Sonnenschein, M. (2000): Digital Value Network. Erfolgsstrategien für die Neue Ökonomie, Wiesbaden.

Evans, P. B./Wurster, T. S. (2000): Web Att@ck. Strategien für die Internet-Revolution, München — Wien.

Tapscott, D. (2000, Hrsg.): Erfolg im E-Business, München — Wien.

Zerdick et al. (1999, Hrsg.): European Communication Council Report: Die Internet-Ökonomie. Strategien für die digitale Wirtschaft, Berlin et al.

Teil II:

Technologie- und Innovationsmanagement

Innovatives Management —
Ein Widerspruch in sich selbst?

F. Lehner

1 Innovationsprozesse im Wandel

2 Herausforderungen an das Management

3 Das Dilemma der „lernenden Organisation"

4 Lösungsansätze

Literatur

In der von der OECD (1996) und anderen als „wissensbasiert" bezeichneten Volkswirtschaftwirtschaft ist Wissen der zentrale Produktionsfaktor und die Fähigkeit, Wissen zu generieren und rasch in Produkte umzusetzen zum entscheidenden Faktor der Wettbewerbsfähigkeit vieler Unternehmen geworden (Castells, 1996; Drucker, 1998; Lehner & Schmidt-Bleek, 1999). Es liegt auf der Hand, daß damit auch innovatives Management gefordert wird, also Management, daß die Innovationsfähigkeit von Unternehmen fördert und Innovationen vorantreibt. Diese Anforderungen stoßen jedoch oft auf massive Schwierigkeiten und sie sind im Rahmen der Managementstrukturen und der Managementkultur vieler Unternehmen fast unerfüllbar. Das gilt um so mehr, als sich Innovationsprozesse in einem grundlegenden Veränderungsprozeß befinden und sich damit auch die Anforderungen an ein innovatives Management grundlegend verändern.

1 Innovationsprozesse im Wandel

Um zu verstehen, was Innovation am Eingang des 21. Jahrhunderts heißt, muß man einen wichtigen Punkt verstehen: In der wissensbasierten Volkswirtschaft ist Wissen zwar der entscheidende Produktionsfaktor, aber es ist nicht knapp (OECD, 1996). Es gibt viel mehr Wissen, das wirtschaftlich genutzt werden könnte, als tatsächlich wirtschaftlich genutzt wird. Wissen ist also wirtschaftlich gesehen im Überfluß vorhanden. Das soll nicht heißen, daß es sich wirtschaftlich nicht mehr lohnt, in neues Wissen zu investieren. Auch und gerade die wissensbasierte Volkswirtschaft unterliegt der Schumpeter'schen Innovationsdynamik - neues Wissen schafft zumeist auch neue wirtschaftliche Möglichkeiten, die Unternehmen Wettbewerbsvorsprünge und ein temporäres Monopol bringen können. Aber der Überfluß des Wissens verändert den Ablauf des Innovationsgeschehens doch grundlegend. (Abramowitz & David, 1994; Arthur, 1998; Gordon, 1993; Lehner, Charles u. a., 2000).

In der Industriegesellschaft folgten Innovationsabläufe lange Zeit einem linearen Modell. Wissen wird zunächst fern von der Anwendung in Form von wissenschaftlichen Entdeckungen entwickelt, dann mit oft erheblichem zeitlichem Abstand in Technologie umgesetzt, die wiederum mit zeitlichem Abstand in neue Produkte mündet, die sich dann am Markt durchsetzen und dort ausreifen. Innovative Produkte wurden dabei zumeist als hochwertige Qualitätsprodukte in kleinen Mengen auf den Markt gebracht. Erst mit zeitlichem Abstand steigt der Absatz rasch an und es treten zusätzliche Wettbewerber auf. Das Produkt wird weiter entwickelt, um den Abstand zu diesen Wettbewerbern zu wahren. Schließlich ist das Produkt weitgehend ausgereift und wird in Massenproduktion hergestellt, es gibt viele Wettbewerber und der Wettbewerb immer durch den Preis und immer weniger durch Innovation bestimmt – bis ein neues innovatives Produkt auf den Markt gebracht wird. (Lehner, Charles u. a., 2000)

Dieser Prozeß ist schon im Industriezeitalter im Zeitablauf immer schneller und über immer kürzere Zeitintervalle abgelaufen. Die Leistung der Mikrochips, um ein markantes Beispiel zu nehmen, wird schon seit Jahren etwa alle 18 Monate verdoppelt. Damit steigt nicht nur die Geschwindigkeit von Computern und anderen Maschinen mit Chips, sondern auch deren sonstige Leistungsfähigkeit und deren Einsatzmöglichkeiten. Das hat zur Folge, daß Computer und Maschinen, die gerade noch das Neueste auf dem Markt waren, nach weniger als zwei Jahren technologisch schon überholt sind und durch noch schnellere und leistungsfähigere Maschinen ersetzt werden.

In der Beschleunigung des linearen Innovationsmodells lag auch schon sein Ende begründet. Mit der Beschleunigung stiegen die Innovationsrisiken teilweise dramatisch stark; innovative Unternehmen mußten immer mehr mit der Gefahr rechnen, daß neue Produkte, die sie gerade erst auf den Markt gebracht hatten, dort schon wieder von neuen, technologisch noch fortschrittlicheren Produkten verdrängt wurden, bevor sie sich wirtschaftlich richtig ausgezahlt hatten. Um dieser Gefahr zu begegnen, mußten die Unternehmen immer mehr versuchen, neues Wissen rasch in neue Produkte am Markt umzusetzen und konnten dabei immer weniger warten, bis das Wissen ausgetestet und eine neue Technologie erprobt war. Das führt dazu, daß die einzelnen Stufen des Innovationsprozesses immer mehr zusammenrücken und schließlich zusammenfallen. Das geht so weit, daß Wissen schon angewandt wird, bevor es wissenschaftlich voll verstanden worden ist. (Lehner, Charles u. a., 2000)

Schon seit mehreren Jahrzehnten bildet sich also ein interaktives Innovationsmodell heraus, in welchem Grundlagenforschung, angewandte Forschung, Technologieentwicklung, Produktentwicklung und Markteinführung kaum mehr trennbar sind. Neues Wissen wird, bevor es ausgetestet ist, aus der Grundlagenforschung heraus neue Produkte umsetzen, die am Markt experimentell erprobt und weiterentwickelt werden. Gleichzeitig werden die Erfahrungen mit der experimentellen Erprobung in die Grundlagenforschung zurückgespielt und dort in neue Wissensproduktion umgesetzt. Dabei läuft der Transferprozeß oft über die Gründung von Unternehmen aus den Hochschulen und Forschungseinrichtungen, in deren Rahmen Wissenschaftlerinnen und Wissenschaftler ihre Ergebnisse aus der Grundlagenforschung zunächst selber kommerzialisieren. Das kann man im Bereich der Biotechnologie und in der Informationstechnologie oft beobachten.

In der wissensbasierten Volkswirtschaft ist dieses interaktive Innovationsmodell das dominierende Modell, weil vielmehr Wissen vorhanden ist, als ökonomisch genutzt wird und werden kann. Die Grundlagenforschung an Hochschulen und Forschungsinstituten und die angewandte Forschung in der Industrie liefern sehr viel Wissen, das zwar ökonomisch grundsätzlich nutzbar wäre, aber aus verschiedenen Gründen nicht genutzt wird. Viele Unternehmen halten Patente, die sie nicht nutzen, weil beispielsweise die Investitionskosten für den Aufbau einer neuen Produktion zu hoch sind, oder noch einfacher, weil sie mit den verfügbaren

Mitteln gar nicht alles realisieren können, was sie an verwertbaren Forschungs- und Entwicklungsergebnissen haben. Viele neue Ideen kommen oft schon gar nicht zu Unternehmen oder Personen, die die Möglichkeit und das Interesse haben, sie zu realisieren. Was also an Innovation geschieht, hängt weniger vom Wissen und von der Technik ab, als von der Nutzung dieses Wissens und dieser Technik. (OECD, 1996)

Der Überfluß an Wissen und Technik hat eine ganz wichtige Konsequenz: Das wirtschaftliche Innovationsgeschehen wird von der Technik nur noch schwach gesteuert. Wesentliche Steuerungsimpulse kommen von Märkten und neu vermarkteten Bedürfnissen und Wünschen her. Zwar werden viele Innovationen auch durch technologische Entwicklungen angestoßen, aber die Anstöße von technologischen Entwicklung sind so vielfältig, daß aus konkreten technologischen Veränderungen zumeist ganz unterschiedliche wirtschaftliche Entwicklungen möglich sind. Technologische Entwicklungen geben zwar noch den Rahmen vor, in dem neue Produkt- und Marktentwicklungen ablaufen, aber dieser Rahmen ist so weit, daß er viele unterschiedliche Entwicklungen und Entwicklungspfade offen läßt. (Lehner, Charles u. a., 2000)

Das gilt um so mehr, als die gegenwärtig bestimmenden Schlüsseltechnologien längst keine klar definierten und abgrenzbaren Technologien sind, sondern vielschichtige Technologiebündel. Die heutige Informationstechnologie ist keine homogene Technologie mehr, sondern vielmehr eine Fusion aus sehr unterschiedlichen Technologien. Zur Mikroelektronik und der Halbleitertechnik sind neue Materialien, Optoelektronik, Neuroinformatik und Biotechnologie hinzu gekommen. Bei zukünftigen Entwicklungen wird die Quantenphysik eine entscheidende Rolle spielen - auf der Basis der Quantenphysik werden Computer entwickelt, die mit den gegenwärtigen Computern nur noch wenig gemeinsam haben. Experten erwarten, daß diese Computer die Grenzen der Halbleitertechnik überwinden und eine Revolution in Sachen Rechenkraft erzeugen werden. Grundlegende Veränderungen werden aber in den nächsten Jahren auch von Entwicklungen kommen, an die heute allenfalls einige Spitzenforscher denken oder die noch gar nicht erkannt sind.

In diesem Zusammenhang muß man sich vor Augen führen, daß vor allem in den entwickelten Volkswirtschaften, aber auch in den ehemaligen sozialistischen Ländern und in einer beträchtlichen Zahl von Entwicklungsländern eine riesige Maschinerie zur Wissensproduktion aufgebaut wurde. Gemessen an der Zahl der wissenschaftlichen Publikationen verdoppelt sich unser Wissensbestand gegenwärtig etwa alle sieben bis zehn Jahre. Weit mehr als die Hälfte aller Wissenschaftlerinnen und Wissenschaftler, die in der ganzen Geschichte der Menschheit tätig waren, sind heute tätig. In der naturwissenschaftlichen Forschung werden heute Roboter eingesetzt, mit deren Hilfe sich aufwendige Versuchsserien drastisch verkürzen lassen. Mit Hilfe des Internets wird ein großer Teil dieses Wissens weltweit verfügbar gemacht und verknüpft. Das Resultat ist eine rasch wachsende Wissensproduktion, die sich von der Wissensproduktion des Industriezeitalters aber nicht nur quantitativ unterscheidet, sondern auch qualitativ. (Lehner & Schmidt-Bleek, 1999)

Der wichtigste qualitative Unterschied ist eine viel geringere Vorhersehbarkeit wissenschaftlicher und technischer Entwicklungen. Technische und darauf aufbauende Entwicklungspfade werden unbestimmter und ungewisser. Viele Entwicklungen laufen gleichzeitig und erzeugen durch Verknüpfungen weitere Entwicklungen. Dabei nehmen Entwicklungen gerade durch neue Verknüpfungen oft einen zunächst nicht absehbaren Verlauf oder werden in einer unvorhergesehnen Weise beschleunigt. Die Gentechnologie und die Informationstechnologie schaffen zusammen eine ganz neue Pharmakologie, deren Forschung durch das Automatisieren von Versuchsserien auch noch massiv beschleunigt wird. Bei der wirtschaftlichen Umsetzung wissenschaftlicher und technischer Entwicklungen nimmt die Vorhersehbarkeit noch weiter ab, weil sich oft sehr spät in einem aufwendigen Entwicklungsprozeß feststellen läßt, wie hoch die Kosten der Vermarktung sind oder wie sich Märkte für neue Produkte entwickeln lassen und weil sich oft kaum abschätzen läßt, ob und inwieweit konkurrierende Entwicklungen am Markt auftreten und wie dann die Wettbewerbsbedingungen aussehen.

Damit ist ein zweiter wichtiger qualitativer Unterschied verbunden, den wir oben schon angesprochen haben – das lineare Innovationsmodell funktioniert nicht mehr und wird durch ein viel komplizierteres, weniger überschaubares und planbares interaktives Innovationsmodell ersetzt. Unternehmen, die aufwendige Forschungs- und Entwicklungsprojekte durchführen, können oft nicht abwarten, bis diese Projekte vollständig zu Ende geführt und ihre Ergebnisse getestet worden sind und bis zuverlässige Marktanalysen vorliegen. Um ihre wirtschaftlichen Risiken zu verringern, müssen sie vielmehr möglichst frühzeitig mit Zwischenergebnissen oder mit noch ausgetesteten Produkten auf den Markt, den sie im Prozeß der Vermarktung erst erschließen müssen. Mehr noch, um unnötige wirtschaftliche Risiken zu vermeiden, müssen Innovationsvorhaben immer mehr gleichzeitig oder sogar vorrangig vom Markt her gedacht und gestaltet werden.

Ein dritter nicht minder wichtiger Unterschied ist die Radikalisierung des Innovationsgeschehens. In der einschlägigen Forschung wird zwischen inkrementalen und radikalen Innovationen unterschieden (z. B. Baethge & Baethge-Kinsky, 1998). Inkrementale Innovationen sind solche, durch die Produkte, die sich bereits auf dem Markt befinden, weiterentwickelt werden. Inkrementale Innovationen bewegen sich also innerhalb von bestehenden Produktlinien und bestehenden Märkten. Das können durchaus Innovationen sein, die technologisch sehr weitreichend sind und die nicht einfach eine vorhandene Technologie weiterführen, sondern eine neue Technologie einführen. Ein typisches Beispiel ist ein technisch weiter entwickeltes Auto, das mit neuen elektronischen Systemen und neuen Lösungen für das Vermeiden von Emissionen ausgestattet ist. Technologisch kann an diesem Auto einiges völlig neu sein – wie es vor einigen Jahren die Einführung von computergestützten Leitsystemen auf der Basis des Global Positioning Systems war. Inkremental sind die entsprechenden Innovationen deshalb, weil die entsprechenden Unternehmen den Markt, für den die Innovation bestimmt ist und das Produkt, das daraus hervorgehen soll und auch den Prozeß, mit welchem dieses Produkt hergestellt werden soll, im Grossen und Ganzen kennen. Durch radikale Innovationen werden dagegen neue Produkte für neue Märkte entwickelt. Die erste Einführung des PCs, des Faxgerätes oder auch des Mobiltelephons stellten solche radikalen Innovationen dar. Radikale Innovationen stellen auch viele neue Produkte aus der Biotechnologie, aber auch die Nutzung des Internets für elektronische Geschäfte vor. Bei solchen Innovationen wissen die Unternehmen, die sie betreiben, nicht, wie das konkrete Produkt am Ende aussehen wird, sie wissen wenig über den noch zu schaffenden Markt für den dieses Produkt bestimmt ist und sie können auch die Probleme, die mit der Produktion des neuen Produktes verbunden sind, nur grob abschätzen. In einem Satz: Bei inkrementalen Innovationen kann man sich auf viel Wissen und Erfahrung über Märkte, Produkte und Prozesse stützen, während man bei radikalen Innovationen wenig Wissen und kaum Erfahrung über Märkte, Produkte und Prozesse hat. Radikalisierung des Innovationsgeschehens heißt also, daß sich ein wachsender Teil von Innovationen von bekannten Produkten, Märkten und Prozessen zu neuen, unbekannten Produkten, Märkten und Prozessen verlagert.

Die Offenheit technologischer Entwicklungsprozesse und die Radikalisierung des Innovationsgeschehens sowie der Wechsel von einem linearen zu einem interaktiven Innovationsmodell schaffen viele neue Chancen, aber auch große Risiken. Das hat insbesondere auch zur Folge, daß das Innovationsgeschehen immer mehr nicht nur von technischen, sondern von sozialen Innovationen bestimmt wird, insbesondere die Einführung neuer Formen der Arbeitsorganisation und neuer Arbeitszeitsysteme oder von neuen Vertriebswegen in der Wirtschaft, aber auch neue Formen der Wissensteilung. (Brödner, Helmstädter & Widmaier, 1999)

2 Herausforderungen an das Management

Produkt- oder Prozeßinnovationen sind, wenn sie nicht in kleinen Schritten erfolgen oder eine beschränkte Reichweite aufweisen, für das Management immer eine Herausforderung. Je mehr Veränderungen Innovationsprozesse mit sich bringen, desto mehr stellen sie bewährte Regeln und Prinzipien sowie bisher gültige Ziele in Frage und desto schlechter sind sie organisierbar. Innovatives Management war schon bisher schwierig. Nicht viele Unternehmen waren mit Innovationen (nicht zuletzt auch mit Prozeßinnovationen zur Förderung der Wettbewerbsfähigkeit wirklich so erfolgreich, wie es das Bild vom innovativen Management suggeriert. Der oben beschriebene Wandel der Innovationsprozesse in der wissensbasierten Volkswirtschaft verschärft die Schwierigkeiten innovativen Managements noch erheblich. Die geringe Vorhersehbarkeit des Innovationsgeschehens beeinträchtigt die Möglichkeiten, Produkt- und Prozeßentwicklung zu steuern, das interaktive Innovationsmodell schafft komplexe organisatorische Strukturen im Unternehmen und zwischen Unternehmen und Umfeld, die nur schwer steuerbar sind und auch die Radikalisierung des Innovationsgeschehens schafft hohe Unsicherheit und vermindert die Steuerbarkeit.

In dem Ausmaß, in dem das Innovationstempo zunimmt, entziehen sich Innovationsprozesse auch der Führung durch etablierte Managementtechniken. „Management by decision-rules" droht daran zu scheitern, daß bei hohem Innovationstempo Regeln rasch obsolet werden und sich als Innovationshemmnisse erweisen. „Management by objectives" und „Management by results" sind kaum oder doch zumindest schwer zu realisieren, wenn sich als Folge rascher Innovation die wirtschaftlichen Möglichkeiten von Unternehmen rasch und in oft unvorhersehbarer Weise ändern. Die kreativen Elemente und die Unabwägbarkeiten, die mit Innovationen immer in mehr oder weniger starkem Masse einhergehen, entziehen sich Führung und Organisation oft und können nur durch „Management by exception" bewältigt werden– wobei oft nicht definiert werden kann, wann noch der Regelfall vorliegt und wann „Management by exception" greift, weil solche Regeln rasch obsolet werden.

Die eigentliche Herausforderung an ein innovatives Management besteht jedoch nicht darin, in einzelnen Fällen durch eine Ausnahme von den üblichen Regeln eine innovationsfördernde Entscheidung zu treffen, sondern darin, in einem Unternehmen eine dauerhaft hohe Innovationsfähigkeit zu schaffen und diese in der Organisation und der Kultur des Unternehmens zu verankern. Dafür gibt es keine einfache „Management by..."-Regel und auch kein einfaches Organisationsmodell.

Beobachtungen bei Unternehmen in besonders innovativen Phasen (etwa bei Automobilunternehmen beim Produktionsstart eines neues Modells) oder bei generell stark innovativen Unternehmen lassen vermuten, daß sich bei einem hohen Innovationstempo eine stärkere Delegation von Verantwortung und eine stärkere Einbeziehung als günstig erweisen (Baethge & Baethge-Kinsky, 1998). Sie machen deutlich, daß bei einer hohen Innovationsorientierung der Produktion die bisherigen Organisationsstrukturen mit ihren Hierarchien, Funktionszuweisungen und Statusdifferenzierungen zunehmend aufgeweicht werden. Konzepte wie „Management by delegation" oder „Management by participation" scheinen also die richtigen Lösungen für innovatives Management zu sein. Das leuchtet ja zumindest auf den ersten und zweiten Blick auch durchaus ein. Wenn es wegen einem hohen Innovationstempo schwieriger wird, das Unternehmen zu führen, ist es sinnvoll, stärker zu delegieren und mehr Partizipation zu ermöglichen, um damit das im Unternehmen vorhandene Know-how besser zu nutzen und um flexibler auf die Probleme reagieren zu können, die mit Innovationsprozessen in der Regel einhergehen. Wenn mehr Kreativität und eigenständiges Handeln gefordert sind, wie das bei Innovationsprozessen oft der Fall ist, dann müssen Vorgaben reduziert werden und Entscheidungen dezentralisiert werden.

All das würde dafür sprechen, die Führungsstruktur von Unternehmen noch mehr auf Delegation und Partizipation aufzubauen. Schon hier stößt jedoch die Innovationsbereitschaft und –fähigkeit des Managements in vielen Unternehmen auf sehr enge Grenzen. Es fällt vielen Unternehmen schwer, sinnvolle Konzepte von Delegation und Partizipation zu entwerfen und zu implementieren. Das zeigt die trotz einer langjährigen Diskussion über Gruppenarbeit, „schlanke Produktion" und ähnliche Produktionskonzepte immer noch geringe Verbreitung von Delegation und Partizipation in der deutschen Wirtschaft - was als Zukunftskonzept eifrig diskutiert wird, bleibt real doch bloß eine Managementmode (Nordhause-Janz & Pekruhl, 2000). Die Realität der Organisationsentwicklung in den meisten Unternehmen ist immer noch das traditionelle Rationalisierungskonzept, das im Wesentlichen auf die Senkung der Arbeitskosten ausgerichtet ist. Diese Konzepte greifen, wie Naschold (1997) mit Bezug auf eine Studie des McKinsey Global Institute argumentiert, schon im Hinblick auf die Verbesserung der Wettbewerbsfähigkeit im globalen Kostenwettbewerb viel zu kurz. Für den Innovationswettbewerb in der wissensbasierten Volkswirtschaft sind sie völlig untauglich.

In einer Wirtschaft, die stark von unterschiedlichen Formen des Wissens (einschließlich von Erfahrungswissen und Beziehungswissen) lebt und in der die Akkumulation und Nutzung von Wissen der Erfolgsfaktor für Unternehmen und von ganzen Wirtschaftszweigen und Volkswirtschaften ist, macht es wenig Sinn, mit inkrementalen Innovationen Arbeit einzusparen, in der viel Wissen „gespeichert" ist. Rationalisierung von Arbeit ist auch - im Gegensatz zu verbreiteten Auffassungen - keineswegs eine unvermeidliche Folge der Nutzung moderner Informationstechnologie. Sie ist allenfalls das Produkt der Nutzung dieser Technologie im Rahmen überkommener Organisationskonzepte. Informationstechnologie verweist keineswegs auf diese Konzepte, sondern erhöht vielmehr die Optionen bei der Gestaltung von Organisation und Arbeit. Diese größeren Gestaltungsspielräume werden oft übersehen. Unternehmen werden jedoch die enormen Potentiale der Informationstechnologie, der Biotechnologie, der Nanotechnologie und anderer neuer Technologien nicht vernünftig nutzen können, wenn sie diese Gestaltungsspielräume nicht systematisch ausloten und ausnutzen. Mit großen, verfestigten und hierarchischen Strukturen kann man nicht die Flexibilität und Anpassungsfähigkeit gewinnen, und auch nicht die Kreativität und die Kundenunterstützung mobilisieren, die man braucht, um die enormen Potentiale neuer Technologie rasch und wirtschaftlich profitabel auf den Markt zu bringen. Diese Strukturen bestimmen in den meisten größeren Unternehmen, auch bei vielen größeren Mittelständlern, die Organisation und das Management.

Im Hinblick auf eine hohe Innovationsfähigkeit besteht die Alternative zu diesen überkommenen Strukturen nicht einfach in Organisationsmodellen auf der Basis der „schlanken Produktion", wie es Peter Wickens (1995, 1996) „ascendant organisation" darstellt. Die „schlanke Produktion" stößt gerade dann, wenn es um rasche und radikale Innovation geht, rasch auf ihre Grenzen. Sie ist vor allem auf hohe Produktivität und Qualität ausgerichtet und in dieser Hinsicht sehr leistungsfähig. Im Hinblick auf die Innovationsfähigkeit und die strategische Handlungsfähigkeit von Unternehmen sind sie jedoch durchaus problematisch. Erfolgreiche Innovationen erfordern ein immer engeres Zusammenspiel zwischen unterschiedlichen Unternehmensteilen und Funktionsbereichen in Unternehmen – die ständige Erzielung von Synergien zwischen unterschiedlichen Bereichen wird zu einem zentralen Anliegen von Unternehmen (Kanter, 1990). Wie Baethge & Baethge-Kinsky berichten, zeichnen sich die bei innovationsorientierten Unternehmen entwickelten Produktionskonzepte vor allem dadurch aus, daß sie sich grundlegend an der Fähigkeit zur schnellen – wenn möglich antizipativen – Reagibilität der Organisation auf veränderte Marktkonstellationen und sich verändernde Kundenwünsche ... orientieren. Im Interesse einer besseren Marktgestaltung wird darauf geachtet, daß Innovations- (Designentwicklung, Produktionsanlauf) und Produktionsphasen („laufende Produktion") soweit ineinandergreifen, daß sie praktisch nicht mehr als zeitlich und sachlich diskrete betriebliche Abläufe gefaßt werden: Ziel ist die Parallelisierung der Innovationsschritte („simultaneous engineering"), „die breite Erschließung von Innovationspotentialen über forcierten innerbetrieblichen Wissensaustausch ebenso wie über die Intensivierung und Verstetigung von Kooperationen entlang der gesamten, den Unternehmenszusammenhang übergreifenden Wertschöpfungskette" (Baethge & Baethge-Kinsky, 1998: 127).

Diese enge Verflechtung von Abläufen, Organisationseinheiten und ganzen Unternehmen erzeugt aber jene Komplexität, die man in der schlanken Produktion durch konsequente Segmentierung (Wildemann, 1988) vermieden hat. Segmentierung heißt, daß die Unternehmensorganisation in kleine Einheiten aufgegliedert wird, die sich jeweils von anderen Einheiten klar abgrenzen lassen und mit diesen funktional nicht oder nur minimal verflochten sind. Jede Einheit ist ein Segment, das für sich allein handelt und wenig oder nicht mit anderen Organisationseinheiten verflochten ist. Die Segmentierung schafft also dadurch eine einfache Organisation des Unternehmens, die Verflechtungen von Abläufen und Organisationseinheiten radikal und durchgängig vermindert. (Siehe Abbildung 1).

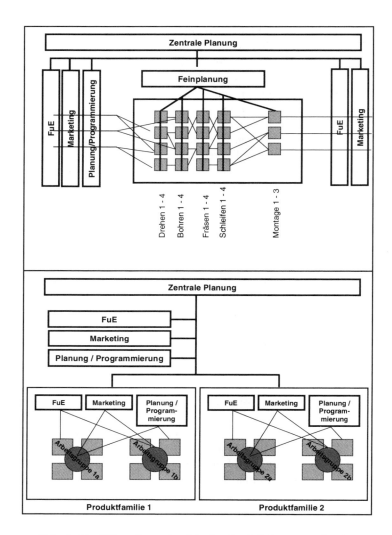

Abb. 1: Traditionelle und schlanke Produktionsorganisation

Genau dieser Effekt der Segmentierung wird wieder aufgehoben, wenn zur Stärkung der Innovationsfähigkeit unterschiedliche Bereiche, Abläufe und sogar ganze Unternehmen wieder stärker miteinander verflochten werden müssen. Das mag wenig problematisch sein, wenn die Verflechtung nur temporär erfolgt oder lediglich einen eng definierten Produktbereich umfaßt. In dem Ausmaß, in dem die Verflechtung breiter und dauerhafter angelegt ist, nimmt die durch die Verflechtung erzeugte Komplexität der Organisation rasch zu.

Wir haben es hier mit einem Schnittstellenproblem zu tun (Lehner, 1997). Schnittstellen sind die Stellen in Unternehmen, an denen unterschiedliche Bereiche und Organisationseinheiten miteinander verknüpft sind und an denen das Unternehmen mit seiner Umwelt verbunden ist. In Schnittstellen manifestiert sich einerseits die Komplexität eines Unternehmens, also die Vielschichtigkeit seiner Aufbau- und Ablaufstrukturen und seiner Außenbezüge. Unter dem Gesichtspunkt einer schlanken Produktion ist es sinnvoll, Schnittstellen möglichst zu eliminieren und die Zahl der Schnittstellen in einem Unternehmen möglichst klein zu halten. Ein Unternehmen mit vielen Schnittstellen weist auch eine entsprechend komplexe Organisationsstruktur mit hohen Koordinations- und Abstimmungsproblemen auf und ist immer in der Gefahr, inflexibel und rigide zu werden.

Schnittstellen markieren jedoch andererseits auch die Chancen und Möglichkeiten von Unternehmen, Fähigkeiten und Ressourcen zu bündeln und Synergien zu erzeugen. Unter dem Gesichtspunkt der Innovationsfähigkeit und der strategischen Handlungsfähigkeit von Unternehmen ist eine größere Zahl von Schnittstellen wünschenswert. Sie bieten dem Unternehmen Chancen, sich innovativ an den Strukturwandel anzupassen und seine Marktbeziehungen, seine technischen Entwicklungen und seine Organisations- und Qualifikationsstrukturen immer wieder zu restrukturieren. Um gleichzeitig schlank und innovationsfähig zu sein, muß ein Unternehmen in seiner Binnenstruktur und in seinen Außenbezügen möglichst viele Schnittstellen nutzen können ohne damit gleichzeitig eine große und inflexible Organisation aufzubauen. Sie muß, wie wir weiter unten ausführlicher diskutieren werden, viele horizontale Schnittstellen zwischen unterschiedlichen Organisationseinheiten und zwischen der Organisation und ihrem Umfeld einrichten, aber die Zahl der vertikalen Schnittstellen möglichst gering halten.

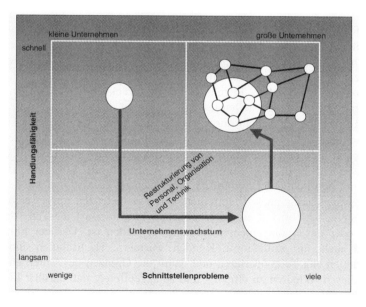

Abb. 2: Größe und Flexibilität von Unternehmen

3 Das Dilemma der „lernenden Organisation"

Abstrakter gefaßt haben wir es hier mit einem organisatorischen Problem zu tun, das wir als das „Dilemma der lernenden Organisation" bezeichnen können. Eine lernende Organisation ist fast ein Widerspruch in sich selbst. Lernen heißt Veränderung, neue Verhaltensweisen, neue Strukturen, unbekannte Situationen und Kreativität. Organisation heißt dagegen Verstetigung und Formalisierung von Handeln, auf längere Dauer angelegte Strukturen, Routinisierung, Verläßlichkeit, Regelung und Kontrolle. Selbstverständlich können und müssen sich auch Organisationen an veränderte Bedingungen anpassen und sich entsprechend verändern. Insofern muß eigentlich jede Organisation lernen können. Mit dem Konzept der lernenden Organisation ist jedoch mehr gemeint, nämlich eine Organisation, die ihre Produkte, Prozesse und Strukturen permanent an eine sich laufend verändernde, oft turbulente Umwelt anpassen muß. (Greschner, 1996; Krebsbach-Gnath, 1996; Probst & Büchel, 1994; Scholz, 1997; Wieselhuber & Partner, 1997; Sattelberger, 1991)

Lernen läßt sich mit Organisation immer dann gut vereinbaren, wenn es sich um einen einmaligen, isolierbaren Vorgang handelt, der die Organisation nur kurzfristig betrifft und sie nach der Umstellung wieder einer Routine überläßt. Häufiges oder gar permanentes Lernen im Sinne häufiger oder gar permanenter Veränderungen der Organisation, wie es in einer sich rasch wandelnden und oft turbulenten Umwelt oft erforderlich ist – oder zu sein scheint, führt Organisationen in ein Dilemma.

Dieses Dilemma besteht darin, daß eine Organisation entweder ihre Lernfähigkeit hoch halten kann, oder aber ihre Fähigkeit, Verhalten zu strukturieren und in verläßliche Abläufe einzubinden, zu regeln und zu kontrollieren, aber nicht beides zusammen. Wenn die Organisation ihre Lernfähigkeit hochhalten will, muß sie ihre Strukturen offen halten, Regelungen stark zurücknehmen, Routinen und etablierte Strategien in Frage stellen lassen. Strukturen offen halten, heißt, daß Verhalten und Abläufe nicht mehr durch existierende Strukturen determiniert werden dürfen, sondern daß abweichendes Verhalten und abweichende Abläufe möglich sein oder gar gefördert und Kontroversen akzeptiert werden müssen. Es heißt in der Konsequenz auch, daß unterschiedliche strukturelle Lösungen zugelassen werden und nebeneinander zumindest experimentell koexistieren können. Damit werden zwangsläufig auch Hierarchien und Kompetenzen aufgeweicht und in Frage gestellt, was oft mit einem erheblichen Machtverlust für Teile des Managements oder das Management insgesamt verbunden ist. Darüber hinaus heißt Offenheit auch, mit Zulieferern, Kunden, Partnern, Hochschulen und anderen Einrichtungen eng zu kooperieren und damit die Grenzen des Unternehmens gegenüber diesen Akteuren zu öffnen – und zu akzeptieren, daß darüber Ideen, Vorstellungen und andere Anstöße in die Organisation einfließen, die im Widerspruch zu Ideen, Vorstellungen oder Regelungen in der Organisation stehen. (Albach, 1994; DieBella u. a., 1996; Deiser, 1994; Kanter, 1990; Krebsbach-Gnath, 1996; Wickens, 1995).

Offenheit von Organisationen ist in der Realität der meisten großen Organisationen ein durchaus ambivalentes Prinzip. Den großen Vorteilen von Offenheit im Hinblick auf Lernfähigkeit stehen oft ebenso große Nachteile bezüglich der Organisationsfähigkeit gegenüber, wobei durch letztere erstere oft konterkariert werden. Mit einer großen Offenheit verlieren Organisationen auch an Fähigkeit, Abläufe sinnvoll aufeinander zu beziehen, Aktivitäten konsequent auf bestimmte Ziele auszurichten und Unternehmensentwicklungen zu planen. Wenn eine Organisation wegen ihrer Offenheit in einer anhaltenden Veränderung begriffen ist, ihre Strukturen im Fluß sind und ihre Entwicklungen durch konkurrierende Vorstellungen und Tendenzen geprägt ist, kann sie zwar vieles an Anstößen aufnehmen und umsetzen, aber sie steuert das Verhalten ihrer Mitglieder und ihrer Organisationseinheiten sehr viel weniger stark, als bei stabilen Strukturen und eindeutigen Regelungen. Das gilt um so mehr, als eine Organisation mit großer Offenheit oft auch an kultureller Steuerungsfähigkeit verliert, weil sie vieldeutige und widersprüchliche Orientierungen vermittelt. Im übrigen zeigen viele Erfahrungen, daß Unternehmen, die zu häufig restrukturieren und reorganisieren wirtschaftlich ebenso gefährdet sind, wie Unternehmen, die unfähig sind, sich zu restrukturieren und reorganisieren.

Das hier umrissene Dilemma läßt sich in konkreten Einzelfällen immer wieder durch „Management by exception", also zum Beispiel durch Bildung von ad-hoc-Einheiten (neudeutsch: „task-forces") oder durch Ausnahmeregelungen, lösen. Es bleibt jedoch als Organisationsproblem und damit als Kernaufgabe von Management erhalten. In der neueren Literatur (z. B. Deiser, 1994; Kanter, 1990; Wickens, 1996) wird zwar immer wieder darauf abgehoben, daß Management durch Führung ersetzt werden müsse, was grundsätzlich nicht falsch ist, wenn damit gemeint ist, daß „Management is about the organisation and development of resources, whereas leadership is about getting people to do what you want them to do because they want to do it for you" (Wickens 1996: 102). Unternehmensführung ist heute (und war es wohl auch schon früher) nicht nur formale Entscheidung, Organisation und Kontrolle, sondern viel Kommunikation und Überzeugung. Das ändert aber nichts daran, daß Führung nicht dauerhaft an der Organisation vorbeigehen kann, sondern in ihr verankert werden muß. Mehr noch: Gerade bei großen Organisationen ist es ganz wichtig, Strukturen zu schaffen, die eigenständig die Erreichung der gewünschten Ergebnisse sichern.

Viele große Unternehmen versuchen gegenwärtig, die hier angesprochenen Probleme durch eine Konzentration auf das sogenannte Kerngeschäft, oder anders gesagt: auf ihre Stärken, zu lösen. Das ist insofern eine einleuchtende Strategie, als Unternehmen damit eine große Wissensbasis und viel know-how nutzen können, durch ihre Marktkenntnisse auch Veränderungssignale vom Markt frühzeitig wahrnehmen können und durch vielfältige Kommunikations- und Kooperationsnetze auch sonst günstige Voraussetzungen für eine hohe Lern- und Innovationsfähigkeit haben. Zudem ist es bei einer Konzentration auf wenige Kerngeschäfte möglich, ein so hohes Organisationswissen zu akkumulieren, daß eine hohe Lern- und Innovationsfähigkeit mit einer hohen Organisationsfähigkeit verbunden werden kann. Dem steht allerdings gegenüber, daß man sich innerhalb der Kerngeschäfte immer auch größtenteils innerhalb von etablierten Strukturen und Netzwerken bewegt, die über die Jahre hinweg eine spezifische Selektivität der Problemwahrnehmung und -verarbeitung entwickelt haben, die sowohl die Wahrnehmungsfähigkeit für neue Entwicklungen als auch die Fähigkeit, auf solche mit innovativen Lösungen zu reagieren, einschränkt. Wenn in diesen Kerngeschäften die Märkte nicht mehr turbulent sind, werden die Unternehmen zudem oft auf einen inkrementellen Innovationsmodus ausgerichtet, der sich dann als Bumerang erweist, wenn Märkte turbulent werden oder stagnieren und Unternehmen sich durch Sprunginnovationen an neue Entwicklungen anpassen oder ihrem Wettbewerb voraneilen, oder wenn sie in neue Geschäftsfelder und Märkte wechseln müssen.

Im Grunde genommen also die gleichen Probleme einer zu engen Stimulierung wie bei Fertigungssegmentierung. Was Kanter schon 1990 formuliert hat, nämlich „One of the best fitness exercises for companies trying to win the global Olympics is stretching in new directions" (Kanter, 1990: 175) gilt nach wie vor. Ebenso gilt auch ihre Forderung, innovative, lernfähige Unternehmen müßten sich an „newstreams" statt „mainstreams" orientieren. (Kanter, 1990: 191ff.)

Es bleibt also das zentrale Problem, Unternehmen (und andere Organisationen) so zu organisieren, daß ein breiter Fluß an neuen Ideen gesichert werden kann, ohne durch die damit verbundene Offenheit die Organisationsfähigkeit zu verlieren.

Dieses Problem kann allerdings in vielen großen Unternehmen durch eine Restrukturierung deutlich entschärft werden. Viele große Unternehmen weisen eine viel zu komplizierte Organisation auf, die das oben beschriebene Spannungsfeld zwischen Lernfähigkeit und Organisationsfähigkeit massiv verschärft. Sie haben zu viel Hierarchie und zu viele Regeln, und ihre Strukturen folgen zuwenig den Kernprozessen des Unternehmens, der Marktbearbeitung und der Markversorgung. Sie hindern damit oft eine sinnvolle Bündelung von Kompetenzen ebenso wie die breite Entfaltung von Kompetenzen im ganzen Unternehmen. Eine starke Reduktion von Hierarchie auf wenige Ebenen, eine Ausrichtung der „Rest-Hierarchie" auf die strategischen Unternehmensführungsaufgaben sowie die Prozeßführung, einen engen Aufgabenbezug der Organisation und eine Bündelung von Aufgaben und Kompetenzen über die Vernetzung von Personen läßt sich eine Organisation stark vereinfachen, so daß mehr Offenheit erreicht werden kann, ohne daß die Organisationsfähigkeit erheblich leidet.

4 Lösungsansätze

Innovatives Management ist mit zwei Spannungsfeldern konfrontiert. Das erste Spannungsfeld ist die zwischen der Zahl der für Kommunikation und den Austausch von Ideen nutzbare Schnittstelle und die Komplexität der Organisation, das zweite die zwischen der für die Lernfähigkeit zentrale Offenheit einer Organisation und ihrer Organisationsfähigkeit. Diese Spannungsfelder sind nicht vollständig auflösbar. Es gibt für sie keine Patentrezepte und auch kein stabiles Optimum, weil die Spannungsfelder vielschichtig und veränderlich sind. Die im folgenden umrissenen Lösungsansätze sind deshalb von der Natur der Sache her immer Kompromisse und zwar Kompromisse, die möglichst flexibel gehalten werden sollen, damit sie sich an sich oft rasch verändernde Bedingungen anpassen lassen.

Ein erster interessanter Lösungsansatz ist die „Horizontalisierung" der Organisation. Damit ist die Verbindung eines drastischen Abbaus von Hierarchie mit einem Ausbau der horizontalen Vernetzung innerhalb der Organisation und zwischen Organisation und ihrem Umfeld hergestellt. Beziehungen zwischen Organisationseinheiten sowie zwischen Organisation und Akteuren im Umfeld laufen nicht über die Hierarchie, sondern zwischen „peers" und sie sind weitgehend informal. Das ist ein Ansatz, den schon Kanther (1990) verfolgt hat und der dem Konzept der „virtuellen" Organisation (Davidow & Malone, 1992) entspricht. Auch Wickens (1996) „ascendant organisation" enthält starke Elemente von „Horizontalisierung" und unterscheidet sich in dieser Hinsicht erheblich von japanischen Konzepten der „schlanken" Produktion, die zwar Hierarchieebenen reduzieren, aber ansonsten die Organisation stark segmentieren, so daß Beziehungen zwischen Organisationseinheiten sowie zwischen Organisation und Akteuren im Umfeld oft doch über die zwar abgemagerte, aber mächtige Hierarchie laufen.

Ein zweiter Ansatz, der vor allem das zentrale Problem einer „lernfähigen" Organisation angeht, einerseits mehr Lernfähigkeit, Kreativität und Innovation im Unternehmen nachhaltig fördern, andererseits eine stabile, leistungsfähige Organisation zu sichern, ist der „Innovations-Bypass". Dabei wird ein mediengestütztes virtuelles Innovationssystem als „Bypass" für etablierte Strukturen im Unternehmen gelegt, in welchem kreative Kommunikations- und Entwicklungsprozesse zunächst außerhalb der Strukturen und Regelungen der formalen Organisation ablaufen können. Das Unternehmen wird in zwei Schichten gegliedert, nämlich in eine stärker formale Schicht, in der die „normalen" Organisationsabläufe und in eine zweite Schicht, die wenig formal und weitgehend virtualisiert wird, in welche die frühen Phasen des Innovationsgeschehen ausgelagert werden. In der zweiten Schicht kann sich auch die „leadership" entfalten, die Wickens (1996), wie oben kurz dargestellt wurde, dem „management" entgegensetzt.

Ein dritter Ansatz empfiehlt sich insbesondere für Unternehmen, die sich stark auf ein Kerngeschäft fokussieren, aber gleichzeitig auch eine hohe Fähigkeit zu radikalen Innovationen wollen, um sich an rasche und durchgreifende Veränderungen in ihren angestammten Märkten innovativ anpassen zu können und ihre einseitige Abhängigkeit vom Kerngeschäft zu reduzieren. Er ist aber auch geeignet für große Organisationen, deren Strukturen und Prozesse sich nur schwer in Richtung auf eine hohe Lernfähigkeit umorientieren lassen, ohne dabei erheblich an Organisationsfähigkeit zu verlieren. Dieser Ansatz besteht in der Verselbständigung innovativer Organisationseinheiten im Umfeld der Kernorganisation. Innovationsprozesse, insbesondere auch Innovationsprozesse, die nicht gut zum Kerngeschäft passen, oder Innovationsprozesse, die mit einem Umsatzvolumen verbunden sind, das für ein großes Unternehmen zu klein ist, werden als kleine und mittlere Unternehmen ausgelagert oder neu gegründet und können damit über die Informalität und Flexibilität verfügen, die kleinen Unternehmen oft zu eigen ist.

Gemeinsames Grundprinzip aller drei Ansätze ist es, die formale Organisation stark zurückzunehmen und auf „normale" Abläufe zu fokussieren und für das Innovationsmanagement überwiegend informale und virtuelle Strukturen einzurichten. Damit kann man der Tatsache Rechnung tragen, daß ein gutes Innovationsmanagement an Voraussetzungen und Bedingungen geknüpft ist, die sich innerhalb der üblichen Strukturen von großen Organisationen häufig schwer realisieren lassen. Das ist eine realistische Strategie, während der Versuch, organisatorischen Giganten das Tanzen beizubringen, wie es der Titel von Kanther (1990) formuliert, oft bloß deklamatorisch und selten von Erfolg gekrönt ist.

Literatur

Abramowitz, M./David, P., 1994: Technological Change, Intangible Investments and Growth in the Knowledge-based Economy: The US Historical Experience, MERIT Working Paper. Maastricht: MERIT.

Albach, H., 1994: Culture and Technical Innovation. A Cross-Cultural Analysis and Policy Recommendations. Berlin-New York: de Gruyter

Arthur, W.B. (1998), Increasing returns and the new world of business. In D. Neef (ed.), The Knowledge Economy. Boston-Oxford-Johannesburg-Melbourne-New Dehl-Singapore:Butterworth-Heinemann.

Argyris, C. & Schon, D. 1978: Organisational Learning: A Theory of Action Perspective. Reading, Mass.: Addison-Wesley.

Baethge, M., Baethge-Kinsky, V. 1998, Der implizite Innovationsmodus: Zum Zusammenhang von betrieblicher Arbeitsorganisation, human resources development und Innovation, in F. Lehner, M. Baethge, J. Kühl, F. Stille (Hg.) Beschäftigung durch Innovation. München-Mering: Hampp.

Brödner, P., Helmstädter, E. & Widmaier, B. (1999): Wissensteilung. Zur Dynamik von Innovation und kollektivem Lernen. München-Mering: Hampp.

Castells, M. 1996: The Rise of the Network Society. The Information Age: Economy, Society and Culture, Volume 1. Malden-Oxford, Blackwell.

Davidow, W.H./Malone, M.S., 1992: The Virtual Corporation. Structuring and Revitalizing the Corporation for the 21st Century, New York: Harper Business

Deiser, R. 1994: Strategisches Management im Wandel: Vom Planungsparadigma zum „Organisational Learning", in M. Hoffmann & A. Al-Ani (Hg.), Neue Entwicklungen im Management. Heidelberg: Physica.

DiBella, A.J., Nevis, E.C. & Gould, J.M., 1996: Understanding Organisational Learning Capability, Journal of Management Studies, 33: 361-379.

Drucker, P.F. (1998) From Capitalism to the Knowledge Society. In D. Neef (ed.), The Knowledge Economy. Boston-Oxford-Johannesburg-Melbourne-New Dehl-Singapore:Butterworth-Heinemann.

Greschner, J., 1996: Lernfähigkeit von Unternehmen. Frankfurt u.a., Lang.

Gordon, R., 1993: Alternative logics of innovation and global competition in the U.S. electronic industry: a comparative assessment. In: S.F. Okamura, I. Nonaka (eds.), New perspectives on global science and technology policy, Tokyo: Mita Press, 329-357.

Kanter, R.M., 1990: When giants Learn to Dance. New York: Touchstone.

Krebsbach-Gnath, C., 1996: Organisationslernen. Theorie und Praxis der Veränderung. Wiesbaden: Deutscher Universitätsverlag.

Kodama, F., 1991: Analyzing Japanese High Technologies: The Techno-Paradigm Shift, London - New York: Pinter.

Lehner, F. 1997: Arbeitsorganisation, Innovation und Beschäftigung, in E. Frieling, H. Martin & F. Tikal (Hg.), Neue Ansätze für innovative Produktionsprozesse. Kassel / Zürich: Kassel University Press / vdf Hochschulverlag, 1-10.

Lehner, F. & Charles T. with N.Ashford, S. Bieri, W. Bierter, R. Camagni, A. Courakis, W.D. Hartmann, F. Schmidt-Bleek, F. Schneider, Y. Paleocrassas (2000), The Wealth of People. An Intelligent Economy for the 21st Century. The Report of the Steilmann Commission. Bochum: Klaus-Steilmann-Institut.OECD, 1996: The Knowledge-based Economy. Paris.

Lehner, F./Schmidt-Bleek, F., 1999: Die Wachstumsmaschine. Der ökologische Charme der Ökologie. München: Droemer.

Merz, E., 1999: Lernen, das gegenwärtige Ereignis für die Zukunft. Berlin: Springer.

Naschold, F., 1997:Ökonomische Leistungsfähigkeit und institutionelle Innovation - Das deutsche Produktions- und Politikregime im globalen Wettbewerb, in F. Naschold, D. Soskice, B. Hancké, U. Jürgens (Hg.), Ökonomische Leistungsfähigkeit und institutionelle Innovation: das deutsche Produktions- und Politikregime im globalen Wettbewerb. Wissenschaftszentrum Berlin Jahrbuch 1997. Berlin: Edition Sigma.

Nordhause-Janz, J. & Pekruhl, U., 2000: Managementmoden oder Zukunftskonzepte? Zur Entwicklung von Arbeitsstrukturen und von Gruppenarbeit in Deutschland, in: J. Nordhause-Janz. & U. Pekruhl (Hrsg.), Arbeiten in neuen Strukturen. München-Mering: Hampp.

Organisation of Economic Cooperation and Development: Employment and Growth in the Knowledge-based Economy. Paris: OECD, 1996.

Probst, G. / Büchel, B., 1994: Organisationales Lernen. Wiesbaden: Gabler.

Sattelberger, T., 1991: Die lernende Organisation: Konzepte für eine neue Qualität der Unternehmensentwicklung. Wiesbaden: Gabler.

Scholz, C. 1997: Strategische Organisation. Landberg am Lech: Verlag Moderne Industrie.

Wickens, P., 1995: The Ascendant Organization, Houndmills-London: Macmillan.

Wickens, P., 1996: Die aufsteigende Organisation. In: F. Lehner, P. Wickens (Hrsg.), Schlüssel zur Weltklasseproduktion. München-Mering.

Wieselhuber und Partner (Hrsg.), 1997: Handbuch lernende Organisation. Wiesbaden: Gabler.

Wildemann, H., 1988: Die modulare Fabrik. Kundennahe Produktion durch Fertigungssegmentierung, München: gfmt.

Innovationen in Netzwerken

K. Bellmann / A. Haritz

1 Elemente der Innovationswirtschaft

    1.1 Innovationsbegriff und -arten

    1.2 Innovationen als Ergebnis wissensgenerierender Prozesse

2 Ansätze zur Gestaltung von Innovationsprozessen

    2.1 Organisatorische Gestaltungsalternativen im Handlungsraum von Make und Buy

    2.2 Kooperativ-interorganisationale Gestaltungsansätze für Innovationsprozesse

3 Netzwerke als Organisationsform zur Generierung von Innovationen

    3.1 Innovationsnetzwerke: Versuch einer Begriffsbestimmung

    3.2 Technologie- und Entwicklungsnetzwerke als spezifische Ausprägungsformen von Innovationsnetzwerken

Literatur

1 Elemente der Innovationswirtschaft

1.1 Innovationsbegriff und -arten

Der Begriff der Innovation ist in der Literatur mit divergenten Inhalten und Vorstellungen besetzt und demzufolge intersubjektiv unterschiedlich abgegrenzt. Corsten sieht als Ursache dieser terminologischen Heterogenität im wesentlichen zwei Argumente an:[1]

- Das Phänomen Innovation ist zum einen Gegenstand unterschiedlicher Forschungsdisziplinen mit unterschiedlichen methodischen Ansätzen und

- zum anderen wird die inhaltliche Ausgestaltung des Innovationsbegriffs nicht unwesentlich durch die subjektive Wirklichkeitskonstruktion und das Erkenntnisinteresse des jeweiligen Forschers prädeterminiert.

In einer eher weit gefaßten Auslegung sind unter Innovationen Ansätze, Instrumente, Verfahren oder physische Objekte zu verstehen, die von einem sozialen System als neuartig angesehen bzw. erstmals angewendet werden. Aus einer derartig umfassenden Begriffsexplikation resultieren Interpretationsspielräume mit der Folge, daß sich der an sachlichen Merkmalen orientierte Tatbestand der Innovation allgemeingültigen Definitionsversuchen entzieht und entscheidend von der subjektiven Wirklichkeitskonstruktion und Interpretation von Innovationen produzierenden oder rezipierenden Systemen abhängt.[2]

Vor dem Hintergrund der Subjektivitätsproblematik könnte bspw. die Signifikanz der technischen Erstmaligkeit einer Neuerung (Innovationshöhe) als objektivierter Indikator angesehen werden, der angesichts eindeutiger Leistungsparameter und Bewertungsmaßstäbe Aufschluß über das Vorliegen von Innovationen gibt.[3] Darüber hinaus existieren unterschiedliche Auffassungen, für welchen räumlichen Geltungsbereich resp. für wen Veränderungen eines Status-Quo als Innovationen aufzufassen sind. Damit entscheiden die Grenzziehung und die Konzeptualisierung sozio-technischer Systeme über das Auftreten von Innovationen. Einer engen Abgrenzung des Systembegriffs zur Folge, sind Innovationen dann als solche zu werten, wenn sie für das betreffende Bezugsobjekt Unternehmung bzw. Unter-

---

[1] Vgl. Corsten, H.: Überlegungen zu einem Innovationsmanagement: Organisationale und personale Aspekte, in: derselbe (Hrsg.): Gestaltung von Innovationsprozessen, Berlin 1989, S. 2.

[2] Vgl. Tebbe, K.: Die Organisation von Produktinnovationsprozessen, Stuttgart 1990, S. 11.

[3] Vgl. Thom, N.: Grundlagen des betrieblichen Innovationsmanagements, 2. völlig neu bearbeitete Aufl., Königstein 1980, S. 25.

nehmensnetzwerk 'Novitäten' darstellen (betriebswirtschaftlicher Innovationsbegriff, da lediglich subjektiv neues Wissen generiert wird). Hinsichtlich einer zunehmenden Extension des Systembegriffs können bspw. auch Branchen (industrieökonomischer Innovationsbegriff[4]), nationale Märkte oder schließlich der Weltmarkt (nationalökonomischer Innovationsbegriff) als Bezugsgröße ausgewählt werden.[5] In der letzten Extensionsstufe könnte von 'objektiv' neuem Wissen gesprochen werden.[6] In der vorliegenden Untersuchung ist der Tatbestand der Innovation an das erstmalige Auftreten einer Neuerung in dem Bezugssystem Unternehmung bzw. Unternehmensnetzwerk geknüpft, wodurch sich eine Änderung im Status-Quo des betreffenden Systems vollzieht.

Wird die einführende Begriffsexplikation inhaltlich präzisiert, verkörpern Innovationen die Transformation einer (System-)Technologie via Techniken in neue bzw. modifizierte und marktfähige Produkte, funktionsfähige Verfahren oder in Dienstleistungen. Hervorzuheben ist in diesem Zusammenhang die marktliche Komponente von Innovationen.[7] Anhand der marktlichen Komponente ist zugleich eine Abgrenzung gegenüber Inventionen möglich, die überwiegend als Ergebnis einer planmäßigen, systematischen und regelgebundenen Wissensgewinnung anzusehen sind und keine inhärente Marktorientierung aufweisen.[8]

Innovationen lassen sich anhand einer Vielzahl von Kriterien systematisieren, wobei an dieser Stelle lediglich die Kriterien Innovationsobjekt und Autonomiegrad von Relevanz sind. In Bezug auf das Kriterium Innovationsobjekt werden Produkt-, Prozeß- und Sozialinnovationen differenziert. Produkt- und Prozeßinnovationen sind im wesentlichen technologiegetrieben, weshalb sie auch dem Oberbegriff 'technologische Innovation' subsumiert werden können.[9] Sozialinnovationen hingegen betreffen den Humanbereich von sozio-technischen Systemen und lassen sich auf der Ebene der Organisationsteilnehmer (Individual- bzw.

---

[4] Vgl. Hauschildt, J.: Innovationsmanagement, München 1993, S. 15.

[5] Vgl. Tebbe, K.: Die Organisation von Produktinnovationsprozessen, a.a.O., S. 13ff., der Marktneuheiten, Betriebsneuheiten mit Diversifikation, Betriebsneuheiten ohne Diversifikation und Varianten unterscheidet.

[6] Vgl. Brockhoff, K.: Forschung und Entwicklung, München, Wien 1992, S. 35.

[7] Albach bezeichnet deshalb Innovationen auch als durch „Wettbewerb gefilterte Kreativität". Albach, H.: Innovationsstrategien zur Verbesserung der Wettbewerbsfähigkeit, in: ZfB, 59. Jg. (1989) 12, S. 1338.

[8] Vgl. Brockhoff, K.: Forschung und Entwicklung, a.a.O., S. 27.

[9] Vgl. Wolfrum, B.: Strategisches Technologiemanagement, 2. Aufl., Wiesbaden 1994, S. 9.

Gruppenebene) als auch auf der Ebene des Systems als organisatorische Entität (Kollektivebene) verorten.[10]

Weiterhin können Innovationen anhand ihres Autonomiegrades systematisiert werden. Aus dieser Betrachtungsweise resultiert eine dichotome Gegenüberstellung von autonomen Innovationen und Innovationen auf Systemebene (systemische Innovationen).[11] Innovationsvorhaben weisen bspw. dann einen autonomen Charakter auf, wenn sie unabhängig von weiteren Innovationsvorhaben zu realisieren sind (uni-technologische Innovation). Innovationen auf Systemebene hingegen können ihre inhärente Neuerung und damit ihr technisches und ökonomisches Potential nur in Verbindung mit komplementären Innovationen (Innovationskomplemente[12]) realisieren, wobei Innovationskomplemente z.B. auf der Ebene von Komponenten oder Teilen angesiedelt sein können. Hinter Innovationen auf Systemebene steht somit ein Set unterschiedlicher Technologien, zwischen denen naturgemäß technologische Interdependenzen bestehen.

Innovationen lassen sich jedoch nicht nur anhand von objekt- bzw. ergebnisorientierten Kriterien darstellen. Im Hinblick auf eine umfassende, gleichwohl dynamische Aspekte involvierende Begriffsexplikation ist auch eine prozeßorientierte Beschreibung notwendig,[13] da Innovationen in einem mehrstufigen und gegebenenfalls iterativ zu durchlaufenden Innovationsprozeß gewonnen werden.

1.2 Innovationen als Ergebnis wissensgenerierender Prozesse

Dem Innovationssystem, verstanden als organisatorisches Subsystem, kommt die Aufgabe zu, unterschiedliche Wissenskomponenten wie z.B. Wissen über Märkte, über Produktionssysteme sowie technologiebezogenes Wissen aufzunehmen, zu speichern und im Hinblick auf Produkt- und Prozeßinnovationen sach- und zeit-

---

[10] Thom, N.: Grundlagen des betrieblichen Innovationsmanagements, a.a.O., S. 37. Zwischen diesen analytisch differenzierbaren Ausprägungsformen bestehen vielfältige Interdependenzen.

[11] Vgl. Chesbrough, H.; Teece, D.: Innovationen richtig organisieren - aber ist virtuell auch virtuos?, in: Harvard Manager, 18. Jg. (1996) 3, S. 64.

[12] Dieser Begriff geht auf Dietl zurück, der weiterführend zwischen spezifischen und unspezifischen Innovationskomplementen unterscheidet. Vgl. Dietl, H.: Institutionelle Koordination spezialisierungsbedingter wirtschaftlicher Abhängigkeit, in: ZfB, 65. Jg. (1995) 6, S. 582.

[13] Vgl. zur Unterscheidung in einen prozeß- und ergebnisorientierten Innovationsbegriff Macharzina, K.: Unternehmensführung, 2. Aufl., Wiesbaden 1993, S. 562.

gerecht zusammenführen.[14] Um diese Aufgaben zu erfüllen, laufen spezifische Prozesse ab, die im einzelnen auf die Gewinnung, Verarbeitung (Kombination), Speicherung und Anwendung von technologischem Wissen ausgerichtet sind.[15] Das im Verlauf solcher Prozesse generierte technologische Wissen wird zunehmend spezifiziert und zwecks Weiterverwendung an jeweils nachfolgende Phasen transferiert.[16] „In dieser logischen Abfolge reduziert sich der wissenschaftliche Erkenntniswert, während die Praxisbezogenheit und der Konkretisierungsgrad"[17] des angestrebten Wissens kontinuierlich zunehmen. Folglich ist zu Beginn des gesamten Prozesses nur vage bekannt, welches Wissen zu verarbeiten ist, noch lassen sich ex ante definitive Regeln zur Wissensgenerierung und -integration benennen.[18]

Zur Darstellung von Innovationsprozessen ist bisher eine Vielzahl an phasenbezogenen Beschreibungsmodellen entwickelt worden, die sich lediglich in ihrem Detaillierungsgrad unterscheiden. Auf inhaltlicher Ebene weisen sie aber nur geringfügige Differenzen auf.[19] Fast allen Phasenmodellen ist dabei gemeinsam, daß die vorgenommene Einteilung aus theoretischen und/oder heuristischen Überlegungen abgeleitet, im Rahmen einer empirischen Überprüfung aber nur selten zu verifizieren ist. Dieses Theorie-Praxis-Dilemma resultiert nach allgemeiner Ansicht aus situationsspezifischen Faktoren, die den Innovationsverlauf individuell beeinflussen, jedoch nicht mit den Modellannahmen des jeweiligen Phasenschemas übereinstimmen.[20] Zudem ist aus Praxisperspektive die in den Phasenmodellen angenommene sequentiell-lineare Anordnung der Teilprozesse und die damit zusammenhängende eindeutige temporäre Abgrenzbarkeit als problematisch anzusehen. Auch die Dynamik von Innovationsprozessen läßt sich nicht umfassend mit Hilfe einer sequentiellen Darstellung, also aus einem geordneten Nacheinander verschiedener Phasen abbilden. Um insbesondere den zeitlichen Aspekt besser erfassen zu können, müssen vielmehr Reziprozität und Iteration der Kommunikationsprozesse zwischen den verschiedenen Hierarchieebenen und Funktionsberei-

---

14 Vgl. zu den unterschiedlichen Informationsbedarfen im Rahmen von Innovationsprozessen Halin, A.: Vertikale Innovationskooperation, Frankfurt 1995, S. 106.
15 Vgl. Lippert, I.; Jürgens, U.; Drüke, H.: Arbeit und Wissen im Produktentstehungsprozeß, in: Schreyögg, G.; Conrad, P. (Hrsg.): Managementforschung 6, Berlin, New York 1996, S. 241.
16 Vgl. Kaltwasser, A.: Wissenserwerb für Forschung & Entwicklung, Wiesbaden 1995, S. 17.
17 Kneerich, O.: F&E: Abstimmung von Strategie und Innovation, Berlin 1995, S. 21.
18 Vgl. Lullies, V.; Bollinger, H.; Weltz, F.: Wissenslogistik, Frankfurt, New York 1993, S. 16f.
19 Vgl. Castiglioni, E.: Organisatorisches Lernen in Produktinnovationsprozessen, Wiesbaden 1994, S. 50.
20 Vgl. Ebenda, S. 50.

chen, die Interdependenzen von Entscheidungs- und Ausführungshandeln sowie die Offenheit von Innovationsprozessen in Phasenmodellen berücksichtigt werden. Aus diesen Gründen besteht u.E. der Anspruch an sequentielle Phasenmodelle in einer 'Annäherung für ein besseres Verständnis'.[21]

Eine theoretische Betrachtung von Innovationsprozessen verlangt trotz der erörterten Problematik die Bezugnahme auf ein Phasenmodell, das relevante „Aktivitäten als Planungs- und Realisationsmodell klar strukturiert, den zwischen den einzelnen Phasen stattfindenden Informationsfluß abbildet und ihnen bestimmte Aktivitäten zuordnet"[22], so daß Chronologie und elementare Gestaltungs- und Steuerungsprinzipien besser erfaßt werden können.

Die Modellbildung vollzieht sich in dem Spektrum 'vollständiges Beschreibungsmodell'[23] und 'Zwei-Phasen-Modell'. Vollständige Beschreibungsmodelle zielen auf eine umfassende, detaillierte und fragmentierte Darstellung komplexer Innovationsprozesse ab, mit der Konsequenz, daß im Einzelfall betrachtete Innovationsprozesse diesem Modell nicht entsprechen. Damit besitzen entsprechende Modelle nur für den Einzelfall Relevanz, allgemeingültige Aussagen können hiermit nicht generiert werden.

Den anderen Endpunkt des Spektrums nehmen sehr abstrakte und idealisierte Phasenmodelle ein, die als Zwei-Phasen-Modelle bezeichnet werden sollen und bspw. eine Innovationsgenerierungs- und eine Innovationsrealisierungsphase umfassen.[24] Derartige Phasenmodelle stellen darauf ab, ein vom Einzelfall abstrahierendes und sehr allgemeingültiges Beschreibungsschema von Innovationsprozessen zu generieren. Das damit verbundene höhere Ausmaß an Allgemeingültigkeit geht jedoch mit einem Verlust an Präzision einher. Zwar treffen trivialisierte Phasenmodelle auf sämtliche Formen von Innovationsprozessen zu, gleichzeitig erscheinen sie aber inhaltsleer, erbringen u.E. keinen Erkenntnisgewinn im Sinne

---

[21] Vgl. zu diesem Abschnitt auch Rammert, W.: Das Innovationsdilemma, Opladen 1988, S. 100.

[22] Castiglioni, E.: Organisatorisches Lernen in Produktinnovationsprozessen, a.a.O., S. 51.

[23] Ein eher vollständiges Beschreibungsmodell ist bspw. bei Corsten zu finden. In diesem Komponentenkonzept werden dreizehn verschiedene Teilprozesse berücksichtigt, wobei eine zeitliche Überlappung zulässig ist. Die angesprochene Problematik umfassender Phasenmodelle berücksichtigend, sieht Corsten das Komponentenkonzept jedoch als wissenschaftliche Systematisierung an, die nicht als Beschreibungsschema realer Innovationsprozesse fungiert. Vgl. Corsten, H.: Überlegungen zu einem Innovationsmanagement: Organisationale und personale Aspekte, a.a.O., S. 4f.

[24] Vgl. z.B. Kasper, H.: Innovationen in Organisationen. Konzeptionelle Arbeit mit empirischen Befunden, Wien 1980, S. 63. Etwas präziser sind dreistufige Phasenmodelle, die zwischen Ideengenerierung, -akzeptierung und -verwirklichung unterscheiden. Vgl. hierzu Thom, N.: Grundlagen des betrieblichen Innovationsmanagements, a.a.O., S. 53.

qualifizierter Aussagen. Aus diesem Grund wird zur Darstellung eines idealtypischen Innovationsprozesses ein Mittelweg beschritten, indem ein Phasenmodell konstruiert wird, das abstrakter ist als vollständige Beschreibungsmodelle, jedoch präziser als rudimentäre Zwei-Phasen-Modelle.

Das der Darstellung technologischer Innovationen zugrunde liegende Phasenmodell segmentiert den Innovationsprozeß in einen Entstehungszyklus und einen Marktzyklus.[25] Auf einer ersten Analyseebene kann der Entstehungszyklus in eine Inventionsphase und eine Realisationsphase unterteilt werden. Die Inventionsphase umfaßt wesentliche Aktivitäten unternehmerischer Grundlagenforschung und angewandter Forschung und endet im Idealfall mit der Generierung einer neuen Systemtechnologie, wobei diese Invention im Fall einer weiteren, anwendungsbezogenen Verwertung auch als Technologieinnovation aufgefaßt werden kann.[26] Die sich daran anschließende Realisationsphase greift im Fall positiver Realisierungsmöglichkeiten der Systemtechnologie auf das gewonnene technologische Know-how zu und enthält bspw. produktbezogene Weiterentwicklungen bis hin zur Serienreife in Verbindung mit Überlegungen zur fertigungsgerechten Konstruktion sowie zur Markterschließung.[27] Für die vorliegende Untersuchung wird dieses Konzept zur Phasensegmentierung modifiziert, indem eine Unterteilung des Entstehungszyklus in eine nicht anwendungsbezogene Grundlagenforschung einerseits und eine i.w.S. anwendungsorientierte Technologie-, Vor- sowie Produkt- und Prozeßentwicklung andererseits vorgenommen wird.[28]

---

[25] Vgl. z.B. Wolfrum, B.: Strategisches Technologiemanagement, a.a.O., S. 13 sowie Kupsch, P.; Marr, R.; Picot, A.: Innovationswirtschaft, in: Heinen, E. (Hrsg.): Industriebetriebslehre, 9. Aufl., Wiesbaden 1991, S. 1076.

[26] An dieser Stelle sei noch einmal auf die Unterscheidung zwischen 'Technologieinnovation' und 'technologischen Innovation' hingewiesen: Bei Technologieinnovationen handelt es sich um innovative Systemtechnologien, die prinzipiell marktlich weiterverwendet werden können. Technologische Innovationen hingegen sind Produkt- oder Prozeßinnovationen, die auf innovativen Systemtechnologien basieren.

[27] Vgl. Brockhoff, K.: Forschung und Entwicklung, a.a.O., S. 28.

[28] Vgl. zur umfassenden Darstellung Specht, G.; Beckmann, C.: F&E-Management, Stuttgart 1996, S. 16f. sowie Haritz, A.: Innovationsnetzwerke: Eine systemorientierte Analyse, Wiesbaden 2000, S. 32ff.

2 Ansätze zur Gestaltung von Innovationsprozessen

2.1 Organisatorische Gestaltungsalternativen im Handlungsraum von Make und Buy

Hinsichtlich einer organisatorischen Umsetzung unterschiedlicher Gestaltungsalternativen, lassen sich generell interne, externe und kooperative Koordinationsformen differenzieren, denen jeweils weitere Ausprägungsformen subsumiert werden können.

Der Fokus der vorliegenden Untersuchung liegt auf kooperativen Koordinationsmustern; interne und externe Gestaltungsalternativen werden nicht berücksichtigt. Dabei ist weniger die Selektionsproblematik von Erkenntnisinteresse, sondern vielmehr die auch als Konfigurationsproblematik zu bezeichnende Frage nach dem adäquaten organisatorischen Rahmen für Innovationsprozesse. Da sowohl ausschließlich interne als auch externe Gestaltungsalternativen eher idealtypischen Charakter besitzen, sind kooperative Gestaltungsoptionen zur Generierung technologischen Wissens als Ergänzung und keinesfalls als Substitut interner und externer Formen zu verstehen. Folgende Argumente sprechen für interorganisationale Koordinationsmuster im Bereich der betrieblichen Forschung und Entwicklung:[29]

- Risikoverminderung im Sinne einer Reduktion technologischer Unsicherheit und Marktintransparenz (Setzen von Standards),
- Kostenvorteile in Form von Mengeneffekten und einer Verminderung der eigenen F+E-Aufwendungen,
- Verbesserung des Know-hows infolge einer Spezialisierung,
- Lerneffekte im Hinblick auf Potentialerweiterungen und Prozeßverbesserungen, die z.B. in einer Reduktion der Entwicklungszeit zum Ausdruck kommen.

Die zunehmende Bedeutung kooperativer Gestaltungsalternativen für komplexe und nicht-routinisierte Innovationsvorhaben wird durch eine Vielzahl empirischer

---

[29] Vgl. zur ausführlichen Darstellung Wolfrum, B.: Strategisches Technologiemanagement, a.a.O., S. 338f.

Untersuchungen bestätigt.[30] Der technische und ökonomische Innovationserfolg hängt angesichts steigender Innovationsaufwendungen, sich verkürzender Produktlebenszyklen und eines verschärften globalen Wettbewerbs nicht nur von eigenen Ressourcen und deren Kombination ab, sondern auch von der Nutzung externer Ressourcen und deren Integration mit den eigenen Ressourcen. Technologien bzw. Innovationen werden infolge der quantitativen und qualitativen Ressourcenanforderungen und der durch den wissenschaftlich-technische Fortschritt ausgelösten Produkt- und Prozeßkomplexität zunehmend zu einem Prozeß bzw. zu einem Ergebnis arbeitsteiliger Innovationsaktivitäten. Die Innovationsfähigkeit eines Unternehmens verbessert sich deshalb nur in dem Maße, wie es sich selbst spezialisieren (Verringerung der Wertschöpfungstiefe und Konzentration auf Kernkompetenzen) und gleichzeitig Zugang zum speziellen Wissen anderer Unternehmen erlangen kann (Komplementärtechnologien). In vielen Fällen führt sogar erst der Zugang zu externen Ressourcenbeständen zu einer Werterhöhung interner Ressourcen.[31]

2.2 Kooperativ-interorganisationale Gestaltungsansätze für Innovationsprozesse

Kollektiv-interorganisationale Koordinationsmuster basieren, ohne die theoretische Diskussion hinsichtlich Merkmalen und Abgrenzungen an dieser Stelle vertiefend aufzugreifen, auf einer bewußten, auf expliziten Vereinbarungen beruhenden, zielgerichteten Zusammenarbeit innerhalb von funktionalen Teilbereichen der Wertschöpfungskette.[32] Diese auch als Minimalkonsens zu interpretierende Begriffsauslegung bietet dabei den Vorteil, „indifferent gegenüber der formalen und organisatorischen Gestaltung der jeweiligen Interaktionsbeziehung zu sein"[33], mit der Konsequenz, daß dieses Begriffsverständnis sowohl für Innovationsnetzwerke als auch für Joint Ventures Gültigkeit besitzt. Weiterhin wird aus dieser Begriffsdefinition ersichtlich, daß lediglich Formen einer zwischenbetrieblichen

---

[30] Vgl. z.B. Mensch, G.: Beobachtungen zum Innovationsverhalten kleiner, mittlerer und mittelgroßer Unternehmen, in: ZfB, 49. Jg. (1979) 1, S. 75f. Untersuchungen zu dieser Thematik gelangen jedoch zum Teil zu widersprüchlichen Aussagen im Hinblick auf den Erfolg von Innovationskooperationen und deren Ausgestaltung.

[31] Vgl. Gemünden, H.: Innovationen in Geschäftsbeziehungen und Netzwerken, Institut für Angewandte Betriebswirtschaftslehre und Unternehmensführung, TU Karlsruhe, Karlsruhe 1990, S. 16.

[32] Vgl. zu diesem Begriffsverständnis Kaltwasser, A.: Wissenserwerb für Forschung & Entwicklung, a.a.O., S. 86 sowie Rotering, J.: Zwischenbetriebliche Kooperation als alternative Organisationsform, Stuttgart 1993, S. 13.

[33] Schrader, S.: Kooperation, in: Hauschildt, J.; Grün, O. (Hrsg.): Ergebnisse empirischer betriebswirtschaftlicher Forschung, Stuttgart 1993, S. 224.

Zusammenarbeit betrachtet werden, bei denen die eingebrachten Aktivitäten der Unternehmen überwiegend derselben Funktion zuzurechnen sind. Unter Bezugnahme auf eine Systematik von Porter und Fuller in X- und Y-Kooperationen,[34] läßt sich die hier betrachtete Form als Y-Typus charakterisieren.

Mit dem Oberbegriff Innovationskooperation kann eine Vielzahl von Gestaltungsalternativen assoziiert werden, von denen nachfolgend die unkoordinierte Einzel-F+E, die koordinierte Einzel F+E sowie F+E-Joint-Ventures als traditionelle Entscheidungsalternativen in der Diskussion stehen. In Erweiterung dieser als klassisch zu bezeichnenden Gestaltungsoptionen erfolgt im Anschluß eine Fokussierung auf Innovationsnetzwerke, die, in dieses Schema integrierend, als neuartiger organisatorischer Gestaltungsansatz thematisiert werden. Charakteristisches Kennzeichen interorganisationaler Gestaltungsalternativen ist in diesem Zusammenhang die Tatsache, daß einzelne Unternehmen grundsätzlich durch ihre freiwillige Partizipationsentscheidung Handlungsautonomie abgeben, in Erwartung einer Erzielung zukünftiger Wettbewerbsvorteile, welche sich in einem unternehmerischen Alleingang nicht eingestellt hätten. Dieser Sachverhalt wird von Boettcher auch als Kooperationsparadoxon bezeichnet, da Handlungsspielräume infolge von Kooperationen sowohl erweitert als auch eingeengt werden.[35] Anreizbeitrags-theoretisch formuliert, erwarteten Unternehmen, daß die ökonomischen Vorteile (Anreize) einer interorganisationalen, innovationsbezogenen Zusammenarbeit die Nachteile des Autonomieverlustes (Beiträge) überkompensieren, diese jedoch zumindest egalisieren. Eine synoptische Betrachtung zeigt aber, daß die einzelnen Gestaltungsalternativen keinesfalls eindeutig voneinander abgegrenzt werden können. Möglich ist es jedoch, die einzelnen Gestaltungsoptionen anhand des Kriteriums Bindungsintensität vergleichend einzuordnen und zu charakterisieren.

Die 'unkoordinierte Einzelforschung und -entwicklung mit Ergebnis- und Erfahrungsaustausch' ist als diejenige Option einzustufen, die die geringste Bindungsintensität zwischen den Beteiligten aufweist. Daher ist diese Variante auch als weitgehend lose und unstrukturierte Form der Zusammenarbeit zu bezeichnen,[36] die keine organisatorischen Ausgliederungen und Integrationen betrieblicher Funktionen erfordert und bspw. in (un)regelmäßigen Gesprächsrunden zum Ausdruck kommt. Zweck dieser Kooperationsvariante ist der gegenseitige Austausch

---

[34] Vgl. Porter, M.; Fuller, M.: Koalitionen und globale Strategien, in: Porter, M. (Hrsg.): Globaler Wettbewerb: Strategien der neuen Internationalisierung, Wiesbaden 1989, S. 389ff.

[35] Vgl. Boettcher, E.: Kooperation und Demokratie in der Wirtschaft, Tübingen 1974, S. 42.

[36] Vgl. Rotering, C.: Forschungs- und Entwicklungskooperationen zwischen Unternehmen, Stuttgart 1990, S. 116.

von technologischem Know-how, Rechten und Erfahrungswissen. Aus diesem Grund können sie auch als reziproke Kooperationsform[37] eingestuft werden.

Vertragliche Absprachen zwischen den Partnern sind in dieser Erscheinungsform keinesfalls konstitutiv.[38] Sollten sie in Einzelfällen vorhanden sein, regeln sie überwiegend den Aufgabenbereich der Zusammenarbeit. Unter Bezugnahme auf die Vertragstheorie kann auch von neoklassischen oder relationalen Verträgen gesprochen werden, da die zu erbringenden Leistungen ex ante nicht spezifizierbar sind. Relevanter für den Kooperationserfolg als vertragliche Absprachen ist die implizite Selbstverpflichtung (Reziprozitätsnorm) der Unternehmen zur Informationsweitergabe. Aus dieser Norm ist abzuleiten, daß die Zusammenarbeit nur dann funktionale Effekte für die Beteiligten hervorruft, wenn Leistung und Gegenleistung sich in einem gewissen Zeitraum ausgleichen. Demnach besteht für die partizipierenden Unternehmen kein vertraglicher Zwang zum Offenlegen unternehmensinterner Erkenntnisse, sondern lediglich die Möglichkeit. Damit einhergehend können Unternehmen ihren Informationsfluß steuern, mit der Konsequenz, daß der Abfluß sensibler Informationen durch das jeweilige Unternehmen weitgehend selbst bestimmt werden kann.

Die Zusammenarbeit unterliegt i.d.R. einer zeitlichen Befristung und ist vielfach auf einen bestimmten Aufgabenbereich ausgerichtet, der bspw. nur die Technologieentwicklung umfaßt. Jeder Kooperationspartner hat aber eigenständig zu entscheiden, wie und in welcher Richtung die eigenen F+E-Tätigkeiten ausgeübt werden. Auch existieren i.d.R. keine kollektiv formulierten F+E-Ziele in bezug auf die Zusammenarbeit. Diese Kooperationsform setzt gleichwertige Akteure voraus, die ähnliche Probleme zu lösen haben und in keiner direkten, antagonistischen Beziehung zueinander stehen, weshalb es sich hierbei überwiegend um laterale (diagonale) Kooperationen handeln dürfte. Der unkoordinierten Einzel-F+E wird dabei eine Anstoßfunktion -positive Erfahrungen vorausgesetzt- hinsichtlich

---

[37] Bei reziproken Kooperationsformen handelt es sich um eine Form der Zusammenarbeit, bei der die Partner Informationen bzw. Ressourcen gegenseitig nutzen. Redistributive Kooperationen hingegen enthalten eine Poolung von Ressourcen. Vgl. zur Unterscheidung in reziproke und redistributive Zusammenarbeit Rotering, J.: Zwischenbetriebliche Kooperation als alternative Organisationsform, a.a.O., S. 63f.

[38] Anderer Meinung ist z.B. Düttmann, der eine vertragliche Fixierung von Leistung und Gegenleistung im Rahmen unkoordinierter Einzel-F+E als konstitutiv betrachtet. Vgl. Düttmann, B.: Forschungs- und Entwicklungskooperationen und ihre Auswirkung auf den Wettbewerb, Bergisch Gladbach, Köln 1989, S. 104.

weiterer Formen der Zusammenarbeit zugeschrieben, die ein größeres Ausmaß an Bindungsintensität aufweisen.[39]

Die 'planmäßig koordinierte Einzelforschung und -entwicklung mit institutionalisiertem Ergebnis- und Erfahrungsaustausch' ist durch ein größeres Ausmaß an Bindungsintensität gekennzeichnet. Wesentliches Unterscheidungsmerkmal ist eine gesteuerte Koordination des Informationsaustausches durch die Partner oder zwischengeschaltete Instanzen. Der Umfang der Zusammenarbeit kann sowohl auf einzelne Projekte ausgerichtet sein als auch den gesamten Innovationsprozeß umfassen.

Innerhalb dieser Kooperationsvariante lassen sich drei Unterformen unterscheiden:[40] (a) Parallelforschung ohne Aufteilung der Forschungsgebiete, (b) Spezialisierung der Kooperationspartner auf bestimmte Arbeitsgebiete und (c) gegenseitiger Informationsaustausch über eine Zentrale. Unabhängig von der konkreten Variante, erfolgt die eigentliche Bearbeitung der Innovationsaufgabe stets autonom durch die jeweiligen Kooperationspartner, so daß auch von einer reziproken Kooperation gesprochen werden kann. Im Vergleich zur unkoordinierten Einzel-F+E ist für das koordinierte Vorgehen jedoch eine vertragliche Präzisierung geboten. Ist bspw. das Resultat der Zusammenarbeit von spezialisierten Kooperationspartnern (Fall b) eine kollektive Invention, die nur eine Patentanmeldung zuläßt, sind vertragliche Regelungen hinsichtlich Nutzungsrechten in Verbindung mit Absprachen über die Ergebnisverteilung sowie etwaigen Kompensationszahlungen unabdingbar. Auch muß sichergestellt werden, daß die jeweiligen Unternehmen ihre Aufgabenbereiche nicht opportunistisch mit der Zielsetzung verlassen, Kompetenzen der Partner in einem Lernprozeß zu internalisieren, um letztlich die Gesamtleistung mit eigenem Know-how anzubieten.

Im Fall einer Spezialisierung der Partner existieren aufgrund komplementärer Ressourcen diverse Koordinations- und Abstimmungserfordernisse, die ein enges Vertrauensverhältnis und eine große Kooperationsbereitschaft bedingen. Diese bilaterale Abhängigkeit kann bspw. durch den Austausch von Human- und Sachressourcen noch intensiviert werden. Aufgrund der heterogenen Ressourcen ist diese Form der Innovationskooperation überwiegend zwischen vertikal verbundenen Unternehmen anzutreffen.[41]

---

[39] Vgl. übereinstimmend Kaltwasser und Rotering. Kaltwasser, A.: Wissenserwerb für Forschung und Entwicklung, a.a.O., S. 88 sowie Rotering, C.: Forschungs- und Entwicklungskooperationen zwischen Unternehmen, a.a.O., S. 116.

[40] Vgl. Rotering, C.: Forschungs- und Entwicklungskooperationen zwischen Unternehmen, a.a.O., S. 116.

[41] Vgl. Wolfrum, B.: Strategisches Technologiemanagement, a.a.O., S. 342.

Gemäß dem Kriterium der Bindungsintensität stellt ein 'Joint-Venture' die intensivste Form der Zusammenarbeit dar. Kennzeichnend für diese redistributive Form der Zusammenarbeit ist die organisatorische und rechtliche Ausgliederung der mit Innovationsaufgaben betrauten Bereiche zu einer neuen organisatorischen Einheit mit eigener Rechtspersönlichkeit.[42] Hierbei findet eine Übertragung von Sach- und Humanressourcen statt, um Spezialisierungs- und/oder Verbundvorteile zu nutzen. Eigentümer dieser neuen Unternehmung sind i.d.R. zu gleichen Teilen die Kooperationspartner, womit nicht nur eine personal- und ressourcentechnische Verflechtung konstitutiv ist, sondern ebenfalls eine kapitalmäßige Verflechtung. Aus diesen Gründen sind die auf Innovationsaufgaben ausgerichteten Joint-Ventures auch primär als dauerhafte Einrichtung anzusehen.

Das im Rahmen der Aufgabenbearbeitung gewonnene Wissen ist zwar dem Joint-Venture rechtlich zuzurechnen, wird jedoch überwiegend den Anteilseignern in Form von Lizenzen und Verwertungsrechten zur weiteren Nutzung überlassen. Vorstellbar ist allerdings auch, daß das im Joint-Venture inkorporierte Wissen von diesem selbst verwertet wird; hierfür ist jedoch eine Übertragung weiterer, dem Entwicklungsbereich nachgelagerter Funktionen notwendig. Im Sinne einer abschließenden Evaluierung ist anzumerken, daß die positiven Effekte von Joint-Ventures — unabhängig von der funktionalen Ausrichtung — zum einen sehr stark von der Qualität der Vertragsgestaltung abhängen. Zum anderen bedingen Joint-Ventures im besonderen Maße ein Konfliktmanagement, das in der Lage ist, Konflikte aufgrund organisatorisch-struktureller und kultureller Divergenzen zielführend zu kanalisieren und weitgehend zu regulieren.

Der hier betrachtete Typus von 'Innovationsnetzwerken' verkörpert ein interorganisationales Phänomen, das den klassischen, ausschließlich kooperativen Koordinationsformen zur Generierung von Inventionen und Innovationen diametral entgegensteht. In bezug auf das der Systematisierung zugrunde liegende Primärkriterium Bindungsintensität nehmen Innovationsnetzwerke eine mittlere Position ein. Das Ausmaß der gegenseitigen Abhängigkeit ist größer als bei der unkoordinierten Einzel-F+E mit Erfahrungs- und Ergebnisaustausch, jedoch geringer im Vergleich zu Joint-Ventures oder zu anderen strukturstabilen Kooperationsformen.

Die in Innovationsnetzwerken vorzufindende gegenseitige Abhängigkeit zwischen den einzelnen Netzwerkpartnern ist auf die unternehmensübergreifende Arbeitsteilung im Rahmen des Innovationsvorhabens zurückzuführen und damit auf durch die Sachaufgabe induzierte, wechselseitige Interaktionen und auf Adap-

---

[42] Verschiedentlich wird in diesem Zusammenhang auch die Option einer Ausgliederung ohne rechtliche Verselbständigung unterschieden. Diese Form ist -abgesehen von der redistributiven Eigenschaft- von der koordinierten Einzel-F+E so gut wie nicht differenzierbar, so daß eine Unterscheidung obsolet ist. Vgl. hierzu Düttmann, B.: Forschungs- und Entwicklungskooperationen und ihre Auswirkung auf den Wettbewerb, a.a.O., S. 108.

tionsvorgänge. „Unternehmen passen sich (in Innovationsnetzwerken; Einf. des Verf.) an ihre Interaktionspartner an und forcieren Bemühungen ihrer Interaktionspartner, sich an sie anzupassen. Wie weit diese wechselseitige Adaption fortschreitet, hängt von der Intensität der Beziehung (und der Sachaufgabe; Einf. des Verf.) ab. Je intensiver der Austauschprozeß zwischen den Unternehmen ist, desto höher ist (...) der Anpassungsbedarf."[43] und damit auch die gegenseitige Abhängigkeit.

Ursache für die in Innovationsnetzwerken im Vergleich zu Joint-Ventures geringere Abhängigkeit sind folgende Einflußfaktoren:[44] (1) Die Zusammenarbeit in Innovationsnetzwerken ist in zeitlicher und sachlicher Hinsicht begrenzt. (2) Es existieren relativ geringe Eintritts- bzw. Austrittsbarrieren, die einem netzwerkinternen Beharrungsvermögen und damit einer ausgeprägten Bindungsintensität entgegenwirken, so daß Innovationsnetzwerke gleichermaßen auf Effizienz und Effektivität ausgerichtet sind. (3) Die Netzwerkpartner agieren i.d.R. in mehreren Netzwerken, so daß Ausschließlichkeitsbindungen mit verfestigten Interaktionsmustern innerhalb eines Netzwerks eher eine Ausnahme darstellen.

Angesichts der netzwerkinhärenten Fluidität und der Tatsache, daß die Zusammenarbeit in Innovationsnetzwerken nicht nur durch kooperative Elemente gekennzeichnet ist, da Wettbewerb also nicht eliminiert wird, können Innovationsnetzwerke gegenüber monolithischen Unternehmensgebilden und anderen ausschließlich kooperativen Formen einer unternehmensübergreifenden Zusammenarbeit unter bestimmten Bedingungen Vorteile erzielen, die sonst nicht zu erreichen wären.

---

[43] Belzer, V.: Unternehmenskooperationen, München 1993, S. 127.

[44] Vgl. Reiß, M.: Produktentstehung in Netzwerkumgebungen, in: Horvath, P.; Fleig, P. (Hrsg.): Integrationsmanagement für neue Produkte, Stuttgart 1998, S. 219 sowie Beck, T.: Coopetition bei der Netzwerkorganisation, in: zfo, 67. Jg. (1998) 5, S. 273.

3 Netzwerke als Organisationsform zur Generierung von Innovationen

3.1 Innovationsnetzwerke: Versuch einer Begriffsbestimmung

Auch eine begriffliche Präzisierung von Innovationsnetzwerken bereitet erhebliche Probleme, was u.a. auf die existierende 'babylonische Begriffsvielfalt'[45] im Forschungsfeld Netzwerke zurückzuführen ist. Als Referenzobjekt der weiteren Ausführungen zu Unternehmensnetzwerken fungiert daher folgende axiomatische Begriffsdefinition.

Innovationsnetzwerke verkörpern eine polyzentrische und eigenständige Organisationsform sozio-ökonomischer Aktivität zwischen wirtschaftlich relativ autonomen Unternehmen bzw. Unternehmensteilen, die zwecks Realisierung von Erfolgs- und Wettbewerbspotentialen über eine kollektive Ziel- und Marktausrichtung verfügen. Zur Abstimmung der zwischen den Organisationen bestehenden komplex-reziproken, gleichsam kooperativen und kompetitiven sozio-ökonomische Beziehungen werden nicht nur marktliche und hierarchische, sondern insbesondere auch vertrauensorientierte Koordinationsmechanismen verwendet.[46]

Die konzeptualisierten Innovationsnetzwerke verkörpern eine polyzentrische Organisationsform, die auf komplexe Problemlösungen im Bereich der unternehmerischen Forschung und Entwicklung ausgerichtet ist und eine befristet-projektorientierte, heterarchische, gering formalisierte sowie weitgehend interdependente Form einer zwischenbetrieblichen Zusammenarbeit darstellt. Aus Sicht der partizipierenden Unternehmen ist eine derartige Vernetzung ein kollektives Mittel, um individuelle Technologie- und/oder Innovationsstrategien zu realisieren. Innovationsnetzwerke sind insofern die Manifestation einer kollektiven Strategie, die auf die Erreichung von übergeordneten Individualzielen ausgerichtet ist. Das Eingehen von derartigen Innovationsnetzwerken kann als strategische (Re)Aktion der Unternehmen auf Umfeldveränderungen verstanden werden. Aus organisationsstrategischer Sicht wird die Netzwerkbildung von der Absicht getragen, durch Fokussierung auf Kernkompetenzen die Selbststeuerungsfähigkeit zu verbessern und gleichzeitig den gesamten funktionalen Prozeß der Leistungserstellung effizient

---

[45] Vgl. zu diesem Begriff Mildenberger, U.: Selbstorganisation von Produktionsnetzwerken, Wiesbaden 1998, S. 15.

[46] Vgl. hierzu Sydow, J.: Strategische Netzwerke: Evolution und Organisation, Wiesbaden 1993, S. 79, der eine weitgehend identische Begriffsexplikation wählt.

zu koordinieren. M.a.W., Innovationsnetzwerke sind auf die Bewältigung der Diskrepanz zwischen Autonomie und Kontrolle sowie Größe, Komplexität und Flexibilität ausgerichtet.[47] Die strategischen Absichten aller Netzwerkpartner sind jedoch i.d.R. nicht vollständig umsetzbar, weshalb Innovationsnetzwerke in den meisten Fällen das Resultat von Verhandlungsprozessen sind.[48]

Um synergetische Vorteile gemeinsamer Innovationsaktivitäten in Netzwerken wahrnehmen zu können, bündeln die partizipierenden Unternehmen resp. Unternehmensteilbereiche projektbezogen, also für eine bestimmte Aufgabe der Technologie- oder Produktentwicklung, die das Problemlösungspotential einzelner Unternehmen übersteigt, ihre weitgehend komplementären Kernkompetenzen, die durch harmonisierte Komplementaritätskompetenzen ergänzt werden (interorganisational-reziproke Kompetenzvernetzung[49]).[50] Maßgeblich für die Wettbewerbsfähigkeit des gesamten Innovationsnetzwerkes ist aber nicht nur die Qualität der individuellen Kernkompetenzen, sondern auch die Güte der Kompetenzvernetzung, wobei das Ziel derartiger Bestrebungen in einer netzwerkoptimierten Anordnung dislozierter 'economies of skill' unter den gegebenen Technologiebedingungen liegt.[51]

Hierbei ist es völlig unerheblich, welcher Wertschöpfungsstufe die jeweiligen Unternehmen angehören. Entscheidend ist nur, daß sich das Innovationsnetzwerk aus wenigen, jedoch leistungsstarken Unternehmen konstituiert, die aufgrund ihrer spezifischen Kompetenzen befähigt sind, in bezug auf die Aufgabe einen hohen Leistungsbeitrag zu erbringen. Erst auf nachgelagerter Ebene sind bspw. vertikale Abnehmer-Lieferanten-Beziehungen und damit hierarchische Strukturen vorstellbar.

---

[47] Vgl. hierzu auch Klein, S.: Interorganisationssysteme und Unternehmensnetzwerke, Wiesbaden 1996, S. 27.

[48] Vgl. Hippe, A.: Interdependenzen von Strategie und Controlling in Unternehmensnetzwerken, Wiesbaden 1997, S. 182.

[49] Es ist jedoch nicht auszuschließen, daß Innovationsnetzwerke auch einen redistributiven Charakter aufweisen, um 'Economies of scale'-Vorteile auszuschöpfen.

[50] Vgl. zu diesen Überlegungen Siebert, der darauf hinweist, daß insbesondere Systeminnovationen nicht nur Kernkompetenzen (specialized assets), sondern auch Komplementärfähigkeiten (co-specialized assets) benötigten. Siebert, H.: Ökonomische Analyse von Unternehmensnetzwerken, in Staehle, W.; Sydow, J.: Managementforschung 1, Berlin New York 1991, S. 301. Der Begriff der Komplementaritätskompetenzen geht auf Bellmann zurück, der damit auf Koordinations-, Kommunikations- oder Logistikkompetenzen abstellt. Vgl. hierzu Bellmann, K.; Hippe, A.: Kernthesen zur Konfiguration von Produktionsnetzwerken, in: Bellmann, K.; Hippe, A. (Hrsg.): Management von Unternehmensnetzwerken, Wiesbaden 1996, S. 70ff.

[51] Vgl. Bellmann, K.; Hippe, A.: Kernthesen zur Konfiguration von Produktionsnetzwerken, a.a.O., S. 71.

Das Einbringen gleichwertiger und zum Teil auch redundanter Leistungsbeiträge durch die Netzwerkpartner wirkt einer Herausbildung bzw. einer Verfestigung hierarchischer Strukturen entgegen. Infolgedessen ist prinzipiell jeder Netzwerkpartner in der Lage, als fokaler Partner die Führung des Gesamtnetzwerks zu übernehmen und die für die jeweilige Innovationsaufgabe notwendigen Leistungsbeiträge zielorientiert aufeinander abzustimmen. So kann z.B. „derjenige Akteur bzw. diejenige organisatorische Einheit, die eine sich öffnende Ungleichgewichtssituation erkannt zu haben glaubt und sich diesbezüglich mit potentiellen Netzwerkpartnern über ein Zusammenwirken verständigt hat"[52], den Impetus für die Bildung eines (heterarchischen) Innovationsnetzwerkes geben und die Führung übernehmen. Die Rolle des fokalen Partners ist aber nicht als 'hollow corporation'[53] zu interpretieren, mit der nur Koordinationsaufgaben verbunden sind. Der fokale Akteur ist vielmehr ein 'primus inter pares' mit eigenem Leistungsbeitrag, der zusätzlich Steuerungs- bzw. Lenkungsaufgaben wahrnimmt.

Die einem Innovationsnetzwerk zuzurechnenden Aufgabenstellungen, deren Bearbeitung i.d.R. bei großer Umfeldvariabilität zu erbringen ist, lassen sich als nicht-routinisiert, komplex-individuell charakterisieren, wenngleich graduelle Abstufungen in Abhängigkeit der jeweiligen Innovationsphase zu konstatieren sind. Der jeweilige Aufgabenumfang, der von einem Innovationsnetzwerk übernommen wird, kann sowohl nur einzelne Teilphasen wie die Technologieentwicklung umfassen, aber auch die Gesamtheit des Innovationsprozesses. Im zweiten Fall, einer den Gesamtprozeß umfassenden Zusammenarbeit, ist aber nicht davon auszugehen, daß die eingangs gebildete Netzwerkkonfiguration strukturstabil ist. In Abhängigkeit des Erkenntnisfortschrittes dürfte vielmehr Rekonfigurationen und auch die Hinzunahme neuer Partner notwendig werden.

Die netzwerkinterne Aufteilung einer Innovationsaufgabe auf die einzelnen Netzwerkpartner erfolgt nach Maßgabe individueller Kern- und Komplementaritätskompetenzen. Hierbei virtualisieren die Netzwerkunternehmen ein Unternehmensgrenzen überschreitendes Innovationssystem, welches „partnerschaftlich verteilte Transformationsleistungen zu einer kollektiven Leistung zusammenführt. Hierbei müssen die Leistungseinheiten die Eigenschaft eines Holon entfalten, d.h. eines teilautonomen und kooperativen Elements mit Ausrichtung auf die gemeinsamen Ziele. Die direkten und indirekten Prozesse der Leistungserstellung unterstehen deshalb weitgehend der individuellen Kontrolle der Akteure"[54], während die unternehmensübergreifende Koordination der individuellen Teilleistungen in

---

[52] Weber, B.: Die fluide Organisation, Bern, Stuttgart 1996, S. 225.

[53] Vgl. zu diesem Begriff Miles, R.; Snow, C.; Coleman, H.: Managing 21st century network organization, in: Organizational Dynamics, 20. Jg. (1992) 3, S. 14.

[54] Bellmann, K.; Hippe, A.: Kernthesen zur Konfiguration von Produktionsnetzwerken, a.a.O., S. 63f.

den meisten Fällen durch den fokalen Partner erfolgt. Charakteristisches Kennzeichen der Zusammenarbeit in Innovationsnetzwerken ist somit eine weitgehende Independenz der Netzwerkpartner im Rahmen der eigenen Know-how-Generierung, jedoch eine weitgehende Interdependenz bei der Know-how-Integration.

Zudem kennzeichnet sich das Erkenntnisobjekt Innovationsnetzwerk durch eine simultane Realisation von wettbewerblichen und kooperativen Verhaltensmustern. Ursache und zugleich Notwendigkeit für die Institutionalisierung einer sich scheinbar widersprechenden Verhaltensdualität liegt darin begründet, daß ausschließlich kooperative Koordinationsmuster „unter dem Zwang operativen Erfolgs wohlstrukturierbare Effizienzkalküle priorisieren und dabei die Notwendigkeit strategischer Effektivität übergehen"[55]. Infolge eines auf mehreren Ebenen ablaufenden, gleichsam netzwerkinternen und -externen Leistungswettbewerbs sind die einzelnen Netzwerkpartner jedoch gezwungen, ihre jeweiligen Kompetenzen kontinuierlich weiterzuentwickeln, so daß infolge dieses 'Inter-Partner-Learning' eine evolutionäre Kompetenzentwicklung sichergestellt ist, wodurch die zukünftige Wettbewerbsfähigkeit einzelner Netzwerkpartner aber auch des gesamten Netzwerkes entscheidend stimuliert wird. Innovationsnetzwerke bewegen sich also auf einem schmalen Pfad zwischen strukturstabiler Kooperation und kooperationswidrigem Wettbewerb, den es im Hinblick auf die angestrebten Erfolgspotentiale auszutarieren gilt.

Angesichts dieser konstitutiven Eigenschaften verkörpert das Konstrukt 'Heterarchisches Innovationsnetzwerk' eine Organisationsform sui generis zur Koordination unsicherer, hochkomplexer und spezifischer Austauschbeziehungen. Solche Austauschbeziehungen sind z.B. dann notwendig, wenn innovative, schlecht strukturierte und komplexe Problemlösungen zu bearbeiten sind. Trotz des Projektcharakters und der zeitlichen Begrenztheit basieren Innovationsnetzwerke auf einem „gemeinsamen, aus dem intuitiven Verständnis um wechselseitige Abhängigkeit hervorgegangenen Werte- und Normengefüge"[56] und auf einer gegenseitigen Vertrautheit. Unter der Prämisse, daß solche Innovationsnetzwerke für Dritte offengehalten werden und die bestehende Autonomie der einzelnen Netzwerkpartner unangetastet bleibt, sofern also innerhalb des Netzwerkes Freiräume für wechselseitige Interaktionsprozesse gegeben sind und Vertrauen die interorganisationalen Beziehungen im Spannungsfeld von Wettbewerb und Kooperation regelt, besteht die Möglichkeit, daß das skizzierte Phänomen heterarchisches Inno-

---

[55] Ebenda, S. 68.

[56] Picot, A.; Dietl, H.: Transaktionskostentheorie, in: WiSt, 19. Jg. (1990) 4, S. 178.

vationsnetzwerk Inventionen und Innovationen hervorbringen kann,[57] die in anderen Koordinationsformen c.p. nicht zu realisieren sind.

3.2 Technologie- und Entwicklungsnetzwerke als spezifische Ausprägungsformen von Innovationsnetzwerken

Eine sachlogische Unterscheidung in Technologie- und Entwicklungsnetzwerke wird an dieser Stelle vorgenommen, weil die mit den einzelnen Phasen eines Innovationsprozesses verbundenen Zielsetzungen und Aufgabenstellungen unterschiedliche Merkmalsausprägungen aufweisen.[58] Folglich bliebe ein von dieser Segmentierung abstrahierendes Konstrukt Innovationsnetzwerk, welches sowohl Aufgaben der Technologieentwicklung als auch Aufgaben der Produkt- und Prozeßentwicklung integrieren würde ohne Aussagekraft, da zu den jeweils spezifischen, phasenbezogenen Bedingungen des Innovationsprozesses kein konkreter Bezug hergestellt werden kann.

Werden die im Rahmen von Innovationsnetzwerken gewonnenen Erkenntnisse auf den Teilprozeß der Technologieentwicklung bezogen, so besteht die zentrale Aufgabenstellung von *Technologienetzwerken* in der gemeinsamen Erforschung und Hervorbringung einer neuartigen, branchenübergreifenden Systemtechnologie durch mehrere Partner, wobei ein solches Projekt im unternehmerischen Alleingang nicht möglich wäre.

„Characteristics of these new technologies is the fact that they consist of know-how from various professions; the well-known economist Schumpeter calls this new combinations. Because most companies only have one key technology in house, the new combinations must be discovered through collaboration or take over and mergers of companies with complementary knowledge."[59]

Mit der Aufgabenstellung ist jedoch keine Spezifikation der Technologie im Hinblick auf geeignete Innovationsobjekte verbunden, was als Technik zu verstehen

---

[57] Vgl. Rammert, W.: Innovation im Netz. Neue Zeiten für technische Innovationen: global verteilt und heterogen vernetzt, in: Soziale Welt, 48. Jg. (1997) 3, S. 16.

[58] Vgl. zu dieser Unterscheidung auch Sannemann, E.; Savioz, P.: Der vernetzte Innovationsprozeß, in: io management, 68 Jg. (1999), S. 27, die zwischen Technologie- und Produktinnovationsprozessen differenzieren.

[59] Wissema, J.; Euser, L.: Successful innovation through inter-company networks, in: Long Range Planning, 24. Jg. (1991) 6, S. 34.

wäre. Unter Bezugnahme auf das skizzierte Phasenschema umfaßt das Technologienetzwerk Aktivitäten von einer Technologiefrüherkennung über eine Grobkonzepterstellung und Erprobung bis hin zur eigentlichen Technologiegestaltung.

Charakteristische Aufgabenmerkmale von Technologieentwicklungen, denen ein bedeutsamer Einfluß auf Prozesse, Strukturen und damit zusammenhängend auch auf Möglichkeiten im Hinblick auf eine Lenkung von Technologienetzwerken zugestanden werden muß, sind insbesondere der hohe Neuigkeitsgehalt, die hohe Komplexität, der geringe Strukturierungsgrad sowie die niedrige Separabilität. So bewirkt bspw. die hohe Komplexität von Aufgaben zur Technologieentwicklung, daß Kenntnisse über Inputfaktoren, Transformationsprozesse und Outputgrößen nur in rudimentärer Form vorliegen. Darüber hinaus führt dieses Aufgabenmerkmal zu Planungs-, Steuerungs-, Lenkungs-, Koordinations- und Kontrollproblemen, so daß die einzelnen Netzwerkpartner, um überhaupt Technologieentwicklungsaufgaben in Unternehmensnetzwerken bewältigen zu können, neben der aufgabenbezogenen Kernkompetenz ein hohes Ausmaß an Selbststeuerungsfähigkeit (Reifegrad), Umweltsensibilität, Flexibilität, Kreativität und Kommunikationsfähigkeit aufweisen müssen.[60]

Die Aufgabenmerkmale der Nicht-Separabilität und der Unstrukturiertheit haben z.B. einen erheblichen Einfluß auf sachlogische Interaktions- und Kommunikationsprozesse innerhalb von Technologienetzwerken. Folglich können zu Beginn weder Arbeitspakete noch technologische Schnittstellen zwischen den einzelnen Bereichen festgelegt werden, da im Prozeß der Technologiegenerierung kontinuierlich neues Wissen entsteht, welches sowohl zu einer Obsoleszenz einzelner Arbeitspakete als auch zu einer Neudefinition bestehender Schnittstellen führen kann. Aus informations- und kommunikationstheoretischer Sicht bedingen derartige Aufgabenstellungen eine hohe Kommunikationsintensität und -frequenz, aber auch eine starke Informationsdiversität,[61] so daß infolge dieser derivativen Aufgabenmerkmale eine klassische Aufgabenanalyse und -synthese[62] nicht durchzuführen ist. Unter Miteinbeziehung des Konzeptes der wissensökonomischen Reife[63] besitzen Aufgaben der Technologieentwicklung keinen wissensökonomischen Reifegrad, da für die Bearbeitung eines Aufgabenbereiches (Entwicklung einer

---

[60] Vgl. Gassmann, O.: Internationales F&E-Management, München, Wien 1997, S. 144.

[61] Vgl. ebenda, S. 146.

[62] Aus Gründen einer nicht realisierbaren Aufgabenanalyse wird im Kontext von Technologienetzwerken nicht von Arbeitsmodulen, sondern von Arbeitsbereichen bzw. -gebieten gesprochen, die weder eine Aufgabenanalyse zulassen noch durch eine eindeutige Grenzziehung (Schnittstellendefinition) gekennzeichnet sind. M.a.W., zwischen den einzelnen Arbeitsgebieten bestehen große Überschneidungsräume.

[63] Vgl. zum wissensökonomischen Reifegrad Dietl, H.: Institutionelle Koordination spezialisierungsbedingter wirtschaftlicher Abhängigkeit, a.a.O., S. 575.

Einzeltechnologie) i.d.R. kontinuierliche Inputs im Sinne impliziter, erfahrungsgebundener Wissenskomponenten anderer Aufgabenbereiche notwendig sind und vice versa. Zwischen den einzelnen Aufgabenbereichen bestehen ergo große sachlogische Überschneidungsräume.[64]

Unter Berücksichtigung dieser skizzierten Aufgabenmerkmale ist das einem Technologienetzwerk zugrunde liegende Zielsystem weder exakt definierbar und eindeutig noch statisch. Zielbildungs- und Problemlösungsprozesse kennzeichnen sich in Technologienetzwerken vielmehr durch eine zeitliche Synchronität und durch eine wechselseitige Beeinflussung. „Ziele lenken den Problemlösungsprozeß, aber Ergebnisse des Problemlösungsprozesses lenken auch die Zielbildung."[65] Zwar besteht zwischen den Teilnehmern eines Technologienetzwerkes im Grundsatz Konsens darüber, über eine Kollektivierung und Harmonisierung von Strategien und Handlungen Technologien zu entwickeln. Eine weitergehende Konkretisierung dieser kollektiven Vision in übergeordnete Sachziele (horizontale Dimension der Zielbildung) und eine sich daran anschließende Dekomposition und Operationalisierung (vertikale Dimension der Zielbildung) kann jedoch angesichts divergenter Wirklichkeitsauffassungen im Sinne unterschiedlicher Technologieprognosen, -bewertungen und -folgenabschätzungen erhebliche Probleme bereiten. Aus Vereinfachungsgründen wird nachfolgend davon ausgegangen, daß übergeordnete, abstrakte Sachziele (wie z.B. die Entwicklung umweltschonender Technologien für den Antrieb von Fahrzeugen) als Ergebnis eines interorganisationalen Zielbildungsprozesses formuliert werden können. D.h., die Partner des Technologienetzwerkes legen sich auf kollektiv mit dem Netzwerk verfolgte Ziele fest. Infolgedessen ist das Netzwerk aus interner Mikrosicht ein Mittel zur Erreichung von Individualzielen. Das Sachziel des Netzwerkes steht daher in einer Zweck-Mittel-Relation zu individuellen Zielen der Netzwerkpartner. Eine weiterführende Dekomposition und Operationalisierung (Subzielbildung) von Sachzielen ist aber aufgrund der Aufgabenmerkmale und damit verbundener Interaktionsprozesse nur rudimentär möglich. Infolgedessen lassen sich auch potentielle Wege (Ziel-Mittel-Beziehungen) zur Erreichung dieser übergeordneten Sachziele nur sehr unbestimmt, bestenfalls auf Basis von Plausibilitätsüberlegungen, Analogien und Erfahrungswerten, formulieren.[66]

---

[64] Mit dem Terminus Überschneidungsraum ist das Ausmaß der Interdependenzen zwischen zwei Aufgabenbereichen gemeint. Ist der Überschneidungsraum groß, so bestehen viele aufgabenbezogene Interdependenzen mit der Konsequenz, daß eine eindeutige Trennung von Aufgabenbereichen nicht vorgenommen werden kann. Ist der Überschneidungsraum jedoch nicht existent, so bestehen klare Schnittstellen zwischen den Aufgabenbereichen.

[65] Hauschildt, J.: Innovationsmanagement, a.a.O., S. 212.

[66] In diesem Zusammenhang verweist Kaltwasser auf ein grundsätzliches Problem bei einer Ableitung von Subzielen aus Oberzielen. Der Einwand besteht darin, daß Subziele im Falle einer streng logischen Deduktion aus Oberzielen obsolet würden, da direkt auf die Oberziele

Werden diese Erkenntnisse zu den Zielen von Technologienetzwerken auf eine wettbewerbsstrategische Argumentationsebene projiziert, so verfolgen die einzelnen Netzwerkpartner mit dem Einbringen ihrer Kern- und Komplementaritätskompetenzen in die Entwicklung einer innovativen Systemtechnologie eine nachhaltige Verbesserung bzw. einen Erhalt ihrer jeweiligen strategischen Erfolgspositionen, was sich bspw. in einer Ausweitung der eigenen Kompetenzbasis infolge von Lern- und Erfahrungseffekten dokumentiert. Entscheidend ist in diesem Zusammenhang aber, daß der Entwicklung von innovativen Systemtechnologien eine strategische Effektivitätsorientierung zugrunde liegt, die sich in einem „Technologiesprung zur nächst höheren S-Kurve mit entsprechend neuen (...) Technologiepotentialen"[67] dokumentiert. Überlegungen zur Effizienzorientierung hingegen sind in Technologienetzwerken von sekundärer Bedeutung. Diese würden lediglich dann an Relevanz gewinnen, wenn in einem anderen Technologienetzwerk zeitgleich die Entwicklung einer konkurrierenden Technologie vorangetrieben wird, was die Frage der zeitlichen oder kostengünstigen Fertigstellung der Systemtechnologie verstärkt in den Vordergrund rücken würde.

Wird das zugrunde liegende Phasenmodell von Innovationsprozessen gedanklich weitergeführt, so besteht die Möglichkeit, daß sich nach Abschluß der Aktivitäten eines Technologienetzwerkes ein heterarchisches Entwicklungsnetzwerk konstituiert, um die verbleibenden Entwicklungsaktivitäten (im Sinne einer Produktkopplung) bis zur Markteinführung des Neuproduktes (Zeitpunkt der Produktinnovation) zu übernehmen. Impetus für derartige, auf Artefakte ausgerichtete Entwicklungsaktivitäten können z.B. Systemtechnologien darstellen, die von einem Technologienetzwerk generiert und vermarktet werden. Vorstellbar ist aber auch, daß das Wissen über eine Systemtechnologie von einem einzelnen Unternehmen als Technologieträger aus dem Netzwerk-Pool zur Verfügung gestellt wird. Diese allgemeingültige Systemtechnologie gilt es durch Entwicklungsnetzwerke auf Basis entsprechender Techniken anwendungsorientiert zu spezifizieren und in Produktinnovationen zu überführen, die als technische Problemlösung zu verstehen sind. Rekurrierend auf das Phasenmodell umfassen Entwicklungsnetzwerke idealtypisch die Phasen der Vorentwicklung sowie der Produkt- und Prozeßentwicklung. So ist z.B. in Entwicklungsnetzwerken die Prototypenbildung nach Maßgabe des Systemtechnologie und des Pflichtenheftes zu vollziehen. Darüber hinaus enthalten Entwicklungsnetzwerke Aktivitäten der Konstruktion sowie der Weiterentwicklung bis zur Serienreife und zur Markteinführung. Kennzeichen dieser Arbeitsschritte ist es dabei, daß nicht nur im Vergleich zu Technologienetzwerken, sondern auch bezogen auf den Erkenntnisprozeß innerhalb von Entwicklungsnetzwerken selbst, ökonomische Aspekte in Relation zu technologischen

---

zurückgegriffen werden könnte. Vgl. Kaltwasser, A.: Wissenserwerb für Forschung & Entwicklung, a.a.O., S. 107.

[67] Vier, C.: Unternehmenstransformation und Netzwerkorganisation, St. Gallen 1994, S. 131.

Aspekten aufgrund der Anwendungsorientierung zunehmend in den Vordergrund geraten.

Werden die skizzierten Merkmale zur Charakterisierung von Innovationsvorhaben auf Entwicklungsaufgaben projiziert, so weisen diese im Vergleich zu Technologieaufgaben eine größere Strukturierbarkeit, eine höhere Separabilität, geringere Überschneidungsräume sowie eine etwas geringere Komplexität auf,[68] wenngleich Unterschiede zwischen Neu- und Anpaßentwicklungen zu konstatieren sind. Trotz der u.E. im Vergleich zu Aufgaben der Technologieentwicklung etwas geringeren Komplexität und infolge der nach außen gerichteten, besseren Strukturierbarkeit, ohne jedoch gut strukturiert zu sein, weisen Entwicklungsaufgaben nach innen gerichtet große Freiheitsgrade auf, da i.d.R. unterschiedliche Vorgehensweisen mit unterschiedlichen Abstimmungserfordernissen in bezug auf die Problemlösung möglich sind. Vor dem Hintergrund distinkter Alternativen offenbaren Entwicklungsaufgaben große Effizienzpotentiale, weshalb ihnen eine hohe Komplexität im Sinne einer hohen Variabilität zu attestieren ist.[69]

Die wettbewerbsstrategische Ausrichtung von Entwicklungsnetzwerken besteht angesichts der existierenden Effizienzpotentiale bei Entwicklungsaufgaben darin, innovative Systemtechnologien effizient in konkrete, auf Bedürfnisse ausgerichtete Problemlösungen (Artefakte) umzusetzen. M.a.W., ihre Funktion ist darin zu sehen, „neue Technologien frühzeitig beherrschbar zu machen und sie über innovative Produkte und Verfahren in konkrete Wettbewerbsvorteile umzusetzen"[70]. Wird dieses globale Effizienzkriterium disaggregiert, so läßt sich nicht nur ein zeitliches Effizienzkriterium (Optimierung der Entwicklungszeit) ableiten, sondern auch eine sachlich-inhaltliche sowie eine monetäre Effizienzdimension.[71] Das sachlich-inhaltliche Effizienzkriterium erfaßt die Problemlösungsumsicht und die Abstimmungsqualität von Entwicklungsprozessen. Mit diesem Kriterium wird folglich die Problematik aufgegriffen, ob und inwieweit Entwicklungsnetzwerke in der Lage sind, sämtliche relevanten ökonomischen, technischen und verwendungsseitigen Anforderungen sowie (alternative) Problemlösungsbeiträge zu erfassen, zu bewerten, zu integrieren und umzusetzen. Die sachlich-inhaltliche Effizienz von Entwicklungsprozessen in Netzwerken ist um so höher zu bewerten, je

---

[68] Anzumerken ist, daß eine zunehmende Strukturiertheit nicht zwangsläufig eine geringere Komplexität nach sich zieht wie das Beispiel der Entwicklung von Computersoftware demonstriert. Vgl. Kupsch, P.; Marr, R.; Picot, A.: Innovationswirtschaft, a.a.O., S. 1074.

[69] Im Gegensatz hierzu ist die Komplexität von Aufgaben zur Technologieentwicklung eher auf die große Anzahl von Interdependenzen zwischen einzelnen Teilbereichen und auf ungesichertes Wissen über solche Zusammenhänge zurückzuführen.

[70] Bleicher, F.: Effiziente Forschung und Entwicklung, Wiesbaden 1990, S. 45.

[71] Vgl. zu dieser Differenzierung und zu den nachfolgenden Ausführungen Thom, N.: Grundlagen des betrieblichen Innovationsmanagements, a.a.O., S. 65ff., der ähnlich argumentiert.

besser die angesprochene Problemlösungsumsicht und je besser die gegenseitige Abstimmung verläuft, was wiederum das verbleibende Marktrisiko reduziert. Die kostenorientierte Effizienzdimension umfaßt darüber hinaus die Wirtschaftlichkeit der Umsetzung in konkrete Problemlösungen.

Die zuvor skizzierten Merkmale von Entwicklungsaufgaben implizieren, daß in Relation zu Technologieaufgaben bessere Kenntnisse über Einsatzfaktoren, über zu verwendende Techniken sowie über zu entwickelnde Artefakte (z.B. auf Basis einer Befragung von Abnehmern) vorhanden sind.[72] Als Konsequenz ihrer Merkmalsausprägungen können Entwicklungsaufgaben in einzelne Arbeitsmodule mit geringeren Überschneidungsräumen aufgeteilt werden,[73] in deren Folge eine netzwerkinterne Separierung und Zuordnung auf einzelne Netzwerkpartner z.B. auf Basis von Projektstrukturplänen möglich ist. Aufgrund der Aufgabencharakteristika besteht in Entwicklungsnetzwerken zudem die Möglichkeit, eine Dekomposition und Operationalisierung übergeordneter Sachziele in modulbezogene Subziele vorzunehmen (vertikale Dimension der Zielbildung), wenngleich auf der Ebene von einzelnen Modulen wiederum unterschiedliche Vorgehensweisen in bezug auf die Zielerreichung bestehen.

Mit Bezug auf das Konzept der wissensökonomischen Reife ist Entwicklungsaufgaben auf Netzwerkebene eine entsprechende wissensökonomische Reife zuzuschreiben. Implizites Wissen hat somit überwiegend für ein spezifisches Modul Bedeutung, während andere Aufgabenmodule dieses spezifische, implizite Wissen nur bedingt benötigen.[74] Das implizite Wissen verbleibt somit überwiegend innerhalb der jeweiligen Einheiten, die für die Bearbeitung eines bestimmten Aufgabenmoduls verantwortlich sind. Folglich muß jenes Wissen nur zu einem geringen Teil im Rahmen von erfahrungsgebundenen, interorganisationalen Lernprozessen auf der Ebene des Entwicklungsnetzwerkes übertragen werden.

Im Gegensatz zu Technologienetzwerken besteht aber in Entwicklungsnetzwerken vielfach die Notwendigkeit, auch auf der Ebene einzelner Module entsprechende Netzwerke zu institutionalisieren. D.h., die einzelnen Partner des Entwicklungsnetzwerkes, die auf dieser Ebene jeweils für die Bearbeitung eines bestimmten Aufgabenmoduls verantwortlich sind, arbeiten angesichts der internen Varietät dieses Aufgabenmoduls und angesichts der auf Modulebene zu erwartenden Effizienzpotentiale mit weiteren Partnern projektbezogen zusammen. Der fokale

---

[72] Dieser These liegt die Annahme zugrunde, daß Entwicklungsnetzwerke auf Endprodukte ausgerichtet sind.

[73] Vgl. Gassmann, O.: Internationales F&E-Management, a.a.O., S. 143.

[74] Vgl. hierzu Dietl, H.: Institutionelle Koordination spezialisierungsbedingter wirtschaftlicher Abhängigkeit, a.a.O., S. 575.

Partner eines Netzwerkes auf Modulebene ist zugleich auf übergeordneter Ebene in das hier betrachtete Entwicklungsnetzwerk eingebunden.

Werden lediglich die aufgabenbezogenen Interdependenzen zwischen den einzelnen Netzwerkpartnern auf der Ebene des Entwicklungsnetzwerkes betrachtet, so lassen sich Unterschiede zwischen Technologie- und Entwicklungsnetzwerken ausmachen. Grundsätzlich können die aufgabenbezogenen Interaktionsbeziehungen in beiden Netzwerkkonfigurationen als interdependent charakterisiert werden. Diese Überlegung spezifizierend, bestehen auf der Ebene des Entwicklungsnetzwerkes jedoch weniger Interdependenzen zwischen den einzelnen Holonen als in Technologienetzwerken. Die jeweiligen Arbeitsmodule können somit weitgehend unabhängig vom Wissen anderer Netzwerkpartner bearbeitet werden, weshalb die Netzwerkpartner die direkten und indirekten Prozesse der Leistungserstellung überwiegend in Eigenregie durchführen. Trotz der relativ weitgehenden Autonomie bei der Bearbeitung der Aufgabenmodule bestehen auch in Entwicklungsnetzwerken zeitliche und sachlogische Interdependenzen, die in ihrer Gesamtheit einer Koordination bedürfen. Jedoch sind aufgrund der besseren Aufgabenstrukturierung, also kleinerer Überschneidungsräume, Zeitpunkt, Inhalt, Art und Verlauf der Interaktionsbeziehungen weitgehend bekannt. Folglich kann in Relation zu Technologienetzwerken eine zielgerichtete Beeinflussung von Entwicklungsvorhaben einfacher realisiert werden.

Ein anderes Bild ergibt sich jedoch, wenn die nächst tieferliegende Ebene betrachtet wird und Interdependenzen auf Modulebene betrachtet werden. Auch auf der Ebene einzelner Module lassen sich wiederum Teilmodule bilden. Zwischen diesen einzelnen Aufgabenbereichen bestehen -im Gegensatz zur übergeordneten Ebene- vielfältigere Interdependenzen, die insbesondere auch den Austausch von implizitem Wissen umfassen, so daß der gegenseitigen Abstimmung in bezug auf die Gesamtleistung eines Moduls entscheidende Bedeutung beizumessen ist.

In Technologienetzwerken besteht nur stark eingeschränkt die Möglichkeit der Modulbildung. Daher kennzeichnen sich die aufgabenbezogenen Interdependenzen im Gegensatz zu Entwicklungsnetzwerken durch eine größere sachlogische Variabilität sowie durch eine größere Quantität.[75] Den anderen Partnern des Technologienetzwerkes ist infolge des größeren aufgabeninduzierten Überschneidungsraumes ein erheblicher Einfluß auf die eigene Leistungserstellung zuzugestehen. Wird von einzelnen, konkreten Aufgaben abstrahiert, verteilen sich die mit der Sachaufgabe im Zusammenhang stehenden Interaktionen relativ gleichmäßig über die gesamte Phase der Aufgabenbearbeitung. In Entwicklungsnetzwerken hingegen fallen tendenziell Cluster von Interaktionen zu bestimmten durch die Aufgabenstellung determinierten Zeitpunkten (Meilensteinen) an, an

---

[75] Gassmann bezeichnet diese Art von Interdependenz auch als teamorientiert. Vgl. Gassmann, O.: Internationales F&E-Management, a.a.O., S. 146.

denen Erkenntnisse und Ergebnisse an andere Partner des Entwicklungsnetzwerkes übergeben werden. In der Phase zwischen diesen Zeitpunkten dürften auf der Ebene des Entwicklungsnetzwerkes unter den Partnern weniger Interaktionsprozesse ablaufen; es sei denn, im Rahmen der modulspezifischen Entwicklungsaktivitäten wird neues Wissen generiert, das Änderungen an weiteren Modulen impliziert. In diesen Fällen wird zwischen den Leistungseinheiten auf der Ebene des Entwicklungsnetzwerkes eine intersystemische ad hoc Abstimmung notwendig. Da jedoch in Entwicklungsnetzwerken nur ein vergleichsweise geringes Ausmaß an 'radikalem', modulübergreifendem Neuerungswissen generiert wird, sind auch nur mit einer geringen Wahrscheinlichkeit Änderungen bei Entwicklungsaktivitäten in anderen Modulen zu erwarten, weshalb das Zielsystem von Entwicklungsnetzwerken in toto eine höhere Stabilität aufweist.

Literatur

Albach, H.: Innovationsstrategien zur Verbesserung der Wettbewerbsfähigkeit, in: ZfB, 59. Jg. (1989) 12, S. 1338-1352.

Beck, T.: Coopetition bei der Netzwerkorganisation, in: zfo, 67. Jg. (1998) 5, S. 271-276.

Bellmann, K.; Hippe, A.: Kernthesen zur Konfiguration von Produktionsnetzwerken, in: Bellmann, K.; Hippe, A. (Hrsg.): Management von Unternehmensnetzwerken: Interorganisationale Konzepte und praktische Umsetzung, Wiesbaden 1996, S. 55 - 85.

Belzer, V.: Unternehmenskooperationen, München 1993.

Bleicher, F.: Effiziente Forschung und Entwicklung, Wiesbaden 1990.

Boettcher, E.: Kooperation und Demokratie in der Wirtschaft, Tübingen 1974.

Brockhoff, K.: Forschung und Entwicklung, München, Wien 1992.

Castiglioni, E.: Organisatorisches Lernen in Produktinnovationsprozessen, Wiesbaden 1994.

Chesbrough, H.; Teece, D.: Innovationen richtig organisieren - aber ist virtuell auch virtuos?, in: Harvard Manager, 18. Jg. (1996) 3, S. 63-70.

Corsten, H.: Überlegungen zu einem Innovationsmanagement: Organisationale und personale Aspekte, in: derselbe (Hrsg.): Gestaltung von Innovationsprozessen, Berlin 1989, S. 1-56.

Dietl, H.: Institutionelle Koordination spezialisierungsbedingter wirtschaftlicher Abhängigkeit, in: ZfB, 65. Jg. (1995) 6, S. 569 - 585.

Düttmann, B.: Forschungs- und Entwicklungskooperationen und ihre Auswirkung auf den Wettbewerb, Bergisch Gladbach, Köln 1989.

Gassmann, O.: Internationales F&E-Management, Wien 1997.

Gemünden, H.: Innovationen in Geschäftsbeziehungen und Netzwerken, Institut für Angewandte Betriebswirtschaftslehre und Unternehmensführung, TU Karlsruhe, Karlsruhe 1990.

Halin, A.: Vertikale Innovationskooperation, Frankfurt 1995.

Haritz, A.: Innovationsnetzwerke: Eine systemorientierte Analyse, Wiesbaden 2000.

Hauschildt, J.: Innovationsmanagement, München 1993.

Hippe, A.: Interdependenzen von Strategie und Controlling in Unternehmensnetzwerken, Wiesbaden 1997.

Kaltwasser, A.: Wissenserwerb für Forschung & Entwicklung, Wiesbaden 1995.

Kasper, H.: Innovationen in Organisationen. Konzeptionelle Arbeit mit empirischen Befunden, Wien 1980.

Klein, S.: Interorganisationssysteme und Unternehmensnetzwerke, Wiesbaden 1996.

Kneerich, O.: F&E: Abstimmung von Strategie und Innovation, Berlin 1995.

Kupsch, P.; Marr, R.; Picot, A.: Innovationswirtschaft, in: Heinen, E. (Hrsg.): Industriebetriebslehre, 9. Aufl., Wiesbaden 1991, S. 1069-1156.

Lippert, I.; Jürgens, U.; Drüke, H.: Arbeit und Wissen im Produktentstehungsprozeß, in: Schreyögg, G.; Conrad, P. (Hrsg.): Managementforschung 6, Berlin, New York 1996, S. 235-261.

Lullies, V.; Bollinger, H.; Weltz, F.: Wissenslogistik, Frankfurt, New York 1993.

Macharzina, K.: Unternehmensführung, 2. Aufl., Wiesbaden 1993.

Mensch, G.: Beobachtungen zum Innovationsverhalten kleiner, mittlerer und mittelgroßer Unternehmen, in: ZfB, 49. Jg. (1979) 1, S. 72-78.

Mildenberger, U.: Selbstorganisation von Produktionsnetzwerken, Wiesbaden 1998.

Miles, R.; Snow, C.; Coleman, H.: Managing 21st century network organization, in: Organizational Dynamics, 20. Jg. (1992) 3, S. 5-19.

Picot, A.; Dietl, H.: Transaktionskostentheorie, in: WiSt, 19. Jg. (1990) 4, S. 178-184.

Porter, M.; Fuller, M.: Koalitionen und globale Strategien, in: Porter, M. (Hrsg.): Globaler Wettbewerb: Strategien der neuen Internationalisierung, Wiesbaden 1989.

Rammert, W.: Das Innovationsdilemma, Opladen 1988.

Rammert, W.: Innovation im Netz. Neue Zeiten für technische Innovationen: global verteilt und heterogen vernetzt, in: Soziale Welt, 48. Jg. (1997) 3, S. 1-17.

Reiß, M.: Produktentstehung in Netzwerkumgebungen, in: Horvath, P.; Fleig, P. (Hrsg.): Integrationsmanagement für neue Produkte, Stuttgart 1998, S. 213-232.

Rotering, C.: Forschungs- und Entwicklungskooperationen zwischen Unternehmen, Stuttgart 1990.

Rotering, J.: Zwischenbetriebliche Kooperation als alternative Organisationsform, Stuttgart 1993.

Sannemann, E.; Savioz, P.: Der vernetzte Innovationsprozeß, in: io management, 68 Jg. (1999), S. 25-31.

Schrader, S.: Kooperation, in: Hauschildt, J.; Grün, O. (Hrsg.): Ergebnisse empirischer betriebswirtschaftlicher Forschung, Stuttgart 1993, S. 221-254.

Siebert, H.: Ökonomische Analyse von Unternehmensnetzwerken, in Staehle, W.; Sydow, J.: Managementforschung 1, Berlin New York 1991, S. 291-311.

Specht, G.; Beckmann, C.: F&E-Management, Stuttgart 1996.

Sydow, J.: Strategische Netzwerke: Evolution und Organisation, Wiesbaden 1993.

Tebbe, K.: Die Organisation von Produktinnovationsprozessen, Stuttgart 1990.

Thom, N.: Grundlagen des betrieblichen Innovationsmanagements, 2. völlig neu bearbeitete Aufl., Königstein 1980.

Vier, C.: Unternehmenstransformation und Netzwerkorganisation, St. Gallen 1994.

Weber, B.: Die fluide Organisation, Bern, Stuttgart 1996.

Wissema, J.; Euser, L.: Successful innovation through inter-company networks, in: Long Range Planning, 24. Jg. (1991) 6, S. 33-39.

Wolfrum, B.: Strategisches Technologiemanagement, 2. Aufl., Wiesbaden 1994.

Der Einfluß der Strategie auf die Technologische Kompetenz, die Netzwerkkompetenz und den Innovationserfolg eines Unternehmens

H. G. Gemünden / Th. Ritter

1   Einführung

2   Das Basismodell: Technologische Kompetenz, Netzwerkkompetenz und Innovationserfolg

3   Das erweiterte Modell: Der Einfluß der Geschäftsstrategie auf Technologische Kompetenz, Netzwerkkompetenz und Innovationserfolg

4   Empirische Ergebnisse

    4.1   Erhebung und Operationalisierung

    4.2   Empirische Befunde

5   Zusammenfassung und weitere Fragen

Literatur

1 Einführung

Bernd Kaluza, dem diese Festschrift gewidmet ist, hat unserem Fach schon frühzeitig bemerkenswerte Beiträge geschenkt, die auch für den vorliegenden Beitrag wichtige Impulse gaben. So hat die gemeinsame Arbeit und gegenseitige Unterstützung bei der Re-Analyse der von Witte und Team erhobenen Daten des Forschungsprojektes COLUMBUS dazu geführt, viele Fragen der empirischen Forschung zu besprechen, die auch beim vorliegenden Beitrag aktuell sind (siehe hierzu Kaluza 1979). Die Diskussionen über die Ziele von Unternehmen bildete eine weitere Basis für den langjährigen Dialog, insbesondere über Fragen der Unternehmensführung und der Strategie (siehe hierzu Kaluza 1989). Schließlich war für den Erstautor Bernd Kaluza ein echter Freund, als es in persönlich schwierigen Zeiten galt nicht zu resignieren, sondern die damals begonnene Netzwerkforschung konsequent weiter voranzutreiben, was bei beiden Lehrstühlen zu wirklich schönen und im Fach mittlerweile anerkannten Beiträgen geführt hat. (Siehe hierzu Kaluza und Blecker 2000, Blecker 1999). Eine neuer Beitrag aus diesem Gebiet, der das Dreieck Strategie – Kompetenz – Erfolg analysiert, wird im folgenden dargestellt. Die Autoren wünschen Bernd Kaluza viel Freude bei der Lektüre.

Innovationen sind heutzutage meistens das Ergebnis einer Zusammenarbeit zwischen verschiedenen Unternehmen, um ihre verschiedenen spezialisierten Kompetenzen zu bündeln und gemeinsam die technologischen Herausforderungen komplexer Neuerungen zu bewältigen (Biemans 1992; Czepiel 1975; DeBresson/ Amesse 1991; Gemünden et al. 1999; Håkansson 1987; Håkansson 1989; Hippel 1988). Die innovierende Unternehmung ist somit eingebettet in ein Netzwerk von Innovationspartnern, die unterschiedliche Beiträge in den Innovationsprozeß einbringen (siehe Abbildung 1), wobei wir in dem vorliegenden Beitrag die folgenden vier Partnertypen näher betrachten (Gemünden/Heydebreck 1994; Gemünden/Ritter/Ryssel/Stockmeyer 1997; Harhoff et al. 1996, Kleinaltenkamp/Staudt 1991):

- *Kunden.* Im Rahmen des Innovationsprozesses kommt Kunden nicht ausschließlich die Rolle des Käufers eines innovativen Produkts zu. Bereits bei der Entwicklung können Kunden Innovationsziele vorgeben, Innovationsdruck ausüben und technologisches Know-how einbringen. Darüber hinaus können Kunden Referenz- und Diffusionswirkungen entfalten (z.B. Biemans 1991; Gemünden/Heydebreck/Herden 1992; Heydebreck 1996; Hippel 1988; Kirchmann 1994; Shaw 1985).

- *Zulieferer.* Zulieferer können den Innovationsprozeß eines Unternehmens durch neuartige Maschinen und Ausrüstungsgegenstände, durch innovative Produkte und Komponenten, die in die Endprodukte des Verwenders eingehen, oder durch administrative und organisatorische Anpassungen unterstützen (z.B. Dalum/Lundvall 1990).

- *Forschungseinrichtungen.* Forschungseinrichtungen streben permanent nach Erkenntnisgewinn und verfügen daher über hervorragendes Wissen. Durch diese Ausrichtung sind es die Mitarbeiter von Forschungseinrichtungen gewohnt, sich in neue Wissensgebiete einzuarbeiten und existierende Lösungen zu hinterfragen. Darüber hinaus besitzen diese Institutionen teilweise modernste Test- und Prüfanlagen.[1]

- *Wettbewerber.* Insbesondere bei aufwendigen Innovationsprojekten sind Wettbewerber als Partner gefragt, da erst durch eine Poolung der Ressourcen und durch eine Verteilung des Mißerfolgsrisikos die Entwicklung begonnen werden kann. Weitere Potentiale sind in der Entwicklung gemeinsamer Normen und Standards sowie einem Machtzuwachs, z.B. gegenüber Zulieferern, zu sehen. (Vgl. zum informalen Informationstransfer zwischen Wettbewerbern Schrader 1990).

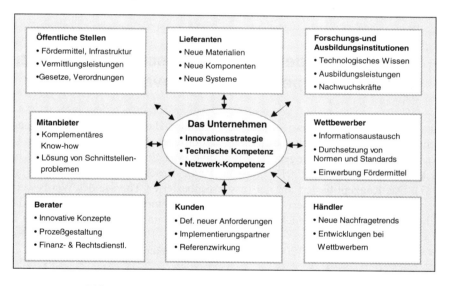

Abb. 1: Die Unternehmung im Innovationsnetzwerk

Die Beiträge der Partner werden jedoch nicht automatisch zur Verfügung gestellt. Das Unternehmen muß für die Partner attraktiv sein – ihnen etwas zum Aus-

---

[1] Unter dem Begriff Forschungseinrichtungen werden u.a. Hochschulen, Universitäten, Fachhochschulen, Forschungszentren, öffentliche und private Forschungsinstitute zusammengefaßt. Forschungseinrichtungen erlangen als potentielle Partner für Basisinnovationen besondere Bedeutung. Vgl. zur Zusammenarbeit zwischen Unternehmen und Hochschulen z.B. Brooks 1989 und Rothholz 1986.

tausch anbieten. Eine hohe *technische Kompetenz* ist z.B. dann besonders attraktiv, wenn diese Kompetenz für die Innovation wichtig, bei den Partnern nicht vorhanden und am Markt knapp ist. Dann werden die Partner sich aktiv um das Unternehmen bemühen. Das Unternehmen sollte sich jedoch nicht darauf beschränken, auf Partner zu warten, sondern selbst aktiv nach Partnern suchen, die ihrerseits besonders attraktiv sind und besonders viel dazu beitragen, daß hohe Kundenwerte geschaffen und vermarktet werden. Es sollte also systematisch ein Innovationsnetzwerk aufgebaut werden. Hierfür benötigt das Unternehmen *Netzwerkkompetenz*.

Im vorliegenden Beitrag geht es um das Zusammenwirken dieser beiden Kompetenzen, technologische Kompetenz und Netzwerkkompetenz, auf den Innovationserfolg. Außerdem soll untersucht werden, welche Einflüsse die Strategie auf beide Kompetenzen ausübt. Wir werden daher zunächst ein Basismodell entwickeln, das den Einfluß der beiden Kompetenzen beschreibt und dann die Strategie als die hinter beiden Kompetenzen stehende Kraft einführen. Dann wird dieses Modell empirisch überprüft und seine Konsequenzen werden analysiert.

2 Das Basismodell: Technologische Kompetenz, Netzwerkkompetenz und Innovationserfolg

Der Begriff „*Kernkompetenz*" wurde von Prahalad/Hamel (1990) in die Managementliteratur eingeführt, obwohl die Diskussion über die Kompetenzen einer Unternehmung schon eine längere Tradition hat. (vgl. zu einem historischen Überblick Carlsson/Eliasson 1991; Eliasson 1990; Rasche/Wolfrum 1994; Winter 1987). Das Konzept basiert auf der ressourcenbasierten Theorie des Wettbewerbs, der den Erfolg eines Unternehmens aus seinen internen Kompetenzen erklärt. (Einen sehr schönen Überblick über die Grundlagen und Weiterentwicklungen des ressourcenbasierten Ansatzes gibt Blecker (1999) S. 191 ff., vgl. ferner den Reader von Hamman/Freiling (2000) mit einer Reihe neuerer Beiträge).

Der Begriff *Kompetenz* wird häufig als ein Prozeß oder eine Serie von Aktivitäten interpretiert (Day 1994; Li/Calantone 1998; Prahalad/Hamel 1990). Alternativ wird Kompetenz auch als *Potential* oder *Qualifikation* verstanden Aktivitäten durchzuführen. („having the ability, power, authority, skill, knowledge etc. to do what is needed" Oxford Advanced Dictionary 1988). In diesem Beitrag verbindet der Begriff Kompetenz sowohl den Besitz von Wissen und Qualifikation, bestimmte Aktivitäten durchführen zu können, als auch das konkrete Handeln. *Beide* Komponenten sind erforderlich: Nur die Qualifikation zu besitzen, ohne die Handlungen zu ergreifen, wird genauso wenig zu Erfolgen führen wie Handlungen zu ergreifen, ohne Qualifikation und Wissen zu besitzen (vgl. Gemünden/ Ritter 1997: S. 297).

Der Begriff „*technologische Kompetenz"* steht für die Fähigkeit technisches Wissen entsprechend dem Stand der Forschung und praktischen Anwendung zu verstehen, anzuwenden und zu verwerten. Diese Kompetenz ermöglicht es einem Unternehmen, durch die Entwicklung neuer Produkte und die Implementierung neuer Prozesse ein Marktpionier zu werden. Daher sollten Unternehmen mit einer hohen technologischen Kompetenz auch einen größeren Innovationserfolg erreichen als solche mit einer niedrigen. (Zu empirischen Ergebnissen siehe Malerba/ Marengo 1995).

Hypothese 1:   *Je höher die technologische Kompetenz, desto höher der Innovationserfolg von neuen Produkten und Prozessen.*

Von den verschiedenen Arten von Kompetenzen, die untersucht wurden, haben die Marketingkompetenz und die technologische Kompetenz eine besondere Bedeutung erhalten. Die Autoren, welche die *Marketingkompetenz* untersuchen, beschränken sich üblicherweise auf die Fähigkeit Kundenbedürfnisse zu erkennen, Kunden zu erreichen, zu beeinflussen und ihnen Produkte und Dienstleistungen zu verkaufen. Sie untersuchen jedoch nicht, welche *anderen* Beiträge als einen Kaufpreis zu bezahlen, Kunden liefern – obwohl die große Bedeutung von Kundenbeiträgen für den Innovationsprozeß sehr gut dokumentiert ist. Außerdem werden von diesen Autoren die Beiträge, die *weitere* externe Partner, wie z. B. Lieferanten, Forschungsinstitute, Berater oder auch Wettbewerber für den Innovationsprozeß liefern, vernachlässigt. Deshalb scheint uns eine weiter gefaßte *Netzwerkkompetenz* erforderlich, um den Erfolg kooperativer Innovationen erklären zu können. Zu dieser Kompetenz gehört dann auch nicht nur das Managen der Beziehungen zu einzelnen Akteursgruppen, sondern das Orchestrieren des gesamten Netzwerkes der innovationsrelevanten Beziehungen einer Unternehmung.

Obwohl der traditionelle Fokus der Literatur auf der *technologischen* Kompetenz lag, haben neuere Studien eine breitere Sichtweise, in dem sie fragten, welche Managementkompetenzen für den Innovations- und Unternehmenserfolg wichtig sind. (Vgl. hierzu Carlsson/Eliasson 1991; Dosi/Teece 1993; Malerba/Marengo 1995). Von besonderer Bedeutung für den Innovationserfolg ist die Fähigkeit, zwischenbetriebliche Kooperationen aufzubauen und zu nutzen, um neue Produkte und Prozesse zu entwickeln und zu vermarkten, weil eigene spezialisierte Kompetenzen erst durch die Kombination mit komplementären Kompetenzen ökonomischen Wert erzeugen und vermarkten. Ritter (1998) entwickelte ein Konzept der *Netzwerkkompetenz,* das sich auf den Grad der Qualifikationen des Managements stützt, zwischenbetriebliche Beziehungen aufzubauen und zu nutzen und auf die Aktivitäten des Netzwerkmanagements, die ergriffen werden müssen, um die Anforderungen von Innovationsnetzwerken zu erfüllen.

Eine höhere Netzwerkkompetenz führt zu einer intensiveren Zusammenarbeit mit den Partnern des Innovationsnetzwerkes. Eine intensivere Zusammenarbeit bewirkt ihrerseits einen höheren Innovationserfolg (Biemans 1992; Gemünden, Ritter/Heydebreck 1996; Heydebreck 1996). Dies führt zu folgender Hypothese.

Hypothese 2:   *Je höher die Netzwerkkompetenz, desto höher der Innovationserfolg von neuen Produkten und Prozessen.*

3 Das erweiterte Modell: Der Einfluß der Geschäftsstrategie auf Technologische Kompetenz, Netzwerkkompetenz und Innovationserfolg

Die *Geschäftsstrategie* beschreibt das Verhalten eines Unternehmens im Markt inklusive seiner Politiken, Pläne und Prozeduren (zu Definitionen und Strategien siehe Brockhoff/Chakrabarti 1988; Brockhoff/Leker 1998; Conant/Mokwa/Varadarajan 1990; Ford 1988; Gemünden/Heydebreck 1995; Hinterhuber 1982; Porter 1980; Schewe 1996). Da es das Ziel dieses Beitrages ist, den Einfluß auf den Innovationserfolg zu erklären, fokussieren wir uns auf die technologische Dimension der Strategie. Insbesondere vermuten wir, das eine *technologieorientierte Strategie* mehr Gewicht auf technologische Führerschaft legt, und daher Ressourcen für Forschung und Entwicklung bereitstellt und die Entwicklung neuer Produkte und Prozesse fördert und fordert.

Hypothese 3:   *Je höher die Technologieorientierung der Geschäftsstrategie, desto höher die technologische Kompetenz.*

Unabhängig von der Beziehung zwischen Technologieorientierung der Geschäftsstrategie und technologischer Kompetenz, haben verschiedene Studien gezeigt, daß die Geschäftsstrategie auch mit der Marketingkompetenz verbunden ist. So ist z. B. die Intensität der Suche nach neuen Märkten, Zielgruppen und Bedürfnissen bei unternehmerischen, innovationsorientierten Firmen sehr viel höher: Hambrick ermittelte bereits 1982 höhere „scanning activities" bei Firmen, die eine „prospector"-Strategie im Sinne von Miles/Snow verfolgen. McDaniel und Kolari (1987) stellten eine höhere Bedeutung der Marktforschung in Unternehmen mit diesem Strategietyp fest. Conant/Mokwa/Varadarajan (1990) stellten fest, daß sich Unternehmen diesen Typs bei mehreren Dimensionen der Marketingkompetenz als überlegen einschätzen.

Obwohl die Operationalisierungen des Begriffs „Marketingkompetenz" in diesen Studien variieren, kann man dennoch feststellen, daß mit den Operationalisierungen auch stets Elemente der weiter gefaßten Netzwerkkompetenz erfaßt wurden.

Daher weisen diese Arbeiten auch auf einen Zusammenhang von Geschäftsstrategie und Netzwerkkompetenz hin.

In anderen Arbeiten wurde der positive Einfluß technologieorientierter Geschäftsbeziehungen auf den Innovationserfolg wiederholt gut belegt (Gemünden, Ritter und Heydebreck 1996; Håkansson 1989; Hippel 1988; Shaw 1985). Ferner konnten Gemünden und Heydebreck (1995) und Heydebreck (1996) zeigen, daß Unternehmen mit einer technologieorientierten Geschäftsstrategie ein wesentlich stärkeres Netzwerk technologieorientierter Geschäftsbeziehungen aufweisen und diese auch sehr viel besser nutzen. Letzteres bedeutet, daß Unternehmen, die eine Technologieführerschaft anstreben oder einen besonders hohen Kundennutzen durch maßgeschneiderte hochtechnologische Forschung und Entwicklung erzielen, von einer Zusammenarbeit mit Universitäten und Forschungseinrichtungen in sehr viel höherem Maße profitieren als Unternehmen, die eine andere Art der Geschäftsstrategie verfolgen. Wir erwarten daher, daß Unternehmen mit einer technologieorientierten Strategie auch mehr in ihre Netzwerkkompetenz investieren, über ein besseres internes Schnittstellenmanagement verfügen und eine stärker außenorientierte Kultur besitzen, so daß bessere Voraussetzungen für eine höhere Netzwerkkompetenz gegeben sind. Dies führt zu

Hypothese 4: *Je höher die Technologieorientierung der Geschäftsstrategie, desto höher die Netzwerkkompetenz.*

Schließlich folgen wir der weit verbreiteten Auffassung, daß in innovationsorientierten, wachsenden Märkten mit einem starken Wettbewerb eine Strategie der Technologieführerschaft zu einem größeren Erfolg führt. Daher postulieren wir in Hypothese 5 einen direkten Zusammenhang zwischen der Geschäftsstrategie und dem Innovationserfolg, der nicht durch die technologische Kompetenz und die Netzwerkkompetenz erklärt wird.

Hypothese 5: *Je höher die Technologieorientierung der Geschäftsstrategie, desto höher der Innovationserfolg von neuen Produkten und Prozessen*

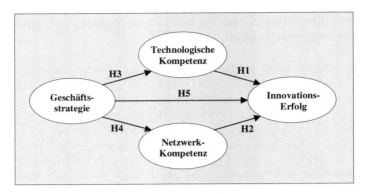

Abb. 2: Das theoretische Modell

4 Empirische Ergebnisse

4.1 Erhebung und Operationalisierung

Die empirische Untersuchung des theoretischen Modells basiert auf einer Interviewstudie, die von August bis Dezember 1997 durchgeführt wurde. Die Datenbasis enthält Informationen von 308 Unternehmen aus den Branchen Maschinen- und Anlagenbau, Elektrotechnik, Werkzeugbau sowie Medizin-, Meß-, Steuer- und Regeltechnik.

Im Verlauf der Interviews wurden die Unternehmer (bzw. die leitenden Angestellten) gebeten, das Ausmaß ihrer Zustimmung zu Aussagen anhand von Ratingskalen zu beschreiben. Zur Operationalisierung wurde dabei für jedes Konstrukt 1. Ordnung eine Itembatterie verwendet, deren Eignung zur Konstruktmessung vor der Erhebung mit Hilfe eines Pre-Tests bei 14 Unternehmen und nach der Erhebung anhand statistischer Verfahren überprüft wurde. Diese Konstrukte 1. Ordnung wurden dann zu Konstrukten 2. Ordnung zusammengefaßt.

- Die Messung des Konstruktes *Innovationserfolg* fußt auf zwei Summenskalen: Die erste Skala erfaßt den Innovationserfolg der *Produkte und Dienstleistungen* des Unternehmens im Vergleich zu Wettbewerbern und zum bisherigen Stand (3 items, Cronbach's alpha = 0.72). Die zweite Summenskala faßt drei Items zum Innovationserfolg der *Prozesse* zusammen (3 items, Cronbach's alpha = 0.78). Der so gemessene Innovationserfolg weist eine signifikante positive Korrelation mit der häufig verwendeten Erfolgsgröße „Anteil des Umsatzes durch neue Produkte" auf. Dies bedeutet eine Validierung unseres Maßes. Da Umsatz mit neuen Produkten jedoch nur die Produktinnovation erfaßt und z. B. auch dann höhere Werte aufweist, wenn nur der Anteil alter Produkte am Umsatz sinkt ohne daß mehr neue Produkte verkauft werden, ziehen wir die von uns gewählte umfassendere Maßgröße vor.

- Das Konstrukt *Netzwerkkompetenz* wird gemessen an der Intensität der Aufgabenerfüllung und an der Qualifikation der Aufgabenträger. Die Summenskala zur *Aufgabenerfüllung* (7 items, Cronbach's alpha = 0.89) basiert ihrerseits auf Summenskalen aus den drei beziehungsspezifischen Aufgabenbereichen Anbahnung der Beziehung, Austausch zwischen den Unternehmen und Koordination der Aktionen sowie den vier beziehungsübergreifenden Aufgabenbereichen Planung, Kontrolle, Organisation und Personaleinsatz. Die Qualifikationen unterteilen sich in fachliche und soziale Qualifikationen (2 items, Cronbach's alpha = 0.74). Zu einer genaueren Beschreibung des recht aufwendigen Meßansatzes der Netzwerkkompetenz siehe Ritter (1998), ferner Ritter und Gemünden (1998).

- Auch die Messung des Konstruktes *technologische Kompetenz* basiert auf zwei Summenskalen. Die erste Summenskala erfaßt die Attraktivität der technologischen Kompetenz des untersuchten Unternehmens aus der Sicht potentieller Partner. Hierzu gehören Items, die die Exklusivität des Wissens und das Niveau der Expertise im Vergleich zu anderen Firmen beschreiben (4 items, Cronbach's alpha = 0.77). Mit der zweiten Summenskala wird die Komplexität des Wissens und das Ausmaß der Anforderungen erfaßt (4 items, Cronbach's alpha = 0.64).

- Die *Geschäftsstrategie* wird über vier Items erfaßt, welche die Zielsetzungen des Unternehmens beschreiben, Technologieführer in seiner Branche zu sein, technologische Risiken einzugehen, Produktvorteile durch eigene Forschung und Entwicklung zu erreichen und die Produkte stets technisch zu verbessern.

Um die Validität und Reliabilität der Messung zu sichern, folgten wir den Vorschlägen von Anderson & Gerbing (1988) und Homburg (1998). Die Ergebnisse der konfirmatorischen Faktorenanalyse mit LISREL belegen, daß das Meßmodell den allgemein formulierten Standards genügt. (vgl. Fritz 1992: 126; Homburg und Baumgartner 1998: 363; Homburg und Giering 1996: 13). Das globale Fitmaß belegt eine gute Entsprechung der empirischen Daten mit dem theoretischen Modell ($\chi^2_{(29)}$ = 66.27; p = 0,000; GFI = 0.959; AGFI = 0.922; NFI = 0.931; CFI = 0.958; RMR = 0,039). Nach den in Tabelle 1 ausgewiesenen Detailkriterien unterschreiten die Parameterschätzungen in wenigen Fällen die gewünschten Grenzwerte, aber dies ist im Einklang mit der gängigen Praxis nach den Ergebnissen von Homburg und Baumgartner (1998: 363-364) bzw. Homburg und Giering (1996: 85) und daher durchaus akzeptabel für das Gesamtergebnis. Die Ergebnisse in Tabelle 2 belegen die Diskriminanzvalidität der Messungen.

Konstrukt	Indikator (S = Summen Skala; I = item)	Standardisierte Faktorladung	Item to Total-Correlation	Cronbach's Alpha (α standardisiert)	Durch den ersten Faktor erklärte Varianz exploratorische Faktoranalyse)	Konstruktreliabilität	Durchschnittlich erklärte Varianz
C1: Innovationserfolg	1 (S) 2 (S)	0.88 0.71	0.62 0.62	0.74	81.0	0.77	0.63
C2: Netzwerk-Kompetenz	3 (S) 4 (S)	0.83 0.72	0.60 0.60	0.72	79.7	0.75	0.60
C3: Technologische Kompetenz	5 (S) 6 (S)	0.77 0.63	0.48 0.48	0.65	73.9	0.65	0.49
C4: Geschäftsstrategie	7 (I) 8 (I) 9 (I) 10 (I)	0.64 0.75 0.65 0.65	0.51 0.59 0.48 0.53	0.73	56.2	0.77	0.45

Tabelle 1: Ergebnisse der konfirmatorischen Analyse

	C1	C2	C3	C4
Durchschnittlich erklärte Varianz	0.63	0.60	0.49	0.45
C1	0.63			
C2	0.60	0.32		
C3	0.49	0.33	0.37	
C4	0.45	0.29	0.26	0.55

Tabelle 2: Befunde zur Diskriminanzvalidität der Messung

4.2 Empirische Befunde

In Abbildung 3 sind die Ergebnisse der Datenanalyse dargestellt. Hierbei sind neben den Pfadkoeffizienten und deren t-Werten auch die erklärten Varianzen der abhängigen Konstrukte angegeben. Die Fitmaße weisen auf einen angemessenen Fit des Modells hin. ($\chi^2_{(31)}$ = 78.08; p = 0,000; GFI = 0.952; AGFI = 0.914; NFI = 0.916; CFI = 0.944; RMR = 0,047).

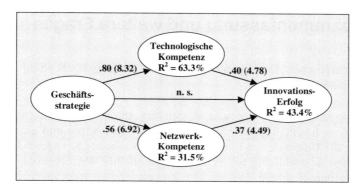

Abb. 3.: Graphische Darstellung der Ergebnisse des Strukturmodells

Die Ergebnisse bestätigen die ersten beiden Hypothesen. Sowohl die Netzwerkkompetenz als auch die technologische Kompetenz haben einen (hoch) signifikanten positiven Einfluß auf den Innovationserfolg, wobei die Einflüsse ungefähr gleich stark sind und zusammengenommen immerhin mehr als 40% der Varianz des Innovationserfolges erklären. Dies belegt die Notwendigkeit und Gleichberechtigung beider Kompetenzen. Der Innovationserfolg hängt nicht von der Stärke eigener Forschungslabors und Entwicklungsabteilungen ab, sondern auch von der Fähigkeit, sich „fremde" technologische Ressourcen durch Aufträge oder Kooperationen zu erschließen und diese kundenwertstiftend zu vermarkten.

Es gibt starke Einflüsse der Geschäftsstrategie auf die technologische Kompetenz und auf die Netzwerkkompetenz. Unternehmen, die nach Technologieführerschaft streben, bauen mehr Kompetenzen auf, vermutlich indem sie mehr Ressourcen erschließen und bereitstellen, eine unterstützende Kultur entwickeln, höher qualifizierte Menschen finden, fördern und binden, und Leistungen stärker anerkennen und belohnen. Daher finden wir eine starke Bestätigung der Hypothesen 3 und 4.

Die fünfte Hypothese findet keine Bestätigung. Es gibt *keinen* signifikanten direkten Einfluß der Geschäftsstrategie auf den Innovationserfolg. Es ist vielmehr so, daß die Erfolgswirkung über den strategiegetriebenen Aufbau der beiden Kernkompetenzen Technologie- und Netzwerkkompetenz erfolgt. *Die Strategie führt zum Aufbau und zur Erhaltung der Kompetenzen, der Erfolg entsteht durch die Nutzung dieser Kompetenzen.*

5 Zusammenfassung und weitere Fragen

Unsere theoretischen Überlegungen und deren empirische Prüfung lassen folgende Schlußfolgerungen zu:

Es ist nicht nur die technologische Kompetenz, die den Innovationserfolg eines Unternehmens nachhaltig beeinflußt. In einer spezialisierten und globalen Welt, in der sich die Unternehmen immer stärker auf bestimmte Kerngeschäft fokussieren, in denen sie nachhaltig besser sein wollen als ihre Wettbewerber, müssen sie gleichzeitig darauf achten, daß sie sich komplementäre Ressourcen erschließen, um bestimmte Produkte und Dienstleistungen überhaupt anbieten zu können. Außerdem erfordert die gewachsene Dynamik der Weltmärkte ein rascheres Reagieren auf Änderungen der Anforderungen und der Nachfrage. Daher müssen gleichzeitig auch *Netzwerkkompetenzen* aufgebaut werden. Kein Geschäft ist eine Insel – auch außerhalb der Unternehmensgrenzen gibt es wertvolle (neue) Partner – gerade bei neuen Geschäften. *Diese wertvollen Partner muß man systematisch suchen, bewußt ansprechen und gezielt nutzen.*

Die Strategie hat keinen direkten Einfluß auf den Innovationserfolg. Dieses Ergebnis drückt nichts anderes aus, als daß es bei weitem nicht ausreicht, lediglich eine Technologieführerschaft für sich zu reklamieren und schon mit Erfolg rechnen zu können. Eine klare Strategie darf nicht nur den Anspruch formulieren – sie muß auch deutlich machen, wie sie die *Voraussetzungen* zur Verwirklichung des Anspruches realisieren will. Eine hohe Netzwerkkompetenz erfordert zum Beispiel finanzielle Ressourcen, eine gute kommunikative Infrastruktur, starke intra-organisationale Netzwerke, ein netzwerk-orientiertes Personalmanagement und eine austauschförderliche und fordernde Unternehmenskultur. Also müssen auch diese Faktoren systematisch gefördert werden, wenn das strategische Ziel gelingen soll (vgl. Ritter 1998; Ritter/Gemünden 1998). Um es kurz zu sagen: *Den Worten müssen Taten folgen.*

Wie jede Studie hat auch diese ihre Einschränkungen.

- Diese Untersuchung analysierte den Einfluß bestimmter Kompetenzen auf den Innovationserfolg. Dabei wurden in einer Art Basismodell eine eher nach innen gerichtete technologische Kompetenz und eine eher nach außen gerichtete Netzwerkkompetenz miteinander kombiniert. Natürlich gibt es weitere Kompetenzen, z. B. die Beziehungen zu den Investoren, die Fähigkeit, Kapital günstig zu beschaffen, die Fähigkeit Mitarbeiter zu führen, etc.

- Wir haben uns auf einen Vergleich von technologieorientierter und nicht technologieorientierter Strategien beschränkt. Natürlich gibt es eine größere Vielfalt von Strategien. Wie würden diese die notwendigen Innovationskompetenzen sehen und beeinflussen? Gilt unsere Analyse auch für Kostenführer, die auf schrumpfenden Märkten agieren?

- Unser Modell wollte den Innovationserfolg erklären. Unternehmen streben aber nicht nur nach Innovationserfolg, sondern auch nach anderen Erfolgsarten. Wie sind die Auswirkungen der hier betrachteten Strategie und Kompetenzen auf den Gesamterfolg?

- Wir haben industriespezifische Besonderheiten vernachlässigt. Die Verfügbarkeit und der Nutzen externer Partner können aber je nach Branche durchaus unterschiedlich ausfallen. Auch kann man sich vorstellen, daß bei Forschung und Entwicklung im Produktmanagement andere Netzwerkpartnerschaften erforderlich sind als beim Produktions- und Logistikmanagement. (Vgl. hierzu insbesondere Kaluza/Blecker 2000).

Die weitere Forschung ist aufgerufen, diesen Fragen nachzugehen – vielleicht ist dies auch eine Anregung für den Jubilar, der uns schon so viele schöne Arbeiten zum Strategischen Management und zum Innovationsmanagement geschenkt hat.

Literatur

Anderson, James C., and David Gerbing. 1988. Structural Equation Modeling in Practice: A Review and Recommended Two-Step Approach. *Psychological Bulletin* 103:411-423.

Biemans, Wim G. 1992. *Managing Innovation within Networks.* London & New York: Routledge.

Blecker, Thorsten 1999. *Unternehmung ohne Grenzen.* Wiesbaden: Gabler.

Brockhoff, Klaus, and Alok K. Chakrabarti. 1988. R&D/Marketing Linkage and Innovation Strategy: Some West German Experiences. *IEEE Transactions on Engineering Management* 35:167-174.

Brooks, H. 1989.: University-Industry Coopertion as Industrial Strategy. In: Lunstedt, S.B./Moss, T.H. (Hrsg.): Managing Innovation and Change. Dordrecht et al., S.35-45

Brockhoff, Klaus, and Jens Leker. 1998. Zur Identifikation von Unternehmensstrategien. *Zeitschrift für Betriebswirtschaft* 68 (11):1201-1223.

Carlsson, Bo, and Gunnar Eliasson. 1991. The Nature and Importance of Economic Competence. Stockholm, Schweden: Industrial Institute for Economic and Social Research (IUI).

Conant, Jeffrey S., Michael P. Mokwa, and P. Rajan Varadarajan. 1990. Strategic Types, Distinctive Marketing Competencies and Organizational Performance: A Multiple Measures-Based Study. *Strategic Management Journal* 11:365-383.

Czepiel, John A. 1975. Patterns of Interorganizational Communication and Diffusion of a Major Technological Innovation in a Competitive Industrial Community. *Academy of Managment Journal* 18 (1):6-24.

Dalum, B. and Lundvall, B.-Å. 1990. Interfirm Cooperation in Small National Systems of Innovation. In: O'Doherty, D. (Hrsg.): The Cooperation Phenomenon - Prospects for Small Firms and the Small Economies. London & Norwell, S.148-160

Day, George S. 1994. The Capabilities of Market-Driven Organizations. *Journal of Marketing* 58 (October):37-52.

DeBresson, C., and F. Amesse. 1991. Networks of Innovators: A Review and Introduction to the Issue. *Research Policy* 20 (5):363-380.

Dosi, Giovanni, and David J. Teece. 1993. Organizational Competencies and Boundaries of the Firm. University of California at Berkeley.

Eliasson, Gunnar. 1990. The Firm as a Competent Team. *Journal of Economic Behavior and Organization* 13:275-298.

Ford, David. 1988. Develop Your Technology Strategy. *Long Range Planning* 21 (5):85-95.

Fritz, Wolfgang. 1992. *Marktorientierte Unternehmensführung und Unternehmenserfolg - Grundlagen und Ergebnisse einer empirischen Untersuchung*. Stuttgart: Schäffer-Poeschel.

Gemünden, Hans Georg, and Peter Heydebreck. 1994. Technological Interweavement - A Key Success Factor for New Technology-Based Firms., edited by W. V. In: Jörg Sydow und Arnold Windeler (Hrsg.): Management interorganisationaler Beziehungen. Opladen. Westdt. Verlag: Opladen.

Gemünden, Hans Georg, and Peter Heydebreck. 1995. The Influence of Business Strategies on Technological Network Activities. *Research Policy* 24:831-849.

Gemünden, Hans Georg, Peter Heydebreck, and Rainer Herden. 1992. Technological Interweavement - A Means of Achieving Innovation Success. *R&D Management* 22 (4):359-376.

Gemünden, Hans Georg, Martin Högl, Thomas Lechler, and Alexandre Saad. 1999. Starting Conditions of Successful European R&D-Consortia. In *The Dynamics of Innovation. Strategical and Managerial Implications*, edited by K. Brockhoff, A. Chacrabarti and J. Hauschildt. Berlin: Springer.

Gemünden, Hans Georg, and Thomas Ritter. 1997. Managing Technological Networks: The Concept of Network Competence. In *Relationships and Networks in International Markets*, edited by H. G. Gemünden, T. Ritter and A. Walter. Oxford et al.: Pergamon/Elsevier.

Gemünden, Hans Georg, Thomas Ritter, and Peter Heydebreck. 1996. Network Configuration and Innovation Success: An Empirical Analysis in German High-Tech Industries. *International Journal of Research in Marketing* 13 (5):449-462.

Gemünden, H.G., Ritter, T., Ryssel, R., and Stockmeyer, B. 1997. Innovationskooperationen und Innovationserfolg - Empirische Untersuchungen unter besonderer Berücksichtigung der Unterschiede zwischen Ost- und Westdeutschland. Abschlußbericht für das Bundesministerium für Forschung und Technologie, Bildung und Wissenschaft. Bonn

Håkansson, Håkan. 1987. Product Development in Networks., edited by T. D. A. N. A. W. i. D. F. H. In Håkan Håkansson (Hrsg.), Understanding Business Markets, 2. Auflage, London: Harcourt Brace & Company, 1997, S. 475-496. New York: Croom Helm.

Håkansson, Håkan. 1989. *Corporate Technological Development: Cooperation and Networks*. London: Routledge.

Hambrick, D. C. 1982. Environmental Scanning and Organizational Strategy. *Strategic Management Journal* 3 (2):159-174.

Hamman, Peter und Freiling, Jörg (Hrsg.), 2000. *Die Ressourcen- und Kompetenzperspektive des Strategischen Managements*. Wiesbaden: Gabler.

Hambrick, D. C. 1983. Some Tests of the Effectiveness and Functional Attributes of Miles and Snow's Strategic Types. *Academy of Management Journal* 26 (March):5-26.

Harhoff, D., Licht, G., Beise, M., Felder, J., Nerlinger, E., and Stahl, H. 1996. Innovationsaktivitäten kleiner und mittlerer Unternehmen - Ergebnisse des Mannheimer Innovationspanels. Baden-Baden

Heydebreck, Peter. 1996. *Technologische Verflechtung: ein Instrument zum Erreichen von Produkt- und Prozeßinnovationserfolg*. Frankfurt/M.: Peter Lang.

Hinterhuber, Hans H. 1982. *Wettbewerbsstrategie*. Berlin, New York: de Gruyter.

Hippel, Eric von. 1988. *The Sources of Innovation*. New York: Oxford University Press.

Homburg, Christian. 1998. *Kundennähe von Industriegüterunternehmen: Konzeption-Erfolgswirkungen-Determinanten*. 2. ed. Wiesbaden: Gabler.

Homburg, Christian, and Hans Baumgartner. 1998. Beurteilung von Kausalmodellen. Bestandsaufnahme und Anwendungsempfehlungen. In *Die Kausalanalyse. Instrumente der empirischen betriebswirtschaftlichen Forschung*, edited by L. u. Hildebrandt and C. Homburg. Stuttgart: Schäffer-Poeschel.

Homburg, Christian, and Annette Giering. 1996. Konzeptualisierung und Operationalisierung komplexer Konstrukte - Ein Leitfaden für die Marketingforschung. *Marketing - Zeitschrift für Forschung und Praxis* 18 (1):5-24.

John, George, and Torger Reve. 1982. The Reliability and Validity of Key Informant Data from Dyadic Relationships in Marketing Channels. *Journal of Marketing Research* 19 (November):517-524.

Kaluza, Bernd, 1979. Entscheidungsprozesse und empirische Zielforschung in Versicherungsunternehmen. Karlsruhe: Verlag Versicherungswissenschaft.

Kaluza, Bernd, 1989. Erzeugniswechsel als unternehmenspolitische Aufgabe. Berlin: Erich Schmidt.

Kaluza, Bernd, 1998. Kreislaufwirtschaft und Umweltmanagement. Hamburg: S+W Verlag.

Kaluza, Bernd und Blecker (Hrsg.), Thorsten 2000. *Produktions- und Logistikmanagement in Virtuellen Unternehmen und Unternehmensnetzwerken.* Berlin u. a.: Springer.

Kirchmann, E.M.W. 1994. Innovationskooperationen zwischen Herstellern und Anwendern. Wiesbaden

Kleinaltenkamp, M. and Staudt, M. 1991. Kooperationen zwischen Investitionsgüter-Hersteller und führenden Anwendern („Lead User"). In: Hilbert, J./Kleinaltenkamp, M./Nordhause-Janz, J./Widmaier, B. (Hrsg.): Neue Kooperationsformen in der Wirtschaft - Können Konkurrenten Partner werden? Opladen, S.59-70.

Kumar, Nirmalya, Lisa K. Scheer, and Jan-Benedict E. M. Steenkamp. 1995. The Effects of Supplier Fairness on Vulnerable Resellers. *Journal of Marketing Research* 33 (February):54-65.

Li, Tiger, and Roger J. Calantone. 1998. The Impact of Market Knowledge Competence on New Product Advantage: Conceptualization and Empirical Examination. *Journal of Marketing* 62 (October):13-29.

Malerba, Franco, and Luigi Marengo. 1995. Competence, Innovative Activities and Economic Performance in Italian High-Technology Firms. *International Journal of Technology Management* 10 (4/5/6):461-477.

McDaniel, S. W., and J. W. Kolari. 1987. Marketing Strategy Implications of the Miles and Snow Strategic Typology. *Journal of Marketing* 51 (October):19-30.

Phillips, Lynn. 1981. Assessing Measurement Error in Key Informant Reports: A Methodological Note on Organizational Analysis in Marketing. *Journal of Marketing Research* 18 (November):395-415.

Porter, Michael P. 1980. *Competitive Strategy: Techniques for Analyzing Industries and Competitors.* New York: The Free Press.

Prahalad, Coimbatore K., and Gary Hamel. 1990. The Core Competence of the Corporation. *Harvard Business Review* 68 (3):79-91.

Rasche, Christoph, and Bernd Wolfrum. 1994. Ressourcenorientierte Unternehmensführung. *Die Betriebswirtschaft* 54 (4):501-518.

Ritter, Thomas. 1998. *Innovationserfolg durch Netzwerk-Kompetenz: Effektives Management von Unternehmensnetzwerken.* Wiesbaden: Gabler.

Ritter, Thomas. 1999. The Networking Company: Antecedents for Coping With Relationships and Networks Effectively. *Industrial Marketing Management* 28 (5):467-479.

Ritter, Thomas, and Hans Georg Gemünden. 1998. Die netzwerkende Unternehmung: Organisationale Voraussetzungen netzwerk-kompetenter Unternehmen. *zfo - Zeitschrift Führung + Organisation* 67 (5):260-265.

Ritter, Thomas, and Hans Georg Gemünden. 1999. Network Competence: Its Impact on Innovation Success and its Antecedents. *submitted to the Strategic Management Journal (under review).*

Rothholz, P. 1986. Barrieren im Technologie-Transfer. Frankfurt/Main.

Schewe, G. 1996. *Strategie und Struktur: Eine Re-Analyse empirischer Befunde und Nicht-Befunde.* Kiel: Habilitationsschrift.

Shaw, Brian. 1985. The Role of the Interaction Between the User and the Manufacturer in Medical Equipment Innovation. *R&D Management* 15 (4):283-292.

Schrader, Stephan (1990): *Zwischenbetrieblicher Informationstransfer - Eine empirische Analyse kooperativen Verhaltens.* Berlin: Humoldt .

Winter, Sidney G. 1987. Knowledge and Competence as Strategic Assets. In *The Competitive Challenge: Strategies for Industrial Innovation and Renewal*, edited by D. J. Teece. Cambridge, Mass.: Ballinger.

Mass Customized Communication: Innovation durch kundenindividuelle Massenkommunikation

D. Möhlenbruch / U.-M. Schmieder

1 Problemstellung

2 Grundlagen kundenindividueller Massenkommunikation

    2.1 Entwicklungsstand kundenindividueller Massenkommunikation

    2.2 Gegenstand und Ziele kundenindividueller Massenkommunikation

3 Gestaltungsmöglichkeiten der Mass Customized Communication

    3.1 Die Individualisierungsoption der Mass Customized Communication

        3.1.1 Objekte der Individualisierung

        3.1.2 Planung der Individualisierung

    3.2 Individualisierungsprozeß

    3.2 Die Kostenoption der Mass Customized Communication

4 Entwicklungsperspektiven der Mass Customized Communication

Literatur

1 Problemstellung

Technologische Innovationen, eine zunehmende Globalisierung und Intensivierung des Wettbewerbs sowie der sozio-ökonomische Wandel haben in den letzten Jahren dazu geführt, daß Unternehmungen fast aller Branchen mit einer zunehmend komplexeren und dynamischeren Umwelt konfrontiert werden.[1] Zudem führen eine zunehmende Sättigung von Märkten, neue Kaufverhaltensmuster der Nachfrager verbunden mit dem Wunsch nach größerer Erzeugnisvielfalt und individualisierten Angeboten sowie kürzere Produktlebenszyklen zu neuen Herausforderungen in der marktorientierten Unternehmensführung. Darüber hinaus haben erweiterte Produktkenntnisse der Kunden eine erhöhte Leistungssensibilität in einer Vielzahl von Produktbereichen zur Folge.[2] Gefördert werden derartige Entwicklungen durch die stetige Innovationsdynamik in Verbindung mit der Zunahme des Wissens und einer erhöhten Diffusionsgeschwindigkeit neuer Technologien.[3]

Mit der provokanten These „The mass market is dead"[4] prognostizierte Kotler bereits Ende der achtziger Jahre den sich abzeichnenden Wandel und forderte einen Paradigmenwechsel für das Marketing, der im Schrifttum auch als Evolution vom Massenmarketing über das Zielgruppenmarketing hin zum individualisierten Marketing charakterisiert wird.[5] Nicht ein anonymer Markt oder einzelne Marktsegmente rücken im Informationszeitalter in den Fokus moderner Marktbearbeitung, sondern der einzelne Kunde mit seinen individuellen Wünschen und Bedürfnissen. Daher verschiebt sich der Schwerpunkt der Marketingaktivitäten von der Vorkaufphase auf den gesamten Leistungserstellungs- und Wertschöpfungsprozeß, „wobei die Betreuung des Kunden im Anschluß an den Leistungserwerb an Stellenwert gewinnt".[6] Vor diesem Hintergrund wird die Erfolgswirksamkeit traditioneller Konzepte einer weitgehend undifferenzierten Marktbearbeitung im Sinne des Transaktionsmarketing zunehmend in Frage gestellt[7] und die Forde-

---

[1] Vgl. dazu z.B. Kaluza 1987, S. 9ff. und Kaluza 1996a, S. 193.

[2] Vgl. Tietgens 1999a, S. 47.

[3] Vgl. Kaluza/Blecker/Sonnenschein 1996, S. 1.

[4] Kotler 1989, S. 47.

[5] Vgl. z.B. Becker 1994, S. 20 und Meffert 1994, S. 28; vgl. auch Holland 1992, S. 6: „...vom Massenmarketing über das Marktlücken- und Marktnischenmarketing ... zum Direktmarketing...".

[6] Peter/Schneider 1994, S. 8.

[7] Vgl. Hildebrand 1997, S. 1.

rung nach einem auf Individualisierung ausgerichteten Beziehungsmarketing erhoben.[8]

Technologische Innovationen haben bereits in der Vergangenheit in einer Vielzahl von Bereichen der Wirtschaft erhebliche Veränderungen oder Strukturbrüche ausgelöst. Beispielsweise kritisierte Kaluza bereits in den achtziger Jahren den statischen Charakter von Porters Konzept generischer Wettbewerbsstrategien, welches unter den heutigen Rahmenbedingungen kaum noch zielführend umgesetzt werden kann.[9] Der Ansatz wird nämlich insbesondere den Gestaltungspotentialen, die neue Informations- und Kommunikationstechnologien sowie moderne Produktionssysteme bieten, nicht mehr gerecht. Aufgrund innovativer fertigungstechnischer und informationstechnologischer[10] Flexibilitätspotentiale ist es heute möglich, sowohl den Differenzierungsgrad zu erhöhen als auch die Kosten zu senken. Diese von Kaluza am Beispiel von Erzeugniswechselpotentialen bereits im Jahre 1987 herausgestellten Optionen[11] werden heute unter dem Begriff „Hybride Wettbewerbsstrategien" diskutiert.[12] Während Porter in seinem Ansatz dem Postulat einer Unvereinbarkeit von Differenzierungsstrategie und Kostenführerschaft folgte, dokumentieren empirische Studien und eine Vielzahl theoretischer Analysen, daß eine Wettbewerbsstrategie nicht mehr ausschließlich das Ergebnis einer dichotomen Wahl zwischen den beiden Extremen darstellen muß.[13] Der Simultanitätshypothese folgend sollte vielmehr die gleichzeitige Realisation von Kostenführerschaft und Differenzierung im Rahmen einer hybriden Wettbewerbsstrategie angestrebt werden, um Wettbewerbsvorteile generieren zu können.

Insbesondere die Potentiale der neuen Produktions-, Informations- und Kommunikationstechnologien bieten die Chance, „Güter und Dienstleistungen in solcher Vielfalt und Kundenbezogenheit zu entwickeln, herzustellen und zu vermarkten, daß nahezu jeder Kunde genau das findet, was er sich wünscht".[14] Eine derartige Verknüpfung von wettbewerbsstrategischen Herausforderungen mit technologischen Optionen ist Gegenstand der aktuellen Diskussion des Begriffs Mass Customization (http://www.mass-customization.de). „Mass Customization of markets means that the same large number of customers can be reached as in mass mar-

---

[8] Vgl. Meffert 1998, S. 24, mit weiteren Literaturhinweisen.

[9] Vgl. Kaluza 1989, S. 5ff. und Kaluza 1996a, S. 196f.

[10] Aus Gründen der Vereinfachung werden die Begriffe Informations- und Kommunikationstechnologie im folgenden synonym verwendet.

[11] Vgl. Kaluza 1987, S. 111ff.

[12] Vgl. zu hybriden Wettbewerbsstrategien z.B. Fleck 1995, S. 84ff.; Jenner 2000, S. 40ff.; Kaluza 1996a, S. 196ff.; Kaluza 1996b, S. 6ff. und Kaluza/Blecker 1999, S. 264ff.

[13] Vgl. Piller/Schoder 1999, S. 1113 und Corsten/Will 1995, S. 2f.

[14] Fink 1998, S. 138.

kets of the industrial economy, and simultaneously they can be treated individually as in the customized markets of pre-industrial economies."[15] Der von Davis geprägte Begriff erlangte in den neunziger Jahren insbesondere durch die Beiträge von Pine und Piller große Aufmerksamkeit.[16]

Mass Customization erfordert den Einsatz innovativer Technologien und neuer Marketing- und Managementtechniken. In Wissenschaft und Praxis war bislang allerdings in erster Linie der Bereich der Fertigung Gegenstand weitergehender Analysen. So lag ein Schwerpunkt der Untersuchungen z.B. bei computerintegrierten Fertigungsverfahren, flexiblen Fertigungszellen und -inseln, komplexen Produktionsplanungs- und –steuerungssystemen, computergestütztem Design, Just-in-Time- oder Total-Quality-Konzepten.[17]

Mögliche Ansatzpunkte zur Nutzung neuer Technologien im Sinne der „Logik" der Mass Customization[18] — also der simultanen Ausschöpfung aller Differenzierungs- und Kostenoptionen zur Erringung von Wettbewerbsvorteilen — ergeben sich jedoch nicht nur im Fertigungsbereich und in der funktionalen oder materiellen Gestaltung von Produkten und Leitungskomponenten, sondern auch im gesamten Marketing-Mix.[19] Dennoch erfolgt bisher in der Unternehmungspraxis der Einsatz innovativer Informations- und Kommunikationstechnologien in der Regel ungeplant und ohne ausreichende strategische Fundierung,[20] so daß eine analoge Übertragung des Konzeptes kundenindividueller Massenproduktion auf einzelne Bereiche des Marketing kaum stattfindet. Da insbesondere eine effiziente kundenindividuelle Kommunikation eine wichtige Grundlage für eine leistungsfähige Mass Customization darstellt, sind im Folgenden Gestaltungsmöglichkeiten dieses an Bedeutung gewinnenden Marketinginstrumentes zu analysieren.

---

[15] Davis 1987, S. 169.
[16] Vgl. Pine 1993, Piller 1998.
[17] Vgl. Fink 1998, S. 138; vgl. vertiefend auch Kaluza 1987, S. 113ff. und S. 176ff. sowie Piller 1998, S. 242ff.
[18] Vgl. Piller 1998, S. 33ff.
[19] Vgl. Fink/Meyer/Wamser 1996, S. 194ff. und Wamser 1997, S. 29ff.
[20] Vgl. Esch/Hardiman/Langner 2000, S. 10f.

2 Grundlagen kundenindividueller Massenkommunikation

2.1 Entwicklungsstand kundenindividueller Massenkommunikation

Vor dem Hintergrund der herausragenden Chancen, die mit Electronic Commerce und Electronic Business in vielen Bereichen der Wirtschaft verbunden sind, wird in Theorie und Praxis der Marketing-Kommunikation von einer Phase des Umbruchs bzw. von einem neuen Zeitalter des Beziehungsmarketing und der Dialog- bzw. Individual-Kommunikation gesprochen.[21] Begriffe wie Customer-Relationship-Marketing, One-to-One-Marketing, Mikro-Marketing oder Segment-of-One® werden zunehmend diskutiert oder sogar rechtlich geschützt.[22] Auch in zahlreichen Studien von Forschungsinstituten wird die Thematik analysiert[23] und Beratungsunternehmungen, Werbeagenturen, Wirtschaftsverbände oder sog. Competence-Center implementieren zu den genannten Problemfeldern eigene Web-Sites. Darüber hinaus finden zahlreiche Kongresse und Messen zu den genannten Themenschwerpunkten statt. Die damit verbundene kommunikationspolitische Neuorientierung führt zu einer tendenziellen Abkehr von der eindimensionalen Massenkommunikation hin zu einem Verständnis des Marketing als zunehmend individualisiertes, vernetztes und multioptionales Beziehungsmanagement als Basis einer personalisierten sowie dialogischen Kommunikation.[24]

Die Entscheidungsfreiheit des Konsumenten, wann und wo er mit welcher Botschaft konfrontiert werden möchte, verändert die Kommunikation vom Push zum rezipientengesteuerten Pull. Diese auch als „shift in activeness" bezeichnete Veränderung der Richtung der Kommunikationsinitiative dokumentiert die Notwendigkeit einer neuen bedarfsorientierten und individualisierten Ansprache der Rezipienten.[25] Bislang werden im Schrifttum allerdings lediglich Chancen einer Individualisierung bei bereits vorhandenen Kundenkontakten zur Erhöhung der

---

[21] Vgl. z.B. Hildebrand 1998, S. 54 oder Meffert 1994, S. 28.
[22] Vgl. z.B. Clancy/Shulman 1993, S. 282ff.; Clark 1991, S. 17; Peppers/Rogers 1994, S. 21ff.; die Bezeichnung „Segment-of-One" ist ein eingetragener Markenname der Boston Consulting Group.
[23] Vgl. z.B. http://www.w3b.de; http://www.forrester.com oder http://www.media.mit.edu.
[24] Die Begriffe Personalisierung und Individualisierung werden im folgenden synonym verwendet. Zur Diskussion der Unterscheidung beider Begriffe siehe z.B. Peppers/Rogers 2000, o.S. oder Frenko 2000, o.S.
[25] Vgl. Möhlenbruch/Claus/Schmieder 2000, S. 62f.

Kundenbindung diskutiert. Diese einseitige Ausrichtung individualisierter Kommunikation ist möglicherweise auf unzureichende Schätzungen über die Höhe der Kosten einer Kundenakquisition zurückzuführen. Insbesondere eine kundenindividuelle Massenkommunikation könnte jedoch einen Perspektivenwechsel in der Kundenorientierung des Marketing bewirken, da innovative Technologien neben einem verbesserten Beziehungsmanagement auch neue Plattformen für effiziente Kontaktanbahnungen und Neugeschäfte eröffnen.[26] Um die Chancen des Internet als Individualisierungsmedium in vollem Umfang nutzen zu können, mangelt es allerdings noch an konkreten Handlungsempfehlungen der Marketingtheorie für eine mögliche Implementierung von Individualisierungsstrategien.

Demgegenüber befassen sich Wissenschaftler der Informatik und Wirtschaftsinformatik sowie Praktiker der IT-Branche intensiv mit der elektronischen Erhebung, Speicherung und Verarbeitung großer Datenmengen, wobei jedoch selten marktorientierte Anforderungen an das zu erhebende Datenmaterial oder eine für Marketingaktivitäten zielführende und effektive Informationsausgabe an der Schnittstelle zum Kunden Berücksichtigung finden. Diese Erkenntnis dokumentiert die Notwendigkeit einer stärkeren Koordination marketingbezogener und informationstechnischer Aufgaben, um mit Hilfe des Einsatzes innovativer Technologien eine Optimierung kundenindividueller Kommunikation ermöglichen zu können.

2.2 Gegenstand und Ziele kundenindividueller Massenkommunikation

Die Erhebung individueller Wünsche und Bedürfnisse, die persönliche Ansprache und der interaktive Dialog mit den einzelnen Kunden sind grundlegende Voraussetzungen für das Angebot maßgeschneiderter Produkte und Leistungen im Sinne der Mass Customization. Dabei sind die Kommunikation, während und nach dem Kauf sowie das Angebot produktbegleitender Dienstleistungen unverzichtbare Maßnahmen, um einen ganzheitlichen und individualisierten Leistungscharakter von Angeboten sicherstellen zu können. Die damit einhergehende Individualisierung der Kundenkontakte stellt hohe Ansprüche an die Qualität des Managements von Kundenbeziehungen. Ansätze wie Mass Customization oder Mass Customized Marketing stellen nämlich eine effizienzorientierte Form der Leistungsindividualisierung dar, bei der die Individualität eines Vermarktungsobjektes bzw. -prozesses durch (Teil-) Standardisierung einzelner Leistungselemente erreicht wird.[27] Dabei grenzt die Leistungsobjekt- und Kostenorientierung die Ansätze des

---

[26] Vgl. Köhler 2000, S. 418f.

[27] Vgl. Schnäbele 1997, S. 47; zum Integrationskonzept des Mass Customized Marketing Schnäbele 1997, S. 41.

Mass Customizing[28] eindeutig von den klassischen Ansätzen ausschließlich prozeßgerichteter Individualisierung (z.B. 1:1 Marketing) inhaltlich ab.

Als wesentlichem Bereich des Marketing fällt der Marketing-Kommunikation die Aufgabe der Übermittlung von Informationen und Bedeutungsinhalten zum Zweck der zielgerichteten Steuerung von Meinungen, Einstellungen, Erwartungen und Verhaltensweisen von Rezipienten zu. Sie nimmt somit Informations-, Beeinflussungs- und Bestätigungsfunktionen wahr.[29] Um diesen Aufgaben gerecht werden zu können, bedient sich die Kommunikationsforschung z.B. verhaltenswissenschaftlicher, system- und entscheidungstheoretischer, situativer oder informationsökonomischer Erklärungsansätze. Vertiefende Aspekte der Aktivierung, des Involvements oder beispielsweise der Gestaltpsychologie, die in der Kommunikationsforschung ausführlich diskutiert werden, finden bislang allerdings in der Diskussion zur Mass Customization ebensowenig Beachtung wie der Einfluß situativer Komponenten bei der Informationserhebung bzw. –ausgabe. Aufgrund der herausragenden Bedeutung des Electronic Commerce für die Ansätze des Mass Customizing[30] dürften daher verhaltenswissenschaftliche Erkenntnisse hinsichtlich der Besonderheiten der Online-Kommunikation zukünftig für Wissenschaft und Praxis erheblich an Bedeutung gewinnen.

Zur Zeit ist allerdings noch weitgehend ungeklärt, inwieweit das Konzept der Mass Customization analog auf die Marketing-Kommunikation übertragen werden kann und welche Gestaltungsspielräume hierbei bestehen. Insbesondere vernetzte elektronische Informationssysteme sind jedoch auf Grund ihrer Merkmale und Möglichkeiten in besonderer Weise geeignet, ein kostenorientiertes Konzept der individuellen Kommunikation und Kundenansprache zu realisieren. Daher erfolgt eine Eingrenzung der weiteren Ausführungen auf die bisher schon intensiv genutzten Online-Medien, insbesondere auf das Internet mit dem World Wide Web (WWW) als graphische, hypertextbasierte Oberfläche für die interaktive und multimediale Navigation. Eine Konzentration auf dieses Medium bietet sich an, weil im Gegensatz zu anderen Innovationsbereichen wie etwa dem Interaktiven Fernsehen oder der Mobilen Kommunikation (Mobile Electronic Commerce) bereits heute der Charakter eines Massenmediums gegeben ist.[31]

---

[28] Der Begriff des Mass Customizing ist ein Oxymoron der scheinbar gegensätzlichen Pole Individualisierung und Standardisierung und impliziert die „simultaneous presence of economies of scope and economies of scale". Dieser Zusammenhang wird auch als „Economies of Integration" bezeichnet; vgl. Noori 1990, S. 141f.

[29] Vgl. Bruhn 1997a, S. 1 und S. 6.

[30] Vgl. Piller/Schoder 1999, S. 1113.

[31] Vgl. z.B. Dick 1999, S. B4 und Gaul/Klein/Wartenberg 1997, S. 44.

Unter Berücksichtigung von Charakteristika der Mass Customization und der Besonderheiten der Online-Medien wird den weiteren Ausführungen folgende Definition der Mass Customized Communication zugrunde gelegt:

Mass Customized Communication (kundenindividuelle Massenkommunikation) umfaßt die interaktive und individuell auf einzelne Personen oder Institutionen bezogene Gestaltung einer raum- und zeitunabhängigen Kommunikation eines Anbieters von Sach- und/oder Dienstleistungen mit einer größeren Zahl von Rezipienten der für ihn relevanten Anspruchsgruppen.

Wesentliches Ziel der Mass Customized Communication ist die simultane Wahrnehmung aller Individualisierungs- und Kostenoptionen einer kundenindividuellen Kommunikation in Massenmärkten, die sich mit Hilfe des Einsatzes innovativer Technologien ermöglichen lassen. Mit diesem Anspruch ist die kundenindividuelle Massenkommunikation als hybride Kommunikationsstrategie dem Bereich des Mass Customized Marketing zuzuordnen und unterstützt somit aktiv den Gedanken der Mass Customization.

3 Gestaltungsmöglichkeiten der Mass Customized Communication

Bisher wurde im Schrifttum zur Mass Customization bzw. zum Mass Customized Marketing die unterstützende Rolle der Kommunikation für das Mass Customizing von Produkten und Leistungen lediglich rudimentär behandelt.[32] Konkrete und kommunikationstheoretisch fundierte Handlungsempfehlungen für eine kundenindividuelle Massenkommunikation sind den einschlägigen Publikationen nicht zu entnehmen. In den folgenden Ausführungen sollen daher grundlegende Ansatzpunkte für eine effektive und effiziente Gestaltung einer Mass Customized Communication im Rahmen des Online-Marketing[33] vorgestellt werden, die analog auch für eine Unterstützung der Mass Customization Verwendung finden können. Hierbei wird der in Abbildung 1 dargestellte und noch zu erläuternde Individualisierungskreislauf zugrunde gelegt.

---

[32] Vgl. z.B. Büttgen/Ludwig 1997, S. 57; Fisbeck 1999, S. 66ff.; Piller 1998, S. 273ff.; Schnäbele 1997, S. 225ff. oder Piller/Schoder, S. 1121.

[33] Unter dem Begriff Online-Marketing sollen vereinfachend alle Marketingaktivitäten zusammengefaßt werden, die mit Hilfe eines sogenannten Online-Mediums unterstützt bzw. erst durch dieses ermöglicht werden; vgl. Gräf 1999, S. 42.

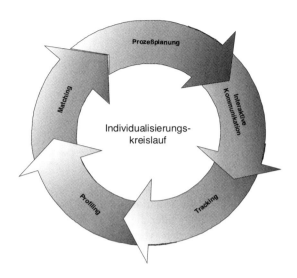

Abb. 1: Der Individualisierungskreislauf der Mass Customized Communication

3.1 Die Individualisierungsoption der Mass Customized Communication

Notwendige Voraussetzung für einen Erfolg kundenindividueller Massenkommunikation im Online-Marketing ist die inhaltliche und funktionale Orientierung der Website-Gestaltung an den Interessen der einzelnen Nutzer. Ziel aller Individualisierungsbemühungen sollte es sein, auf der Grundlage individueller Bedürfnisse jedem Kunden mittels flexibel gestalteter Kommunikation die richtigen Angebote zur richtigen Zeit, am richtigen Ort und in der richtigen Form zu präsentieren.

3.1.1 Objekte der Individualisierung

Aufgrund schnell wachsender informationstechnischer Möglichkeiten und vielfältiger Ansätze zur individuellen Präsentation von Online-Angeboten sollen im Folgenden kurz einige Individualisierungsobjekte der Mass Customized Communication vorgestellt werden. Bisher beschränken sich nämlich viele Überlegungen zur Individualisierung einer Online-Präsenz auf die individuelle Auswahl und Konfiguration von Informationsangeboten.[34] Im Hinblick auf die Anforderungen kundenindividueller Massenkommunikation können diese Aspekte jedoch beispielsweise um die Individualisierung der optischen Gestaltung der Benutzerober-

---

[34] Vgl. Klein/Güler/Lederbogen 2000, S. 89.

fläche oder das Angebot zur individuellen Wahl des Kommunikationsmediums erweitert werden.

Mögliche Ebenen einer Klassifizierung der Individualisierungsobjekte der Mass Customized Communication sind die Inhalte, Objekte und Parameter der Interaktion sowie die Konfiguration des Interaktionsmediums.[35] Die weiteren Ausführungen dokumentieren in diesem Zusammenhang erneut die enge Verknüpfung von Mass Customization, Mass Customized Marketing und Mass Customized Communication. Dies wird insbesondere im Rahmen einer Individualisierung der Inhalte und Objekte der Interaktion deutlich.

Auf der Ebene der *Inhalte und Objekte der Interaktion* können beispielsweise die Auswahl und Aufbereitung von Informationsinhalten, die Kombination von Produkt- und Dienstleistungselementen oder die direkte Konfiguration von Produkten entsprechend den Wünschen bzw. den (vermuteten) Bedürfnissen der Konsumenten erfolgen. Auch die *Parameter der Interaktion* (Grad der persönlichen Kommunikation, Intensität der Interaktion und Wahl des Kommunikationsmediums) können kundenindividuell gestaltet werden. Der Grad der persönlichen Kommunikation hängt dabei vom situativen Kontext und dem Umfang des generierten Kundenprofils ab. Dieser reicht beispielsweise von der einfachen Bestätigungs-E-Mail unter Nennung des Namens bei Amazon.com (http://www.amazon.com) bis zum Einsatz persönlicher Ansprechpartner (z.B. durch Verbindung mit einem Mitarbeiter der Unternehmung oder eines Call-Centers mittels Call-Back-Button) oder eines virtuellen Beraters (http://www.virtualfriends.de). Die Möglichkeiten der individuellen Ausgestaltung der Interaktionsintensität reichen z.B. von der Selbstinformation durch den Kunden über eine leichte Hilfestellung oder Unterstützung bis zur umfassenden Beratung. Auch die Wahl des Kommunikationsmediums kann auf die Kundenbedürfnisse abgestimmt werden (z.B. Inhaltepräsentation direkt auf der Web-Site bzw. per E-Mail oder Kommunikation mit dem Anbieter per E-Mail, Short Message Service [SMS], Chat bzw. Web-Telefonie). Die Ebene der *Kommunikationsmedien* kann in die individuelle Konfiguration der Navigationselemente, die Gestaltung des Layouts der Web-Site und den abgestimmten Technologieeinsatz unterschieden werden. So sollten beispielsweise bei der Konfiguration des Benutzerinterfaces die persönlichen Surffähigkeiten (Flow) berücksichtigt werden, um sowohl erfahrenen als auch unerfahrenen Nutzern ein problemloses Zurechtfinden in der Applikation zu ermöglichen. Beim Einsatz innovativer Technologien innerhalb der Web-Site ist hingegen auf verschiedene Kundenpräferenzen zu achten. Nutzenorientierten Informationsangeboten stehen

---

[35] Vgl. Klein/Güler/Lederbogen 2000, S. 89f.

hierbei aufwendige grafische Tools (z.B. Shockwave bzw. Shockwave Flash[36]) gegenüber.

3.1.2 Planung der Individualisierung

Für die Planung von Individualisierungsprozessen kann beispielsweise der dreidimensionale Bezugsrahmen von Abell zur Abgrenzung strategischer Geschäftsfelder zugrunde gelegt werden.[37] Mit Hilfe dieses Ansatzes ist es möglich, potentiell einsetzbare Technologien einzelnen Individualisierungsobjekten zuzuordnen. Dabei können z.B. verschiedene Kundenprofile bzw. -typologien und unterschiedliche Grade der Individualisierung berücksichtigt werden.[38] In einem derartigen dreidimensionalen Lösungsraum werden somit die Individualisierungsobjekte (z.B. verschiedene Charaktere virtueller Berater), die sich an speziellen Kundenprofilen bzw. -typologien ausrichten, mit der zu verwendenden Technologie (Software) verknüpft. Die Kombination von Objekt, Kundenprofil und Technologie ermöglicht differenzierte Individualisierungsszenarien und es kann die für einen möglichst optimalen Individualisierungsprozeß notwendige Trennung von inhaltlicher (marketingbezogener) Planung und technischer Realisierung gewährleistet werden. In den ersten Planungsschritten sollte daher geklärt werden, welche Angebote für welche Kundengruppe, in welcher Intensität und auf Basis welcher Regeln zu individualisieren sind. Im Anschluß kann dann aufgrund der prioritären Bedeutung des Marketingaspektes konsekutiv die Konzeptionierung des Technologieeinsatzes erfolgen.[39]

---

[36] Software des amerikanischen Softwareunternehmung Macromedia (http://www.macromedia.com), die die Animation von Grafiken erlaubt.

[37] Vgl. Klein/Güler/Lederbogen 2000, S. 91 und vertiefend zum Modellansatz, Abell 1980, S. 52ff.

[38] Vgl. Klein/Güler/Lederbogen 2000, S. 91f.

[39] Vgl. Klein/Güler/Lederbogen 2000, S. 92.

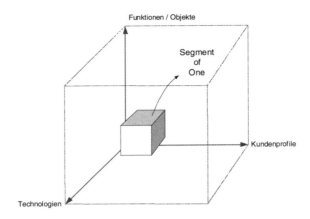

Quelle: In Anlehnung an Klein/Güler/Lederbogen 1999, S. 92

Abb. 2: Das Planungsschema der Mass Customized Communication

3.2 Individualisierungsprozeß

a) Informationsgewinnung

Grundlage für die kundenindividuelle Ausrichtung der Marketing-Kommunikation und des Leistungsangebotes bildet eine Kundendatenbank bzw. eine Database. In ihr werden alle verfügbaren Kundeninformationen gespeichert, analysiert, verarbeitet und für die Kommunikation bereitgestellt.[40] Die in der kundenzentrierten Datenbank gespeicherten individuellen Informationen lassen sich nach Ursprung und Intention in Stamm-, Potential-, Aktions-, und Reaktionsdaten systematisieren.[41] Die Stamm- und Potentialdaten zeichnen sich durch eine gewisse Kontinuität aus bzw. geben die Attraktivität des einzelnen Kunden wieder. Die Aktions- und Reaktionsdaten dokumentieren hingegen die direkten Interaktionen mit den aktuellen und potentiellen Kunden. Diese Informationen können aus verschiedenen Bezugsquellen in die Datenbank gelangen. Für ein Konzept der Mass Customized Communication bieten sich zur Informationsgewinnung darüber hinaus verschiedene Möglichkeiten zur Identifizierung von Interessenten an, die in

---

[40] Vgl. Tietgens 1999a, S. 47.

[41] Vgl. Hildebrand 1997, S.228; Link/Hildebrand 1993, S. 34ff. und Link/Schleuning 1999, S. 82ff.; vgl. zur Systematisierung von Protokolldaten auch Bensberg/Weiß 1999, S. 427f.

direkte und indirekte Verfahren unterschieden werden können und im folgenden kurz vorgestellt werden.[42]

Die *direkte Identifikation* erfolgt beispielsweise durch die aktive *Registrierung* des Nutzers beim Besuch der Web-Site mittels Benutzername, Paßwort und/oder Kundennummer. Um die Bekanntgabe persönlicher Daten zu erreichen, sind gegebenenfalls spezielle Anreize zu geben. Beispielsweise könnte bei einem Online-Spiel die Vergabe von Preisen erfolgen. Da Vertrauen sowohl zum Medium Internet als auch zum Anbieter aufgebaut werden muß, ist der sensible Umgang mit den Aspekten der Sicherheit und Geheimhaltung gespeicherter Kundendaten offensiv zu kommunizieren.[43] Gerade die Bereitschaft zur Registrierung ist häufig nicht gegeben, da sich ein User nicht bei jedem Besuch einer Web-Site identifizieren lassen will. Bei der Nutzung von E-Commerce-Lösungen, wie Online-Shops oder kostenpflichtigen Content-Providern, dürfte die Zutrittslegitimation mittels Nutzererkennung hingegen ebenso wenig problembehaftet sein wie im gesamten Business-to-Business Bereich.[44] Weitere Möglichkeiten direkter Identifikation bieten Kundenbefragungen oder Preisausschreiben. Beim Verfahren der direkten Nutzererkennung kann zudem der Ansatz des *Permission Marketing* genutzt werden. Dieses von Godin propagierte Konzept enthält die gezielte kommunikative Ansprache von Konsumenten, die zuvor um „Erlaubnis" gebeten wurden. Nach der Registrierung gehen den Kunden individualisierte Botschaften zu, und als Gegenleistung erhalten diese einen Benefit in Form von finanziellen Anreizen oder interessanten Informationen.[45]

Neben den Methoden einer direkten Identifizierung von Kunden in Online-Medien existieren Verfahren der *indirekten Identifikation*, die jedoch aufgrund des aktuellen technologischen Reifegrades noch keine eindeutigen Erkenntnisse über die einzelnen Nutzer zulassen. Dennoch können sie einen wesentlichen Beitrag zur Weiterentwicklung der Mass Customized Communication leisten. Indirekte Verfahren sind dadurch gekennzeichnet, daß sie ohne die Kooperationsbereitschaft der Nutzer zu Erkenntnisfortschritten führen. Mittels *Click-Stream-Analyse* zeichnet eine auch als *intelligent agent* bezeichnete Software Informationen über

---

[42] Vgl. zu Systematisierungsansätzen und zu einzelnen Verfahren, Bachem 2000, S. 6f.; Bensberg/Weiß 1999, S. 427f.; Dastani 1998, S. 234f.; Hubert 1999, S. 108ff.; Stout 1997, S. 15ff. und Tietgens 1999a, S. 48f.

[43] Zur Bedeutung von Vertrauen im Beziehungsmarketing und im Internet, vgl. z.B. Frost 1999, S. 108f.

[44] Bei der zunehmenden Zusammenarbeit von Unternehmen in Extranets liegt der autorisierte Zutritt ohnehin im Interesse aller Beteiligten.

[45] Vgl. zum Permission Marketing Godin 1999, S. 5ff.; Johnson 2000, o.S. und o.V. 2000a, S. 41.

Nutzerbewegungen zwischen den verschiedenen Web-Sites[46] auf (http://www.click-stream.de). Beispiel für dieses auch *Tracking* genannte Verfahren ist das Programm „Open Sesame" (http://www.opensesame.com), welches dokumentiert, wie lange sich ein Nutzer auf welcher Unterseite aufhält und zudem Downloads oder E-Mail-Anfragen registriert. Diese Daten lassen sich zwar problemlos in sogenannten Logfiles festhalten, können aber nicht ohne weiteres einzelnen Nutzern zugeordnet werden.

Eine weitere Möglichkeit der indirekten Identifikation einzelner Besucher einer Web-Site bietet die *Session-ID*.[47] Mit ihr läßt sich jeder Click auf einen Link eindeutig zuordnen. Voraussetzung für die Zuordnung von bereits bestehenden Logfiles ist allerdings auch hier die IP-Adresse. Die zur Zeit effektivste Methode zur Identifikation einzelner Nutzer stellt daher die *Cookie-Technologie* dar,[48] über die der Webserver auf dem Computer des Kunden eine Benutzer-ID ablegt und bei späteren Besuchen wieder abfragen kann. Der Betreiber der Web-Site kann somit alle Informationen einem bestimmten Rechner zuordnen. Der Nutzer selbst bleibt dabei anonym, solange er nicht Daten über sich bekannt gibt. Von Bedeutung ist aus Anbietersicht jedoch, daß der Nutzer diese Cookies im Browser deaktivieren kann. Durch die Möglichkeit der Bekanntgabe einer E-Mail-Adresse bei einer Supportanfrage oder bei der Bestellung im Online-Shop ist diese Methode allerdings nur unscharf von der direkten Identifizierung abgrenzbar.

Eine innovative Identifizierungstechnologie stellt die durch das World Wide Web Consortium (W3C) (http://www.w3.org) entwickelte *Platform for Privacy Preferences (P3P)* dar. Das XML- und RDF-basierte[49] Protokoll für den Austausch strukturierter Daten zwischen dem Web-Server des Anbieters und dem Browser des Nutzers wurde entwickelt, um Nutzer dabei zu unterstützen, Übereinkünfte mit Betreibern von Web-Sites darüber zu treffen, inwieweit persönliche Daten übertragen und genutzt werden dürfen. Langfristig bietet die P3P-Technologie Möglichkeiten der direkten und indirekten Nutzeridentifizierung und kann Aufgaben der bisher eingesetzten Cookies übernehmen.[50]

---

[46] Dies erfolgt durch Auswertung der Refering- und Requested Page-Einträge im Logfile.

[47] Web-Sites, die mit Session-ID arbeiten, erkennt man in der Adresszeile des Browsers. Dort wird jeder Link auf weitere Seiten dynamisch mit der jeweiligen Session-ID versehen; vgl. Janetzko/Zugenmaier 2000, S. 89.

[48] Vgl. Stout 1997, S. 80ff. oder Yom/Rohani 2000, S. 2ff.

[49] XML (Extensible Markup Language) und RDF (Resource Description Framework) sind Erweiterungen der Programmiersprache HTML und sollen als Metasprache die Interaktion zwischen zwei Computern ermöglichen.

[50] Vgl. zur P3P-Technologie Reagle/Cranor 1999, S. 48ff. und Yom/Rohani 2000, S. 3f.

Grundlage der Kommunikation im Internet und der genannten Verfahren sowie Basis der Zuordnung von Aktivitäten zu einzelnen Nutzern ist das sog. *Internet Protokoll* (IP). Da Unternehmungen meist über Firewalls mit dem Internet verbunden sind, wodurch jedem Mitarbeiter die gleiche IP-Adresse zugeordnet wird, bietet diese jedoch nicht immer eindeutige Hinweise auf den einzelnen Nutzer. Gleiches gilt bei einem gemeinsamen Internetzugang verschiedener Personen z.B. in privaten Haushalten, in Computerpools oder im Internetcafé. Zusätzlich erschwert wird die Identifikation dadurch, daß die Internet Service Provider (ISP) die IP-Adresse bei Einwahlzugängen dynamisch vergeben und der Nutzer somit regelmäßig eine neue IP-Adresse erhält. Hier bietet eventuell der sich intensiv entwickelnde Bereich des Mobile E-Commerce Vorteile, da die Rufnummer des Nutzers eine eindeutige Identifizierung erlaubt. In jedem Fall ist ein Optimum an Individualisierung nur möglich, wenn der Benutzer einer Web-Site frühzeitig identifiziert wird. Die dargelegten Rahmenbedingungen dokumentieren deutlich den noch bestehenden technologischen Innovationsbedarf.

Eine weitere wesentliche Grundlage der Customized Communication ist die Gewinnung von Informationen aus Datenquellen außerhalb des eigenen Individualisierungssystems. Als *externe Datenquellen* bieten sich etwa Datenbanken kooperierender Unternehmungen in strategischen Allianzen an. Gegenwärtig entwickeln beispielsweise einige Anbieter von E-Commerce-Lösungen gemeinsam ein XML-basiertes Austauschformat für on- und offline generierte Kundenprofile[51]. Ein weiteres Beispiel bietet die Software GroupLens des Marktführers Net Perceptions (http://www.netperceptions.com), die Daten über sog. Cross Sellings[52] in die Empfehlungssysteme von Amazon.com und dem Online-Versandhändler CD Now (http://www.cdnow.com) einarbeitet. Von großem Interesse ist auch die Einbeziehung von Daten aus dem unternehmungsinternen Offline-Bereich. Denkbar wäre beispielsweise, Informationen aus individuellen Kundenkontakten des Key-Account-Managements, des Außendienstes, des Call-Centers oder von Verkäufern am Point-of-Sale in das Individualisierungssystem einzubeziehen. Gerade dem stationären Handel bieten sich daher im Rahmen einer sogenannten Multi-Channel-Strategie durch die Verknüpfung individueller Daten aus bestehenden innovativen Kundenkartensystemen (z.B. Personal Profile Card),[53] Online-Aktivitäten und persönlichen Kontakten im Verkaufslokal nicht unerhebliche Entwicklungsperspektiven.

---

[51] Vgl. o.V. 2000b, S. 29.
[52] Erkenntnisse zu Verbundkäufen aus der Warenkorbanalyse.
[53] Vgl. zum Einsatz von innovativen Kundenkarten z.B. Biester 2000, S. 38; Piller 1998, S. 311f. und Runde 2000, S. 14f.

Dieses Beispiel verdeutlicht, daß sich Möglichkeiten der direkten und indirekten Kundenidentifikation nicht ausschließen, sondern sinnvoll ergänzt werden können.

b) Informationsanalyse und -aufbereitung

Die technische Grundlage der Individualisierungsoption im Rahmen der Mass Customized Communication bilden neben der Datengewinnung insbesondere die Datenspeicherung, -vernetzung und -verwendung. Die mit Hilfe der dargestellten Identifikationsverfahren gewonnen Daten müssen analysiert und für eine kundenindividuelle Informationsausgabe aufbereitet werden. Ziel ist dabei zunächst die Erarbeitung möglichst exakter Interessenten- bzw. Kundenprofile. Diese werden durch Verknüpfung von Informationen über das bisherige Nutzungsverhalten mit vorhandenen individuellen Stammdaten (z.B. Name, Adresse, Alter, Geschlecht) erstellt (*Profiling*). In einem weiteren Schritt werden die generierten Profile mit dem Kommunikationsangebot der Unternehmung aufgrund definierter Regeln und Verfahren verknüpft (*Matching*). Die technologische Plattform für eine effiziente und effektive Steuerung des Individualisierungsprozesses bilden relationale Datenbanken und analyseorientierte Informationssysteme wie Data Warehouse, Data-Mart, Data-Mining- oder OLAP-Technologien.[54]

Im *Data Warehouse* werden die kundenindividuellen Daten gespeichert, gepflegt und vernetzt. Es bildet somit das informationstechnologische Kernelement des Individualisierungsprozesses. Das Data Warehouse entsteht aus der Verknüpfung mehrerer Datenbasen zu einem virtuellen Gesamtmodell. Durch die logisch-konsistente Integration unterschiedlich formatierter unternehmungsinterner und -externer Daten auf Basis einer relationalen Datenbanktechnologie werden eine Normalisierung der Daten und damit deren aufgabenorientierte Selektion, Aggregation und Verknüpfung erreicht.[55] Neue Technologien ermöglichen innovative Erweiterungen der Data-Warehouse-Architektur (sog. @ctive Data Warehouses) und bieten zukünftig Ansätze einer automatisierten Entwicklung individueller, auf den Kunden zugeschnittener Maßnahmen.[56] Dies kann beispielsweise durch den

---

[54] Vgl. zu den einzelnen Technologien vertiefend Bensberg/Weiß 1999; Calkins 2000, S. 12ff; Gabriel/Chamoni/ Gluchowski 2000, S. 74ff.; Holthuis 1998, S. 50ff. oder Nakhaeizadeh/Reinartz/Wirth 1998, S. 1ff.

[55] Vgl. Piller 1998, S. 309 und Raffée/Wiedmann 1998, S. 451.

[56] Vgl. Michel 2000, S. 23ff.

schnellen Zugriff auf große Datenmengen eines operativen Marketing Mart beinahe in „Echtzeit" erfolgen.[57]

Im Rahmen des *Profilbildungsprozesses* werden zur Zeit vor allem zwei unterstützende Informationssysteme zur effektiven Analyse der im Data Warehouse gespeicherten Datenmengen diskutiert. Das *Data Mining* faßt eine Vielzahl von Methoden und Techniken zum Finden von bislang unbekannten Zusammenhängen in großen, dynamischen und relativ komplex strukturierten Datenbeständen zusammen.[58] Während das traditionelle Data Mining beispielsweise dazu dient, innerhalb des Data Warehouse klassische Warenkorb- und Zielgruppenanalysen durchzuführen, ermöglicht der Einsatz innovativer Technologien erweiterte Ansätze. Eine softwaregestützte Analyse von Zugriffsdaten auf den Web-Sites der Unternehmung bietet z.B. die Möglichkeit, Protokolldateien des Web-Servers mittels *Web Log Mining* auszuwerten sowie weitere Datenbestände durch Instrumente des *Integrated Web Usage Mining* in den Mustererkennungsprozeß einfließen zu lassen.[59] Ein hilfreiches Beispiel für den Einsatz des Web Log Mining bietet die Software „Firefly Passport Office" des amerikanischen Softwarehauses Firefly Network Inc. (http://www.firefly.com).

Einen weiteren Ansatz der Informationsverarbeitung für eine kundenindividuelle Massenkommunikation stellt das *On-Line Analytical Processing (OLAP)* dar. OLAP beschreibt eine Technologie, die es erleichtert, differenzierte Einsichten in relevante Daten zu erhalten. Als charakteristisch gelten dynamische, multidimensionale Analysen in konsolidierten Datenbeständen.[60] Auf Basis dieser Technologie bestehen zukünftig vielseitige Möglichkeiten, den Individualisierungsprozeß im Internet zu verbessern. So registriert die bereits angesprochene Click-Stream-Analyse beispielsweise sowohl beabsichtigte als auch unbeabsichtigte Bewegungen des Nutzers auf der Web-Site. Mit Hilfe von OLAP-Tools ist es möglich, die aussagekräftigeren beabsichtigten Bewegungen von den unbeabsichtigten zu separieren.[61] Weitere Ansatzpunkte für den Einsatz von OLAP können die in der Datenbank gespeicherten Präferenzen oder die Bewegungsdaten im Individualisierungssystem darstellen. Darüber hinaus eignet sich die Nutzung von OLAP-Analysen dazu, auf Trends und zunächst unsichtbare Muster hinzuweisen. Neben einer schnellen Generierung von individualisierten Antworten auf Kundenanfragen

---

[57] Unter Marketing Mart soll ein Teil des unternehmensweiten Data Warehouses verstanden werden, der marketingspezifische Daten speichert und verwaltet; vgl. z.B. Rensmann 2000, S. 17.

[58] Vgl. Holthuis 1998, S. 58; zu einzelnen Technologien, vgl. Dastani 1998, S. 235.

[59] Vgl. Bensberg/Weiß 1999, S. 426ff. und Mobasher/Dai/Luo/Sun/Zhu 2000, S. 2ff.

[60] Vgl. Holthuis 1998, S. 51 und Gabriel/Chamoni/Gluchowsi 2000, S. 78.

[61] Vgl. Calkins 2000, S. 12f.

erscheinen zukünftig sogar personalisierte Antworten auf unpersönliche Anfragen möglich, indem OLAP- und Individualisierungsalgorithmen derart interagieren, daß sie durch einen geregelten Prozeßdurchlauf ein hierfür relevantes Ergebnis produzieren.[62] Bislang werden OLAP-Prozesse mit Individualisierungsmodulen jedoch noch kaum genutzt, so daß die beispielhaft dargestellten Anwendungsmöglichkeiten weiteren Forschungsbedarf aufzeigen.

Die entwickelten Kundenprofile werden im Rahmen des sog. *Matching* (Datenverwendung) segmentiert und mit den Kommunikationsinhalten der Unternehmung verknüpft. Hierbei stehen die Verfahren des Rule-Based Matching und des Collaborative Filtering zur Verfügung. Im Falle des *Rule-Based Matching* erfolgt beispielsweise die individuelle Zuordnung differenzierter Formen der kommunikativen Ansprache zu bestimmten Kundenprofilen anhand von manuell erstellten Kommunikationsrichtlinien. Diese häufig in der Wenn-Dann-Form aufgestellten Regeln sollten sich z.B. an aktuellen Erkenntnissen zur Kommunikations- bzw. Werbewirkung in Online-Medien ausrichten. Das Rule-Based Matching setzt voraus, daß sich sachlogische Regeln formulieren lassen, die den Schluß von Kundeneigenschaften auf die geeignete Konfiguration der Individualisierungsobjekte erlauben.[63]

Collaborative Filtering „simply means that people collaborate to help one another perform filtering by recording their reactions to documents they read".[64] Wie diese einfache Erklärung der ersten Entwickler eines Collaborative Filtering Systems mit dem Namen „Tapestry" bereits andeutet, wird das Profil eines Kunden mit den Profilen anderer Kunden verglichen, um von den Vorlieben dieser Referenzkunden auf bestimmte Bedarfspotentiale zu schließen. Man kann also von einer präferenzbasierten Individualisierung mit dem Ziel der automatisierten Regelbildung sprechen. Die Technologien des Collaborative Filtering bedienen sich sog. *Recommendation Agents*, die es ermöglichen, dem Nutzer bestimmte Empfehlungen auszusprechen. In diesem Zusammenhang wird auch die Bedeutung der Bildung von *Virtual Communities* für die Mass Customized Communication deutlich. Durch die Selbstkategorisierung neuer Mitglieder und die Zuordnung zu Gemeinschaftsgruppen mit Hilfe von Schablonen kann das Individualisierungssystem auf Basis von aufgezeichneten Transaktionsdaten und Profilen der einzelnen Mitglieder einer Community beispielsweise auch Interessenten ohne umfangreiche Transaktionshistorie bereits gezielt ansprechen.[65]

---

[62] Vgl. Calkins 2000, S. 14.
[63] Vgl. Klein/Güler/Lederbogen 2000, S. 93.
[64] Goldberg/Nichols/Oki/Terry 1992, S. 62.
[65] Vgl. Schubert 2000, S. 36ff.

Wie die Ausführungen dokumentieren, stellen neurobasierte Informationssysteme einen entscheidenden Erfolgsfaktor für die Realisierung von Wettbewerbsvorteilen durch Mass Customized Communication dar. Voraussetzung hierfür ist jedoch die Umsetzung des erworbenen Wissens bei der individuellen Informationsübermittlung bzw. im Rahmen des Kundendialogs.

c) Informationsausgabe

Ein einfacher profilbasierter Effekt bei der Informationsausgabe wird beispielsweise möglich, wenn es gelingt, die Kommunikation mit dem Kunden ereignisorientiert zu steuern. Kommunikationsmaßnahmen können dann kundenspezifisch ausgelöst werden, wenn ein vorher definiertes Ereignis eintritt. Beispielsweise kann auf Promotionaktionen und Events in räumlicher Kundennähe hingewiesen oder zum Geburtstag gratuliert werden. Eine derartige ereignisorientierte Kommunikation ermöglicht einen automatisierten und dennoch auf den individuellen Anlaß abgestimmten Kontakt mit einer großen Zahl von Kunden.[66]

Individualisierte Web-Sites sind insbesondere aufgrund ihrer aktivierenden Wirkung und ihres informativen Inhaltes erfolgsversprechend. Zunächst ist jedoch nicht bekannt, ob User zum Dialog und zum Kauf animiert oder ob die Seiten wegen schlechtem Design, langen Wartezeiten oder falschen Informationsangeboten zur Ausstiegsseite werden. Im Rahmen der Strategiediskussion zum Internet und zum E-Commerce wird nämlich häufig nicht ausreichend beachtet, daß die Schnittstelle zum Kunden letztendlich nur aus einem Browserfenster bzw. einem räumlich begrenzten Display besteht. Erst die optimale Gestaltung dieser Schnittstelle zwischen „Mensch und Maschine" entscheidet über den Erfolg jeglicher Kommunikation in Online-Medien und somit auch über die Chancen von Mass Customized Communication und Electronic Commerce im allgemeinen.[67]

Grundlage für die wirksame Gestaltung der individualisierten Interaktion mit dem Kunden am sogenannten Front End ist die marketingtheoretisch fundierte Erarbeitung eines Systems von Individualisierungsregeln, auf dessen Grundlage anhand der generierten Nutzerprofile eindeutig festgelegt werden kann, welche Informationen und Angebote in welcher Form und an welcher Stelle der Web-Site dem jeweiligen Nutzer zu präsentieren sind. Dabei sollten die Nutzerprofile und die entsprechenden Individualisierungsregeln dynamisch und flexibel interpretiert werden, um eine Umgruppierung und vertiefende Differenzierung aufgrund neu erhobener Daten bzw. aktueller Erkenntnisse zu ermöglichen.[68]

---

[66] Vgl. Tietgens 1999a, S. 50 und Tietgens 1999b, S. 56.
[67] Vgl. Bachem/Stein/Rieke 1999, S. 60 und Hubert 1999, S. 110.
[68] Vgl. Tietgens 1999a, S. 50.

Der Prozeß der Erstellung von Individualisierungsregeln erfordert nicht nur technisches Know-how, sondern vor allem auch Kompetenz bei der intelligenten Verknüpfung von Informationen. Hierzu sind insbesondere theoretisches Marketingwissen und praktische Kenntnisse bei der Online-Kommunikation erforderlich, um sinnvolle (explizite) Regeln aufstellen und dem System zugänglich machen zu können. Diese Aufgabe läßt sich bislang nur sehr bedingt durch die Informationstechnik unterstützen.[69] Daher dürfte neben den statischen Verfahren des Rule-Based Matching zukünftig insbesondere der Entwicklung und dem Einsatz von *Künstlicher Intelligenz* in Form von Individualisierungssoftware große Bedeutung zukommen. So können beispielsweise elektronische Systeme mit Hilfe des *Case-Based Reasoning* die Vorgehensweise menschlicher Berater nachahmen. Fallbasierte Systeme setzen sich aus einem dynamischen Fallspeicher und einem eher statischen Wissensmodell zusammen, so daß mit einer wachsenden Zahl von Fällen auch die Problemlösungs-Kompetenz der Individualisierungssoftware steigt.[70] Somit könnte „lernende" Künstliche Intelligenz in Anlehnung an menschliche Berater als Mittler zwischen Interessent und Wissensbasis (Database) fungieren. Dies entspricht faktisch einer automatisierten Umsetzung des in der Literatur geforderten Aufbaus von *Learning Relationships*.[71]

Besondere Bedeutung kommt aus Marketingsicht der inhaltlichen und formalen Gestaltung der Benutzeroberfläche zu. Inhaltsanalysen ergeben immer wieder, daß die Internetpräsenzen von Unternehmungen sehr technisch orientiert oder mit Reizen überfrachtet sind. Nur selten genügen sie den Anforderungen der Kommunikationsforschung.[72] Personalisierte Informationsangebote helfen jedoch wenig, wenn grundlegende Wirkungsmechanismen und -zusammenhänge interaktiver Kommunikation nicht beachtet werden. Daher erscheint es unabdingbar, den Individualisierungsprozeß sowohl aus informationstechnischer als auch aus marketingtheoretischer Sicht zu analysieren. Erkenntnisse der Marketingforschung bieten konkrete Hilfestellungen dafür, welche Daten erhoben werden sollte und welche Kommunikationsmaßnahmen für bestimmte Kundensegmente in verschiedenen Situationen wirkungsvoll einzusetzen sind. Wahrnehmungs-, Informationsverarbeitungs- und mentale Speicherungsprozesse von Konsumenten sollten hierbei ebenso berücksichtigt werden wie deren Motive und Einstellungen. Zwar bestehen noch erhebliche Erkenntnisdefizite hinsichtlich der Verhaltensweisen und Typologisierungsmöglichkeiten von Konsumenten in interaktiven Medien, grundlegende Erfahrungen liegen jedoch bereits vor. Welche Gestaltungsformen von Web-Sites zu wählen und welche Wirkungen dabei zu beachten sind, hängt

---

[69] Vgl. o.V. 2000c, S. 21.
[70] Vgl. o.V. 2000c, S. 22 und Reichard 2000, S. 124f.
[71] Vgl. z.B. Fisbeck 1999, S. 74ff.; Peppers/Rogers 1997, S.168ff. und Piller 1998, S. 306ff.
[72] Vgl. Esch/Hardiman/Langner 2000, S. 10.

von den Zielen, dem Involvement, den Surffähigkeiten und dem Nutzerverhalten der Konsumenten ab.[73] So können beispielsweise Nutzer in Browser und Searcher unterschieden werden, da sie auf Grund ihres unterschiedlich hohen Involvements differenzierte Anforderungen an die interaktive Kommunikation stellen.

Auch sozialtechnische Regeln und weitere verhaltenswissenschaftliche Erkenntnisse können bei der Individualisierung der Kommunikation sinnvoll genutzt werden, da diese im Rahmen der Online-Kommunikation beispielsweise wichtige Beiträge zur gezielten Aktivierung der Rezipienten, zum Abbau von Interaktionsbarrieren, zur Verbesserung der Benutzerführung oder zur assoziativen Vernetzung einzelner Web-Sites leisten können.[74] Forderungen nach einem verstärkten Einsatz visueller (Schlüsselbilder) und multimedialer Reize (Animations-, Audio- und Videotechniken) stoßen allerdings angesichts enger Übertragungsbandbreiten noch auf technische Restriktionen. Dies gilt insbesondere im Hinblick auf die unterschiedliche Hard- und Softwareausstattung der potentiellen Interessenten. Technische Unterschiede, die bei der Gestaltung eines Informationsangebotes berücksichtigt werden müssen, betreffen insbesondere das Betriebssystem, die Monitorgröße und die zugrunde gelegte Auflösung, die Anzahl der verfügbaren Bildschirmfarben, den WWW-Browser sowie die Soundkarte bzw. die Plug-Ins. Um die genannten Aspekte situativ erkennen und möglichst geeignete Maßnahmen ergreifen zu können, bedarf es neben den bereits genannten Verfahren weiterer technologischer Innovationen. Ebenso sind strategische Anforderungen an eine individualisierte Kommunikation zu beachten. Insbesondere ist die Identität von Unternehmung und Marken auch im Internet klar erkennbar im Sinne einer Integrierten Kommunikation zu vermitteln.[75]

Nicht das effizient individualisierbare Leistungsangebot, sondern die Fähigkeit und Bereitschaft des Anbieters zur Lösung kundenindividueller Probleme steht im Rahmen des Mass Customized Marketing im Vordergrund.[76] Durch eine in das Konzept der Corporate Identity eingebettete Integrierte Kommunikation ist es möglich, den Aufbau eines entsprechenden Unternehmungsimages und somit die Schaffung von Commitment und Vertrauen in die Individualisierungsleistung nachhaltig zu fördern. Individualisierte Kommunikation und Integrierte Kommunikation stellen somit keinen Widerspruch dar. Allerdings stellt Mass Customized Communication hohe Anforderungen an die Gestaltung der Integrierten Kommunikation in Online-Medien. Dies gilt insbesondere im Hinblick auf die Flexibilität bzw. die situationsbedingte Realisierung verschiedener Grade kommunikativer

---

[73] Vgl. Esch/Hardiman/Langner 2000, S. 11.
[74] Vgl. Esch/Hardiman/Langner 2000, S. 13f.
[75] Vgl. Möhlenbruch/Claus/Schmieder 2000, S. 64ff.
[76] Vgl. Fisbeck 1999, S. 67 und Schnäbele 1997, S. 221.

Integration in Abhängigkeit von Nutzerprofilen bzw. -typologien. Integrierte Kommunikation muß somit eine flexible Basis für eine dynamische, professionell differenzierte und effiziente kundenindividuelle Kommunikation mit allen relevanten Anspruchsgruppen bilden können.[77]

Eine Möglichkeit zur technologischen Unterstützung von Corporate Identity und Integrierter Kommunikation im Rahmen der Mass Customized Communication könnte im Einsatz leistungsfähiger Content-Management-Systeme bestehen, die durch Generierung von Mustervorlagen (sog. Templates) die Einhaltung der im Marketing Mart hinterlegten Gestaltungsrichtlinien und inhaltlichen Vorgaben unter Verwendung verschiedener Standards (wie z.b. XML) unterstützen.

Aus Gründen der Anschaulichkeit sollen im Folgenden zwei konkrete Einsatzmöglichkeiten der individualisierten Kommunikation kurz dargestellt werden. Zum einen ermöglicht die bereits erwähnte Generierung von Kundenprofilen in „Echtzeit" durch Analyse-Software wie „Smartscore" von SPSS (http://www.spss.com) z.B. die interessenspezifische Präsentation der auf sog. Ad-Servern[78] gespeicherten und verwalteten Werbebanner, die inzwischen in einer großen technischen Vielfalt entwickelt wurden (http://www.werbeformen.de). Zum anderen ermöglicht die in Abschnitt 3.1. erwähnte Individualisierung des Kommunikationsmediums die ortsunabhängige Umsetzung der Mass Customized Communication, indem die Kommunikation je nach situativem Kundenwunsch beispielsweise über Handy, Personal Digital Assistant, PC oder Terminal erfolgen kann. So bieten z.B. innovative Software-Lösungen (http://www.intellimail.de) durch Informationen über Produkte oder Veranstaltungen per E-Mail die Chance einer kostengünstigen Aktivierung des Kunden über das gewünschte Kommunikationsmedium. Dabei dürfte der SMS zukünftig an Bedeutung gewinnen. Durch die problemlose Möglichkeit der Lokalisierung von Kunden könnte beispielsweise der situative Hinweis auf in der Nähe stattfindende Promotionaktionen oder erhältliche Sonderangebote in Betriebsstätten des Handels erfolgen. Um eine Reaktanz des Konsumenten auf sog. Spam-Mailings zu vermeiden, ist hierbei allerdings die strikte Beachtung des Permission Marketing - Ansatzes notwendig.[79]

Aufgrund der vielfältigen Optionen im Individualisierungsprozeß empfiehlt sich der Einsatz eines Methodenmix, bei dem die Vor- und Nachteile der einzelnen innovativen Technologien Berücksichtigung finden. Die bisherigen Überlegungen zum Individualisierungsprozeß der Mass Customized Communication sind noch einmal graphisch in Abbildung 3 zusammengefaßt.

---

[77] Vgl. Möhlenbruch/Claus/Schmieder 2000, S. 67f.

[78] Ad-Server speichern und verwalten Banner von Werbekunden, um diese gezielt auf eine vom Kunden gebuchte Web-Site zu übertragen, sobald diese vom Nutzer aufgerufen wird.

[79] Vgl. Allen/Kania/Yaeckel 1998, S. 48ff.; Weiß 2000, o.S.

Mass Customized Communication

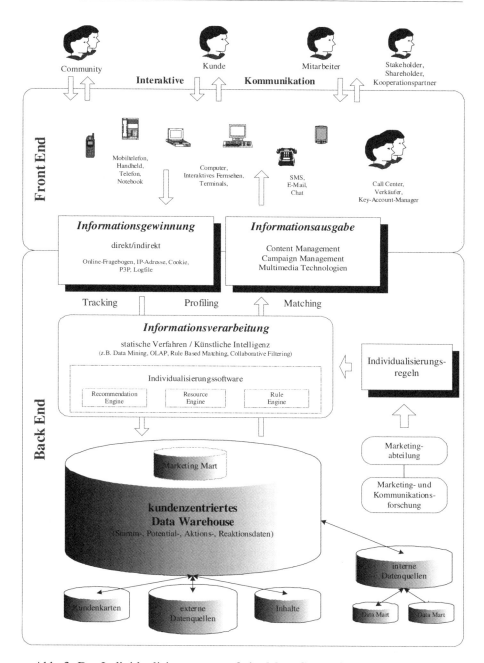

Abb. 3: Der Individualisierungsprozeß der Mass Customized Communication

3.2 Die Kostenoption der Mass Customized Communication

Gemäß der Logik der Mass Customization besteht ein wesentlicher Unterschied zwischen kundenindividueller Massenkommunikation und bisherigen Ansätzen des Beziehungsmanagements in der simultanen Ausnutzung der *Effektivitätspotentiale* einer gezielten Ansprache einzelner Interessenten *und* der Vorteile einer auf Kostenminimierung bzw. *Effizienzerhöhung* ausgerichteten Strategie der Massenkommunikation. Wird die individualisierte Kommunikation einer Effizienzprüfung unterzogen, sind den Vorteilen gesteigerter Kundenorientierung die zusätzlichen Kosten des Aufbaus von technologischen und inhaltlichen Flexibilitätspotentialen gegenüberzustellen.[80] Für den Erfolg einer weitgehend automatisierten kundenindividuellen Massenkommunikation in Online-Medien ist es daher unabdingbar, daß die zusätzlich durch den Individualisierungsprozeß anfallenden Kosten durch Kostensenkungen in anderen Bereichen oder durch Umsatzsteigerungen kompensiert werden.

Als direkte Folge der individualisierten Kundenkommunikation sind zunächst steigende Komplexitäts- und Varietätskosten zu erwarten. Hinzu kommen Kosten für den Kauf bzw. das Mieten der Individualisierungstechnologien (Hard- und Software) sowie für die Beschaffung von Kundendaten. Im Gegensatz zur klassischen Individualkommunikation richtet sich Mass Customized Communication an eine (relativ) große Kunden- bzw. Rezipientenzahl. Dadurch wird die Kombination der Kostensenkungspotentiale von Economies of Scale mit denen der Economies of Scope möglich. Dieser Zusammenhang wird in der Literatur als Economies of Integration und Economies of (learning) Relationship im Hinblick auf die situative und die langfristige Gestaltung des Vermarktungsprozesses diskutiert.[81] Die Kostenoption der Mass Customized Communication enthält diese Kostensenkungspotentiale und zusätzliche Mechanismen, welche die zunächst steigenden Kosten senken sollen. Insbesondere die Programmierung und die Technologisierung des kommunikativen Individualisierungsprozesses bilden die Grundlage für die simultane Realisierung von Skalen- und Synergievorteilen sowie von größeren Lerneffekten gegenüber der Individual- bzw. Massenkommunikation. Beispiele dafür sind die im Abschnitt 3.1. dargelegte routinisierte bzw. automatisierte Bearbeitung von individualisierten Kommunikationsprozessen, die Vereinfachung des Interaktionsprozesses mit dem Interessenten oder die rasche und kostengünstige Bearbeitung, Speicherung und Verknüpfung großer Informationsmengen.[82]

---

[80] Vgl. Fisbeck 1999, S. 69.

[81] Vgl. vertiefend zu den einzelnen Kostensenkungspotentialen der Mass Customization Fisbeck 1999, S. 69ff.; Piller 1998, S. 117ff. und Schnäbele 1997, S. 154ff.

[82] Vgl. Schnäbele, S. 56f.

Zusätzlich zur Individualisierungs- und Kostenoption betrachten sowohl Pine als auch Piller[83] in ihren Ansätzen Flexibilitäts- und IT-Optionen der Mass Customization. Diese Optionen gelten auch für die Mass Customized Communication, wurden aus didaktischen Gründen aber bereits in den bisherigen Ausführungen implizit aufgezeigt.

Weiterhin ist zu beachten, daß bei einer zielführenden Effizienzprüfung der Mass Customized Communication erreichte Umsatzsteigerungen zu kalkülisieren und möglicherweise verbleibenden Kostenerhöhungen gegenüberzustellen sind. Die Erfolgskontrolle individualisierter Kommunikation stellt allerdings noch ein weitgehend unbeleuchtetes Feld des Marketingcontrolling dar.

4 Entwicklungsperspektiven der Mass Customized Communication

„Kundenkommunikation ist ein Informationsprodukt und deshalb bei geschicktem Einsatz der neuen IuK-Techniken durch seine Digitalisierungsmöglichkeiten in der Losgröße 1 genauso effizient herzustellen, wie in großen Auflagen".[84] Um den von Piller angesprochenen „geschickten Einsatz" zu erreichen, sind vor allem das innovative Management neuer Technologien und eine interdisziplinäre Koordination erforderlich.

Voraussetzung für einen Erfolg kundenindividueller Massenkommunikation ist die effiziente Verknüpfung von marketingtheoretischer Fundierung und informationstechnischer Umsetzung sowie die Integration des Individualisierungsprozesses in die bestehenden Abläufe, Strukturen und Strategien der Unternehmung mit dem Ziel einer Nutzenoptimierung für Anbieter und Kunden. Besondere Bedeutung kommt dabei sowohl der flexiblen Integration aller Maßnahmen der On- und Offline-Kommunikation in ein übergeordnetes Kommunikationskonzept als auch der sinnvollen Verknüpfung von Front End und Back End zu (vgl. Abb. 3). Darüber hinaus sind die Anforderungen des Marketing mit den technischen Realisierungsmöglichkeiten der Datenerhebung, Datenauswertung und Datenausgabe zu koordinieren. Somit stellt das intelligente organisatorische Zusammenspiel von Marketingmanagement und IT-Bereich die zentrale Herausforderung für den zukünftigen Erfolg der Mass Customized Communication dar. Notwendig ist die interdisziplinäre Erarbeitung von integrativen Ansätzen, durch die inhaltliche und

---

[83] Vgl. Piller 1998 und Pine 1993.
[84] Vgl. Piller 1998, S. 277.

technologische Ebenen von Informations- und Kommunikationssystemen an den Anforderungen des Marketing ausgerichtet werden.[85]

Die Chancen der Mass Customized Communication im Internet sind vielfältig und noch nicht ausreichend erforscht, denkt man beispielsweise an die individuelle Anpassung von Web-Sites an spezielle User-Gruppen. Der Einsatz von Individualisierungstechnologien birgt jedoch auch erhebliche rechtliche und ethische Risiken in sich. Dies gilt insbesondere für die indirekte Identifizierung von Nutzern und das „ungefragte" Sammeln von Daten im Internet. Deshalb erscheint es notwendig, Vertrauen in die individualisierende Unternehmung aufzubauen. Neben einem positiven Unternehmungsimage können hierbei z.B. die kooperative Entwicklung von Gütezeichen wie Trusted Shops (http://www.trusted-shops.de) und Better Web (http://www.betterweb.com) oder die Stärkung der informationellen Selbstbestimmung (z.B. durch P3P) wichtige Dienste leisten.

Als Fazit ist festzustellen, daß technologische Entwicklungen und die zunehmende Akzeptanz der Online-Medien es zunehmend ermöglichen, mit gleichem Budget mehr Bandbreite und Reichweite sowie einen höheren Individualisierungsgrad der Kundenansprache zu erreichen. Viele Visionen im Hinblick auf integrative und spezialisierte Individualisierungstechnologien sind zwar noch „Zukunftsmusik", jedoch als durchaus realistisch anzusehen.[86] Für die Zukunft ist zu erwarten, daß bisher verfügbare Technologien (z.B. HTML) rasch an ihre Grenzen stoßen und zumindest partiell durch sich in der Entwicklung befindende Innovationen (z.B. XML, SVG, SMIL, WAP oder WML)[87] ersetzt werden. Die sich hieraus ergebenden erweiterten Möglichkeiten einer effizienten kundenindividuellen Kommunikation in Massenmärkten bieten somit auch zukünftig große Herausforderungen innerhalb der Marketing-Kommunikation.

Literatur

Abell, D. F. (1980): Defining the Business – Starting Point of Strategic Planning, Englewood Cliffs 1980.

Allen, C./Kania, D./Yaeckel, B. (1998): Internet World: Guide to One-to-One Web Marketing, New York 1998.

---

[85] Vgl. Wiedmann/Jung 1997, S. 5ff. und zur interdisziplinären Teamarbeit bei Innovationsprojekten z.B. Gemünden/Högl 2000, S. 9ff.

[86] Vgl. Munkelt 1999, S. 54ff.

[87] Vgl. zu aktuellen Multimediatechnologien z.B. Kurbel/Twardoch 2000, o.S.

Bachem, C. (2000): Der Schlüssel zum Erfolg, in: Deutscher Multimedia Verband (Hrsg.): dmmv-Spezial, E-Commerce Know-how, Teil 2, Düsseldorf 2000, S. 6-7.

Bachem, C./Stein, I./Rieke, H.-J. (1999): Erfolgsfaktoren von Internet-Sites, in: Absatzwirtschaft, 6/1999, S. 60-66.

Becker, J. (1994): Vom Massenmarketing über das Segmentmarketing zum kundenindividuellen Marketing, in: Tomczak, T./Belz, Ch. (Hrsg.): Kundennähe realisieren, St. Gallen 1994, S. 15-30.

Bensberg, F./Weiß, T. (1999): Web Log Mining als Marktforschungsinstrument für das World Wide Web, in: Wirtschaftsinformatik, 5/1999, S. 426-432.

Biester, S. (2000): Kooperation mit Kundennutzen, in: Lebensmittelzeitung, 16/2000, S. 38.

Bruhn, M. (1997): Kommunikationspolitik, München 1997.

Büttgen, M./Ludwig, M. (1997): Mass-Customization von Dienstleistungen, Köln 1997.

Calkins, M. (2000): OLAP hilft bei Online-Personalisierung, in: IT Management Spezial, Data Warehouse, Teil 1, Höhenkirchen 2000, S. 12-14.

Clancy, K./Shulman, R. (1993): Die Marketing-Revolution: Vom Wunschdenken zur Rentabilität, Frankfurt/M. 1993.

Clark, S. (1991): Welcome to the world of one-to-one marketing, in: Marketing News, 21.01.1991, S. 17.

Corsten, H./Will, T. (1995) Wettbewerbsvorteile durch strategiegerechte Produktorganisation, in: Corsten, H. (Hrsg.): Produktion als Wettbewerbsfaktor, Wiesbaden 1995, S. 1-13.

Dastani, P. (1998): Online Mining, in: Link, J. (Hrsg.): Wettbewerbsvorteile durch Online-Marketing, Berlin 1998, S. 219-241.

Davis, S. (1987): Future Perfect, Reading 1987.

Dick, A. (1999): Mit dem Kunden auf du und du. Das Massenmedium Internet als One-to-One Marketinginstrument, in: Frankfurter Allgemeine Zeitung, 124/1999, S. B4.

Esch, F.-R./Hardiman, M./Langner, T. (2000): Wirksame Gestaltung von Markenauftritten im Internet, in: Thexis, 3/2000, S. 10-16.

Fink, D. H./Meyer, N./Wamser, C. (1996): Die klassischen 4 P's mit Multimedia reicher machen – Vorschläge für einen sinnvollen Multimediaeinsatz im Marketing-Mix, in: Marketing Journal, 3/1996, S. 194-196.

Fink, D. H. (1998): Mass Customization, in: Albers, S./Clement, M./Peters, K. (Hrsg.): Marketing mit interaktiven Medien, Frankfurt 1998.

Fisbeck, H. (1999): Customized Marketing im Internet, Berlin 1999.

Fleck, A. (1995): Hybride Wettbewerbsstrategien. Zur Synthese von Kosten- und Differenzierungsvorteilen, Wiesbaden 1995.

Frenko, A. (2000): Interview mit Dr. Frank T. Piller, in: http://www.autoresponder.de/internet-marketing/interviews/piller.htm, Zugriff am 27.09.2000.

Frost, F. (1999): Relationship Marketing und das Internet, in: Lampe, F. (Hrsg.): Marketing und Electronic Commerce, Wiesbaden 1999, S. 99-116.

Gabriel, R./Chamoni, P./Gluchowski, P. (2000): Data Warehouse und OLAP – Analyseorientierte Informationssysteme für das Management, in: ZfbF, 2/2000, S. 74-93.

Gaul, W./Klein, T./Wartenberg, F. (1997): Integrierte Online-Präsenz steigert die Akzeptanz, in: Office Management, 4/1997, S. 41-45.

Gemünden, H.-G./Högl, M. (2000): Teamarbeit in innovativen Projekten: Eine kritische Bestandsaufnahme der empirischen Forschung, in: Gemünden, H.-G./Högl, M. (Hrsg.): Management von Teams, Wiesbaden 2000, S. 1-32.

Godin, S. (1999): Permission Marketing, New York 1999.

Goldberg, D./Nichols, D./Oki, B./Terry, D. (1992): Using Collaborative Filtering to Weave an Information Tapestry, in: Communications of the ACM, 12/1992, S. 61-70.

Gräf, H. (1999): Online-Marketing, Wiesbaden 1999.

Hildebrand, V. (1997): Individualisierung als strategische Option der Marktbearbeitung, Wiesbaden 1997.

Holland, H. (1992): Direktmarketing, München 1992.

Holthuis, J. (1998): Der Aufbau von Data Warehouse-Systemen, Wiesbaden 1998.

Hubert, M. (1999): Pfadanalysen führen zum Kunden, in: Absatzwirtschaft, 11/1999, S. 108-110.

Janetzko, D./Zugenmaier, D. (2000): Viele Gesichter. Personalisierte Websites stellen sich auf Besucher ein, in: c't, 18/2000, S. 88-92.

Jenner, T. (2000): Strategien für den Hyperwettbewerb, in: io management, 10/2000, S. 38-43.

Johnson, C. (2000): Permission Marketing in the Wireless World, in: Inside 1to1 – Newsletter vom 11.05.2000 und 01.06.2000.

Kaluza, B. (1987): Erzeugniswechsel als unternehmenspolitische Aufgabe. Integrative Lösungen aus betriebswirtschaftlicher und ingenieurwissenschaftlicher Sicht, Berlin 1987.

Kaluza, B. (1989): Wettbewerbsstrategien und neue Technologien, Diskussionsbeiträge des Fachbereichs Wirtschaftswissenschaft der Universität-Gesamthochschule-Duisburg, Nr. 122, Duisburg 1989.

Kaluza, B. (1996a): Dynamische Produktdifferenzierungsstrategie und moderne Produktionssysteme, in: Wildemann, H. (Hrsg.): Produktions- und Zuliefernetzwerke, München 1996.

Kaluza, B. (1996b): Dynamische Produktdifferenzierungsstrategie und moderne Produktionskonzepte, in: Diskussionsbeiträge des Fachbereichs Wirtschaftswissenschaft der Gerhard-Mercator-Universität Gesamthochschule Duisburg, Nr. 211, Duisburg 1996.

Kaluza, B./Blecker, T./Sonnenschein, M. (1996): Telekommunikationsstrategien – eine Waffe im Wettbewerb?, in: Diskussionsbeiträge des Fachbereichs Wirtschaftswissenschaft der Gerhard-Mercator-Universität Gesamthochschule Duisburg, Nr. 230, Duisburg 1996.

Kaluza, B./Blecker, T. (1999): Dynamische Produktdifferenzierungsstrategie und Produktionsnetzwerke, in: Nagel, K./Arnold, U. (Hrsg.): Produktionswirtschaft 2000, Wiesbaden 1999, S. 261-280.

Klein, S./Güler, S./Lederbogen, K. (2000): Personalisierung im elektronischen Handel, in: Wirtschaftswissenschaftliches Studium, 1/2000, S. 88-94.

Köhler, R. (2000): Kundenbindung um jeden Preis?, in: Die Betriebswirtschaft, 4/2000, S. 417-419.

Kotler, P. (1989): From Mass Marketing to Mass Customization, in: Planning Review, 5/1989, S. 10-13 und S. 47-48.

Kurbel, K./Twardoch, A. (2000): Aktuelle Multimedia-Technologien zur Gestaltung von WWW-Seiten, http://www.euv-frankfurt-o.de/wi-www/de/research/publi/multimedia, Zugriff am 02.10.2000.

Link, J./Hildebrand, V. (1993): Database Marketing und Computer Aided Selling. Strategische Wettbewerbsvorteile durch neue informationstechnologische Systemkonzeptionen, München 1993.

Link, J./Schleuning, C. (1999): Das neue interaktive Direktmarketing, Ettlingen 1999.

Meffert, H. (1994): Marktorientierte Unternehmensführung im Umbruch – Entwicklungsperspektiven des Marketing in Wissenschaft und Praxis, in: Bruhn, M./Meffert, H./Wehrle, F. (Hrsg.): Marktorientierte Unternehmensführung im Umbruch, Stuttgart 1994, S. 3-39.

Meffert, H. (1998): Marketing, 8. Aufl., Wiesbaden 1998.

Michel, M. (2000): Der Weg zum Kunden führt durch das Data Warehouse, in: IT Management Spezial, Data Warehouse, Teil 2, Höhenkirchen 2000, S. 22-25.

Mobasher, B./Dai, H./Luo, T./Sun, Y./Zhu, J. (2000): Integrating Web Usage and Content Mining for More Effective Personalization, in: Proceedings of the International Conference on E-Commerce and Web Technologies 2000, Greenwich UK2000, http://www.ecweb2000.com, Zugriff am 21.09.2000.

Möhlenbruch, D./Claus, B./Schmieder, U.-M. (2000): Corporate Identity, Corporate Image und Integrierte Kommunikation als Problembereiche des Marketing, in: Betriebswirtschaftliche Diskussionsbeiträge, Martin-Luther-Universität Halle-Wittenberg, Nr. 38/2000, Halle 2000.

Munkelt, I. (1999): Marketing Automation – der beste Weg zu den Kundenpotentialen, in: Absatzwirtschaft, 11/1999, S.54-58.

Nakhaeizadeh, G./Reinartz, T./Wirth, R. (1998): Wissensentdeckung in Datenbanken und Data Mining, in: Nakhaeizadeh, G. (Hrsg.): Data Mining, Heidelberg 1998.

Noori, H. (1990): Economies of Integration: A New Manufacturing Focus, in: International Journal of Technology Management, 5/1990, S. 577-587.

o.V. (2000a): Werbung mit Erlaubnis, in: Lebensmittelzeitung, 18/2000, S. 41.

o.V. (2000b): CPEX vereinheitlicht Online- und Offline-Daten, in: Computerwoche, 47/2000, S. 29.

o.V. (2000c): Kundenbeziehungen effektiv managen, in: Database Marketing, 2/2000, S. 20-23.

Peppers, D./Rogers, M. (1994): Die 1:1 Zukunft: Strategien für ein individuelles Kundenmarketing, Freiburg/Breisgau 1994.

Peppers, D./Rogers, M. (1997): Enterprise one to one, New York 1997.

Peppers, D./Rogers, M. (2000): Is it Personalization or Customization?, in: Inside 1to1 – Newsletter, 29.06.2000.

Peter, S./Schneider, W. (1994): Strategiefaktor Kundennähe – Vom Transaktionsdenken zum Relationship Marketing, in: Marktforschung & Management, 1/1994, S. 7-11.

Piller, F. (1998): Kundenindividuelle Massenproduktion, München 1998.

Piller, F./Schoder, D. (1999): Mass Customization und Electronic Commerce, in: Zeitschrift für Betriebswirtschaft, 10/1999, S. 1111-1136.

Pine, B. J. (1993): Mass Customization, Boston 1993.

Raffée, H./Wiedmann, K.-P. (1998): Neurobasiertes Informationsmanagement als Erfolgsbasis zukunftsgerichteter Zielkundenbearbeitung, in: Bruhn, M./Steffenhagen, H. (Hrsg.): Marktorientierte Unternehmensführung, Wiesbaden 1998, S. 437-453.

Reagle, J./Cranor, L. (1999): Internet Privacy-The Platform for Privacy Preferences, in: Communications of the ACM, 2/1999, S. 48-55.

Reichard, C. (2000): One-to-One – Marketing im Internet: Erfolgreiches E-Business für Finanzdienstleister, Wiesbaden 2000.

Rensmann, F.-J. (2000): Direct- und Relationship-Marketing im Handel, in: Thexis, 1/2000, S. 13-18.

Runde, K. (2000): Customer Care beim Club Karstadt, in: Direkt Marketing, 5/2000, S. 14f.

Schnäbele, P. (1997): Mass Customized Marketing, Wiesbaden 1997.

Schubert, P. (2000): Digitale Medien für das Management der 1:1-Kundenbeziehung, in: Thexis, 3/2000, S. 35-40.

Stout, R. (1997): Web Site Stats. Tracking Hits and Analyzing Traffic, Berkeley 1997.

Tietgens, V. (1999a): Mehr Kundennähe durch One-to-One - Kommunikation, in: technischer vertrieb, 3/1999, S. 47-50.

Tietgens, V. (1999b): Campaign Management - der beste Weg zu den Kundenpotentialen, in: Absatzwirtschaft, 11/1999, S. 54-58.

Wamser, C. (1997): Der Electronic Marketing-Mix – mit interaktiven Medien zum Markterfolg, in: Wamser, C./Fink, D. (Hrsg.): Marketing-Management mit Multimedia, Wiesbaden 1997, S. 29-40.

Weiß, M. (2000): CRM: Problemlösung durch individuelle eMail-Kommunikation, in: Mass Customization News, 9/2000.

Wiedmann, K.-P./Jung, H.-H. (1997): Grundlagen eines CORIM-Konzepts für ein zukunftsgerichtetes Zielkundenmanagement; dargestellt am Beispiel Automobilmarketing, Hannover 1997.

Yom, M./Rohani, P. (2000): Einsatz und Akzeptanz von Cookies und der Platform for Privacy Preferences, in: Beiträge zur Werbewissenschaft, Universität Göttingen, Nr. 9, Göttingen 2000.

Einführung umweltorientierter Prozeßtechnologien in Produktionsunternehmen

E. J. Schwarz / Th. Höllweger

1   Einleitung, Zielsetzung und Untersuchungsdesign

2   Umweltorientierte technologische Prozeßinnovationen

3   Analyse empirischer Studien zur Einführung von umweltorientierten (technologischen) Prozeßinnovationen

4   Ableitung adoptionsrelevanter Kriterien aus den analysierten Studien

5   Ergebnisse der empirischen Studie

    5.1 Analyse der Zusammenhänge adoptionsrelevanter Kriterien

    5.2 Unternehmenstypen

    5.3 Determinanten der Technologiewahl

6   Zusammenfassung

Literatur

Studien

1 Einleitung, Zielsetzung und Untersuchungsdesign

Die Verringerung der Umweltwirkungen eines Unternehmens kann bei grundsätzlichem Festhalten am Produktionsprogramm oftmals nur durch Neuerungen im Bereich der Produkt- und Prozeßtechnologie erfolgen. Für viele Industriezweige – insbesondere im Grundstoff- und Produktionsgüterbereich besteht realistischerweise zudem kaum die Möglichkeit, selbständig die Eigenschaften der Produkte wesentlich zu verändern, so daß betriebliche Maßnahmen zur Reduktion von Umweltwirkungen sich neben Neuerungen bei der Wahl der Einsatzstoffe auf die Umgestaltung der Produktionsprozesse konzentrieren müssen.

Wird die Modifikation vorhandener Prozeßtechnologien und/oder die Einführung gänzlich neuer Technologien unter Beachtung umweltorientierter Aspekte erstmals im Unternehmen durchgeführt, so stellen diese Neuerungen für das einzelne Unternehmen umweltorientierte Prozeßinnovationen dar.

Aus Sicht der von den Umweltwirkungen betroffenen Anspruchsgruppen besteht ein berechtigtes Interesse an der Reduktion der Belastungen durch eine schnelle Verbreitung des Einsatzes umweltverträglicher Prozeßtechnologien im Produktionsbereich. Die als Diffusion bezeichnete Verbreitung von Technologien wird wesentlich von den Übernahmeentscheidungen im Rahmen der erstmaligen Nutzung einer Technologie (Adoption) auf der Ebene der einzelnen Nachfrageeinheiten determiniert.[1] Erst eine umfassende und detaillierte Kenntnis der einzelnen, die Adoption beeinflussenden Faktoren ermöglicht einen gezielten Einsatz von Fördermaßnahmen, bzw. die Schaffung geeigneter Rahmenbedingungen für die Verbreitung umweltverträglicher Produktionstechnologien.

Der Umwelttechnologiemarkt hat sich mittlerweile zu einem bedeutenden Industriezweig entwickelt. In den Jahren 1995 bis 1999 wurden allein von der österreichischen Industrie Umweltschutzinvestitionen in einer Höhe von über 19 Mrd. ATS getätigt.[2] Aus der Sicht eines Technologieanbieters stellen Umwelttechnologien Produktinnovationen dar. Die Kenntnisse der Faktoren, die den Adoptionsprozeß beeinflussen und zum Erfolg einer Produktinnovation führen, sind für die Entwicklung und Produkteinführung neuer Technologien von hoher Bedeutung. Zusätzlich kann durch eine Prognose des Diffusionsverlaufes basierend auf den

---

[1] Vgl. Gerpott [Technologiemanagement] 1999, S. 121
[2] Vgl. Wirtschaftskammer Österreich (Hrsg.) [Aufwendungen], 1999, S. 19

aggregierten Adoptionsprozessen[3] eine Abschätzung des Marktpotentials im Rahmen der unternehmerischen Planung von Anbietern von Umweltschutztechnologien unterstützt werden.[4] Es bestehen somit neben den ökologisch motivierten auch ökonomische Interessen an nachstehenden Fragestellungen:

- Welche Einflußfaktoren prägen die Adoption neuer umweltorientierter Prozeßtechnologien und in welcher Beziehung stehen die Einflußfaktoren zueinander?
- Unterscheiden sich Unternehmungen hinsichtlich ihrer Zielsetzungen bei der Wahl umweltorientierter Prozeßtechnologien?
- Welche Einflußfaktoren haben zentrale Bedeutung für die Entscheidung zwischen additiven und integrierten Prozeßtechnologien?

Zur Beantwortung der genannten Fragestellungen wurde zuerst die Innovationsliteratur[5] sowie 21 in Zusammenhang mit dem Untersuchungsgegenstand stehende empirischen Studien[6] analysiert (vgl. Kapitel 3). Darüber hinaus wurden die für den Adoptionsprozeß jeweils als bedeutend erachteten Kriterien untersucht. Insgesamt konnten auf diese Weise 40 adoptionsrelevante Faktoren ermittelt werden (vgl. Kapitel 4). Die Bedeutung dieser Adoptionskriterien für die umweltorientierte Technologieentscheidung bei Unternehmungen der österreichischen Grundstoff- und Produktionsgüterindustrie wurde empirisch erhoben (vgl. Kapitel 5).

Der standardisierte Fragebogen wurde nach telefonischer Vorankündigung im Zeitraum von Februar bis März 2000 an die betrieblichen Entscheidungsträger für die Einführung neuer umweltorientierter Prozeßtechnologien (vor allem Ge-

---

[3] Vgl. Gerpott [Technologiemanagement] 1999, S.122; Litfin [Adoptionsverfahren] 2000, S. 21

[4] Vgl. Bähr-Seppelfricke [Diffusion] 1999, S. 1

[5] Vgl. etwa Rogers [Diffusion] 1983; Maas [Determinanten] 1990; Schmalen/Pechtl [Innovationseigenschaften] 1996; Hauschildt [Innovationseigenschaften] 1999, S. 29ff

[6] Vgl. FUUF [Unternehmensführung] 1991; Industriellenvereinigung Oberösterreich [Umweltschutz] 1993; Burtscher/Pohoryles [Clean Technology] 1994; Green et. al. [Trajectories] 1994; Köppl/Pichl [Wachstumsmarkt] 1995; Strothmann et. al. [Umwelttechnik] 1995; Ernst et. al. [Einflußfaktoren] 1996; Florida [Green] 1996; Nordhause-Janz et. al. [Rahmenbedingungen] 1998; Dupuy [Change] 1997; Sagar/Frosch [Ecology] 1997; Ornetzeder/Schramm [Diffusion] 1997; Köppl/Pichl [Wettbewerbsvorteile] 1997; Cleff/Rennings [Umweltinnovationen] 1999; Conway/Steward [Networks] 1998; Meffert/Kirchgeorg [Umweltmanagement] 1998; Umweltbundesamt [Innovationspotentiale] 1998; Klemmer et. al. [Umweltinnovationen] 1999; Schwarz/Staber [Prozeßinnovationen] 1998; Schwarz/Zettl [Prozeßinnovationen]; 1998 Schwarz [Prozeßinnovationen] 1999

schäftsführung, Produktionsleitung,...) von 642 Unternehmungen der österreichischen Grundstoff- und Produktionsgüterindustrie (aus einer Grundgesamtheit von 1578 Unternehmungen[7]) versendet. Aufgrund der Rücklaufquote von über 53% stehen 346 auswertbare Fragebögen zur Verfügung. Die Branchenverteilung ist Tabelle 1 zu entnehmen. Die Auswertung der erhobenen Daten erfolgt mittels multivariaten Verfahren wie Faktorenanalyse, Clusteranalyse und Regressionsanalyse.[8]

Die Schwerpunktsetzung der empirischen Analyse auf die Grundstoffindustrie ist durch deren überdurchschnittlich hohen Umweltverbrauch begründet. So beträgt der Anteil des Grundstoffsektors an den industriebedingten Emissionen von SO_2 91,8%, von NO_x 88%, von Staub 89,3%, von CO 99,4 % und von VOC 51,1%.[9] Verbunden mit den hohen Emissionen dieses Sektors sind zudem hohe umweltschutzbezogene Investitionsausgaben, die ein ökonomisches Interesse begründen.[10] Die weite Verbreitung von Umweltschutztechnologien in diesem Industriesektor gewährleistet zudem eine gute Datenbasis.

	Bergwerke	chemische Industrie	eisenerzeugende Industrie	Erdölindustrie	Gießereiindustrie	Glasindustrie	Metallindustrie	Papierindustrie	Stein- und keramische Industrie	gesamt
Anzahl	13	131	5	1	21	11	77	22	65	346
%	3,8	37,9	1,4	0,3	6,1	3,2	22,3	6,4	18,8	100,0

Tab. 1: Branchenverteilung der untersuchten Unternehmungen

---

[7] Vgl. Wirtschaftskammer [Aufwendungen] 1999

[8] Die empirische Untersuchung wurde unterstützt durch den Fonds zur Förderung der wissenschaftlichen Forschung, Projektnummer: P 12995-SOZ

[9] Vgl. Schwarz [Prozeßinnovationen] 1999, S. 41 und Windsperger/Turi [Emissionserhebungen] 1997, S. 48

[10] Vgl. Wirtschaftskammer Österreich (Hrsg.) [Aufwendungen], 1999, S. 43

2 Umweltorientierte technologische Prozeßinnovationen

Neuerungen in der betrieblichen Faktorkombination, die von der betrachteten Organisationseinheit (Unternehmen) erstmals durchgeführt werden und bei denen der Innovator auch das Ziel der relativen Umweltschonung anstrebt, werden als umweltorientierte technologische Prozeßinnovationen bezeichnet.

Diese Definition unterscheidet sich somit von jenen Begriffsbestimmungen, die den Innovationsbegriff an den ökologischen Erfolg der Innovation knüpfen.[11] Den Begriff „umweltorientierte Innovation" mit einer ökologischen Verbesserung gegenüber einer Ausgangssituation zu verknüpfen, erscheint aber aufgrund der Subjektivität des Merkmals „Erfolg" nicht zielführend zu sein.[12] Die Feststellung einer ökologischen Verbesserung durch die umweltorientierte Innovation ist grundsätzlich nur ex-post möglich. Dabei stellt sich angesichts heterogener individueller und gesellschaftlicher Ziel- und Wertvorstellungen sowie weitreichender Erkenntnisdefizite über ökologische Wirkungszusammenhänge das grundsätzliche Problem, qualitative Auswirkungen auf die Umwelt zu bewerten. Innovationsmanagement ist aber definitionsgemäß zukunftsorientiert, wodurch nur beabsichtigte Verbesserungen und nicht retrospektiv ermittelte tatsächliche Erfolge zur Abgrenzung des Innovationsbegriffs maßgeblich sein können.[13] Der durch die Innovationsaktivität erwartete umweltorientierte Erfolg bezieht sich dabei auf einen oder mehrere der folgenden Aspekte sowohl in qualitativer als auch in quantitativer Hinsicht:

---

[11] Vgl. Goldberg, [Entscheidungsschwellen] 1991, S. 18; Seidl [Ökologie] 1993, S. 90; Sander [Ökologie] 1995, S. 84

[12] Thom [Innovationsmanagement] 1980, S. 25 „Die Subjektivität dieses Merkmals behindert seine Operationalisierung."

[13] Vgl. Thom [Innovationsmanagement] 1980, S. 25 f., Hauschildt [Innovationsmanagement] 1997, S. 23 argumentiert daher, daß der Innovationsmanager nicht mit einem realisierten, sondern mit einem erwarteten Innovationserfolg arbeitet.

- Reduktion des Ressourceneinsatzes,
- Vermeidung und Verringerung von Emissionen,
- Erhöhung der Rückstandsverwertungsrate,
- Erhöhung der Rückstandsumwandlungsrate sowie
- Minderung des Störfallrisikos.[14]

Um den Blick auf neue Problemstellungen zu lenken und um neuartige Ansatzpunkte für Theorie und Praxis zu eröffnen, ist es sinnvoll, den Untersuchungsgegenstand „umweltorientierte Prozeßinnovation" nach folgenden Kriterien und deren Ausprägungen zu typisieren:

- Gliederung nach der Stellung der eingesetzten Prozeßtechnologie in der Produktion (integrierte und additive Prozeßinnovation)
- Gliederung nach den zu schonenden Umweltmedien (z.B. Wasserschutztechnologien, Luftreinhaltetechnologien),
- Gliederung nach den zu reduzierenden Emissionen (z.B. Entschwefelungstechnologien)
- Gliederung nach dem subjektiven Innovationsgrad (eine geringe Modifikation des bereits bestehenden Prozesses bis hin zu neuen oder entscheidend geänderten Prozessen)
- Gliederung nach der Art der umweltorientierten Ziele (vermeidungs-, verwertungs- und umwandlungsorientierte sowie risikoreduzierende Prozeßinnovationen)

In Anlehnung an die Klassifikation nach den angestrebten umweltbezogenen Zielen ist in der betrieblichen Umweltökonomie oftmals die Gliederung nach integrierten und additiven technologischen Neuerungen zu finden.[15] Bei dieser Form der Differenzierung ist jedoch zu beachten, daß es sich jeweils um eine Vielzahl von Einzeltechnologien handelt, die zu zwei Technologiefeldern zusammengefaßt sind.[16] Zudem sind auch spezifische Umweltschutztechnologien oftmals wiederum in eine Anzahl von Subtechnologien unterteilbar.

---

[14] Weizsäcker, v. [Risiken] 1990, S. 107 ff. argumentiert, daß die Gestaltung insbesondere von Anlagen, von denen große Risiken ausgehen nicht nur unter dem Aspekt des „Fehlerverzeihens" konstruiert werden sollen, sondern auch unter dem Gesichtspunkt der „Fehlerfreundlichkeit". Vgl. auch Graedel/Horkeby/Norberg-Bohm [Impacts] 1994, S. 360

[15] Vgl. Kaluza/Paskert[Kreislaufwirtschaftsgesetz] 1997

[16] Vgl. Schmidt [Innovationen] 1991, S. 145

Als additive Technologien werden Maßnahmen bezeichnet, die ansetzen, wenn der Rückstand bereits entstandenen ist, wobei der Produktionsprozeß an sich und das prozeßbezogene Emissionsniveau in qualitativer und quantitativer Hinsicht unverändert bleiben. Ziel dabei ist es, bereits entstandene Rückstände so weit aufzubereiten, daß sie entweder in ein Umweltmedium abgegeben oder einem Verwertungsprozeß zugeführt werden können. Die Eignung additiver Verfahrensinnovationen beschränkt sich dabei auf zwei wesentliche Aspekte. So können sie durch Veränderung der Rückstände in Richtung höherer Umweltverträglichkeit, also durch eine „relative Unschädlichmachung der Rückstände" das Ziel der Rückstandsumwandlung im Sinne einer Umweltentlastung und damit verbunden eventuell auch eine Reduktion des Störfallrisikos erreichen. Darüber hinaus kann durch eine entsprechende Behandlung die Rückstandsverwertungsrate erhöht werden.

Auch treten die Veränderungen der Umweltwirkungen meist in Form einer qualitativen (im Sinne einer relativen „Unschädlichmachung") und nur bei bestimmten Verfahren in Form einer quantitativen Verbesserung auf.[17] Um das Vorliegen und eventuell das Ausmaß einer „relativ" höheren Umweltverträglichkeit der emittierten Stoffe tatsächlich nachweisen zu können, bedürfte es, sieht man von paretooptimalen Lösungen ab, eines (noch) nicht existierenden gesellschaftlich anerkannten Bewertungssystems.

Im Gegensatz zu additiven verfolgen integrierte technologische Neuerungen die Verringerung von Rückstandsentstehung und/oder Ressourcenverbrauch. Geleitet von der Idee, daß nicht verbrauchte Ressourcen sowie nicht angefallener Rückstand die natürliche Umwelt am geringsten belasten, werden präventive Technologien im Vergleich zu additiven in der einschlägigen Literatur oftmals als ökologisch besser eingestuft.[18] Dabei ist zu beachten, daß sich diese Aussage immer nur auf den Vergleich mit einer ähnlichen Technologie bezieht, d.h. im Falle der Reinvestition in Bezug auf die alte Anlagentechnologie bzw. bei erstmaliger Investition im Vergleich zu den am Markt gängigen Alternativen. Die Einschätzung kann angesichts des bereits oben angesprochenen Fehlens umfassender, gesellschaftlich anerkannter Bewertungskriterien wiederum nur bedingt überprüft werden.

---

[17] So kann sich beispielsweise der Mengenanfall der Rückstände erheblich erhöhen, wenn schädliche Stoffe gebunden werden (z.B. Oxidation von kohlenstoffhaltigen Substanzen, um zu deponierfähigen Rückständen zu gelangen). Aufkonzentrationsprozesse, bei denen bestimmte Schadstoffe in einer solchen Art und Weise vom Trägermedium getrennt werden, daß dieses in „reiner" Form an die Umwelt abgegeben oder in den Produktionsprozeß rückgeführt werden kann, führen zwar insgesamt zu einer mengenmäßigen Rückstandsreduktion, in bezug auf den verbleibenden Rückstand aber häufig zu einer qualitativen Verschlechterung.

[18] Vgl. Strothmann et. al. [Umwelttechnik] 1995, S. 1

Für die weitere Arbeit werden alle technologischen Prozeßneuerungen als integrierte Prozeßinnovationen bezeichnet, bei denen die Modifikation bereits existierender bzw. die Gestaltung neuer Faktorkombinationen mit dem Ziel erfolgt, Emissionen von vornherein zu reduzieren und/oder Rohstoffe einzusparen.

3 Analyse empirischer Studien zur Einführung von umweltorientierten (technologischen) Prozeßinnovationen

Zur Generierung einer umfassenden Darstellung adoptionsrelevanter Kriterien wurde die umweltorientierte Innovationsliteratur sowie [21] Studien, die zumindest teilweise die Einführung und Verbreitung von technologischen Umweltschutzmaßnahmen im produzierenden Unternehmen zum Thema haben, analysiert. Tabellen 2a bis 2c beschreiben das Untersuchungsdesign der Studien. Aufgrund der Schwerpunktsetzung im empirischen Teil der Arbeit auf umweltorientierte Prozeßinnovationen bei österreichischen Produktionsbetrieben sind alle im Hinblick auf diesen Themenkomplex relevanten österreichischen Studien erfaßt. Zudem sind die nach Ansicht der Autoren für den Untersuchungsgegenstand bedeutendsten ausländischen Studien berücksichtigt.

	Studie; Autor; Erhebungszeitraum; Erhebungsort	Branche; Anzahl und Größe der Unternehmen	Untersuchungsgegenstand	Erhebungsmethode
a	Umweltorientiertes Unternehmensverhalten - Bereich „Produktion"; FUUF; 1991; Deutschland	Produzierender Bereich; 248 Unternehmen, alle Größenklassen	Ziele, Hemmnisse und fördernde Faktoren von Umweltinnovationen z.T. integrierte und additive Technologien	Fragebogen, persönliche Interviews
b	Umweltschutz - Beispiele für umweltverträgliche Produktionsprozesse in der OÖ. Industrie; Malinsky, Dietachmair; 1989 – 1993; Österreich	Unternehmen mit Zugehörigkeit zur Industriellenvereinigung Oberösterreich; 59 Unternehmen	Gründe für oder gegen den Einsatz von Umweltschutztechnologien (additiv/integriert)	Fragebogen
c	Clean Technology Innovation und deren Verbreitung bei Klein- und Mittelbetrieben; Burtscher, Pohoryles; 1994; Österreich	Verschiedene Branchen des produzierenden Bereichs; 680 Klein- und Mittelbetriebe, 150 Anbieter von „Umwelttechnik"	betriebsinterne und – externe Einflußfaktoren der Adoption von „Clean Technology" (Unterscheidung nach vorgeschalteten, nachgeschalteten Maßnahmen und Recyclingmaßnahmen)	Fragebogen, telefonische Interviews
d	Technological Trajectories and R&D for environmental innovation in UK firms; Green, McMeekin, Irwin; 1993; UK	primär produzierender Bereich, z.T. Dienstleister; 169 Unternehmen, alle Größenklassen	Einflußfaktoren der Adoption „umweltfreundlicher" Produkt- und Prozeßinnovationen	Fragebogen
e	Wachstumsmarkt Umwelttechnologie; Köppl, Pichl; 1995; Österreich	Anbieter von Umweltschutztechnologien; 122 Unternehmen	Umweltschutztechnologien, Einflußfaktoren der Adoption auf Nachfragerseite und Markteintrittsgründe für Technologieanbieter	Fragebogen, telefonische Interviews
f	Umwelttechnik - Überwindung von Diffusionsbarrieren; Strothmann, Ginter, Prüser, Ullwer, Lucke; 1994 – 1995; Deutschland	Produzierender Bereich; 498 Unternehmen aus allen Größenklassen, 41 Anbieter von Umwelttechnik mit mehr als 50 Beschäftigten	Diffusionsbarrieren und adoptionsfördernde Faktoren integrierter und additiver Umwelttechnik	Expertengespräche in der Vorstudie, Fragebogen in der Studie, Anbieterbefragung mittels persönlicher Interviews
g	Sozioökonomische Einflußfaktoren bei der Implementierung von integrierten Umweltschutzmaßnahmen in Klein- und Mittelbetrieben; Ernst, Geisslhofer, Hahn; 1995; Österreich	Produzierender Bereich und Dienstleister; 6 Klein- und Mittelbetriebe, zusätzlich 14 Anspruchsgruppen	sozioökonomische Einflußfaktoren der Diffusion von integrierten Umweltschutzmaßnahmen	Expertengespräche mit Interviewleitfaden, Interviews mit teilstandardisierten Fragebogen, Diskussion mit den Beteiligten („survey feedback")

Tab. 2a: Untersuchungsgegenstand und -design der analysierten Studien

	Studie; Autor; Erhebungszeitraum; Erhebungsort	Branche; Anzahl und Größe der Unternehmen	Untersuchungsgegenstand	Erhebungsmethode
h	Lean and Green - The Move to Environmentally Conscious Manufacturing; Florida; 1996; USA	Produzierender Bereich; 256 Unternehmen, alle Größenklassen	Auslöser und Hemmnisse von „Pollution Prevention" (inkludiert sowohl den Einsatz von integrierten als auch additiven Technologien)	Fragebogen, telefonische Interviews, Expertengespräche
i	Strategien betrieblichen Umweltmanagements - das Beispiel Niederrhein; Nordhause-Janz, Rehfeld, Wompel; 1996; Deutschland	Unternehmen des verarbeitenden Gewerbes; 230 Unternehmen ab 10 Beschäftigten	Determinanten der Adoption umweltorientierter Innovationen	Fragebogen, Interviews
j	Technological Change and Environmental Policy; Dupuy; 1995; USA	Unternehmen der chemischen Industrie; 7 Unternehmen, alle Größenklassen	Rolle der Umweltpolitik als Determinante der Adoption	Interviews
k	A perspective on industrial ecology and its application to a metals-industry ecosystem; Sagar, Frosch; 1995 – 1997; USA	Metallbranche; 35 Unternehmen	Promotoren und Hemmnisse umweltorientierter Prozeßinnovationen	Interviews
l	Prozeßinnovationen als Charakterisierungsmerkmal für umweltorientiertes Unternehmensverhalten; Schwarz, Zettl; 1997; Österreich	österreichische Zementindustrie; 9 Unternehmen (Vollerhebung), Klein- und Mittelbetriebe	Auslöser und Hemmnisse integrierter und additiver Prozeßinnovationen sowie dadurch bedingte organisatorische Veränderungen	telefonische Vorinterviews, persönliche Interviews anhand eines teilstandardisierten Fragebogens
m	Wettbewerbsvorteile durch umweltorientierte Innovationen; Köppl, Pichl; 1985 und 1990; Österreich	Industriebetriebe; 560 (1985) bzw. 561 (1990) Unternehmen, alle Größenklassen	Ziele und Einflußfaktoren der Adoption umweltorientierter Innovationen	2 Fragebögen im Zeitabstand von 5 Jahren (selbe Grundgesamtheit)
n	Besonderheiten und Determinanten von Umweltinnovationen; Cleff, Rennings; 1996 und 1997; Deutschland	produzierendes Gewerbe und unternehmensnaher Dienstleistungssektor; 2264 Unternehmen	Besonderheiten und Determinanten von technischen (additiven und integrierten) und organisatorischen Umweltinnovationen	Fragebogen, telefonische Interviews
o	Die Diffusion von Cleaner Production in Österreich; Ornetzeder, Schramm; 1997; Österreich	produzierneder Bereich; 6 Unternehmen, alle Größenklassen	„Cleaner Production" integrierte Maßnahmen und Recyclinglösungen	teilstandardisierte Interviews, z.T. Auswertung von Firmenunterlagen

Tab. 2b: Untersuchungsgegenstand und -design der analysierten Studien

Einführung umweltorientierter Prozeßtechnologien

	Studie; Autor; Erhebungszeitraum; Erhebungsort	Branche; Anzahl und Größe der Unternehmen	Untersuchungs-gegenstand	Erhebungs-methode
p	Networks and interfaces in environmental innovation: a comparative study in the UK and Germany; Conway, Steward; 1998; UK und Deutschland	20 Unternehmen	Auslöser und Hemmnisse von Umweltschutzinnovationen	teilstandardisierte Interviews
q	Umweltorientierte Unternehmensstrategien im Längsschnittvergleich Meffert, Kirchgeorg; 1988 und 1994; Deutschland	branchenübergreifend; 230 mittelgroße und große Unternehmen	ökologische Grundhaltung, Gründe für ökologische Betroffenheit, Auslöser von Umweltschutztechnologien	persönliche Interviews, Fragebogen
r	Innovationspotentiale von Umwelttechnologien; Fraunhofer Institut für Systemtechnik und Innovationsforschung (ISI); 1995 – 1997 Deutschland	branchenübergreifend; 15 Unternehmen aller Größenklassen, sowie 16 Hersteller, Forschungseinrichtungen und Verbände	Einflußfaktoren technologischer Innovationen und das Innovationsgeschehen im Unternehmen	Interviews
s	Prozeßinnovationen in der Papier – und Zellstoffindustrie; Schwarz, Staber; 1996; Österreich	Papier- und Zellstofferzeugende Industrie; 18 Groß- und Mittelbetriebe	Auslöser integrierter und additiver Prozeßinnovationen: Einbau einer biologischan Kläranlage; Umstellung vom chlorhaltigen auf chlorfreie Bleichverfahren	Analyse technischer Fachzeitschriften von 1985 bis 1997, Fragebogen, z.T. zusätzlich persönliche Interviews
t	Umweltinnovationen: Anreize und Hemmnisse; Klemmer, Lehr, Löbbe; 1997 – 1999; Deutschland	hauptsächlich produzierendes Gewerbe; 144 Unternehmen	Auslöser von Umweltinnovationen und diffusionsfördernde/-hemmende Faktoren, Rolle der Umweltpolitik	persönliche Interviews, Telefoninterviews, Dokumentanalysen, ökonometrische Modellrechnungen
u	Umweltorientierte Prozeßinnovationen in Forschungsintensiven Produktionsbetrieben; Schwarz; 1997; Österreich	im Österreichischen Forschungsstättenkatalog 1994 veröffentlichte Produktionsunternehmen; 162 Unternehmen, alle Größenklassen	die bedeutendste umweltorientierte Prozeßinnovation im Unternehmen (Betrachtungszeitraum 10 Jahre); Allgemeine Fragen zum umweltorientierten Prozeßinnovationsmanagement	telefonische Vorankündigung und Erläuterung des Fragebogens, standardisierter Fragebogen

Tab. 2c: Untersuchungsgegenstand und -design der analysierten Studien

Vergleicht man die in Tabelle 2a bis 2c dargestellten Studien anhand des jeweiligen Untersuchungsgegenstandes, werden die Vielfalt und zum Teil die unsystematische Verwendung von Begriffen offenkundig. So werden beispielsweise Begriffe wie „Clean Technology", „Green Production" und „Integrierte Umweltschutzmaßnahmen" oftmals für einen Mix von unterschiedlichen Umweltschutzmaßnahmen (technologisch und organisatorisch) verwendet. Zum Teil wird darunter ein umfassender Strategieansatz verstanden, wobei die Maßnahmen nicht nur die Produktion sondern zumindest ansatzweise auch den Lebenszyklus der Produkte umfassen. Unter den Begriff „additive Technologie" werden teilweise nur traditionelle „End-of-Pipe" Technologien subsumiert. „Recyclingmaßnahmen" werden sowohl als eigene Kategorie geführt, als auch zum Teil zu additiven oder zu integrierten Technologien gezählt.

Die Verwendung von unterschiedlichen Begriffen für identische Sachverhalte ist einerseits Zeichen für mangelndes Rezipieren bereits bestehender Arbeiten, andererseits aber ein Hinweis für die Aktualität des Untersuchungsfeldes, in dem viele Begrifflichkeiten noch nicht ausreichend geklärt sind.

Bezüglich der angewandten Untersuchungsmethode unterscheiden sich die Studien zum Teil erheblich. So findet man in Abhängigkeit der Anzahl der Untersuchungsobjekte Dokumentanalysen, Fragebogenerhebungen, telefonische Interviews, Expertengespräche sowie die Auswertung von statistischen Materialien. Es dominieren jedoch Interviews und Fragebogenerhebungen bzw. Kombinationen daraus.

Zur Beantwortung der Frage, warum Unternehmen umweltorientierte technologische (und organisatorische) Innovationen durchführen und wodurch die Adoption und Diffusion dieser Innovationen beeinflußt wird, werden zwei Forschungsperspektiven verfolgt. Die Mehrzahl der Studien kann dabei der Gruppe der Variablenuntersuchungen zugeordnet werden, da primär nach jenen Faktoren gesucht wird, die das Verhalten von Organisationen gegenüber umweltorientierten (Prozeß-)Innovationen wesentlich bestimmen.[19] Im Regelfall werden dabei keine konkreten Innovationsprojekte untersucht, sondern die Einschätzungen von (zumeist) Führungskräften bezüglich konstitutiver Determinanten umweltorientierter Innovationen eruiert. Dabei werden sowohl unternehmensinterne als auch -externe Faktoren abgefragt. In einigen Arbeiten wie etwa in jenen von Strothmann et. al. und Burtscher et. al. werden dabei nicht nur die Anwender von Umweltechniklösungen sondern auch die Anbieter in die Untersuchung einbezogen. Ernst et. al. und das Umweltbundesamt[20] führen bei ihren Fallstudien zusätzliche Interviews mit einer großen Anzahl in Frage kommender Anspruchsgruppen (z.B. Lieferanten, Kunden, Entsorger, Banken, Anrainer, Forschungseinrichtungen, Verbände) durch.

---

[19] Beispiele hierfür sind etwa die Untersuchungen von Strothmann et. al. [Umwelttechnik] 1995; Burtscher/Pohoryles [Clean Technology] 1994; Ernst et. al. [Einflußfaktoren] 1996

[20] Umweltbundesamt [Innovationspotentiale] 1998

Verhältnismäßig selten sind jene Arbeiten, die den Schwerpunkt der Untersuchung auf den Entscheidungs- und Durchsetzungsprozeß legen.[21] Dabei werden die konkreten Innovationsprojekte meist ex-post analysiert[22], wobei sich generell das Problem stellt, daß in der Vergangenheit liegende Innovationsvorgänge in bezug auf Art, Umfang und zeitlicher Abfolge der Aktivitäten auch von den wesentlichen Akteuren unvollständig und zum Teil verzerrt in Erinnerung behalten werden.[23] Auch beeinflußt der positive/negative Abschluß eines Innovationsprojekts die Einschätzung des vorausgegangenen Innovationsprozesses. Diese grundsätzlich vorhandene Fehlerquelle kann durch persönliche Interviews[24] sowie durch Analyse von Dokumenten verringert werden. Bei Dokumentanalysen ergibt sich oftmals das Problem, daß bei Innovationsvorgängen in einem hohen Ausmaß informale Informations- und Kommunikationsprozesse stattfinden, die im Regelfall auch nicht protokolliert werden.

4 Ableitung adoptionsrelevanter Kriterien aus den analysierten Studien

Zur Analyse der Fragestellung nach den die Adoptionsentscheidung prägenden Einflußfaktoren und nach der Beziehung dieser Einflußfaktoren zueinander wurden aus den oben beschriebenen empirischen Studien und der Literatur adoptionsrelevante Kriterien abgeleitet. Die Kriterien wurden den einzelnen Bereichen Adoptionsumwelt, Adoptionssubjekt (Unternehmung) und Adoptionsobjekt (Umwelttechnologie) zugeordnet.[25] In Tabelle 3a und 3b sowie Tabelle 4a und 4b werden in den Studien als adoptionsrelevant erachtete Kriterien aufgelistet und den daraus abgeleiteten Fragestellungen der eigenen Untersuchung gegenübergestellt. Die Kriterienindizes ermöglichen die Zuordnung zu den in Tabelle 2a bis 2c aufgelisteten Studien.

---

[21] Vgl. Green et. al. [Trajectories] 1994; Ornetzeder/Schramm [Diffusion] 1997; Schwarz/Zettl [Prozeßinnovationen] 1998; z.T. Schwarz [Prozeßinnovationen] 1999

[22] Ornetzeder/Schramm [Diffusion] 1997 untersuchen auch im Planungsstadium befindliche Innovationsvorhaben.

[23] Vgl. Witte [Organisation] 1973, S. 59

[24] Uhlmann [Innovationsprozeß] 1978, S. 62 geht davon aus, daß die befragten Experten aufgrund ihrer Kenntnisse der betrieblichen Innovationspraxis diese Lücken weitgehend auszugleichen vermögen.

[25] Vgl. Gerpott [Technologiemanagement] 1999, S. 126

In den Studien als adoptionsrelevant erachtete Kriterien	Abgefragte Sachverhalte der eigenen Erhebung
Branche[c,i] Unternehmungen tendenziell innovativerer Branchen führen eher Umweltinnovationen durch.[n]	In welche der folgenden Branchen ist Ihr Betrieb einzuordnen? (Falls Sie in mehreren Branchen tätig sind, kreuzen Sie bitte die Branche mit Ihrem Produktionsschwerpunkt an.)
Betriebsgröße[c] Unternehmensgröße[n,i]	Wie viele Mitarbeiter sind in Ihrem Betrieb beschäftigt?
	Wie hoch war der zuletzt ausgewiesene Umsatz in Ihrem Betrieb?
Ökologische Betroffenheit der Branche[b] Umweltbewußtsein der Öffentlichkeit[e] Umweltbewusstsein in der Gesellschaft[r] gesellschaftliches Umfeld[s,p]	Wie stark ist Ihre Branche im Vergleich zur übrigen Wirtschaft von der öffentlichen Umweltschutzdiskussion betroffen?
Gesetzgebung[e,m,n,o,p,r,i,b,g,j] Umweltgesetzgebung[u,q,h] (erwartete) gesetzliche Regelungen[d,l,u] Ordnungsrecht[t] Umweltpolitik[r,s,j,p] Behördliche Genehmigungsverfahren[u] Erfüllung bestehender Gesetze[n] EG-Richtlinien[q] Rechtliche Defizite[r] Entwicklung der Gesetzgebung ist abzuwarten[f] mangelnde Verläßlichkeit der Umweltpolitik[s] unzureichende oder unklare rechtliche Vorgaben[k] Förderungen[b,e,g]	Wie stark ist Ihre Branche im Vergleich zur übrigen Wirtschaft durch umweltgesetzliche Bestimmungen (Gesetze, Verordnungen, Auflagen, Bescheide) betroffen? Für wie ausgeprägt erachten Sie das öffentliche Förderwesen für Umwelttechnologien (additive und integrierte Technologien) in Ihrer Branche?
Anforderungen des Marktes[d,p] Erweiterung von Marktanteilen[n] Forderungen des Handels nach umweltfreundlichen Produkten[q] Nachfrage nach umweltschonenden Produkten[s] Kunden[p,g,q] Schlüsselkunden[h] Kunden und Öffentlichkeit honorieren derartige Investitionen nicht[f,t]	Wie stark trifft folgende Aussage Ihrer Meinung nach zu? „In Ihrer Branche gewinnen umweltrelevante Aspekte zunehmend Bedeutung als Wettbewerbsargument." Setzen Sie Umweltschutzargumente im Marketing ein?

Tab. 3a: Adoptionssubjekt und –umwelt

In den Studien als adoptionsrelevant erachtete Kriterien	Abgefragte Sachverhalte der eigenen Erhebung
autonome technische Entwicklung[r] Verfügbarkeit einer neuen Technologie[u] (partielle) Unausgereiftheit der Technologien[r]	In welchem Verhältnis stehen in Ihrer Branche additive Technologien (nachgeschaltete Technologien, End of Pipe-Technologien) und integrierte Technologien (Clean technologies) zur Lösung der wesentlichen Umweltprobleme zur Verfügung?
Anrainer[g,q] Bürgerinitiativen[q] Umweltschutzorganisationen[g]	Hatten Sie in Ihrem Betrieb schon Probleme mit Umweltschutzgruppen und/oder Anrainern?
ökologische Betroffenheit des Betriebes[b] Druck der Öffentlichkeit[i] Forderungen von Verbraucherorganisationen[q] kritische Medienberichterstattung[q,s] Umweltbewußtsein der Unternehmungen[e]	Wie hoch sind die Umweltbelastungen Ihres Betriebes im Vergleich zu Ihren unmittelbaren Mitbewerbern? Wie stark ist Ihr Betrieb im Vergleich zu Ihren unmittelbaren Mitbewerbern von der öffentlichen Umweltschutzdiskussion betroffen?
Forschung und Entwicklungstätigkeit[n] Wissen[p]	Gibt es in Ihrem Betrieb Mitarbeiter, deren Aufgabe es auch ist, Umwelttechnologien zu entwickeln?
Alter der Produktionsanlagen[a] bisher verwendete Technik muß vollständig ersetzt werden[f]	Wie beurteilen Sie die Produktionsanlagen/-technologien in Ihrem Betrieb im Vergleich zu denen Ihrer unmittelbaren Mitbewerber? (Modernität der Produktionsanlagen)
Fehlen von Risikokapital[t] lange Amortisationsdauer[u]	Innerhalb welchen Zeitraums müssen sich Investitionen in Umwelttechnologien in Ihrem Betrieb durchschnittlich amortisiert haben?
Verbesserung der Wettbewerbsposition[j] Wettbewerbsstrategien[e]	Ihre wesentlichen Vorteile im Wettbewerb liegen im Vergleich zu Ihren unmittelbaren Mitbewerbern in geringen Kosten/ in höherer Produktqualität.
Bestreben eine Vorreiterrolle einzunehmen[m] Umweltschutzstrategie[c,u] Unternehmenspolitik[d]	Ihr Betrieb versucht gesetzliche Umweltstandards soweit als möglich einzuhalten/ stets einzuhalten/ wenn möglich in einigen Bereichen zu überbieten/ wenn möglich in allen Bereichen zu überbieten.

Tab. 3b: Adoptionssubjekt und –umwelt

Bei der Analyse der Studien zeigt sich, daß in Abhängigkeit der Formulierung der Fragestellung in den einzelnen Studien, adoptionsrelevante Sachverhalte als vom Unternehmen mit der Adoption verfolgtes Ziel, als Hemmnis oder lediglich als genereller Einflußfaktor beschrieben werden. Während beispielsweise ein großer Teil der Autoren die (Umwelt-) Gesetzgebung als generell beeinflussenden Faktor angeben, wird der Einfluß der Gesetzgebung bei Cleff und Rennings über die Bedeutung des Zieles der Erfüllung bestehender Gesetze abgefragt. Klemmer/Lehr/Löbbe und Sagar/Frosch indes bezeichnen unzureichende oder unklare rechtliche

Vorgaben und das Fehlen von Klarheit über Einführung von Umweltgesetzen als bedeutendes Hemmnis (vgl. Tabelle 4a und 4 b).

Die einzelnen Studien unterscheiden sich zudem hinsichtlich des Detaillierungsgrades der Wirtschaftlichkeitskriterien. So wird in einigen Arbeiten beispielsweise das Ziel der Kostenreduktion als bedeutender Einflußfaktor genannt, während in anderen auf die Bedeutung der Reduktion zahlreicher Kostenarten eingegangen wird. Der unterschiedliche Detaillierungsgrad wird in Tabelle 4a und 4b durch eine entsprechende Anordnung der einzelnen Zellen dargestellt.

In den Studien als adoptionsrelevant erachtete Kriterien			Abgefragte Sachverhalte der eigenen Erhebung Wie bedeutend sind einzelne Ziele/Kriterien bei der Auswahl von Umwelttechnologien?
Gewinnziele[g]	Umsatzwachstum[m]		Erhöhung des Umsatzes
mangelnde Rentabilität[r,t] Erhöhung der (Arbeits-) Produktivität[h,n] Rentabilitätskalkül der Unternehmen (ungünstige Wirtschaftlichkeit beziehungsweise ein höherer Preis)[r]	Kosteneinsparungen[j,e,i,h] Kostenvorteile[u] befürchteter Anstieg der Fertigungskosten[f] Reduktion der Inputfaktoren[h]	Reduktion der Materialkosten[a,d] Materialeinsparungen[f,n]	Reduktion der Materialkosten
		Reduktion der Lohnkosten[n]	Reduktion der Personalkosten
		Redukt. der Betriebs- und Wartungskosten[f] Redukt. der Betriebskosten[a] Redukt. der Energiekosten[a,d,m,l] Redukt. der (Abfall-) Entsorgungskosten[a,n] Redukt. der Produktionsvorbereitungskosten[n]	Reduktion der Betriebskosten der Produktionsanlage
hohe Investitionsbeträge[f] geringe Investitionskosten[a]			Geringe Investitionsausgaben

Tab. 4a: Adoptionsobjektbezogene Kriterien

In den Studien als adoptionsrelevant erachtete Kriterien	Abgefragte Sachverhalte der eigenen Erhebung Wie bedeutend sind einzelne Ziele/Kriterien bei der Auswahl von Umwelttechnologien?
Erhöhung der Produktqualität[a,f] Qualitätsverlust[f] Fehlerreduktion[h]	Erhöhung der Qualität der Erzeugnisse
Anlagensicherheit[t]	Erhöhung der Produktionssicherheit
Verbesserung der eingesetzten Technologie[h] Verbesserung des Produktionsprozesses[h] Verminderungen des Ausschusses[n] Senkung der Bearbeitungs-/Durchlaufzeit[a]	Verbesserung der betrieblichen Abläufe
Verbesserung der Flexibilität[t]	Erhöhung der Flexibilität des Produktionssystems
Erhöhung des Automatisierungsgrades[a]	Erhöhung des Automationsgrades
Der Grund für end-of-pipe oder Recycling-Technologien liegt in den geringen Änderungen im Produktionsprozeß[j] Verträglichkeit der technologischen Innovation mit der vorgegebenen betrieblichen Situation[o]	Leichte Integrierbarkeit der neuen Technologie in das Produktionssystem (Kompatibilität)
Komplexität der Prozeßinnovation[t]	Einfachheit beim Erlernen der Technologie
	Einfachheit der Handhabung der Technologie im laufenden Betrieb
Information bzw. Informationsvermittlung[a,t] Information, Ausbildung und Beratung[g] Informationsfluss zwischen den einzelnen Elementen der Produktionskette[j] Informationsmangel[k,t,i] (technologische) Informationsdefizite[r,t] mangelnder Zugang zu technischem Wissen (Patentschutz)[t] Kooperationen als Informationsquelle[c,d,o]	Vorhandensein von Referenzprojekten und Informationen
Reduktion des Energieeinsatzes[e,l,f,j,n]	Reduktion des Energieeinsatzes
Emissionsreduktion[h,f]	Reduktion der Abwasserbelastung
	Reduktion der Luftbelastung
	Reduktion der Abfallmenge und -schädlichkeit
Recycling[h]	Erhöhung des Einsatzes von Rezyklaten
Einsatz umweltverträglicher Materialien[a,f]	Erhöhung des Einsatzes von umweltfreundlichen Rohstoffen
Imageverbesserung[n,m,t,u,f,l]	Imageverbesserung
Erhöhung Arbeitssicherheit[a,f] Forderungen von Mitarbeitern[q] Verbesserung der Arbeitsbedingungen[n] Erhöhung Arbeitsmotivation[a]	Verbesserung der Arbeitsbedingungen der Mitarbeiter

Tab. 4b: Adoptionsobjektbezogene Kriterien

Ein Ziel des Beitrags ist die Analyse Bedeutung der Einflußfaktoren für die Entscheidung zwischen additiven und integrierten Prozeßtechnologien. Der aus den empirischen Studien abgeleitete Fragenkatalog wurde daher um die nachfolgenden Fragestellungen ergänzt:

- Schätzen sie bitte, wie viele Umwelttechnologien in Ihrem Betrieb innerhalb der letzten 5 Jahre eingeführt wurden.

- In welchem Verhältnis setzen Sie zur Lösung konkreter Umweltprobleme additive Technologien (End of Pipe-Technologien) und integrierte Technologien (Clean Technologies) ein?

- Wie hoch schätzen Sie den Anteil der Investitionen für integrierte Umwelttechnologien innerhalb der letzten 5 Jahre gemessen an der Summe der gesamten Investitionen für Umwelttechnologien?

5 Ergebnisse der empirischen Studie

Als Determinanten der Adoptionsumwelt für umweltorientierte Prozeßinnovationen sowie für damit oftmals verbundene Technologiewahlentscheidungen werden in der Literatur insbesondere gegenwärtige sowie zu erwartende Tendenzen des gesellschaftlichen Umweltbewußtseins, der Umweltschutzgesetzgebung, der umweltorientierten Technologie- und Förderpolitik, des umweltorientierten Verhaltens der übrigen Marktteilnehmer, der Angebotssituation sowie der Entwicklungstendenzen im Bereich der Umweltschutztechnologien genannt.[26]

---

[26] Vgl. etwa Schwarz [Prozeßinnovationen] 1999, S. 68ff.

Einführung umweltorientierter Prozeßtechnologien

	Skala	N	Mittelwert	Standardabweichung
Wie stark ist Ihre Branche im Vergleich zur übrigen Wirtschaft von der öffentlichen Umweltschutzdiskussion betroffen?	-5 = viel weniger +5 = viel stärker	345	1,20	2,30
Wie stark ist Ihre Branche im Vergleich zur übrigen Wirtschaft durch umweltgesetzliche Bestimmungen (Gesetze, Verordnungen, Auflagen, Bescheide) betroffen?	-5 = viel weniger +5 = viel stärker	345	1,79	1,84
Für wie ausgeprägt erachten Sie das öffentliche Förderwesen für Umwelttechnologien (additive und integrierte Technologien) in Ihrer Branche?	0 = nicht vorhanden 5 = sehr stark ausgeprägt	343	1,57	1,01
Wie stark trifft folgende Aussage Ihrer Meinung nach zu? „In Ihrer Branche gewinnen umweltrelevante Aspekte zunehmend Bedeutung als Wettbewerbsargument."	0 = trifft nicht zu 5 = trifft sehr stark zu	345	2,10	1,41
In welchem Verhältnis stehen in Ihrer Branche additive Technologien (nachgeschaltete Technologien, End of Pipe-Technologien) und integrierte Technologien (Clean technologies) zur Lösung wesentlicher Umweltprobleme zur Verfügung?	0 = 100% additiv 5 = 100% integriert	338	2,33	0,95

Tab. 5: Ausprägungen der Adoptionsumwelt

Bei der Analyse der empirischen Daten zeigt sich, daß die Unternehmen insgesamt die Betroffenheit der eigenen Branche durch die öffentliche Umweltschutzdiskussion sowie durch die Umweltgesetzgebung als überdurchschnittlich hoch einschätzen. Die Ursache dafür kann in den in der Einleitung erwähnten, überdurchschnittlich hohen Umweltwirkungen des Grundstoff- und Produktionsgütersektors gesehen werden. Das öffentliche Förderwesen für Umwelttechnologien wird als unterdurchschnittlich ausgeprägt beurteilt, während hingegen das Angebot an Technologien hinsichtlich additiv und integriert als relativ ausgewogen wahrgenommen wird. Als Determinanten des Adoptionssubjektes (Unternehmen) werden u.a. die unmittelbare Betroffenheit der Unternehmung, determiniert durch die eigene Umweltbelastung, die bereits eingesetzten Technologien sowie die Unternehmensgröße und damit in Zusammenhang stehende Faktoren wie finanziellen Ressourcen des Unternehmens und internes Know-how zur Lösung von Umweltschutzproblemen behandelt.

Mitarbeiter	1-9	10-49	50-249	>= 250	k.a.	gesamt
Anzahl	9	85	161	89	2	346
%	2,6	24,6	46,5	25,7	0,6	100
Umsatz in Mio. €	<1	>= 1 bis < 7	>=7 bis < 40	>= 40	k.a	gesamt
Anzahl	14	91	144	88	9	346
%	4,0	26,3	41,6	25,4	2,6	100

Tab. 6: Größenverteilung der untersuchten Unternehmen

	Skala	N	Mittelwert	Standardabweichung
Im Vergleich zu Ihren unmittelbaren Mitbewerbern sind die Umweltbelastungen Ihres Betriebes im Schnitt…	-5 = sehr viel geringer +5 = sehr viel höher	344	-0,90	1,93
Wie stark ist Ihr Betrieb im Vergleich zu Ihren unmittelbaren Mitbewerbern von der öffentlichen Umweltschutzdiskussion betroffen?	-5 = viel weniger +5 = viel stärker	345	-0,09	1,79
Wie beurteilen Sie die Produktionsanlagen/-technologien in Ihrem Betrieb im Vergleich zu denen Ihrer unmittelbaren Mitbewerber?	-5 = viel weniger modern +5 = viel moderner	342	1,04	2,00

		ja	Nein	gesamt
Gibt es in Ihrem Betrieb Mitarbeiter, deren Aufgabe es auch ist, Umwelttechnologien zu entwickeln?	Anzahl	146	200	346
	%	42,2	57,8	100

		N	Mittelwert	Standardabweichung
Wenn ja, Anzahl der Mitarbeiter deren Aufgabe es auch ist, Umwelttechnologien zu entwickeln?	Anzahl der Mitarbeiter	139	3,23	5,56

Tab. 7: Ausprägungen des Adoptionssubjektes (Unternehmung)

Auffällig ist in diesem Zusammenhang, daß die Befragten zwar die Branche generell als überdurchschnittlich betroffen beurteilen (Mittelwert 1,20/ Standardabweichung 2,30 vgl. Tabelle 7), die durch das eigene Unternehmen verursachten Umweltbelastungen sowie die Betroffenheit des eigenen Unternehmens durch die öffentliche Umweltschutzdiskussion dagegen als neutral bis unterdurchschnittlich einschätzen. Der Grad der Betroffenheit einer Branche ist, zumindest theoretisch, aus der Summe der Betroffenheit der einzelnen Unternehmen abzuleiten. Die Abweichung der Mittelwerte weist somit auf eine unterschiedliche Wahrnehmung der ökologischen Betroffenheit in Bezug auf die Branche und das eigene Unternehmen hin.

Abgesehen von den oben erwähnten Determinanten des Adoptionssubjektes sind im Zusammenhang mit der Einführung von umweltorientierten Prozeßtechnologien die erwartete Amortisationsdauer, die Umweltschutzstrategie und die Wettbewerbsstrategie sowie die Häufigkeit der Einführung von Umwelttechnologien und der bevorzugte Lösungsansatz (additiv/integriert) von Bedeutung (vgl. Tabelle 8a und 8b).

Einführung umweltorientierter Prozeßtechnologien

Innerhalb welchen Zeitraums müssen sich Investitionen in Umwelttechnologien in Ihrem Betrieb durchschnittlich amortisiert haben?	Jahr(e)	< 1	>= 1 bis < 3	>= 3 bis < 5	> 5	k.a.	Gesamt
	Anzahl	11	129	129	59	18	346
	%	3,2	37,3	37,3	17,1	5,2	100
Ihr Betrieb versucht gesetzliche Umweltstandards...		so weit als möglich einzuhalten	stets einzuhalten	wenn möglich in einigen Bereichen zu überbieten	wenn möglich in allen Bereichen zu überbieten	k.a.	gesamt
	Anzahl	58	134	114	39	1	346
	%	16,8	38,7	32,9	11,3	0,3	100
Ihre wesentlichen Vorteile im Wettbewerb liegen im Vergleich zu Ihren unmittelbaren Mitbewerbern...	in	geringeren Kosten	in beidem	höherer Produktqualität	k.a.		gesamt
	Anzahl	51	31	250	14		346
	%	14,7	9,0	72,3	4,0		100

Tab. 8a: Merkmale des Adoptionssubjektes in Bezug auf die Einführung von umweltorientierten Prozeßtechnologien

	Skala	N	Mittelwert	Standardabweichung
Setzen Sie Umweltschutzargumente im Marketing ein?	0 = nie 5 = immer	342	2,19	1,42
In welchem Verhältnis setzen Sie zur Lösung konkreter Umweltprobleme additive Technologien (End of Pipe-Technologien) und integrierte Technologien (Clean Technologies) ein?	0 = 100% additiv 5 = 100% integriert	333	2,34	1,02
Wie hoch schätzen Sie den Anteil der Investitionen für integrierte Umwelttechnologien innerhalb der letzten 5 Jahre gemessen an der Summe der gesamten Investitionen für Umwelttechnologien?	0 = 0% 5 = 100%	334	1,68	1,13

Schätzen sie bitte, wie viele Umwelttechnologien in Ihrem Betrieb innerhalb der letzten 5 Jahre eingeführt wurden (z.B. Einbau von Filteranlagen, Schließen von Stoffkreisläufen)	Anzahl eingeführt	0-5	6-10	11-15	16-20	mehr als 20	k.a.	gesamt
	Anzahl	146	132	35	10	21	2	346
	%	42,2	38,2	10,1	2,9	6,1	0,6	100

Tab. 8b: Merkmale des Adoptionssubjektes in Bezug auf die Einführung von umweltorientierten Prozeßtechnologien

Wie Tabelle 8a und 8b zu entnehmen ist, sind 72,3% der Unternehmen Qualitätsführer und 17,4% Kostenführer. 9% geben an sowohl Qualitäts- als auch Kostenführerschaft simultan zu erreichen.[27] Bemerkenswert ist, daß nahezu die Hälfte der Unternehmen versucht, gesetzliche Umweltstandards zumindest in einigen Bereichen zu überbieten.

Die Ausprägung der Merkmale des Adoptionssubjektes sind bei der Auswahl umweltorientierter Prozeßtechnologien naturgemäß von hoher Bedeutung. Ihre Bedeutung erlangen diese Ausprägungen durch den Beitrag, den sie zur Erfüllung der mit der Adoption verfolgten Ziele leisten. Während die Ausprägungen der Merkmale sehr stark von der jeweils betrachteten Einzeltechnologie abhängen sind die unternehmerischen Zielsetzungen vergleichsweise konstant. Neben den verfolgten Zielen, die einzelne Aspekte des relativen Vorteils[28] darstellen, sind Komplexität, Kompatibilität, Beobachtbarkeit, Kommunizierbarkeit, Erprobbarkeit und Teilbarkeit[29] der Innovation von Relevanz.

Bedingt durch die Auswahl des Untersuchungsgegenstandes dominieren erwartungsgemäß, umweltbezogene Ziele wie Reduktion von Abwasserbelastung, Luftbelastung, Energieeinsatz sowie Abfallmenge und –schädlichkeit. Der Verbesserung der Arbeitsbedingungen der Mitarbeiter wird die höchste Bedeutung (Mittelwert 3,90) beigemessen. Zudem weist die mit Abstand geringste Standardabweichung (1,15) auf eine hohe Übereinstimmung in den Antworten hin. Die Erhöhung der Produktionssicherheit wird ebenso als relativ wichtig erachtet.

---

[27] Vgl. zu Wettbewerbsstrategien Kaluza [Produktdifferenzierungsstrategie] 1996, S. 194ff

[28] Der relative Vorteil drückt das vom Adopter wahrgenommene und empfundene Ausmaß der Überlegenheit einer Innovation gegenüber der bestehenden Lösung aus. Vgl. Rogers [Diffusion] 1971, S. 213 ff; Schmalen/Pechtl [Innovationseigenschaften] 1996, S. 820

[29] Vgl. Rogers [Diffusion] 1971, S. 230ff; Schmalen/Pechtl [Innovationseigenschaften] 1996, S. 820f

Einführung umweltorientierter Prozeßtechnologien

Wie bedeutend sind nachstehende Ziele/Kriterien bei der Auswahl von Umwelttechnologien in Ihrem Betrieb?	0 = keine Bedeutung, 5 = hohe Bedeutung		
	N	Mittelwert	Standardabweichung
Erhöhung des Umsatzes	340	1,96	1,69
Reduktion der Materialkosten	343	3,11	1,55
Reduktion der Personalkosten	340	2,43	1,73
Reduktion der Betriebskosten der Produktionsanlage	341	3,19	1,47
Geringe Investitionsausgaben	341	2,48	1,51
Erhöhung der Qualität der Erzeugnisse	336	3,33	1,58
Erhöhung der Produktionssicherheit	343	3,55	1,36
Verbesserung der betrieblichen Abläufe	342	3,32	1,33
Erhöhung der Flexibilität des Produktionssystems	339	2,79	1,60
Erhöhung des Automationsgrades	338	2,57	1,60
Leichte Integrierbarkeit der neuen Technologie in das Produktionssystem (Kompatibilität)	341	3,32	1,39
Einfachheit beim Erlernen der Technologie	342	2,61	1,54
Einfachheit der Handhabung der Technologie im laufenden Betrieb	342	3,16	1,39
Vorhandensein von Referenzprojekten und Informationen	342	2,73	1,39
Reduktion des Energieeinsatzes	342	3,68	1,33
Reduktion der Abwasserbelastung	343	3,52	1,61
Reduktion der Luftbelastung	344	3,81	1,38
Reduktion der Abfallmenge und -schädlichkeit	342	3,79	1,33
Erhöhung des Einsatzes von Rezyklaten	338	2,84	1,58
Erhöhung des Einsatzes von umweltfreundlichen Rohstoffen	341	3,10	1,49
Imageverbesserung	344	3,16	1,38
Verbesserung der Arbeitsbedingungen der Mitarbeiter	344	3,90	1,15

Tab. 9: Bedeutung der einzelnen Ziele/Kriterien bei der Auswahl von umweltorientierten Prozeßtechnologien

5.1 Analyse der Zusammenhänge adoptionsrelevanter Kriterien

Um die Kriterien auf wenige voneinander unabhängige Einflußfaktoren zu reduzieren, wurde anhand der empirisch erhobenen Daten eine explorative Faktorenanalyse[30] (Hauptkomponentenanalyse) durchgeführt. Zur leichteren Interpretation wurde eine Rotation der Faktorladungsmatrix zur Einfachstruktur (Varimax-Kriterium) vorgenommen. Durch diese Vorgehensweise konnten mehrere voneinander unabhängige Einflußfaktoren identifiziert werden, von denen acht Einflußfaktoren zwei oder mehr stark korrelierende ursprünglichen Kriterien repräsentieren (vgl. Tabelle 10a, 10b und 10c).

	Einflußfaktor										
	1	2	3	4	5	6	7	8	9	10	11
Verbesserung der betrieblichen Abläufe	0,74										
Erhöhung der Flexibilität des Produktionssystems	0,73										
Erhöhung des Automationsgrades	0,68										
Erhöhung der Produktionssicherheit	0,68										
Erhöhung der Qualität der Erzeugnisse	0,67										
Wie beurteilen Sie ihre Produktionsanlagen/-technologien im Vergleich zu denen Ihrer Mitbewerber? (Modernität)	0,38	-0,28									
Reduktion der Materialkosten		0,79									
Reduktion der Personalkosten		0,77									
Erhöhung des Umsatzes		0,71									
Reduktion der Betriebskosten der Produktionsanlage		0,63									
Geringe Investitionsausgaben		0,46	0,32								0,37

Tab. 10a: Faktorladungsmatrix nach Rotation

---

[30] Die Eignung dieser Methode wurde durch den Kaiser-Meyer-Olkin-Test bestätigt, welcher durch einen MSA-Wert von 0,809 auf starke Korrelationen zwischen einzelnen Variablen hinweist. Vgl. dazu auch Backhaus et. al. [Analysemethoden] 1994, S. 205

Einführung umweltorientierter Prozeßtechnologien

	Einflußfaktor										
	1	2	3	4	5	6	7	8	9	10	11
Reduktion der Abwasserbelastung			0,77								
Reduktion der Luftbelastung			0,76								
Reduktion der Abfallmenge und -schädlichkeit			0,72								
Reduktion des Energieeinsatzes			0,58								
Verbesserung der Arbeitsbedingungen der Mitarbeiter	0,49		0,51								
Einfachheit der Handhabung der Technologie					0,84						
Einfachheit beim Erlernen der Technologie					0,80						
leichte Integrierbarkeit der neuen Technologie (Kompatibilität)					0,69						
Vorhandensein von Referenzprojekten und Informationen					0,65						
Anzahl der Mitarbeiter						0,86					
Höhe des zuletzt ausgewiesenen Umsatzes						0,85					
Wie viele Umwelttechnologien wurden in Ihrem Betrieb innerhalb der letzten 5 Jahre eingeführt?						0,60					
Anzahl der Mitarbeiter deren Aufgabe es auch ist, Umwelttechnologien zu entwickeln						0,48			0,30		
In welchem Verhältnis setzen Sie zur Lösung konkreter Umweltprobleme additive und integrierte Technologien ein?							0,91				
In welchem Verhältnis stehen in Ihrer Branche additive und integrierte Technologien zur Verfügung							0,84				
Wie hoch schätzen Sie den Anteil der Investitionen für integrierte Umwelttechnologien?							0,55				

Tab. 10b: Faktorladungsmatrix nach Rotation

	Einflußfaktor										
	1	2	3	4	5	6	7	8	9	10	11
Wie stark ist Ihre Branche durch umweltgesetzliche Bestimmungen betroffen?							0,86				
Wie stark ist Ihre Branche von der öffentlichen Umweltschutzdiskussion betroffen?							0,84				
Innerhalb welchen Zeitraums müssen sich Investitionen in Umwelttechnologien amortisiert haben?		-0,32					0,33				
Imageverbesserung								0,63			
Erhöhung des Einsatzes von Rezyklaten								0,62			
Erhöhung des Einsatzes von umweltfreundlichen Rohstoffen								0,61			
Ihr Betrieb versucht gesetzliche Umweltstandards...								0,45	-0,37		
Im Vergleich zu Ihren unmittelbaren Mitbewerbern sind die Umweltbelastungen Ihres Betriebes im Schnitt...									0,77		
Wie stark ist Ihr Betrieb von öffentl. Umweltschutzdiskussion betroffen?									0,70		
Probleme mit Bürgerinitiativen/Anrainern							0,37		0,52		
Gewinnen in Ihrer Branche umweltrelevante Aspekte als Wettbewerbsargument an Bedeutung?										0,83	
Setzen Sie Umweltschutzargumente im Marketing ein?										0,71	
Für wie ausgeprägt erachten Sie das öffentliche Förderwesen in Ihrer Branche?											0,80

Tab. 10c: Faktorladungsmatrix nach Rotation

Nachstehend werden die wesentlichen extrahierten Einflußfaktoren sowie die dazugehörigen Kriterien beschrieben:

- Ziele wie Verbesserung der betrieblichen Abläufe, Erhöhung der Flexibilität des Produktionssystems, des Automationsgrades und der Produktionssicherheit sowie die Erhöhung der Qualität der Erzeugnisse spiegeln sich im Einflußfaktor „produktionsstrategische Ziele" wider.
- Die Ziele Reduktion von Material-, Personal- und Betriebskosten sowie das Ziel der Umsatzsteigerung können aufgrund ihres engen Zusammenhangs unter dem Einflußfaktor „Kosten- und Erlösziele" zusammengefaßt werden.
- Der Einflußfaktor „umweltorientierte Ziele" verbindet die korrelierenden Ziele Reduktion der Luft- und Abwasserbelastung, Reduktion des Energieeinsatzes und Reduktion der Abfallmenge.
- „Aspekte der Implementierung" wie Komplexität in der Handhabung und bei Erlernen der Technologie, Kompatibilität mit dem bestehenden Produktionssystem und das Vorhandensein von Referenzprojekten und Informationen stehen in einem engen Zusammenhang. Die „ökologische Betroffenheit der Branche" drückt das Vorhandensein einer öffentlichen Umweltschutzdiskussion und das Ausmaß umweltgesetzlicher Bestimmungen aus. Dagegen umfaßt der Einflußfaktor „ökologische Betroffenheit des Betriebes" die relative Umweltbelastung des Betriebes im Vergleich zur Konkurrenz, die Betroffenheit des einzelnen Betriebes von der öffentlichen Umweltschutzdiskussion sowie die Häufigkeit des Auftretens von Problemen mit Bürgerinitiativen oder Anrainern. Die „Unternehmensgröße" faßt Mitarbeiterzahl und den zuletzt ausgewiesenen Umsatz zusammen. „Umweltaspekte als Marketingstrategie" subsummiert die Bedeutung umweltorientierter Aspekte als Wettbewerbsargument in der Branche (Adoptionsumwelt) und der Einsatz dieser Argumente durch den Betrieb (Adoptionssubjekt) und kann deshalb, im Gegensatz zu den anderen Einflußfaktoren, nicht eindeutig der Adoptionsumwelt oder dem Adoptionssubjekt zugeordnet werden.

5.2 Unternehmenstypen

Zur Untersuchung der Fragestellung, ob sich Unternehmungen bei der Wahl von umweltorientierten Prozeßtechnologien hinsichtlich ihrer Zielvorstellungen unterscheiden, wurde mit Hilfe der Clusteranalyse[31] (Ward-Verfahren[32]) die Menge der

---

[31] Ziel der Clusteranalyse ist es, die Gruppe der Untersuchungsobjekte anhand ihrer Ausprägungen in Teilgruppen zu unterteilen. Dabei sollen die Gruppen in sich möglicht homogen, die Gruppen untereinander jedoch möglichst unterschiedlich sein. Zur Clusteranalyse vgl. Backhaus et. al. [Analysemethoden] 1994, S. 261ff; Hartung [Statistik] 1995, S. 443ff.

Unternehmungen aufgrund ihrer Zielvorstellungen in Teilgruppen unterteilt. Die Unternehmungen innerhalb eines Clusters sollen homogene Zielvorstellungen haben, die Cluster untereinander sollen die Ziele jedoch möglichst unterschiedlich gewichten. Anschließend werden die identifizierten Cluster (vgl. Abbildung 1) anhand der übrigen Kriterien charakterisiert).

Dabei zeigt sich, daß sich nicht alle gebildeten Cluster in allen abgefragten Sachverhalten voneinander unterscheiden. So konnte beispielsweise nach der Überprüfung mittels Chi-Quadrat-Test in keinem Cluster eine Abweichung hinsichtlich der Branchenverteilung festgestellt werden und bei den Amortisationserwartungen weisen nur zwei der vier Gruppen ausgeprägte Präferenzen hinsichtlich langer bzw. kurzer Amortisationsdauer auf.

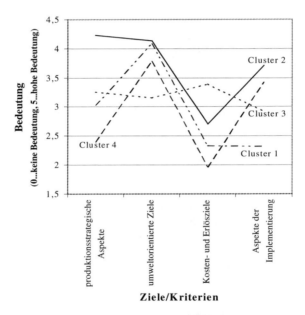

Abb. 1: Mittelwerte der Bedeutung der Ziele / Kriterien in den einzelnen Clustern

Der erste Cluster ist dadurch charakterisiert, daß umweltorientierten Zielen trotz gering empfundener Betroffenheit durch die öffentliche Umweltschutzdiskussion

---

[32] Das verwendete WARD-Verfahren bestimmt die Clusterung durch Agglomeration der Untersuchungsobjekte dermaßen, daß die Fehlerquadratsumme (Varianzkriterium) über alle Gruppen als Heterogenitätsmaß minimiert wird. Dies führt zur Bildung etwa gleich großer Gruppen, die im allgemeinen gut interpretiert werden können. vlg. Backhaus et. al. [Analysemethoden] 1994 S. 298. Die Anzahl der Cluster wurde anhand des Fehlersprungkriteriums und des Dendrogramms auf vier festgelegt

hohe Bedeutung zukommt. Diese Gruppe weist einen erhöhten Anteil an Betrieben, die Differenzierung als Wettbewerbsstrategie angeben, auf und schätzt die Bedeutung produktionsstrategischer Ziele hoch ein. Implementierungsaspekten sowie Kosten- und Erlöszielen wird nur verhältnismäßig geringe Bedeutung beigemessen. Die Unternehmungen dieser Gruppe (31,8%) können als offensive Umweltstrategen bezeichnet werden.

Im Gegensatz zur ersten Gruppe wird im zweiten Cluster die Betroffenheit von der öffentlichen Umweltschutzdiskussion als hoch empfunden. Dies könnte ein Grund für die hohe Gewichtung umweltorientierter Ziele sein. Weiter zeichnen sich diese Betriebe dadurch aus, daß sie Aspekte der Implementierung hoch, jedoch Kosten- und Erlösziele eher niedrig bewerten. Eine hohe Gewichtung produktionsstrategischer Ziele könnte die Ursache dafür sein, daß ein Großteil dieser Betriebe die eigenen Produktionsanlagen als überdurchschnittlich modern beurteilt. Bei der kleinsten aller Gruppen (11,8%) stehen überwiegend technische Aspekte im Vordergrund.

Eine relativ ausgeglichene Gewichtung der Kriterien weisen Betriebe des dritten Clusters auf. Dieser Cluster repräsentiert ebenfalls rund ein Drittel (32,8%) aller Betriebe und enthält einen überdurchschnittlich hohen Anteil an kleinen Unternehmungen, die eine eher reaktive Umweltschutzstrategie verfolgen und ihre Wettbewerbsvorteile in geringen Kosten sehen. Letzteres spiegelt sich auch in der leichten Betonung von Kosten- und Erlöszielen und in kurzfristigen Amortisationserwartungen wider (reaktive, kostenorientierte Unternehmungen).

Im vierten Cluster, gekennzeichnet durch einen erhöhten Anteil an mittleren und großen Betrieben, werden umweltorientierte Ziele und Aspekte der Implementierung wesentlich höher als produktionsstrategische Ziele und Kosten- und Erlösziele bewertet. Neben geringer Betroffenheit durch die öffentliche Umweltschutzdiskussion sind langfristige Amortisationserwartungen bei Umweltschutzinvestitionen zu beobachten.

5.3 Determinanten der Technologiewahl

Neue umweltorientierte Prozeßtechnologien können als additive oder integrierte Lösungen gestaltet sein. Unter Anwendung der multiplen linearen Regressionsanalyse[33] wurde die Stärke des Einflusses der einzelnen Kriterien auf die Höhe des

---

[33] Ziel der multiplen linearen Regressionsanalyse ist die Analyse des Einflusses mehrerer unabhängiger Variablen (Regressoren) auf eine abhängige Variable (Regressand) durch Schätzung der Parameter einer Regressionsgeraden anhand empirisch erhobener Daten. Zur Regressionsanalyse vgl. Backhaus et. al. [Analysemethoden] 1994, S. 1ff; Hartung [Statistik] 1995, S. 77ff.

Anteils, in dem integrierte Technologien in der Unternehmung eingesetzt werden, analysiert. Mit Hilfe der geschätzten Regressionsgeraden können durch elf Kriterien 72,4% der Streuung in den empirisch erhobenen Daten erklärt werden (Bestimmtheitsmaß 0,724). In Tabelle 11 sind diese Kriterien nach ihrer Signifikanz aufgelistet.

Kriterien	Standardisierter Regressionskoeffizient	1-alpha
In welchem Verhältnis stehen in Ihrer Branche additive und integrierte Technologien zur Verfügung?	0,779	100,00%
Reduktion der Betriebskosten der Produktionsanlage	0,153	98,90%
Erhöhung des Einsatzes von Rezyklaten	0,127	98,90%
Reduktion des Energieeinsatzes	-0,153	98,84%
Vorhandensein von Referenzprojekten und Informationen	0,128	98,45%
geringe Investitionsausgaben	-0,125	97,83%
Setzen Sie Umweltschutzargumente im Marketing ein?	-0,106	97,19%
Wie stark ist Ihre Branche von der öffentlichen Umweltschutzdiskussion betroffen	0,099	95,92%
Wie beurteilen Sie ihre Produktionsanlagen/-technologien im Vergleich zu denen Ihrer Mitbewerber? (Modernität)	0,100	95,88%
Wie stark ist Ihr Betrieb von der öffentlichen Umweltschutzdiskussion betroffen?	-0,094	94,27%
Im Vergleich zu Ihren unmittelbaren Mitbewerbern sind die Umweltbelastungen Ihres Betriebes im Schnitt...	-0,087	93,02%

Tab. 11: Standardisierte Regressionskoeffizienten

Ein standardisierter Regressionskoeffizient von 0,779 in der Regressionsgleichung weist darauf hin, daß das Verhältnis in dem technologische Lösungsmöglichkeiten in der Branche zur Verfügung stehen bzw. angeboten werden, einen dominierenden Einfluß auf den Einsatz von additiven oder integrierten Prozeßtechnologien ausübt. Diese Aussage bezieht sich dabei allerdings nicht auf das tatsächliche Technologieangebot, sondern vielmehr auf das von den am Entscheidungsprozeß beteiligten Personen wahrgenommene Angebot.

Die im Rahmen des Regressionsmodells unterstellte Annahme linearer Zusammenhänge zwischen der abhängigen Variablen und den Prädiktoren konnte im Rahmen der Modellchecks erhärtet werden, da das Residuum nicht systematisch mit den vorhergesagten Werten variiert, vgl. Backhaus et. al. [Analysemethoden] 1987, S. 39f. Nach Überprüfung auf Ausreißer mittels Cook-Distanz und Hebelwerten und einem Plot der studentisierten ausgeschlossenen Residuen gegen die standardisierten vorhergesagten Werte wurden 2 von 346 Fragebögen ausgeschlossen.

Erwartungsgemäß spielt bei der Wahl der Technologie die Bedeutung, die den einzelnen Eigenschaften der neuen Technologie beigemessen wird, eine nicht unwesentliche Rolle. Dies zeigt sich besonders deutlich bei den Kriterien, deren Ausprägung üblicherweise eindeutig einer Technologieart zugeordnet werden kann. Beispielsweise wird eine Senkung der Betriebskosten primär im Zusammenhang mit der Einführung integrierter umweltorientierter Prozeßtechnologien genannt. Entsprechend stellt die Gewichtung dieses Zieles bei der Wahl der Technologieart ein bedeutsames Kriterium dar (0,153). Integrierte Prozeßtechnologien sind oftmals mit höheren Investitionsausgaben (höhere Anschaffungs- und Anpassungskosten) verbunden als additive Prozeßtechnologien.[34] In früheren empirischen Erhebungen[35] wurde nachgewiesen, daß Betriebe die Investitionsausgaben bei der Einführung integrierter Technologien wesentlich stärker als Hemmnis bewerten als bei additiven Technologien. Der Umkehrschluß, daß Betriebe, die dem Kriterium der Investitionsausgaben eine hohe Bedeutung beimessen, verstärkt additive Technologien einsetzen müßten, konnte durch einem signifikant hohen Regressionskoeffizienten im Regressionsmodell bestätigt werden (-0,125). Ein positiver Einfluß des Zieles der verstärkten Verwendung von Rezyklaten auf den Einsatz integrierter Technologien (0,127) kann dadurch erklärt werden, daß Recyclingtechnologien per Definition im Fragebogen den integrierten Technologien zugeordnet wurden. Ein Zusammenhang zwischen der Verwendung von Umweltschutzargumenten im Marketing und verstärktem Einsatz von additiven Technologien (-0,106) könnte mit einer leichteren Kommunizierbarkeit additiver Maßnahmen begründet werden.

Ein signifikanter Einfluß der Umweltbelastung eines Betriebes (-0,087) und der Betroffenheit des einzelnen Betriebes von der öffentlichen Umweltschutzdiskussion (-0,094), auf den verstärkten Einsatz additiver umweltorientierter Prozeßtechnologien könnte dahingehend interpretiert werden, daß externer Druck seitens dieser Anspruchsgruppen und die daraus resultierende Notwendigkeit, relativ kurzfristig Maßnahmen zu setzen, die Entscheidung zugunsten additiver Lösungen beeinflußt. Generelle ökologische Betroffenheit der Branche, ohne direkten Druck auf das einzelne Unternehmen führt tendenziell zum verstärkten Einsatz von integrierten Lösungen (0,099).

Die Hypothese, daß integrierte Umweltschutzmaßnahmen primär dann eingesetzt werden, wenn die bestehenden Produktionsanlagen relativ alt und die Sunk-Costs damit eher gering sind, konnte nicht bestätigt werden. Vielmehr ist anzunehmen, daß der vermehrte Einsatz integrierter Lösungsansätzen mit den damit verbundenen Prozeßumgestaltungen zu einer positiveren Beurteilung der eigenen Anlagen

---

[34] Vgl. Antes [Umweltschutz] 1996, S. 17ff

[35] Vgl. Schwarz [Prozeßinnovationen] 1999, S. 167

im Vergleich zu den der Mitbewerber führt. Dies konnte durch den signifikanten positiven Zusammenhang von 0,10 bestätigt werden.

6 Zusammenfassung

Im Rahmen dieses Beitrages wurde vorerst neben der bestehenden themenspezifischen Literatur eine große Anzahl in Zusammenhang mit dem Untersuchungsgegenstand stehender Studien analysiert und ein umfassender Katalog von für Adoptionsentscheidungen bei umweltorientierten Prozeßtechnologien relevanten Kriterien erstellt. Diese Kriterien, die den Bereichen Adoptionsumwelt, Adoptionssubjekt (Unternehmung) und Adoptionsobjekt (Umwelttechnologie) zuzuordnen sind, wurden in einer neuen Untersuchung anhand empirisch erhobener Daten hinsichtlich ihrer Korrelation untersucht und auf voneinander unabhängige Einflußfaktoren reduziert. Trotz der hohen Heterogenität der jeweiligen Einzelentscheidungen können die Unternehmungen vier Clustern zugeordnet werden.

Die Bedeutung einzelner Einflußfaktoren auf die Entscheidung über den Einsatz additiver oder integrierter Prozeßtechnologien wurde unter Verwendung der linearen Regression analysiert, wobei die Einflußgröße Technologieangebot allein für 63,3% der Streuung der empirisch erhobenen Daten verantwortlich ist. Somit zeigt sich, daß die Wahl der Technologie primär vom (wahrgenommenen) Technologieangebot determiniert wird und erst in weiterer Folge von den Charakteristika der Technologieart selbst, ein Sachverhalt, der in früheren Untersuchungen aufgrund der partialanalytischen Betrachtungsweise kaum Beachtung fand. Die vorliegende Untersuchung bildet somit nicht nur die Grundlage für die Konzeption eines Erklärungsmodells für die Adoption umweltorientierter Prozeßtechnologien, sondern zeigt auch Ansatzpunkte zur Förderung integrierter Technologien auf.

Literatur

Ansoff, H. Igor; Stewart, John M.: *Strategies* for a Technology-Based Business, in: Harvard Business Review. Nov.-Dec. 1967, S. 71-83

Antes, Ralf: Präventiver *Umweltschutz* und seine Organisation in Unternehmen. Wiesbaden 1996

Backhaus, Klaus; Erichson, Bernd; Plinke, Wulff; Schuchard-Ficher, Christiane; Weiber, Rolf: Multivariate Analysemethoden, Eine anwendungsorientierte Einführung, 4. und 7. überarb. Aufl., Berlin, Heidelberg, New York, 1994

Bähr-Seppelfricke, Ulrike: Diffusion neuer Produkte. Der Einfluß von Produkteigenschaften. Wiesbaden 1999

Bundesamt für Umwelt, Wald und Landschaft (BUWAL) (Hrsg.): *Methodik* für Ökobilanzen. Schriftenreihe Umwelt Nr. 133. Bern 1991

Dyllick, Thomas: Ökologisch bewußtes *Management*. Die Orientierung 96. Bern 1990

Gerpott, Thorsten: *Technologiemanagement*. Stuttgart, 1999

Goldberg, Walter H.: *Entscheidungsschwellen* bei Umweltschutzinnovationen. In: Integrierter Umweltschutz. Eine Herausforderung für das Innovationsmanagement. Hrsg.: Kreikebaum, Hartmut. 2. Aufl. Wiesbaden 1991, S. 17-32

Graedel, Thomas; Horkeby, Inge; Norberg-Bohm, Victoria: Prioritizing Impacts in Industrial Ecology. In: Industrial Ecology and Global Change. Hrsg.: Sokolow, R.; Andrews, C.; Berkhout, F.; Thomas, V. Cambridge 1994, S. 359-370

Grunt, Manfred: Technische *Innovationen* in mittleren Industrieunternehmen. Fallstudien zum Entscheidungshandeln bei der Einführung neuer Fertigungstechnologien. Münster 1984

Günther, Edeltraud: Ökologieorientiertes *Controlling*. München 1994

Hartje, Volkmar J.: Zur *Struktur* des „ökologisierten" Umweltkapitalstocks: Varianten und Determinanten umweltsparender technologischer Anpassung im Unternehmen. In: Ökologische Modernisierung der Produktion. Strukturen und Trends. Hrsg.: Zimmermann, Klaus; Hartje, Volkmar J.; Ryll Andreas. Berlin 1990, S. 135-198

Hartung, Joachim; Elpelt, Bärbel: Multivariate Statistik, Lehr- und Handbuch der angewandten Statistik, 5. Auflage, München, Wien, 1995

Hauschildt, Jürgen: *Innovationsmanagement*. 2. Aufl. München 1997

Jacobs, Rolf: *Organisation* des Umweltschutzes in Industriebetrieben. Heidelberg 1994

Kaluza, Bernd: Dynamische *Produktdifferenzierungsstrategie* und moderne Produktionssysteme, in: Wildemann, Horst (Hrsg.): Produktions- und Zuliefernetzwerke, München 1996, S. 193 - 238

Kaluza, Bernd: Umweltorientiertes *Technologiemanagement* und Sustainable Development, in: Krallmann, H. (Hrsg.): Herausforderung Umweltmanagement. Zur Harmonisierung des Spannungsfeldes zwischen Ökonomie und Ökologie, Berlin 1996, S. 41 – 73

Kaluza, Bernd; Pasckert, Andreas: *Kreislaufwirtschaftsgesetz* und umweltorientiertes Technologiemanagement, in: Kaluza, Bernd (Hrsg.): Unternehmung und Umwelt, 2., überarb. Auflage, Hamburg 1997, S. 105 - 144

Kaluza, Bernd (Hrsg.): *Kreislaufwirtschaft* und Umweltmanagement. Hamburg 1998

Kleine, Josef: *Investitionsverhalten* bei Prozeßinnovationen. Ein Beitrag zur mikroökonomischen Diffusionsforschung. Frankfurt New York 1983

Klemmer, Paul (Hrsg.): Innovationen und Umwelt. Fallstudien zum Anpassungsverhalten in Wirtschaft und Gesellschaft. Berlin 1999

Litfin, Thorsten: Adoptionsverfahren. Empirische Analyse am Beispiel eines innovativen Telekommunikationsdienstes. Wiesbaden 2000

Maas, Christof: *Determinanten* betrieblichen Innovationsverhaltens. Theorie und Empirie. Berlin 1990

Mansfield, Edwin: How rapidly does New *Technology* leak out? In: The Journal of Industrial Economics 34 (1985) 2, S. 217-223

Matzel, Manfred: Die *Organisation* des betrieblichen Umweltschutzes. Eine organisationstheoretische Analyse der betrieblichen Teilfunktion Umweltschutz. Berlin 1994

Meffert, Heribert; Kirchgeorg, Manfred: Das neue *Leitbild* Sustainable Development - der Weg ist das Ziel. In: Harvard Business Manager 15 (1993) 2, S. 34-45

Nitze, Andreas: Die organisatorische *Umsetzung* einer ökologisch bewußten Unternehmensführung. Eine empirische Erhebung mit Fallbeispielen. Bern Stuttgart 1991

Porter, Michael, E.; Linde van der, Class: *Green* and Competitive: Ending the Stalemate. In: Harvard Business Review (1995) September-October, S. 120-134

Projektgruppe Ökologische Wirtschaft (Hrsg.): *Produktlinienanalyse*. Köln 1987

Rogers, Everett M.: *Diffusion* of Innovations. 3. Aufl New York 1983

Sander, Julia S.: *Ökologie* - Innovation - Unternehmenserfolg: Unternehmensentwicklung im Zeichen des Fortschritts. Frankfurt am Main Berlin 1995

Schmalen, Helmut; Pechtl, Hans: Die Rolle der Innovationseigenschaften als Determinanten im Adoptionsverhalten, In: ZfbF 48 (1996) 9, S. 816 - 836

Schmidt, Rolf: Umweltgerechte *Innovationen* in der chemischen Industrie. Die Entwicklung von Verfahren und Produkten als Ziel des Innovationsmanagements. Ludwigsburg Berlin 1991

Schwarz, Erich, J.: Umweltorientierte technologische *Prozeßinnovationen*. Wiesbaden 1999

Seidl, Irmi: *Ökologie* und Innovation. Die Rolle der Unternehmenskultur in der Agrarchemie. Bern Stuttgart 1993

Steven, Marion: Dynamische *Analyse* des Umweltfaktors in der Produktion. In: ZfB 64 (1994) 4, S. 493-513

Strebel, Heinz; Schwarz, Erich J.; Polzer, Miroslav F.: *Umweltwirkungen* als Entscheidungskriterium für die Auswahl von Produkten. In: io Management-Zeitschrift 62 (1993) 7/8, S. 75-78

Strebel, Heinz; Schwarz, Erich J.; Schwarz, Michaela: Externes *Recycling* im Produktionsbetrieb - Rechtliche Aspekte und betriebswirtschaftliche Voraussetzungen. Wien 1996

Thom, Norbert: *Innovationsmanagement*. Die Orientierung 100. Bern 1992

Türck, Rainer: Das ökologische *Produkt*. Eigenschaften, Erfassung und wettbewerbsstrategische Umsetzung ökologischer Produkte. 2. Aufl. Ludwigsburg 1991

Uhlmann, Luitpold: Der *Innovationsprozeß* in westeuropäischen Industrieländern. Bd 2: Der Ablauf industrieller Innovationsprozesse. Berlin München 1978

Weizsäcker, v. Ernst U.: Geringere *Risiken* durch fehlerfreundliche Systeme. In: Risiko und Wagnis. Die Herausforderung der industriellen Welt. Hrsg.: Schüz Mathias. Pfullingen 1990, S. 107-118

Windsperger, Andreas; Turi, Kristina: *Emissionserhebungen* der Industrie für 1993 und 1994. Wien 1997

Wirtschaftskammer Österreich (Hrsg.): *Aufwendungen* der Industrie für den Umweltschutz 1995-2000. Erhebungsjahr 1997. Wien 1999

Wirtschaftskammer Österreich, Fachgruppenmitglieder Industrie, Wien, 1999

Witte, Eberhard: *Organisation* für Innovationsentscheidungen. Das Promotoren-Modell. Göttingen 1973

Studien

Burtscher, Klaudia; Pohoryles, Ronald: Clean *Technology* Innovationen und deren Verbreitung bei Klein- und Mittelbetrieben. Wien 1994

Cleff, Thomas; Rennings, Klaus: Besonderheiten und Determinanten von *Umweltinnovationen*. Empirische Evidenz aus dem Mannheimer Innovationspanel und einer telefonischen Zusatzbefragung, in: Klemmer [Innovationen] 1998, S. 361-382

Conway, Steve; Steward, Fred: *Networks* and interfaces in enviromental innovation. A comperative study in the UK and Germany, in: High Technology Management Research, 9(1998)2, Greenwich 1998, S. 239-253

Dupuy, Damian: Technological *change* and environmental policy, The diffusion of environmental technology, in: Growth and Change. 28(1997)7, S. 49-66

Ernst, J.; Geisslhofer, A.; Hahn, B.: Sozioökonomische *Einflußfaktoren* bei der Implementierung von integrierten Umweltschutzmaßnahmen in Klein- und Mittelbetrieben. Schriftenreihe der Sektion I des Bundesministeriums für Umwelt, Jugend und Familie. Band 42/96. Wien 1996

Florida, Richard: *Lean* and Green: The Move to Environmentally Conscious Manufacturing. In: California Management Review. 39 (1996) 1, S. 80-105

FUUF Forschungsgruppe Umweltorientierte Unternehmensführung: Umweltorientierte *Unternehmensführung*. Möglichkeiten zur Kostensenkung und Erlössteigerung. UBA Berichte 11/91. Berlin 1991

Green, Kenneth; McMeekin, Andrew; Irwin, Alan: Technological *Trajectories* and R&D for Environmental Innovation in UK Firms. In: Futures 26 (1994) 10, S. 1047-1059

Industriellenvereinigung Oberösterreich (Hrsg.): *Umweltschutz*. Beispiele für Umweltverträgliche Produktionsprozesse in der OÖ. Industrie. Linz 1993

Klemmer, Paul; Lehr, Ulrike; Löbbe, Klaus: Umweltinnovationen. Anreize und Hemmnisse. Berlin 1999

Köppl, Angela; Pichl, Claudia: *Wachstumsmarkt* Umwelttechnologie. Österreichisches Angebotsprofil. Wien 1995

Köppl, Angela; Pichl, Claudia: *Wettbewerbsvorteile* durch umweltorientierte Innovationen. Überprüfung der First-Mover-These. Wien 1997

Meffert, Heribert; Kirchgeorg, Manfred: Marktorientiertes *Umweltmanagement*. 3. überarb. Aufl. Stuttgart 1998

Nordhause-Janz, Jürgen; Rehfeld, Dieter; Wompel, Magarete: Rahmenbedingungen und *Strategien* betrieblichen Umweltmanagements, in: Kaluza [Kreislaufwirtschaft] 1998, S. 331-359

Ornetzeder, Michael; Schramm, Wilhelm: Die *Diffusion* von Cleaner Production in Österreich. Endbericht. Wien 1997

Sagar, Ambuj D.; Frosch, Robert A.: A perspective on industrial *ecology* and ist application to a metal-industry ecosystem, In: Journal of Cleaner Production 5(1997)1-2, S. 39-45

Schwarz, Erich, J.: Umweltorientierte technologische *Prozeßinnovationen*. Wiesbaden 1999

Schwarz, Erich J.; Staber Wolfgang: Umweltorientierte *Prozeßinnovationen* in der österreichischen Papier- und Zellstoffindustrie. Arbeitspapier. Graz 1998

Schwarz, Erich J.; Zettl, Ralph: *Prozeßinnovationen* als Charakterisierungsmerkmal für umweltorientiertes Unternehmensverhalten. Eine theoretische und empirische Analyse. In: Kreislaufwirtschaft und Umweltmanagement. Hrsg.: Kaluza, Bernd. 1998; S. 303-329

Strothmann, Karl-Heinz; Ginter, Thomas; Prüser, Sven; Ullwer, Hans-Hermann; Lucke, Franziska: *Umwelttechnik*. Überwindung von Diffusionsbarrieren. Berlin 1995

Umweltbundesamt (Hrsg.): *Innovationspotentiale* von Umwelttechnologien. Innovationsstrategien im Spannungsfeld von Technologie, Ökonomie und Ökologie. Heidelberg 1998

Aktuelle Innovationsanforderungen an das Produktionsmanagement der Automobilindustrie

R.-J. Ostendorf

1 Ausgangspunkt der Betrachtung

2 Zielkonflikt zwischen Verbrauchsreduzierung und anderen ökologischen Anforderungen

3 Dynamische Ökologieführerschaft als zeitgemäßer wettbewerbsstrategischer Ansatz

4 Reflektion aktueller Entwicklungen
    4.1 Erfolge der etablierten Automobilhersteller
    4.2 Ausgewählte Ergebnisse einer empirischen Erhebung
        4.2.1 Realisierbarkeit eines 2-Liter-Verbrauchs für serienmäßig angebotene Fahrzeuge
        4.2.2 Marktchancen von aktuellen Kleinserienherstellern
        4.2.3 Bedrohung durch branchenfremde Unternehmen

5 Zusammenfassung

Literatur

1 Ausgangspunkt der Betrachtung

Die zunehmende Dynamik auf den Märkten erhöht die durch die Unternehmen zu bewältigende Komplexität.[1] Neben den für alle Branchen geltenden Herausforderungen, wie einer überproportionalen Wissensansammlung, die zur Beschleunigung der Produktlebenszyklen führt[2] und technischer Fortschritte im Bereich der Telekommunikation,[3] sehen sich die Unternehmen der Automobilindustrie mit darüber hinausgehenden Spezifika konfrontiert. So existieren international gravierende Überkapazitäten, die teilweise auf zehn Millionen Einheiten beziffert werden.[4] Viele Hersteller diversifizieren ihr Angebot über ihr bisheriges Produktprogramm hinaus, was wiederum zur Steigerung der Wettbewerbsintensität beiträgt.[5] Die zunehmende Konzentration der Branche hat zu einer oligopolistischen Marktstruktur geführt.[6] Hierdurch hat sich der Wettbewerbsdruck nicht verringert — wie es bei einem abgestimmten Verhalten der Fall wäre -, sondern gesteigert, welches sich in einem harten Verdrängungswettbewerb äußert.[7]

Das Jahr 2000 hat die Automobilhersteller mit einer neuen Herausforderung konfrontiert. So ist der Kraftstoffpreis in Deutschland vom Jahresbeginn 1999 bis zum Herbst 2000 um ca. 50 Pfennig je Liter gestiegen. Global gilt, daß sich der Rohölpreis in diesem Zeitraum verdreifacht hat. Für die Nachfrager der Eurozone wirkt der Wertverfall der Gemeinschaftswährung als weiterer Steigerungsfaktor. Ein nur geringer Teil, der beim deutschen Endverbraucher wahrgenommenen Verteuerung, ist auf die Ökosteuer zurückzuführen.[8] Auch wenn für die Konjunktur in Europa insgesamt diese Preissteigerungen nicht überzubewerten sind, trifft sie doch die Automobilindustrie deutlich: Der Absatz in Deutschland bleibt weit unter den Rekordzahlen des Vorjahres.[9]

Die geschilderte Situation hat den Vorteil, daß sie den Automobilherstellern verdeutlicht, wie sehr sie mit ihren aktuellen Antriebskonzepten auf niedrige Treib-

---

[1] Vgl. Kaluza (1996), S.193; Kaluza/Blecker (2000a), S. 2; und Kaluza/Blecker (2000b), S.534.

[2] Vgl. Zahn/Huber-Hoffmann (1995), S.136.

[3] Vgl. Eversheim et al. (2000), S.373ff.

[4] Vgl. Peren (1996), S.14f.; und Piëch (1998), S.40.

[5] Vgl. Schmitz (1998), S.21.

[6] Vgl. vmi (1997); sowie Ostendorf (2000a), S.185ff.

[7] Vgl. o.V. (1999), S.15.

[8] Vgl. Ostendorf (2000b), S.4; und Vorholz (2000a), S.1

[9] Vgl. Schmid (2000), S.27; und Glöckner/Kietzmann (2000), S.272ff.

stoffpreise angewiesen sind. Bei einer strategischen Betrachtung kann man sich dem Umstand nicht verschließen, daß die Preise ungeahnte Dimensionen erreichen werden. Hierfür sind im wesentlichen zwei Gründe verantwortlich. Die Erdölreserven außerhalb der OPEC werden in ca. zehn Jahren verbraucht sein. Ab diesem Zeitpunkt kann das Kartell die Preise erhöhen ohne sich der Gefahr auszusetzen, Marktanteile an andere Wettbewerber zu verlieren.[10] Zudem wird die wirtschaftliche Entwicklung in China und dem gesamten asiatischen Raum zu einer deutlichen Nachfragesteigerung führen,[11] welches ebenfalls preiserhöhend wirken wird. Hieraus folgt, daß die Unternehmen der Automobilindustrie technologische Innovationen im Bereich der Antriebsformen generieren müssen, um ihr strategisches Überleben zu sichern.

Im Anschluß an die Beschreibung der Ausgangssituation erfolgt eine Analyse von Kraftstoffverbrauchsreduzierungen aus ökologischer Sicht im Vergleich mit anderen Phasen des Produktlebenszyklus eines Automobils. Ein weiteres Kapitel widmet sich der Skizzierung der Dynamischen Ökologieführerschaft als moderne Wettbewerbsstrategie. Zugleich wird ihre Eignung für die Automobilindustrie vor dem aktuellen Hintergrund diskutiert. Gegenstand des vierten Kapitels ist im ersten Schritt die Darstellung ausgewählter aktueller Fortschritte in der Fahrzeugtechnik, die eine Kraftstoffverbrauchsreduzierung implizieren. Daran schließt sich eine Reflektion der aktuellen Entwicklung vor dem Hintergrund einer eigenen empirischen Erhebung an. Den Abschluß dieser Arbeit bildet eine Zusammenfassung der Ergebnisse.

2 Zielkonflikt zwischen Verbrauchsreduzierung und anderen ökologischen Anforderungen

Die verstärkte Emission sogenannter klimawirksamer Spurengase — hierzu zählt vor allem Kohlendioxid (CO_2)[12] — hat zu einer Veränderung des Weltklimas geführt. Die Konsequenz ist eine Steigerung der globalen Temperatur, die als Treibhauseffekt diskutiert wird. Der Verkehrssektor ist einer der wichtigsten Emittenten der auslösenden Gase. Zudem ist dieser Bereich durch die höchste Wachs-

---

[10] Vgl. Vorholz (2000b), S.36.
[11] Vgl. Kaluza/Ostendorf (1997), S.32f.; und Kaluza/Ostendorf (1998), S.47ff.
[12] Bei der Verbrennung fossiler Energieträger entstehen neben der CO_2-Emission weitere Verbrennungsrückstände, die den Treibhauseffekt mit verursachen. Da diese ohne Verbrennung nicht entstehen würden ist es zielführend, diese Stoffe im folgenden implizit mit zu diskutieren.

tumsdynamik gekennzeichnet.[13] Innerhalb des Verkehrsbereichs dominiert die Kraftfahrzeugnutzung.[14] Als wesentliche Auswirkungen sind zu nennen: Ein Ansteigen des Meeresspiegels, eine Zunahme von Wirbelstürmen sowie deren Vernichtungskraft und eine globale Gesundheitsgefährdung der Menschen, da sich Pathogene räumlich weiter ausbreiten können.[15] Insgesamt wird der Treibhauseffekt als das bedeutendste Umweltthema eingestuft.[16]

Nach Schätzungen hat die Fahrzeugnutzung[17] einen Anteil am Energieverbrauch von 80 bis 90 Prozent des kompletten Lebenszyklus eines Automobils,[18] Aus diesem Aspekt ist es aus ökologischen Erwägungen sachgerecht, den Verbrauch zu reduzieren,[19] da die bisherigen Erfolge bei einer Flottenbetrachtung nicht ausreichend sind.[20] Spätestens wenn die Bürger der ostasiatischen Staaten das westeuropäische oder gar das US-amerikanische Mobilitätsverhalten ausleben sind die heutigen Antriebskonzeptionen ökologisch nicht mehr gangbar.[21] Dieser Problematik wird auch in zunehmenden gesetzlichen Anforderungen Rechnung getragen. Der US-amerikanische Bundesstaat Kalifornien hat sich in der Vergangenheit mehrfach durch besonders restriktive Anforderungen als „Vorreiter" profiliert.[22] Auch unabhängige Institutionen, wie Greenpeace, stellen stark auf den Fahrzeugverbrauch ab.[23]

Dagegen steht die Produktionsphase, die aktuell bereits wesentlich weiter optimiert ist als die Nutzungsphase. So ist in Deutschland bereits die FCKW-freie Automobilproduktion realisiert. Der Einsatz von Lösungsmittel ist in der Produktion auf zehn Prozent des Ursprungswertes zurückgegangen. Der Trinkwasserver-

---

[13] Vgl. Drake (1996), S.181; und van Suntum (1995), S.356.

[14] Vgl. Kalleicher (1992), S.30ff.

[15] Vgl. von Weizsäcker (1993), S.2; Clayton (1996), S.283ff.; und Bright (1997), S.122ff.

[16] Vgl. Meyer-Krahmer (1995), S.30; und Schade/Weimer-Jehle (1996), S.1.

[17] Hierbei wird — wie auch bei den nachfolgenden Ausführungen — auf die Spezifika der PKW abgestellt.

[18] Vgl. Vester (1990), S.129; und Schmidheiny/Business Council for Sustainable Development (1992), S.384f.

[19] Hiermit wäre ein Emissionsrückgang der für den Treibhauseffekt verantwortlichen Gase zwangsläufig verbunden.

[20] Vgl. ZDF (2000).

[21] Vgl. Kaluza/Ostendorf (1998), S.47ff.

[22] Vgl. Steger (1993a), S.139ff.

[23] Vgl. Bode et al. (1998), S.144.

brauch einiger deutscher Produktionsstandorte wird fast zur Hälfte durch den Sanitärbereich induziert. Auch der Energieeinsatz konnte ganz wesentlich gesenkt werden.[24]

Ähnlich gestaltet sich auch die Situation innerhalb der Entsorgungsphase. So ist dort seit dem 01.04.1998 die Altautoverordnung als Anforderung zu beachten. Aus diesem Handlungszwang sind bereits branchenweite Kooperationen entstanden.[25] Mit dem gemeinschaftlichen Vorgehen sind sicherlich Kostenvorteile verbunden. Gleichzeitig berauben sich die Unternehmen aber auch der Möglichkeit, eigene Fortschritte als Parameter im Wettbewerb einzusetzen. Auch die Abfallentstehung ist bei globaler Betrachtung kein vordringlichstes Ziel. So sind 75 Prozent aller Autoteile recycelfähig. Die durch Altautos entstehenden Schredderrückstände stellen an der deutschen Gesamtabfallmenge lediglich einen Anteil von weniger als zwei Promille dar.[26]

Neben den angeführten Argumenten ist zu berücksichtigen, daß der Verbrauch durch seine ökonomische Wirkung bei vielen Fahrzeugnutzern — wie die jüngsten Proteste in mehreren europäischen Staaten gezeigt haben[27] - eine hohe Bedeutung beigemessen wird. Aus ökologischer Sicht ist diese Tatsache insofern bedeutsam, daß ökologische Innovationen, die von den Kunden nicht wahrgenommen werden, auch keinen Mehrpreis rechtfertigen.[28] Im Umkehrschluß bedeutet das aber auch, daß Fahrzeuge, die einen geringen Verbrauch aufweisen, für den Kunden einen Mehrwert darstellen, der entsprechend honoriert wird. Insofern sollte keine Verbesserung der Ökologie gegen die Wahrnehmung der Menschen versucht werden. Zudem wird „... der aktuelle Kraftstoffverbrauch von breiten Autofahrerkreisen gewissermaßen als Indikator der ökologischen Kompetenz und Gesinnung der Automobilhersteller gewertet..."[29] Eine schematische Zusammenfassung der hier aufgezeigten Zusammenhänge zeigt die Abbildung 1.

---

[24] Vgl. Borghs (1991), S.316; Ford (1996), S.56; Toyota (1996), S.22; und Bangemann (1999), S.71.

[25] Vgl. Krcal (2000), S.5ff.

[26] Vgl. Kohler/Eberle (1997), S.265; und Franze (1997), S.293.

[27] Vgl. Didzoleit et al. (2000), S.82ff.; Hénard (2000), S.8; und Vorholz (2000a), S.1.

[28] Vgl. zu Details der Barrierenforschung Bänsch (1990), S.360ff.

[29] Schmitt (1995), S.71.

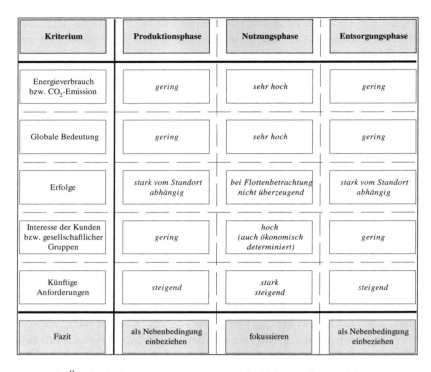

Abb.1: Ökologische Bewertung unterschiedlicher Lebenszyklusphasen des Automobils

Als Resümee bleibt festzuhalten, daß eine Senkung des Kraftstoffverbrauchs ökologisch momentan die dringlichste Anforderung ist, so daß wir uns mit jeder Verzögerung durch (langatmige) Diskussionen mitschuldig an diesem Fehlverhalten machen. Ökonomisch ist die Ignoranz der hier aufgezeigten Zusammenhänge abzulehnen, da sie zu einer Verschlechterung der Wettbewerbsposition führen wird.

3 Dynamische Ökologieführerschaft als zeitgemäßer wettbewerbsstrategischer Ansatz

Angesichts der beschriebenen Marktverhältnisse, denen sich die Unternehmen der Automobilindustrie gegenüberstehen, ist eine Wettbewerbsstrategie erforderlich, welche die Marktdynamik genauso berücksichtigt wie ökologische Belange. Aufgrund der spezifischen Voraussetzungen bietet sich der Einsatz der Dynamischen

Ökologieführerschaft an.[30] Hierbei handelt es sich um eine doppelt simultan hybride Wettbewerbsstrategie, welche den etablierten Ansatz der Dynamischen Produktdifferenzierung[31] um die ökologische Dimension erweitert. Einen Überblick der eingesetzten Wettbewerbsdimensionen zeigt die Abbildung 2.

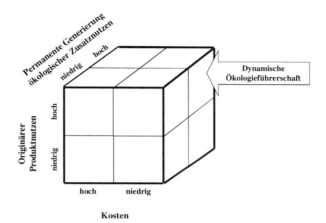

Quelle: Ostendorf (2000a), S.155

Abb. 2: Nutzengenerierung durch die Dynamische Ökologieführerschaft

Im Gegensatz zu den generischen Strategien nach Porter[32] wird im Rahmen der Dynamischen Ökologieführerschaft nicht nur eine Wettbewerbsdimension als Schwerpunkt eingesetzt, sondern die drei Dimensionen Ökologie, Kosten und originärer Produktnutzen. Auch zu den anderen hybriden Wettbewerbsstrategien, die im Schrifttum diskutiert werden, besteht ein Unterschied. Diese Ansätze schlagen regelmäßig den Einsatz von zwei Wettbewerbsdimensionen vor.[33] Aus diesem Grund ist es sachgerecht, die Dynamische Ökologieführerschaft als doppelt simultan hybride Wettbewerbsstrategie zu kennzeichnen.

Zur Umsetzung der anspruchsvollen Anforderungen ist die Verwendung der strategischen Erfolgsfaktoren Flexibilität, Kosten, Qualität, Zeit und Erzeugnisvielfalt

---

[30] Vgl. hierzu ausführlich Ostendorf (2000a), S.148ff.

[31] Vgl. Kaluza (1989), S.29f.; Kaluza (1995a), S.95; und Kaluza (1995b), S.77.

[32] Vgl. Porter (1999a); und Porter (1999b).

[33] Vgl. Gilbert/Strebel (1987), S.28ff.; Kaluza (1987); Corsten/Will (1994), S.286ff.; und Pine (1994). Hummel weicht von diesem Vorgehen ab und bezieht drei Dimensionen in seine Betrachtungen ein. Sein Ansatz ist jedoch nicht als simultan-, sondern als sequentiell hybrid zu bezeichnen. Vgl. Hummel (1997), S.36ff.; sowie Ostendorf (2000a), S.128ff.

erforderlich. Diese werden im Schrifttum ausführlich diskutiert und im Rahmen der Dynamischen Produktdifferenzierung ebenfalls verwendet.[34] Als weiterer Erfolgsfaktor sind permanente ökologische Verbesserungen und ihre erfolgreiche Kommunikation einzusetzen. Hierbei ist zu betonen, daß es sich bei den ökologischen Verbesserungen nicht um Marginalien handeln darf, sondern daß sie ökologisch und auch in der Kundenwahrnehmung eine hohe Relevanz haben müssen.

Durch den Einsatz der Erfolgsfaktoren lassen sich Eigenschaften der Strategie herausarbeiten. Hierzu zählen eine ökologische Vision, ein hoher originärer Produktnutzen eine strikte Ertragsorientierung und soweit erforderlich, die Zerstörung eigener Wettbewerbsvorteile.

Die ökologische Vision ist das strategische Ziel, welches das Unternehmen mit seinem umweltbezogenen Vorgehen erreichen möchte. Dies kann durchaus ein aus momentaner Sicht weit entferntes Ziel sein. Vor dem hier diskutierten Hintergrund wäre das 1-Liter-Auto eine solche Vision. Darüber hinaus ist es wichtig, einen hohen originären Produktnutzen zu generieren, so daß die Käuferin bzw. der Käufer mit dem Erwerb des Fahrzeuges keine Nutzeneinbußen, beispielsweise in den Bereichen Fahrzeugsicherheit, Komfort, angemessener Preis etc., hinnehmen muß. Hiermit können die Kaufhindernisse, die aus der Barrierenforschung bekannt sind, weitgehend überwunden werden.[35] Gleichzeitig ist mit einer strikten Ertragsorientierung die Überlebensfähigkeit des Unternehmens sowie die Rendite der Anteilseigner zu sichern. Ein Verzicht auf die Ertragsorientierung ist nur temporär mit der Dynamischen Ökologieführerschaft kompatibel, um in den Folgeperioden die entgangenen Gewinne nachzuholen. Als weitere Eigenschaft ist die Zerstörung eigener Wettbewerbsvorteile zu nennen. Hierin ist ein ultima-ratio zu sehen, wenn die ökologischen Änderungen beispielsweise eine Abkehr von bisherigen Produktionstechniken erfordern. Das Festhalten am bisherigen Vorgehen würde den Erfolg der Strategie gefährden, so daß das Unternehmen, auch wenn es „schmerzhaft" ist, diesen Schritt gehen muß. Nahezu idealtypisch läßt sich für die Automobilindustrie ein Beispiel finden, denn Verbrauchsreduzierungen für die Fahrzeuge erfordern die Abkehr vom bisherigen Karosseriebau. Ein Unternehmen, das sich im Wettbewerb über die hohe Karosseriequalität profiliert hat, müßte, um sein strategisches Ziel zu erreichen, seinen bisherigen Erfolgsfaktor aufgeben. Eine Zusammenfassung der strategischen Erfolgsfaktoren und Eigenschaften der Dynamischen Ökologieführerschaft zeigt die Abbildung 3.

---

[34] Vgl. Kaluza (1989), S.29f.; Corsten/Will (1994), S.287; Herlitz (1995), S.47f.; Kaluza (1995a), S.95; Kaluza (1995b), S.77; Klenter (1995), S.143ff.; Will (1996), S.46f.; Piller (1997, S.16; Komorek (1998), S.175f.; Rösner (1998), S.243ff.; Schwarz (1999), S.91; und Kaluza/Blecker (2000b), S.540ff.

[35] Vgl. ausführlich Bänsch (1990), S.360ff.

Aktuelle Innovationsanforderungen an das Produktionsmanagement 393

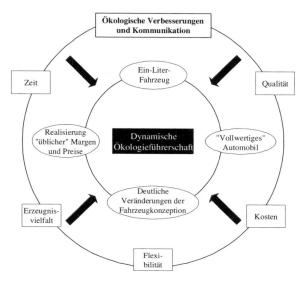

Quelle: Ostendorf (2000), S.231

Abb. 3: Wesensmerkmale der Dynamischen Ökologieführerschaft konkretisiert für die Automobilindustrie

Somit läßt sich festhalten, daß es für Unternehmen, welche die Herausforderung der hohen Ölpreise aktiv in ihr Wettbewerbsverhalten umsetzen wollen, durchaus eine geeignete Wettbewerbsstrategie gibt.

4 Reflektion aktueller Entwicklungen

4.1 Erfolge der etablierten Automobilhersteller

Alle Erfolge der Automobilindustrie skizzieren zu wollen, wäre ein kaum realisierbares Vorgehen. Statt dessen ist es sinnvoller, ausgewählte Unternehmen zu betrachten.

Volkswagen hat mit dem 3-Liter-Lupo das erste Serienauto dieser Art auf den Markt gebracht.[36] Diese Tatsache ist ein erster wichtiger Schritt zur Verbrauchsreduzierung der Pkw-Flotte. Als weiterer positiver Aspekt bleibt festzuhalten, daß

---

[36] Vgl. zum Lupo: Hack (1998), S.36ff.; Volkswagen (1999); Rother/Melfi (2000), S.138; und ZDF (2000).

die im 3-Liter-Lupo verwendete Technik auch in anderen Fahrzeugen Einsatz findet und somit weitere Einsparpotentiale erschlossen werden. Jedoch gibt es auch hier negative Begleiterscheinungen. Hier ist einmal der Fahrzeugpreis zu nennen, der wesentlich höher als beim Serien-Lupo ist. Auch eine Limitierung der jährlichen Produktionsmenge auf 5.000 Einheiten ist für einen ökologischen Effekt zu gering. Zudem läßt sich der geringe Verbrauch des Lupos nur durch den Einsatz eines Dieselmotors erreichen, der wiederum aufgrund der Rußpartikelemission ökologisch negativ zu beurteilen ist. Ein entsprechender Filter, der grundsätzlich verfügbar ist — so plant Peugeot die Einführung dieses Instruments[37] -, würde den ökologischen Wert des Fahrzeugs weiter steigern. Doch der Einsatz eines Filters würde — soweit die damit verbundenen Kosten im vollen Umfang an den Kunden weitergegeben würden — den 3-Liter-Lupo wohl auch „unbezahlbar" machen.

DaimlerChrysler meldet deutliche Fortschritte bei der Entwicklung der Brennstoffzelle,[38] so daß technische Fragen wohl weitgehend abgeschlossen sind. Durch die Verbindung von Luftsauerstoff mit Wasserstoff wird bei dieser Antriebsart elektrischer Strom erzeugt, mit dem der an Bord befindliche Elektromotor betrieben wird. Dieser chemische Prozeß läßt lediglich Wasserdampf als Abfallprodukt entstehen. Mittels einer im Fahrzeug befindlichen Gasaufbereitungsanlage soll der Wasserstoff aus Methanol gewonnen werden. Im Vergleich zu bisherigen Antriebskonzepten ist hiermit — bezogen auf den Gesamtprozeß — ein deutlicher Rückgang der CO_2-Emission verbunden.[39] Doch wirtschaftlich läßt sich dieser innovative Antrieb noch nicht vermarkten. Der Preis für ein entsprechendes Fahrzeug müßte heute ca. 20.000,-- DM höher angesetzt werden, als das gleiche Fahrzeugmodell mit konventionellem Antrieb. Ob sich das ehrgeizige Ziel von DaimlerChrysler realisieren läßt, die Kosten bis 2004 wie geplant auf ein konkurrenzfähiges Niveau zu reduzieren, bleibt abzuwarten. Neben den unternehmensinternen Herausforderungen bliebe die Frage der Verfügbarkeit entsprechender Methanol-Tankstellen, die für eine erfolgreiche Vermarktung unverzichtbar sind.

Beide hier vorgestellten Konzepte haben einen gemeinsamen konzeptionellen Schwachpunkt. Sie lösen sich kaum von dem bisherigen Fahrzeugmodell, wie es beispielsweise von dem US-Amerikaner Lovins aber auch durch von Weizsäcker gefordert wird. Nach wie vor sind die Fahrzeuge zu schwer, doch durch ein Redesign ließe sich eine Umkehr der Gewichtsspirale realisieren. Dies bedeutet konkret, daß mit der Substitution der bisherigen Metallkarosserie durch entsprechende Kunststoffe Gewicht gespart werden kann. Ein geringeres Fahrzeugge-

---

[37] Vgl. ZDF (2000).

[38] Vgl. zum Entwicklungsstand der Brennstoffzelle im Hause DaimlerChrysler: o.V. (2000), S.19.

[39] Vgl. Wilhelm (1997), S38ff.; und Volkswagen (1997), S.42f.

wicht erfordert für ein konstant gefordertes Fahrverhalten einen leistungsschwächeren Motor. Ein solcher Motor ist selbst leichter und erfordert seinerseits eine weniger tragfähige Karosserie. Durch die konsequente Umsetzung dieser Idee und den Einsatz eines sequentiell hybriden Antriebes[40] läßt sich der Kraftstoffverbrauch deutlich senken. Es wird sogar ein Verbrauch für ein viersitziges Fahrzeug von unter anderthalb Litern für möglich gehalten. Dieses Vorgehen hätte den Vorteil, daß seine Umsetzung ohne besondere Anforderungen an die Infrastruktur möglich ist.[41]

4.2 Ausgewählte Ergebnisse einer empirischen Erhebung

Im Rahmen einer eigenen empirischen Erhebung in der Automobilindustrie wurden an die PKW-Hersteller eine Vielzahl an Fragen zur ökologischen Ausrichtung gestellt. Hierbei wurden sowohl konventionelle Automobilproduzenten als auch Kleinserienhersteller befragt.[42] Die hier einbezogenen Großserienhersteller repräsentieren auf der Basis des Erhebungsjahres einen Marktanteil von 82,1 Prozent. Nachfolgend werden ausschließlich Antworten der Großserienhersteller zu drei Fragen präsentiert, die im hier diskutierten Zusammenhang von ganz besonderer Bedeutung sind.

4.2.1 Realisierbarkeit eines 2-Liter-Verbrauchs für serienmäßig angebotene Fahrzeuge

Die Originalfrage der Erhebung lautet: *Wie schätzen Sie die Forderung des US-Wissenschaftlers Lovins ein, binnen weniger Jahre Autos der Oberklasse mit einem Verbrauch von deutlich unter 2 Litern serienmäßig anzubieten?* Einen Überblick der Antworten vermittelt die Abbildung 4.

---

[40] Hierbei erzeugt ein konventioneller Motor, der im optimalen Drehzahlbereich betrieben wird, den Strom für die lokalen Elektromotoren an den einzelnen Rädern. Im Idealfall sollte dieses Konzept mit der elektronischen Rückgewinnung der Bremsenergie kombiniert werden.

[41] Vgl. Lovins et al. (1993), S.3ff.; Spangenberg (1994), S.34ff.; Lovins (1995); Lovins et al. (1996), S.94; und von Weizsäcker et al. (1997), S.35ff.

[42] Vgl. zu weiteren Details der empirischen Erhebung, Ostendorf (2000a), S.234ff.; sowie Ostendorf (2000b).

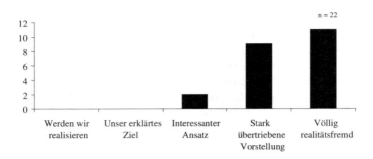

Abb. 4: Beurteilung des Hypercaransatzes
nach Lovins durch konventionelle Hersteller

Elf Unternehmen, die 50 Prozent der befragten Automobilhersteller darstellen, halten die von Lovins vorgeschlagene Konzeption für nicht durchführbar. Nicht ganz so extrem antworteten 40,9 Prozent der hier involvierten Unternehmen. So werden die technischen Innovationen, die von Lovins vorgeschlagen werden, nicht grundsätzlich als realitätsfern bezeichnet, sondern „lediglich" als überzogene Vorstellung bewertet. Hiermit ist implizit verbunden, daß die diskutierten Ideen erhebliche Potentiale eröffnen, den Kraftstoffverbrauch zu reduzieren. Die verbleibenden zwei Unternehmen, die hier 9,1 Prozent darstellen, beurteilen die Verbesserungsansätze als interessant. Keines der Unternehmen ging jedoch so weit, die Lovin'schen Vorschläge als eigenes Ziel zu formulieren oder gar als angestrebtes Vorgehen zu bezeichnen. Insgesamt findet der Ansatz des US-Wissenschaftlers nur geringe Zustimmung was seine zeitnahe Umsetzung anbelangt.

Gleicht man diese Einschätzung mit der Realität des vierten Quartals 2000 ab so zeigt sich, daß die meisten Unternehmen der Automobilindustrie zu pessimistisch sind. Die Loremo Automotive GmbH i. Gr. plant für die Internationale Automobilausstellung 2001 die Präsentation eines Fahrzeug-Prototyps, der in der verbrauchsreduzierten Version einen Kraftstoffbedarf von ca. 1,5 Litern je 100 Kilometern haben soll. In der Sportausführung wird ein um einen Liter höherer Kraftstoffbedarf prognostiziert. Diese beeindruckenden Werte werden trotz eines Platzangebotes für (mindestens) vier Personen und einer Höchstgeschwindigkeit von 140 bzw. 200 km/h für realistisch gehalten. Als Antrieb wird ein direkteinspritzenden Zweizylinder Dieselmotor eingesetzt. Für das Fahrwerk und die Karosserie existieren firmeneigene Patente. Im Ergebnis wird durch diese Neuerungen eine Umkehr der Gewichtsspirale erreicht, was durch ein Leergewicht von 397 kg bzw. 430 kg deutlich dokumentiert wird. Nur durch diese Leichtbauweise reicht eine Motorleistung von 15 bzw. 35 kW aus, um auch die genannten Höchstgeschwindigkeiten zu erreichen. Ein entsprechendes TÜV-Gutachten weist — laut dem künftigen Hersteller — die Übereinstimmung des Konzeptes mit den geltenden Vorschriften aus. Die geplante Markteinführung ist spätestens für das Jahr

2004 anvisiert.[43] Angesichts dieses Vorhabens scheint der Lovins-Ansatz doch nicht völlig übertrieben zu sein, zumal — soweit man das Konzept anhand der heute zur Verfügung stehenden Informationen beurteilen kann — noch Optimierungsmöglichkeiten ungenutzt geblieben sind. So wird anscheinend auf einen konventionellen Dieselmotor zurückgegriffen und nicht auf ein sequentiell hybrides Antriebskonzept. Damit wäre ein Verzicht auf die Rückgewinnung der Bremsenergie verbunden, deren Einsatz weitere Einsparungspotentiale induziert.[44]

4.2.2 Marktchancen von aktuellen Kleinserienherstellern

Mit der Frage *Könnten Kleinunternehmen als künftige Konkurrenten für Ihre Unternehmung eine Bedrohung darstellen?* ist das wahrgenommene Bedrohungspotential dieser Herstellergruppe abgefragt worden. Die Ergebnisse sind in der Abbildung fünf zusammengefaßt.

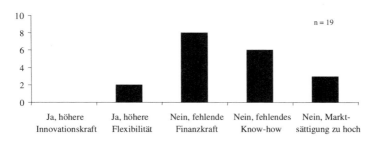

Abb. 5: Erwartete Marktchancen von Kleinunternehmen
aus Sicht der Großserienhersteller

Lediglich zwei der etablierten Großserienhersteller, die nur 10,6 Prozent der einbezogenen Unternehmen ausmachen, schätzen Kleinserienhersteller als Konkurrenten ein. Die Mehrheit von 17 Unternehmen, welche insgesamt 89,5 Prozent der involvierten Automobilhersteller entsprechen, halten Kleinserienhersteller für keine Gefahr im Wettbewerb. Wichtigste Ursache ist die fehlende Finanzkraft, auf die acht Nennungen entfallen (= 42,1 Prozent). Angesichts der zu beobachtenden Konzentrationstendenzen innerhalb der Branche[45] sicherlich eine nachvollziehbare Annahme. Die sechs Unternehmen, die Kleinserienherstellern die Konkur-

---

[43] Vgl. Loremo (2000).

[44] Vgl. Spangenberg (1994), S.44; Lovins et al. (1996), S.94; und von Weizsäcker et al. (1997), S.33ff.

[45] Vgl. Sommerlatte/Behrens (1998), S.60; Viehöver (1999), S.275; und Ostendorf (2000a), S.184ff.

renzfähigkeit absprechen, stellen auf das fehlende Know-how ab und repräsentieren 38,6 Prozent der Teilnehmer. Unstrittig ist das Automobil ein komplexes Produkt, dessen Fertigung mit Routine leichter darstellbar ist. Als weiterer Grund für das Scheitern potentieller Kleinserienhersteller wird die vorhandene Marktsättigung benannt. Mit dieser Problematik sind auch international tätige finanzstarke Hersteller konfrontiert.[46] Im Rahmen der vorliegenden Erhebung wurde dieser Aspekt nur von drei Teilnehmern (15,8 Prozent) als relevant bezeichnet.

Auch die Antworten auf diese Frage sollen vor den aktuellen Entwicklungen kritisch beleuchtet werden. Betrachtet man den Aspekt der fehlenden Finanzkraft, so ist dies in der Vergangenheit sicherlich ein Problembereich der Kleinserienhersteller gewesen. So scheiterte das Hotzenblitz-Konzept an unzureichenden Finanzmitteln und auch die Expansion der CITICOM AG, ebenfalls ein kleinserienfertigender Hersteller von Elektrofahrzeugen, wurde durch Finanzengpässe begrenzt.[47] Doch auch diese Unternehmen lernen hinzu. So bietet die bereits zitierte Loremo Automotive GmbH i. Gr. interessierten Kapitalanlegern die Möglichkeit einer Beteiligung ab einer Summe von 10.000 € an.[48] Wenn das vorgestellte Konzept wirklich so umgesetzt wird, ist ein Interesse von privaten und auch institutionellen Anlegern nicht auszuschließen. Die CITICOM AG hat zum 30.09.2000 ihre erste öffentliche Kapitalerhöhung abgeschlossen und plant bis zum Jahr 2002 ihre Aktien auch an einer Wertpapierbörse einzuführen.[49] Natürlich kann damit nicht Finanzkraft eines Großkonzerns imitiert werden, dennoch dürften sich die Finanzierungsmöglichkeiten deutlich verbessern. Als weitere Finanzierungsoption besteht die Möglichkeit, Großunternehmen eine wie auch immer ausgestaltete Beteiligung anzubieten. Auch diese Option ist bereits Realität, so ist die Ford Motor Company mehrheitlich an der TH!NK Nordic AS — einem norwegischen Kleinserienhersteller — beteiligt. Diese geht so weit, daß die zweisitzigen Elektrofahrzeuge in Deutschland über die Fordwerke vermarktet werden.[50]

An dieser Stelle kann auch das Argument des unzureichenden Know-hows aufgegriffen werden,[51] denn es erscheint wenig plausibel, daß sich die Ford Motor Company ohne wirtschaftliches Motiv an der TH!NK Nordic AS beteiligt haben. Offenbar hatte dieses kleine Unternehmen gegenüber dem Weltkonzern in einigen Bereichen einen Vorteil herausgearbeitet. Ähnlich muß der Ansatz der Loremo

---

[46] Vgl. Hünerberg et al. (1995a), S.5; Eaton/Grolle (1998), S.120; und Piëch (1998), S.40.

[47] Vgl. o.V. (1998), S.1; und Bernreuter (2000), S.19ff.

[48] Vgl. Loremo (2000).

[49] Vgl. Bernreuter (2000), S.21; sowie CITYCOM (2000).

[50] Vgl. TH!NK Nordic AS/Ford Motor Company (1999); Bernreuter (2000), S.22f.; sowie Ostendorf (2000a), S.366.

[51] Vgl. hierzu grundsätzlich Ostendorf et al. (2000) S.48ff.

Automotive GmbH i. Gr. beurteilt werden, denn nach unserem Informationsstand ist es für die Großserienhersteller momentan noch nicht absehbar, wann ein mindestens viersitziges Fahrzeug mit so geringen Verbrauchswerten marktreif sein wird. Auch hier ist ein technischer Vorsprung durchaus zu dokumentieren. Das reine Elektrofahrzeug Hotzenblitz steht heute nicht mehr zur Diskussion. Statt dessen plante der Initiator Thomas Albiez schon ab dem Jahr 1998 ein hybrid angetriebenes Fahrzeug.[52] Ob sich die aktuellen Pläne — mit der Produktion zu Beginn des Jahres 2001 zu starten — realisieren lassen, kann derzeit nicht beantwortet werden. Die Tatsache, daß die 1996 verkauften Fahrzeuge heute über dem damaligen Neupreis gehandelt werden,[53] ist ein Indiz dafür, daß nicht das Knowhow, sondern vielmehr die sonstigen Rahmenbedingungen das Haupthindernis der Umsetzung darstellen dürften.

Sicherlich ist angesichts der weltweit bestehenden Überkapazitäten[54] die Problematik der Marktsättigung auch für heutige Kleinserienhersteller akut. Doch gerade vor dem Hintergrund der hohen Kraftstoffpreise könnte sich die Wettbewerbsfähigkeit der Kleinunternehmen deutlich erhöhen, soweit sie vorwiegend Fahrzeuge mit geringem Verbrauch im Angebot haben. Ansatzweise wird dieser Wettbewerbsvorteil auch bei den konventionellen Herstellern deutlich, welche die Dieselfahrzeuge im Jahr 2000 wesentlich besser vermarkten können als ihre benzinbetriebenen Modelle. So wird ihr Anteil an den Neuzulassungen um ca. zehn Prozentpunkte auf fast ein Drittel des Gesamtmarktes steigen. Es kam zu regelrechten Produktionsengpässen. Alleine bis Ende Mai sind vermutlich 50.000 Einheiten nicht produziert worden, weil die Zulieferer mit den Bestellungen nicht Schritt halten konnten.[55]

Insgesamt scheint die aus der Industrie vorgebrachte Skepsis gegenüber der Marktfähigkeit von Kleinserienherstellern übertrieben, da die diskutierten Hindernisse überwindbar sind. So ist die Innovationskraft dieser Unternehmen kaum zu übersehen. Inwieweit die existierenden Marktsättigungstendenzen und der verschärfte Wettbewerb die Marktchancen dieser Unternehmen beeinflussen, kann kaum beantwortet werden. Aufgrund ihrer spezifischen Ausrichtung könnten sie durchaus von den aktuellen Veränderungen profitieren. Vielmehr sind sie aber trotz der aktuellen Bemühungen, ihre Eigenkapitalausstattung zu verbessern, finanzwirtschaftlich nicht in der Lage, eine erforderliche Marktdurchdringung zu realisieren. Doch dieses Hemmnis kann durch einen finanzstarken Partner, wie das Beispiel der TH!NK-Übernahme durch Ford zeigt, geheilt werden. Grund-

---

[52] Vgl. o.V. (1998), S.1.
[53] Vgl. Bernreuter (2000), S.19.
[54] Vgl. Peren (1996), S.14f.; und Piëch (1998), S.40.
[55] Vgl. Glöckner/Kietzmann (2000), S.278; und Rother/Melfi (2000), S.138.

sätzlich könnte die finanzielle Alimentierung auch durch ein branchenfremdes Unternehmen erfolgen.

4.2.3 Bedrohung durch branchenfremde Unternehmen

Gegenstand der bereits genannten Erhebung war auch die Frage *Könnten finanzstarke Großunternehmen aus anderen Branchen als künftige Konkurrenten eine Bedrohung darstellen?* Die Ergebnisse der konventionellen Hersteller zeigt die Abbildung sechs. Mit sechzig Prozent ist eine deutliche Mehrheit der Meinung, daß diese Möglichkeit nicht zu vernachlässigen ist. Insgesamt schließen nur 20 Prozent der befragten Unternehmen diese Möglichkeit aus, von denen 5 Prozent die Branchenattraktivität für zu gering halten. Weitere 15 Prozent halten die erforderliche Technik für eine kaum überwindbare Markteintrittsbarriere. Die Branchenattraktivität der Automobilindustrie sollte man — zumindest aus Herstellersicht — nicht zwingend negativ beurteilen. So erwirtschaften die Produzenten, die das gehobene Marktsegment bedienen — wie der Sportwagenproduzent Porsche -, momentan beachtliche Gewinne.[56] Zudem ist bei einer Attraktivitätsbetrachtung auch der Ausgangspunkt von Bedeutung. Für ein Unternehmen einer boomenden Branche mag die Rendite der Automobilbranche zu gering sein. Ist der potentielle Interessent hingegen in einer Branche mit sehr schwachen Renditen beheimatet, so könnte er durch einen Einstieg in die Automobilwirtschaft seinen Unternehmenswert durchaus steigern.

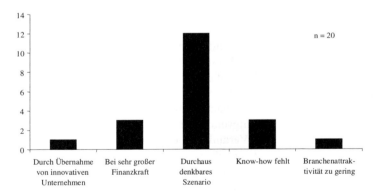

Abb. 6: Plausibilität eines Markteintritts durch branchenfremde Unternehmen

Die technischen Voraussetzungen ließen sich recht einfach durch eine entsprechende Übernahme innovativer Kleinserienhersteller bewältigen. Diese Option wird jedoch auch nur von einer fünfprozentigen Minderheit als zutreffend be-

---

[56] Vgl. Glöckner/Kietzmann (2000), S.276.

zeichnet. Die verbleibenden 15 Prozent sehen in einer ausgeprägten Finanzkraft die entscheidende Voraussetzung, die sicherlich als ganz wesentlich einzustufen ist.

Insgesamt können die hier genannten Hindernisse nur sehr bedingt überzeugen. Eine Konstellation, in der ein branchenfremdes Unternehmen durch Übernahme eines bzw. mehrerer Kleinserienhersteller dem Automobilmarkt beitritt, ist durchaus plausibel.[57]

5 Zusammenfassung

Ausgangspunkt der Betrachtung ist das hohe Preisniveau der Kraftstoffe im Herbst 2000. Diese Entwicklung hat den ohnehin hohen Wettbewerbsdruck in der Automobilindustrie weiter erhöht. Anschließend wurde die Bedeutung des Kraftstoffverbrauchs für eine ökologische Ausrichtung der Automobilindustrie diskutiert. Hier bleibt als Ergebnis festzuhalten, daß dessen Reduzierung aus ökologischen Gesichtspunkten höchste Priorität besitzt, weil hier der höchste Wirkungsgrad zu vermuten ist. Zudem konnte herausgearbeitet werden, daß auch aus Marketinggesichtspunkten die Minderung des Kraftstoffverbrauchs zu befürworten ist. Im dritten Kapitel wurde deutlich, daß die Dynamische Ökologieführerschaft als doppelt simultan hybride Wettbewerbsstrategie besonders geeignet ist, den aktuellen Herausforderungen zu begegnen.

Gegenstand des vierten Kapitels ist die Reflektion der aktuellen Entwicklungen. Hierbei sind besonders die Markteinführung des 3-Liter-Lupos durch Volkswagen sowie die Bemühungen des DaimlerChrysler Konzerns hervorzuheben. Doch auch diese Unternehmen haben die Gewichtsspirale nicht umgekehrt, wie es durch Lovins gefordert wird, sondern lediglich Detailverbesserungen vorgenommen. Obwohl die etablierten Automobilhersteller in absehbarer Zeit mehrheitlich ein 2-Literauto für unrealistisch halten, gibt es mittlerweile ein Kleinserienhersteller, der genau dieses für die IAA des Jahres 2001 umsetzen möchte. Hiermit wurde die Frage nach der Einschätzung der Marktchancen von Kleinserienherstellern durch die Großunternehmen der Automobilindustrie aufgeworfen. Es stellte sich heraus, daß in dieser Produzentengruppe kaum Bedrohungspotential vermutet wird. Vielmehr halten die Automobilhersteller den Markteintritt eines branchenfremden finanzstarken Unternehmens für plausibel und bewerten dies als eine ernste Gefahr. Die Kombination beider Möglichkeiten — dürfte, soweit sie eintrifft — durch die Verbindung der Finanzkraft des Großunternehmens mit dem

---

[57] Vgl. hierzu auch Ostendorf (2000a), S.366f.

Innovationspotential der Kleinserienhersteller die höchste Wettbewerbsrelevanz besitzen.

Unabhängig vom Eintreffen dieses Szenarios wird sich die Wettbewerbsintensität auf dem Automobilmarkt in den nächsten Jahren weiter erhöhen. Durch die tendenziell steigenden Kraftstoffpreise ist mit einer wachsenden Sensibilität der Konsumenten bezüglich dieser Thematik zu rechnen. Aus diesem Wandel können durchaus Strukturveränderungen des Marktes resultieren, wenn die etablierten Unternehmen nicht schnell genug reagieren.

Literatur

Bangemann (1999)
    Bangemann, C.: Rest-Essen, in: auto, motor und sport (1999) 21, S.70-71.

Bänsch (1990)
    Bänsch, A.: Marketingfolgerungen aus Gründen für den Nichtkauf umweltfreundlicher Konsumgüter, in: Jahrbuch der Absatz- und Verbrauchsforschung, (1990) 4, S.360-379.

Bernreuter (2000)
    Bernreuter, J.: Kampf um mehr Reichweite, in: Photon (2000) 5, S.14-30.

Bode et al. (1998)
    Bode, T. / Melfi, T. / Alex, R.: „Wildwest-Zeiten sind vorbei", in: auto, motor und sport, (1998) 1, S.144.

Borghs (1991)
    Borghs, H.P.: Umweltschutz in der Öffentlichkeitsarbeit, in: Organisationsforum Wirtschaftskongreß (1991), S.313-319.

Bright (1997)
    Bright, C.: Zur Ökologie der Klimaveränderung, in: Worldwatch Institute Report (1997), S.107-135.

CITYCOM (2000)
    CITYCOM AG (Hrsg.): Verkaufsprospekt 1. öffentliche Kapitalerhöhung, Aub 2000.

Clayton (1996)
    Clayton, K.: Vorhersagen zum Meeresspiegelanstieg und dem Umgang mit den Konsequenzen, in: O'Riordan (1996), S.279-309.

Corsten (1995)
    Corsten, H. (Hrsg.): Produktion als Wettbewerbsfaktor. Beiträge zur Wettbewerbs- und Produktionsstrategie. Ein Reader, Wiesbaden 1995.

Corsten/Will (1994)
    Corsten, H. / Will, T.: Simultaneität von Kostenführerschaft und Differenzierung durch neuere Produktionskonzepte — Informationstechnologisches und arbeits-organisatorisches Unterstützungspotential, in: Zeitschrift Führung + Organisation, 63 (1994), S.286-293.

Didzoleit et al. (2000)
Didzoleit, W. / Mahler, A. / Reiermann, C. / Schäfer U.: Der Ölpreis-Hammer, in: Der Spiegel, 54 (2000) 37, S.82-84.

Drake (1996)
Drake, F.-D.: Kumulierte Treibhausgasemissionen zukünftiger Energiesysteme, Berlin et al. 1996.

Eaton/Grolle (1998)
Eaton, R. / Grolle, J.: „Weniger als zehn überleben", Chrysler Chef Robert Eaton im Gespräch, in: Der Spiegel, 52 (1998) 41, S.120-121.

Eversheim et al. (2000)
Eversheim, W. / Schröder, J. / Schuth, S. / Weber, P.: Einsatz von EDV-Hilfsmitteln in unternehmensübergreifenden Entwicklungsprozessen, in: Kaluza/Blecker (2000c), S.367-390.

Ford (1996)
Ford (Hrsg.): Geschäftsbericht 1995, Köln 1996.

Frankfurt am Main (1993)
Frankfurt am Main (Hrsg.): Negawatt statt Megawatt — Energiesparen als Energiequelle: Materialien zur Veranstaltung „Stichwort Umwelt" am 7. Juni 1993 im Plenarsaal des Römers, Frankfurt am Main, Frankfurt am Main 1993.

Franze (1997)
Franze, H.A.: Recycling von Kraftfahrzeugen, in: Kaluza (1997), S.291-315.

Gilbert/Strebel (1987)
Gilbert, X. / Strebel, P.: Strategies to outpace them Competition, in: The Journal of Business Strategy, 9 (1987), S.28-36.

Glöckner/Kietzmann (2000)
Glöckner, T. / Kietzmann, M.: Ölpreis rauf — Autoabsatz runter, in: Focus (2000) 40, S.272-278.

Hack (1998)
Hack, G.: Liter-Leistung, in: auto motor sport, (1998) 21, S.36-39.

Hénard (2000)
Hénard, J.: Im Zweifel auf die Barrikaden, in: Die Zeit, (2000) 38, S.8.

Herlitz (1995)
Herlitz, J.: Lean Management als Wettbewerbsstrategie im deutschen Werkzeugmaschinenbau, Berlin 1995.

Hünerberg et al. (1995a)
Hünerberg, R. / Heise, G. / Hoffmeister, M.: Internationales Marketing für die Automobilindustrie — Eine Einführung, in: Hünerberg et al. (1995b), S.3-27.

Hünerberg et al. (1995b)
Hünerberg, R. / Heise, G. / Hoffmeister, M. (Hrsg.): Internationales Automobilmarketing: Wettbewerbsvorteile durch marktorientierte Unternehmensführung, Wiesbaden 1995.

Hummel (1997)
Hummel, J.: Öko-Controlling — Konzeption und Umsetzung in der textilen Kette, Wiesbaden 1997.

Junkernheinrich et al. (1995)
Junkernheinrich, M. / Klemmer, P. / Wagner, G.R. (Hrsg.): Handbuch zur Umweltökonomie, Berlin 1995.

Kalleicher (1992)
Kalleicher, D.: Ausgewählte Instrumente zur Reduktion von Kfz-Abgasemissionen, Ludwigsburg-Berlin 1992.

Kaluza (1987)
Kaluza, B.: Erzeugniswechsel als betriebswirtschaftliches Problem, unveröffentlichte Habilitationsschrift, Mannheim 1987.

Kaluza (1989)
Kaluza, B.: Erzeugniswechsel als unternehmenspolitische Aufgabe. Integrative Lösungen aus betriebswirtschaftlicher und ingenieurwissenschaftlicher Sicht, Betriebswirtschaftliche Schriften, Bd.55, Berlin 1989.

Kaluza (1995a)
Kaluza, B.: Wettbewerbsstrategien und sozio-ökonomischer Wandel, in: Corsten (1995), S.85-98.

Kaluza (1995b)
Kaluza, B.: Dynamische Wettbewerbsstrategien und mo-derne Produktionskonzepte, in: Unsere Duisburger Hochschule, 47 (1995) 1, S.76-82.

Kaluza (1996)
Kaluza, B.: Dynamische Produktdifferenzierungsstrategie und moderne Produktionssysteme, in: Wildemann (1996), S.191-234.

Kaluza (1997)
Kaluza, B. (Hrsg.): Unternehmung und Umwelt, 2. Aufl., Hamburg 1997.

Kaluza/Blecker (2000a)
Kaluza, B. / Blecker, T.: Management der Produktion und Logistik in der Unternehmung ohne Grenzen, in: Kaluza/Blecker (2000c), S.1-31.

Kaluza/Blecker (2000b)
Kaluza, B. / Blecker, T.: Strategische Optionen in der Unternehmung ohne Grenzen, in: Kaluza/Blecker (2000c), S.533-567.

Kaluza/Blecker (2000c)
Kaluza, B. / Blecker, T. (Hrsg.): Produktions- und Logistikmanagement in Virtuellen Unternehmen und Unternehmensnetzwerken, Berlin et al. 2000.

Kaluza/Ostendorf (1997)
Kaluza, B. / Ostendorf, R.J.: Szenario-Analyse zur wirtschaftlichen Entwicklung Ostasiens, in: Diskussionsbeitrag Nr.233 des Fachbereichs Wirtschaftswissenschaft der Gerhard-Mercator-Universität -GH- Duisburg, Duisburg 1997.

Kaluza/Ostendorf (1998)
Kaluza, B. / Ostendorf, R.J.: Wirtschaftliche Entwicklungsperspektiven Ostasiens, aufgezeigt mit Hilfe der Szenario-Technik, in: Kaluza/Wegmann (1998), S.1-124.

Kaluza/Wegmann (1998)
Kaluza, B. / Wegmann, K. (Hrsg.): Gedanken zur chinesischen Zukunft, Bd.3 der Strukturen der Macht — Studien zum politischen Denken Chinas, Münster 1998.

Klenter (1995)
Klenter, G.: Zeit — Strategischer Erfolgsfaktor von Industrieunternehmen, Hamburg 1995.

Kohler/Eberle (1997)
Kohler, H. / Eberle, A.: Aktuelle Werkstoffstrategien in der Automobilindustrie unter besonderer Berücksichtigung des Recyclinggedankens, in: Kaluza (1997), S.263-290.

Komorek (1998)
Komorek, C.: Integrierte Produktentwicklung — Der Entwicklungsprozeß in mittelständischen Unternehmen der metallverarbeitenden Serienfertigung, Berlin 1998.

Krcal (2000)
Krcal, H.-C.: Umweltschutzkooperationen in der Automobilindustrie — ein Überblick, in: Umweltwirtschaftsforum, 8 (2000) 2, S.5-9.

Levi/Danzer (1995)
Levi, H.W. / Danzer, B. (Hrsg): Umweltverträgliches Wirtschaften — Von der Utopie zum operativen Ziel, Stuttgart 1995.

Loremo (2000)
Loremo GmbH I. Gr. (Hrsg.): http://www.loremo.de/button.htm sowie die nachfolgenden Seiten.

Lovins (1995)
Lovins, A.B.: „Supercars: Advanced ultralight hybrid vehicles," encyclopedia of energy technology and the environment, Snowmass Creek Road 1995.

Lovins et al. (1993)
Lovins, A.B. / Barnett, J.W. / Lovins, L.H.: Supercars — The coming light-vehicle revolution, in: Frankfurt am Main (1993), ohne Seitenangaben.

Lovins et al. (1996)
Lovins, A.B. / Kunz, M. / Efler, M.: „Radikale Veränderungen", Amory B. Lovins im Focus-Interview mit M. Kunz und M. Efler, in: Focus, (1996) 2, S.94-96.

Meyer-Krahmer (1995)
Meyer-Krahmer, F.: Industrielle Leitbilder, in: Levi/Danzer (1995), S.23-37.

o.V. (1998)
o.V.: Neuer Start für Hotzenblitz, Ökofonds sucht Kleinanleger, in: VDI-Nachricht, (1998) 8, S.1.

o.V. (1999)
o.V.: Honda Deutschland senkt Preise, in: Frankfurter Allgemeine Zeitung, (1999) 4, S.15.

o.V. (2000)
o.V.: Daimler-Chrysler-Manager: Ich bin kein Feind der Ökosteuer, in: Frankfurter Allgemeine Zeitung, (2000) 135, S.19.

O'Riordan (1996)
O'Riordan, T. (Hrsg.): Umweltwissenschaften und Umweltmanagement, Berlin et al. 1996.

Ostendorf (2000a)
Ostendorf, R.J.: Dynamische Ökologieführerschaft — eine Wettbewerbsstrategie gewinnorientierter Unternehmen — theoretische Darstellung und praktische Überprüfung am Beispiel der Automobilindustrie, Sternenfels 2000.

Ostendorf (2000b)
Ostendorf, R.J.: Beurteilung hoher Kraftstoffpreise durch die Autoindustrie — Ergebnisse einer empirischen Erhebung, in: Umweltwirtschaftsforum, 8 (2000) 4, S.4-9.

Ostendorf et al. (2000)
Ostendorf, R.J. / Rick, M. / Wolff, E. K.: F&E-Allianzen zur Stärkung der Marktfähigkeit in KMU der Elektroindustrie, in: UWF, 8 (2000) 2, S.48-51.

Organisationsforum Wirtschaftskongreß (1991)
Organisationsforum Wirtschaftskongreß e.V. (Hrsg.): Umweltmanagement im Spannungsfeld zwischen Ökologie und Ökonomie, Wiesbaden 1991.

Peren (1996)
Peren, F.W.: Die Bedeutung des Customizing für die Automobilindustrie — Eine grundsätzliche Einführung, in: Peren/Hergeth (1996), S.13-25.

Peren/Hergeth (1996)
Peren, F.W. / Hergeth, H.H.A. (Hrsg.): Customizing in der Weltautomobilindustrie, Frankfurt am Main-New York 1996.

Piëch (1998)
Piëch, F.: Der Transformationsprozeß bei Volkswagen, in: Wildemann (1998), S.40-46.

Piller (1997)
Piller, F.T.: Kundenindividuelle Produkte — von der Stange, in: Harvard Business manager, 19 (1997) 3, S.15-26.

Pine (1994)
Pine, B.J.: Maßgeschneiderte Massenfertigung. Neue Dimension im Wettbewerb, Wien 1994.

Porter (1999a)
Porter, M.E.: Wettbewerbsstrategie (Competitive Strategy). Methoden zur Analyse von Branchen und Konkurrenten. 10., durchges. u. erw. Aufl., Frankfurt am Main-New York 1999.

Porter (1999b)
Porter, M.E.: Wettbewerbsvorteile (Competitive Advantage). Spitzenleistungen erreichen und behaupten, 5., durchges. u. erw. Aufl., Frankfurt am Main-New York 1999.

Rösner (1998)
Rösner, J.: Service — ein strategischer Erfolgsfaktor von Industrieunternehmen?, Hamburg 1998.

Rother/Melfi (2000)
Rother, F. W. / Melfi, T.: Tal der Tränen, in: Wirtschaftswoche (2000) 26, S.134-138.

Schade/Weimer-Jehle (1996)
Schade, D. / Weimer-Jehle, W.: Energieversorgung und Verringerung der CO_2-Emissionen, Berlin et al. 1996.

Schmid (2000)
Schmid, K.-P.: Robuster Aufschwung, in: Die Zeit, (2000) 38, S.27.

Schmidheiny/Business Council for Sustainable Development (1992)
Schmidheiny, S. / Business Council for Sustainable Development: Kurswechsel. Globale unternehmerische Perspektiven für Entwicklung und Umwelt, München 1992.

Schmitt (1995)
Schmitt, A.: Die psychologischen Rahmenbedingungen des Automobilmarketing, in: Hünerberg et al. (1995b), S.61-79.

Schmitz (1998)
Schmitz, W.: Der weiß-blaue Autokonzern ist jetzt komplett, in: Handelsblatt, (1998) 63, S.21.

Schwarz (1999)
Schwarz, E.J.: Umweltorientierte technologische Prozeßinnovationen im Produktionsbetrieb, Wiesbaden 1999.

Sommerlatte/Behrens (1998)
Sommerlatte, T. / Behrens, B.: „Mut für den großen Sprung", Tom Sommerlatte im Interview, in: WirtschaftsWoche, 52 (1998) 21, S.60.

Spangenberg (1994)
Spangenberg, J.H.: Amory Lovins' „Superauto" — Bedrohung oder Überlebenschance für die Automobilindustrie?- Eine Zusammenfassung der Thesen von A. Lovins, in: von Weizsäcker [Lovins 1994], S.34-48.

Steger (1993a)
Steger, U.: Umweltmanagement — ein deutsch-amerikanischer Vergleich, in: Steger (1993b), S.137-153.

Steger (1993b)
Steger, U.: Der Niedergang des US Management Paradigmas — Die europäische Antwort, Düsseldorf 1993.

van Suntum (1995)
van Suntum, U.: Verkehr und Umwelt, in: Junkernheinrich et al. (1995), S.356-361.

TH!NK Nordic AS/Ford Motor Company (1999)
TH!NK Nordic AS/Ford MC (Hrsg.): TH!NK City, o.O. 1999.

Toyota (1996)
Toyota (Hrsg): Environmental Programs and Activities, Toyota city 1996.

Vester (1990)
Vester, F.: Ausfahrt Zukunft — Strategien für den Verkehr von Morgen, 5. Aufl., München 1990.

Viehöver (1999)
Viehöver, U.: Jäger und Gejagte, in: Focus, (1999) 13, S.272-276.

vmi (1997)
vmi (Hrsg.): Automobilproduktion — Internationale Verflechtung der Automobilhersteller, Ausgabe 1997, Landsberg 1997.

Vorholz (2000a)
Vorholz, F.: Die Benzinbombe, in: Die Zeit, (2000) 38, S.1.

Vorholz (2000b)
Vorholz, F.: Mehr Grips statt Öl, in: Die Zeit, (2000) 37, S.36.

Volkswagen (1997)
Volkswagen AG (Hrsg.): Der Umweltbericht von Volkswagen 1997, Wolfsburg 1997.

Volkswagen (1999)
Volkswagen AG (Hrsg.): Der neue Lupo 3 l TDI, Wolfsburg 1999.

von Weizsäcker (1993)
von Weizsäcker, E.U.: Ökologische Erneuerung als Wettbewerbsvorteil, Bonn 1993.

von Weizsäcker et al. (1997)
von Weizsäcker, E.U. / Lovins, A.B. / Lovins, L.H.: Faktor vier: Doppelter Wohlstand — halbierter Naturverbrauch. Der neue Bericht an den Club of Rome, 10. Aufl. München 1997.

Wildemann (1996)
Wildemann, H. (Hrsg.): Produktions- und Zuliefernetzwerke, München 1996.

Wildemann (1998)
Wildemann, H. (Hrsg.): Strategien zur Marktführerschaft — Die Kundenanforderungen von morgen gestalten, Frankfurt am Main 1998.

Wilhelm (1997)
Wilhelm, A.: Ein Gespräch mit den Entwicklern vom Forschungsinstitut Daimler-Benz, in: Mercedes-Benz Umweltjournal, (1997), S.38-40.

Will (1996)
Will, T.: Wettbewerbsvorteile durch Simultaneität von Kostenführerschaft und Differenzierung, Frankfurt am Main 1996.

Worldwatch Institute Report (1997)
Worldwatch Institute Report (Hrsg.): Zur Lage der Welt 1997, Daten für das Überleben unseres Planeten, Frankfurt am Main 1997.

Zahn/Huber-Hoffmann (1995)
Zahn, E. / Huber-Hoffmann, M.: Die Produktion als Wettbewerbskraft, Corsten (1995), S.133-155.

ZDF (2000)
ZDF (Hrsg.): Rekord: 5,7 Millionen Autos gebaut, in: http://www.zdf.msnbc.de/news59679.asp.

Wissensmanagement in Forschungs- und Entwicklungskooperationen

J. Fischer

1   Einleitung

2   Wissen – ein Verb?!

3   Wissensmanagement

4   Wissensmanagement in F&E - Kooperationen

    4.1   Traditionelle F&E - Kooperationen

    4.2   F&E - Kooperationen in der „Net Economy"

5   Fazit

Literatur

1 Einleitung

Kooperationen werden von Unternehmen traditionell eingegangen, wenn die Unternehmen aus der Marktsicht angesichts der Innovationen der Technologien und der globalen Märkte eine bestimmte Mindest-Handlungsgröße besitzen müßten und diese über Fusionen, Akquisitionen oder Kooperationen erreichen können (outside-in-view) oder sie aus der Ressourcensicht zu wenig Kompetenzen besitzen, um eine Technologie zu beherrschen oder einen Marktzutritt mit vertretbaren Mitteln zu erreichen (inside-out-view).

Beide Sichten laufen auf das gleiche Argument: „Kooperation aus internen Defiziten" hinaus. Anliegen des Wissensmanagements in einer solchen traditionellen Kooperation ist es vornehmlich, Wissen zu importieren und den Wissensexport zu kontrollieren.

In der „Neuen Ökonomie" (oft auch als Net Economy bezeichnet) werden Kooperationen hingegen oft als geschäftliches Mittel eingesetzt, um in einem Netzwerk leistungsstarker Partner

- schnell den Marktstandard zu schaffen und Netzprodukte zu schaffen, deren Wert und Nachfrage mit zunehmender Nutzerzahl steigt,

- komplementäre Produktbündel zum Beispiel aus hardware, communication und content zu entwickeln oder

- befruchtende Kompetenzen für die Technologie oder Markterschließung zu generieren. Dabei werden zunehmend auch mit Kunden Netzwerke (communities) gebildet.

In traditionellen Kooperationen arbeiten Unternehmen meist mit einer beschränkten Zahl von Unternehmen zusammen, deren Leistungsprofile sie seit vielen Jahren kennen. Diese „Partnerwahl in etablierten Kreisen" läßt sich in der „Net Economy" aufgrund der kaum vorhersehbaren Relevanz von Produktbündeln, Technologiefeldern und innovativen Unternehmen nicht durchhalten. Kooperationen mit vielen, häufig wechselnden und alternativen Partnern fordern ein anderes Umgehen mit Wissen als die traditionelle, eher stabile Kooperation.

2 Wissen – ein Verb?!

Wissen kann definiert werden als das Potential individuell oder organisatorisch verfügbarer Informationen für die Definition und Lösung von Problemen. Es handelt sich um Erfahrungen, die Individuen aus Handlungen über Kontexte und Alternativen gewonnen haben (Hubig (1998), S. 10). Wissen ergibt sich somit aus Handlungen vor dem Hintergrund bestimmter Informationen und Ressourcen.

Allein das „Er-Kennen" eines Problems reicht nicht aus, diese Information muß auch in Handlungen umgesetzt werden können. Oft sind die Mitarbeiter nicht in der Lage, ihre individuellen Einsichten in organisatorisches Handeln zu transferieren. Für diesen Transfer bedarf es Ressourcen (Ressourcen- bzw. Kompetenzmanagement) und eines Handlungswillens, d. h. des entsprechenden Management- und Realisierungswillens, um aus Potentialen wirtschaftliche Resultate zu erzielen. Da die Exklusivität von Wissen und damit dessen Relevanz für den resultierenden geschäftlichen Erfolg mit der Zeit abnimmt, müssen die entsprechenden Handlungen zeitgerecht erfolgen. Erst aus dem Tun entstehen die Erfahrungen (Aktionsmanagement).

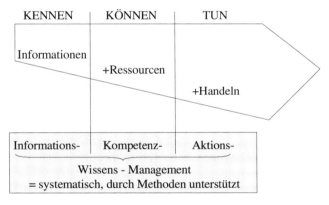

Abb. 1: Wissen ist ein Verb

Soll Wissen dokumentiert werden, so sind Informationen über die Phasen und den Kontext der Problementstehung und –lösung zu speichern: Entsprechende Systeme sollten möglichst unmittelbar am Handeln der Mitarbeiter ansetzen und dessen Kontext, Aktionen und Resultate dokumentieren.

Fragen	Felder
Was ist geschehen und was ist daran auffällig (Sensibilisierung)? Warum wurde dies zu einem Problem welcher Art und in welchem Bereich (Analyse)? Welche Ziele wurden für eine Lösung angestrebt? (Sachziel)	Informations-management
Welche alternativen Mittel wurden vor dem Hintergrund welcher Ressourcen und Kompetenzen erwogen? Wie wurden diese Mittel bewertet (Methoden)?	Ressourcen-management
Welche sachlichen, räumlichen und zeitlichen Aktionsfelder wurden analysiert? Welche (fachlichen) Mittel wurden mit welchen (organisatorischen) Maßnahmen durch wen ergriffen? Welchen Erfolg hatten diese Maßnahmen hinsichtlich der Ziele?	Aktions-management (Projekt-management)

Abb. 2: Aspekte des Wissensmanagements

Individuen und Unternehmen benötigen somit eine Wissenshistorie (aus dokumentierten Problemlösungsprozessen) sowie eine Wissensbasis aus Informationen, Ressourcen und Handlungspotentialen, um zukünftig Erfahrungen gewinnen zu können. Wissen wird als dynamisches Phänomen angesehen, das sich in Handlungen zeigt und aus diesen erwächst. Im Englischen sollte man daher eher von know how als von knowledge sprechen.

Wissen läßt sich in Organisationen dadurch dokumentieren, daß

- die Informations- und die materielle Ressourcenbasis sowie erzielte Ergebnisse von den handelnden Personen in strukturierten Dokumenten zeitnah beschrieben werden, die in DV-Systemen (z. B. Daten- oder Dokumentenbanken) gespeichert werden. Auf der Grundlage sicher auffindbarer Dokumente sollen die Akteure über elektronische Kommunikationssysteme zu ihren Handlungen und Erfahrungen jederzeit befragt werden können. Übliche DV-Systeme zum „knowledge management" verbinden Dokumentenbanken mit Kommunikationswerkzeugen; das „Bücherwissen" soll durch die Dokumentenbanken, das „Erfahrungswissen" von den ehemals handelnden Personen per Kommunikationswerkzeug zugeliefert werden.
- die Informations- und die materielle Ressourcenbasis sowie der organisatorische Ablauf der Aufgabenlösung in Datenbanken mittels Attributen erfaßt sowie in grafischen Modellen aufbereitet werden. Materiell orientierte Prozeß-

modellierungswerkzeuge (z. B. ARIS) helfen durch Konfrontation mit Referenzmodellen speziell, organisatorisches, gut strukturiertes Wissen zu dokumentieren.
- neben den Informationen und Ressourcen auch die Handlungsregeln in DV-Systemen gespeichert werden, um möglichst unabhängig von den Akteuren deren Handlungen und Erfahrungen nachvollziehen zu können. Allerdings ist es bisher noch nicht praktikabel gelungen, Problemlösungsregeln der Akteure in DV-Systeme einzuspeisen und für spätere Benutzer zu speichern.

Alle drei Ansätze setzen einen organisatorischen Konsens darüber voraus, welche Handlungen, Ressourcen und Informationen als relevant für das Unternehmen anzusehen sind und daher zu speichern sind. Basis für die Selektion relevanten Wissens können die strategischen und operativen Ziele und die aktuellen Aufgaben des Unternehmens sein. Jede Auswahl birgt die Gefahr in sich, relevante Wissensfelder zu übersehen oder in ihrer geschäftlichen Relevanz zu unterschätzen.

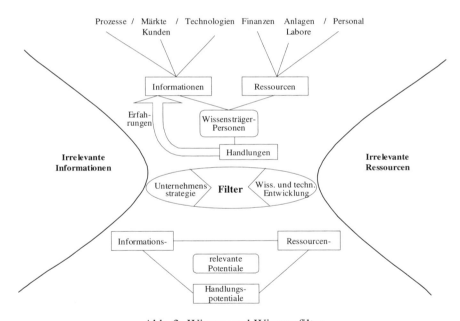

Abb. 3: Wissen und Wissensfilter

Bei Technologiewissen herrscht zwischen den Experten oft Konsens über die Relevanz und die Strukturen der Wissenserfassung, da eine Reihe erprobter, zum Teil genormter Vorgehensweisen der Ingenieur- und Naturwissenschaften existieren. Ähnliche Praktiken fehlen bisher in der Betriebswirtschaftslehre, obwohl das Wissen über Märkte und Kunden im Vergleich immer wichtiger wird und zunehmend von Unternehmen isoliert vermarktet wird (Bsp. Pharmakonzerne für Biotechnologiegründungen).

	Ressourcen	Informationen	Handlungen
Geschäftswissen	Kunden Lieferanten	Marktdaten	Integration von Technologien
Organisationswissen	Partnerinstitute Erprobungsfelder	Öffentliche Förderung	Organisation von F&E-Prozessen
		Rechtlich-steuerlicher Rahmen	
Technologiewissen	Personal Labore	Patente, Lizenzen, F&E-Verfahren, Rezepturen	Laboruntersuchungen

Abb. 4: Wissensstufen und -arten

Unstrukturierte Dokumentenmengen lassen sich auch mit den Werkzeugen des Internet (z. B. Suchmaschinen, Agenten) nicht zielgerichtet suchen und auswerten. Übliche Suchmaschinen erreichen nur Trefferquoten von ca. 15%. Soll die aktuelle Diskussion über Wissensmanagement nicht einer der vielen (erfolglosen) Versuche der Menschheit seit dem Mittelalter bleiben, Wissen in Maschinen zu speichern, um es jederzeit unabhängig von Personen nutzen zu können, bedarf es weiterer Grundlagenarbeiten zur Strukturierung und Recherche in Dokumentenmengen.

3 Wissensmanagement

Wissensmanagement ist ein schillerndes, leicht modisches Schlagwort, obwohl auf dem Feld seit über 40 Jahren geforscht wird.

Nach unserem Verständnis von Wissen soll dessen Management die Informationen, Ressourcen und das Handeln im Unternehmen so miteinander in Einklang bringen, daß der Wissensfluß im Unternehmenserfolg langfristig gesichert ist, d.h.

- daß aus Handlungen Informationen resultieren,
- die in organisatorisch verwendbarer Form dokumentiert sind und
- in Kombination mit den verfügbaren personellen und materiellen Ressourcen
- wiederum Handlungen induzieren.

Wissen ist im Unternehmen in einem dynamischen, quasi biologischem Prozeß zu bewirtschaften, also mit Hilfe der materiellen und personellen Ressourcen zu säen, in seinem Wachstum zu fördern, schließlich zu ernten und zielgerichtet in Handlungen zu nutzen. (Arbeitskreis (1999))

Insbesondere hinsichtlich der Ressourcen hat das Wissensmanagement eine strategische Dimension, da diese sich nur langfristig aufbauen lassen. In der taktischen Dimension sind mit den Organisationseinheiten Wissensziele zu vereinbaren und durch organisatorische und personelle Maßnahmen zu verfolgen. Operativ wichtig sind organisatorische Regelungen für die Erfassung, Speicherung und den Transfer von Informationen in der täglichen Arbeit. Technische Instrumente (wie Dokumenten- oder Kommunikationssysteme) können diesen Aspekt des operativen Wissensmanagements unterstützen, schaffen jedoch bei unreflektierter Anwendung Dokumenten- und Kommunikationsfluten, die von den Mitarbeitern kaum zu bewältigen sind.

Unternehmen unterscheiden sich im strategischen und taktischen Wissensfluß danach, wie sie individuelle und organisatorische Informationen mittels der materiellen und personellen Ressourcen in zielgerichtete Handlungen umsetzen und aus diesen wiederum Informationen und Ressourcen gewinnen.

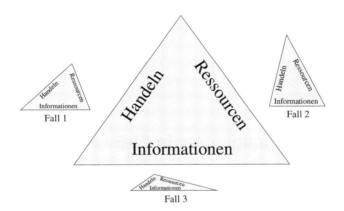

Abb. 5: Wissensmanagement bringt Informationen, Ressourcen und Handeln in Einklang

Agiert das Unternehmen auf einer breiten Informationsbasis, die sich mangels Ressourcen allerdings nicht mehr erneuern läßt, so verliert es mittelfristig sein Wissen (Fall 1). Dies ist z. B. der Fall, wenn sich ein Unternehmen von seiner Fertigungsbasis trennt, dennoch aber weiter Entwicklungsleistungen vermarktet (nicht synchrones Ressourcen- / Kompetenzmanagement).

Ein ähnlicher Fall tritt ein, wenn ein Unternehmen agiert, ohne seine Erfahrungen organisatorisch zu dokumentieren (nicht synchrones Informationsmanagement) und damit den Wissenstransfer verhindert (Fall 2). Oft werden Organisationseinheiten zwar Handlungs- und Ressourcenziele, jedoch keine Wissensziele gesetzt.

Ein dritter Fall bedeutet, daß ein Unternehmen mit Ressourcen und Informationen nicht über den notwendigen Handlungswillen verfügt, um diese zielgerecht einzusetzen. An Universitäten wird ein solches, nicht synchrones Aktionsmanagement als „Sitzen im Elfenbeinturm" bezeichnet.

Folgt man der Auffassung einer Triade von Wissenselementen, so ist das Wissensmanagement letztlich eine Ausprägung des ressourcenorientierten Ansatzes (Blecker (1999), S. 191ff). Danach kann versucht werden, Informations-, Ressourcen- und Handlungspotentiale durch unternehmensinterne Maßnahmen weiter zu entwickeln oder diese extern per Kauf oder in Kooperationen zu beschaffen. Es ist zu beachten, daß

- sowohl die statische Nutzung vorhandener Ressourcen, Informations- und Handlungspotentiale als auch
- der dynamische Veränderungsprozeß von einsetzbaren Ressourcen, durchgeführten Handlungen und dokumentierten Informationen

organisiert werden soll. Ziel ist es, sowohl in statischer als auch in dynamischer Hinsicht Überschüsse und Engpässe bei Ressourcen-, Informations- und Handlungspotentialen zu vermeiden (Kaluza / Blecker (2000), S. 536), auf der anderen Seite jedoch die Reaktionsfähigkeit des Unternehmens auf sich im Zeitverlauf wechselnde Umweltanforderungen zu sichern (Kaluza (1993), (1995)).

4 Wissensmanagement in F&E - Kooperationen

F&E-Kooperationen zielen darauf, die Informations-, Ressourcen- oder Aktionspotentiale der beteiligten Partner zur Definition und Lösung von Problemen zu transferieren oder zu kombinieren. Diese Potentiale können

- auf Technologiefeldern
- auf organisatorischen Feldern
- auf Märkten

liegen. Defizite oder Angebote bei den drei Potentialen auf den drei Feldern bestimmen letztlich die Motivation für eine Kooperation zwischen Unternehmen und das Vorgehen des Wissensmanagements.

Aufgaben	Teilaktivitäten
Wissenstransfer	• Implizite und unstrukturierte Informationen sind z. B. in Dokumenten und Kommunikationspartnern zu explizieren, • Personelle und materielle Ressourcen sind dem Partner anzubieten, • Geschäftliche und technologische Handlungspotentiale sind zu definieren und zu realisieren.
Wissenskombination	• die Informationen und Ressourcen der Partner sind anhand der Sach- und Organisationsaufgaben sowie der Ziele auf Kombinationsmöglichkeiten zu prüfen, • Geeignetes Wissen ist in gemeinsamen Lernprozessen zu kombinieren, damit gegenseitig ein höheres Wissensniveau entsteht.

Abb. 6: Wissenstransfer und Wissenskombination

4.1 Traditionelle F&E - Kooperationen

In der traditionellen F&E-Kooperation ist es das Ziel, Defizite im Wissen (Informationen, Ressourcen, Aktionen) zu beseitigen, ohne seinen eigenen Wissensvorsprung zu gefährden. Diese Defizite können sich auf einen Teilmarkt der betrachteten Unternehmensaktivität oder auf deren Gesamtmarkt erstrecken.

	Dominierende F&E - Aktivität		
Marktausrichtung	Weiterentwicklung	Neuentwicklung	Forschungs- und Technologievorhaben
Teilmarkt	Anpassungsentwicklungskooperation (Typ A)	Regionale Entwicklungskooperation (Typ B)	(Typ Y)
Gesamtmarkt		Entwicklungskooperation (Typ C)	Forschungskooperation (Typ D)

Abb. 7: Typologie der traditionellen F&E-Kooperationen (vgl. ähnlich Beckmann / Fischer (1994))

In einer Kooperation im Hinblick auf Teilmärkte werden Unternehmen nur für regionale oder sachliche Entwicklungsaufgaben kooperieren, Forschungsvorhaben werden kaum nur für Teilmärkte vorgenommen (Typ Y). Aus Sicht des technologiegebenden Unternehmens wird es Ziel sein, regionale oder sachliche Informationsdefizite (z. B. hinsichtlich regionaler Technologieerfordernisse, staatlicher Fördermöglichkeiten oder Geschäftsusancen), Ressourcendefizite (z. B. hinsichtlich F&E-Mitarbeiter) oder Handlungspotentiale (z. B. Marktzugänge) auszugleichen.

Das technologienehmende Unternehmen wird diese Defizite ausgleichen und im Gegenzug geschäftliche Vorteile oder Technologiewissen erwarten. Allerdings wird die unterschiedliche Wissensbasis von Geber und Nehmer zwar eine Wissenskombination, nicht aber einen Wissenstransfer ermöglichen, so daß die Gefahr einer Wissensdiffusion gering ist.

In einer Kooperation hinsichtlich des Gesamtmarktes wollen die Unternehmen Defizite hinsichtlich der Art, Größe der Handlungs-, Ressourcen- und Informationspotentiale in den Wertschöpfungsphasen durch Wissenskombination oder -transfer ausgleichen. Zwar kooperieren die Unternehmen vornehmlich mit „alten Bekannten", d. h. mit Partnern, deren Leistungsprofil sie seit vielen Jahren kennen. Doch sind die Unternehmen gleichzeitig meist auf einigen Feldern Wettbewerber und das gemeinsame Grundverständnis von Technologien und Märkten erhöht die Gefahr der ungewollten Wissensdiffusion auf Arbeitsebene.

Im Vorfeld der Kooperation versuchen die Unternehmen ihre Wissensdefizite (Informationen, Ressourcen, Aktionen) in allen Phasen des Wertschöpfungsprozesses zu identifizieren und dieses den Wissensangeboten potentieller Partner gegenüberzustellen. Strukturieren läßt sich dieses z. B. für die Potentiale und Phasen in einer Wissensbilanz vor und nach der angestrebten Kooperation, um unter anderem die erzielbaren wirtschaftlichen Vorteile beider Partner abzuschätzen.

	Unternehmen		Partner	
	Aktiva	Passiva	Aktiva	Passiva
Informationen	• Innovative Technologie			• Lizenzvertrag
Ressourcen	• Entwicklungsgruppe	• Vertriebskooperation	• Kunden • Vertriebsorganisation	• Gemeinsames Entw. Team
Handeln	• Entwicklungserfolge			• Gemeinschaftsprojekt

Abb. 8: Wissensbilanzen zu Beginn einer Entwicklungskooperation (exemplarisch)

Sofern sich die Kooperation auf die Phase Forschung und Entwicklung beschränkt, besteht ein interner Wissensmarkt, bei dem jeder Partner versucht, möglichst viel und komplementäres Wissen für seine Gegenleistung zu erwerben. Da sich der wirtschaftliche Erfolg der Kooperation erst in späteren Phasen realisiert, ist der Wert des importierten und exportierten Wissens nur schwer zu fassen; dies verursacht Unsicherheiten auf beiden Seiten.

4.2 F&E - Kooperationen in der „Net Economy"

Übergreifendes Merkmal einer F&E in der Net Economy ist der Zeitdruck bei der Wissensbeschaffung und Wissensproduktion, da meist nur eines der Angebote den überwältigenden Marktanteil gewinnt und kaum Platz für Konkurrenzanbieter bleibt. Kooperationen sind erforderlich, um rasch Netzprodukte oder Standards zu etablieren, da die einzelnen Unternehmen

- technologisch nicht über die Ressourcen und Informationen verfügen, um die notwendigen, komplementären Teilprodukte in der erforderlichen Schnelligkeit zu schaffen (1.Fall).

- organisatorisch nicht über die Ressourcen und Handlungsstärke verfügen, um die Netzprodukte mit dem erforderlichen Wachstum auf dem Markt als Standard zu etablieren. (2. Fall)

Produktausrichtung	*Dominierende Aktivität*		
	Forschung	Entwicklung	Vertrieb
Teilprodukt	Komponentenforschungskooperation (Fall 1-A)	Komponentenentwicklungskooperation (Fall 1-B)	Komponentenvertriebskooperation (Fall 1-C)
Gesamtprodukt	Shaper-Domäne	Entwicklungskooperation (Fall 2)	Vertriebskooperation (Fall 2)

Abb. 9: Typologie der F&E-Kooperation in der „Net Economy"

Im 1. Fall gehen die aktiven Netzbauer (shaper) technologiegetriebene, je nach den Markterfordernissen wechselnde Kooperationen mit vielen heterogenen, oft jungen Unternehmen (adapter) ein. Diese Unternehmen sind im Interesse des Netzes rasch mit allem erforderlichen Markt- und Technologiewissen zu versorgen, da nur so die Attraktivität und das Marktwachstum des Produktbündels schnell gesteigert werden kann.

Zwischen „shaper" und „adapter" ist der Wissenstransfer weitgehend unkritisch, da

- viele Informationen und Ressourcen tendenziell allgemein verfügbar sind,
- deren Wettbewerbsvorteil nicht in den Informationen und Ressourcen, sondern in der Handlungsstärke liegt, die das potentielle Wachstum eines Netzwerkes begründet.

Das netzwerkorientierte Wissensmanagement der „shaper" stellt sehr hohe Anforderungen
- um erstens aus den Netzwerk-Erfolgsfaktoren erfolgsversprechende Kooperationspartner abzuleiten und diese weltweit unter der Vielzahl oft kleiner und unbekannter Unternehmen zu finden (Netzwerkbroker),
- diese zweitens rasch mit dem erforderlichen Wissen zu versorgen und im Sinne des Netzwerkes handlungsfähig zu machen (Netzwerktrainer),
- dabei drittens die Netzwerkprodukt-Architektur kontinuierlich entsprechend einer übergreifenden Vision weiter zu entwickeln und
- viertens diese Gesamtarchitektur als Wissensdomäne des „shapers" vor allen Neugier und Diffusionsgefahren zu schützen.

Im 2. Fall versuchen die „shaper" marktgetriebene Kooperationen mit einigen, oft etablierten Unternehmen einzugehen, um deren Handlungsstärke auf dem Markt und deren Organisationsressourcen für das schnelle Netzwachstum zu nutzen. Allerdings agieren die etablierten Unternehmen oft als „lurker", die unter Umständen in konkurrierenden Netzkonstellationen mit arbeiten und durch diese polygame Strategie ihre Chancen und Risiken (u. a. aufgrund der Fixkosten ihrer Ressourcen) zu optimieren suchen. In einer solchen Konstellation ist der Informations- und (personelle) Ressourcentransfer speziell in Entwicklungskooperationen selbstverständlich extrem kritisch.

Die wirtschaftliche Bewertung stützt sich in der „Net Economy" auf die relative Beschleunigung eines Netzwerkwachstums durch die Partner; eine absolute Bewertung ist aufgrund der Dynamik weder möglich noch entscheidend. Dieses basiert im 1. Fall vornehmlich auf den Kompetenzen; im 2. Fall auf deren Ressourcen- und Handlungspotentialen der Partner und den erzielbaren Kostensprüngen aufgrund von Erfahrungskurven-Effekten.

5 Fazit

Clausewitz (1832/1963, S.64) schreibt: „*Das Wissen muss ein Können werden.* Fast in allen anderen Künsten und Tätigkeiten des Lebens kann der Handelnde von den Wahrheiten Gebrauch machen, die er nur einmal kennen gelernt hat ... und die er aus bestaubten Büchern hervor zieht ... *So ist es aber im Kriege nie.* Die geistige Reaktion, die ewig wechselnde Gestalt der Dinge macht, daß der Handelnde den ganzen Geistesapparat seines Wissens in sich tragen, daß er fähig sein muß, überall und mit jedem Pulsschlag die erforderliche Entscheidung aus sich selbst zu geben. Das Wissen muß sich also durch diese vollkommene Assimilation mit dem eigenen Geist und Leben in ein wahres Können verwandeln."

Zwar mag die heutige Informationstechnologie das physische Gewicht der Wahrheiten verringern, doch vermag sie auch den Geistesapparat des Wissens (sei es des Feldherrn, Forschers oder Managers) zu tragen, der ihn allein zum Könner macht ?

Literatur

Arbeitskreis Forschungs- und Entwicklungsmanagement der Schmalenbach- Gesellschaft für Betriebswirtschaft: Wissensmanagement in F&E – Kooperationen: Kommunikation ist die Logistik des Wissens, Paderborn 1999

Beckmann, C. / Fischer J. et al: Einflußfaktoren auf die Internationalisierung von Forschung und Entwicklung in der deutschen Chemischen und Pharmazeutischen Industrie, in: Zeitschrift für betriebswirtschaftliche Forschung 46. Jg. (1994), Heft 7/ 8, S. 630 - 657

Blecker, Th.: Unternehmung ohne Grenzen – Konzepte, Strategien und Gestaltungsempfehlungen für das Strategische Management. Wiesbaden 1999

Clausewitz; C.v.: Vom Kriege, Hinterlassenes Werk des Generals Carl von Clausewitz, Berlin 1832-34; zitiert nach der Taschenbuchausgabe hrsg. von Pickert, W., Schramm, W., Reinbek bei Hamburg 1963

European Communication Council Report (Hrsg.): Die Internet- Ökonomie: Strategien für die digitale Wirtschaft, 2. Aufl. Berlin-Heidelberg-New York 1999

Graumann, M.: Die Ökonomie von Netzprodukten, in: Zeitschrift für Betriebswirtschaftslehre, 63 (1993), 12, 1331 – 1355

Horvath, P.: Controlling, 3. Aufl. München 1990

Fischer, J.: Qualitative Ziele in der Unternehmensplanung – Konzepte zur Verbesserung betriebswirtschaftlicher Problemlösungsprozesse, Berlin 1989

Güldenberg, S.: Wissensmanagement und Wissenscontrolling in lernenden Organisationen – Ein systemtheoretischer Ansatz, 2. Aufl. Wiesbaden 1998

Hubig, C.: Informationsselektion und Wissensselektion, in: Bürgel, H.H. (Hrsg.): Wissensmanagement – Schritte zum intelligenten Unternehmen, Berlin – Heidelberg 1998, S. 3 – 18

Hofmann, J.: Analyse des Anwendungsbereiches von Problemlösungsmethoden, Frankfurt/M. 1985

Kaluza, B.: Flexibilität, betriebliche, in: Handwörterbuch der Betriebswirtschaftslehre, 5. Aufl. Stuttgart 1993, Sp. 1173 - 1184

Kaluza, B.: Flexibilität der Industrieunternehmen, Diskussionsbeitrag 208 des Fachbereichs Wirtschaftswissenschaften der Universität –GH-Duisburg 1995

Kaluza, B. / Blecker, Th.: Strategische Optionen der Unternehmung ohne Grenzen, in: dieselben (Hrsg): Produktions- und Logistikmanagement in virtuellen Unternehmen und Unternehmensnetzwerken, Berlin-Heidelberg – New York 2000, S. 533 – 567

Lange, U.: Wissensmanagement in F&E – Kooperationen, Vortrag Darmstadt Sept. 2000

Möhrle, M. G.: Betrieblicher Einsatz computergestützten Lernens – Zukunftsorientiertes Wissens – Management im Unternehmen, Wiesbaden 1996

Nonaka, I. / Konno, N.: The Concept of „Ba": Building a Foundation for Knowledge Creation, in: California Management Review Vol. 40 (1998), Spring 3, S. 1 - 15

Pawlocky, P.: Wissensmanagement – Erfahrungen und Perspektiven, Wiesbaden 1998

Petkoff, B.: Wissensmanagement – von der computerzentrierten zur anwenderorientierten Kommunikationstechnologie, Bonn 1998

Schüppel, J.: Wissensmanagement, Wiesbaden 1996

Wissensmanagement für das Innovationsmanagement

A. Pasckert

1 Einleitung
    1.1 Problemstellung
    1.2 Zielstellung

2 Zum Management von Innovationen
    2.1 Innovation
    2.2 Innovationsmanagement
        2.2.1 Innovationsmanagement als Institution
            2.2.1.1 Innovationsmanagement als eine in der Linie verankerte Institution
            2.2.1.2 Innovationsmanagement als Stabsaufgabe
            2.2.1.3 Innovationsmanagement als Projektaufgabe
        2.2.2 Innovationsmanagement als Funktion
        2.2.3 Bewertung des Innovationsmanagements

3 Zum Management von Wissen
    3.1 Information
    3.2 Wissen

4 Innovationsfördernde Informationsinfrastruktur
    4.1 Internet
    4.2 Workgroup-Support-Systeme
    4.3 Workflow-Management-Systeme

5 Zusammenfassung und Ausblick

Literatur

1 Einleitung

1.1 Problemstellung

Das Wissen der Menschheit verdoppelt sich in immer kürzeren Zeitabständen. Mitunter wird diese Wissensvermehrung plakativ mit der Metapher von der „Explosion des Wissens" veranschaulicht. Diese Metapher bringt zum Ausdruck, daß der Umfang des Wissens im Zeitverlauf exponentiell zunimmt.

Das gewaltige Anwachsen des Wissens hat erhebliche Auswirkungen auf das Innovationsmanagement, denn Wissen bildet die Basis für jede Innovation. Hierdurch besteht ein unmittelbarer Ursache-Wirkungszusammenhang zwischen den Größen Innovation und Wissen: Innovationen sind Bestandteil und zugleich Folge der Explosion des Wissens:

- Innovationen sind dann eine Folge des Wissens, wenn neue Erkenntnisse in konkrete Produkte und Verfahren umgesetzt werden. Innovationen verkörpern somit realisiertes Wissen.
- Mit der organisatorisch-technischen Umsetzung von Wissen sind Innovationen zugleich Bestandteil des Wissens. Denn mit jeder Innovation werden neue Erkenntnisse erschlossen, so daß der Umfang des Wissens zunimmt.

Wissen ist somit der Input und zugleich der Output jeder Innovation.[1] Wissen entsteht aus der sinnvollen Vernetzung zweckgerichteter Informationen. Dies verdeutlicht den engen Zusammenhang zwischen Innovation, Wissen und Information. Information und Kommunikation stellen deshalb die zentralen Elemente des Innovationsmanagement dar.[2] Kernaufgabe des Innovationsmanagements ist es, aus dem zunehmenden Wissensumfang die Informationen zu selektieren, die für die eigenen Aktivitäten und Vorhaben relevant sind und diese für konkrete Innovationen anzuwenden.

Die Verfügbarmachung von Informationen für unternehmerische Anwendungen ist Hauptaufgabe des Informationsmanagements. Indem es die Sammlung, Verarbeitung und Weiterleitung von Informationen sichert, leistet das Informationsmanagement einen wesentlichen Beitrag für die Innovationsstärke eines Unternehmens. Im Rahmen dieses Aufsatzes soll deshalb der Erfolgsbeitrag des Informationsmanagements für das Innovationsmanagement erläutert werden.

---

[1] Vgl. Boutellier, Gassmann [Innovationsmanagement 1996], S.290.

[2] Vgl. Boutellier, Gassmann [Innovationsmanagement 1996], S.284.

1.2 Zielstellung

Innovation ist die entscheidende Waffe zum Aufbau von Wettbewerbsvorteilen. Diese Waffe basiert maßgeblich auf der Fähigkeit, frühzeitig relevante Informationen zu schöpfen und hieraus Wissen zweckgerichtet abzuleiten.

Wie keine andere Technologie sind insbesondere Informations- und Kommunikationstechnologien (IuK-Technologien) von einer Innovationsdynamik erfaßt. Sie sind Instrument und zugleich Indikator für die Expansionswirkungen von Innovationen. Ziel des Aufsatzes ist es, IuK-Technologien vorzustellen und deren Bedeutung für die Entwicklung und Umsetzung von Innovationen exemplarisch zu verdeutlichen.

2 Zum Management von Innovationen

2.1 Innovation

Obwohl das Thema „Innovation" seit einigen Jahren sehr intensiv in der betriebswirtschaftlichen Forschung behandelt wird,[3] existiert keine einheitliche Begriffsdefinition.[4] Der Ursprung des Begriffs Innovation stammt aus dem Lateinischen „novus", zu deutsch „neu". Bei allen Fachautoren impliziert der Begriff Innovation stets eine Neuheit im Sinne der Veränderung des Status Quo.[5]

Der Neuigkeitsgrad ist abhängig vom Bewußtsein des Empfängers.[6] Im Rahmen dieses Aufsatzes ist der Horizont des Empfängers innerhalb eines Unternehmens maßgeblich. Das heißt, damit eine Neuigkeit eine Innovation ist, genügt der Neuigkeitsgrad innerhalb eines Unternehmens. Demgegenüber würde sich die Forderung, daß die Neuigkeit weltweit erstmals in der Geschichte der Menschheit auftreten muß, auf eng umrissene Grenzfälle einschränken.[7] Eine so enge Ein-

---

[3] Vgl. Gemünden, Kaluza, Pleschak [Prozeßinnovationen 1992], S.34.

[4] Vgl. hierzu z.B. die diskutierten 18 Definitionen bei Hauschildt [Innovationsmanagement 1997], S.4-6, sowie Gegenüberstellung von fünf verschiedenen Klassifikationen bei Herzhoff [Innovations-Management 1991], S.19.

[5] Vgl. Herzhoff [Innovations-Management 1991], S.10.

[6] Vgl. Hauschildt [Innovationsmanagement 1997], S.19.

[7] Vgl. Hauschildt [Innovationsmanagement 1997], S.19.

schränkung ist für die betriebliche Praxis nicht zweckmäßig und wird deshalb hier nicht weiter betrachtet.

Das betriebswirtschaftlich relevante Ergebnis von Innovationen sind qualitativ neuartige Produkte oder Verfahren, die sich gegenüber dem vorangehenden Zustand merklich unterscheiden.[8] Deshalb ist es zweckmäßig, zwischen Produktinnovationen und Prozeßinnovationen zu unterscheiden.[9]

- Prozeßinnovationen werden durch Umstellung der Prozeßketten realisiert. Bestehende Prozeßketten werden dabei aufgetrennt und neu kombiniert. Ziel der Prozeßinnovation ist die Effizienzsteigerung bei der Leistungserstellung. In vielen Fällen leistet die Informationstechnologie hierzu einen wesentlichen Beitrag. Gegenwärtig werden mit Hilfe von IuK-Techniken viele traditionelle Geschäftsprozesse verdrängt, indem die Leistungserstellung durch E-Commerce auf elektronischem Wege realisiert wird.
  Ein eindrucksvolles Beispiel für Prozeßinnovationen liefert der Online-Broker ConSors, der die Kundenkontakte über das Internet und über Telefon pflegt.[10] Durch konsequente Nutzung der IuK-Technik wickelt ConSors die Geschäftsprozesse weitgehend elektronisch ab. Das Unternehmen benötigt deshalb keine Filialen und repräsentative Verwaltungsgebäude, um den Kunden zu erreichen. Der Point of Sales ist der Rechnerarbeitsplatz des Kunden. Gegenüber den traditionellen Banken verfügt ConSors nur über einen Bruchteil des Anlagevermögens und über sehr wenige Mitarbeiter. Dennoch erbringt ConSors Serviceleistungen für 450.000 Kunden und gilt deshalb als führender Online-Broker in Deutschland. Aufgrund der erheblichen Kostenvorteile gegenüber den traditionellen Filialbetrieben geraten die traditionellen Banken unter einen erheblichen Wettbewerbsdruck. Diese Entwicklung hat weitreichende Auswirkungen innerhalb der Branche, so daß ein großer Teil der etwa 50.000 Schalterhallen der Kundenbanken in Deutschland von der Schließung bedroht ist.[11]

- Produktinnovationen sind Neuerungen, die Produkte betreffen. Sie sind der häufigste Innovationsgegenstand im Unternehmen und prägen über die Befriedigung der Kundenbedürfnisse maßgeblich die Wettbewerbsfähigkeit.[12] Beispiele hierzu werden in beinahe jedem Werbeblock des Fernsehens vorgestellt. Dem Konsumenten werden eine Fülle an neuen Produkten - vom Geschirrspülmittel bis hin zur neuesten Motortechnologie – angepriesen. Viele Produktinnovationen mögen den Endkonsumenten oft profan erscheinen. Der

---

[8] Vgl. Hauschildt [Innovationsmanagement 1997], S.6.
[9] Vgl. Gemünden, Kaluza, Pleschak [Prozeßinnovationen 1992], S.34.
[10] Vgl. Vieser [jungemillionaere.de 2000], S.249.
[11] Vgl. Vieser [jungemillionaere.de 2000], S.256.
[12] Vgl. Steinmeier [Produktinnovationen 1996], S.14.

durch die Werbung vermittelte Zusatznutzen der Neuigkeit ist oft für den einzelnen Konsumenten nicht einsehbar oder wird völlig übertrieben dargestellt. Es steht zu befürchten, daß der Begriff der Neuigkeit im Bereich der Warenwelt durch den inflationären Gebrauch sein Maß an Bedeutung verliert.

Von Seiten der Unternehmungen sind Innovationen dagegen häufig mit erheblichen Kraftanstrengungen verbunden. Bei meiner Arbeit bei einem europaweit führenden Farbhersteller erteilte die Geschäftsführung beispielsweise den Kollegen von der Forschungs- und Entwicklungsabteilung die Anweisung, eine neue Dispersionsfarbe zu entwickeln. Diese Farbe sollte nach den Kriterien von Stiftung Warentest mit der Gesamtnote „sehr gut" abschneiden. Diese Note wurde bis dahin (Sommer 1998) von der Stiftung Warentest noch nie für eine Dispersionsfarbe vergeben.

Gleichzeitig sollte die Farbe zu niedrigen Herstellkosten produziert werden können, damit das Unternehmen die Wettbewerbsposition der Kostenführerschaft weiter ausbauen konnte. Die Aufgabenstellung erschien den Kollegen von der FuE als unlösbar, denn zur Herstellung einer qualitativ hochwertigen Farbe ist es unabdingbar, sehr wertvolle Rohstoffe (insbesondere Farbpigmente) einzusetzen. Diese Einsatzstoffe sind deutlich teurer als qualitativ geringwertigere Substitute, so daß die Vorgabe der geringen Herstellkosten hiermit nicht erfüllbar war. Die Kollegen fanden nicht den Mut, die Geschäftsleitung von der Widersprüchlichkeit bzw. sogar von der Unmöglichkeit dieses Vorhabens zu überzeugen, da bekannt war, daß die Geschäftsführung auf die Nichterfüllung von Vorgaben unerbittlich reagieren konnte. Der zuständige Laborleiter litt aufgrund dieser widersprüchlichen Vorgabe unter extremen Existenzängsten. Unter größten Anstrengungen arbeitete er mit vielen Kollegen an der Realisation der Vorgabe.

Inzwischen wird in den Baumärkten die neue Dispersionsfarbe mit einem großen Aufkleber „Stiftung Warentest: sehr gut" zu einem günstigen Preis angeboten. Sicher nimmt höchstens der interessierte Konsument die Neuigkeit wahr, da er sein Entscheidungsurteil auf ein werbewirksames, unabhängiges Prüfergebnis stützen kann. Die damit verbundenen Ängste und Anstrengungen bleiben ihm natürlich verborgen.

2.2 Innovationsmanagement

Damit Innovationen erfolgreich sind, müssen sie systematisch vorbereitet und durchgesetzt werden, indem die einzelnen Innovationsprozesse richtig aufeinander abgestimmt werden.[13] Dies ist die Aufgabe des Innovationsmanagement. Das

---

[13] Vgl. Pleschak, Sabisch [Innovationsmanagement 1996], S.43.

Innovationsmanagement kann in funktionaler und in institutionaler Sicht eingeordnet werden.

2.2.1 Innovationsmanagement als Institution

Innovationsmanagement als Institution ist eine Gruppe, eine Abteilung, die für Innovationen zuständig ist. Eine solche Institution kann in der Linie eingebunden werden, oder als Stab arbeiten. Dieser Einsatz kann dauerhaft oder projektbezogen erfolgen.

2.2.1.1 Innovationsmanagement als eine in der Linie verankerte Institution

Das Innovationsmanagement als eine in der Linie verankerte Institution wird in der Unternehmenspraxis kaum anzutreffen sein. Von dieser Gruppe/Abteilung müßten wesentliche Impulse auf die gesamte Wertschöpfungskette ausgeübt werden. Sie müßte die gesamten Prozesse analysieren, beherrschen und verändern können. Dies setzt eine erhebliche Machtfülle voraus.

Die Zuordnung einer Institution Innovationsmanagement innerhalb der Linie erfordert, diese Gruppe/Abteilung sehr hoch in der Unternehmenshierarchie anzusiedeln. Allein durch Machtausübung einer übergeordneten Hierarchiestufe sind Innovationen notfalls auch gegen den Willen betroffener Gruppen durchzusetzen. Da mit der Durchsetzung von Innovationen ganz zentrale, zukunftsweisende Erfolgspotentiale geschaffen – oder bei falscher Weichenstellung vernichtet – werden, muß in letzter Instanz die Geschäftsführung bzw. der Vorstand die Entscheidung und die Verantwortung übernehmen. Eine Abteilung „Innovationsmanagement", die in der Linie einer Unternehmenshierarchie angesiedelt wird, ist somit unzweckmäßig und in der Regel nicht erforderlich.

2.2.1.2 Innovationsmanagement als Stabsaufgabe

Die Unternehmensspitze hat naturgemäß eine Vielzahl unterschiedlicher Aufgaben wahrzunehmen. Innovationsmanagement ist nur eine Aufgabe hiervon. Damit diese Aufgabe durchgeführt werden kann, bedarf es in manchen Fällen der Unterstützung. Diese Unterstützung der Unternehmensspitze kann eine Stabsabteilung „Innovationsmanagement" leisten. Der Stab erhält Analyse- und Planungsaufgaben, informiert das Top-Management und spricht sich für Innovationsempfehlungen aus. Das Top-Management entscheidet, welche Innovationen verwirklicht werden sollen und setzt diese durch.

2.2.1.3 Innovationsmanagement als Projektaufgabe

In Abhängigkeit von der Unternehmenssituation kann die Informationsfunktion durch eine Task-Force-Gruppe „Innovationsmanagement" wahrgenommen werden. Die Task-Force setzt sich aus Mitarbeitern unterschiedlicher Abteilungen zusammen. Sie ist mit der Suche, Entwicklung und Ausarbeitung von Innovationen beauftragt. Sie hat den Vorstand über die Ergebnisse ihrer Arbeit zu informieren und spricht Handlungsempfehlungen aus. Die Arbeit der Task-Force und des Vorstandes kann durch externe Berater unterstützt werden.

Diese Art des institutionalisierten Innovationsmanagements ist in der Praxis häufig anzutreffen: Im Rahmen eines Projektes erarbeiten professionelle Berater gemeinsam mit den Mitarbeitern Handlungsempfehlungen für Innovationen. Die Unternehmensspitze schließlich entscheidet, welche Innovationen durchgesetzt werden. Die Projektbezeichnung oder die Bezeichnung der Arbeitsgruppe wird dagegen in den seltensten Fällen „Innovationsmanagement" lauten, sondern projektspezifisch gewählt werden.

2.2.2 Innovationsmanagement als Funktion

Innovationsmanagement als Funktion umfaßt die klassischen Managementaufgaben der Planung, Steuerung und der Kontrolle von Neuerungen.

In diesem funktionalem Sinne sollte sich jeder strategisch ausgerichtete Manager als Innovationsmanager verstehen. Jede Planung, die als gedankliche Vorwegnahme künftigen Geschehens aufgefaßt wird, impliziert eine Neuerung. Damit die Neuerung realisiert wird, muß die Planung umgesetzt und kontrolliert werden.

2.2.3 Bewertung des Innovationsmanagements

Innovationen werden „oftmals als Störenfriede im wohlgeordneten Regelwerk"[14] von Organisationen angesehen. Diese Auffassung stellt in plakativer Form den Widerspruch zwischen Innovation und Organisation dar: Während die Organisation als ein „System dauerhaft angelegter betrieblicher Regelungen"[15] auf einen möglichst kontinuierlichen Betriebsablauf abgestellt ist, zielt die Innovation gerade auf den Bruch mit der Kontinuität ab.

---

[14] Hauschildt [Innovationsmanagement 1997], S.43.

[15] Vgl. Jung [Betriebswirtschaftslehre 1997], S.241.

Die Einordnung des Innovationsmanagements als feste Institution impliziert deshalb eine potentielle Störung festgelegter Abläufe. Der Umgang mit Innovationen ist stark von der Unternehmenskultur abhängig.[16]

Eine flexible Organisation, die es gelernt hat, mit Störungen umzugehen, erweist sich hierbei als wesentlich robuster gegenüber Störeinwirkungen. Beispielsweise war der Autor bei einem der größten deutschen Reiseanbieter im Rahmen eines Jahr-2000-Projektes zur Absicherung der Geschäftsprozesse beratend tätig. Sogar die vom Projektteam aufgezeigten erheblichen Gefahren (z.B. längerfristiger Stromausfall eines Hotelkomplexes in Afrika, Maschinenausfall bei einem Kreuzfahrschiff etc.), die von Computerfehlern ausgelöst werden könnten, wurde von den Mitarbeitern des Reiseanbieters relativ gelassen entgegengesehen: Die gesamte Organisation hatte gelernt, mit Ausfällen umzugehen. Weltweit auftretende Krankheits- und Todesfälle von Reisenden, Hotelbrände, Ausfälle von Reisemitteln etc. gehören zum Alltag eines Reiseanbieters. Da es einfach unmöglich ist, jeden Eventualfall einzuplanen und hierfür im Vorfeld einen entsprechenden Notfallplan auszuarbeiten, sind die Mitarbeiter ständig gefordert, für unvorhergesehene Situationen kurzfristig Lösungen zu erarbeiten.

In der Vergangenheit konnte der Reiseanbieter die meisten Problemfälle professionell durch kurzfristige Umorganisation und Improvisation bewältigen. Diese oft bewiesene Problemlösungskompetenz spiegelte sich stark im Selbstvertrauen der Mitarbeiter wider, selbst schwerwiegende Fälle bereinigen zu können, weil sie gelernt hatten, flexibel auf unterschiedliche Situationen zu reagieren. Die Organisation war aufgrund dieser Grundhaltung sehr offen für Innovationen. Sie hatte die Furcht vor dem Unbekannten weitgehend abgelegt. Die Mitarbeiter wußten, daß Innovationen zwar Störgrößen erzeugen. Diese Störungen wurden jedoch immer auch als besondere Herausforderungen aufgefaßt. Sie bergen stets zusätzlich das Potential auf verbesserte Abläufe.

Diese Erfahrung in der Praxis verdeutlicht den Nutzen für Organisationen, ihre Flexibilität durch verschiedene Maßnahmen zu erhöhen. Kaluza erkannte diesen Zusammenhang sehr früh und stellte bereits mit seiner Habilitationsschrift verschiedene Flexibilitätsmaßnahmen systematisch vor.[17]

---

[16] Vgl. Steger [Innovation 1986], S.50.

[17] Vgl. Kaluza [Erzeugniswechsel 1989], S.289-358.

3 Zum Management von Wissen

Der Begriff Wissensmanagement setzt implizit voraus, daß Wissen eine unternehmensbezogene Größe ist, die geplant, organisiert und gesteuert werden kann. Damit Wissen entwickelt und administriert werden kann, ist es zunächst erforderlich, die Größen, aus denen Wissen entsteht, zu erläutern. Die folgende Abbildung 1 zeigt die Zusammenhänge der Entstehungsgrößen von Wissen.

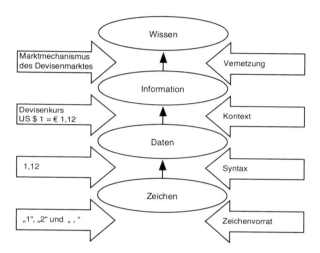

Abb. 1: Beziehungen zwischen Zeichen, Daten, Information und Wissen[18]

Die Abbildung 1 zeigt, daß Zeichen die Grundelemente sind, mit denen Informationen abgebildet werden. Ein Zeichen ist ein Element aus einer zur Darstellung von Daten vereinbarten Menge von Symbolen. Der Zeichenvorrat im oben angeführten Beispiel besteht aus (1), (2) und (,).

Daten werden aus Zeichen gebildet, die in einer festgelegten Struktur (Syntax) zusammengefügt werden. Daten sind zweckneutral. Üblicherweise wird der Begriff „Datum" im Zusammenhang mit der maschinellen Verarbeitung angewandt. In diesem Sinne bezieht sich der Begriff auf elektronisch verarbeitbare Signale, die in maschinenlesbare Form gebracht sind und durch Datenverarbeitungsanlagen gelesen, transferiert, versendet und gespeichert werden können.

In der Abbildung werden die Zeichen des Zeichenvorrats zu dem Datum „1,12" zusammengesetzt. Dieses Datum bildet für sich genommen jedoch keine Aussage-

---

[18] Vgl. Rehäuser, Krcmar [Wissensmanagement 1996], S.14 sowie Schwarzer, Krcmar [Wirtschaftsinformatik 1999], S.8-9.

kraft, da es sich auf die den Preis eines bestimmten Gutes, der Länge einer Meßstrecke oder einer anderen Größe beziehen kann. Erst wenn das Datum in einem funktionalen Zusammenhang mit Kontext versehen wird, entsteht hieraus Information. Dies wird anhand der Abbildung deutlich: Das Datum 1,12 gibt das zum Zeitpunkt an diesem Ort gültige Wechselkursverhältnis zwischen den Währungen an, d.h. sagt aus, daß ein US$ genau 1,12 € kostet.

Wissen stellt die oberste Stufe der Begriffshierarchie dar. Es kann als „sinnvolle zweckorientierte Vernetzung von Informationen"[19] bezeichnet werden. Wissen sind Kenntnisse über Beziehungen zwischen Informationen und Eigenschaften von Informationen. In der Abbildung liegt die Information „für 1 US$ müssen 1,12 € gezahlt werden" vor. Diese Information, die mit dem Wissen über Marktmechanismen verknüpft wird, erlauben einem Händler die verantwortungsvolle Durchführung von Spekulationsgeschäften. Aufgrund der grundlegenden Bedeutung der Begriffe „Information" und „Wissen" für das Innovationsmanagement werden die nun näher erläutert.

3.1 Information

Wie anhand des vorhergehenden Beispiels erläutert wurde, bezeichnet der Begriff „Information" den Erkenntniswert von Daten, also deren Sinn und Gehalt.[20] Sie umfaßt (nach DIN 44300) „die Kenntnis von Sachverhalten und Vorgängen" über historische, gegenwärtige und zukünftige Zustände der Realität und Vorgänge in der Realität.[21] Der Begriff Information bezieht sich somit „auf die Bedeutung und die Handlungswirkung der Daten."[22]

Eine für diese Arbeit besonders wichtige Eigenschaft von Information ist, daß sie Verbindungen anbahnt. Dieses Vernetzungspotential wird durch vielfältige innovative Anwendungen im Bereich des E-Commerce eindrucksvoll bewiesen.

E-Commerce-Anwendungen nutzen die Informationsverarbeitung und verdeutlichen, wie mit Hilfe von Informationen andere wirtschaftliche Ressourcen einzusparen oder zu ersetzen sind: Bei der Neugestaltung von Prozeßketten im Rahmen des Supply-Chain-Management werden moderne Informationssysteme und Kommunikationsdienste beispielsweise zur Ausschaltung von Vertriebswegen und Handelsstufen genutzt. Anbieter und Nachfrager treten aufgrund von Informa-

---

[19] Schwarzer, Krcmar [Wirtschaftsinformatik 1999], S.9.
[20] Vgl. Wollnik [Implementierung 1986], S.273.
[21] Vgl. Heinrich, Burgholzer [Informationsmanagement 1990], S.5.
[22] Mertens et al. [Wirtschaftsinformatik 1998], S.4.

tionssystemen direkt miteinander in Verbindung und schalten somit den Zwischenhandel aus.

Die Partner erzielen dadurch unmittelbare betriebswirtschaftliche Vorteile, da die Bedarfe direkt aufeinander abgestimmt werden und Kosten eingespart werden. Zudem werden die im Zwischenhandel gelagerten Produktbestände vermindert, wodurch gebundenes Kapital reduziert wird. Dieser Trend wird durch die zunehmende Präsenz elektronischer Marktplätze, bei denen Anbieter und Nachfrager über Internet-Portale und Internet-Marktplätze zusammenkommen, noch deutlich verstärkt.[23]

Dieses Beispiel verdeutlicht die strategische Bedeutung der Informations- und Kommunikationstechnik: Kosten der Koordination komplexer Abläufe werden gesenkt und zugleich neue Formen der Arbeitsteilung und Abstimmung geschaffen.[24] Es bietet einen weiteren Beleg für die These, das die Entwicklung der elektronischen Datenverarbeitung „einer der wichtigsten Schritte zu höherem Wirkungsgrad von Materialmenge und Energie"[25] ist. Aufgrund ihrer wichtigen betriebswirtschaftlichen Bedeutung wird Information im Schrifttum zunehmend als ein eigenständiger Produktionsfaktor behandelt, der gezielt eingesetzt und mit anderen Produktionsfaktoren optimal kombiniert werden muß.[26]

Zugleich muß der Einsatz des Faktors Information ökonomisch geplant werden,[27] da die Kosten der rechnerunterstützten Informationsverarbeitung bei manchen Unternehmen bereits einen Anteil von mehr als zehn Prozent an der Wertschöpfung umfassen.[28] Das Informationsmanagement erhält somit die grundlegende Aufgabe Informationen ökonomisch vertretbar verfügbar zu halten.[29]

Die wesentliche ökonomische Bedeutung der Ressource Information liegt darin begründet, daß sie die Grundlage für alle Entscheidungen ist. Information wird

---

[23] Vgl. Kühn [Internet 2000], S.18-20.

[24] Mertens et al. [Wirtschaftsinformatik 1998], S.4.

[25] Meadows et al. [Grenzen 1992], S.271.

[26] Vgl. Weule [Produktionsfaktor 1992], S.5.

[27] Vgl. AWK [Produktionstechnik 1987], S-43-83; Sokolovsky [Informationsmanagement 1992], S.24; Schmidt [Informationsverarbeitung 1992], S.2 sowie Krcmar [Controlling 1992], S.18.

[28] Vgl. Brenner, Österle [Informationssysteme 1994], S.46, sowie Hübner [Informationsmanagement 1984], S.I, der die Verwaltungskosten von Unternehmen sogar auf bis zu 70% der Gesamtkosten schätzt.

[29] Vgl. Heinrich [Informationsmanagement 1988], S.10-13, sowie Heinrich, Burgholzer [Informationsmanagement 1990], S.29.

daher auch als „wichtigste Schlüsselressource"[30] eingestuft. Diese Einschätzung wird anhand aktueller Praxisbeispiele belegt, wie beispielsweise durch die anfangs expansiven Wertsteigerungen von Technologieaktien. Auch das Top-Management der in Deutschland führenden Telekommunikationsunternehmen erwartet ein enormes Innovationspotential von IuK-Technologien. Nur aufgrund dieser Erwartungshaltung sind die Versteigerungserlöse von 98,8 Mrd. DM für UMTS-Lizenzen[31] zu erklären. Die Telekommunikationsunternehmen, die die Lizenzen ersteigert haben, waren nur bereit, hohe Summen zu bieten, weil sie das Innovationspotential der UMTS-Technologie erschließen wollen. Sie haben die Erwartungshaltung, die Erfolgspotentiale mit Hilfe der Durchsetzung von Innovationen von Informations- und Kommunikationstechnologien in Erfolgsgrößen umwandeln zu können.

3.2 Wissen

Wissen ist die Fähigkeit, relevante Handlung- und Sachzusammenhänge zu erkennen und auftretende Probleme effektiv und effizient zu lösen.[32] Der mit Hilfe der Abbildung 1 veranschaulichte enge Zusammenhang zwischen den Begriffen „Information" und „Wissen" verdeutlicht, daß der Wissensumfang über einen Betrachtungsgegenstand von der Menge und der Qualität der zweckgerichteten Informationen abhängt. Denn Wissen ist die Basis einer jeden Innovation und wird zugleich von Innovationen stark vorangetrieben.[33]

Eine zentrale Aufgabe des Innovationsmanagements ist daher, sich den Zugang zu zweckgerichteten Informationen zu verschaffen und diese für den unternehmerischen Bedarf aufzubereiten.

Innovative Unternehmensorganisationen zeichnen sich durch die gezielte Suche und Auswertung von Informationen zur Steigerung ihres Wissens aus. Die Zunahme von Wissen wird als „Lernen" bezeichnet.[34] Der Lernprozeß umfaßt über die reine Adaption von Wissen hinaus vor allem die kreative Anpassung an ein

---

[30] Böllinger [Evolutionär 1993], S.36.
[31] Vgl. Homeyer [Telekommunikation 2000], S.18.
[32] Vgl. Vahs, Burmester [Innovationsmanagement 1999], S.10.
[33] Vgl. Boutellier, Gassmann [Innovationsmanagement 1996], S.290.
[34] Vgl. Garvin [Unternehmen 1994], S.75.

sich änderndes Umfeld.³⁵ Ein besonders hohes Anpassungsvermögen soll mit Hilfe einer lernenden Organisation ermöglicht werden.

Da auf der Basis von Informationen Lernprozesse eingeleitet werden, schafft die Größe Information die wesentliche Voraussetzung zur Evolution - also zur kontinuierlichen Innovation - innerhalb eines Managementsystems.³⁶

Innovationsorientierte Unternehmen generieren aktiv Wissen, indem interne und externe Informationsquellen systematisch erschlossen werden. Die internen Informationsquellen bilden die Mitarbeiter, das Management, die Gesellschafter sowie die datenerzeugenden Maschinen. Innerhalb eines Unternehmens werden über Informations- und Kommunikationssysteme eine Vielzahl von Daten erzeugt, mit denen die Geschäftprozesse gesteuert und dokumentiert werden. Externe Informationsquellen sind sehr vielseitig, wie: Kunden, Lieferanten, Fachmedien, Forschungseinrichtungen, Fachmessen und Kongresse.

Der Umfang der Informationsquellen steigt mit der Größe des Unternehmen und der Anzahl der Betriebsstätten. Vor allem international arbeitende Unternehmungen, die über viele Kontinente verteilt arbeiten, verfügen über eine Vielzahl von Quellen, deren Informationen ausgewertet werden müssen.³⁷

Ein Hauptproblem bei der Informationsbeschaffung besteht nicht darin, Informationen zu gewinnen, sondern in der Selektion der relevanten Informationen aus der unüberschaubaren Vielzahl an Informationsquellen.³⁸ Nach Auskunft unterschiedlicher Untersuchungen beträgt die durchschnittliche Informationsüberlastung in der Bundesrepublik mehr als 98 Prozent, was bedeutet, daß weniger als 2% der angebotenen und verfügbaren Informationen wahrgenommen oder beachtet werden.³⁹

Damit die für Innovationen erforderlichen Informationen für Unternehmungen verfügbar werden, ist eine unternehmensinterne und unternehmensübergreifende Informationsinfrastruktur zu schaffen. Diese Informationsinfrastruktur soll das Innovationsmanagement bei der Neugestaltung der Wertschöpfungsaktivitäten und der Leistungen unterstützen.

---

[35] Vgl. Bock [Organisation 1997], S.312.

[36] Vgl. Sommerlatte [Organisationen 1992], S.115-116, sowie Martin [Prüfstand 1992], S.138.

[37] Vgl. Gassmann, Zedtwitz [Referenzrahmen 1996], S.9-12.

[38] Vgl. Steinle [Unternehmensführung 1994], S.430-431, sowie Steinle et al. [Controlling 1995], S.104-106.

[39] Vgl. Gruber [Kommunikation 1989], S.14, sowie Kroeber-Riel [Informationsüberlastung 1987], S.485, und Kroeber-Riel [Informationsüberlastung 1988], S.182.

Moderne Informations- und Kommunikationstechnologien stellen die technische Basis für die ungehinderte Kommunikation und ermöglichen somit die unverzügliche Verbreitung von Informationen. Im folgenden Kapitel wird deshalb untersucht, welchen Beitrag Instrumente der Informations- und Kommunikationsverarbeitung für das Innovationsmanagement leisten können.

4 Innovationsfördernde Informationsinfrastruktur

Information und Kommunikation sind die zentralen Instrumente des Innovationsmanagements.[40] Verbesserte Informationsstrukturen unterstützen und beschleunigen die Entwicklung technisch-organisatorischer Innovationen.[41]

Deshalb muß es eine zentrale Forderung des Innovationsmanagements sein, daß die Querschnittsfunktion der Informationsverarbeitung durch eine äußerst wirksame Infrastruktur in Form eines computergestützten Informationssystems abgesichert wird.[42]

Das Innovationsmanagement wird aktiv gefördert, indem eine schnelle, zweckorientierte und sichere Informationsübertragung realisiert und Kommunikationsbarrieren abgebaut werden. Als methodische Hilfsmittel der Informationsverarbeitung dienen Informationssysteme, von denen hier beispielhaft einige Systeme vorgestellt werden.[43]

4.1 Internet

Zusätzlich zu Papier und Telefon stehen dem Management weitere Instrumente der modernen Kommunikation zur Verfügung, mit denen Innovationsprozesse aktiv unterstützt werden können.

Elektronische Informations- und Kommunikationstechniken stellen eine Fülle von Hilfsmitteln bereit, mit denen der Wissenserwerb neue qualitative und quantitative Dimensionen erfährt, indem eine ungeahnte Fülle an Informationen zu spei-

---

[40] Vgl. Boutellier, Gassmann [Innovationsmanagement 1996], S.284.
[41] Vgl. Günter [Unternehmenspolitik 1990], S.198.
[42] Vgl. Boynton [Informationssystem 1993], S.59.
[43] Vgl. Mertens et al. [Wirtschaftsinformatik 1998], S.48-77.

chern und zu verarbeiten sind und zugleich vielseitig kommuniziert werden können.[44]

Insbesondere das Internet stellt eine weltweit umfassende elektronische Plattform für Informationen, auf der sich Informationsanbieter und Informationsnachfrager treffen. Es zeichnet sich durch drei wesentliche Merkmale aus, die es von jeder anderen Marktplattform unterscheidet:

- der User erhält von seinem Internetzugang aus beinahe unbegrenzte Informationsmöglichkeiten,
- die Leistungserbringung des Informationsanbieters erfolgt in einer Zeitspanne, die gegen Null läuft,
- die Leistungserbringung der virtuellen Anbieter erfolgt weltweit.

Der weltweite Kommunikationsverbund ermöglicht Anbietern und Nutzern sich an jedem Ort der Erdoberfläche und zu jeder Zeit in Informations- und Kommunikationsnetze einzuloggen und Informationen auszutauschen.

Das Internet erlaubt es jedem User auf gleichsam unbegrenzte Mengen an Informationen zuzugreifen, sie zu sammeln, zu verarbeiten und zu versenden. Wissenschaftlich-technische Informationen breiten sich somit in Sekunden weltweit aus. Dieser Informationszugriff wird für das Innovationsmanagement eine zunehmend zentrale Informationsmedium für ihre Arbeit. Unternehmensinterne Dokumenten-Management-Systeme dienen zusätzlich dazu, Dokumente elektronisch zu speichern und zu verwalten und wiederzufinden.[45]

Zeit und Raum werden mit Hilfe von Kommunikationstechnologien von den Anwendern problemlos überwunden. Moderne Technologien (z.B. Videokonferenzen) ermöglichen es den Teilnehmern, mit weit entfernten Gesprächspartner so zu kommunizieren, als ob sie sich in unmittelbarer Nähe befänden.

Aufgrund der durch das umfangreiche Netz geschaffenen virtuellen Nähe der User zueinander besteht sogar zwischen weit entfernten Regionen eine einfache und umfassende Informationsplattform. Durch diese virtuelle Nähe ist das Bild des „globalen Dorfes" entstanden.

Kritisch ist anzumerken, daß die Metapher eines Dorfes einen trügerischen Eindruck gegenüber den Realitäten vermittelt. Während das Bild eines Dorfes bei den meisten Menschen die idyllische Vorstellung erweckt, daß dort die Bewohner in

---

[44] Vgl. Kütz, Barker, Schielein [Learning 1997], S.310.

[45] Vgl. Mertens et al. [Wirtschaftsinformatik 1998], S.49.

Ruhe und mit Bedächtigkeit ihren Tätigkeiten nachgehen, sieht die Realität über die Wettbewerbssituation innerhalb des globalen Dorfes völlig anders aus: Aufgrund der massiven Konkurrenz („der nächste Anbieter ist nur einen Mausklick entfernt") ist ein ungebändigter Wettbewerb zwischen den Anbietern im Internetbereich entstanden. Es wird von manchen Autoren behauptet, daß drei Monate in der Internetbranche genausoviel zählen, wie in anderen Bereichen ein ganzes Jahr.[46]

Innovationen im Internetbereich sind deshalb extrem schnellen Alterungsprozessen unterworfen. Bei diesem massiven Innovationstempo besiegt nicht das große Unternehmen die kleinen Konkurrenten, sondern dasjenige Unternehmen wird besonders erfolgreich sein, das besonders schnell und werbewirksam marktfähige Leistungen anbieten kann.[47] Aus dieser Situation entwachsen besondere Ansprüche an das Innovationsmanagement, aufkommende Chancen zu nutzen und die Risiken zu minimieren.

4.2 Workgroup-Support-Systeme

Workgroup-Support-Systeme sind computergestützte Informationssysteme, in denen Gruppen bzw. Teams an einer gemeinsamen Aufgabe arbeiten. Die Grundlage zur Zusammenarbeit bietet eine gemeinschaftlich nutzbare computerbasierte Umgebung, die die computergestützte Zusammenarbeit ermöglicht.[48] Groupware sichert den oft dezentralen Benutzern (Clients) den Zugriff auf zentrale Datenbestände, die auf Host-Rechnern oder Servern gespeichert sind.[49] Oft werden zusätzliche Funktionen geboten, wie beispielsweise Recherche-Algorithmen, die eine gezielte Suche von Informationen im gesamten Datenbestand ermöglichen. In der praxisnahen Literatur wird Groupware als das zentrale Werkzeug zur Unterstützung von Teams durch die Informationstechnologie eingestuft.[50]

---

[46] Vgl. Visser [jungemillionaere 2000], S.11.
[47] Vgl. Rufer et al. [Schneller 1989], S.29, und Klenter [Zeit 1995], S.336.
[48] Vgl. Schwarzer, Krcmar [Wirtschaftsinformatik 1999], S.140.
[49] Vgl. Kütz, Barker, Schielein [Learning 1997], S.312.
[50] Vgl. Kütz, Barker, Schielein [Learning 1997], S.312.

Grundsätzlich können alle Aufgaben, die durch Gruppenarbeit zu erledigen sind, in vier Dimensionen eingeteilt werden:[51]

- Generierende Aufgaben, wie Kreativitätsaufgaben zur Ideenfindung oder die Erstellung von Plänen
- Auswählende Aufgaben zur Entscheidungsfindung zwischen Alternativen Möglichkeiten
- Verhandelnde Aufgaben, die in Ergänzung zu den Entscheidungsfindungen stehen, wobei jedoch vorrangig der Lösungsweg, bzw. die Konfliktbewältigung im Vordergrund steht
- Ausführende Aufgaben, die in Form von Aufträgen vorliegen, bei denen eine erwartete Leistung zu erbringen ist.

Die Durchführung dieser Aufgaben kann mit Hilfe von Workgroup-Support-Systemen maßgeblich unterstützt werden. Die Unterstützungsleistung bei der Kooperation kann beispielhaft anhand von Computer-Konferenz-Systemen verdeutlicht werden, da sie die Zusammenarbeit zwischen räumlich getrennten Teilnehmern ermöglichen.[52] Grundsätzlich sind die Systeme nach unterschiedlichen Betriebsverfahren zu unterscheiden, die die Richtung des Datenflusses auf dem Übertragungsweg kennzeichnen. Differenziert werden Duplex (Gegenbetrieb), Halbduplex (Wechselbetrieb) und Simplex (Richtungsbetrieb).[53]

Beim Simplex ist nur die Übertragung in eine Richtung möglich. Beim Wechselbetrieb wird dagegen abwechselnd gesendet und empfangen. Ein Beispiel für den Wechselbetrieb (Halbduplex) bietet die Electronic Mail (E-Mail). Bei der E-Mail wird das Konzept der traditionellen Papierpost auf die Informationstechnologie übertragen. Der Absender schickt seine Information über das Rechnernetz an die Adresse eines Empfängers. Aufgrund von Transport- und Wartezeiten erfolgt die Kommunikation zwar mit einer zeitlichen Verzögerung zwischen dem Senden und dem Empfangen. Die Übertragung erfolgt jedoch innerhalb von Minuten. Die kurze Übermittlungszeit ermöglicht eine schnelle weltweite Kommunikation zwischen Sender und Empfänger. Zusätzliche Zeitvorteile ergeben sich dadurch, daß sowohl der Absender als auch der Empfänger die Zeit für die Briefbearbeitung (Ausdruck bis Versand) einsparen. Dennoch sind gut dokumentierte Nachrichten mit Hilfe von Suchoptionen relativ einfach wieder auffindbar.

---

[51] Vgl. Schwarzer, Krcmar [Wirtschaftsinformatik 1999], S.136.
[52] Vgl. Mertens et al. [Wirtschaftsinformatik 1998], S.49.
[53] Vgl. Schwarzer, Krcmar [Wirtschaftsinformatik 1999], S.61.

Zugleich ist die Kommunikation unkompliziert, da umfangreiche Bild- und Textdateien als Anhang mit verschickt werden können. Die Kommunikation kann aussagekräftig durch Computerprogramme (z.B. Simulationen) oder Filme unterstützt werden. Diese Anwendungen sind ebenfalls direkt auf dem Rechner des Empfängers abzuspielen, so daß dieser auf eine einfache Weise umfassende Informationspakete zugestellt bekommen kann. Diese Informationen kann er unmittelbar nach Erhalt problemlos weiterbearbeiten und anschließend sogar an eine ganze Gruppe von Empfängern verschicken. Diese können erst zeitverzögert auf die Nachricht reagieren.

Dagegen ermöglicht die Anwendung von Duplex (Gegenbetrieb) den Teilnehmern Daten in Echtzeit zu senden und gleichzeitig zu empfangen. Dieses Übertragungsverfahren wird bei Telekonferenzsystemen eingesetzt. Beispiele für Telekonferenzsysteme bieten die Videokonferenz oder Dokumenten-Konferenzprogramme:

- Bei der Videokonferenz können sich die Teilnehmer wie bei einem Telefongespräch synchron hören und zudem auch noch sehen, wodurch die Kommunikationsintensität gegenüber einem Telefonat deutlich erhöht wird.
- Bei Dokumenten-Konferenz-Systemen greifen mehrere Nutzer gemeinsam auf ein Objekt zu und bearbeiten gleichzeitig oder zeitversetzt ein Dokument. Dokumenten-Konferenzsysteme leisten folgende Unterstützungsleistungen:
    - gemeinsames Betrachten von Dokumenten
    - gemeinsames Bearbeiten von Dokumenten
    - gemeinsame Nutzung geteilter Anwendungen
    - Informationsaustausch in Textform („chatting").[54]

Gruppen, deren Teilnehmer sich an verschiedenen Standorten befinden, können mit diesen Hilfsmitteln Meetings durchführen und so zusammenarbeiten, als würden sich die Teilnehmer im selben Raum befinden.[55] Die Anwendung der Computer-Konferenz-Technik erlaubt es dem Innovationsmanagement, unterschiedliche, räumlich getrennte Gruppen zusammenzubringen und so das vorhandene Kreativitätspotential zu nutzen bzw. aufgrund von neuen Gruppenkonstellationen zu fördern und zu verstärken.

Die Vorteile von Computer-Konferenz-Systemen für das Innovationsmanagement werden anhand der nachfolgenden Auflistung verdeutlicht:

- schnelle Übermittlung von Neuerungen,
- weltweite Übermittlung,

---

[54] Vgl. Hansen [Wirtschaftsinformatik 1996], S.340.
[55] Vgl. Kütz, Barker, Schielein [Learning 1997], S.316.

- weltweite Erreichbarkeit: Selbst wenn der Empfänger sich nicht an seinem regulärem Arbeitsplatz befindet, kann er von einem beliebigen anderen Ort aus seine E-Mail über das Telefonnetz abrufen.
- umfangreiche Informationswiedergabe: Text, Bilder, Ton, Filme, Programme
- die zeitversetzte Übermittlung erlaubt es dem Empfänger, die Information zu lesen, wann er die Zeit dazu hat. (Bei der synchronen Übermittlung, z.B. Telefon, wird der Empfänger aus dem bestehenden Arbeitsprozeß herausgerissen.) Die Weitergabe einer Aufgabe wird auch bei versetzten Arbeitszeiten möglich (Tagschicht/ Nachtschicht, unterschiedliche Zeitzonen.).
- einfache Weiterleitung und Archivierung.
- Keine Medienbrüche: Dateien, die per E-Mail verschickt werden, können direkt vom Empfänger am Rechner gespeichert und weiterverarbeitet werden. Dies spart Arbeitszeit. Gleichzeitig werden Übertragungsfehler, die aufgrund von Medienbrüchen auftreten, wirkungsvoll vermieden.
- Direkte Zustellung: Die E-Mail wird vom Empfänger direkt gelesen, ohne das das Sekretariat zuvor die Post öffnet. Dennoch eignet sich dieses Medium nur bedingt für vertrauliche Unterlagen, da eine E-Mail über das Rechnernetz und damit über verschiedene Server übertragen wird. Aus Gründen des Datenschutzes empfiehlt es sich, vertrauliche Botschaften zu verschlüsseln.
- Rückmeldung bei Adressierungsfehlern. Gibt der Absender eine falsche E-Mail-Empfangsadresse ein, so wird ihm automatisch vom System eine Fehlermeldung zurückgeschickt. Dadurch erhält der Absender frühzeitig die Gewißheit, daß die Nachricht den Empfänger nicht erreicht hat.
- Den größten Vorteil für zeitkritische Prozesse bietet die Möglichkeit, weltweit gemeinsame Dokumente zu bearbeiten. So kann ein Entwicklungsteam in Europa beispielsweise eine CAD-Zeichnung anfertigen, die nach Arbeitsende von einem Team in Amerika weiterbearbeitet wird, die das Dokument nach Arbeitsschluß nach Japan weiterleiten, um den Turnus am folgenden Tag in Europa wieder durchzuführen. Ein Dokument, das mit dem Lauf der Sonne wandert, kann rechnerisch innerhalb von 24 Stunden drei Arbeitstage durchlaufen. Das Innovationsmanagement kann somit technische Entwicklungen massiv verkürzen.

4.3 Workflow-Management-Systeme

Der Begriff Workflow bezeichnet die Automatisierung der Ablaufsteuerung von vorgegebenen Vorgängen, die wiederholt auftreten und über verschiedene, vernetzte Arbeitsplätze bearbeitet werden.[56] Die Einführung eines Workflow-Mana-

---

[56] Vgl. Kütz, Barker, Schielein [Learning 1997], S.313.

gement-Systems zwingt das Management, bestehende Prozeßketten zu überdenken. Dies eröffnet bereits im Vorfeld die Vorgangsketten durch Business-Process-Reengineering zu optimieren, indem Aufgaben neu strukturiert und zusammengeführt werden.[57]

Mit Workflow-Management-Systemen werden Informationen meist in Form von standardisierten Dokumenten aktiv über ein Rechnernetz von Arbeitsplatz zu Arbeitsplatz geleitet.[58] Die aktive Weiterleitung der Dokumente soll gewährleisten, daß die Arbeitsschritte in richtiger Reihenfolge und pünktlich durchgeführt werden. Das System kann die Auslastung der einzelnen Sachbearbeiter optimieren, indem der Versand der Dokumente von der momentanen Auslastung abhängig gemacht wird. Ist ein User mit der Bearbeitung von Vorgängen voll ausgelastet, so schickt das System ein zu bearbeitendes Dokument zu einem weniger belasteten Kollegen des Users.

Ein weiterer Vorteil des Workflow-Management-Systems besteht in der Vertretungsregelung: Fällt ein Sachbearbeiter wegen Urlaub oder Krankheit aus, so schickt das System die Dokumente automatisch an die zuständige Vertretung. Insbesondere bei der unvorhersehbaren, plötzlichen Erkrankung eines Sachbearbeiters kommen die Stärken des Systems zum Tragen, wenn das System den Vertreter auf Dokumente aufmerksam macht, die noch weiterbearbeitet werden müssen.

Nützlich die Funktion des Systems Dokumente mit Prioritäten zu versehen. Die Prioritäten müssen zu Beginn des Arbeitsauftrags festgelegt werden. Für diese Festlegung eignet sich beispielsweise die in der Abbildung 2 dargestellte sogenannte Eisenhower-Matrix.[59]

---

[57] Vgl. hierzu ausführlich Hammer, Champy [Reengineering 1998].

[58] Vgl. Mertens et al. [Wirtschaftsinformatik 1998], S.48.

[59] Die Matrix ist nach dem amerikanischen Präsidenten und General D.D. Eisenhower (1890-1969) benannt. Vgl. Bossong [Zeitmanagement 1991], S.51, sowie Klenter [Zeit 1995], S.265 und die dort zitierte Literatur.

	wichtig	dringend
Wichtigkeit wichtig	B-Aufgaben	A-Aufgaben
Nicht wichtig	D-Aufgaben	C-Aufgaben
	nicht dringend	dringend

Dringlichkeit

Abb.2: Eisenhower-Prinzip der Zeitverwendung[60]

Aufgaben, die wichtig und dringend sind, werden als A-Aufgaben gekennzeichnet. Diese sind sofort durch den Aufgabenträger zu erledigen. B-Aufgaben können terminiert oder delegiert werden, während C-Aufgaben delegiert und/oder reduziert werden sollen. D-Aufgaben sind abzulegen.

Aufgaben, die mit den Prioritäten versehen wurden, werden vom Workflow-Management-System in der optimierten Reihenfolge zur Bearbeitung bereitgestellt. Die vorhandenen Personalkapazitäten und Rechnerarbeitsplätze können so gleichmäßig ausgelastet werden, Engpässe werden frühzeitig sichtbar und die Humanressourcen werden ihren Fähigkeiten und Fertigkeiten entsprechend genutzt.

Zeitkritische Vorgänge, insbesondere, wenn es sich um A-Aufträge handelt, können schneller durch die Vorgangskette gesteuert werden. Verbleiben einzelne Vorgänge zu lange bei einem User, so erhöht sich aufgrund des näherrückenden Fertigstellungstermins die Dringlichkeit: B-Aufgaben sollen bei Bedarf durch das System zu A-Aufgaben erklärt werden. Der zuständige User wird gleichzeitig automatisch angemahnt.

Eine weitere Automatisation von Vorgängen ist mit die Erweiterung eines Workflow-Management-Systems durch ein Entscheidungsunterstützungssystem möglich. Beispielsweise können Entscheidungsunterstützungssysteme die im Rechnersystem vorhandenen Daten nutzen, um den Führungskräften Vorschläge für sinnvolle Entscheidungen zu unterbreiten. Beispielsweise kann ein Anwendungssystem beim Unterschreiten eines Mindestbestandes an Rohstoffen automatisch eine Nachbestellung auslösen und dabei Zeitpunkt, Menge und Lieferanten festlegen.[61]

Die strukturierte Vorgangsbearbeitung der Workflow-Management-Systeme entlastet das Management von Routinetätigkeiten und hilft dadurch, Kapazitäten für

---

[60] Quelle: Seiwert [Zeitmanagement 1994], S.84.
[61] Vgl. Mertens et al. [Wirtschaftsinformatik 1998], S.50.

die eigentliche inhaltliche Arbeit freizuhalten.[62] Das Management wird von internen operativen Planungs-, Steuerungs- und Kontrolltätigkeiten entlastet und erhält so den Freiraum, Innovationen zu verwirklichen.

5 Zusammenfassung und Ausblick

In diesem Beitrag wird der enge Zusammenhang zwischen Information, Wissen und Innovation dargestellt: Wissen entsteht aus der Vernetzung zweckgerichteter Information und ist zugleich Input und Output jeder Innovation. Wissen wird aus Information generiert, indem Informationen gesammelt und bewertet werden und schließlich zu neuen Erkenntnissen verknüpft werden.

Das Management von Innovationen setzt das Management des Wissens und der Informationen voraus. Für das Innovationsmanagement ist eine geeignete Informationsinfrastruktur zu erstellen, die den Zugriff und die Verarbeitung auf bedarfsgerechter Informationen eröffnet.

Anhand von beispielhaften Anwendungen wurde gezeigt, wie das Innovationsmanagement mit Hilfe der Informationsverarbeitung Freiräume für inhaltliche Arbeiten erhält und wirkungsvoll unterstützt werden kann. Diese Beispiele zeigen nur einen kleinen Ausschnitt möglicher Anwendungen. Es steht zu erwarten, daß wir in den nächsten Jahren viel weitreichendere Anwendungen erleben werden: Die neuen Informationstechnologien und insbesondere das Internet werden die Welt, wie wir sie heute kennen, verändern.

Der zunehmend freie, ungehinderte weltweite Informationszugang wird zu vielfältigen Veränderungen führen. Vieles wird in Zukunft aufgrund der politischen Veränderungen und technologischen und organisatorischen Innovationen nicht mehr so sein, wie es heute ist. Die Frage bleibt nur: Werden diese Innovationen die Lebensumstände der Menschen verbessern?[63] Sind die Innovationen für unsere oder für die noch entstehende Welt sinnvoll?

Die abschließende Antwort auf diese Frage wird erst durch kommende Generationen abschließend beurteilt werden können. Das Innovationsmanagement darf jedenfalls nicht um jeden Preis innovieren, sondern hat auch die Verantwortung, Innovationen kompetent zu unterlassen.[64] Das Management hat die unternehmeri-

---

[62] Vgl. Kütz, Barker, Schielein [Learning 1997], S.313.

[63] Vgl. zu dieser Fragestellung Greffrath [Barbaren 2000], S.51-52.

[64] Vgl. Staudt [Innovationen 1986], S.13.

sche Wertschöpfung so zu gestalten, daß das ökologische Gleichgewicht und die Lebensgrundlagen der Menschen erhalten bleiben.[65]

Es ist deshalb die dringlichste Aufgabe unserer Generation, die vielfältigen Erkenntnisse der Wissenschaft zu nutzen, um die Welt lebenswert zu gestalten.[66] Innovationen geben uns hierfür die besten Möglichkeiten, denn mit den Innovationen von heute prägen wir die Gegenwart von morgen: Die Zukunft.

Literatur

Arthur D. Little [Innovation 1997]
   Arthur D. Little: Management von Innovation und Wachstum, Wiesbaden 1997.

AWK [Produktionstechnik 1987]
   AWK Aachener Werkzeugmaschinen-Kolloquium (Hrsg.): Produktionstechnik auf dem Weg zu integrierten Systemen, Düsseldorf 1987.

Bock [Organisation 1997]
   Bock, F.: Die lernende Organisation, in: Arthur D. Little [Innovation 1997], S.321-341.

Böllinger [Evolutionär 1993]
   Böllinger, B.: Die Wirtschaft braucht evolutionäres Denken, in: Unicum, 11 (1993) 2, S.36.

Bossong [Zeitmanagement 1991]
   Bossong, C.: Zeitmanagement. Mehr leisten in weniger Zeit, München 1991.

Boutellier, Gassmann [Innovationsmanagement 1996]
   Boutellier, R. / Gassmann, O.: Internationales Innovationsmanagement – Trends und Gestaltungsmöglichkeiten, in: Gassmann, Zedtwitz [Innovationsmanagement 1996], S.281-301.

Boynton [Informationssystem 1993]
   Boynton, A.C.: Punktlandung statt Blindflug – mit den richtigen Informationssystemen, in: Harvard Business Manager, 15 (1993) 4, S.59-67.

Brenner, Österle [Informationssysteme 1994]
   Brenner, W. / Österle, H.: Wie Sie Informationssysteme optimal gestalten, in: Harvard Management, 16 (1994) 1, S.46-52.

Fuchs [Biokybernetik 1992]
   Fuchs, J. (Hrsg.): Das biokybernetische Modell: Unternehmen als Organismen, Wiesbaden 1992.

---

[65] Vgl. Pasckert [Zukunftsfähig 1997], S.1.
[66] Vgl. Steiner [Zukunft 2000], S.35.

Garvin [Unternehmen 1994]
Garvin, D.A.: Das lernende Unternehmen: Nicht schöne Worte – Taten zählen, in: Harvard Business Manager, 16 (1994) 1, S.153-165.

Gassmann, Zedtwitz [Referenzrahmen 1996]
Gassmann, O. / v. Zedtwitz, M.: Internationales Innovationsmanagement – ein Referenzrahmen, in: Gassmann, Zedtwitz [Innovationsmanagement 1996], S.3-15.

Gassmann, Zedtwitz [Innovationsmanagement 1996]
Gassmann, O. / v. Zedtwitz, M. (Hrsg.): Internationales Innovationsmanagement: Gestaltung von Innovationsprozessen im globalen Wettbewerb, München 1996.

Gemünden, Kaluza, Pleschak [Prozeßinnovationen 1992]
Gemünden, H.G. / Kaluza, B. / Pleschak, F.: Management von Prozeßinnovationen, in: Gemünden, Pleschak [Innovationsmanagement 1992], S.33-53.

Gemünden, Pleschak [Innovationsmanagement 1992]
Gemünden, H.G. / Pleschak, F. (Hrsg.): Innovationsmanagement und Wettbewerbsfähigkeit – Erfahrungen aus den alten und neuen Bundesländern, Wiesbaden 1992.

Görke et al. [Produktionsfaktor 1992]
Görke, W. / Rininsland, H. / Syrbe, M. (Hrsg.): Information als Produktionsfaktor 1992, Berlin 1992.

Greffrath [Barbaren 2000]
Greffrath, M.: Die neuen Barbaren. Die letzten Räume der Freiheit werden kolonisiert. Wer hält unsere Welt noch für lebenswert?, in: Die Zeit, 55 (2000) 40, S.51-52.

Gruber [Kommunikaion 1989]
Gruber, H.: Ohne Kommunikation läuft nichts mehr, in: Gablers Magazin, 3 (1989) 8, S.12-26.

Günter [Unternehmenspolitik 1990]
Günther, K.: Vernetztes Denken – Ökologisch verantwortliche Unternehmenspolitik, in: IFU [Neupositionierung 1990], S.177-198.

Hammer, Champy [Reengineering 1998]
Hammer, M. / Champy, J.: Business Reengineering – Die Radikalkur für das Unternehmen, 4. Aufl., Frankfurt a.M. 1998.

Hansen [Wirtschaftsinformatik 1996]
Hansen; H.R.: Wirtschaftsinformatik, 7., völlig neubearb. und stark erw. Aufl., Stuttgart 1996.

Hauschildt [Innovationsmanagement 1997]
Hauschildt, J.: Innovationsmanagement, 2., völlig überarb. und erw. Aufl., München 1997.

Heinrich [Informationsmanagement 1988]
Heinrich, L.J.: Aufgaben und Methoden des Informationsmanagements – Einführung und Grundlegung, in: Handbuch der modernen Datenverarbeitung, (1988) 142, S.3-26.

Heinrich, Burgholzer [Informationsmanagement 1990]
Heinrich, L.J. / Burgholzer, P.: Informationsmanagement: Planung, Überwachung und Steuerung der Informations-Infrastruktur, 3. korr. Aufl., München/Wien 1990.

Herzhoff [Innovations-Management 1991]
Herzhoff, S.: Innovations-Management: Gestaltung von Prozessen und Systemen zur Entwicklung und Verbesserung der Innovationsfähigkeit von Unternehmen, Bergisch Gladbach / Köln 1991.

Homeyer [Telekommunikation 2000]
Homeyer, J.: Telekommunikation – wahre Sieger, in: Focus Money, 1 (2000) 35, S.18-21.

Hübner [Informationsmanagement 1984]
Hübner, H.: Informationsmanagement: Strategie-Gestaltungs-Instrumente, Wien/München 1984.

IFU [Neupositionierung 1990]
IFU (Institut für Unternehmenskybernetik e.V.): Neupositionierung mittelständischer Unternehmen im Wettbewerb, Köln 1990.

Jung [Betriebswirtschaftslehre 1997]
Jung, H.: Allgemeine Betriebswirtschaftslehre, 3., durchges. Aufl., München/Wien 1997.

Kaluza [Erzeugniswechsel 1989]
Kaluza, B.: Erzeugniswechsel als unternehmenspolitische Aufgabe: integrative Lösungen aus betriebswirtschaftlicher und ingenieurwissenschaftlicher Sicht, Berlin 1989.

Klenter [Zeit 1995]
Klenter, G.: Zeit – Strategischer Erfolgsfaktor von Industrieunternehmen, Hamburg 1995.

Krcmar [Controlling 1992]
Krcmar, H: Informationsverarbeitungs-Controlling in der Praxis, in: Information Management, 7 (1992) 2, S.6-18.

Kroeber-Riel [Informationsüberlastung 1988]
Kroeber-Riel, W.: Kommunikation im Zeitalter der Informationsüberlastung, in: Marketing-ZFP [Zeitschrift für Forschung und Praxis], 8 (1988) 3, S.182-189.

Kroeber-Riel [Informationsüberlastung 1987]
Kroeber-Riel, W.: Weniger Informationsüberlastung durch Bildkommunikation, in: WiSt [Das Wirtschaftswissenschaftliche Studium], 16 (1987) 10. S.485-489.

Kühn [Internet 2000]
Kühn, U.: Internet – Die Giganten machen mobil. Durch den Einkauf im Internet sparen Unternehmen Millionen, in: Focus Money, 1(2000) 35, S.18-20.

Kütz, Barker, Schielein [Learning 1997]
Kütz, M. / Barker, G. / Schielein, U.: Team Learning, in: Arthur D. Little [Innovation 1997], S.309-320.

Meadows et al. [Grenzen 1992]
Meadows, D.H. / Meadows, D.L. / Randers, J: Die neuen Grenzen des Wachstums; die Lage der Menschheit: Bedrohung und Zukunftschancen, Stuttgart 1992.

Martin [Prüfstand 1992]
Martin, H.: Die Menschheit auf dem Prüfstand, Berlin et al. 1992.

Mertens et al. [Wirtschaftsinformatik 1998]
Mertens, P. / Bodendorf, F. / König, W. / Picot, A. / Schumann, M.: Grundzüge der Wirtschaftsinformatik, Berlin et al. 1998.

Pasckert [Zukunftsfähig 1997]
Pasckert, A.: Zukunftsfähige Wertschöpfungskreisläufe, Hamburg 1997.

Pleschak, Sabisch [Innovationsmanagement 1996]
Pleschak, F. / Sabisch, H.: Innovationsmanagement, Stuttgart 1996.

Rehäuser, Krcmar [Wissensmanagement 1996]
Rehäuser, J. / Krcmar, H.: Wissensmanagement im Unternehmen, in: Schreyögg, Conrad, Sydow [Managementforschung 1996].

Rufer et al. [Schneller 1989]
Rufer, D. / Stecher, W.A. / Wenger, F.: Schneller entscheiden können!, in: io Management Zeitschrift, 58 (1989) 11, S.27-30.

Schmidt [Informationsverarbeitung 1992]
Schmidt, H.: Das Unternehmen als informationsverarbeitendes System: Was ist von den neuen Schlagworten der Informationsverarbeitung zu halten?, Vortragsunterlagen am 23.06.1992 anläßlich der CIM-Tage 1992 in Düsseldorf, Düsseldorf 1992.

Schreyögg, Conrad, Sydow [Managementforschung 1996]
Schreyögg, G. / Conrad, P. / Sydow, J.: Managementforschung, Bd. 6, Berlin / New York 1996.

Schwarzer, Krcmar [Wirtschaftsinformatik 1999]
Schwarzer, B. / Krcmar, H.: Wirtschaftsinformatik: Grundzüge der betrieblichen Datenverarbeitung, 2., überarb. und erw. Aufl., Stuttgart 1992.

Seiwert [Zeitmanagement 1994]
Seiwert, L.J.: Das 1X1 des Zeitmanagement, 11. Aufl., München-Landsberg am Lech 1994.

Sokolovsky [Informationsmanagement 1992]
Sokolovsky, Z.: Controlling des Informationsmanagements – Gegenwart und Zukunftsperspektiven, in: Information Management, 7 (1992) 2, S.24-35.

Sommerlatte [Organisationen 1992]
Sommerlatte, T.: Lernende Organisationen, in: Fuchs [Biokybernetik 1992], S.113-122.

Staudt [Innovationen 1986]
Staudt, E. (Hrsg.): Das Management von Innovationen, Frankfurt 1986.

Steger [Innovation 1986]
Steger, U.: Die Einheit von technischer und sozialer Innovation, in: Staudt [Innovationen 1986], S.34-50.

Steiner [Zukunft 2000]
Steiner, G.: Von realer Zukunft. Was uns künftig in Atem halten wird. – Versuch einer vorausschauenden Bilanz, in: Die Zeit, 55 (2000) 32, S.35.

Steinle [Unternehmensführung 1994]
Steinle, C. / Lawa, D. / Jordan, W.: Ökologieorientierte Unternehmensführung – Ansätze, Integrationskonzepte und Entwicklungsperspektiven, in: ZfU (1994) 4, S.409-444.

Steinle et al. [Controlling 1995]
Steinle, C. / Lawa, D. / Jordan, W.: Elemente und Instrumente eines ökologiebezogenen Controlling – Überblick über Implementierungshinweise, in: BfuP [Betriebswirtschaftliche Forschung und Praxis], 47 (1995) 1, S.99-117.

Steinmeier [Produktinnovationen 1996]
Steinmeier, I.: Produktinnovationen, in: Pleschak, Sabisch [Innovationsmanagement 1996], S.14-20.

Vahs, Burmester [Innovationsmanagement 1999]
Vahs, D. / Burmester, R.: Innovationsmanagement: von der Produktidee zur erfolgreichen Vermarktung, Stuttgart 1999.

Vieser [jungemillionaere.de 2000]
Vieser, S.: www.jungemillionaere.de, München 2000.

Weule [Produktionsfaktor 1992]
Weule, H.: Information als Produktionsfaktor, in: Görke et al. [Produktionsfaktor 1992], S.3-19.

Wollnik [Implementierung 1986]
Wollnik, M.: Implementierung computergestützer Informationssysteme, Berlin / New York 1986.

Teil III:

Verwendung, Steuerung und Risk Management von Innovationen

Innovations in Strategic Management Systems: How Do Firms Adopt, Apply and 'Root' New Management Concepts?

G. Müller-Stewens / C. Lechner / K.-C. Muchow

1 Introduction

2 Adopting, Applying and Rooting Concepts

    2.1 The Adoption Phase: Getting in Touch with Concepts

    2.2 The Application Phase: Working and Living with Concepts

    2.3 The Rooting Phase: Institutionalizing Concepts or Getting Rid of Them

3 Discussion and Conclusion

    3.1 Implications for the Development and Use of Management Concepts

    3.2 Implications for Future Scientific Research

References

1 Introduction

In the course of the last decades, numerous *management concepts* such as Portfolio Analysis, Scenario Planning, Shareholder Value Analysis, Benchmarking, Business Process Reengineering, and Balanced Scorecard have been developed by academics, consultants, or managers, and have been applied in managerial practice (e.g. Henderson 1971, Kaplan and Norton 1996). Scientific studies have investigated the diffusion of these concepts in terms of how many firms have used them and how many have judged them positively (Rigby 1994, Al-Laham 1997). Others recognized the shift from quantitative forecasting and decision methods to more qualitative process-type concepts (Houlden 1985), or studied the diffusion process of software-based tools (Tampoe and Taylor 1996). Some authors also focused on prominent concepts such as Scenario Planing and its application within firms and made suggestions how to fruitfully apply them (Malaska 1985, Schoemaker 1995).

The use of management concepts can vary considerably across firms. Firms that may completely ignore them often experience an overload of daily operational activities, and thus lack the time and resources to stay in touch with the current „state of the art" in this field. Other firms, however, are constantly in close contact with concept producers such as scientific institutions or consulting firms, and carefully observe new ideas appearing on the market and experiment with them.

Surprisingly, little attention has been paid to the complex processes initiated through management concepts in firms and their environments therefore prompting the following questions: Why and how do firms seek for new concepts? Why are some concepts broadly adopted while others are not? How are concepts adopted by firms and fitted into their specific context? Are there any feedback-loops between the activities of producers and users of such concepts? Which factors influence the supply and demand for concepts? Who are the dominant promoters of concepts and through which behavioral patterns do they receive or lose their prominent position? How are concepts retained or dropped in firms and why?

In this paper we will dig deeper into the above mentioned questions. We define a *concept* as *an explicit systematic set of ideas aimed at being applied in managerial practice and offering support for managerial problems.* Management Concepts are either based on experience gained through an inductive approach, or are deductively derived through normative statements. Frequently, a mixture of both approaches is applied using an iterative approach. A concept includes explicit knowledge and encourages the potential users to apply it in their day-to-day actions (Froschmayer 1997, Osterloh and Grand 1994).

According to Eppler (1999), management concepts in general rely on *five basic principles*:

- they separate particular issues from more peripheral ones (Categorization)
- they transform situations or sequences into graphic form (Visualization)
- they transform data into manageable pieces of information (Aggregation)
- they provide mechanisms to make implicit knowledge explicit (Elicitation)
- they provide an incremental approach to gain insights into a problem (Guidance).

While our definition includes concepts such as Balanced Scorecard, Scenario Techniques or Portfolio Analysis, notions like Core Competencies or Knowledge Management are not included. Only when these constructs are linked to a systematic set of guidelines will we consider them concepts. Otherwise, they are only vaguely specified ideas. In our opinion, it is important to make this distinction because within scientific and managerial discourse, expressions such as *techniques*, *instruments*, and *concepts* are often used synonymously without specifying in more detail their semantic characteristics.

First, several propositions based on theoretical reasoning are suggested. In order to structure our propositions, we will distinguish between three phases of the use of concepts: (1) During the *adoption phase*, firms are screening the market for concepts and making decisions on either using a concept or abstaining from it (2). In the *application phase*, firms are working with specific concepts, trying to integrate it into their individual ways of thinking and acting. (3) Throughout the *rooting phase*, firms either institutionalize a concept or finally get rid of it. Each of these three phases of the life-cycle of a concept is characterized by specific phenomena which will serve as the starting point for the formulation of our propositions. We will then discuss some implications and draw some conclusions for academics, managers, and consultants, with regard to the interplay between concepts, concept producers and concept users.

2 Adopting, Applying and Rooting Concepts

2.1 The Adoption Phase: Getting in Touch with Concepts

Activities of firms are usually both guided and constrained by their specific „dominant logic" (Prahalad/Bettis 1986). Cognitive structures, which are developed over time and based on experience and justification processes, determine how an organization perceives its environment, makes its decisions and handles its business activities. As long as these activities run smoothly, the prevailing cognitive structures are not challenged and therefore remain unchanged. They are, in other words, sufficient to maintain the current business model of the organization. However, when crises emerge, well established models of thinking start losing their status of legitimacy within the organization (Hall 1976, 1984), since they no longer provide a platform for coping with upcoming problems and challenges. Consequently, an increased level of management attention for the perceived problem, as well as a growing need among organizational members for reduced uncertainty and ambiguity, arise. In that sense, the impact of crises on organizational cognition is twofold: *„Once an emergency in the organization has been identified, it generates both information and the demand for information."* (Kiesler and Sproull 1982, p. 562).

In this situation, firms begin to reconsider their approach on how to do business. They start to question their dominant logic, search for more helpful ideas and eventually adopt and experiment with management concepts that they consider as helpful for meeting their specific needs. Crises cover a broad range of internal or external events. They refer not only to situations when financial figures deteriorate, but also include more diffuse situations when managers become aware that developments are on their way that might be detrimental for the organization. This perception can also result from processes of social cognition, for example through consensus-building within a management team (Kiesler and Sproull 1982). Therefore, whether a crisis actually exists or rather is socially constructed, it nevertheless can be argued that the probability increases that firms will open up themselves for new ideas. As a result, the perception of environmental change is a basic element of managerial behavior in the context of a crisis, and as a prerequisite for the adoption of a new concept corresponding to the organization's needs. Hence, our first proposition:

P1: **The perception of a crisis among managers increases the probability that new management concepts are adopted.**

Like any other initiative of corporate change, the adoption of a concept is the outcome of a process of *organizational learning*. However, due to its inherent complexity, this process is subject to the impact of a broad range of situational factors, most of which are beyond managerial control (Kirsch 1992). According to Gomez and Müller-Stewens (1994), the success or failure of organizational learning depends on both the external and internal context of the focal organization. The external context includes variables such as rules or structures (e.g. within a given industry) that are largely independent of the organization. In contrast, the internal context consists of structures, rules, values, norms, beliefs, as well as knowledge on pure facts and procedures that are to be found within the organization. As far as these elements are shaping the range of possible forms of thinking and acting within the organization, they represent and contribute to organizational knowledge (Strasser 1994). According to Pautzke (1989), the *knowledge base* of an organization is defined as *a network of implicit or explicit assumptions of a collective unit on itself and its environment being developed and justified through organizational discourses*. In this sense, the term is closely related to the notion of organizational memory which is described as „*stored information from an organization's history that can be brought to bear on present decisions*" (Walsh and Ungson 1991). It should be noted, however, that it not only covers the knowledge which is relevant to the specific organizational context, but also includes all elements of knowledge available to and derived from everyday experience of the organizational members.

The adoption of a concept depends, along with other factors, on the question of whether its underlying assumptions and ideas are compatible with the existing knowledge base of an organization. If they are considered too exotic or hardly understandable, the concept has little chance to be adopted. The same holds if a firm is lacking the know-how to assess the potential benefits of a new concept. Using a Shareholder Value approach, for example, requires the ability to understand and work with cash flow projections.

However, if the ideas of a concept are not very different from what the firm already knows, its problem-solving capacity is also limited. Therefore, the successful adoption depends on finding the balance between being too far away from the existing knowledge base, or being too close to it thereby offering no new insights. It can be expected that concepts representing this equilibrium are chosen by firms whereas others are neglected. Therefore, our second proposition assumes that

P2:   The more a concept is compatible with the knowledge base of a firm, the better is its chance to be adopted.

Following this proposition, one could assume that the quality of a concept and its underlying ideas are the most decisive factors for its adoption. Concepts which have a high power of persuasion and can demonstrate that they are well crafted to cope with managerial problems should be selected due to these superior properties.

However, the power of persuasion is an important, but not sufficient precondition for the adoption of a management concept. With reference to Weber (1963), Kirsch (1997) points out that only where new ideas fit with the interests of and within an organization, will adoption actually take place. According to Kirsch, it is helpful for this purpose to distinguish between the notion of primary and secondary knowledge. Primary knowledge refers to all the ideas that are convincing due to the strength of their underlying reasoning. One could call this persuasion based on the logic and quality of ideas. In contrast, secondary knowledge refers to the social process of persuasion which is influenced by concept producers as well as by internal interest groups of an organization. Kirsch argues that in cases of doubt secondary knowledge will be the decisive factor for the adoption of new ideas. In the context of management concepts, this implies that only where interests that are tightly linked to the ideas of a new concept exist, will the concept have the chance to be applied.

This linkage between ideas and interests has far-reaching implications. First, it highlights that it is not necessarily the 'best' concept (in terms of primary knowledge) that is applied, as there is no 'neutral', objective form of evaluation by an organization. Second, it points to the importance of the political processes where divergent interest groups interact (Dutton 1995; Eden 1992). Hence, the third proposition:

P3: The better the fit between individual interests and the basic ideas of a concept, the higher the probability that the concept will be adopted.

On the supply side of the market of concepts, the activities of the concept producers also have an impact on the adoption of management concepts. In this context, three factors have to be taken into consideration: *marketing intensity*, *reputation of the producer* and *successful reference cases*.

First, management concepts today are broadly marketed using a wide range of media channels. Whereas journals, books and seminars are rather traditional means, the production of CD-ROMs or distribution via the Internet offer new channels of communication for enhancing the potential user's familiarity with concepts. Corresponding to current marketing practice in the business services sector, it can be assumed that the more intensely and the more completely the whole range of available communication channels is used, in order to promote a new management concept, the more widely the public will be reached and hence, the more likely the concept is to be adopted.

Second, apart from the intensity of marketing activities, the reputation of the concept producer also has a strong impact on the adoption process. As new concepts in the beginning offer new solutions for managerial tasks, the interested firms can not be sure whether a concept can accomplish its promises. In order to assess a concept from this perspective, it has to be applied and tested by the firm. Due to this causal ambiguity regarding the operational logic of the concept and its problem-solving capacity, the reputation of the concept producer becomes a crucial factor. It is assumed that well-known producers who were able to prove their capability to construct successful concepts in the past, will also be able to do so in the present and the future. However, reputation is not a static asset. Each successful concept will add to the reputation of a concept producer and give rise to a self-reinforcing process in which every concept stemming from a renowned consulting company is considered as valuable, simply because of the company's reputation. Of course, the same logic can also be applied to the case of a concept producer who is on a downturn spiral, in which every new concept is automatically regarded as being of inferior quality. Thus, reputation has to be seen as path-dependent and is enhanced with each success and diluted by each failure. The more reference applications a concept producer has at its hand, the better the chance for a concept to be broadly used within the adopting organization.

Third, in the adoption phase, the success of a concept and the perceived status and reputation of the concept producer as well as the promoters and intermediaries involved, are closely interdependent. Thus, it is often the *mise en scène* by prominent consultants or management gurus, rather than the content of a concept that is evaluated while adopting it. Accordingly, meetings or seminars held in order to introduce a concept into the organizational context take the role of *rituals of confirmation* (Kieser 1996). In this context, the ritual aspect helps to attribute a specific normative status to the concept that goes beyond purely rational justification. Of course, even the reputation of a famous concept producer can not guarantee that a new concept will offer the promised benefit. Therefore, successful reference cases giving evidence for the problem-solving capacity of a concept can be assumed to have the strongest external impact on the adoption process. Thus, our fourth proposition suggests that

P4: **The higher the reputation and marketing intensity of the concept producer and the more successful case references he/she can demonstrate, the higher the probability that a new concept will be adopted.**

Closely linked to the behavior of concept producers trying to optimize their marketing activities to enhance their reputation and to demonstrate reference cases, is the phenomenon which we label the „impact of benevolent followers." It refers to a set of individuals sharing a positive attitude towards a specific management concept. The social structure emerging from these linkages representing a social network (Tichy et al. 1979, Tichy and Fombrun 1979), either formal or informal, is favorable to the adoption and application of a concept. Correspondingly, „.... *an organization is conceived of as clusters of people joined by a variety of links which transmit goods and services, information, influence, and affect."* (Tichy and Fombrun 1979, p. 925). It should be noted that the relationships among individuals underlying the network structure may not only evolve based on commonly shared experiences (e.g. from the former affiliation with a concept producer), but may also be intentionally installed by the management of a firm (Charan 1991).

For example, consulting firms often actively try to place former consultants into their client firms, in order to support their careers and to stay in close contact with their clients gain better access to potential consulting projects. Employees who formerly worked as consultants not only have the propensity to promote the adoption of concepts developed by their previous employers, but also share a positive attitude towards other new concepts available on the market. The same behavior can be assumed for members of the alumni network of a university. In analogy to Crozier and Thoenig (1976), the adoption of a management concept can thus be interpreted as a result of micropolitical games that are supported, among other factors, by interpersonal relationships going beyond organizational boundaries. Therefore, we can formulate the following proposition:

P5: The more „benevolent followers" of a concept producer that are working in a firm, the higher the chance that the concepts of this specific producer are adopted compared to concepts of other producers.

2.2 The Application Phase: Working and Living with Concepts

The experiences of firms applying management concepts are quite heterogeneous. Regarding the benefits of application, we have to take another look at the notion of the organizational knowledge base. If knowledge is conceived as an ongoing stream of activities within the organization, rather than as a static organizational resource (Blackler 1995, Spender 1996), the benefits of a new concept will vary according to the dynamics and trajectories of the processes that are constantly reshaping the existing knowledge base of the firm. The value-added of a management concept thus becomes a fuzzy and highly firm-specific issue. Why is this the case? Why does a new concept not offer the same benefit to all firms, regardless of the specific point of time of their application and the specific knowledge base it is added to?

In order to understand these issues we have to take a look at the interaction between concepts and the knowledge bases of firms. In general terms, we can say that the larger the knowledge base of an organization is the more new insights can be generated. In the case of a broad knowledge base, there is not only one link between the ideas of a concept and the knowledge base of a firm, but rather several links, each offering new insights. In other words, the more an organization already knows the more possibilities it has for fruitfully applying and interrelating new ideas.

The relationship of mutual reinforcement between concepts and the knowledge base of organizations, can also be described as a positive feedback loop generating increasing returns as known from the development of new technologies (Arthur 1989, 1994). As a result of the adoption process described above, a concept is chosen from a broad range of available alternatives. Once the choice of a concept is made, however, the variety of possibilities for future organizational evolution is restricted, and further decisions on the adoption of new concepts are made on the basis of the knowledge and experience gained through the use of the initial concept. This path dependency is driven by the growing necessity over time to combine the knowledge already developed with new concepts that are largely compatible and only incur low costs of application. Hence, our sixth proposition:

P6: **The larger the knowledge base of a firm already is, the more beneficial new concepts are.**

The next proposition is linked with the process of „embedding" a concept. Although concepts offer specific guidelines for action, there nevertheless remains ample space for interpretation and adjustment for most of them (Gioia and Chittipeddi 1991; Weick 1995). For example, the axes of a portfolio matrix allow different features, different measurement criteria and different units of analysis. The real form and shape of a concept in managerial practice can therefore significantly differ from the original concept as well as differ across firms applying the concept. One could even argue that the most widely disseminated management concepts allow for the adjustment to specific organizational contexts, and avoid prescriptions that greatly limit the potential range of applications.

As already mentioned, the process of embedding a concept – like any effort of organizational change – has to be regarded as highly political, especially if a concept serves as a communication platform on which crucial and far-reaching decisions are taken. Crozier and Friedberg (1979) argue that individuals engage in organizational activities because the organization has an instrumental role in attaining these aims to a degree that would otherwise be impossible. Hence, organizations are described as the result of individual ways of behavior that are basically guided by the pursuit of personal aims of their members but which, as a whole, combine to mutual benefit. Since organizational members are dependent on each other in attaining their goals, they mutually represent „zones of uncertainty" in the sense that these dependencies constrain the range of choice for individual behavior. Thus, the political games of individuals with respect to embedding an adopted concept into the organizational context, can be generally understood as an example for the processes of mutual bargaining on the shape and meaning of corporate transformation initiatives (Miele 1998). Hence, we suggest that

P7: **The more space for interpretation and firm-specific adjustments a management concept has, the higher the probability that interest groups are shaping and using it according to their particular interests.**

The impact a management concept has on a firm largely depends on the question of whether it can become a legitimate and widely accepted part of the procedural structure of an organization. This process can fail due to the conflicting interests of partial groups, or simply due to the fact that the organization is lacking the capabilities required to work with it. Here, supportive mechanisms such as education programs, the provision of slack resources, or the support of experienced advisers are necessary to provide an organization with the required skills. Often firms are not putting enough emphasis on such topics and neglect them. After a short period of time, management attention is then shifting towards other issues, thus implicitly giving a signal to the organization that other priorities rule the agenda.

A further basic precondition for bringing management concepts into the application phase is the availability of platforms for communication and reflection, so-called *arenas of change* (Buschor 1996, Rüegg-Stürm 1998). Their purpose is to provide a basis for the creation of common patterns of communication in the course of the change process, which can help the individuals involved to mutually combine and integrate their sometimes diverging perceptions and interpretations about the concept. In order to ensure these functional properties, arenas of change have to be designed according to principles that facilitate experimenting and training. In that sense, they serve as a laboratory for developing and evaluating the concept as a new element of organizational reality. The design of such arenas of change should therefore correspond to the future application of the concept as closely as possible. Accordingly, we assume that

P8: **The more managerial action is taken to support the introduction of a concept, the higher the probability that it will be broadly applied.**

Although most management concepts take some time to be fully understood and integrated into the working mode of an organization, many firms tend to be overly ambitious in introducing many new concepts available on the market at once. Regardless of whether these concepts have to be considered as „fashions" offering little value added (Kieser 1996; also see Abrahamson 1991, 1996), or whether they can provide a significant benefit to the firm adopting it, several questions arise: What is the appropriate speed for introducing new concepts? With how many concepts can an organization cope at the same time? When is it too much? Are there cases in which a specific time frame cannot be reduced?

Hamel and Prahalad (1989) suggest that in order to attain leadership in competition, firms should set their goals at standards that clearly go beyond current organizational resources. The corresponding managerial task then is to build up and disseminate such an ambition throughout the whole company, as well as to create self-confidence among organizational members to deliver even on tough goals. This collective aspiration is labeled „strategic intent" and receives its coherence and shape through an intuitively transparent vision. *„The concept also encompasses an active management process that includes: focusing the organization's intention on the essence of winning; motivating people by communicating the value of the target; leaving room for individual and team contributions; sustaining enthusiasm by providing new operational definitions as circumstances change; and using intent consistently to guide resource allocations."* (Hamel and Prahalad 1989, p. 64).

Closely related to the notion of strategic intent are the concepts of stretch and leverage in corporate strategy (Hamel and Prahalad 1993). Stretch refers to the misfit of organizational resources and ambitions that leads companies with limited resources to leverage, instead of simply allocating them by constantly seeking more efficient ways for attaining their goals. However, in the context of the adoption and application of management concepts, the question arises in how far stretch can be maintained without exceeding the organization's absorptive capacity (Cohen and Levinthal 1990) which decides on its ability to adequately assess the value of a concept as well as to adopt and apply it in organizational practice.

Here, we argue that the existing knowledge base of an organization again has to be taken into account. The smaller it is, the faster an organization will experience an overload of concepts over time. As a result, corresponding projects remain stuck and lose support and legitimacy. However, firms with high professional standards seem to have much fewer problems applying and testing new concepts. They also seem to have a profound understanding on how many concepts they can introduce and assimilate within a specific period of time. Hence, proposition nine suggests that

P9: The smaller the existing knowledge base of an organization and the more new management concepts are introduced, the higher the probability that an operational overload will occur.

2.3 The Rooting Phase: Institutionalizing Concepts or Getting Rid of Them

We call the final phase of the life cycle of a management concept the „rooting phase". In this phase, the concept is either retained, eliminated, or replaced by a competing approach. In general terms, the management concept has either become part of the specific *modus operandi* of an organization, and influences the patterns of thinking, communicating and acting in an implicit or explicit manner, or the company will get rid of it.

Elimination of a concept can occur in situations where a concept, which was already successfully fitted into the organizational context, is subject to changes of its properties that originally led to its adoption. However, this only happens in few cases in which fundamental issues of organizational structures or processes are concerned. In contrast, a concept already embedded into the organizational context will achieve increased stability over time if the internal organizational environment remains stable as well. The notion of embeddedness is used here with reference to Granovetter (1985), who suggested that all economic activities are embedded in networks of social relations, thus reducing the uncertainty of the information upon which economic behavior is based. This implies that stable action patterns and structures within and between organizations can only exist on the fundaments of personal relationships and mutual trust. Correspondingly, we assume that

P10:   The stronger a concept is „embedded" into the management systems of a firm, the higher the probability that it will remain in use.

With regard to the analysis of networks of social relations, Granovetter (1973, 1982) also introduced the concept of „weak ties", which holds that mutual social involvement among personal acquaintances (weak ties) of a given individual is less likely to occur than among his or her close friends (strong ties). As a consequence, the social network relying on strong ties will be more densely woven than the network based on weak ties. Strong ties define a social sphere or clique in which a broad range of tasks, including the formation of individual attitudes and beliefs, is performed. These high-density networks are only loosely coupled through occasionally emerging weak ties between individual members of a specific group and members of other high-density networks or groups.

Nevertheless, it is these weak ties which are essential for exchanging and disseminating information throughout the overarching social system. In the absence of weak ties, the knowledge base of an existing high-density network and the creation of new ideas purely rely on the available knowledge of its members. *„It follows that individuals will be deprived of information from distant parts of the social system and will be confined to the provincial news and views of their close friends"* (Granovetter 1982, p. 106). With respect to the rooting of management concepts within the organizational context, the organization has therefore to find an equilibrium, which combines the stability of strong ties that support the rooting of concepts, with weak ties, to potential sources of concepts that facilitate innovation and the adoption of new ideas.

However, the embeddedness of a concept within the existing organizational network of social relations depends on whether or not the concept is already established as a legitimate element, and on how many employees were educated on the concept and hence internalized its basic ideas. The formal rooting of a concept as a management system is of major importance in this context since firms often only slowly change their management systems (Hannan and Freeman 1984).

Hannan and Freeman argue that in situations of diversity of interest among organizational members and uncertainty about means-ends relationships, individual purposeful behavior and organizational performance are unlikely to coincide. Thus, the attempt to cope with environmental change will be rather arbitrary with respect to its future outcomes. In these cases, stable organizations sticking to reliable and accountable patterns of behavior while facing volatile, uncertain environments, will maintain a higher degree of viability within their competitive environment compared to organizations undergoing rapid change. Accordingly, organizational inertia or conservatism (Child et al. 1987) – as expressed through the consistent use of a specific management concept over time – can be favorable for the long-term integrity and viability of the organization.

Once a concept has gained an overarching legitimate status within the organization, it has a better chance to survive in the on-going processes, compared to a concept that is only applied for single tasks. In this sense, the processes of embedding and rooting within the life-cycle of a concept can be seen as path-dependent, as well as self-reinforcing. We therefore suggest that

P11: The longer the duration period of a concept is, the higher the probability that it will remain in use.

As in the case of the development of technological innovations, the fate of management concepts is often closely connected with the activities of so-called promoters (Witte 1973, Hauschildt 1993) or product champions (Chakrabarti 1974, Howell and Higgins 1990, Pettigrew 1998), which foster and promote a new concept in all phases of its use. Their activities are often institutionalized through special projects that are equipped with abundant human resources and are visibly placed into the organization. Depending on the complexity of the concept, the process of rooting a concept can require several types of promoters focusing on its different aspects. According to Hauschildt (1993), organizing for innovation may in general involve up to three types of promoters including power promoters, specialist promoters, and procedural promoters. Whereas the two former roles cover the aspects of power resources and content expertise, respectively, the latter is dedicated to the coordination of the whole process with special attention to the specific organizational needs.

However, when one or several of these promoters quit the firm, they potentially leave a power vacuum, where the concept is in danger of losing support. This risk, among other factors, gives support to the argument for careful succession planning and the tendency to favor homogeneity, especially within top management teams (TMTs), in order to avoid major disruptions for the organization (Zajac 1990, Zajac and Westphal 1996). Also, the tendency to favor newly hired managers from outside the organization may attribute to these managers being less interested in promoting the use of an existing management concept or setting different priorities on the agenda. Moreover, these managers often bring with them concepts that they are more familiar with, thus transferring them to their new employer and creating competition between various and possibly diverging ideas about the appropriate way of working. In the case of an emerging critical situation in the application phase, where the management concept does not seem to be able to adequately solve a managerial problem, its position in the organization will be further eroded. Hence, our next two propositions:

P12: **The more promoters of a management concept leave a firm, the higher the probability that it will be eliminated**

P13: **The more new managers enter a firm, the higher the probability that the existing concepts of that firm will be replaced by others.**

The available supply on the market for management concepts and the impact of external stakeholders on the achievement of the organization's objectives (Freeman and Reed 1983) also play a decisive role for the evolution of a management concept in organizational practice. The sources of the stakeholders' potential impact thereby provide the justification for their specific claims to the organization. Thus, the organization is exposed to a constant influx of new concepts, developed by consultants or academics, that challenge the existing ones. This story-line mostly follows a typical pattern. First, the shortcomings of old concepts or pressing managerial problems are pointed out in organizational discourse. Then, the new concept is presented as the logical answer to the identified weaknesses. Thirdly, reference cases are presented in which the new concept was successfully applied in practice. Finally, a pilot study is then proposed in order to assess the benefits of the new concept in the specific organizational context.

The diffusion of a new concept is fostered by stakeholders, such as financial analysts or fund managers. For example, the financial consulting firm Stern Stewart is actively promoting its concept of Economic Value Added (EVA) among firms and financial analysts. These stakeholders, in turn, urge other firms to use this rather than other concepts. Therefore, we suggest that

P14: **The higher the pressure of external interest groups to introduce a new concept, the higher the probability that an existing concept will be replaced.**

Our final proposition argues that firms, which frequently apply and use management concepts in order to solve their managerial problems, are more profitable than firms that are characterized by having a low expertise and professional standard in this field. If this proposition would not hold, the implication that there is no difference between firms working with or without concepts would arise. While this proposition at first glance seems to be somewhat extreme, it should be kept in mind that if it fails the empirical test most of the efforts undertaken by the scientific and consulting community during the last 30 years would not have been fruitful for managerial practice, since their impact is guided by theories and frameworks that constitute the basic ideas of most management concepts. The proposition also hints to questions such as: What is the relationship between theory and practice? Does theory have an impact on managerial practice and, if so, by which means and with what results?

Since the early 1970s, the impact of the degree of planning formality in strategic management on organizational performance has been investigated in a large number of studies (e. g. Ansoff et al. 1970, Herold 1972), most of them finding positive correlations. However, some authors, while reviewing the growing amount of literature in this field, also criticized the lack of theoretical and methodological foundation, the often contradictory findings and the marginal relevance for research and management practice found in many of these studies (Armstrong 1982, 1986; Shrader et al. 1984; Pearce et al. 1987). From a resource-based perspective, Powell (1992) analyzed the correlation between strategic planning formality and organizational performance in a more refined research design, finding that within industries that showed imperfections on the strategic planning factor market, the degree of planning formality and financial performance of the firms considered were positively related. According to this view, the value of strategic planning tools is dependent on their specific value, scarcity and imperfect imitability (Wernerfelt 1984, Barney 1991, Peteraf 1993), thus implying that under certain circumstances, their effect on organizational performance could also be non-existent.

P15: **The more management concepts are used by firms and the more expertise the firms have regarding conceptual tools, the better their financial performance.**

3 Discussion and Conclusion

In this section, some preliminary implications for the development, use, and future scientific research of management concepts are drawn. Moreover, we summarize and integrate our propositions into a simple model of the use of management concepts (see Fig. 1), which is aimed at describing the forces underlying the three processes of adoption, application and rooting of concepts taking place within organizations, as well as their mutual interrelations and interdependencies. Undoubtedly, the model does not cover all issues relevant to the topic discussed here and thus leaves space for further refinement. However, it should be noted that it is not intended to postulate any developmental law or predetermined sequence of procedural steps with an inevitable outcome, but rather is meant to provide an integrative overview that could serve as a starting point for a more elaborate discussion of the various issues we presented in this paper.

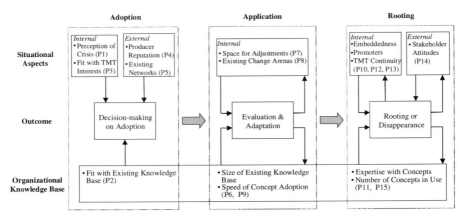

Fig. 1: A framework for the adoption, application and rooting of management concepts

In general terms, we believe, in accordance with Pautzke (1989) and Kirsch (1997), that in the context of all these three processes, the organizational knowledge base and its evolution through organizational discourses constitute a factor of overarching importance for the creation and selection of knowledge, as well as of norms, values, attitudes and beliefs commonly shared not only within organizations but also within any social system. With special reference to the issue of the use of management concepts as discussed in this paper, the impact of the organizational knowledge base on the adoption, application and rooting processes, as well as the effect of the corresponding feedback-loops from the use of concepts back to the organizational knowledge base, is moderated by the range of influence of the situational variables in our model.

For reasons of analytical clarity, both internal and external factors should be distinguished here. Whereas external aspects refer to factors which are located in the economic, social, political, competitive, and sectoral environments of the firm, internal aspects include structural, political and cultural forces unfolding within the organizational context (Pettigrew 1992). In combination with the organizational knowledge base, these situational aspects jointly help to shape the context for dealing with management concepts and are conversely shaped by these concepts at the same time. Furthermore, this reciprocal causality represents an important explanation for the historical dimension of the path-dependent use of concepts, as suggested above.

In this paper, we described the perception of a crisis as a decisive precondition for the initiation of organizational activities of decision-making on adopting a specific management concept. Based on their potential fit with the existing knowledge base of specific organization, available concepts are assessed according to the reputation of the concept provider as a well as with reference to previous successful applications in business practice. Finally, they are selected by the top management team. Existing personal networks going beyond organizational boundaries help to favor and promote certain concepts in this decision-making process.

The adoption of management concepts can thus be described in terms of unidirectional, mechanistic relations between the impact of the organizational knowledge base as well as situational factors and the outcome of a decision on the adoption of a specific concept. In contrast, the subsequent processes of evaluation and adaptation in the application phase are characterized rather by reciprocal relations between the involved factors taking the form of iterative feedback-loops. Also, the processes taking place in this phase are located inside the organization with no significant perturbation by external factors.

Depending on the size of the existing knowledge base, and the corresponding absorptive capacity that determines whether the organization can keep pace with the actual speed of concept adoption, the preliminary results of the evaluation and adaptation of a specific concept will alter the organizational knowledge base, and thus positively or negatively affect the further application of the concept. Analogously, the concept in its current shape is constantly compared with and gradually modified by the structural aspects of its application (i. e. the existing range of possibilities for adjustments of the concept and the availability of change arenas within the organization) in organizational practice.

As a result of these reciprocal processes of repetitive evaluation and adaptation, a specific concept will be either rooted into the organizational context or either disappear over time. In other words, their fate is in a way governed by the specific organizational context, but is not foreseeable for organizational members. Again, we believe that the course these evolutionary processes take is closely linked to the various aspects of the organizational knowledge base, namely the existing expertise with concepts and the number of concepts already in use within the specific organization. Internal situational aspects, such as the embeddedness of a management concept in networks of social relations, the existence of promoters of concepts, and the velocity of membership change among the top management of the firm, have to be taken into account here. Also, external factors, such as the impact of stakeholder attitudes, are relevant in this context.

3.1 Implications for the Development and Use of Management Concepts

In the light of the propositions made in this paper, it becomes more obvious that on one hand, the adoption, application and rooting of a new concept in general represents a massive intervention in the on-going process of organizations. On the other hand, it has to be taken into account that these activities give rise to autonomously evolving organizational processes with largely unpredictable outcomes. Thus, the introduction of new concepts into an organization can lead to unexpected consequences as they come in touch with the established operational logic of a social system. Academics and consultants involved in the development and the proliferation of management concepts may find it useful to take this aspect into consideration with respect to issues of implementation.

We therefore suggest that firms should strive to develop capabilities with respect to dealing with concepts. This would help them to achieve a more mature professional level based on which concepts available on the market could be screened, selected, adopted, applied, rooted or dropped in a more effective and systematic fashion. Furthermore, we believe that such capabilities should be collectively embedded within the organization, whereas the activities of concept producers or concept intermediaries could support this process. At the same time, these capabilities would help to provide the firm's management with a conceptual framework for the adoption, application and rooting of management concepts in the sense that these processes could be identified and analyzed within the organizational context, according to specific evolutionary patterns, thus reducing managerial uncertainty.

3.2 Implications for Future Scientific Research

The adoption, application and rooting of management concepts so far constitutes a scarcely covered research topic. Since these concepts have a strong impact on ongoing processes in organizations, we suggest to study these issues in greater detail. The analysis, which is especially relevant in the adoption phase, should thereby encompass the supply and demand of the concept market as well as the interaction between both forces. The political dimension here also holds a prominent position on the research agenda, since the interests of the individual participants guide the overall behavior towards a specific concept. The decision on whether a concept is adopted and applied is therefore not to be considered as a purely rational process determined by the problem-solving capability of a concept, but rather as a political process following its inherent logic (Eisenhardt et al. 1992).

Similarly, the influence of management concepts on organizational power structures and discourses of power (Gergen 1995) also appears to be highly significant in the rooting phase in view of our analysis. As an example, the reputation of a concept promoter within the organization and the outcome of the adoption of a concept are closely interrelated. This aspect highlights the relevance of the evaluation of the specific power structures and micropolitics within a firm in terms of the use of concepts. We therefore suggest to study what role concepts have in processes of micropolitical bargaining, as well as how they are used by organizational members with respect to individual or group interests.

When interpreting our propositions in the context of the scientific discourse (Rouleau and Seguin 1995), the search for objective guidelines offering the most efficient and effective approach has to be considered as unrealistic, as it rather follows the logic of a prominent scientific „tale" (Derrida 1985; Copper 1989), which is just one among others (Goold and Campbell 1991). Due to the reciprocal relation between management concepts and the factors influencing their use within organizations, as suggested in our model, the notion of exclusively rational managerial planning and control should also be abandoned here. Moreover, it becomes clear that the production and application of the constituent ideas of a concept are always embedded in the context of a specific interest group, be it a consulting firm, an academic institution, a traditional manufacturing company or any groups within the organization.

In our view, some other research issues are also worth covering more intensively. First, future research should further delve into examining the impact of organizational perception and „languaging" processes on the use of management concepts, since they are aimed at triggering changes in cognitive patterns (e.g. Business Process Reengineering, Total Quality Management) and brought forward by language (von Krogh and Roos 1995). Second, research should also attempt to clarify to which extent concepts themselves change organizations. More specifically, we suggest the following issues to be addressed in greater detail:

- What is the impact of management concepts on patterns of cognition, communication and action, as well as on institutionalized structures and processes?
- How do concepts help to attain coherence in strategic thinking and acting?

Again, these questions are intended to reflect the reciprocal nature of the causal relations we incorporated in our model.

As a result, we argue that the impact of management concepts on organizational practice is far from trivial. Concepts are increasingly used in business practice for initiating and sustaining organizational redesign within and across industrial sectors, and can thus serve as platforms for discussions regarding the future direction of a firm's development. We think that it is therefore essential to cover this promising field of study with greater attention in future research.

References

Abrahamson, E. (1991): Managerial fads and fashions: the diffusion and rejection of innovations. In: Academy of Management Review, 16, pp. 586-612.

Abrahamson, E. (1996): Management fashion. In: Academy of Management Review, 21, pp. 254-285.

Al-Laham, A. (1997): Strategieprozesse in deutschen Unternehmungen. Gabler, Wiesbaden.

Ansoff, H. I., Avner, J., Brandenburg, R., Portner, F. and Radosevich, R. (1970): Does planning pay? The effect of planning on success of acquisitions in American firms. In: Long Range Planning, 3, pp. 2-7.

Armstrong, J. S. (1982): The Value of Formal Planning for Strategic Decisions: Review of Empirical Research. In: Strategic Management Journal, 3, pp. 197-211.

Armstrong, J. S. (1986): The Value of Formal Planning for Strategic Decisions: Reply. In: Strategic Management Journal, 7, pp. 183-185.

Arthur, W. B. (1989): Competing Technologies, Increasing Returns, and Lock-in by Historical Events. In: The Economic Journal, 99, pp. 116-131.

Arthur, W. B. (1994): Increasing Returns and Path Dependence in the Economy. University of Michigan Press, Ann Arbor.

Barney, J. (1991): Firm resources and sustained competitive advantage. In: Journal of Management, 17 (1), pp. 99-120.

Blackler, F. (1995): Knowledge, Knowledge Work and Organizations: An Overview and Interpretation. In: Organization Studies, 16/6, pp. 1021-1046.

Buschor, F. (1996): Baustellen einer Unternehmung: Das Problem des unternehmerischen Wandels jenseits von Restrukturierungen – Resultate einer empirischen Untersuchung. Haupt, Bern.

Chakrabarti, A. K. (1974): The Role of Champion in Product Innovation. In: California Management Review, 17 (2), pp. 58-62.

Charan, R. (1991): How networks reshape organizations – for results. In: Harvard Business Review, September/October, 69, pp. 104-115.

Child, J., Ganter, H.-D. and Kieser, A. (1987): Technological Innovation and Organizational Conservatism. In: Pennings, J. M. and Buitendam, A. (eds.): New Technology as Organizational Innovation. Ballinger, Cambridge (Mass.).

Cohen, W. and Levinthal, D. (1990): Absorptive Capacity: A New Perspective on Learning and Innovation. In: Administrative Science Quarterly, 35, pp. 128-152.

Copper, R. (1989): Modernism, post modernism and organizational analysis 3: the contribution of Jacques Derrida. In: Organization Studies, 10 (4), pp. 479-502.

Crozier, M. and Friedberg, E. (1979): Macht und Organisation – Die Zwänge kollektiven Handelns. Athenäum, Königsstein.

Crozier, M., Thoenig, J. C. (1976): The regulation of complex organized systems. In: Administrative Science Quarterly, 21, pp. 547-570.

Derrida, J. (1985): Die Schrift und die Differenz. Suhrkamp, Frankfurt am Main.

Dutton, J. E. (1995): Strategic agenda building in organizations. In: Shapira, Z. (ed.): Organization decision making. Cambridge University Press, Cambridge.

Eden, C. (1992): Strategy development as a social process. In: Journal of Management Studies, 29 (6), pp. 799-811.

Eisenhardt, K. M. and Kahwajy, J. L. and Bourgeois, L. J. (1997): Conflict and strategic choice: how top management teams disagree. In: California Management Review, 39 (2), pp. 42-62.

Eppler, M. (1999): Conceptual management tools: a guide to essential models for knowledge workers, working paper, Institut für Medien und Kommunikationsmanagement

Freeman, R. E. and Reed, D. L. (1983): Stockholders and Stakeholders: A New Perspective on Corporate Governance. In: California Management Review, 25 (3), pp. 88-106.

Froschmayer, A. (1997): Konzepte für die strategische Führung von Unternehmensverbindungen. B. Kirsch, München.

Gergen, K. (1995): Relational theory and the discourses of power. In: Hosking, D., Dachler, P. and Gergen, K. (Eds.): Management and organization: relational alternatives to individualism, pp. 29-50. Avebury, Aldershot.

Gioia, D. A. and Chittipeddi, K. (1991): Sensemaking and sensegiving in strategic change initiation. In: Strategic Management Journal, 12, pp. 433-488.

Gomez, P. and Müller-Stewens G. (1994): Corporate Transformation: Zum Management fundamentalen Wandels großer Unternehmen. In: Gomez, P. et al. (eds.): Unternehmerischer Wandel. Gabler, Wiesbaden.

Goold, M. and Campbell, A. (1987): Many best ways to make strategy. In: Harvard Business Review, November/December.

Granovetter, M. (1973) The Strength of Weak Ties. In: American Journal of Sociology, 78 (6), pp. 1360-1380.

Granovetter, M. (1982): The Strength of Weak Ties: A Network Theory Revisited. In: Marsden, P. and Lin, N. (eds.): Social structure and network analysis. Sage, Beverly Hills.

Granovetter, M. (1985): Economic Action and Social Structure: The Problem of Embeddedness. In: American Journal of Sociology, 91 (3), pp. 481-510.

Hall, R. I. (1976): A System Pathology of an Organization: The Rise and Fall of the Old Saturday Evening Post. In: Administrative Science Quarterly, 21, pp. 185-211.

Hall, R. I. (1984): The Natural Logic of Management Policy Making: Its Implications for the Survival of an Organization. In: Management Science, 30, pp. 905-927.

Hamel, G. and Prahalad, C. K. (1989): Strategic Intent. In: Harvard Business Review, May/June 1989, pp. 63-76.

Hamel, G. and Prahalad, C. K. (1993): Strategy as Stretch and Leverage. In: Harvard Business Review, March/April 1993, pp. 75-84.

Hannan, M. T. and Freeman, J. (1984): Structural inertia and organizational change. In: American Sociological Review, 49, pp. 149-164.

Hauschildt, J. (1993): Innovationsmanagement. Vahlen, München.

Henderson, B. D. (1971): Construction of a business strategy. The Boston Consulting Group Series on Corporate Strategy, Boston.

Herold, D. (1972): Long range planning and organizational performance: A cross-validation study. In: Academy of Management Review, 15, pp. 91-104.

Houlden, B. T. (1985): Survival of the corporate planner. In: Long Range Planning, 18(5), pp. 49-54.

Howell, J. M. and Higgins, C. A. (1990): Champions of Technological Innovation. In: Administrative Science Quarterly, 35, pp. 317-341.

Kaplan, R. S. and Norton, D. P. (1996): The Balanced Scorecard - translating strategy into action. Harvard Business School Press, Boston.

Kieser, A. (1996): Moden & Mythen des Organisierens. In: Die Betriebswirtschaft, 56, pp. 21-39.

Kiesler, S. and Sproull, L. (1982): Managerial Response to Changing Environments: Perspectives on Problem Sensing from Social Cognition. In: Administrative Science Quarterly, 27, pp. 548-570.

Kirsch, W. (1992): Kommunikatives Handeln, Autopoiese, Rationalität. Sondierungen zu einer evolutionären Führungslehre. B. Kirsch, München.

Kirsch, W. (1997): Wegweiser zur Konstruktion einer evolutionären Theorie der strategischen Führung. B. Kirsch, München.

Malaska, P. (1985): Multiple scenario approach and strategic behavior in European companies. In: Strategic Management Journal, 6, pp. 339-355.

Miele, Markus (1998): Unternehmerischer Wandel durch Informatikprojekte – Zur Bedeutung von technischen Informationssystemen als Repräsentationstechnologie bei tiefgreifenden Wandelprozessen am Beispiel der Sulzer Thermtec AG. Dissertation thesis, University of St. Gallen.

Miles, M. B. and Huberman, A. M. (1984): Qualitative data analysis: a sourcebook of new methods. Sage, Newbury Park.

Ortmann, G. (1995): Formen der Produktion. Westdeutscher Verlag, Opladen.

Osterloh, M. and Grand, S. (1994): Modelling oder Mapping? Von Rede- und Schweigeinstrumenten in der betriebswirtschaftlichen Theoriebildung. In: Schweizerische Zeitschrift für betriebswirtschaftliche Forschung und Praxis, 48 (4), pp. 277-295.

Pautzke, G. (1989): Die Evolution der organisatorischen Wissensbasis. Bausteine zu einer Theorie des organisatorischen Lernens. B. Kirsch, München.

Pearce, J. A. II, Robbins, D. K. and Robinson, R. B. jr. (1987): The Impact of Grand Strategy and Planning Formality on Financial Performance. In: Strategic Management Journal, 8, pp. 125-134.

Peteraf, M. A. (1993): The Cornerstones of Competitive Advantage: A Resource-Based View. In: Strategic Management Journal, 14, pp. 179-191.

Pettigrew, A. M. (1992): The character and significance of strategy process research. In: Strategic Management Journal, 13, pp. 5-16.

Pettigrew, A. M. (1998): Success and Failure in Corporate Transformation Initiatives. In: Galliers, R. D. and Baets, W. R. J. (eds.): Information Technology and Organizational Transformation. J. Wiley, Chichester.

Powell, T. C. (1992): Strategic Planning as Competitive Advantage. In: Strategic Management Journal, 13, pp. 551-558.

Prahalad, C. K. and Bettis, R. (1986): The dominant logic: a new linkage between diversity and performance. In: Strategic Management Journal, 7, pp. 485-501.

Rajagopalan, N., Rasheed, A. M. A and Datta, D. K. (1993): Strategic decision processes: Critical review and future directions. In: Journal of Management, 19 (2), pp. 349-384.

Rigby, D. K. (1997): Managing the management tools. In: Planning Review, September-October, pp. 20-24.

Rouleau, L. and Seguin, F. (1995): Strategy and organization theories: common forms of discourses. In: Journal of Management Studies, 32, pp. 101-117.

Rüegg-Stürm, J. (1998): Implikationen einer systemisch-konstruktivistischen „Theory of the Firm" für das Management von tiefgreifenden Veränderungsprozessen. In: Die Unternehmung, 52 (2), pp. 81-89.

Schwenk, C. R. (1995): Strategic decision making. In: Journal of Management, 21, pp. 471-493.

Shoemaker, P. (1995): Scenario planning: a tool for strategic thinking. In: Sloan Management Review, Winter, pp. 25-40.

Shrader, C., Taylor, L. and Dalton, D. (1984): Strategic planning and organizational performance: A critical appraisal. In: Journal of Management, 10 (2), pp. 149-171.

Spender, J.-C. (1996): Making knowledge the basis of a dynamic theory of the firm. In: Strategic Management Journal, 17 (Winter Special Issue), pp. 45-62.

Strasser, G. (1994): Change, Organizational Learning and Knowledge Management: Effects of Organizational Knowledge During Change Processes. Working Paper, University of St. Gallen.

Tampoe, M. and Taylor, B. (1996): Strategy software: exploring its potential. In: Long Range Planning, 29 (2), pp. 239-245.

Tichy, N., Fombrun, C. (1979): Network analysis in organizational settings. In: Human Relations, 32, pp. 923-965.

Tichy, N., Tushman, M., Fombrun, C. (1979): Social network analysis for organizations. In: Academy of Management Review, 4, pp. 507-519.

von Krogh, G. and Roos, J. (1995): Conversation Management. In: European Management Journal, 4, pp. 390-394.

Walsh, J. P. and Ungson, G. R. (1991): Organizational Memory. In: Academy of Management Review, 16, pp. 57-91.

Weber, M. (1963): Gesammelte Aufsätze zur Religionssoziologie, Bd. 1. J. C. B. Mohr (Paul Siebeck), Tübingen.

Weick, K. (1995): Sensemaking in Organizations. Sage, Thousand Oaks.

Wernerfelt, B. (1984): A resource-based view of the firm. In: Strategic Management Journal, 5, pp. 171-180.

Witte, E. (1973): Organisation für Innovationsentscheidungen – das Promotorenmodell. Schwartz, Göttingen.

Zajac, E. J. (1990): CEO Selection, Succession, Compensation and Firm Performance: A Theoretical Integration and Empirical Analysis. In: Strategic Management Journal, 11, pp. 217-230.

Zajac, E. J. and Westphal, J. D. (1996): Who shall succeed? How CEO/board preferences and power affect the choice of new CEOs. In: Academy of Management Journal, 39, pp. 64-90.

Die Abbildung von Produktinnovationen im Rechnungswesen

K.-P. Franz / P. Kajüter

1   Einleitung

2   Begriff, Merkmale und Arten von Produktinnovationen

3   Erfassung von Produktinnovationen im externen Rechnungswesen
    3.1   Erfassung nach aktuellen Bilanzrecht
        3.1.1   Bilanzierung nach HGB
        3.1.2   Bilanzierung nach US-GAAP
        3.1.3   Bilanzierung nach IAS
        3.1.4   Vergleich und kritische Beurteilung des aktuellen Bilanzrechts
    3.2   Möglichkeiten für eine alternative Erfassung
        3.2.1   Erweiterungen im Bilanzansatz
        3.2.2   Aufwertung des Lageberichts
        3.2.3   Entwicklung neuer Rechenwerke
    3.3   Zwischenfazit

4   Erfassung von Produktinnovationen im internen Rechnungswesen
    4.1   Ansätze zum Periodencontrolling
        4.1.1   Betriebliche Erfolgsrechnung
        4.1.2   Wertorientierte Erfolgsrechnungen
        4.1.3   Mehrdimensionale Kennzahlensysteme

4.2 Ansätze zum Produkt- und Projektcontrolling

    4.2.1 Target Costing

    4.2.2 Entwicklungsbegleitende Kalkulation

    4.2.3 Product Life Cycle Costing

    4.2.4 Innovationsergebnisrechnung

4.3 Zwischenfazit

5 Zusammenfassung und Ausblick

Literatur

1 Einleitung

In einer Marktwirtschaft stimuliert der Wettbewerb zwischen den Unternehmen immer wieder die Entwicklung innovativer Produkte und Dienstleistungen. Dieser Prozeß hat in den letzten Jahren aufgrund der zunehmenden Wettbewerbsintensität in vielen Branchen erheblich an Dynamik gewonnen. Deutlich sichtbar wird dies an der Tendenz zu kürzeren Vermarktungszyklen zahlreicher Produkte.[1] Hierdurch gewinnt die Fähigkeit, Markttrends frühzeitig zu erkennen und neue Produktideen schnell und effizient zu marktreifen Lösungen zu entwickeln, zunehmend an Bedeutung. Ohne diese Fähigkeit zur Innovation verlieren Unternehmen heute schneller denn je ihre Stellung im Markt. Gelingt es ihnen hingegen, sich durch marktgerechte Produktinnovationen von der Konkurrenz zu differenzieren, können veraltete Produkte ersetzt, zusätzliche Nachfrage geschaffen und Marktanteile gewonnen werden. Auf diese Weise werden neue Erfolgspotentiale aufgebaut, die die Wettbewerbsfähigkeit sichern oder gar verbessern. Dies wiederum ist eine Voraussetzung für die nachhaltige Generierung von Erfolg und Liquidität in der Zukunft.[2] So belegen empirische Untersuchungen, daß sich innovationsfreudige Unternehmen durch ein schnelleres Wachstum und eine höhere Rentabilität auszeichnen.[3]

Aufgrund dieses positiven Einflusses von Innovationen auf die künftige wirtschaftliche Entwicklung von Unternehmen sind Kapitalgeber, Finanzanalysten und andere Stakeholder häufig daran interessiert, einen Einblick in die Innovationstätigkeit und das Innovationspotential von Unternehmen zu gewinnen. Aus externer Sicht kann hierzu vor allem der Jahresabschluß eines Unternehmens herangezogen werden. Dabei erweist es sich als problematisch, daß die für Produktinnovationen getätigten Entwicklungsausgaben sehr restriktiven Bilanzierungsregeln unterworfen sind. Das selbst aufgebaute technologische Know-how stellt einen nicht entgeltlich erworbenen, immateriellen Vermögenswert dar, der nach § 248 Abs. 2 HGB nicht aktiviert werden darf. Dies wirft die Frage auf, ob und inwieweit hierdurch die externe Beurteilung der künftigen Unternehmensentwicklung beeinträchtigt wird, und wenn ja, durch welche Maßnahmen dem entgegengewirkt werden könnte.

---

[1] Vgl. z.B. *Bullinger* 1990, S. 34.
[2] Zum Zusammenhang zwischen Erfolgspotential, Erfolg und Liquidität vgl. *Gälweiler* 1976 sowie *Coenenberg* 2000, S. 4ff.
[3] Vgl. *Gierl/Kotzbauer* 1992 und die dort zitierte Literatur.

Die hohe Relevanz von Innovationen für den zukünftigen Erfolg hat aber auch Konsequenzen für die interne Unternehmenssteuerung. Hier gilt es zum einen, die Auswirkungen der Rechnungswesendaten auf das Entscheidungsverhalten von Managern zu berücksichtigen. Da Produktinnovationen i.d.R. hohe Kosten verursachen, denen unsichere Erlöse in späteren Perioden gegenüberstehen, besteht die Gefahr, daß bei Ergebnisdruck die Entwicklungsbudgets gekürzt und die Innovationstätigkeit eingeschränkt werden, um kurzfristig Ergebnisverbesserungen (zu Lasten der langfristigen Wettbewerbsfähigkeit) zu erzielen.[4] Analog zur bilanziellen Erfassung der Entwicklungsausgaben stellt sich also auch in der internen Erfolgsrechnung die Frage, ob eine periodengerechte Abgrenzung dieser „strategischen Kosten" nicht zweckmäßiger wäre. Zum anderen ist während der Entstehung einer Produktinnovation (sowie in den späteren Phasen des Lebenszyklus) eine Vielzahl von Entscheidungen zu treffen, um die definierten Zeit- („time-to-market"), Qualitäts- und Kostenziele zu erreichen. Beispielsweise sind oftmals konstruktive Veränderungen am Produkt notwendig, damit die Herstell- und Entwicklungskostenziele nicht überschritten werden. Hierzu bedarf es neben der periodenbezogenen internen Erfolgsrechnung auch produkt- bzw. projektspezifischer Kalküle. Diese bereiten aber in der Praxis häufig besondere Schwierigkeiten, da die Produktstrukturen bei Entwicklungsbeginn noch nicht vollständig feststehen.

Die vorstehenden Überlegungen zeigen, daß die Abbildung von Produktinnovationen sowohl im externen als auch im internen Rechnungswesen mit einer Reihe von Problemen und offenen Fragen verbunden ist. Viele von ihnen werden im Schrifttum seit langem diskutiert.[5] Durch die zunehmende Bedeutung der Innovationstätigkeit und die damit einhergehenden steigenden F&E-Ausgaben deutscher Unternehmen[6] haben sie jedoch an Brisanz gewonnen. Es ist daher Ziel dieses Beitrages, einen Überblick über die Erfassung der Innovationstätigkeit im betrieblichen Rechnungswesen zu geben und dabei den aufgeworfenen Fragen nachzugehen. Zuvor wird im folgenden Abschnitt auf die Charakteristika von Produktinnovationen eingegangen, um für die weiteren Ausführungen ein klares Begriffsverständnis zu schaffen und die Problemperspektive einzugrenzen.

---

[4] Zu empirischen Ergebnissen vgl. *Brockhoff/Pearson* 1998.

[5] Vgl. z.B. *Rosenkranz* 1953; *Börnstein* 1957; *Döllerer* 1957; *Mellerowicz* 1958; *Groh* 1960; *Everling* 1962; *Kiehne* 1970; *Untergugenberger* 1972; *Wurl* 1974; *Radomski/Betzing* 1977; *Betzing* 1980; *Vormbaum/Franz/Rautenberg* 1980; *Dellmann* 1982; *Laßmann* 1984, S. 966f.; *Siegwart/Kloss* 1984; *Lederle* 1985; *Keil* 1991; *Müller* 1991; *Hauschildt* 1992; *Veit* 1992a, 1992b; *Littkemann* 1997.

[6] Die F&E-Ausgaben der deutschen Wirtschaft in 1999 werden auf über 63,3 Mrd. DM geschätzt. Relativ zum Bruttoinlandsprodukt ist seit Mitte der 90er Jahre ein Anstieg auf 2,37% zu verzeichnen, der allerdings das Niveau vom Ende der 80er Jahre (2,86% in 1989) noch nicht wieder erreicht hat. Vgl. hierzu *Bundesministerium für Bildung und Forschung* (2000), S. 456f.

2 Begriff, Merkmale und Arten von Produktinnovationen

Innovation ist ein schillernder Begriff. Allgemein wird darunter eine fortschrittliche Problemlösung verstanden. Diese kann sowohl ein neuartiges Produkt (*Produktinnovation*) als auch ein neues Verfahren (*Prozeßinnovation*) beinhalten. In der Praxis lassen sich diese beiden Innovationsformen nicht immer eindeutig voneinander trennen, da die Produktinnovation eines Unternehmens (z.B. eine neue Maschine) bei einem anderen zu einer Prozeßinnovation (z.B. einem neuen Fertigungsverfahren) führen kann. Beide Innovationsformen zeichnen sich durch einen konkreten Markt- bzw. Anwendungsbezug aus. Dadurch unterscheiden sie sich von der Erfindung (Invention), die noch zur vermarktungsfähigen Innovation entwickelt werden muß. Hierzu sind zum Teil erhebliche Ausgaben notwendig, die in der Erwartung künftiger, unsicherer Einnahmen getätigt werden. Innovationen haben daher den Charakter einer Investition. Weil dabei die Gewinnung von technologischem Know-how (z.B. Konstruktions- oder Verfahrens-Knowhow) im Vordergrund steht, zählen Produkt- und Prozeßinnovationen zu den immateriellen Investitionen.[7]

Im weiteren stehen Produktinnovationen im Mittelpunkt der Betrachtung, da diese, wie eingangs aufgezeigt, eine wesentliche Grundlage für die dauerhafte Sicherung der Wettbewerbsfähigkeit von Unternehmen darstellen und oftmals auch Prozeßinnovationen erst ermöglichen.

Ein Kernmerkmal von Produktinnovationen ist die Neuartigkeit, die unterschiedlich stark ausgeprägt sein kann. Dementsprechend werden originäre Innovationen, abgeleitete Innovationen und Imitationen differenziert.[8] Erstere stellen Marktneuheiten dar, haben keinen vergleichbaren Vorgänger und kommen relativ selten vor (z.B. die Einführung von Airbags, ABS oder Navigationssystemen bei Automobilen). Der Markt muß in diesen Fällen erst aufgebaut werden, was meist mit hohen Kosten und Risiken verbunden ist. Eine abgeleitete Innovation liegt vor, wenn vorhandene Produkte weiterentwickelt werden (z.B. der VW Golf IV als Nachfolger des VW Golf III). Dadurch entstehen qualitativ bessere und/oder kostengünstigere Lösungen, die auf einem bereits bestehenden Markt angeboten werden. Abgeleitete Innovationen sind vergleichsweise häufig zu beobachten; sie führen zu einer Erneuerung und – sofern neue Marktsegmente erschlossen werden können – auch zu einer Erweiterung des Produktprogramms. Als Imitation wird schließlich eine Produktneuheit bezeichnet, die ohne oder mit nur geringen Änderungen vom Wettbewerb übernommen wird. Der Innovationsgrad ist hierbei ob-

---

[7] Vgl. *Hauschildt* 1997, S. 400; *Busse von Colbe* 1998, S. 342f.
[8] Vgl. *Witt* 1996, S. 4ff.

jektiv gesehen sehr gering, dennoch kann es sich aus der Sicht des betreffenden Unternehmens durchaus um eine Innovation handeln (subjektiver Innovationsbegriff).[9]

Produktinnovationen sind das Ergebnis eines oft langwierigen und komplexen Prozesses, der von der Produktidee bis zur Markteinführung reicht. In der Literatur werden verschiedene idealtypische Prozeßschemata vorgeschlagen, denen trotz begrifflicher und konzeptioneller Unterschiede die Phasen Ideengewinnung, Konzeptentwurf, technische Entwicklung, Markttest und -einführung gemeinsam sind.[10] Da die Entwicklung den Kern des Innovationsprozesses darstellt (hier entsteht das eigentliche Produkt), fokussieren sich die folgenden Überlegungen zur Abbildung von Produktinnovationen im Rechnungswesen auf diese Phase. Dabei wird unterstellt, daß die Entwicklung von dem innovierenden Unternehmen selbst durchgeführt wird.[11]

Innovations- und Entwicklungsprozesse finden sich sowohl in Industrie- als auch in Dienstleistungsunternehmen, bei Einzel- wie auch bei Serienproduktion. Herausragende Bedeutung haben sie aber bei der industriellen Serienfertigung, da Produktinnovationen in diesem Bereich besonders hohe Entwicklungskosten verursachen und spezifische Investitionen in Werkzeuge und Fertigungsanlagen erfordern. Aus diesem Grund beziehen sich die weiteren Ausführungen primär auf Unternehmen der Automobil-, Elektronik- und Maschinenbauindustrie sowie der Chemie- und Pharmabranche.[12]

3 Erfassung von Produktinnovationen im externen Rechnungswesen

Aus Sicht der externen Unternehmensanalyse ist, wie eingangs aufgezeigt, eine möglichst aussagekräftige Abbildung von Produktinnovationen im Jahresabschluß wünschenswert. Im Folgenden werden zunächst die aktuellen Bilanzierungsregeln

---

[9] Vgl. *Hauschildt* 1997, S. 16ff., sowie bereits *Witte* 1973, S. 3.

[10] Vgl. *Commes/Linert* 1983, S. 350; *Witt* 1996, S. 10; *Hauschildt* 1997, S. 19ff.

[11] Alternative Ansätze zur Umsetzung von Produktinnovationen, wie z.B. die Erteilung eines Entwicklungsauftrages an Dritte, der Kauf von Patenten oder Lizenzen sowie die Akquisition eines Unternehmens, das über Innovationspotentiale verfügt, werden an dieser Stelle nicht weiter betrachtet.

[12] In 1999 entfielen auf diese Wirtschaftszweige rund 88% der auf 63,3 Mrd. DM geschätzten F&E-Ausgaben deutscher Unternehmen. Vgl. *Bundesministerium für Bildung und Forschung* 2000, S. 487.

nach HGB und aufgrund ihrer zunehmenden Verbreitung auch jene nach US-GAAP und IAS im Überblick dargestellt, um diese anschließend auf ihren Informationsgehalt hin analysieren und beurteilen zu können. Im Mittelpunkt stehen dabei die zwei grundlegenden Alternativen der bilanziellen Erfassung: Aktivierung der Ausgaben für die eigene Entwicklungstätigkeit und Abschreibung über mehrere Perioden oder sofortige ergebnismindernde Aufwandsverrechnung in der Periode ihres Anfalls. Aufbauend auf der kritischen Analyse des aktuellen Bilanzrechts werden alternative Ansätze zur Abbildung von Produktinnovationen innerhalb und außerhalb des Jahresabschlusses dargestellt und die Betrachtung in einem Zwischenfazit zusammengefaßt.

3.1 Erfassung nach aktuellen Bilanzrecht

3.1.1 Bilanzierung nach HGB

Im deutschen Handelsrecht gibt es keine Vorschrift, die speziell die Bilanzierung von Produktinnovationen bzw. den dafür erforderlichen Entwicklungsausgaben regelt. Folglich sind die allgemeinen Regeln für den Ansatz und die Bewertung von Vermögensgegenständen maßgeblich. Danach liegt ein aktivierungsfähiger Vermögensgegenstand dann vor, wenn die Kriterien der selbständigen Verwertbarkeit und bilanziellen Greifbarkeit erfüllt sind (abstrakte Aktivierungsfähigkeit) und gesetzliche Vorschriften dem Bilanzansatz nicht widersprechen (konkrete Aktivierungsfähigkeit).[13]

Führt die im eigenen Unternehmen durchgeführte Entwicklungstätigkeit zu einem selbständig verwertbaren und bilanziell greifbaren immateriellen Vermögensgegenstand, ist eine Aktivierung nur zulässig, wenn dieser Vermögensgegenstand zum Umlaufvermögen gehört.[14] Für selbst erstellte immaterielle Vermögensgegenstände des Anlagevermögens darf hingegen ein Aktivposten gemäß § 248 Abs. 2 HGB nicht angesetzt werden. Die Entwicklungsausgaben sind vielmehr unmittelbar als Aufwand zu erfassen. Begründet wird dieses Aktivierungsverbot damit, daß immaterielle Anlagewerte schwer greifbar sind und ihre Identifizierung und objektive Überprüfung daher mit erheblichen Unsicherheiten behaftet ist.[15] Werden jedoch im Rahmen der eigenen Entwicklungsaktivitäten immaterielle Vermögensgegenstände (z.B. Patente, Anwendungssoftware) entgeltlich erworben, sind

---

[13] Vgl. hierzu *Baetge* 1996, S. 146ff.

[14] Dies trifft vor allem bei auftragsgebundener Entwicklung zu. Hierbei hat der Auftragnehmer die unfertigen Leistungen als immaterielle Vermögensgegenstände im Umlaufvermögen mit den Herstellungskosten anzusetzen (vgl. *Nonnenmacher* 1993, S. 1234).

[15] Vgl. z.B. *Moxter* 1979, S. 1102. Zur Kritik an dieser Begründung vgl. Abschnitt 3.1.4.

diese – wie auch die materiellen Vermögensgegenstände (z.B. Laboreinrichtung und Prüfgeräte) – mit den Anschaffungskosten zu aktivieren (§ 255 Abs. 1 HGB) und planmäßig abzuschreiben (§ 253 Abs. 2 HGB). Bei eigener Entwicklungstätigkeit dürfte diesen Positionen allerdings wertmäßig eine eher untergeordnete Bedeutung zukommen.

Hinsichtlich einer indirekten Aktivierung der Entwicklungsausgaben durch Einbezug in die Herstellungskosten von fertigen oder unfertigen Erzeugnissen ist zwischen der Neuentwicklung (originäre Innovation) und der Weiterentwicklung (abgeleitete Innovation) zu unterscheiden. Während dies im erstgenannten Fall generell nicht möglich ist, dürfen Ausgaben für die Weiterentwicklung bestehender Produkte nach h.M. in die Herstellungskosten einbezogen werden, wenn ein unmittelbarer Bezug zur laufenden Serienproduktion besteht, diese also kontinuierlich verbessert werden soll.[16] Ist diese Voraussetzung nicht erfüllt, weil es sich um eine wesentliche Weiterentwicklung, z.B. im Sinne eines Nachfolgemodells, handelt, sind die Entwicklungsausgaben ebenso wie bei einer Neuentwicklung vollständig ergebnismindernd zu verrechnen.

Für den Ausweis der Entwicklungsaufwendungen in der Gewinn- und Verlustrechnung ist im gesetzlichen Gliederungsschema kein eigener Posten vorgesehen. Es kann jedoch um weitere Positionen ergänzt oder detaillierter untergliedert werden, um einen besseren Einblick in die Erfolgslage des Unternehmens zu gewähren. Dies wird für die F&E-Aufwendungen beispielsweise von Siemens und Volkswagen sowie anderen großen Konzernen praktiziert.

3.1.2 Bilanzierung nach US-GAAP

In der US-amerikanischen Rechnungslegung ist die bilanzielle Behandlung von Entwicklungsaktivitäten, die ein Unternehmen für den eigenen Bedarf durchführt, in SFAS 2 geregelt. Zu den Entwicklungsaktivitäten zählen danach u.a. die Konzeption und der Test von Produktalternativen sowie die Konstruktion von Prototypen. Gemäß SFAS 2.12 sind sämtliche Ausgaben für diese Aktivitäten (z.B. für Material, Personal, bezogene Dienstleistungen etc.) grundsätzlich als Aufwand der Periode zu erfassen. Im Gegensatz zum deutschen Bilanzrecht gilt dies auch für materielle und immaterielle Vermögensgegenstände des Anlagevermögens, die für ein bestimmtes Entwicklungsprojekt angeschafft oder hergestellt worden sind, aber außerhalb des Projektes nicht anderweitig genutzt werden können.

Diese restriktive Regelung wird vom FASB im wesentlichen mit der erheblichen Unsicherheit der künftigen Einnahmen begründet.[17] Zudem wird auf die Schwie-

---

[16] Vgl. *Nonnenmacher* 1993, S. 1233f.; *Ellrot/Schmidt-Wendt* 1999, Rn. 425.
[17] Vgl. hierzu SFAS 2.39ff. sowie v. *Keitz* 1997, S. 127ff.

rigkeit hingewiesen, den Zusammenhang zwischen den Ausgaben dieser und den dadurch generierten Einnahmen späterer Perioden objektiv und zuverlässig zu ermitteln.

3.1.3 Bilanzierung nach IAS

Wird der Jahresabschluß nach International Accounting Standards aufgestellt, ist für die Bilanzierung von Entwicklungsausgaben seit 1998 IAS 38 maßgeblich. Dieser Standard löste IAS 9 ab und ist für Geschäftsjahre ab dem 1. Juli 1999 anzuwenden. Im Gegensatz zu IAS 9 regelt IAS 38 nicht nur die Bilanzierung von Forschung und Entwicklung, sondern umfassend den Ansatz und die Bewertung immaterieller Vermögenswerte (intangible assets).

Für Entwicklungsausgaben besteht nach IAS 38 unter bestimmten Voraussetzungen ein Aktivierungsgebot. Grundlegend ist zunächst die eindeutige Abgrenzung von den Ausgaben, die für die Forschung getätigt werden. Sollte dies nicht möglich sein, sind die Entwicklungs- wie die Forschungsausgaben als Aufwand der Periode zu verrechnen (IAS 38.41). Da die Produktentwicklung in der Praxis nicht linear verläuft, sondern häufig Rückkopplungen zur Forschung enthält oder neue, weitergehende Forschungsaktivitäten auslöst, ist eine klare Trennung zwischen beiden Phasen schwierig und setzt zumindest ein leistungsfähiges Controllingsystem zur Erfassung und Verrechnung der Ausgaben bzw. Aufwendungen voraus.[18]

Sind die Entwicklungsausgaben identifiziert, besteht eine Aktivierungspflicht, sofern folgende sechs Kriterien kumulativ erfüllt werden (IAS 38.45):

- Technische Fähigkeit, das Projekt zu vollenden;
- Absicht, das Projekt zu vollenden und das Projektergebnis (Produktinnovation) zu vermarkten oder selbst zu nutzen;
- Fähigkeit, das Projektergebnis zu vermarkten oder selbst zu nutzen;
- Existenz eines künftigen ökonomischen Nutzens;
- ausreichende Verfügbarkeit von technischen, finanziellen und sonstigen Ressourcen zum Abschluß des Projektes;
- verläßliche Meßbarkeit der zurechenbaren Entwicklungsausgaben.

Da diese Kriterien nicht weiter konkretisiert und damit nicht intersubjektiv nachprüfbar sind, bestehen für das bilanzierende Unternehmen erhebliche Ermessens-

---

[18] Vgl. *Fülbier/Honold/Klar* 2000, S. 837.

spielräume, die sowohl zur sofortigen Aufwandsverrechnung als auch zur Aktivierung von Entwicklungsausgaben genutzt werden können.[19] So hat z.B. die Bayer AG in ihrem IAS-Konzernabschluß zum 31.12.1999 Entwicklungsausgaben in Höhe von 2,1 Mrd. Euro ergebniswirksam als Aufwand erfaßt, weil deren Nutzen als nicht hinreichend sicher angesehen wird.[20] Demgegenüber hat das am Neuen Markt notierte Biotechnologieunternehmen curasan AG im IAS-Konzernabschluß zum 31.12.1999 erstmalig Entwicklungskosten für von der Gesellschaft selbst erstellte Arzneimittel aktiviert und erfüllt somit offensichtlich die Kriterien nach IAS 38.[21]

3.1.4 Vergleich und kritische Beurteilung des aktuellen Bilanzrechts

Der vorstehende Überblick über die bilanzielle Erfassung von Produktinnovationen verdeutlicht, daß alle drei Rechnungslegungssysteme – HGB, US-GAAP und IAS – die Aktivierung von Ausgaben für die eigene Entwicklungstätigkeit nicht bzw. nur unter sehr engen Voraussetzungen zulassen. Diese restriktive Regelung liegt vor allem in dem Grundsatz der Objektivität bzw. Zuverlässigkeit (reliability) begründet. Objektivität und Zuverlässigkeit der (publizierten) Jahresabschlußdaten stellen grundlegende Kriterien für den Bilanzansatz dar, die aber bei selbsterstellten immateriellen Anlagewerten, wie z.B. dem technologischen Know-how für neue Produkte, zumindest im deutschen und amerikanischen Bilanzrecht als nicht hinreichend erfüllt angesehen werden. So wird zum einen die bilanzielle Greifbarkeit bezweifelt und zum anderen der künftige ökonomische Nutzen pauschal als (zu) unsicher eingestuft.

Diese Einschätzung ist kritisch zu hinterfragen.[22] Selbsterstellte immaterielle Anlagewerte können durchaus als Einzelheit nachweisbar und damit bilanziell greifbar sein. Dies ist beispielsweise dann der Fall, wenn das Entwicklungsprojekt bereits zu einem verwertbaren Recht in Form eines Patentes geführt hat. Aber auch Prototypen, Modelle und Konstruktionszeichnungen können Anhaltspunkte für die Existenz eines immateriellen Wertes darstellen. Notwendig erscheint jedoch, daß die technische Realisierbarkeit der Produktinnovation gesichert sowie die Absicht und die Möglichkeit zu ihrer Verwertung gegeben sind. Auch das Argument, bei selbsterstellten immateriellen Anlagewerten sei im Vergleich zu ma-

---

[19] Vgl. *v. Keitz* 1997, S. 192f.; *Baetge/v. Keitz* 1999, Rn. 36; *Pellens* 1999, S. 437; *Wagenhofer* 1999, S. 144.

[20] Vgl. *Bayer AG* 2000, S. 94. Ein weiterer Grund für diese Bilanzierungsform könnte in der damit erzielten Kongruenz zu den Vorschriften des HGB liegen.

[21] Vgl. *curasan AG* 2000, S. 104.

[22] Vgl. *Vormbaum/Franz/Rautenberg* 1980, S. 188ff.

teriellen Gütern eine Abgangskontrolle nicht möglich, ist als Begründung für das Aktivierungsverbot nicht stichhaltig, da die Probleme der Kontrollierbarkeit z.B. beim aktivierungsfähigen derivativen Goodwill in gleicher Weise bestehen. Ähnlich kritisch ist zu beurteilen, daß bei materiellen Gütern wie den aktivierten Eigenleistungen die künftige Nutzenstiftung ohne weiteren Nachweis unterstellt wird, während sie für das technologische Know-how einer Produktinnovation und andere selbsterstellte immaterielle Anlagewerte generell verneint wird. Eine Aktivierung wäre jedoch vor allem für solche Produktinnovationen denkbar, die als Einzelheit nachweisbar sind und deren Erfolgswirksamkeit anhand bestimmter Kriterien (z.B. Marktforschungsstudien) hinreichend wahrscheinlich belegt werden kann.

Bei der Beurteilung des stark durch Objektivierungsansprüche geprägten aktuellen Bilanzrechts ist weiterhin zu berücksichtigen, daß das bisher betrachtete Kriterium der Zuverlässigkeit (reliability) in einem Zielkonflikt mit dem Kriterium der Relevanz (relevance) steht[23], dem insbesondere bei den US-GAAP und den IAS eine hohe Bedeutung beigemessen wird. Danach soll der Jahresabschluß nützliche Informationen für die Entscheidungsfindung der Kapitalgeber liefern. Zuverlässige Informationen über den aus einem immateriellen Vermögenswert erzielten Nutzen sind indes nur ex-post möglich, also dann, wenn die Entscheidungsrelevanz der Information nur noch gering ist. Diesem Zielkonflikt kann nur dadurch begegnet werden, daß dem einen oder anderen Kriterium Priorität eingeräumt wird. Mit dem Verbot zur Aktivierung von Entwicklungsausgaben ist dies für die Rechnungslegung nach HGB und US-GAAP offensichtlich die Zuverlässigkeit. Somit wird auch der Grundsatz der Vorsicht (principle of conservatism) dem Grundsatz der periodengerechten Erfolgsermittlung (matching principle) übergeordnet, denn die sofortige Aufwandsverrechnung der Entwicklungsausgaben führt dazu, daß den Erträgen der Produkte von heute Aufwendungen für die Produkte von morgen gegenübergestellt werden. Bei im Zeitablauf schwankenden Entwicklungsausgaben kommt es dadurch zu verzerrten Periodenergebnissen. Werden hingegen die IAS angewandt, hat der Grundsatz der periodengerechten Erfolgsermittlung gemäß dem Conceptual Framework des IASC Vorrang vor dem Grundsatz der Zuverlässigkeit.[24] Daher besteht ein an die sechs oben genannten Kriterien gebundenes Aktivierungsgebot für Entwicklungsausgaben, wobei die Kriterien eine hinreichende Zuverlässigkeit sicherstellen sollen und insofern die periodengerechte Erfolgsermittlung relativieren.[25]

---

[23] Vgl. *v. Keitz* 1997, S. 113ff.; *Pellens/Fülbier* 2000a, S. 54f.
[24] Vgl. *IASC* 1999, S. 35ff.; *Pellens* 1999, S. 414ff.; *Wagenhofer* 1999, S. 78ff.
[25] Dies gilt insbesondere im Hinblick auf die oben erwähnten Ermessensspielräume, die de facto auch eine umgekehrte Rangordnung der Kriterien zulassen.

Ob die unmittelbare Aufwandsverrechnung der Entwicklungsausgaben und damit die Fokussierung auf die Zuverlässigkeit (reliability) der Jahresabschlußinformationen aus Sicht der externen Unternehmensbeurteilung sinnvoll ist, erscheint fraglich.[26] Bei gesondertem Ausweis der Entwicklungsaufwendungen in der GuV lassen sich zwar die Innovationsanstrengungen der betreffenden Periode erkennen, das dadurch geschaffene technologische Know-how wird aber in den Jahresabschlüssen der Folgeperioden nicht abgebildet. Zudem wird das Ergebnis der Periode, in der die Entwicklungsausgaben anfallen, einmalig stark belastet, was zu einem im Zeitablauf untypischen Erfolgsausweis führt und die Prognose zukünftiger Periodenergebnisse erschwert. Werden die Entwicklungsausgaben hingegen aktiviert und planmäßig abgeschrieben, ergibt sich entsprechend dem matching principle eine gleichmäßigere Ergebnisentwicklung, die eine bessere Grundlage für Erfolgsprognosen darstellen dürfte. Die c.p. geringere Ergebnisvolatilität könnte sich zudem positiv auf die Kapitalkosten auswirken, da das Risiko für die Kapitalgeber und somit auch deren Renditeforderung gemindert wird.

Zieht man die Ergebnisse der empirischen Kapitalmarktforschung zur Beurteilung der alternativen Bilanzierungsregeln heran, ist die Aktivierung der sofortigen Aufwandsverrechnung vorzuziehen. So belegt z.B. eine Untersuchung von Lev, daß sich das Aktivierungsverbot nach SFAS 2 negativ auf den Aussage- und Prognosegehalt von Ergebnisgrößen auswirkt.[27] Ferner kam eine in den USA durchgeführte Simulationsstudie zu dem Ergebnis, daß die Aktivierung und planmäßige bzw. ggf. außerplanmäßige Abschreibung von F&E-Ausgaben mit einem höheren Informationsgehalt für Kapitalgeber und Finanzanalysten einhergeht als die unmittelbare Aufwandsverrechnung.[28]

Aufgrund dieser Befunde stellt sich zum einen die Frage, wie die Aktivierung von Entwicklungsausgaben ausgehend von der aktuellen Rechtslage umgesetzt werden könnte. Zum anderen ist zu überlegen, welche Möglichkeiten bestehen, ergänzend zum Jahresabschluß zusätzliche Informationen über Produktinnovationen zu geben. Auf diese Punkte wird im weiteren näher eingegangen.

---

[26] Vgl. *Pellens/Fülbier* 2000a, S. 55ff.

[27] Vgl. *Lev* 1989.

[28] Vgl. *Healy/Myers/Howe* 1999.

3.2 Möglichkeiten für eine alternative Erfassung

3.2.1 Erweiterungen im Bilanzansatz

Die Aktivierung von Entwicklungsausgaben erfordert Änderungen im deutschen und amerikanischen Bilanzrecht; nach IAS ist sie hingegen bereits heute unter den oben erwähnten Voraussetzungen möglich. Für die Bilanzierung nach deutschem Recht müßte das generelle Aktivierungsverbot für selbsterstellte immaterielle Anlagewerte nach § 248 Abs. 2 HGB abgeschafft werden. Dies ist grundsätzlich möglich, da die 4. EG-Richtlinie (78/660/EWG) den nationalen Gesetzgebern in diesem Bereich ein Ansatzwahlrecht zugesteht. Ebenso wäre für die Rechnungslegung nach US-GAAP das explizite Aktivierungsverbot gemäß SFAS 2 aufzuheben. Der Bilanzansatz der Entwicklungsausgaben sollte in diesem Fall durch konkrete, intersubjektiv nachprüfbare Kriterien objektiviert werden. Daß die Formulierung derartiger Kriterien nicht einfach ist, zeigt IAS 38.45. Dennoch könnten die dort kodifizierten Anforderungen eine Ausgangsbasis für weitere Überlegungen darstellen.

Für die Aktivierung von Entwicklungsausgaben sind zwei Stufen denkbar:[29]

- Ansatz als immaterieller Vermögensgegenstand und planmäßige Abschreibung über die voraussichtliche Nutzungsdauer, wenn die Entwicklungsaktivitäten zu konkret verwertbaren Ergebnissen (z.B. Konstruktions-Know-how) geführt haben;

- Ansatz einer Bilanzierungshilfe und Abschreibung pauschal über fünf Jahre, sofern (noch) keine konkret verwertbaren Ergebnisse vorliegen.

Diese Differenzierung berücksichtigt, daß Entwicklungsausgaben nicht unmittelbar zu bilanzierungsfähigem Vermögen führen, sondern erst dann, wenn greifbare und objektivierbare Resultate existieren (z.B. angemeldete Patente, Prototypen o.ä.). Konkretisiert sich im Laufe des Innovationsprozesses das Entwicklungsergebnis, ist eine Umbuchung von der Bilanzierungshilfe zum immateriellen Anlagevermögen notwendig. Diese würde für den externen Adressaten im Anlagespiegel erkennbar sein. Vorteilhaft ist ferner, daß der unterschiedliche Risikogehalt der Aktivposten deutlich wird: Während Vermögensgegenstände im Konkurs- oder Liquidationsfall zur Schuldendeckung beitragen, ist dies bei einer Bilanzierungshilfe i.d.R. nicht möglich. Der Gefahr zusätzlicher Ausschüttungen, die durch den (zunächst) höheren Gewinnausweis hervorgerufen werden könnten, wäre wie bei den anderen handelsrechtlichen Bilanzierungshilfen durch eine Aus-

---

[29] Vgl. *Vormbaum/Franz/Rautenberg* 1980, S. 198ff.

schüttungssperre zu begegnen. Schließlich stellt auch die bessere internationale Vergleichbarkeit der Jahresabschlüsse ein Argument für die skizzierte Lösung dar, denn es erscheint für einen Bilanzleser einfacher, einen Aktivposten für Vergleichszwecke zu eliminieren als einen nicht gebildeten Posten nachträglich zu ergänzen.

3.2.2 Aufwertung des Lageberichts

Große und mittelgroße Kapitalgesellschaften müssen den Jahresabschluß um einen Lagebericht ergänzen, in dem gemäß § 289 Abs. 2 Nr. 3 HGB auch über den Bereich Forschung und Entwicklung zu berichten ist (sog. F&E-Bericht).[30] Dies gilt ebenso für den Konzernabschluß nach deutschem Recht sowie den befreienden Konzernabschluß nach US-GAAP oder IAS.[31] Auf diese Weise sollen externe Adressaten einen Einblick in die Zukunftsvorsorge des betreffenden Unternehmens erhalten. Empirische Untersuchungen belegen jedoch einen nur geringen Informationsgehalt der publizierten F&E-Berichte.[32] Die Angaben zur Entwicklungstätigkeit sind i.d.R. sehr global und deuten auf eine gewisse Abneigung der Unternehmen hin, konkrete Informationen über verwertbare Produktinnovationen zu veröffentlichen. Dies dürfte vor allem darin begründet liegen, daß die Unternehmen ihre Wettbewerber nicht frühzeitig auf die neuen Produkte aufmerksam machen wollen, um so den eigenen Know-how-Vorsprung möglichst lange zu erhalten. Vor diesem Hintergrund fordert auch das IDW im F&E-Bericht lediglich Erläuterungen „über die globale Ausrichtung der ... Entwicklungsaktivitäten sowie über deren Intensität im Zeitablauf".[33]

Der Lagebericht bietet somit zwar grundsätzlich ein Medium, um ergänzend zum Jahresabschluß über Produktinnovationen zu informieren, doch gibt die bisherige Publizitätspraxis kaum Hoffnung auf detaillierte Angaben, die geeignet sind, die Innovationstätigkeit eines Unternehmens aus externer Sicht angemessen zu beurteilen. Dies erscheint nur über eine Aufwertung des Lageberichts in Form einer weiteren Konkretisierung der gesetzlich geforderten Mindestinhalte möglich, was für den Konzernabschluß über die Entwicklung eines entsprechenden DRS zur

---

[30] Trotz der Formulierung als Soll-Vorschrift handelt es sich hierbei um eine Berichtspflicht, von der nur solche Unternehmen befreit sind, die keine Forschung und Entwicklung für eigene Zwecke in einem nennenswerten Umfang betreiben. Vgl. *Baetge/Fischer/Paskert* 1989, S. 46; *IDW* 1998, Rn. 46.

[31] Vgl. für den Konzernlagebericht § 315 Abs. 2 Nr. 3 HGB.

[32] Vgl. *Kuhn* 1993; *Krumbholz* 1994, S. 237ff.

[33] *IDW* 1998, Rn. 47.

F&E-Berichterstattung – analog dem DRS 5 zur Risikoberichterstattung[34] – geschehen könnte. Dabei wären die berechtigten Interessen der Unternehmen an einer Geheimhaltung ihrer Entwicklungsabsichten und -ergebnisse mit den Informationsbedürfnissen der externen Adressaten abzuwägen.

3.2.3 Entwicklung neuer Rechenwerke

Eine weitere Möglichkeit, Produktinnovationen umfassender im externen Rechnungswesen abzubilden, besteht in der Entwicklung neuer Rechenwerke. Hierzu werden im Schrifttum verschiedene Ansätze vorgeschlagen, von denen an dieser Stelle zwei kurz erwähnt werden.

Der erste wird als „Technologie-Bilanzierung" bezeichnet und zielt darauf ab, einen Gesamtüberblick über die technologische Lage eines Unternehmens zu vermitteln.[35] In Anlehnung an die Handelsbilanz werden in der Technologiebilanz die Verwendung und die Herkunft der Technologien gegenübergestellt. Bei der Technologieherkunft wird zwischen Eigen- und Fremdtechnologien, bei der Technologieverwendung zwischen Produkten und Prozessen unterschieden. Die Bewertung der Technologien basiert nicht auf monetären Größen, sondern auf einem Punktesystem, mit dem als Saldo ein Technologieüberschuß bzw. -fehlbetrag ermittelt wird. Dieser zeigt an, wie effizient ein Unternehmen seine Technologien in den Produkten und Prozessen einsetzt.

Ein weiteres, im Vergleich zur Technologiebilanz umfassenderes Rechenwerk wird unter dem Titel „Statement of Intellectual Capital" diskutiert.[36] Bei diesem Ansatz werden zunächst alle immateriellen Werte eines Unternehmens in einer separaten Rechnung möglichst vollständig erfaßt. Die aufgelisteten Werte können dann mit unterschiedlichen Wertansätzen (z.B. Ausgaben, Fair Value) bewertet werden, so daß die Differenz zwischen dem Marktwert und dem Buchwert des Eigenkapitals zumindest näherungsweise erklärt werden könnte.

Diese zusätzlichen Rechenwerke würden das Innovationspotential von Unternehmen sicherlich transparenter darstellen. Da die Diskussion in diesem Bereich jedoch erst am Anfang steht, ist noch eine Reihe von Fragen offen, so z.B. die Einordnung solcher Rechenwerke in das bestehende System oder der Grad ihrer Standardisierung. Weitere Forschungsbemühungen sind deshalb notwendig, um

---

[34] Vgl. den Standardentwurf E-DRS 5, abrufbar im Internet unter http://drsc.de, sowie *Kajüter* 2001.

[35] Vgl. *Hartmann* 1997, 1998.

[36] Vgl. z.B. *Roos/Roos* 1997; *Haller* 1998, S. 587ff.; *Batchelor* 1999; *Pellens/Fülbier* 2000a, S. 68ff. Andere Autoren verwenden ähnliche Begriffe, vgl. *Maul/Menninger* 2000.

ein abschließendes Urteil über die formale und inhaltliche Gestaltung dieser neuen Konzepte zu fällen.

3.3 Zwischenfazit

Die externe Rechnungslegung wird gegenwärtig nicht nur im HGB, sondern auch bei den „kapitalmarktorientierten" US-GAAP und IAS stark von Objektivierungsansprüchen geprägt. Ausgaben für die Entwicklung von Produktinnovationen, die nicht im Auftrage Dritter erfolgt, werden daher im deutschen und amerikanischen Bilanzrecht mit dem Hinweis auf Objektivierungsprobleme als nicht aktivierungsfähig angesehen. Die vorstehenden Ausführungen haben aber gezeigt, daß eine pauschale Ablehnung der Aktivierung nicht gerechtfertigt erscheint. In bestimmten Fällen lassen sich die vermeintlichen Objektivierungsschwierigkeiten beim Ansatz von selbstentwickeltem technologischen Know-how durchaus beheben. Dem wird in IAS 38 durch die Vorgabe von sechs (allerdings wenig operationalen) Kriterien als Voraussetzung für den Bilanzansatz von Entwicklungsausgaben Rechnung getragen.

Eine derartige Lösung wäre auch für die Rechnungslegung nach HGB und US-GAAP grundsätzlich möglich, wenn die bestehenden Bilanzierungsvorschriften dementsprechend geändert würden. Die Ergebnisse der empirischen Kapitalmarktforschung und anderer Studien deuten darauf hin, daß dies im Hinblick auf einen höheren Informationsgehalt der Jahresabschlüsse sinnvoll wäre. Alternativ könnten jedoch auch die (konkretisierte) Berichterstattung im Lagebericht oder neue Rechenwerke zu einer umfangreicheren Abbildung von Produktinnovationen im externen Rechnungswesen beitragen.

4 Erfassung von Produktinnovationen im internen Rechnungswesen

Das interne Rechnungswesen dient dazu, unternehmerische Entscheidungen zu unterstützen und zielkonformes Verhalten zu fördern. Dies geschieht zum einen dadurch, daß periodenbezogene Ergebnisrechnungen erstellt werden. Zu nennen sind hier die traditionelle betriebliche und neuere wertorientierte Erfolgsrechnungen. Diese können durch mehrdimensionale Kennzahlensysteme, wie z.B. die Balanced Scorecard, ergänzt werden. Zum anderen kommt gerade bei der Steuerung von Produktinnovationen den produkt- bzw. projektspezifischen Kalkülen eine hohe Bedeutung zu. Hierzu gehören vor allem das Target Costing, die entwicklungsbegleitende Kalkulation, das Product Life Cycle Costing und die Innovationsergebnisrechnung. Diese perioden- sowie produkt- und projektbezogenen Controllingansätze werden im folgenden vor dem Hintergrund der Abbildung von Produktinnovationen dargestellt und diskutiert.

4.1 Ansätze zum Periodencontrolling

4.1.1 Betriebliche Erfolgsrechnung

Die Frage Aktivierung oder unmittelbare erfolgswirksame Verrechnung der Entwicklungsausgaben stellt sich nicht nur im externen, sondern auch im internen Rechnungswesen, denn in der betrieblichen Erfolgsrechnung soll wie in der Gewinn- und Verlustrechnung ein periodengerechter Erfolg ausgewiesen werden. Da die interne Erfolgsrechnung frei von gesetzlichen Regelungen ist, liegt die Vermutung nahe, daß die Aktivierungsalternative in der Praxis dominiert. Die wenigen bislang vorgelegten empirischen Befunde deuten jedoch auf das Gegenteil hin: Die Entwicklungskosten werden in der betrieblichen Erfolgsrechnung häufig analog zu den bilanziellen Vorschriften behandelt.[37] Aufgrund des im HGB und in den US-GAAP kodifizierten Aktivierungsverbots für Entwicklungsausgaben werden diese somit auch intern meist sofort erfolgswirksam verrechnet.[38]

Hierfür könnten zwei Gründe verantwortlich sein. Einerseits wird durch die identische Vorgehensweise das Rechnungswesen vereinfacht; eine (erklärungsbedürftige) interne Parallelrechnung ist nicht notwendig. Andererseits wird durch die Orientierung an verbindlichen bilanziellen Regeln die Objektivität gefördert, da keine Ermessensspielräume für die internen Steuerungs- und Kontrolldaten entstehen. Möglichst objektive, wenig beeinflussbare Daten sind wiederum vorteilhaft für die Anreizverträglichkeit der internen Erfolgsrechnung, weil die Beurteilungsgrößen besser nachvollziehbar sind und vermutlich eher als gerecht empfunden werden.[39]

Dennoch ist die Behandlung der Entwicklungsausgaben in der internen Erfolgsrechnung analog zu den bilanziellen Vorschriften, die eine Aktivierung i.d.R. verbieten, nicht unproblematisch. Zum einen besteht die *Gefahr von Fehlverhalten*: Wenn die Ertragslage es zuläßt, wird tendenziell (zu) viel für die Entwicklung neuer Produkte ausgegeben; die Effizienz der Entwicklungsarbeit spielt dabei eine untergeordnete Rolle. In ergebnisschwachen Perioden werden dagegen oftmals (zu) wenig Mittel für die Innovationstätigkeit zur Verfügung gestellt. Es kommt zu kurzfristigen, häufig pauschalen Budgetkürzungen, um das Perioden-

---

[37] Vgl. *Haller* 1998, S. 578.
[38] Vgl. *Hauschildt* 1997, S. 402.
[39] Vgl. *Coenenberg* 1995, S. 2080.

ergebnis von Kosten, denen keine unmittelbaren Erlöse gegenüberstehen, zu entlasten.[40]

Zum anderen birgt die volle Ergebniswirksamkeit in der Auszahlungsperiode die *Gefahr von Fehlentscheidungen*: Entwicklungsprojekte werden möglicherweise zu früh abgebrochen, weil die dafür notwendigen Ausgaben wie Konsumausgaben behandelt werden.[41] Dies widerspricht aber dem Charakter von Innovationen, die ihrer Natur nach Investitionen darstellen, mit denen Erfolgspotentiale aufgebaut werden, um in späteren Perioden Erträge zu erwirtschaften.

Um diesen Problemen zu begegnen, wird in der Literatur auch abweichend von der bilanziellen Regelung eine interne Aktivierung und planmäßige Abschreibung der Entwicklungsausgaben für sinnvoll angesehen.[42] Dies impliziert, daß eine weniger restriktive Abbildung der Produktinnovationen im externen Rechnungswesen ebenfalls für die interne Unternehmenssteuerung förderlich wäre, da der Aufwand für eine Parallelrechnung vermieden und die häufig schwer kommunizierbare Abweichung von externem und internem Ergebnis reduziert werden könnte.

Alternativ zur Aktivierung und planmäßigen Abschreibung lässt sich den genannten Problemen auch durch eine Normalisierung der Entwicklungskosten entgegenwirken.[43] Diese u.a. bei Volkswagen praktizierte Verrechnung sei an einem fiktiven Beispiel erläutert (vgl. Abb. 1). Über den gesamten Produktlebenszyklus fallen Entwicklungskosten i.H.v. 1,1 Mrd. DM an. Sie entstehen im wesentlichen vor Produktionsbeginn, während der Serienfertigung hingegen nur in geringem Maße für die Modellpflege (z.B. Facelifts). Der Gesamtabsatz in der fünfjährigen Vermarktungsphase wird auf 500.000 Fahrzeuge geschätzt, die sich wie in Abb. 1 dargestellt auf die einzelnen Perioden verteilen. Aus den weitgehend realisierten Entwicklungskosten und der Absatzprognose können zu Produktionsbeginn durchschnittliche Entwicklungskosten pro Fahrzeug von 2.200 DM errechnet werden. Diese werden in der periodischen Produktergebnisrechnung mit dem Ab-

---

[40] Vgl. *Hauschildt* 1997, S. 404f., sowie zu empirischen Befunden *Brockhoff/Pearson* 1998. Ähnliche negative Effekte auf das Managementverhalten konnten durch das Aktivierungsverbot im externen Rechnungswesen nachgewiesen werden. So belegen in den USA durchgeführte verhaltenswissenschaftliche Studien die negativen Auswirkungen des mit SFAS 2 eingeführten Aktivierungsverbots auf die Innovationstätigkeit von Unternehmen (vgl. dazu *Cooper/Selto* 1991).

[41] Vgl. *Hauschildt* 1997, S. 404f.

[42] Vgl. z.B. *Radomski/Betzing* 1977, S. 192ff.; *Laßmann* 1984, S. 966f., und 1988, S. 232ff.; *Kilger* 1987, S. 381f.; *Keil* 1991, S. 182; *Hahn/Laßmann* 1993, S. 207f.; *Hauschildt* 1997, S. 406; *Busse von Colbe* 1998, S. 342.

[43] Vgl. *Radomski/Betzing* 1977, S. 192ff.; *Betzing* 1980, S. 684ff.; *Lederle* 1985, S. 197ff.; *Keil* 1991, S. 181f.

satz der jeweiligen Periode multipliziert, so daß den Erlösen neben den laufenden Kosten auch anteilige (normalisierte) Entwicklungskosten gegenübergestellt werden. Andere Einmalkosten (z.B. Kosten für den Serienan- und -auslauf) werden analog behandelt. Das auf diese Weise ermittelte „normalisierte operative Ergebnis" läßt sich durch entsprechende Korrekturen in das operative Ergebnis der betrieblichen Erfolgsrechnung überführen.

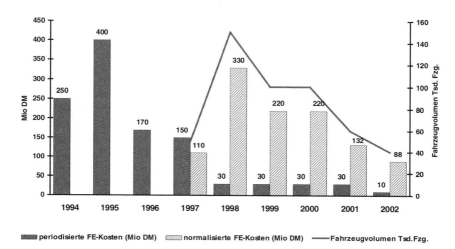

Abb. 1: Normalisierung der Entwicklungskosten bei Volkswagen (fiktives Beispiel)

Die Vorteile dieses Ansatzes liegen darin, daß erstens dem Verursachungsprinzip durch die Verrechnung der Entwicklungskosten auf die durch sie geschaffenen Produkte eher entsprochen wird, zweitens ein Zwang besteht, die geplanten Produktionsmengen sorgfältig zu prognostizieren und damit die Marktchancen kritisch zu hinterfragen, sowie drittens die oben beschriebenen dysfunktionalen Wirkungen der unmittelbaren Ergebniswirksamkeit vermieden werden. Nachteilig sind hingegen der zusätzliche Arbeitsaufwand, die weitere Divergenz vom bilanziellen Ergebnis und die hohe Beeinflußbarkeit des normalisierten operativen Ergebnisses durch die Absatzprognose zu beurteilen.[44]

Bei dem vorstehend dargestellten Beispiel wird die Verzinsung des in den Vorlaufausgaben gebundenen Kapitals nicht berücksichtigt. Dadurch werden Produktinnovationen mit langer Entwicklungszeit nicht anders erfaßt als solche, die in relativ kurzer Zeit entwickelt werden. Obwohl es an aktuellen empirischen

---

[44] Stellt sich die Gesamtabsatzprognose für den Produktlebenszyklus ex-post als zu optimistisch (pessimistisch) heraus, ist das in den vergangenen Perioden ausgewiesene normalisierte operative Ergebnis zu hoch (niedrig).

Befunden mangelt, zeigen Erfahrungen, daß kalkulatorische Zinsen auf die durch Entwicklungsaktivitäten gebundenen Finanzmittel in der Praxis nur selten angesetzt werden.[45] Als pragmatische, stark vereinfachende Lösung könnten 50% der Entwicklungs- und anderer Einmalausgaben als über den gesamten Produktlebenszyklus gebundenes Kapital angesehen werden.[46] Die unter Ansatz eines kalkulatorischen Zinssatzes ermittelten kalkulatorischen Zinsen wären dann den Einmalausgaben hinzuzurechnen und in die betriebliche Erfolgsrechnung einzubeziehen.[47]

4.1.2 Wertorientierte Erfolgsrechnungen

Mit der zunehmenden Ausrichtung der Unternehmensführung am Ziel der Unternehmenswertsteigerung (Shareholder Value) sind in der Praxis vielfach wertorientierte Controllinginstrumente eingeführt worden. Sie ergänzen die auf der Kostenrechnung aufbauende betriebliche Erfolgsrechnung und werden vor allem zur Steuerung von Tochtergesellschaften, Geschäftsbereichen und Sparten eingesetzt. Beispiele hierfür sind das EVA- und das CFROI-Konzept, die primär dazu dienen, den von einer Unternehmenseinheit in einer Periode erwirtschafteten Wertbeitrag zu ermitteln (wertorientierte Performancemessung).

Beide Konzepte basieren auf den Daten des externen Rechnungswesens. Dies bedingt, daß Entwicklungsausgaben i.d.R. unmittelbar ergebnismindernd erfaßt sind.[48] Um jedoch eine Unternehmenseinheit nicht für Investitionen in immaterielle Werte zu „bestrafen", sieht zumindest das EVA-Konzept gewisse Korrekturen der handelsrechtlichen Jahresabschlußzahlen explizit vor. Danach werden z.B. Entwicklungsausgaben als sog. „Equity Equivalents" intern aktiviert und über fünf Jahre linear abgeschrieben.[49] Auf diese Weise wird nicht nur der Gefahr des Fehlverhaltens einzelner Unternehmensbereiche entgegengewirkt, sondern auch eine Verzinsung des in den Entwicklungsausgaben gebundenen Kapitals eingefordert. Diese positiven Effekte werden aber – wie bei der betrieblichen Erfolgsrechnung – mit dem Preis des durch die Datenanpassung verursachten zusätzlichen Arbeitsaufwandes bezahlt.

---

[45] Vgl. *Laßmann* 1984, S. 966; *Keil* 1991, S. 182.

[46] Vgl. *Radomski/Bezing* 1977, S. 192f.

[47] Während die Kapitalbindung hierbei nur sehr pauschal und Zinseszinseffekte gar nicht berücksichtigt werden, ermöglicht die Anwendung dynamischer Investitionskalküle eine präzisere Berücksichtigung der Kapitalkosten. Vgl. hierzu *Kilger* 1986, S. 32; *Keil* 1991, S. 182; *Hahn/Laßmann* 1993, S. 208.

[48] Vgl. *Pellens/Fülbier* 2000b, S.136ff.

[49] Vgl. *Stewart* 1990, S. 86; *Hostettler* 1995, S. 311.

4.1.3 Mehrdimensionale Kennzahlensysteme

Die voranstehenden Ausführungen haben deutlich gemacht, daß es durchaus möglich ist, in periodenbezogenen internen Erfolgsrechnungen die Ausgaben für Produktinnovationen so abzubilden, daß ihr Charakter als immaterielle Investitionen berücksichtigt wird. Gleichzeitig wurde aber auch eine Reihe von damit verbundenen Problemen offensichtlich. Entwicklungsausgaben dienen dem Aufbau von Erfolgspotentialen, die sich in einer finanziellen Ergebnisrechnung nur bedingt erfassen lassen.[50] Daher erscheint es sinnvoll, die finanziellen Erfolgsgrößen wie Jahresüberschuß, Betriebsergebnis, ROI, EVA oder CFROI um nicht-finanzielle Erfolgsindikatoren zu ergänzen und in einem mehrdimensionalen Kennzahlensystem zusammenzufassen. Einen solchen Ansatz stellt die Balanced Scorecard dar.[51]

Bei diesem Controllinginstrument werden neben den finanziellen Zielgrößen drei weitere erfolgsbestimmende Bereiche betrachtet: die Mitarbeiter, die Kunden und die internen Prozesse, wozu vor allem der Innovationsprozeß zählt. Ausgehend von einem finanziellen Oberziel werden für diese Bereiche Teilziele festgelegt und über individuell definierte Kennzahlen operationalisiert. Um Produktinnovationen zu erfassen, könnten z.B. Kennzahlen wie Umsatzanteil der Neuprodukte, Anzahl der Neuprodukteinführungen oder Entwicklungszeit in die Balanced Scorecard aufgenommen werden.[52]

Der Vorteil dieses Verfahrens besteht in dem ganzheitlichen Blick auf erfolgskritische Größen, die nicht nur isoliert, sondern auch in ihren Interdependenzen analysiert und verfolgt werden. Die Erhebung der Ursache-Wirkungsbeziehungen (z.B. Mitarbeiterweiterbildung ➔ Entwicklung von Produktinnovationen ➔ Umsatzsteigerung) beschränkt sich allerdings auf plausibilitätsgestützte Überlegungen. Dennoch kann die Balanced Scorecard dazu beitragen, die Transparenz gerade in solchen Bereichen zu erhöhen, die vom klassischen internen Rechnungswesen nur unzureichend abgebildet werden.

Während bislang periodenbezogene Controllingansätze im Mittelpunkt standen, wenden sich die folgenden Abschnitte den produkt- bzw. projektspezifischen Kalkülen zur Abbildung von Produktinnovationen zu. Da hierzu in der Literatur eine Vielzahl verschiedener Ansätze vorgeschlagen wird, deren vollständige Darstellung und Diskussion den Rahmen dieses Beitrages sprengen würde, werden im weiteren nur die wesentlichen Controllinginstrumente angesprochen, nämlich das

---

[50] Vgl. *Coenenberg* 1995, S. 2083; *Haller* 1998, S. 579.
[51] Vgl. *Kaplan/Norton* 1997.
[52] Vgl. *Kaplan/Norton* 1997, S. 94ff.

Target Costing, die entwicklungsbegleitende Kalkulation, das Product Life Cycle Costing und die Innovationsergebnisrechnung.[53]

4.2 Ansätze zum Produkt- und Projektcontrolling

4.2.1 Target Costing

Die Phase der Produktentstehung ist für den wirtschaftlichen Erfolg einer Produktinnovation von zentraler Bedeutung: Zum einen werden hier etwa 70% der Herstellkosten des zu entwickelnden Produktes festgelegt[54], da mit den Entscheidungen über die Konstruktion, das Design und die Materialien die Weichen für den Kostenanfall bei der Herstellung und Vermarktung weitgehend gestellt werden. Zum anderen ist es für die Entwicklung einer marktgerechten Produktinnovation entscheidend, die Kundenanforderungen genau zu identifizieren und die Produktfunktionen danach auszurichten. Das Target Costing ist eine Methodik, die diese beiden Aspekte in besonderem Maße berücksichtigt.[55]

Zu Beginn der Produktentwicklung werden auf der Grundlage einer fundierten Marktforschung der Zielpreis und die dabei voraussichtlich realisierbare Absatzmenge ermittelt. In einer stückbezogenen Betrachtung wird anschließend vom Zielpreis eine zu erwirtschaftende Zielrendite (Umsatzrendite) abgezogen, so daß sich die „vom Markt erlaubten Kosten" als feste Zielgröße für das neue Produkt ergeben.[56] Da dieses Kostenziel für die Mitarbeiter in der Entwicklung, die i.d.R. nur für einzelne Teile und Baugruppen des Produktes verantwortlich sind, zu global ist, muß es in operationale Teilziele aufgespalten werden. Hierzu dient meistens die Kostenstruktur des Vorgängermodells als Orientierungshilfe. Im Mittelpunkt dieser sog. Zielkostenspaltung stehen vor allem die Material- und Fertigungseinzelkosten, weil diese von der Entwicklung unmittelbar beeinflußt werden können. Aber auch für die Entwicklungskosten des Projektes lassen sich marktorientierte Kostenziele ableiten, indem z.B. die aus der Kostenstruktur ermittelten stückbezogenen Entwicklungskosten mit der geplanten Absatzmenge multipliziert

---

[53] Für weitere Ansätze zum Controlling von Produktinnovationen vgl. z.B. *Coenenberg/Raffel* 1988; *Strecker* 1991; *Bürgel/Haller/Binder* 1996, S. 302ff.; *Schröder* 1996.

[54] Vgl. im Überblick *Kajüter* 2000, S. 40f.; sowie zur Höhe der Kostenfestlegung kritisch *Schmidt* 1996, S. 60.

[55] Vgl. zum Target Costing *Franz* 1993; *Seidenschwarz* 1993; *Franz/Kajüter* 2000, S. 119ff.

[56] Von diesem stückbezogenen, statischen Ansatz ist das lebenszyklusbezogene, dynamische Target Costing zu unterscheiden. Dieses integriert die Gedanken des Product Life Cycle Costing (vgl. *Franz* 1997).

werden. Dieses Vorgehen wird bei Volkswagen als Target Engineering Expense bezeichnet.[57]

Empirische Untersuchungen deuten auf die hohe Leistungsfähigkeit des Target Costing hin.[58] In Unternehmen der Automobil- und Elektronikindustrie wird es deshalb seit einigen Jahren konsequent angewandt. Die dadurch erzielbaren positiven Auswirkungen können in drei Punkten zusammengefaßt werden:

- Marktorientierte Kostenziele bilden die Basis für eine angemessene Rendite und wettbewerbsfähige Kostenstrukturen neuer Produkte,

- kostentreibendes Overengineering wird durch konsequente Kundenorientierung vermieden,

- die häufig defizitäre Kommunikation zwischen Marketing und F&E wird durch die interdisziplinäre Zusammenarbeit in Target Costing-Teams gefördert.

4.2.2 Entwicklungsbegleitende Kalkulation

Die Planung marktorientierter Kostenziele mit Hilfe des Target Costing stellt für sich noch nicht sicher, daß diese auch erreicht werden. Vielfach bedarf es erheblicher Veränderungen am ursprünglichen Produktkonzept, um die festgelegten Kostenziele zu erreichen. Dazu müssen die Kosten alternativer Materialien, Konstruktionslösungen und Fertigungsverfahren abgeschätzt werden. Die klassische Kostenrechnung liefert hierfür keine adäquaten Informationen, da sie bei der Kalkulation auf Stücklisten und Arbeitspläne zurückgreift, die zu Beginn der Produktentwicklung noch nicht vorliegen. Notwendig sind vielmehr Verfahren der entwicklungsbegleitenden Kalkulation.[59] Diese können in qualitative und quantitative Methoden differenziert werden.

Qualitative Verfahren werden bereits in den sehr frühen Phasen der Produktentwicklung eingesetzt; sie lenken diese in die richtige Richtung. Ein Beispiel hierfür sind Relativkosten, bei denen verschiedene Konstruktionsalternativen aufgrund von Erfahrungswerten ins Verhältnis zu der kostengünstigsten Lösung gesetzt werden. Quantitative Ansätze ermöglichen Kostenprognosen. Aufgrund statistischer Einflußgrößen lassen sich z.B. mit der Kilokostenmethode die künftigen Produktkosten grob ermitteln.

---

[57] Vgl. hierzu ausführlich *Hilbert* 1995.
[58] Vgl. *Franz/Kajüter* 1997, S. 488f.; *Binder* 1998, S. 357f.
[59] Vgl. hierzu *Horváth/Gleich/Scholl* 1996; *Schmidt* 1996.

Problematisch ist, daß sich diese traditionellen Methoden der entwicklungsbegleitenden Kalkulation fast ausschließlich auf die Einzelkosten beziehen, obwohl durch die Entscheidungen über die Produktgestaltung auch die produktnahen Gemeinkosten beeinflußt werden. Beispielsweise verursacht Teilevielfalt hohe Kosten für logistische Prozesse. Gleiches trifft bei einem geringen Anteil an Gleichteilen oder Carry-over-Teilen auf die Entwicklungskosten zu. Um diese Kosten bereits in den frühen Phasen der Produktentstehung abzuschätzen, kann auf die Prozeßkostenrechnung zurückgegriffen werden.[60] Ein Beispiel dafür ist die Prognose der Entwicklungskosten bei einem deutschen Automobilhersteller anhand von Prozeßkostensätzen, die für bestimmte Komponenten ermittelt wurden.[61]

Während das Target Costing und die entwicklungsbegleitende Kalkulation primär darauf abzielen, das Kostenmanagement während der Produktentwicklung zu unterstützen, dienen das Product Life Cycle Costing und die Innovationsergebnisrechnung dazu, den Erfolg einer Produktinnovation über dessen gesamten Lebenszyklus zu optimieren. Dies wird im folgenden skizziert.

4.2.3 Product Life Cycle Costing

Im Rahmen des Product Life Cycle Costing[62] werden neben der Entstehung einer Produktinnovation auch die nachfolgenden Phasen ihrer Herstellung, Vermarktung und Entsorgung abgebildet.[63] Damit ist es möglich, alle im Verlauf des Produktlebenszyklus anfallenden Kosten (und Erlöse) ganzheitlich zu analysieren und Interdependenzen zwischen den einzelnen Phasen zu berücksichtigen. So kann es u.U. für einen Hersteller vorteilhaft sein, höhere Entwicklungskosten zu akzeptieren, wenn dadurch die Herstellkosten überproportional gesenkt werden können.

Da es sich bei derartigen Betrachtungen um eine mehrperiodische Analyse handelt, beruht das Product Life Cycle Costing methodisch auf der dynamischen Investitionsrechnung (interner Zins, Kapitalwert). Als Rechengrößen liegen folglich nicht Kosten und Erlöse, sondern Aus- und Einzahlungen zugrunde.

---

[60] Vgl. *Franz* 1992.

[61] Vgl. *Kajüter* 2000, S. 378.

[62] In der deutschsprachigen Literatur wird das Product Life Cycle Costing auch als Lebenszyklus(kosten)rechnung bezeichnet. Vgl. z.B. *Riezler* 1996; *Zehbold* 1996.

[63] Für einen Überblick über unterschiedliche Ansätze des Product Life Cycle Costing vgl. *Kemminer* 1999, S. 104ff.

Das Product Life Cycle Costing ergänzt das Target Costing. Im Gegensatz zu diesem ist es nicht auf die Entscheidungsunterstützung in der Innovationsphase beschränkt. Vielmehr sollte es auch projektbegleitend als Kontrollrechnung eingesetzt werden, um Fehlentwicklungen rechtzeitig erkennen und entsprechend gegensteuern zu können. Als Kontrollzeitpunkte eignen sich sowohl regelmäßige (jährliche) Kontrollintervalle als auch sachlich definierte Meilensteine des Innovationsprojektes.[64]

4.2.4 Innovationsergebnisrechnung

Ähnlich wie das Product Life Cycle Costing zielt die von Hauschildt entwickelte Innovationsergebnisrechnung auf die Abbildung aller im Lebenszyklus einer Produktinnovation anfallenden Zahlungsströme ab.[65] Sie trägt damit dem Investitionscharakter von Produktinnovationen Rechnung und ermöglicht eine ganzheitliche Beurteilung des Projekterfolgs.

Methodisch basiert die Innovationsergebnisrechnung auf dem Kapitalwertverfahren. Sämtliche Ein- und Auszahlungen werden diskontiert und einander in Form eines Kontos gegenübergestellt, so daß als Saldo der Innovationsüberschuß (Kapitalwert) ausgewiesen wird (vgl. Abb. 2). Dabei können auch die von anderen Projekten übernommenen Leistungen (z.B. Nutzung von Laboreinrichtungen) sowie die für andere Projekte erbrachten Leistungen (z.B. Weitergabe von Projektergebnissen) durch entsprechende Verrechnungssätze berücksichtigt werden („Quasi-Ausgaben" bzw. „Quasi-Einnahmen"). Auf diese Weise werden die Beziehungen zwischen verschiedenen Produktinnovationen deutlich.

---

[64] Vgl. *Hahn/Laßmann* 1993, S. 203; *Kajüter* 2000, S. 148f.
[65] Vgl. zu diesem Ansatz *Hauschildt* 1994, 1997, S. 400ff., sowie *Littkemann* 1996, 1998.

Auszahlungen	Einzahlungen
Diskontierte, erwartete Auszahlungen für das Innovationsprojekt:	Diskontierte, erwartete Einzahlungen aus dem Innovationsprojekt:
- laufende Auszahlungen für Personal, Material, Energie etc. - Anschaffungszahlungen für langfristig nutzbare Güter	- Lizenzeinnahmen - (anteilige) Einzahlungen aus dem Absatz der Produkte
- „Quasi-Ausgaben" für von anderen Projekten übernommene Leistungen	- „Quasi-Einnahmen" für an andere Projekte weiterbelastete Leistungen
erwarteter Innovationsüberschuß (Kapitalwert)	

Quelle: in Anlehnung an Hauschildt 1997, S. 407

Abb. 2: Innovationsergebnisrechnung

Die Innovationsergebnisrechnung kann nicht nur als Planungs- und Entscheidungsrechnung vor Projektbeginn erstellt werden, sondern auch als begleitende oder rückblickende Kontrollrechnung. Die erwarteten Ein- und Auszahlungen sind dazu im Projektverlauf nach und nach durch realisierte Werte zu ersetzen.

4.3 Zwischenfazit

Im internen Rechnungswesen ist zwischen einer periodenbezogenen und einer produkt-/projektbezogenen Abbildung von Produktinnovationen zu differenzieren. Bei ersterer stellt sich die Frage der Periodenabgrenzung von Vorleistungskosten ähnlich wie im externen Rechnungswesen. Für Zwecke der Unternehmenssteuerung scheint eine Aktivierung oder Normalisierung der Entwicklungsausgaben sinnvoll und aufgrund der bestehenden Gestaltungsfreiheit auch grundsätzlich möglich. Dennoch existieren auch im internen Rechnungswesen gewisse Objektivierungserfordernisse, um die Anreizverträglichkeit der Erfolgsrechnung sicherzustellen.

Für das Produkt- und Projektcontrolling stehen verschiedene Ansätze zur Verfügung. Sie berücksichtigen den periodenübergreifenden, investiven Charakter von Produktinnovationen. Obwohl z.B. dem Target Costing von Anwendern in der Praxis eine hohe Leistungsfähigkeit bescheinigt wird, sind konkrete, theoretisch fundierte Gestaltungsempfehlungen kaum möglich, da es an empirisch gestützten Aussagen zur Effizienz dieser Controllinginstrumente mangelt.[66]

5 Zusammenfassung und Ausblick

Im externen Rechnungswesen führen die starke Gewichtung der Objektivitätsansprüche und die pauschale Behandlung selbsterstellter immaterieller Anlagewerte zu einer restriktiven bilanziellen Erfassung von Produktinnovationen. Mehrere Gründe rechtfertigen ein kritisches Hinterfragen der aktuellen Bilanzierungsregeln:

- Erstens ist eine angemessene Objektivierung des Bilanzansatzes von Produktinnovationen in vielen Fällen durchaus möglich (z.B. bei Vorliegen eines Patentes). Die Ungleichbehandlung von materiellen und immateriellen Vermögenswerten in Bezug auf die zukünftige Nutzenstiftung erscheint willkürlich. Sie benachteiligt den Aufbau von Erfolgspotentialen und ist daher wenig geeignet, die zukünftige Unternehmensentwicklung zu fördern.[67]

- Zweitens deuten die Ergebnisse verschiedener Studien darauf hin, daß die sofortige Aufwandsverrechnung der Entwicklungsausgaben einer externen Unternehmensbeurteilung eher abträglich ist. Erfolgsprognosen werden dadurch tendenziell erschwert.

- Drittens würde eine umfangreichere Erfassung von Produktinnovationen in der externen Rechnungslegung auch für die interne Unternehmenssteuerung vorteilhaft sein: Zum einen wäre es möglich, das Rechnungswesen durch den Verzicht auf eine Parallelrechnung einfacher und anreizverträglicher zu gestalten[68], zum anderen könnte der Gefahr eines kurzfristig orientierten Fehlverhaltens begegnet werden.

Die Konvergenz von externem und internem Rechnungswesen könnte aber auch dazu beitragen, daß intern ermittelte Kennzahlen zur Innovationstätigkeit (z.B. aus einer Balanced Scorecard) in die externe Berichterstattung integriert werden. Inwieweit dadurch wettbewerbskritische Informationen veröffentlicht würden, wäre im Einzelfall zu prüfen.

---

[66] Vgl. hierzu z.B. *Kajüter* 2000, S. 226.
[67] Vgl. *Bleicher* 1988, S. 45.
[68] Vgl. *Laßmann* 1984, S. 966; *Coenenberg* 1995, S. 2080ff.

Auch im Bereich des Produkt- und Projektcontrolling existieren trotz einer Reihe von neuen Instrumenten im Detail zahlreiche offene Fragen. Die Abbildung von Produktinnovationen im Rechnungswesen stellt daher – wie die Erfassung immaterieller Werte generell – eine wesentliche Herausforderung für die Weiterentwicklung der externen und internen Unternehmensrechnung dar.[69]

Literatur

Baetge, J. (1996): Bilanzen, 4. Aufl., Düsseldorf 1996.

Baetge, J./Fischer, T.R./Paskert, D. (1989): Der Lagebericht, Stuttgart 1989.

Baetge, J./v. Keitz, I. (1997): E 50, Immaterielle Vermögensgegenstände (Intangible Assets), in: Baetge, J./Dörner, D./Kleekämper, H./Wollmert, P. (Hrsg.): Rechnungslegung nach International Accounting Standards (IAS), Kommentar auf der Grundlage des deutschen Bilanzrechts, Stuttgart 1997, S. 1337-1399.

Batchelor, A. (1999): Is the balance sheet outdated?, in: Accountancy International, Heft 2/1999, S. 81.

Bayer AG (Hrsg.) (2000): Geschäftsbericht 1999.

Betzing, G. (1980): Einmalkosten in der Produktkalkulation bei Serienfertigung, in: ZfbF, Heft 7/1980, S. 681-689.

Binder, M. (1998): Erfolgsorientierte Steuerung von Produktkosten in Entwicklung und Konstruktion, in: Controlling, Heft 6/1998, S. 356-363.

Bleicher, K. (1988): Grenzen des Rechnungswesens für die Lenkung der Unternehmensentwicklung, in: Lücke, W. (Hrsg.), Betriebswirtschaftliche Steuerungs- und Kontrollprobleme, Wiesbaden 1988, S. 33-47.

Börnstein, U. (1957): Die Aktivierung von Versuchs- und Entwicklungskosten nach Handelsrecht und Steuerrecht, in: BB, Heft 16/1957, S. 553-557.

Brockhoff, K./Pearson, A.W. (1998): R&D Budgeting Reactions to a Recession, in: Management International Review, Nr. 4/1998, S. 363-376.

Bürgel, H.D./Haller, C./Binder, M. (1996): F&E-Management, München 1996.

Bundesministerium für Bildung und Forschung (Hrsg.) (2000): Bundesbericht Forschung 2000, abrufbar im Internet unter http://www.bmbf.de.

Bullinger, H.-J. (1990): F&E heute, Industrielle Forschung und Entwicklung in der Bundesrepublik Deutschland, München 1990.

Busse von Colbe, W. (1998): Immaterielle Investition, in: Busse von Colbe, W./Pellens, B. (Hrsg.), Lexikon des Rechnungswesens, 4. Aufl., München/Wien 1998, S. 342-343.

---

[69] Vgl. *Ziegler* 1982; *Haller* 1998.

Coenenberg, A.G. (1995): Einheitlichkeit oder Differenzierung von internem und externem Rechnungswesen: Die Anforderungen der internen Steuerung, in: DB, Heft 42/1995, S. 2077-2083.

Coenenberg, A.G. (2000): Grundlagen der strategischen, operativen und finanzwirtschaftlichen Unternehmenssteuerung, in: Busse von Colbe, W./Coenenberg, A.G./Kajüter, P./ Linnhoff, U. (Hrsg.), Betriebswirtschaft für Führungskräfte, Stuttgart 2000, S. 3-30.

Coenenberg, A.G./Raffel, A. (1988): Integrierte Kosten- und Leistungsanalyse für das Controlling von Forschungs- und Entwicklungsprojekten, in: Krp, Heft 5/1988, S. 199-207.

Cooper, J.C./Selto, F.H. (1991): An Experimental Examination of the Effects of SFAS No. 2 on R&D Investment Decisions, in: Accounting, Organizations and Society, Vol. 16, Nr. 3/1991, S. 227-242.

Commes, M.T./Linert, R. (1983): Controlling im FuE-Bereich, in: ZfO, Heft 7/1983, S. 347-354.

curasan AG (Hrsg.) (2000): Unvollständiger Verkaufsprospekt/Unternehmensbericht.

Dellmann, K. (1982): Rechnung und Rechnungslegung über Forschung und Entwicklung, in: WPg, Heft 20-21/1982, S. 557-561 und S. 587-590.

Döllerer, G. (1957): Entwicklungskosten in der Handelsbilanz, in: BB, Heft 28/1957, S. 983-986.

Ellrott, H./Schmidt-Wendt, D. (1999): § 255, in: Beck'scher Bilanz-Kommentar, 4. Aufl., München 1999.

Everling, W. (1962): Entwicklungskosten in Erfolgsrechnung und Bilanz, in: Krp, Heft 6/1962, S. 255-262.

Fülbier, R.U./Honold, D./Klar, A. (2000): Bilanzierung immaterieller Vermögenswerte, Möglichkeiten und Grenzen einer Bilanzierung nach US-GAAP und IAS bei Biotechnologieunternehmen, in: RIW, Heft 11/2000, S. 833-844.

Franz, K.-P. (1992): Kostenorientierte Konstruktion und Entwicklung mit Hilfe der Prozeßkostenrechnung, in: Texis, Heft 1/1992, S. 36-39.

Franz, K.-P. (1993): Target Costing – Konzept und kritische Bereiche, in: Controlling, Heft 3/1993, S. 124-130.

Franz, K.-P. (1997): Ein dynamischer Ansatz des Target Costing, in: Backhaus, K./Günter, B./Kleinaltenkamp, M./Plinke, W./Raffée, H. (Hrsg.), Marktleistung und Wettbewerb. Strategische und operative Perspektiven der marktorientierten Leistungsgestaltung, Festschrift für Werner H. Engelhardt, Wiesbaden 1997, S. 277-289.

Franz, K.-P./Kajüter, P. (1997): Kostenmanagement in Deutschland – Ergebnisse einer empirischen Untersuchung in deutschen Großunternehmen, in: Franz, K.-P./Kajüter, P. (Hrsg.), Kostenmanagement, Stuttgart 1997, S. 481-502.

Franz, K.-P./Kajüter, P. (2000): Kostenmanagement, in: Busse von Colbe, W./Coenenberg, A.G./Kajüter, P./Linnhoff, U. (Hrsg.), Betriebswirtschaft für Führungskräfte, Stuttgart 2000, S. 103-138.

Gälweiler, A.: Unternehmenssicherung und strategische Planung, in: ZfbF, Heft 4/1976, S. 362-379.

Gierl, H./Kotzbauer, N. (1992): Der Einfluß des F&E-Aufwandes auf den wirtschaftlichen Erfolg von Industrieunternehmen, in: ZfbF, Heft 11/1992, S. 974-989.

Groh, M. (1960): Die Verrechnung und Bilanzierung von industriellen Forschungs- und Entwicklungskosten, Bonn 1960.

Hahn, D./Laßmann, G. (1993): Produktionswirtschaft. Controlling industrieller Produktion, Band 3, 2. Teilband, Informationssystem, Heidelberg 1993.

Haller, A. (1998): Immaterielle Vermögenswerte – Wesentliche Herausforderung für die Zukunft der Unternehmensrechnung, in: Möller, H.P./Schmidt, F. (Hrsg.), Rechnungswesen als Instrument für Führungsentscheidungen, Festschrift für Adolf G. Coenenberg, Stuttgart 1998, S. 561-596.

Hartmann, M. (1997): Technologie-Bilanzierung. Instrument einer zukunftsorientierten Unternehmensbeurteilung, Göttingen 1997.

Hartmann, M. (1998): Theorie und Praxis technologischer Unternehmensbeurteilung, in: ZfB, Heft 9/1998, S. 1009-1026.

Hauschildt, J. (1992): Ist das Rechnungswesen innovationsfeindlich?, in: Boysen, K. (Hrsg.), Der Wirtschaftsprüfer vor innovativen Herausforderungen, Stuttgart 1992, S. 51-67.

Hauschildt, J. (1994): Die Innovationsergebnisrechnung – Instrument des F&E-Controlling, in: BB, Heft 15/1994, S. 1017-1020.

Hauschildt, J. (1997): Innovationsmanagement, 2. Aufl., München 1997.

Healy, P.M./Myers, S.C./Howe, C.D. (1999): R&D Accounting and the Tradeoff between Relevance and Objectivity, Working Paper, Harvard Business School, 1999.

Hilbert, H. (1995): Target Budgeting in Forschung und Entwicklung bei Volkswagen, in: Controlling, Heft 6/1995, S. 354-364.

Horváth, P./Gleich, R./Scholl, K. (1996): Vergleichende Betrachtung der bekanntesten Kalkulationsmethoden für das kostengünstige Konstruieren, in: Krp, Sonderheft 1/1996, S. 4-11.

Hostettler, S. (1995): Economic Value Added als neues Führungsinstrument, in: Der Schweizer Treuhänder, Heft 4/1995, S. 307-315.

IASC (Hrsg.) (1999): International Accounting Standards 1999, London 1999.

IDW (Hrsg.) (1998): IDW Stellungnahme zur Rechnungslegung: Aufstellung des Lageberichts (IDW RS HFA 1), Düsseldorf 1998.

Kajüter, P. (2000): Proaktives Kostenmanagement. Konzeption und Realprofile, Wiesbaden 2000.

Kajüter, P. (2001): Risikoberichterstattung: Empirische Befunde und der Entwurf des DRS 5, in: DB, Heft 3/2001, S. 105-111.

Kaplan, R.S./Norton, D.P. (1997): Balanced Scorecard. Strategien erfolgreich umsetzen, Stuttgart 1997.

Keil, A. (1991): Controlling immaterieller Vorleistungen, in: Krp, Heft 4/1991, S. 179-184.

Keitz, I.v. (1997): Immaterielle Güter in der internationalen Rechnungslegung, Düsseldorf 1997.

Kemminer, J.: Lebenszyklusorientiertes Kosten- und Erlösmanagement, Wiesbaden 1999.

Kiehne, H.-E. (1970): Behandlung eigener Entwicklungskosten nach Aktienrecht, in: DB, Heft 10/1970, S. 405-409.

Kilger, W. (1986): Die Kostenträgerrechnung als leistungs- und kostenwirtschaftliches Spiegelbild des Produktions- und Absatzprogramms, in: Kilger, W./Scheer, A.-W. (Hrsg.), Rechnungswesen und EDV, 7. Saarbrücker Arbeitstagung 1986, Heidelberg 1986, S. 3-53.

Kilger, W. (1987): Einführung in die Kostenrechnung, 3. Aufl., Wiesbaden 1987.

Krumbholz, M.: Die Qualität publizierter Lageberichte, Düsseldorf 1994.

Kuhn, W. (1993): Die Berichterstattung über Forschung und Entwicklung im Lagebericht, in: DStR, Heft 13/1993, S. 491-496.

Laßmann, G. (1984): Aktuelle Probleme der Kosten- und Erlösrechnung sowie des Jahresabschlusses bei weitgehend automatisierter Serienfertigung, in: ZfbF, Heft 11/1984, S. 959-978.

Laßmann, G. (1988): Besonderheiten der Ermittlung des Periodenerfolgs beim Einsatz von automatisierten Produktionssystemen im Industrieunternehmen, in: Domsch, M./Eisenführ, F./Ordelheide, D./Perlitz, M. (Hrsg.), Unternehmungserfolg, Festschrift für Walther Busse von Colbe, Wiesbaden 1988, S. 223-234.

Lederle, H. (1985): Planung, Verrechnung und Kontrolle der Forschungs- und Entwicklungskosten in der Automobilindustrie, in: Kilger, W./Scheer, A.-W. (Hrsg.), Rechnungswesen und EDV, 6. Saarbrücker Arbeitstagung 1985, Würzburg/Wien 1985, S. 189-205.

Lev, B. (1989): On the Usefulness of Earnings and Earnings Research: Lessons from Two Decades of Empirical Research, in: Journal of Accounting Research, Supplement 1989, S. 153-192.

Littkemann, J. (1996): Innovationsabrechnung durch ein investitionsorientiertes Rechnungswesen, in: BB, Heft 37/1996, S. 1927-1933.

Littkemann, J. (1997): Innovationen und Rechnungswesen, Wiesbaden 1997.

Littkemann, J. (1998): Die Innovationsabrechnung als Zweck des Rechnungswesens? – Eine Analyse zur abrechnungstechnischen Behandlung von Innovationen im externen und internen Rechnungswesen, in: DB, Heft 40/1998, S. 1973-1979.

Maul, K.-H./Menninger, J. (2000): Das „Intellectual Property Statement" – eine notwendige Ergänzung des Jahresabschlusses?, in: DB, Heft 11/2000, S. 529-533.

Mellerowicz, K. (1958): Forschungs- und Entwicklungstätigkeit als betriebswirtschaftliches Problem, Freiburg 1958.

Moxter, A. (1979): Immaterielle Anlagewerte im neuen Bilanzrecht, in: BB, Heft 22/1979, S. 1102-1109.

Müller, W. (1991): Innovation – Probleme der Aktivierung und Passivierung, in: DStZ, Nr. 13/1991, S. 385-390.

Nonnenmacher, R. (1993): Bilanzierung von Forschung und Entwicklung, in: DStR, Heft 33/1993, S. 1231-1235.

Pellens, B. (1999): Internationale Rechnungslegung, 3. Aufl., Stuttgart 1999.

Pellens, B./Fülbier, R.U. (2000a): Ansätze zur Erfassung immaterieller Werte in der kapitalmarktorientierten Rechnungslegung, in: Baetge, J. (Hrsg.), Zur Rechnungslegung nach International Accounting Standards (IAS), Düsseldorf 2000, S. 35-77.

Pellens, B./Fülbier, R.U. (2000b): Immaterielle Vermögensgegenstände in der internen und externen Unternehmensrechnung, in: Küting, K./Weber, C.-P. (Hrsg.), Wertorientierte Konzernführung, Stuttgart 2000, S. 119-155.

Radomski, J./Betzing, G. (1977): Die kalkulatorische Behandlung von Einmalausgaben für Produkt-Entwicklung, -Herstellung und -Markteinführung aus absatzpolitischer Sicht, in: ZfbF-Sonderheft 7/1977, S. 185-196.

Riezler, S. (1996): Lebenszyklusrechnung. Instrument des Controlling strategischer Projekte, Wiesbaden 1996.

Roos, G./Roos, J. (1997): Measuring your Company's Intellectual Performance, in: Long Range Planning, Vol. 30, Nr. 3/1997, S. 413-426.

Rosenkranz, K. (1953): Die Entwicklungskosten im industriellen Rechnungswesen, in: DB, Heft 4/1953, S. 65-67.

Schmidt, F. (1996): Gemeinkostensenkung durch kostengünstiges Konstruieren, Wiesbaden 1996.

Schröder, H.-H. (1996): Konzepte und Instrumente eines Innovations-Controllings, in: DBW, Heft 4/1996, S. 489-507.

Seidenschwarz, W. (1993): Target Costing, München 1993.

Siegwart, H./Kloss, U. (1984): Erfassung und Verrechnung von Forschungs- und Entwicklungskosten, Bern 1984.

Stewart, G.B. (1990): The Quest for Value – A Guide for Senior Managers, o.O. 1990.

Strecker, A. (1991), Prozeßkostenrechnung in Forschung und Entwicklung, München 1991.

Unterguggenberger, S. (1972): Betriebswirtschaftliche Überlegungen zur Problematik der Forschungs- und Entwicklungskosten für neue Industrieprodukte, in: ZfB, Heft 4/1972, S. 263-282.

Veit, K.-R. (1992a): Zur Aktivierung von Ausgaben für Grundlagenforschung, in: DB, Heft 13/1992, S. 641-645.

Veit, K.-R. (1992b): Die bilanzielle Behandlung von Forschungs- und Entwicklungsausgaben, in: WiSt, Heft 9/1992, S. 453-457.

Vormbaum, H./Franz, K.-P./Rautenberg, H.G. (1980): Die Abbildung von Forschung und Entwicklung in der externen Rechnungslegung von Unternehmungen. Ein Beitrag zur Behandlung immaterieller Anlagewerte im Jahresabschluß, in: Hamm, W./Schmidt, R. (Hrsg.), Wettbewerb und Fortschritt, Festschrift für Burkhard Röper, Baden-Baden 1980, S. 183-204.

Wagenhofer, A. (1999): International Accounting Standards, 2. Aufl., Wien 1999.

Witt, J. (1996): Grundlagen für die Entwicklung und Vermarktung neuer Produkte, in: Witt, J. (Hrsg.), Produktinnovation. Entwicklung und Vermarktung neuer Produkte, München 1996, S. 1-110.

Witte, E. (1973): Organisation für Innovationsentscheidungen, Göttingen 1973.

Wurl, H.-J. (1974): Zum Problem der Bilanzierung von Aufwendungen für Forschung und Entwicklung, in: ZfB, Heft 3/1974, S. 159-178.

Zehbold, C. (1996): Lebenszykluskostenrechnung, Wiesbaden 1996.

Ziegler, H. (1982): Immaterielle Leistungen – eine Herausforderung für Theorie und Praxis, in: ZfbF, Heft 8-9/1982, S. 816-825.

Von der Kostenrechnung über das Kostenmanagement zum integrierten Erfolgsmanagement

D. Kropfberger / W. Mussnig

1 Einleitung

2 Marktbedingungen, Erfolgsfaktoren und Steuerungskonzepte im Verkäufermarkt

3 Marktbedingungen, Erfolgsfaktoren und Steuerungskonzepte im Übergangsmarkt

4 Marktbedingungen, Erfolgsfaktoren und Steuerungskonzepte im Käufermarkt

    4.1 Aussagekraft und Anwendungsgrenzen der Steuerungskonzepte bei Kostenführerschaft

    4.2 Aussagekraft und Anwendungsgrenzen der Steuerungskonzepte bei Differenzierung

    4.3 Aussagekraft und Anwendungsgrenzen der Steuerungskonzepte bei Konzentration auf die Nische

5 Marktbedingungen, Erfolgsfaktoren und Steuerungskonzepte im globalen Markt

    5.1 Aussagekraft und Anwendungsgrenzen ressourcenorientierter Steuerungskonzepte

    5.2 Aussagekraft und Anwendungsgrenzen wertorientierter Steuerungskonzepte

6 Resümee

Literatur

1 Einleitung

„Die Gewinne von heute sind die Verluste von morgen". Diese Aussage, mit der man im Wirtschaftsleben immer häufiger konfrontiert wird, beruht wohl auf der Erkenntnis, daß der stete Wandel der wirtschaftlichen Rahmenbedingungen Erfolge zu etwas Kurzlebigem, schnell Vergänglichem macht. Die dynamische Entwicklung zwingt daher die Akteure, ihre Denk- und Handlungskonzepte in immer kürzeren Abständen kritisch zu reflektieren und die entscheidenden Erfolgsfaktoren laufend zu hinterfragen. Denn es sind gerade die aktuell geltenden Erfolgsfaktoren, die durch die ständigen und nachhaltigen Veränderungen der Wettbewerbsbedingungen kontinuierlich neutralisiert werden. Dies läßt sich u.U. damit erklären, daß im Zeitablauf immer mehr Mitbewerber ihre Strategien an diesen Erfolgsfaktoren ausrichten und es in der Folge zur Nivellierung von Wettbewerbspositionen kommt. Gleichzeitig verändern sich die allgemeinen Rahmenbedingungen. Das führt dazu, daß bestehende Erfolgsfaktoren ihre Gültigkeit verlieren, es entwickeln sich aber auch potentielle Chancen, die genutzt werden können, wenn sie erkannt und vor allem die Managementsysteme den neuen Bedingungen angepaßt werden.

Gerade die Auswirkungen dieser Veränderungen der Rahmenbedingungen auf die Erfolgsstrategien der Unternehmen und auf deren Steuerungsinstrumente bilden einen Forschungsschwerpunkt des Jubilars. Zu nennen sind dabei vor allem seine Arbeiten zu hybriden Wettbewerbsstrategien, zu den Auswirkungen neuer Fertigungs- und Informationstechnologien auf die Erfolgspositionen der Unternehmen, auf deren Kosten- und Erlösrechnung und das übergeordnete Kostenmanagement.[1] Die Bemühungen Kaluzas sind dabei von der Überzeugung getragen, daß tiefgreifende Veränderungen in den Markt-, vor allem aber in den Fertigungsstrukturen, ebenso tiefgreifende Veränderungen in der Kosten- und Erlösrechnung zur Folge haben müssen. Das Spektrum reicht zunächst einmal von strukturellen Verschiebungen bei den Kostenarten und Kostenstellen bis hin zu völlig neuen Systemanforderungen bei der Kostenträgerrechnung.[2] Darüber hinaus fordert er auch richtigerweise, daß ein Ausbau der Erlös- bzw. Leistungsrechnung erforderlich ist, *„damit die traditionell vorherrschende verkürzte Betrachtung im internen Rechnungswesen, d.h. die Konzentration auf die Kostenrechnung, überwunden wird."*[3] Es ist ihm schließlich auch zuzustimmen, wenn er gleichzeitig die strategische Bedeutung der Kosten- und Erlösrechnung herausstreicht, wenn er in An-

---

[1] Vgl. Kaluza, B.: 1991, S. 157ff; Kaluza, B.: 1994, S. 371ff.; Kaluza, B.: 1995, S. 85ff; Kaluza, B./Blecker, T.: 2000, S. 1ff

[2] Vgl. Kaluza, B.: 1991, S. 168ff.

[3] Kaluza, B.: 1994, S. 410

lehnung an Cooper und Kaplan betont, daß mangelnde Kosteninformationen zu ineffektiven Wettbewerbsstrategien führen.[4]

Auf gerade diesen Zusammenhang zwischen den strategischen Herausforderungen in den letzten Jahrzehnten, den dafür adäquaten Wettbewerbsstrategien und den sich daraus ergebenden Anforderungen an die notwendigen Informationen aus der Kosten- und Erlösrechnung sowie an das dahinter liegende Informationssystem selbst geht der vorliegende Beitrag näher ein. Der vorliegende Beitrag zeichnet diese Veränderungen der Wettbewerbsbedingungen im Zeitablauf nach, um sowohl die in der jeweiligen Entwicklungsphase der Wirtschaft geltenden Erfolgsfaktoren als auch die in der jeweiligen Situation erfolgversprechenden Strategien zu benennen. Es wird darüber hinaus gezeigt, inwieweit sich in der Folge die Ziele der dafür adäquaten Steuerungskonzepte und schlußendlich die Steuerungskonzepte selbst verändert haben. Da durch veränderte Marktanforderungen und stärkere Anpassung an Kundenwünsche ein sich ständig ändernder Informationsbedarf entsteht,[5] müssen auch die Informationssysteme laufend angepaßt werden. Es soll daher am Beispiel der Kostenrechnung gezeigt werden, wie sich diese von einem Dokumentations- und Kontrollinstrument sukzessive zu einem Entscheidungsunterstützungs- und Gestaltungsinstrument entwickelt hat.

2 Marktbedingungen, Erfolgsfaktoren und Steuerungskonzepte im Verkäufermarkt

Als Ausgangspunkt für die Entwicklung der modernen Marktwirtschaft kann die Zeitspanne nach dem zweiten Weltkrieg definiert werden. In dieser Zeit stand einer begrenzten Güterproduktion in der Regel eine wesentlich höhere Nachfrage gegenüber. Obschon mit den Methoden des Scientific Management zu Beginn des vergangenen Jahrhunderts der Grundstein für eine rationelle Massenproduktion gelegt worden war, vermochte die industrielle Produktion vorerst den Bedarf an Gütern nicht zu befriedigen.[6] Diese Marktsituation entsprach einem typischen *Verkäufermarkt*, in dem nahezu alles, was produzierte wurde, auch problemlos abgesetzt werden konnte. Die betriebswirtschaftlichen Entscheidungen konzentrierten sich deshalb im Wesentlichen auf die möglichst effiziente Produktion und Verteilung der Produkte.[7] Darüber hinaus stellte die Beschaffung der teilweise nur

---

[4] Vgl. Kaluza, B.: 1991, S. 186; sowie Cooper, R./Kaplan, R.: 1988, S. 96
[5] Vgl. Dellmann, K./Franz, K-P.: 1994, S. 16
[6] Vgl. Thommen, J-P.: 1996, S. 118
[7] Vgl. Kotler, P.: 1982, S. 29 sowie Marr, R/Picot, A.: 1983, S. 509

schwer erhältlichen Rohstoffe einen zusätzlichen Aufgabenschwerpunkt dar.[8] Die vorrangige Bedeutung der Fertigungswirtschaft führte notwendigerweise zu einem Primat der Produktion. Die damit verbundene, stets „nach innen", also auf das Unternehmen selbst gerichtete Perspektive kann als *production based view* (Produktionsorientierung) bezeichnet werden.

Vor dem Hintergrund einer solchen Sichtweise gilt es zu präzisieren, worin die spezifischen *Erfolgsfaktoren* zu Zeiten des Verkäufermarktes lagen. Auf Grund der geltenden Wettbewerbsbedingungen waren jene Unternehmen erfolgreich, die in der Lage waren, große Mengen zu erzeugen und überdurchschnittliche *Produktivitätssteigerungen* zu erzielen. Die Basis für die konsequente Steigerung der Produktivität bildete das tayloristische Produktionskonzept, den Ansatzpunkt dafür stellte das Prinzip der Arbeitsteilung dar. Das wesentlich Neue des Konzeptes lag in der veränderten Gestaltung des Einsatzes der menschlichen Arbeitskraft. Auf Basis von Zeitstudien wurde eine Standardisierung und Mechanisierung der dem einzelnen Individuum zugedachten Arbeitsleistung vorgenommen.[9] Von den Beschäftigten wurde lediglich erwartet, daß sie die ihnen zugewiesene Aufgabe auf der Grundlage von Konstruktionszeichnungen, Materialabrechnungen und Arbeitsstudien gewissenhaft erledigen, damit die Verschwendung von Material und Arbeitszeit so gering wie möglich gehalten wird.[10] Erfolgreiche Unternehmen waren darüber hinaus in der Lage, große Mengen an Roh-, Hilfs- und Betriebsstoffen zu beschaffen, um die Versorgung lückenlos aufrecht zu erhalten. Taylor hatte daher vorgeschlagen, durch die Optimierung der Produktionsplanung, durch die Verbesserung des Lager- und Transportwesens, durch die Einführung von Abrechnungssystemen und eines umfangreichen Formularwesens die Effizienz der Leistungserstellung nachhaltig zu verbessern.[11]

Die in der Phase des Verkäufermarktes und der Produktionsorientierung primär eingesetzten Steuerungsinstrumente waren - der nach innen gerichteten Perspektive entsprechend - das interne Rechnungswesens, also die Kostenrechnung und die dazu notwendige Betriebsdatenerfassung und -statistik. Ein wesentliches Ziel der Kostenrechnung und ihrer Hilfsinstrumente war es dabei, die bereits realisierten Kosten möglichst exakt zu erfassen.[12] Die Dokumentation der Kosten diente primär der Rechenschaftslegung darüber, ob die geplanten Produktivitätssteigerungen und das Ziel einer effizienten Produktion erreicht werden konnten. Um unerwünschten Entwicklungen gegensteuern zu können, d.h. die Effizienz

---

[8] Vgl. Thommen, J-P.: 1996, S. 118
[9] Vgl. Frese, E.: 1987, S. 59
[10] Vgl. Hiromoto, T.: 1991, S. 29f.
[11] Vgl. Pfeiffer, W./Weiß, E.: 1994, S. 31
[12] Vgl. Schweitzer, M./Küpper, H-U.: 1998, S. 39 sowie Becker, W.: 1997, S. 27

einzelner Unternehmensbereiche überwachen zu können,[13] benötigte die Unternehmensleitung Kontrollinformationen. Der Kontrolle der Produktion entsprach die Kontrolle der kritischen Erfolgsfaktoren „Produktivitätssteigerung" bzw. der „Kosteneffizienz".

Ein zentrales Aufgabengebiet lag darüber hinaus auch in der Verrechnung der von den Produkten / Leistungen verursachten Kosten. Die möglichst exakte Verrechnung der Kosten erlaubte die Kalkulation der „richtigen" Herstell- und in weiterer Folge der „richtigen" Selbstkosten, die als entscheidender oder gar als einziger Parameter für die Preisfestlegung dienten. Die Kostenrechnung entwickelte sich daher im wesentlichen auf unternehmerischer Ebene zu einem Instrument zur Ermittlung kostenmäßiger Preisuntergrenzen.[14] Auf gesamtwirtschaftlicher Ebene brachte die Diskussion „der gerechtfertigten Preise" gleichzeitig straffe Richtlinien für die betriebswirtschaftlich gerechtfertigte zulässige Preisobergrenze.

Diese Vorgehensweise entsprach in seiner Logik durchaus der Situation der Unterversorgung im Verkäufermarkt: Ein Produkt / eine Leistung war zumindest das wert, was es das Unternehmen gekostet hatte. Dabei erfolgte die Wertschöpfung in der Produktion und nicht in der Bedarfsdeckung, die ja sozusagen durch die Marktsituation garantiert war. Deshalb wurde auch klar zwischen den Herstellkosten (Kosten der Leistungserstellung), die bei temporärem Lageraufbau aktiviert werden dürfen, und den Verwaltungs- und Vertriebskosten, die keinen Mehrwert schaffen und daher nicht aktivierungsfähig sind, unterschieden.

Auf der gesamtwirtschaftlichen Ebene galt darüber hinaus das Prinzip des Verbraucherschutzes. Es galt daher klar festzulegen, was als Kosten verrechnet werden darf (zeitliche und sachliche Abgrenzung, kalkulatorische Kosten), wie das Verfahren zu gestalten ist (verursachungsgerechte Schlüsselung der Gemeinkosten) und bei Verfahren der Preisregelung auch, was als zumutbarer, sozusagen „anständiger bürgerlicher" Gewinnzuschlag verrechnet werden durfte.

Für die Umsetzung der genannten Funktionen wurde vor allem das Konzept der *Vollkostenrechnung* eingesetzt. Einen wesentlichen Orientierungspunkt stellten in diesem Zusammenhang die „Leitsätze für die Preisermittlung auf Grund von Selbstkosten" dar. Diese zwangen die Unternehmen zwar nicht explizit zur Ausgestaltung des innerbetrieblichen Rechnungswesens als Vollkostenrechnung, basierten jedoch implizit auf einer konsequenten Vollkostenkalkulation.[15] Diese war

---

[13] Vgl. Kloock, J.: 1984, S. 14
[14] Vgl. Männel, W.: 1983, S. 69
[15] Vgl. Becker, W.: 1993, S. 7

in der Regel in der Vorkalkulation als normalisierte Istkostenrechnung auf Basis der Vorjahreswerte ausgelegt. Um sicherzustellen, daß diese Werte auch eingehalten werden konnten, war es im Sinne der Kontrollrechnung auch eine Aufgabe der Kostenrechnung, durch eine abrechnende Nachkalkulation die Deckung der Istkosten durch die tatsächlich erzielten Marktpreise für die erstellten Produkte bzw. Leistungen zu überprüfen.[16] Das Ziel der Kostenrechnung lag damit primär in der richtigen Verrechnung der Kosten und kaum in der Beeinflussung der Kosten oder sogar der Gestaltung der Kostenstrukturen. Fragen der Produktivität und Effizienz waren tendenziell technische Probleme und wurde damit eher der Investitionsrechnung (Verfahrensvergleich), den Arbeitsstudien (REFA) und den Akkordsystemen zugeordnet.

Die Vollkostenrechnung wurde zumindest in der Mangelwirtschaft im Europa der Nachkriegszeit als quasi einziges Kostenrechnungssystem eingesetzt. Als solches stellte das System exakt auf die Markt- und Produktionsverhältnisse der Industrieunternehmen dieser Zeitepoche ab. Der Absatz stellte kein wirkliches Problem dar, der Wettbewerb lief über die Produktivität und die Effizienz. Als Folge kam es zu einer stetigen Ausweitung der Angebotskapazitäten und zu gleichzeitigen Sättigungserscheinungen der Nachfrage. Damit wurden nun die Anwendungsgrenzen der Vollkostenrechnung zunehmend sichtbar. Erklären lassen sich diese Anwendungsgrenzen bei verschärftem Wettbewerb damit, daß die Rechnung nichts darüber aussagt, wie sich die Kosten einer Kostenstelle mit dem Produktions- bzw. Absatzvolumen innerhalb einer vorgegebenen Kapazität verändern.[17] Da bei der Ermittlung der Stückkosten die Vollkostenrechnung prinzipiell auf das geplante Leistungsvolumen abstellt, führt dies zwangsläufig dazu, daß bei rückgängiger Beschäftigung die verrechneten Stückkosten stetig steigen. Die damit „automatisch" einhergehende Preiserhöhung, die das Verfahren als notwendig erscheinen läßt, führen in der Folge dazu, daß wiederum die zukünftige Nachfrage sinkt. Ein Unternehmen, das bei stagnierender oder rückläufiger Nachfrage sich alleine auf die Informationen der Vollkostenrechnung verläßt, läuft Gefahr, sich aus seinem Markt hinauszukalkulieren.[18]

Bei rückläufiger Nachfrage können die vollen Stückkosten außerdem zu einer weiteren Fehlentscheidung verleiten. Dies liegt daran, daß die Vollkostenrechnung die Lagerbestände an Halb- und Fertigerzeugnissen zu vollen Herstellkosten bewertet.[19] Dadurch wird dem Entscheidenden fälschlicherweise suggeriert, daß die fixen Kosten im Lager sozusagen zwischenzeitlich eingefroren werden könn-

---

[16] Vgl. Becker, W.: 1993, S. 6
[17] Vgl. Männel, W.: 1998, S. 44
[18] Vgl. Männel, W.: 1994, S. 275
[19] Vgl. Funke, S.: 1994, S. 328

ten. In Wahrheit kommt es nur zu einer Ertragsverschiebung und damit zu einer Problemverlagerung, da die Fixkosten Bereitschaftskosten einer bestimmten Periode darstellen und durch die Aktivierung nicht periodengerecht verrechnet werden.[20] Durch die Aktivierung der anteiligen Fixkosten im Lager wird das Periodenergebnis entlastet, das Problem wird mit dem Lageraufbau in die Folgeperiode geschoben. Dies verleitet das Management trotz rückläufiger Nachfrage, auf Lager zu produzieren.

3 Marktbedingungen, Erfolgsfaktoren und Steuerungskonzepte im Übergangsmarkt

Die folgende Entwicklungsphase der Märkte war auf Seiten der Verbraucher durch eine allmähliche Deckung des kriegsbedingten Nachholbedarfs gekennzeichnet, die zu Sättigungserscheinungen der Märkte führte.[21] Auf der anderen Seite führten die zunehmende Spezialisierung, der technische Fortschritt sowie die damit verbundenen Rationalisierungseffekte zu einem partiellen Angebotsüberhang.[22] Diese Sättigungstendenzen gingen mit einer zunehmenden Konkurrenzdichte einher, die sich in zumindest temporären Überkapazitäten zu manifestieren begann. Viele Unternehmen sahen sich daher gezwungen, ihre Verkaufsbemühungen zu verstärken.[23] Diese Marktsituation entsprach den klassischen Merkmalen eines *Übergangsmarktes*. Der Fokus verschob sich von der Produktion hin zum Absatz und rückte das Primat des Verkaufens in den Mittelpunkt des Interesses. Unternehmen, die sich nach diesem Primat ausrichteten, waren davon überzeugt, daß ihre Produkte nicht gekauft werden sondern verkauft werden müssen.[24] Diese Denk- und Handlungsweise, bei der der Verkaufsabschluß letztendlich wichtiger ist als die Kundenzufriedenheit, kann als *sales based view* (Verkaufsorientierung) bezeichnet werden.

In einem solchen Wettbewerbsumfeld bildete auf Seite der Unternehmen die Auslastung der bestehenden Kapazitäten den entscheidenden Erfolgsfaktor. Diese hohe Auslastung wurde durch die gestiegenen Fixkosten immer wichtiger. Durch die zunehmende Arbeitsteilung und die damit verbundene Automatisierung der Fertigungsstrukturen wurden nämlich die variablen Kosten im steigenden Maße

---

[20] Vgl. Kropfberger, D.: 1983, S. 18
[21] Vgl. Nieschlag, R. et al.: 1983, S. 18
[22] Vgl. Thommen, J-P.: 1996, S. 118
[23] Vgl. Thommen, J-P.: 1996, S. 118
[24] Vgl. Kotler, P.: 1982, S. 31

durch fixe Kosten substituiert.[25] Eine hohe Auslastung brachte Fixkostendegressionseffekte und in der Folge niedrige Stückkosten und Preise, was wiederum als Voraussetzung für eine aggressive Verkaufspolitik angesehen werden konnte. An der Schnittstelle zum Markt war es demnach erfolgsentscheidend, mit den verfügbaren Ressourcen möglichst viele der produzierten Güter abzusetzen.[26] Die Verkaufskonzeption ging darüber hinaus davon aus, daß die Konsumenten nur dann in ausreichenden Mengen kaufen, wenn die Organisation erhebliche Anstrengungen unternimmt, das Interesse an den Produkten zu wecken.[27] Aggressive Preis-, Verkaufs- und Werbemaßnahmen waren die logische Konsequenz, gleichzeitig verschob sich die Blickrichtung auf kurzfristige konkurrenzorientierte Aktionen.

In dieser Phase der Marktentwicklung wurden als unternehmerische Steuerungsinstrumente auch weiterhin vor allem operative Kostenrechnungssysteme eingesetzt. Allerdings hatten sich sowohl die Zielsetzungen als auch die verwendeten Konzepte der Kostenrechnung verändert. Angesichts der sich verschärfenden Konkurrenzsituation wurde es immer wichtiger, die Kostenrechnung so zu gestalten, daß im Unternehmen die „treffsichereren" und „richtigen" Entscheidungen möglichst gut und rasch unterstützt werden konnten. Das Ziel der Entscheidungsunterstützung fordert dabei von einer leistungsfähigen Kostenrechnung, daß sie in der Lage sein muß, die zur rechnerischen Vorbereitung und Begründung von Entscheidungen sachlich notwendigen Kosteninformationen zu liefern.[28] Wesentlich ist es dabei, die sachlichen Verbundwirkungen (insbesondere Restriktions-, Erfolgs- und Risikoverbunde) so zu koordinieren, daß die Gesamtunternehmensziele möglichst gut erreicht werden.[29] Nicht das einzelne Produkt bzw. der einzelne Auftrag stehen im Mittelpunkt des Interesses, sondern die optimale Ausnutzung der Ressourcen des gesamten Unternehmens bzw. seiner Teileinheiten während einer Abrechnungsperiode.

Es ging daher darum, das Periodenergebnis zu optimieren und nicht nur das Einzelergebnis der Produkte, indem man die gesamten Kosten einer Abrechnungsperiode in vollem Umfang den einzelnen Kostenträgern zurechnet. Die Vollkostenrechnung wurde zunehmend durch Konzepte der Teilkostenrechnung ergänzt. Die eingesetzten Konzepte waren vor allem die *Deckungsbeitragsrechnung* sowie die *flexible (Grenz)plankostenrechnung*.[30] Beide Konzepte nahmen für sich in An-

---

[25] Vgl. Miller, J./Vollmann, T.: 1985, S. 143f.

[26] Vgl. Thommen, J-P.: 1996, S. 118

[27] Vgl. Kotler, P.: 1982, S. 31

[28] Vgl. Hummel, S.: 1992, S. 76

[29] Vgl. Pfaff, D.: 1996, S. 151

[30] Vgl. Becker, W.: 1993, S. 8

spruch, dem Ziel der Entscheidungsunterstützung mehr zu entsprechen, als dies die Vollkostenrechnung in der Lage war.[31] Die Begründung stützte sich dabei vor allem auf die Trennung der Gesamtkosten in (beschäftigungs-) variable und in (beschäftigungs-)fixe Kosten.[32] Durch die sogenannte Kostenauflösung war man erstmals in der Lage, den zu erwartenden Kostenverlauf in Abhängigkeit von der Kapazitätsauslastung realistisch zu prognostizieren und auf Basis von differenzierten Abweichungsanalysen dem Zweck der kostenwirtschaftlichen Steuerung der Kostenstellen auch bei unterschiedlichen Auslastungen zu entsprechen.[33]

Das Hauptproblem des neuen Deckungsbeitragsdenkens lag allerdings zuerst einmal darin, daß man zwar ein exaktes Periodenergebnis errechnen konnte, das unverfälscht von irgendwelchen Verrechnungskunststücken des Kostenrechners war. Man hatte auch mit dem Deckungsbeitrag eine aussagekräftigere Steuerungsgröße zur Hand als mit dem durch Kostenumlagen verfälschten Gewinn je Stück bzw. Auftrag. Man konnte aber gleichzeitig nicht mehr wirklich sagen, ob man bei einem Produkt oder Auftrag noch Gewinn erzielte, bzw. kostendeckend arbeitete oder nicht. Das konnte man, entsprechend dem Verfahren, erst am Periodenende über alle abgesetzten Produkte bzw. Aufträge hinweg. Überspitzt formuliert, entspricht die Deckungsbeitragsrechnung dem Prinzip „Hoffnung": die Summe aller erzielten Deckungsbeiträge einer Periode abzüglich der fixen Kosten dieser Periode erbringt „hoffentlich" Gewinn.

Es galt daher begleitenden Systeme zu schaffen, die über die Kostenrechnung hinaus zur Absicherung der geplanten Ergebnisse dienten. Budgetsysteme und kurzfristige Erfolgsrechnungen waren Ausdruck dieser Anstrengungen. Im Budget wurde dabei prognostiziert, ob die geplanten Maßnahmen tatsächlich Gewinn erwarten lassen. Eine Sonderstellung nahm dabei der Break Even ein, bei dem die Prognose auf die Frage reduziert wird, ob die geplante Absatzmenge (der Umsatz) für die Gewinnschwelle ausreichend ist. Kurzfristige Erfolgsrechnungen sollten darüber hinaus sicherstellen, daß die im Budget vorgeplanten Ergebnisse tatsächlich erreicht werden und daß im Bedarfsfall gegengesteuert wird.

Die Planung alleine sicherte dabei allerdings nicht die Zielerreichung. Man mußte auch gewährleisten, daß die darin vorgesehenen Entscheidungen durchgesetzt werden.[34] Auf Grund dessen wurde auch zunehmend die Steuerungsfunktion der Kostenrechnung erkannt und eingefordert. Dabei bildeten Budgetrechnungen,

---

[31] Vgl. Kaluza, B./Hakenmüller, J.: 1983, S. 79f; Kilger, W.: 1983, S. 58 sowie Küpper, H-U.: 1990, S. 12

[32] Vgl. Helm, F.: 1992, S. 674

[33] Vgl. Kilger, W.: 1959, S. 457 sowie Becker, W.: 1983, S. 8

[34] Vgl. Küpper, H-U.: 1992, S. 143

kurzfristige Erfolgsrechnungen, Soll-Ist-Vergleiche und Sonderanalysen auf Basis der Deckungsbeitragsrechnung das Herzstück des sich rasch entwickelnden operativen Controlling. Die dabei ermittelten Ergebnisse bildeten gleichzeitig die Basis für die neuen Führungskonzepte des Management by Objectives und Management by Exception.

Die Grenzen der oben genannten Konzepte zeichneten sich allerdings in Zeiten struktureller und damit nachhaltiger Überkapazitäten ab. In gesättigten Märkten werden zumindest einzelne Mitbewerber versuchen, sich dadurch Wettbewerbsvorteile zu verschaffen, daß sie die Verkaufspreise ihrer Produkte oder Leistungen in der Nähe der variablen Kosten, also der kurzfristigen Preisuntergrenze positionieren. Dadurch wird ein immer größerer Teil der Mitbewerber gezwungen, ihre Absatzpreise auf ein ähnliches Niveau abzusenken, wodurch es zu einem ruinösen Wettbewerb kommt. Die letztendlich notwendige Vollkostendeckung für die Gesamtleistung des Unternehmens kann nicht mehr erreicht werden. Es kommt zu nachhaltigen Krisen ganzer Branchen, die versuchen, das Problem der langfristigen Überkapazitäten mit kurzfristigen Kostenrechnungsüberlegungen zu lösen.

Hinzu kommt sozusagen verschärfend, daß die Verfahren der Teilkostenrechnung den Fokus der Rationalisierungsbemühungen auf die variablen Kosten richten, obwohl deren Anteil an den Gesamtkosten sukzessive zurückgeht.[35] Im Gegenteil, Rationalisierungsbemühungen bei den variablen Kosten führen häufig zu Investitionen und als Folge zu deren Substitution durch fixe Kosten. Die Inflexibilität der Unternehmen auf Marktveränderungen wächst, gleichzeitig steigt der Auslastungsdruck. Die Preisspirale nach unten beginnt sich beschleunigt zu drehen.

4 Marktbedingungen, Erfolgsfaktoren und Steuerungskonzepte im Käufermarkt

Die Entwicklungen, die im Zusammenhang mit dem Übergangsmarkt beschrieben wurden, haben sich daher im Zeitablauf noch verstärkt. Auf vielen Märkten überstieg das Angebot die gegebene Nachfrage nachhaltig und es kam zu strukturellen Überkapazitäten.[36] Nicht mehr die Produktionskapazität, sondern die Nachfrage wurde zum entscheidenden Engpaß für die Entwicklungsmöglichkeiten eines Unternehmens.[37] Diese waren daher gezwungen, sich intensiver und planmäßiger mit der aktuellen und potentiellen Nachfrage der Käufer auseinanderzusetzen, sie

---

[35] Vgl. Männel, W.: 1992, S. 112f

[36] Vgl. Marr, R./Picot, A.: 1983, S. 509.

[37] Vgl. Nieschlag, R./Dichtl, E./Hörschgen, H.: 1983, S. 18

richteten ihre Produkte und Produktionsprozesse verstärkt auf die Bedürfnisse der Kunden aus und folgten somit dem Primat des Marktes.[38] Den Ausgangspunkt stellten nicht, wie bei der Verkaufsorientierung, die vorhandenen Produkte dar, die es zu verkaufen galt, sondern die Bedürfnisse und Wünsche der Zielkunden, oder mit anderen Worten: es sollte nur noch das produziert werden, was tatsächlich nachgefragt wird.[39] Es setzte sich das Marketingkonzept durch, die zugrundeliegende Sichtweise bezeichnet man als *market based view* (Marktorientierung). Diese Marktorientierung war in der Entstehungsphase des Marketing zuerst einmal eine strikte Kundenorientierung. In den Mittelpunkt des Marketings trat die Fähigkeit der Unternehmung, Kundenprobleme langfristig zu lösen.[40] *„Ob eine Unternehmung sich auf dem Markt behaupten kann, hängt wesentlich davon ab, ob die von ihr angebotenen Leistungen von der Nachfrage akzeptiert werden".*[41] Die damit notwendige Orientierung an den Bedürfnissen und Wünschen des Kunden machte allerdings die bisher vorherrschende undifferenzierte Marktbearbeitung sozusagen „mit Durchschnittsangeboten, zu Durchschnittspreisen für den Durchschnittskunden" nicht mehr möglich. Es war notwendig geworden, kundennäher, d.h. gezielter zu arbeiten.

Als Voraussetzung des Unternehmenserfolges wurde die Segmentierung der Märkte und die klare Positionierung auf einem Marktsegment (selektives Marketing) oder mehreren Marktsegmenten (differenziertes Marketing) erkannt.[42] Damit änderten sich aber auch die Anforderungen an die Kostenrechnung. Nicht mehr der durchschnittliche Deckungsbeitrag je Produkt / Leistung war entscheidend, sondern der spezifische Erfolg des jeweiligen Marktsegmentes. Aus der einstufigen Deckungsbeitragsrechnung entwickelte sich die mehrstufige Profit-Center-Rechnung.[43] Ziel war es dabei, die bearbeiteten Marktsegmente mit den entsprechenden Profit Center als Verantwortungseinheiten (Responsibility Entities) und mit den korrespondierenden Abrechnungseinheiten (Accounting Entities) deckungsgleich zu bringen.[44] Das hatte für die Kostenrechnung gravierende Folgen. Sie wurde um eine vielschichtige Erlösrechnung ergänzt, die fixen Kosten wurden entsprechend ihrer Zurechenbarkeit zu den einzelnen Profit Center/ Unternehmensbereichen aufgespalten, die stufenweise Fixkostendeckungsrechnung

---

[38] Vgl. Kotler, P.: 1982, S. 33
[39] Vgl. Thommen, J-P.: 1996, S. 118
[40] Vgl. Kotler, P.: 1982, S. 33
[41] Hax, H. et. al.: 1983, S. 96
[42] Vgl. Kropfberger, D.: 1986, S. 142
[43] Vgl. Körlin, E.: 1992, S. 1ff.
[44] Vgl. Köhler, R.: 1991, S. 202ff.

setze sich durch.⁴⁵ Gleichzeitig wurde das Gedankengut Riebels mit seiner wesentlich flexibler auswertbaren relativen Einzelkostenrechnung aufgegriffen,⁴⁶ das sich allerdings erst viel später mit dem Einsatz relationaler Datenbanken durchsetzen konnte.⁴⁷ Damit war der Durchbruch von der passiven Kostenrechnung zum aktiven Kostenmanagement geschafft. Man war das erste Mal wirklich in der Lage, einen Einblick in die Fixkostenstrukturen einerseits und die Deckungsbeitragsflüsse⁴⁸ andererseits zu bekommen.

Das Kostenmanagement selbst richtete sich dabei allerdings noch nicht wirklich auf die proaktive Gestaltung der die Kosten verursachenden Prozesse selbst, sondern griff eher reaktiv in die bestehenden Strukturen ein. Es galt dabei insbesondere in hoch diversifizierten Unternehmen zu beurteilen, ob die einzelnen Bereiche in der Lage waren, die ihnen zuordenbaren relevanten Kosten (fix und variabel) zu decken, und ob nicht eine zum Teil radikale Sortimentsbereinigung eine wesentliche Ergebnisverbesserung erwarten ließ.⁴⁹

Der Fokus lag hier, entsprechend dem Marketingdenken, hauptsächlich auf den dem Profit Center zurechenbaren Vertriebskosten, die Produktion wurde als Cost Center erfolgsneutral gestaltet und über die Grenzplankostenrechnung mit ihren nachträglichen Abweichungsanalysen gesteuert.⁵⁰ Hier kam es maximal zu Kostenbeeinflussungsmaßnahmen innerhalb bestehender Strukturen und kaum zur wirklichen auf das Produkt bzw. den Produktionsprozeß fokussierten Kostengestaltung. Diese von Kaluza zu recht kritisierte einseitige Marktorientierung⁵¹ wurde erst viel später mit dem Resource Based View korrigiert.

Vorerst stellte sich zuerst einmal heraus, daß es durch die verstärkte Kundenorientierung zwar möglich war, die Absatzmärkte auszubauen, daß aber damit weder die Grenzen der Marktkapazität einzelner Teilmärkte übersprungen, noch strukturelle Veränderungen der Märkte verhindert werden konnten.⁵² Damit war die Illusion, sich durch Marketing sozusagen ein wettbewerbsfreies Umfeld zu schaffen,

---

⁴⁵ Vgl. Aghte, 1959, S. 404ff; sowie Mellerowicz, 1966, S. 154ff

⁴⁶ Vgl. Riebel, P.: 1972, S.

⁴⁷ Vgl. Kaluza, B./Hakenmüller, J.: 1983, S. 81f.

⁴⁸ Vgl. Link, H.: 1978, S. 267ff.

⁴⁹ Vgl. Pack, L.: 1978, S. 361; sowie Dellmann, K.: 1979, S. 321, Seicht, G.: 1971, S. 57; Riebel, P.: 1974, Sp. 1141f.

⁵⁰ Vgl. Kilger, W.: 1980, S. 299ff.

⁵¹ Vgl. Kaluza, B./Blecker T.: 2000, S. 11f

⁵² Vgl. Kropfberger, D.: 1986, S. 20ff.

gefallen. Dazu kam noch, daß als Preis für die extreme Kundennähe bei gleichzeitig veränderter industrieller Produktionsweise die Kosten der Arbeitsvorbereitung, der Produktionsplanung und -steuerung, der internen Logistik und der Qualitätskontrolle exponentiell zunahmen. Die „hidden factory" in den Gemeinkostenbereichen wurde zu einem mit den gängigen Kostenrechnungsverfahren nicht mehr lösbaren Problem.[53]

Als ein Ausweg aus dieser Situation können die Arbeiten Porters angesehen werden, der versuchte unter Wettbewerbsgesichtspunkten die externe Marktstrategie mit den internen Produktionssystemen in Einklang zu bringen.[54] Aus diesen Überlegungen Porters resultieren drei mögliche Erfolgsstrategien, die Abb. 1 zu entnehmen sind.

	Kostenposition	Problemlösungsposition
Bearbeitung mehrerer Marktsegmente	Strategie der Preis- und Kostenführerschaft	Strategie der Differenzierung
Bearbeitung eines Marktsegments	Konzentrationsstrategie	
	cost focus	differentiation focus

Quelle in Anlehnung an: Porter, M.E.: 1980, S. 39

Abb. 1: Generische Wettbewerbsstrategien

Für diese drei Erfolgsstrategien sollen im weiteren die entscheidenden Erfolgsfaktoren, die eingesetzten Steuerungskonzepte sowie deren Anwendungsgrenzen getrennt analysiert werden.

4.1 Aussagekraft und Anwendungsgrenzen der Steuerungskonzepte bei Kostenführerschaft

Erfolg versprechen nach Porter zunächst einmal jene Strategien, die es ermöglichen, auf großen (bzw. vielen) Marktsegmenten die absolute Preis- und Kostenführerschaft zu erreichen.[55] Das Ziel dieser Kostenführerschaft ist die Reduktion

---

[53] Vgl. Miller J./ Vollmann T.: 1985, S. 143ff.
[54] Vgl. Porter, M.E.: 1980, S. 40ff.
[55] Vgl. Kropfberger, D.: 1986, S. 145

der realen Stückkosten, wobei der marktübliche Qualitätsstandard beachtet werden muß.[56] Die daraus resultierenden niedrigen Kosten, *„die in Form niedriger Preise an die Kunden weitergegeben werden, stellen den wesentlichen Erfolgsfaktor bei Verfolgung der Kostenführerschaftsstrategie dar."*[57] Für kostenbedingte Wettbewerbsvorteile müssen die Gesamtkosten auf ein Niveau gesenkt werden, das auf Dauer niedriger ist, als das der Wettbewerber.[58] Wesentliche Erfolgsfaktoren dieser Positionierung sind daher Volumenvorteile bzw. das Erzielen von Kostendegressionseffekten.[59]

Die Zielsetzung der Steuerungskonzepte, insbesondere der Kostenrechnung liegt darin, sämtliche Prozesse sowohl innerhalb des Unternehmens als auch über die Unternehmensgrenzen hinweg zu optimieren und gleichzeitig Verschwendungen jeder Art zu vermeiden. *„Wichtige Maßnahmen und Instrumente zur umfassenden Kostensenkung sind dauerhafte Kontrollen von variablen Kosten und Gemeinkosten sowie ein effizienter Einsatz der Produktionsmittel, das Sicherstellen einer hohen Arbeitsproduktivität, das Vermeiden von Kunden mit geringen Auftragsgrößen und/oder zu großen Änderungswünschen."*[60] Erfolgsfaktoren wie Qualität, Kundennähe, Lieferservice und Erzeugnisvielfalt haben bei weitgehend homogenen Produkten lediglich eine geringe Bedeutung.[61] Zur Schaffung und Sicherung von Wettbewerbsvorteilen ist das Kostenmanagement im Rahmen der Kostenführerschaft von übergeordneter Bedeutung, da die Kosten bereits bei der Strategieimplementierung in allen Organisationseinheiten entsprechend der verfolgten Wettbewerbsstrategie gestaltet werden müssen.[62] Nur so sind die mit dieser Positionierung verbundenen Voraussetzungen auf Dauer zu erreichen.

Konzepte, die versprechen, die oben genannten Funktionen zu erfüllen und somit zu den notwendigen Kostenvorteilen zu führen, stellen im Produktionsbereich weiterhin die Plankostenrechnung[63] und im Verwaltungsbereich die Prozeßkostenrechnung dar. Im Mittelpunkt dieser Konzepte steht die Analyse der wichtig-

---

[56] Vgl. Corsten, H.: 1998, S. 94

[57] Kaluza, B.: 1996, S. 5

[58] Vgl. Porter, M.E.: 1986, S. 137

[59] Vgl. Kaluza, B./Blecker, T.: 2000, S. 8

[60] Kaluza, B./Blecker, T.: 2000, S. 8

[61] Vgl. Corsten, H.: 1998, S. 94

[62] Vgl. Friedl, B.: 1997, S. 414

[63] Vgl. Schweitzer, M./Friedl, B.: 1997, S. 460

sten Kostentreiber sowie deren konsequente Beeinflussung und Kontrolle, um einen möglichst effizienten Ressourcenverbrauch sicherzustellen.[64]

Problematisch wird der Einsatz dieser Konzepte allerdings, wenn in einer Branche mehrere Unternehmen die Strategie der Preis- und Kostenführerschaft zu verfolgen beginnen.[65] In diesem Fall müssen unter den Prämissen eines Angebotsüberhangs, gesättigter Märkte und entsprechender Markttransparenz zwangsläufig ruinöse Wettbewerbskämpfe entstehen.[66] Selbst wenn es einem Unternehmen gelingt, einen oder mehrere Mitbewerber mit der ebenso angestrebten strategischen Positionierung der Kostenführerschaft aus dem Markt zu drängen, ist auf Grund der damit verbundenen Erfolgsaussichten damit zu rechnen, daß bestehende oder neue Konkurrenten versuchen werden, ebenfalls diese Position zu erreichen. Da es in einer Branche aber nur einen Kostenführer geben kann, beginnt das Spiel wiederum von Neuem, der Druck auf das Kostenniveau steigt. Die Tendenz zur Preisreduktion ist damit immer latent gegeben. In einer solchen Wettbewerbssituation können die genannten Konzepte für sich alleine nur bedingt helfen, die Position der Kostenführerschaft zu erreichen, da es gerade diese Konzepte sind, die auch von den Mitbewerbern eingesetzt werden. Das ist jedenfalls dann zu erwarten, wenn die Erfahrungskurveneffekte, auf denen die Kostenführerschaft basiert, nicht beim Kostenführer selbst, sondern beim Anlagen- bzw. Maschinenbauer entstehen, der diese wiederum an andere weitergibt. Anwendungsgrenzen ergeben sich für die genannten Konzepte aber auch dann, wenn technologische Veränderungen, die bestehenden Erfahrungskurveneffekte zunichte machen und neuen Wettbewerbern innerhalb kurzer Zeit ähnliche oder sogar größere Kostenvorteile verschaffen.[67]

4.2 Aussagekraft und Anwendungsgrenzen der Steuerungskonzepte bei Differenzierung

Neben der Strategie der Kostenführerschaft versprechen auch Strategien Erfolg, die auf großen Marktsegmenten durch geschickte Positionierung des Angebots eine Differenzierung von der Konkurrenz im Sinne der Schaffung eines einzigartigen Verkaufsversprechens ermöglichen.[68] Die Unternehmen versuchen dabei, Wettbewerbsvorteile durch kundenseitig wahrgenommene Produktunterschiede zu

---

[64] Vgl. Horváth, P.: 1990, S. 183
[65] Vgl. Corsten, H.: 1998, S. 95
[66] Vgl. Kaluza, B./Blecker, T.: 2000, S. 9
[67] Vgl. Piller, F.: 1998, S. 48
[68] Vgl. Kropfberger, D.: 1986, S. 145

erzielen.[69] *„Qualität, Flexibilität und Zeit stellen die für diese Strategie wesentlichen Erfolgsfaktoren dar. Jeder dieser Erfolgsfaktoren besitzt ein spezifisches Differenzierungspotential, welches – einzeln eingesetzt oder kombiniert – dem Unternehmen viele Differenzierungsmöglichkeiten bietet."*[70]

Hier geht es vor allem darum, durch die Schaffung von zusätzlichem Kundennutzen die betriebliche Wertschöpfung zu optimieren. Durch die damit mögliche Realisation eines höheren Verkaufspreises im Vergleich zur Konkurrenz soll eine Gewinnspanne erzielt werden, die in Relation zu den Mitbewerbern deutlich höher ist.[71] Aufgrund der Konzentration auf die Erlöse darf aber nicht der Schluß gezogen werden, daß Kosten für die Position der Differenzierung keine Bedeutung hätten.[72] Da der Differenzierer spezielle Kundenwünsche nur solange erfüllen kann, wie die erzielbaren Preise über den zusätzlichen Kosten der Differenzierung liegen bzw. sie zumindest decken, ist die genaue Kenntnis der Kosten eine wichtige Grundbedingung für die erfolgreiche Durchführung einer Differenzierungsstrategie.[73] In diesem Sinne schreibt Porter: *„Cost is also of vital importance to differentiation strategies because a differentiator must maintain cost proximity to competitors."*[74] Beispielsweise wird die Kenntnis und Kontrolle der Differenzierungskosten bei Unternehmen dann eine zentrale Rolle einnehmen, wenn die Differenzierung über kostenintensive Zusatzleistungen (wie z.B. hohe Lieferbereitschaft) erreicht werden soll, um die Erstellung der Zusatzleistung effizient zu beherrschen.[75]

Ein adäquates Konzept, das der Differenzierungsstrategie zu entsprechen verspricht, stellt die Zielkostenrechnung (*Target Costing*) dar. Im Rahmen dieses Konzeptes wird nicht nur versucht, die Differenzierungskosten zu reduzieren, sondern darüber hinaus Qualitätsaspekte in das Steuerungskonzept einfließen zu lassen. Dazu werden die Erwartungshaltungen der Kunden bezüglich jener Produktfunktionen berücksichtigt,[76] die durch den Kunden jeweils wahrgenommen

---

[69] Vgl. Kaluza, B./Blecker, T.: 2000, S. 10

[70] Kaluza, B.: 1996, S. 5

[71] Vgl. Kaluza, B./Blecker, T.: 2000, S. 10

[72] Vgl. Corsten, H.: 1998, S. 96

[73] Vgl. Coenenberg, A./Fischer, T.: 1991, S. 24; Durch die Differenzierung des Leistungsprogramms werden bei der Umsetzung von Differenzierungsstrategien Mehrkosten verursacht, die als Differenzierungskosten bezeichnet werden. Diese Differenzierungskosten dürfen die differenzierungsbedingten Mehrerlöse nicht übersteigen. (Vgl. Porter, M.E.: 1986, S. 35)

[74] Porter, M.E.: 1980, S. 62

[75] Vgl. Weber, J.: 1991, S. 46

[76] Vgl. Seidenschwarz, W.: 1993, S. 80

werden.[77] Ein weiteres, ergänzendes Konzept stellt das *Kaizen Costing* dar. Das läßt sich wie folgt begründen: auf Grund der hohen Programmheterogenität bei einer Differenzierungsstrategie wird ein hohes Maß an Flexibilität in allen Phasen des Leistungserstellungsprozesses notwendig, um eine schnelle Anpassung an die Kundenwünsche zu gewährleisten.[78] Für die operative Planung stehen damit nur sehr kurze Zeiträume zur Verfügung.[79] Daher sollten dezentral und möglichst zeitnahe quantitative aber auch qualitative Informationen für die Träger operativer Entscheidungen bereitgestellt werden.[80] Exakt diese Anforderungen erfüllt das Konzept des Kaizen Costing, da im Rahmen dieses Konzeptes versucht wird, über tagfertige Steuerungsinformationen eine kontinuierliche Reduktion des Kostenniveaus zu erreichen.[81]

Die eben beschriebenen Konzepte können einem Unternehmen bei seiner Differenzierungsstrategie allerdings nur sehr eingeschränkt Hilfestellung leisten, wenn das eigene Produkt von Mitbewerbern, etwa im Rahmen eines reverse engineering unter Umgehung der entsprechenden Entwicklungskosten imitiert wird.[82] Kritisch ist das Lösungspotential dieser Konzepte auch dann zu bewerten, wenn der Preisunterschied zwischen Differenzierer und Kostenführer seitens der Kunden als zu groß empfunden wird.[83] Zudem bieten die genannten Konzepte auch kaum Lösungsalternativen, wenn zu viele unterschiedliche Arten von Zusatznutzen zur selben Zeit am selben Markt existieren, die dazu führen, daß das Marktvolumen je Segment unter die für eine kostendeckende Produktion kritische Grenze fällt.[84] Letztendlich bestehen die Grenzen der Differenzierung auch darin, daß der Nutzen der Produkte nicht beliebig weiter erhöht werden kann, da der angebotene zusätzliche Nutzen seitens der Nachfrager nicht mehr akzeptiert oder wahrgenommen wird.[85]

Ein besonderes Gefahrenpotential liegt schließlich darin, das auf Grund der zunehmenden Leistungskomplexität die Differenzierungskosten gegenüber den rea-

---

[77] Vgl. Coenenberg, A./Fischer, T./Schmitz, J.: 1997, S. 205
[78] Vgl. Schweitzer, M./Friedl, B.: 1997, S. 456
[79] Vgl. Friedl, B.: 1997, S. 427
[80] Vgl. Schweitzer, M./Friedl, B.: 1997, S. 457
[81] Vgl. Monden, Y./Hamada, K.: 1991, S. 25
[82] Vgl. Kaluza, B./Blecker, T.: 2000, S. 11
[83] Vgl. Corsten, H.: 1998, S. 96
[84] Vgl. Kaluza, B./Blecker, T.: 2000, S. 11
[85] Vgl. Piller, F.: 1998, S. 48

lisierbaren Erlössteigerungen progressiv zunehmen.[86] Differenzierung ist stets mit einer Zunahme der Leistungskomplexität verbunden, die als Markt-, Produkt- und/oder als Programmkomplexität in Erscheinung tritt.[87] Damit sehen sich die Unternehmen aber sehr rasch mit einem Phänomen konfrontiert, daß der steigenden Variantenzahl eine inverse Erfahrungskurve zugrunde liegt.[88] Die daraus resultierenden Komplexitätskosten kann man als „diseconomies of scope" bezeichnen.

4.3 Aussagekraft und Anwendungsgrenzen der Steuerungskonzepte bei Konzentration auf die Nische

Bei der Konzentrationsstrategie werden grundsätzlich die gleichen Erfolgsstrategien eingesetzt wie bei der Kostenführerschaft oder Differenzierungsstrategie, allerdings wird ein Marktsegment selektiv bearbeitet, die Strategie wird zielgruppengerichtet eingesetzt.[89] Die Strategien „cost focus" und „differentiation focus" sind daher sogenannte Nischenstrategien, d.h. die Unternehmen konzentrieren sich auf ein spezielles Zielsegment, wie eine bestimmte Kundengruppe, eine spezifische Problemlösung oder einen geographisch abgegrenzten Markt.[90] Als Ergebnis der Konzentrationsstrategie erzielen die Unternehmen entweder niedrigere Kosten (cost focus) oder eine höhere Differenzierung (differentiation focus) oder beide Vorteile zusammen.[91]

Im Rahmen der Konzentrationsstrategie werden je nach spezifischer strategischer Ausrichtung des Unternehmens in der Nische die Steuerungskonzepte der beiden zuvor beschriebenen strategischen Positionierungen eingesetzt. Daraus folgt notwendigerweise, daß die dort beschriebenen Anwendungsgrenzen dieser Konzepte auch für ein Unternehmen Gültigkeit besitzen, das eine Nischenstrategie verfolgt.

---

[86]   Vgl. Schweitzer, M./Friedl, B.: 1997, S. 451
[87]   Vgl. Friedl, B.: 1997, S. 418
[88]   Vgl. Wildemann, H.: 1990, S. 618
[89]   Vgl. Corsten, H.: 1998, S. 96
[90]   Vgl. Kaluza, B.: 1996, S. 5
[91]   Vgl. Porter, M.E.: 1992, S. 67f.; sowie Kaluza, B.: 1995, S. 87

5 Marktbedingungen, Erfolgsfaktoren und Steuerungskonzepte im globalen Markt

Das Wettbewerbsumfeld der Unternehmen hat sich in den vergangenen Jahren wiederum verändert und zwar aus zeitlicher Perspektive dramatisch und aus struktureller Perspektive grundlegend. Quasi jede Branche ist kompetitiver geworden, und diese Tendenz akzentuiert sich laufend.[92] Durch die rasche Entwicklung der Informations- und Kommunikationstechnologien einerseits und die Deregulierung der Märkte andererseits kommt es zu einer Verschärfung des Wettbewerbs von bisher unbekannter Stärke. Im Rahmen der zunehmenden Internationalisierung und Globalisierung der Wirtschaft wird dieser Trend verstärkt durch den Eintritt neuer, ausländischer Wettbewerber in früher nach außen hin abgeschotteten Märkte.[93] Aufgrund der Verbesserung der Transport- und der Kommunikationsmöglichkeiten und der daraus resultierenden geringeren Transport- und Kommunikationskosten sind selbst lokale Unternehmen bzw. Branchen einem globalen Wettbewerbsumfeld ausgesetzt.[94] Aggressive Preiskämpfe und ein kontinuierlicher Margenverfall in vielen Branchen sind häufig zu beobachtende Folgen dieses Verdrängungswettbewerbs. Durch das Verschwimmen der regionalen bzw. nationalen aber auch der branchenmäßigen Marktgrenzen ist eine ausschließliche Marktorientierung nicht mehr zielführend, die Unternehmen müssen sich auf das rückbesinnen bzw. konzentrieren, was sie wirklich beherrschen. In dieser ressourcenorientierten Sichtweise wird der Wettbewerb durch den gezielten Aufbau und Einsatz von Kernkompetenzen entschieden.[95]

Hinsichtlich der Erfolgsfaktoren kann man zunächst einmal feststellen, daß die bisher kritischen Erfolgsfaktoren Kosten und Qualität von fast allen erfolgreichen Unternehmen gut beherrscht werden.[96] Durch die zunehmende Auflösung von Produkt-, Länder- und Unternehmensgrenzen werden darüber hinaus Flexibilität und Innovationsfähigkeit zu Schlüsselfähigkeiten für den Erfolg der Unternehmen.[97] Auf dem Weg zum „grenzenlosen Unternehmen" werden Dezentralisierung und Modularisierung organisatorische Voraussetzungen für eine schnelle und permanente Neuorientierung an sich ständig ändernde Marktbedingungen; an Stelle des „Einzelkämpfertums" treten globale Netzwerke, die Fähigkeit zur Ko-

---

[92] Vgl. Volkart, R.: 1995, S. 548
[93] Vgl. Franz, K-P./Kajüter, P.: 1997, S. 6
[94] Vgl. Schuh, G./Eisen, S./Dierkes, M.: 2000, S. 64
[95] Vgl. Prahalad, C.K./Hamel, G.: 1991, S. 67
[96] Vgl. Warnecke, H-J.: 1997, S. 3; sowie Kaluza, B./Blecker, T.: 1999, S. 264
[97] Vgl. Picot, A./Reichwald, R./Wigand, R.: 1996, 2f.

operation wird ebenfalls entscheidend.[98] Die neuen Erfolgsstrategien berücksichtigen diesen dynamischen Charakter des Wettbewerbsumfeldes und stellen die bisher übliche ausschließliche Konzentration auf die Kosten- oder Differenzierungsposition zunehmend in Frage.[99] Die neue Wettbewerbssituation führt dazu, daß es nicht nur möglich, sondern geradezu notwendig wird, beide strategischen Positionen gleichzeitig anzustreben.[100] Es kommt zu einem neuen Verständnis des Wettbewerbs, die neuen Wettbewerbsstrategien werden als „hybride Wettbewerbsstrategien" bezeichnet, da an Stelle des „entweder Kostenführer oder Differenzierer" eine Strategie des „Sowohl als Auch" tritt.[101]

Die zugrundeliegenden Philosophie ist entweder durch eine ressourcenorientierte (resource based view)[102] oder durch eine wertorientierte (value based view)[103] Sichtweise geprägt, die im Folgenden genauer betrachtet werden sollen.

5.1 Aussagekraft und Anwendungsgrenzen ressourcenorientierter Steuerungskonzepte

Der ressourcenorientierte Ansatz geht davon aus, daß die beschleunigten technologischen Entwicklungen eine alleine auf den Markt fokussierte Strategieentwicklung zunehmend in Frage stellen. Dies läßt sich damit begründen, daß die Unternehmen immer öfters auf der Basis neuer Technologien völlig neue Produkte entwickeln können, die zwar gebraucht werden, aber von denen die Kunden zunächst noch keine oder zumindest noch keine klare Vorstellung haben.[104] Dieses Verständnis der Strategieentwicklung erlaubt es den Unternehmen von sich aus, also auf Grund ihrer Problemlösungskompetenz und ihrer Ressourcen Lösungen für bislang nicht zufriedenstellend gelöste Probleme zu entwickeln.[105] Diese ressourcenorientierte Sichtweise erlaubt es damit, trotz der hohen Dynamik der Märkte zu agieren anstatt zu reagieren, indem das Unternehmen neue Märkte mit neuen Marktspielregeln selbst schafft.

---

[98] Vgl. Meffert, H.: 1997, S. 117

[99] Vgl. Kaluza, B./Blecker, T.: 2000, S. 15.

[100] Vgl. Kaluza, B./Kemminer, J.: 1997, S. 10; Fleck, A.: 1995, S. 21f ; Corsten, H.: 1995, S. 346f. sowie Kropfberger, D.: 1996, S. 107

[101] Vgl. Pfeiffer, W./Weiß, E.: 1994, S. 4f.

[102] Vgl. Conner, K./Prahalad, C.: 1996, S. 477f. sowie Mahoney, J./Pandian, R.: 1992, S. 363f.

[103] Vgl. Rappaport, A.: 1994, S. 1f.

[104] Vgl. Prahalad, C.K./Hamel, G.: 1991, S. 67

[105] Vgl. Kaluza, B./Blecker, T.: 2000, S. 27

Als Voraussetzung dafür darf der Schwerpunkt der Betrachtung nicht mehr so sehr auf der Positionierung des Unternehmens (oder einzelner Geschäftsfelder) in den bestehenden Märkten liegen, sondern auf der Analyse der hinter den aktuellen Stärken und Schwächen liegenden längerfristig wirksamen Fähigkeiten und Kompetenzen des Unternehmens. Entscheidend ist nicht mehr so sehr die Betrachtung von existierenden Produkten und Märkten allein, sondern die Auseinandersetzung mit den eigenen Ressourcen.[106] Prahalad und Hamel fordern in diesem Sinne, daß das „strategic business unit – Konzept" aufgrund seiner kurzfristigen Produktorientierung und dem damit verbundenen kurzfristigen und reaktiven Wettbewerbsverständnis zu überwinden sei und statt dessen die Analyse der unternehmensweiten Kernkompetenzen[107] in den Vordergrund zu rücken ist.[108] Die Grundlage von Wettbewerbsvorteilen bilden aus der neuen Perspektive des resource based view nicht historische Portfolio-Positionen von strategischen Geschäftseinheiten sondern langfristige Unterschiede in der Ressourcenausstattung, die sich auf Anforderungen der Branche bzw. des Marktes beziehen.[109] Die zentrale Aufgabe des Management besteht demnach darin, die Wettbewerbsstrategien mit der aktuellen Ressourcenausstattung abzustimmen und die eigenen Ressourcen unter strategischen Gesichtspunkten weiterzuentwickeln.[110] Voraussetzung dafür ist es, auf der strategischen Ebene herauszufinden, mit welchen Fähigkeiten bzw. Kompetenzen weiteres Wachstum entfaltet werden kann. Für diesen Zweck benötigt das Management Instrumente, die den ökonomischen Wert von Ressourcen und deren alternative Verwendungsmöglichkeiten aufzeigen.[111]

Hinsichtlich der Steuerungsinstrumente erkannte sowohl die Praxis als auch die Wissenschaft, daß die Steuerung der Kosten vor allem fixkostenintensiver Unternehmen nur dann die angestrebte Wirkung zeigen kann, wenn man vorrangig am Einsatz der kostenverursachenden Ressourcen ansetzt.[112] Infolgedessen hat sich der Schwerpunkt der betriebswirtschaftlichen Diskussion endgültig von der möglichst verursachungsgerechten Verrechnung der Kosten (Kostenrechnung) hin zu deren möglichst effizienter Beeinflussung (Kostenmanagement) verlagert.[113]

---

[106] Vgl. Knyphausen, z.D.: 1993, S. 774

[107] Nach Corsten stellt der Kernkompetenzansatz eine Weiterentwicklung des ressourcenorientierten Denkens dar. (Vgl. Corsten, H.: 1998, S. 140 sowie die dort genannte Literatur).

[108] Vgl. Prahalad, C.K./Hamel, G.: 1990, S. 79f.

[109] Vgl. Bamberger, I./Wrona, T.: 1996, S. 132

[110] Vgl. Kaluza, B./Blecker, T.: 2000, S. 29

[111] Vgl. Pampel, J.: 1996, S. 324

[112] Vgl. Männel, W.: 1997, S. 113

[113] Vgl. Horváth, P./Brokemper, A.: 1998, S. 584; sowie Makido, T.: 1989, S. 4

Handlungsfelder des Kostenmanagements sind dabei nicht alleine die Kosten, sondern insbesondere deren Gestaltungsparameter, d.h. die die Kosten begründenden Ressourcen.[114] Das Kostenmanagement konzentriert sich dementsprechend auf der operativen Ebene auf die *Steuerung* von *Kosteneinflußgrößen* (Gestaltungsparametern) zur möglichst zeitnahen und nachhaltigen *Reduktion* aktueller Kosten. Auf der strategischen Ebene liegt das Ziel des Kostenmanagement darüber hinaus in der optimalen, d.h. zielorientierten „strategischen" *Gestaltung* von *Kostenparametern* zur möglichst umfangreichen und nachhaltigen *Reduktion* zukünftiger Kosten.[115]

Im selben Zeitraum wird die einseitige Kostenorientierung durch eine entsprechende Wertorientierung ergänzt. Wesentlich ist in diesem Zusammenhang daher, daß die vorhandenen Ressourcen über ein entsprechendes Potential verfügen, das zur Schaffung von Kundennutzen und damit dem Erzielen von Erlösvorteilen verwendet werden kann.[116] Ein einseitiges Kostenmanagement würde in diesem Sinne nur zu einem unnötigen „Downsizing" führen, womit strategische Wachstumschancen übersehen werden. Daher ist es notwendig, das ressourcenorientierte Kostenmanagement zu einem integrierten, d.h. nutzen- bzw. wertorientierten Erfolgsmanagement weiterzuentwickeln.[117] Nur so ist die von Kaluza beschriebene simultane hybride Wettbewerbsstrategie möglich, bei der sowohl Kosten- und Preisführerschaft einerseits als auch Differenzierungsvorteile andererseits gleichzeitig erfolgreich eingesetzt werden können.[118]

5.2 Aussagekraft und Anwendungsgrenzen wertorientierter Steuerungskonzepte

Die Globalisierung des Wettbewerbs, insbesondere aber der Finanzmärkte, machte neben der ressourcenorientierten Sichtweise auch in Europa ein wertorientiertes Management der Unternehmen notwendig. Das kann wie folgt begründet werden:

Erstens war in Kontinentaleuropa im Gegensatz zum anglo-amerikanischen Wirtschaftsraum der Kapitalmarktdruck bis vor wenigen Jahren noch sehr gering.[119] Nur in Ausnahmefällen erzwang der Kapitalmarkt eine besondere Rücksicht-

---

[114] Vgl. Eversheim, W./Kümper, R.: 1996, S. 48

[115] Vgl. Mussnig W.: 2001, S. 18

[116] Vgl. Pampel, J.: 1996, S. 321

[117] Vgl. Männel, W.: 1997, S. 114

[118] Vgl. Kaluza, B./Blecker, T.: 2000a, S. 551

[119] Vgl. Arbeitskreis Finanzierung der Schmalenbach-Gesellschaft, 1996, S. 543

nahme auf die Eigenkapitalgeber; innen- und kreditfinanzierte Mittel standen meist so ausreichend zur Verfügung, daß die Shareholder nur selten gefordert wurden.[120] Die Globalisierung führte diese traditionelle Finanzierung die Unternehmen an die Grenzen ihrer Leistungsfähigkeit. Die Globalisierung zwingt heute zu einem schnellen Wachstum und die Unternehmen müssen sich dem inzwischen globalen Wettbewerb um das dafür benötigte Kapital stellen.[121]

Zweitens eröffnete die Liberalisierung der Finanzmärkte den Investoren die Möglichkeit, ihr Kapital nicht nur bei inländischen sondern auch bei ausländischen börsennotierten Unternehmen anzulegen.[122] Die damit entstehende wachsende Bedeutung performance-orientierter institutioneller Investoren führt heute weltweit zu einer zunehmend kritischeren Sicht der Geschäfts- und Investitionspolitik sowie des Ausschüttungsverhaltens der Gesellschaften.[123]

Der Shareholder Value ist daher zu einer zentralen Orientierungsgröße geworden und in der Wertsteigerung wird ein wichtiges unternehmerisches Handlungsziel gesehen.[124] Erfolgreiche Unternehmen richten dementsprechend ihr Handeln auf das Schaffen von Werten und auf die Verhinderung von unnötigen Werteverzehr aus.[125] Die Strategien und Maßnahmen zielen konkret darauf ab, den Unternehmenswert zu steigern und insbesondere sicherzustellen, daß das Gesamtunternehmen mehr Wert schafft als die Summe der einzelnen Geschäftsbereiche.[126] Der kritische Erfolgsfaktor für das Management ist es demnach, die Ausrichtung aller unternehmerischen Tätigkeiten so zu gestalten, daß die Ziele, den Marktwert des Unternehmens bzw. die Eigentümerrendite zu maximieren, erreicht werden.[127]

Den Erwartungen der Eigenkapitalgeber kann ein Unternehmen aber nur gerecht werden, wenn es sein Steuerungsinstrumentarium an den Kriterien der Aktionäre, und damit am Ziel der Steigerung des Unternehmenswertes orientiert.[128] Es bedarf also adäquater Instrumente zur Messung des Unternehmenswertes, zur Identifikation der Werthebel und zur strategischen und operativen wertorientierten Steue-

---

[120] Vgl. Thießen, F.: 1999, S. 388

[121] Vgl. Michel, U.: 1997, S. 274

[122] Vgl. Thießen, F.: 1999, S. 388 sowie Sierke, B.: 1998, S. 69

[123] Vgl. Arbeitskreis Finanzierung der Schmalenbach-Gesellschaft, 1996, S. 543

[124] Vgl. Volkart, R.: 1995, S. 541

[125] Vgl. Sierke, B.: 1998, S. 71 sowie Roos, A./Stelter, D.: 1999, S. 301

[126] Vgl. Arbeitskreis Finanzierung der Schmalenbach-Gesellschaft, 1996, S. 545

[127] Vgl. Perlitz, M./Bufka, J.: 1997, S. 100

[128] Vgl. Lauk, K.: 1997, S. 491

rung des Unternehmens.[129] Aus diesem Grund läßt sich beobachten, daß die Shareholder Analyse nicht nur zur externen Unternehmensbewertung, sondern zunehmend auch zur internen Unternehmenssteuerung eingesetzt wird.[130]

Auf dem Gebiet der Kostenrechnung führen diese Überlegungen zur Entwicklung von kapitalwertorientierten Kostenrechnungssystemen. Da von einer vorwiegend auf das interne und vergangene Unternehmensgeschehen ausgerichteten Kostenrechnung keine Unterstützung bei der Lösung der zukünftigen Aufgabenstellungen zu erwarten ist,[131] werden in die Kosten- und Leistungsrechnung investitionstheoretische Kalküle integriert, mit dem Ziel, Informationen auch über die finanzwirtschaftlichen Ergebniswirkungen von Strategien zu erhalten. Trotz der finanzwirtschaftlichen Zielgröße Kapitalwert wird im Rahmen dieser Systeme aber weiterhin mit Kosten und Erlösen gearbeitet. Die theoretisch fundierte Ermittlung des Kapitalwertes erfolgt dabei über den Einsatz des Lücke-Theorems. Die Kostenrechnung wird zu einem Baustein eines umfassenden zukunftsorientierten Wertmanagement. Ein Beispiel eines solchen Modells stellt der dynamische Ansatz des Target Costing dar.[132]

Als ein weiteres Steuerungsinstrument, das in letzter Konsequenz value based ausgerichtet ist, wurde die Balanced Scorecard konzipiert.[133] Ziel des Konzeptes ist es, die einseitig auf finanzielle, quantitative Kennzahlen ausgerichteten Steuerungskonzepte der Unternehmen durch nicht-finanzielle, qualitative Kennzahlen aus den Bereichen Markt, Prozesse und Ressourcen sowie Wissen und Lernen zu ergänzen. Die Balanced Scorecard bietet dazu einen umfassenden Bezugsrahmen, in dem das Management die Vision und Strategie der Geschäftseinheit in ein kohärentes und verbundenes System von Leistungsmeßgrößen übersetzen kann.[134] Dadurch sollen die Energie, die Fähigkeiten und die spezifischen Kenntnisse der Mitarbeiter der gesamten Organisation in Richtung der Langzeitziele ausgerichtet werden.[135] *Das* zentrale Langzeitziel eines jeden Unternehmens stellt dabei dessen Wertsteigerung dar. Insofern kann die Balanced Scorecard als ein Konzept verstanden werden, das auf Basis finanzieller und nicht finanzieller Kennzahlen

---

[129] Vgl. Stelter, D.: 1997, S. 134

[130] Vgl. Siegert, T./Böhme, M./Pfingsten, F./Picot, A.: 1997, S. 472

[131] Vgl. Kaluza, B.: 1994, S. 373, sowie Claassen, U./Hilbert, H.: 1998, S. 370; in diesem Sinne auch: Bleicher, K.: 1987, S. 389

[132] Vgl. Mussnig, W.: 2001, S. 288ff.

[133] Vgl. Michel, U.: 1997, S. 276

[134] Vgl. Kaplan, R.S./Norton, D.P.: 1997, S. 23

[135] Vgl. Kaplan, R.S./Norton, D.P.: 1997a, S. 317

dazu beitragen soll, wertsteigernde Strategien auszuwählen und Maßnahmen für ihre Umsetzung zu entwickeln.[136]

Die Anwendungsgrenzen der genannten Konzepte zeichnen sich allerdings auf Grund ihrer umfassenden und zugleich komplexen Struktur in der Kultur der jeweiligen Unternehmen ab. Solch integrierte und dynamische Denk- und Handlungskonzepte sind zur Zeit in den Unternehmen noch nicht sehr weit gediehen, sie müssen sich erst in den Köpfen des Managements etablieren. Dies setzt vor allem voraus, daß sich deren Denkweise von tradierten Konventionen, wie z.B. der Orientierung am Jahresabschluß oder dem Streben nach Partialoptimierungen, zunehmend löst.[137] Gefragt ist damit eine alle internen und externen sowie quantitativen wie qualitativen Faktoren integrierendes Erfolgsmanagement.

6 Resümee

Der vorliegende Beitrag konnte zeigen, daß im Sinne eines doppelten strategischen Fit[138] zuerst einmal die Erfolgsstrategien den jeweiligen Anforderungen aus dem Wettbewerbsumfeld der Unternehmen entsprechen müssen. Ändern sich die strategischen Herausforderungen und in der Folge die Strategien selbst, dann hat das nicht nur Änderungen der Primärprozesse der Wertschöpfungskette, d.h. der Beschaffungs-, Produktions- und Vermarktungssysteme zur Folge, sondern auch Änderungen der Sekundärprozesse und hier insbesondere auch der Kosten- und Erlösrechnung als zentralem internen Steuerungssystem. Gleichzeitig verändern sich die Organisationsstrukturen und die Kultur der Unternehmung. Welche Auswirkungen dieser tiefgreifende Wandel auf die Entwicklung der Kostenrechnungssysteme hatte, konnte klar gezeigt werden: aus einer eher dokumentierenden, kontrollierenden Vollkostenrechnung über entscheidungsunterstützende Teilkostenrechnungssysteme entwickeln sich aktuell mehr und mehr Rechnungssysteme, deren Ziel im Sinne eines strategischen Kostenmanagements in der Kostenbeeinflussung und der aktiven Gestaltung der Erlöse liegen.[139] Die Beeinflussung der Kosten bezieht dabei sowohl auf die Kostenhöhe, deren Verlauf als auch auf die Gestaltung der Kostenstrukturen.[140] Die Gestaltung der Erlöse bezieht sich

---

[136] Vgl. Kaluza, B./Blecker, T.: 2000, S. 41
[137] Vgl. Eichhorn, P.: 1995, S. 92
[138] Vgl. Kropfberger, D.: 1986, S. 121f.; Ansoff, I./Declerk, R./Hayes, R.: 1976, S. 42f.
[139] Vgl. Kaluza, B.: 1994, S. 413ff.
[140] Vgl. Kaluza, B.: 1994, S. 372 sowie die dort genannte Literatur

auf die Erlösstruktur und über die Differenzierungspotentiale auch auf die Erlöshöhe selbst.

Die dabei auftretenden Probleme sind nicht nur durch eine völlig neue Philosophie des Kostendenkens gekennzeichnet: Kosten sind nicht mehr die passiv hingenommenen in Geld bewerteten normalisierten Güterverbräuche, die am Ende des betrieblichen Leistungsprozesses entstehen, sondern proaktiv unter strategischen Gesichtspunkten zu gestaltende Größen. Es kommt darüber hinaus durch die neuen Produktions-, Logistik- und Informationstechnologien zu sich völlig verändernden Kosten- und Erlösstrukturen, für deren Steuerung es ebenso neuer, veränderter Informationssysteme bedarf. Es ist daher Kaluza zuzustimmen, wenn er eine stärkere Integration der betriebswirtschaftlichen und ingenieurwissenschaftlichen Erkenntnisse fordert und darüber hinaus meint, es *„... ist noch viel Forschungsarbeit in Theorie und Praxis zu leisten, um ein Kosten- und Erlösrechnungssystem zu entwickeln, das sowohl den Anforderungen einer Fabrik der Zukunft als auch den Anforderungen des Kostenmanagements entspricht."*[141]

Literatur

Agthe, K.: Stufenweise Fixkostendeckung im System des Direct Costing, in: Zeitschrift für Betriebswirtschaft, 1959, S. 404 - 420

Ansoff, I./Declerk, R./Hayer, R.: From Strategic Planning to Strategic Management, London 1976.

Arbeitskreis „Finanzierung" der Schmalenbach-Gesellschaft: Wertorientierte Unternehmenssteuerung mit differenzierten Kapitalkosten, in: Zeitschrift für betriebswirtschaftliche Forschung, 1996, S. 543 – 578.

Bamberger, I./Wrona, T.: Der Ressourcenansatz und seine Bedeutung für die Strategische Unternehmensführung, in: Zeitschrift für betriebswirtschaftliche Forschung, 1996, S. 130 - 153.

Becker, W.: Entwicklungslinien der betriebswirtschaftlichen Kostenlehre, in: Kostenrechnungspraxis, Sonderheft 1, 1993, S. 5 – 18.

Becker, W.: Kostenrechnung und Kostenpolitik, in: Freidank, C-C./Götze, U./Huch, B./Weber, J. (Hrsg.) Kostenmanagement. Aktuelle Konzepte und Anwendungen, Berlin 1997, S. 25 – 55.

Bleicher, K.: Grenzen des Rechnungswesens für die Lenkung der Unternehmungsentwicklung, in: Die Unternehmung, 1987, S. 380 – 397.

---

[141] Vgl. Kaluza, B.: 1994, S. 415f.

Claassen, U./Hilbert, H.: Controlling: Vom Rechnungswesen zum Potentialmanagement, in: Steinle, C./Eggers, B./Lawa, D. (Hrsg.), Zukunftsgerichtetes Controlling. Unterstützungs- und Steuerungssysteme für das Management, Wiesbaden 1998, S. 367 - 383

Coenenberg, A./Fischer, T.: Prozeßkostenrechnung. Strategische Neuorientierung in der Kostenrechnung, in: Die Betriebswirtschaft, 1991, S. 21 – 38.

Coenenberg, A./Fischer, T./Schmitz, J.: Target Costing und Product Life Cycle Costing als Instrumente des Kostenmanagements, in: Freidank, C./Götze, U./Huch, B./Weber, J. (Hrsg.), Kostenmanagement. Aktuelle Konzepte und Anwendungen, Berlin 1997, S. 195 – 232.

Conner, K./Prahalad, C.: A Resource-based Theory of the Firm: Knowledge Versus Opportunism, in: Organization Science, 1996, S. 477 – 501.

Cooper, R./Kaplan, R.: Measure Costs Right: Make the Right Decisions, in: Harvard Business Review, 1988, S. 96 – 103.

Corsten, H.: Wettbewerbsstrategien. Möglichkeiten einer simultanen Strategieverfolgung, in: Costen, H./Reiß M. (Hrsg.), Handbuch Unternehmensführung, Wiesbaden 1995, S. 341 – 354.

Corsten, H.: Grundlagen der Wettbewerbsstrategie, Stuttgart 1998.

Dellmann, K.: Zum Stand der betriebswirtschaftlichen Theorie der Kostenrechnung, in: Zeitschrift für Betriebswirtschaft, 1979, S. 319 – 331.

Dellmann, K./Franz, K-P.: Von der Kostenrechnung zum Kostenmanagement, in: Dellmann, K./Franz K-P. (Hrsg.) Neuere Entwicklungen im Kostenmanagement, Bern 1994, S. 15 – 30.

Eichhorn, P.: Ökosoziale Marktwirtschaft, Ziele und Wege, Wiesbaden 1995.

Eversheim, W./Kümper, R.: Prozeß- und ressourcenorientierte Vorkalkulation in den Phasen der Produktentstehung, in: Kostenrechnungspraxis, Sonderheft 1, 1996, S. 45 – 52.

Fleck, A.: Hybride Wettbewerbsstrategien. Zur Synthese von Kosten- und Differenzierungsvorteilen, Wiesbaden 1995.

Franz, K-P./Kajüter, P.: Proaktives Kostenmanagement als Daueraufgabe, in: Franz, K-P./Kajüter, P. (Hrsg.), Kostenmanagement. Wettbewerbsvorteile durch systematische Kostensteuerung, Stuttgart 1997, S. 5 – 27.

Frese, E.: Grundlagen der Organisation, 3., vollständig neu bearbeitete Auflage, Wiesbaden 1987.

Friedl, B.: Strategieorientiertes Kostenmanagement in der Industrieunternehmung, in: Küpper, H-U./Troßmann, E. (Hrsg.) Das Rechnungswesen im Spannungsfeld zwischen strategischem und operativen Management, Berlin 1997, S. 413 – 432.

Funke, S.: Eignung der Vollkostenrechnung für die Zwecke der Kosten- und Leistungsrechnung bei hohen Fixkostenanteilen, in: Kostenrechnungspraxis, 1994, S. 324 – 329.

Helm, K.F.: Konzepte der Ergebnisrechnung, in: Männel, W. (Hrsg.) Handbuch Kostenrechnung, Wiesbaden 1992, S. 671 – 688.

Hiromoto, T.: Wie das Management Accounting seine Bedeutung zurückgewinnt, in: Horváth, P. (Hrsg.) Prozeßkostenmanagement, München 1991, S. 27 – 46.

Horváth, P.: Revolution im Rechnungswesen: Strategisches Kostenmanagement, in: Horváth, P. (Hrsg.) Strategieunterstützung durch das Controlling: Revolution im Rechnungswesen, Stuttgart 1990, S. 175 – 193.

Horváth, P./Brokemper, A.: Strategieorientiertes Kostenmanagement, in: Zeitschrift für Betriebswirtschaft, 1998, S. 581 – 604.

Hummel, S.: Die Forderung nach entscheidungsrelevanten Kosteninformationen, in: Männel, W. (Hrsg.) Handbuch Kostenrechnung, Wiesbaden 1992, S. 76 – 83.

Kaluza, B./Hakenmüller, J.: Integrationsmöglichkeiten von Deckungsbeitragsrechnung und Operations Research, in: Kostenrechnungspraxis, 1983, S. 79 – 88.

Kaluza, B.: Kosten- und Erlösrechnung bei neuen Technologien, in: Milling, P. (Hrsg.), Systemmanagement und Managementsysteme, Berlin 1991, S. 157 – 190.

Kaluza, B.: Kostenmanagement bei neuen Technologien, in: Dellmann, K./Franz, K.P. (Hrsg.), Neuere Entwicklungen im Kostenmanagement, Bern 1994, S. 371 – 421.

Kaluza, B.: Wettbewerbsstrategien und sozioökonomischer Wandel, in: Corsten, H. (Hrsg.), Produktion als Wettbewerbsfaktor, Wiesbaden 1995, S. 85 – 98.

Kaluza, B.: Dynamische Produktdifferenzierungsstrategie und moderne Produktionskonzepte, in: Schriftenreihe: Diskussionsbeiträge des Fachbereichs Wirtschaftswissenschaften der Gesamthochschule Duisburg, Duisburg 1996.

Kaluza, B./Kemminer, J.: Dynamisches Supply Management und Dynamische Produktdifferenzierungsstrategie – Moderne Konzepte für schlanke Industrieunternehmen, in: Kaluza, B./Trefz, J. (Hrsg.), Herausforderung Materialwirtschaft – Zur Bedeutung internationaler und nationaler Beschaffung, Hamburg 1997, S. 3 – 53.

Kaluza, B./Blecker, T.: Dynamische Produktdifferenzierungsstrategie und Produktionsnetzwerke, in: Produktionswirtschaft 2000. Perspektiven für die Fabrik der Zukunft, Wiesbaden 1999, S. 261 – 280.

Kaluza, B./Blecker, T.: Wettbewerbsstrategien. Markt- und ressourcenorientierte Sicht der strategischen Führung, München 2000.

Kaluza, B./Blecker, T.: Strategische Optionen der Unternehmung ohne Grenzen, in: Kaluza, B./Blecker, T. (Hrsg.), Produktions- und Logistikmanagement in Virtuellen Unternehmen und Unternehmensnetzwerken, Berlin 2000a, S. 533 – 567.

Kaplan, R.S./Norton, D.P.: Balanced Scorecard, Stuttgart 1997.

Kaplan, R.S./Norton, D.P.: Strategieumsetzung mit Hilfe der Balanced Scorecard, in: Gleich, R./Seidenschwarz, W.: Die Kunst des Controlling, München 1997, S. 313 – 342.

Kilger, W.: Der theoretische Aufbau der Kostenkontrolle, in: Zeitschrift für Betriebswirtschaft, 1959, S. 457 – 468.

Kilger, W.: Soll- und Mindestdeckungsbeiträge als Steuerungsinstrumente der betrieblichen Planung, in: Hahn, D. (Hrsg.), Führungsprobleme industrieller Unternehmungen, Berlin 1980, S. 299 – 317.

Kilger, W.: Grenzplankostenrechnung, in: Chmielewicz, K. (Hrsg.) Entwicklungslinien der Kosten- und Erlösrechnung, Stuttgart 1983, S. 57 – 81.

Kloock, J.: Kosten- und Leistungsrechnung, Düsseldorf 1984.

Knyphausen, z.D.: Why are Firms different? Der „Ressourcenorientierte Ansatz" im Mittelpunkt einer aktuellen Kontroverse im Strategischem Management, in: Die Betriebswirtschaft, 1993, S. 771 – 792.

Köhler R.: Beiträge zum Marketing-Management. Planung, Organisation, Controlling, Stuttgart 1991.

Körlin, E.: Profit Centers im Verkauf, Gauting 1992.

Kotler, P.: Marketing Management. Analyse, Planung und Kontrolle, 4., völlig neubearbeitete Auflage, Stuttgart 1982.

Kropfberger, D.: Marketingstudien. Entscheidungsorientierte Kosten- und Erfolgsrechnung im Marketing, Band 1, Linz 1983.

Kropfberger, D.: Erfolgsmanagement statt Krisenmanagement. Strategisches Management in Mittelbetrieben, Linz 1986.

Kropfberber, D.: Information als Wettbewerbsfaktor, in: 25 Jahre Universität Klagenfurt. Tagungsband zum Symposium „Kultur-Information- Informationskultur", Klagenfurt 1996.

Küpper, H-U.: Entwicklungslinien der Kostenrechnung als Controllinginstrument (Teil 1), in: Kostenrechnungspraxis, 1990, S. 11 – 16.

Küpper, H-U.: Anforderungen an die Kostenrechnung aus Sicht des Controlling, in: Männel, W. (Hrsg.) Handbuch Kostenrechnung, Wiesbaden 1992, S. 138 – 153.

Lauk, K.: Wertorientiertes Management und Controlling, in: Gleich, R./Seidenschwarz, W. (Hrsg.), Die Kunst des Controlling, München 1997, S. 487 – 505.

Link, H.: Die automatisierte Deckungsbeitragsflußrechnung als Instrument der Unternehmensführung, in: Zeitschrift für Betriebswirtschaft, 1978, S. 267 – 283.

Mahoney, J./Pandian, R.: The Resource-based View within the Conversation of Strategic Management, in: Strategic Management Jounal, 1992, S. 363 – 380.

Makido, T.: Recent Trends in Japan´s Cost Management Practices, in: Monden, Y./Sakurai, M. (Hrsg.), Japanese Management Accounting – A World Class Approach to Profit Management, Cambridge 1989, S. 3 – 13.

Männel, W.: Anpassung der Kostenrechnung an moderne Unternehmensstrukturen, in: Männel, W. (Hrsg.) Handbuch Kostenrechnung, Wiesbaden 1992, S. 105 – 137.

Männel, W.: Moderne Konzepte für Kostenrechnung, Controlling und Kostenmanagement, in: Kostenrechnungspraxis, 1993, S. 69 - 78

Männel, W.: Mängel und Gefahren traditioneller Vollkosten- und Nettoergebnisrechnungen, in: Kostenrechnungspraxis, 1994, S. 271 – 280.

Männel, W.: Prozeßorientiertes Ressourcencontrolling, in: Kostenrechnungspraxis, 1997, S. 113 – 115.

Männel, W.: Mängel und Gefahren traditioneller Vollkosten- und Nettoergebnisrechnungen, in: Männel, W. (Hrsg.), Entwicklungsperspektiven der Kostenrechnung, Lauf a. d. Pegnitz 1998, S. 37 – 59.

Michel, U.: Strategien zur Wertsteigerung erfolgreich umsetzen. Wie die Balanced Scorecard ein wirkungsvolles Shareholder Value Management unterstützt, in: Horváth, P. (Hrsg.), Das neue Steuerungssystem des Controllers. Von Balanced Scorecard bis US-GAAP, Stuttgart 1997, S. 273 – 287.

Miller, J./Vollmann, E.: The hidden factory, in: Havard Business Review, 1985, S. 142 – 150.

Marr, R./Picot, A.: Absatzwirtschaft, in: Heinen, E. (Hrsg.) Industriebetriebslehre. Entscheidungen im Industriebetrieb, 7., vollständig überarbeitete und erweiterte Auflage, Wiesbaden 1983, S. 509 – 618.

Meffert, H.: Die virtuelle Unternehmung: Perspektiven aus der Sicht des Marketing, in: Backhaus, K./Günter, B./Kleinaltenkamp, M./Plinke, W./Raffée, H.(Hrsg.), Marktleistung und Wettbewerb. Strategische und operative Perspektiven der marktorientierten Leistungsgestaltung, Wiesbaden 1997, S. 115 – 141.

Mellerowicz, K.: Neuzeitliche Kalkulationsverfahren, Freiburg im Breisgau 1966.

Monden, Y./Hamada, K.: Target Costing and Kaizen Costing in Japanese Automobile Companies, in: Journal of Management Accounting Research, 1991, S. 16 – 34.

Mussnig, W.: Dynamisches Target Costing. Von der statischen Betrachtung der Kosten zum strategischen Kostenmanagement, Wiesbaden 2001.

Nieschlag, R./Dichtl, E./Hörschgen, H.: Marketing, 13., unveränderte Auflage, Berlin 1983.

Pack, L.: Die in Entscheidungsmodellen relevanten Kosten, in: Wist, 1978, S. 358 – 367.

Pampel, J.: Ressourcenorientierung für das Kostenmanagement, in: Kostenrechnungspraxis, 1996, S. 321 – 330.

Perlitz, M./Bufka, J.: Erfolgreiches Wert-Management. Ergebnisse einer explorativen Studie, in: in: Perlitz, M./Offinger, A./Reinhardt, M./Schug, K. (Hrsg.), Strategien im Umbruch. Neue Konzepte der Unternehmensführung, Stuttgart 1997, S. 99 – 124.

Pfaff, D.: Kostenrechnung als Instrument der Entscheidungssteuerung – Chancen und Probleme, in: Kostenrechnungspraxis, 1996, S. 151 – 156.

Pfeiffer, W./Weiß, E.: Lean Management. Grundlagen der Führung und Organisation lernender Unternehmen, 2., überarbeitete und erweiterte Auflage, Berlin 1994.

Picot, A./Reichwald, R./Wiegand, R-T.: Die grenzenlose Unternehmung. Information, Organisation und Management, Wiesbaden 1996.

Piller, F.: Kundenindividuelle Massenproduktion. Die Wettbewerbsstrategie der Zukunft, München 1998.

Porter, M.E.: Competitive Strategy. Techniques for Analyzing Industries and Competitors, New York 1980.

Porter, M.E.: Wettbewerbsvorteile. Spitzenleistungen erreichen und behaupten, Frankfurt 1986.

Porter, M.E.: Wettbewerbsstrategien. Methoden zur Analyse von Branchen und Konkurrenten, 7. Aufl., Frankfurt 1992.

Prahalad, C./ Hamel, G.: The Core Competence and the Corporation, in: Havard Busniess Review, 1990, S. 79 – 91.

Prahalad, C./Hamel, G.: Nur Kernkompetenzen sichern das Überleben, in: Harvard Manager, 1991, S. 66 – 78.

Rappaport, A.: Creating Shareholder Value. The New Standard of Business Performance, New York 1994.

Riebel, P.: Einzelkosten- und Deckbeitragsrechnung, Opladen 1972.

Riebel, P.: Deckungsbeitrag und Deckungsbeitragsrechnung, in: Grochla, E./Wittmann, W. (Hrsg.), Handwörterbuch der Betriebswirtschaftslehre, Band I, Stuttgart 1974, Sp. 1137 - 1148

Roos. A./Stelter, D.: Die Komponenten eines integrierten Wertmanagementsystems, in: Controlling, 1999, S. 301 – 307.

Seidenschwarz, W.: Target Costing. Marktorientiertes Zielkostenmanagement, München 1993.

Schuh, G./Eisen, S./Dierkes, M.: Virtuelle Fabrik: Flexibles Produktionsnetzwerk zur Bewältigung des Strukturwandels, in: Kaluza, B./Blecker, T. (Hrsg.), Produktions- und Logistikmanagement in Virtuellen Unternehmen und Unternehmensnetzwerken, Berlin 2000, S. 61 – 88.

Schweitzer, M./Friedl, B.: Kostenmanagement bei verschiedenen Wettbewerbsstrategien, in: Becker, W. /Weber, J. (Hrsg.) Kostenrechnung. Stand und Entwicklungsperspektiven, Wiesbaden 1997.

Schweitzer, M./Küpper, H-U.: Systeme der Kosten- und Leistungsrechnung, 7. Auflage, München 1998.

Seicht, G.: Deckungsbeitragsrechnung als Hilfsmittel der Verkaufssteuerung, in: Der Markt, 1971, S. 55 – 65.

Siegert, T./Böhme, M.Pfingsten, F./Picot, A.: Marktwertorientierte Unternehmensführung im Lebenszyklus. Eine Analyse am Beispiel junger Geschäfte, in: Zeitschrift für betriebswirtschaftliche Forschung, 1997, S. 471 – 488.

Sierke, B.: Shareholder Value: Wertorientierte Unternehmenssteuerung mit Zukunft?, in: Bogaschewsky, R./Götze, U. (Hrsg.), Unternehmensplanung und Controlling, Heidelberg 1998, S. 67 – 84.

Stelter, D.: Wertorientierte Unternehmensführung, in: Perlitz, M./Offinger, A./Reinhardt, M./Schug, K. (Hrsg.), Strategien im Umbruch. Neue Konzepte der Unternehmensführung, Stuttgart 1997, S. 133 - 162

Thießen, F.: Shareholder Value – Am Anfang oder am Ende?, in: Egger, A./Grün, O./Moser, R. (Hrsg.), Managementinstrumente und –konzepte. Entstehung, Verbreitung und Bedeutung für die Betriebswirtschaftslehre, Stuttgart 1999, S. 387 – 416.

Thommen, J.P.: Managementorientierte Betriebswirtschaftslehre, 5., vollständig überarbeitete und erweitere Auflage, Zürich 1996.

Volkert, R.: Wertorientierte Unternehmensführung und Shareholder Value Management, in: Thommen, J-P. (Hrsg.), Management-Kompetenz, Wiesbaden 1995, S. 541 – 549.

Warnecke, H-J.: Agilität und Komplexität – Gedanken zur Zukunft produzierender Unternehmen, in: Schuh, G./Wiendahl, H-P. (Hrsg.), Komplexität und Agilität. Steckt die Produktion in der Sackgasse?, Berlin 1997, S. 1 – 8.

Weber, J.: Rechnungswesenwahl im Prozeßmanagement, in: Witt, F. (Hrsg.) Aktivitäts-Controlling und Prozeßkosten-Management, Stuttgart 1991, S. 39 – 70.

Wildemann, H.: Die Fabrik als Labor, in: Zeitschrift für Betriebswirtschaft, 1990, S. 611 – 630.

Wandel des Insurance Managements bei Produktions- und Produktrisiken

E. Helten / T. Hartung

1 Einleitung

2 Produktions- und Produktrisiken

    2.1 Produktionsbegriff und Produktionsprozeß

    2.2 Produktionsrisiken

    2.3 Produktrisiken

3 Traditionelle Form des Insurance Managements

    3.1 Insurance Management

    3.2 Versicherung

    3.3 Versicherungspool

    3.4 Selbstversicherung

    3.5 Beratungsleistungen: Schadenverhütung

4 Moderne Formen des Insurance Managements

    4.1 Franchisen

    4.2 Captives

    4.3 Alternativer Risikotransfer

    4.4 Beratungsleistungen: Risikomanagement-Prozeß

5 Fazit

Literatur

1 Einleitung

Modernes Wirtschaften ist zunehmend durch das Phänomen der Reorganisation der Arbeitsteilung gekennzeichnet. Zu Beginn wurde das Reengineering als innerbetriebliches Problem betrachtet, d. h. als Gestaltung der optimalen Dekomposition von Arbeitsvorgängen in selbständig innerbetrieblich bewältigbare Teilarbeitsschritte. Zwischenzeitlich ist der Fokus jedoch vermehrt auf inter-betriebliche Fragestellungen gerichtet. Im Mittelpunkt stehen Problemstellungen, in denen die optimale Aufteilung komplexer Arbeitsvorgänge simultan auf mehrere Wirtschaftbetriebe untersucht wird. Davon ist nicht nur die handwerklich oder industriell realisierte Sachgüterproduktion, sondern in jüngerer Vergangenheit zunehmend auch die Erstellung von Dienstleistungen betroffen. Kennzeichen dieser Entwicklung ist unter anderem die verstärkte Nachfrage nach externen Beratungsleistungen, die sogar bis zur beraterunterstützten Umsetzung konkreter Teilarbeitsschritte beispielsweise im Rahmen betrieblicher Reorganisationsmaßnahmen oder Einführung von EDV-Anwendungssystemen führen kann.

Als Auswirkungen der verstärkten Arbeitsteilung lassen sich insbesondere folgende neue Probleme anführen:

- Zunahme der Komplexität bei der Koordination der Teilleistungen,
- Zunahme der Qualitätsanforderungen an Teilleistungen,
- Anstieg des Risikopotentials aufgrund der gestiegenen Koordinationskomplexität und der erhöhten Qualitätsanforderungen.

Vor allem dem letzten Problem wird derzeit noch zu wenig Aufmerksamkeit zuteil.

Grundlegend für eine adäquate Risikobewältigung ist eine Risikodefinition, die sowohl auf die durch Arbeitsteilung separierten Teilleistungen als auch auf die Synthese der Teilleistungen zur Gesamtleistung anwendbar ist. Zu berücksichtigen sind vor allem die zwei Dimensionen des Risikobegriffs. Wesentliches Merkmal riskanter Sachverhalte und Prozesse ist einmal die objektiv (nachprüfbar) vorhandene Ungewißheit bzw. die individuell interpretierte Unsicherheit über zukünftige Ereignisse und Ereignisfolgen, sondern auch die durch diese Ereignisse ausgelöste Beeinträchtigung und gegebenenfalls die Nichterreichung der gesetzten Zielwerte. Wenn ein Informationsdefizit über das Erreichen festgesetzter Ziele besteht, bezeichnet man die Situation als riskant.[1] Bei arbeitsteilig organisierten Sachgüter- oder Dienstleistungserstellungsprozessen ist dieses Phänomen wegen der großen Zahl der Schnittstellen besonders häufig zu beobachten. Aufgrund unterstellbarer Ursache-Wirkungs-Ketten führen Abweichungen von definierten

---

[1] Vgl. Helten 1998, S. 195 f.; Helten, 1994, S. 3; Helten, 1989, S. 436 f.

Zielwerten bei einer Teilleistung zwangsläufig durch Fehlerfortpflanzung zu Abweichungen bei den nachgeordneten Teilleistungen bzw. bei der Gesamtleistung. Letztlich sind damit differenzierte Maßnahmen im Rahmen eines integrierten Risikomanagements notwendig, um die Erfüllung der erforderlichen Qualitätsanforderungen bei einzelnen Teilleistungen gewährleisten zu können. Hierfür stehen verschiedene Kategorien risikopolitischer Maßnahmen zur Verfügung.[2]

Eine der in der betrieblichen Praxis populärsten Kategorien des risikopolitischen Instrumentariums stellt die Schadenkostenüberwälzung und innerhalb dieser Kategorie das Instrument der Versicherung als Ausgleich eintretender finanzieller Zielabweichungen durch entsprechende Kompensationszahlungen seitens eines Versicherungsunternehmens dar. Die langjährige Tradition des Einsatzes dieses Instruments zeigt sich durch die Existenz eigener Versicherungsabteilungen in Industriebetrieben. Bestand der Aufgabenbereich dieser Abteilungen ursprünglich allein im Einkauf von Versicherungsdeckung und im Verwalten der von einem Unternehmen abgeschlossenen Versicherungsverträge, so hat sich der Aufgabenbereich zwischenzeitlich erheblich verändert. Im Rahmen eines übergeordneten Insurance Managements werden neben derartigen Verwaltungstätigkeiten neuerdings weitergehende Leistungen wie die Entwicklung betriebsadäquater Deckungskonzepte, die Suche nach alternativen risikopolitischen Handlungsmöglichkeiten, die Kostenoptimierung hinsichtlich des bestehenden Versicherungsschutzes oder die Beratung bei Fragestellungen des allgemeinen Risikomanagements gefordert.

Im folgenden werden daher betriebliche Produktions- und Produktrisiken, die primär als die für Qualitätsabweichungen verantwortlichen Faktoren gelten, analysiert. Ferner wird der bereits vollzogene und sich noch vollziehende Wandel im betrieblichen Insurance Management näher erläutert.

---

[2] So sieht die klassische betriebswirtschaftliche Einteilung beispielsweise die Unterscheidung zwischen ursachenbezogenen und wirkungsbezogenen risikopolitischen Maßnahmen vor, vgl. Philip, 1967, S. 70. Eine neuere betriebswirtschaftliche Einteilung differenziert zwischen den Maßnahmengruppen Risikomeidung, Risikominderung, Risikoüberwälzung und Risikoselbsttragung, vgl. Haller, 1975, S. 43ff. In der anglo-amerikanischen Literatur lassen sich verschiedene, zum Teil nicht vollständig überschneidungsfreie Kataloge finden, wie beispielsweise die Aufteilung der risikopolitischen Maßnahmen in die Kategorien risk avoidance, risk reduction, risk sharing, risk transfer, loss prevention, risk reserve und loss transfer.

2 Produktions- und Produktrisiken

2.1 Produktionsbegriff und Produktionsprozeß

In der betriebswirtschaftlichen Literatur werden mit dem Begriff der Produktion vielfältige reale Tatbestände beschrieben.[3] Die dabei auftretenden Unterschiede liegen vor allem im Umfang des gekennzeichneten Sachverhalts begründet. Im weitesten Sinn umfaßt Produktion alle Maßnahmen der wirtschaftlichen Wertschöpfung und damit sämtliche Tätigkeiten eines Unternehmens. Eine engere – und im weiteren Verlauf dieser Arbeit benutzte – Sichtweise betrachtet Produktion als Kombination von Produktionsfaktoren zum Zweck der betrieblichen Leistungserstellung. Durch die Konkretisierung der erstellten Leistung als materielle oder immaterielle Güter kann mittels dieses Begriffsverständnisses sowohl die handwerkliche bzw. industrielle Sachgüterproduktion als auch die Dienstleistungsproduktion beschrieben werden. Im engstmöglichen Sinn wird die Produktion auf die bloße Leistungserstellung von Sachleistungsbetrieben beschränkt und dabei bewußt auf die Erfassung der Dienstleistungserstellung verzichtet.

Grundsätzlich kann der Produktionsprozeß als dynamisches Modell in Form eines prozessualen Ablaufschemas dargestellt werden. In Verbindung mit dem klassischen deterministischen Input-Output-Modell, das die Transformation bestimmter vorgegebener Inputfaktoren in eine bestimmte Menge von Outputfaktoren mit definierter Qualität abbildet, kann der Produktionsprozeß gemäß der folgenden Abbildung modelliert werden.

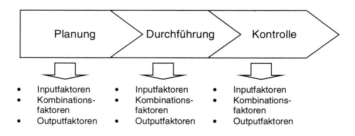

Abb. 1: Produktionsprozeß[4]

---

[3] Vgl. Hörschgen, 1992, S. 375 f.; Härterich, 1987, S. 62 ff.

[4] In Anlehnung an Härterich, 1987, S. 68.

Die Inputfaktoren setzen sich aus den betriebswirtschaftlichen Produktionsfaktoren menschliche Arbeit, Betriebsmittel, Werkstoffe und Informationen bzw. Know-how zusammen. Seit Gutenberg wird dabei eine Klassifizierung in Elementarfaktoren und dispositive Arbeit vorgenommen.[5] Als Elementarfaktoren werden die produktiven, den Prozeß der betrieblichen Leistungserstellung gestaltenden Faktoren bezeichnet. Die dispositive Arbeit kennzeichnet hingegen alle Tätigkeiten, die mit der Lenkung und Leitung eines Betriebs verbunden sind. Bei Beachtung des ökonomischen Prinzips, d. h. unter der Vorstellung, daß mit einem gegebenen Inputeinsatz ein möglichst hoher Output bzw. mit möglichst geringem Inputeinsatz ein vorgegebener Output erzielt werden soll, müssen für die jeweiligen Inputfaktoren quantitative und qualitative Ziele festgelegt werden. Die klassische Produktionstheorie bestimmt dann aus den bekannten Mengen an Inputfaktoren mit Hilfe deterministischer Ursache-Wirkungs-Beziehungen präzise die Menge an Outputfaktoren, die durch die Kombination der Produktionsfaktoren im Produktionsprozeß generiert wird.

In der besser an das reale Geschehen angenäherten stochastischen Perspektive wird nicht mehr von der exakten Zielerreichung ausgegangen. Die Kombination der Inputfaktoren bzw. deren Transformation in Outputfaktoren wird durch die Komponenten Produktionsprogramm, Produktionsverfahren, Losgröße, Betriebszeit und Standort maßgeblich bestimmt bzw. beeinflußt.[6] Um Leistungen im Rahmen eines Produktionsprogramms erstellen zu können, ist der Einsatz verschiedener Produktionsverfahren im Sinne einer technologischen Gestaltung der Inputfaktorenkombination erforderlich. Eine derartige technologische Gestaltung ist dabei nicht nur für die Erstellung von Sachgütern relevant, sondern auch für die Dienstleistungsproduktion. Im Unterschied zur Sachgüterproduktion kommt es jedoch bei der Dienstleistungserstellung weniger auf den Einsatz von Technik mittels Maschinen und Anlagen an, sondern verstärkt auf exaktes methodisches Vorgehen und auf die Berücksichtigung des externen Faktors, der naturgemäß schwer planbar ist.

Als Ergebnis des Produktionsprozeß resultieren schließlich die Outputfaktoren. Die so entstandenen Produkte sind Sachgüter oder Dienstleistungen. Eine entsprechende Beschreibung des Outputs erfolgt vor allem durch die Ausbringungsqualität und durch die Ausbringungsmenge.[7]

Entsprechend der obigen Darstellung des Produktionsprozesses sind für die darin enthaltenen Elemente entsprechende Zielsetzungen festzulegen. Dazu kann, aus-

---

[5] Vgl. Gutenberg, 1983, S. 2 ff.
[6] Vgl. Härterich, 1987, S. 72 ff.
[7] Vgl. Härterich, 1987, S. 76 f.

gehend von den Zielen, die für die jeweiligen betrieblichen Leistungen, d. h. für die Produkte, festgelegt werden, rekursiv mittels einer Zielhierarchie auf die entsprechenden Ziele der einzelnen Prozeßstufen zurückgeschlossen werden (vgl. Abbildung 2).

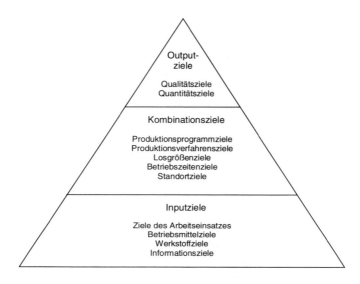

Abb. 2: Produktionsziele

Beispielsweise kann für eine betriebliche Leistung als Qualitätsziel festgelegt werden, daß bestimmte, vom Abnehmer der Leistung gewünschte oder geforderte Anforderungen innerhalb eines bestimmten Toleranzintervalls erreicht werden müssen. Daraus ergeben sich abgeleitete Ziele hinsichtlich der Gestaltung des Produktionsprogramms und der zur Erbringung der Leistung anzuwendenden Produktionsverfahren. Ebenso müssen für die in die Leistung eingehenden Werkstoffe und das für ihre Erstellung notwendige Know-how entsprechende Ziele gesetzt werden. Die untergeordneten Ziele dienen dabei grundsätzlich der Erreichung der übergeordneten Ziele, stehen also mit diesen in Mittel-Zweck-Beziehungen.

2.2 Produktionsrisiken

Mit Hilfe der Definition von Risiko als Informationsdefizit über das Erreichen von Zielen lassen sich nun die mit der Produktion verbundenen Risiken konkretisieren. Entsprechend der Komponenten des Produktionsprozesses und den damit verbundenen Zielen kann die folgende Systematisierung der Risiken nach Input-

Risiken, Kombinationsrisiken und Output-Risiken vorgenommen werden (vgl. Abbildung 3):

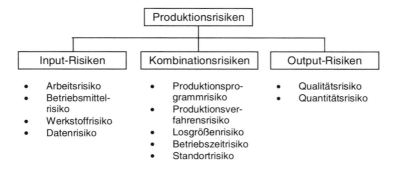

Abb. 3: Systematik der Produktionsrisiken[8]

Jede dieser Risikokategorien läßt sich in weitere Sub-Kategorien unterteilen. So können beispielsweise in der Kategorie der Input-Risiken differenzierte Risikotypen als mögliche Zielabweichungen hinsichtlich des geplanten Arbeitseinsatzes (Arbeitsrisiko), als mögliche Zielabweichungen hinsichtlich vorgegebener Anforderungen bei den eingesetzten Betriebsmitteln (Betriebsmittelrisiko) oder Werkstoffen (Werkstoffrisiko) sowie als mögliche Zielabweichung hinsichtlich notwendiger Daten oder Know-how (Datenrisiko), wie zum Beispiel Kenntnisse über moderne Fertigungsverfahren, spezifiziert werden. Von maßgeblicher Bedeutung ist nun, daß eine isolierte Identifizierung und Analyse dieser Risiken nicht ausreicht. Vielmehr erfordert ein ganzheitliches Risikomanagement, daß Abhängigkeiten zwischen den einzelnen Risikotypen ermittelt werden und insbesondere Auswirkungen des Zusammenwirkens mehrerer Risiken auf übergeordnete Unternehmensziele, wie zum Beispiel auf das Gewinnziel, geschätzt werden.

Insbesondere sind diejenigen neuralgischen Stellen im Produktionsprozeß zu identifizieren, bei denen sich Zielverfehlungen bzw. Störungen im Betriebsablauf unmittelbar und anhaltend auf übergeordnete Zielerreichungen auswirken. Vor allem wenn aufgrund potentieller Schäden langanhaltende Betriebsunterbrechungen drohen, sind entsprechende Maßnahmen zu eruieren, die geeignet sind, daraus entstehende Folgeschäden bzw. in letzter Konsequenz Ertragsausfälle zu begrenzen. Hinzu kommt, daß mit steigender Komplexität des Produktionsprozesses meist die Zahl der Störfälle anwächst. Je mehr betriebseigene oder –fremde Fertigungseinheiten an der Erstellung betrieblicher Leistungen beteiligt sind und um so stärker die Vernetzung und damit die Abhängigkeiten zwischen diesen Ein-

---

[8] In Anlehnung an Härterich, 1987, S. 90.

heiten ausgeprägt ist, desto schwerer wirken sich auch kleine Zielabweichungen bei einer der Einheiten auf die Gesamtleistung aus.[9]

2.3 Produktrisiken

In der betriebswirtschaftlichen Literatur werden Produktrisiken keinesfalls einheitlich dargestellt. Es werden unterschiedliche Klassifizierungen vornehmlich anhand der Bandbreite der als Produktrisiken gekennzeichneten Risikotypen vorgenommen. So subsumiert eine der weitgehendsten Systematiken beispielsweise unter dem Begriff des Produktrisikos die Risikoarten Beschaffungsrisiken, Entwicklungsrisiken, Produktionsrisiken, Lager- und Transportrisiken, Absatzrisiken und Haftungsrisiken.[10] In einer derartigen Kategorisierung werden demnach alle mit dem Produktionsprozeß verbundenen Risiken, beginnend bei Risiken der Inputbeschaffung bis hin zu Risiken der Distribution der erstellten Leistung unter dem Oberbegriff des Produktrisikos gefaßt. Enger gehaltene Darstellungen weisen hingegen lediglich die vom Endpunkt der Fertigung bis zur definitiven Auslieferung der Produkte auftretenden Risiken als Produktrisiko aus.[11] Darunter fallen dann Lagerrisiken, Transportrisiken sowie Haftungsrisiken. Auch hier werden jedoch noch Risiken, die weniger durch das Produkt selbst als vielmehr bei der Distribution der betrieblichen Leistung anfallen unter dem Begriff des Produktrisikos ausgewiesen. Entsprechend sollen hier als Produktrisiken nur diejenigen möglichen Zielabweichungen verstanden werden, die sich unmittelbar aus der Beschaffenheit der betrieblichen Leistung ergeben. In erster Linie sind dies die Haftungsrisiken, die sich aus dem in den Verkehr Bringen der Leistungen ergeben.

Die Ursachen für Produkthaftpflichtrisiken können in den folgenden Fehlerquellen gesehen werden:[12]

1. Dem Produzent unterläuft ein Konstruktions- bzw. Entwicklungsfehler, d. h. bereits in der Phase vor der serienmäßigen Herstellung eines Produkts treten Fehler auf, die auf Mängel in der Planung und Konstruktion eines Produkts oder der Auswahl geeigneter Produktionsverfahren zurückzuführen sind. Damit sind in der Regel sämtliche erzeugten Produkte für ihren eigentlich angedachten Zweck ungeeignet.

---

[9] Vgl. Schweizer Rück, 1997, S. 12.
[10] Vgl. Hoffmann, 1985, S. 204.
[11] Vgl. Härterich, 1987, S. 91.
[12] Vgl. Helten, 1984, S. 21 ff.

2. Die Produktion ist fehlerhaft, d. h. es liegt ein Fabrikationsfehler respektive Produktionsfehler vor. In diesen Fällen ist das Produkt zwar grundsätzlich für den vorgesehenen Zweck geeignet, aber aufgrund menschlichen oder technischen Versagens während des Produktionsvorgangs weisen Einzelstücke oder bestimmte Serien Mängel auf, die beim Produktanwender zu Schäden führen können.

3. Ein erklärungsbedürftiges Produkt wird dem Konsumenten nicht richtig erklärt, d. h. aufgrund eines Instruktions- oder Informationsfehlers können beim Anwender eines Produkts Schäden auftreten, die nicht von Mängeln im Produkt an sich, sondern von unzureichender Beratung oder Anweisung über die Verwendung des Produkts herrühren.

Um potentielle Schadenhöhen abschätzen zu können, ist es entscheidend, sich bewußt zu machen, daß Haftpflichtschäden nicht nur als Konsumentenschäden bei der Anwendung von Produkten, sondern auch als Schäden im interindustriellen Einsatz auftreten können, z. B. bei der Lieferung fehlerhafter Vorprodukte. Unmittelbar können aufgrund fehlerhafter Produkte Sach-, Personen- oder Vermögensschäden eintreten, mittelbar sind auch Folgeschäden mit einzubeziehen, die sich beispielsweise als Umsatzeinbußen, Betriebsunterbrechungen oder ähnliches äußern können.

Insbesondere aufgrund der zunehmend verschärften gesetzlich verankerten Haftung eines Unternehmens für die erstellten und vertriebenen Leistungen, gewinnen Produktrisiken zunehmend an Bedeutung. Für im US-amerikanischen Raum tätige Firmen können die teilweise exorbitant hohen Strafmaße bzw. Schadenersatzansprüche der dortigen Gerichtsbarkeit im Falle eines Produktfehlers existenzbedrohend werden.[13] Aber auch im europäischen Raum ist in den letzten Jahren eine zunehmende Verschärfung der Haftung für Produktfehler zu beobachten. Hervorzuheben ist hierbei die Implementierung einer verschuldensunabhängigen Haftung eines Herstellers und ihm gleichgestellter Personen, wie beispielsweise Zulieferer, in die jeweiligen nationalen Rechtssysteme.

---

[13] Erschwerend kommt in diesen Fällen hinzu, daß US-amerikanische Gerichte ihre Zuständigkeit sehr weit ausdehnen. In extremen Fällen genügt es, daß es die Tätigkeit eines Unternehmens wahrscheinlich macht, daß seine Produkte in den jeweiligen Bundesstaat gelangen, um Haftungsansprüche im Falle von Produktfehlern begründen zu können.

3 Traditionelle Form des Insurance Managements

3.1 Insurance Management

Mit dem Begriff des Insurance Managements werden alle Aktivitäten eines Nicht-Versicherungsunternehmens in bezug auf die Gestaltung seiner Beziehungen zum Versicherungsmarkt erfaßt. Ziel ist es, mittels verschiedener Strategien und Verfahren die Bildung finanzieller Reserven beispielsweise über den Einkauf von Versicherungsschutz zu optimieren.[14] Damit betrifft das Insurance Management in erster Linie die sog. reinen Risiken, die als grundsätzlich versicherbar gelten.[15] Historisch ist das Insurance Management der Entwicklung des ganzheitlichen Risikomanagements vorgelagert.[16] Die Anfänge eines umfassenden Risikomanagements lassen sich bei amerikanischen Großunternehmen in den 50er Jahren identifizieren. Ursächlich bedingt durch ein anwachsendes Risikopotential, verstärkte finanzielle Belastungen durch kontinuierlich steigende Versicherungsprämien und zunehmende Marketingaktivitäten der Versicherungsgesellschaften nahm damals die Tendenz zu, die bestehende Versicherungspolitik systematisch zu überprüfen und neu zu strukturieren.[17] Demnach richtete sich der Fokus zunächst ausschließlich auf die Optimierung des Versicherungsbestands, indem die von verschiedenen Unternehmensbereichen abgeschlossenen Verträge aufeinander abgestimmt wurden, ein einheitliches Versicherungsniveau geschaffen und die Gesamtprämienbelastung bei gleichbleibendem Sicherheitsniveau reduziert wurde.

Heute ist das Insurance Management als Teilbereich des Risikomanagements eines Unternehmens zu organisieren. Ziel ist es, den Versicherungsschutz im Unternehmen hinsichtlich Umfang und Kosten zu optimieren, weitere Leistungen von Versicherungsunternehmen zu koordinieren und alternative Möglichkeiten zur Risikofinanzierung[18] zu entwickeln.

---

[14] Vgl. Helten, 1989, S. 436.
[15] Vgl. Brühwiler / Stahlmann / Gottschling, 1999, S. 29; Hahn / Krystek, 1997, S. 3280.
[16] Vgl. Wätke, 1982, S. 5 f.
[17] Vgl. Imboden, 1983, S. 85.
[18] Zum Begriff der Risikofinanzierung vgl. Helten, 1998, S. 202.

3.2 Versicherung

Hauptaufgabe des klassischen Insurance Managements war es, Versicherungsschutz zur Deckung bedeutender unternehmensrelevanter Risiken einzukaufen. Dabei wurde akzeptiert, daß eintretende Zielabweichungen im Produktionsbereich prinzipiell nicht verhindert werden, sondern ein Ausgleich der daraus resultierenden finanziellen Folgen im Rahmen eines abstrakten Leistungsversprechens durch ein Versicherungsunternehmen erfolgt.

Mit der Möglichkeit inländischer Unternehmen, Produktions- und Produktrisiken auch außerhalb des deutschen Versicherungsmarktes zu plazieren, wandelte sich die Aufgabe des Insurance Managements von der Durchführung eines reinen Preisvergleichs hin zu umfassenderen Produktvergleichen für bestimmte Versicherungsarten. Entscheidungskriterien für die Wahl eines geeigneten Versicherungsunternehmens stellen im internationalen Kontext neben der Versicherungsprämie in zunehmendem Maße die Bonität des Versicherers sowie Serviceaspekte, wie zum Beispiel das Angebot von Beratungsleistungen oder die Schadenregulierungsmodalitäten im Schadenfall, dar. Dabei muß vor allem das internationale Versicherungsangebot dahingehend geprüft werden, welche anderen Tarifierungskriterien, welche Ausgleichszeiträume und welche Versicherungssteuern zugrundeliegen.

Ein weiterer Aspekt, der dem klassischen Insurance Management im Sinne eines optimierten Versicherungseinkaufs wieder eine gestiegene Bedeutung zukommen läßt, sind in den vergangenen Jahren entwickelte versicherungstechnische Produktinnovationen. So lassen sich mittels neuerer Versicherungsprodukte wie All-Risk-Versicherung, Vertrauensschadendeckung, Directors & Officers-Liability-Versicherung oder Rückrufkostenversicherung diffizilere Deckungskonzepte im Bereich der Produktions- und Produktrisiken entwickeln.[19]

3.3 Versicherungspool

Die Gründung von Versicherungspools erfolgt, wenn Risiken zwar mit verhältnismäßig niedrigen Schadenwahrscheinlichkeiten, aber mit ungewöhnlich hohem Schadenpotential behaftet sind. Aufgrund der daraus resultierenden schweren Kalkulierbarkeit ist die Übernahme derartiger Risiken für einzelne Versicherungsunternehmen nicht zu bewerkstelligen. Ein Versicherungspool stellt entsprechend einen Zusammenschluß mehrerer Erst- und Rückversicherungsunter-

---

[19] Vgl. Brühwiler / Stahlmann / Gottschling, 1999, S. 14.

nehmen dar, die als Mitversicherungsgemeinschaft bzw. Risikoaufteilungsgemeinschaft mit dem Zweck der gemeinsamen Tragung von Risiken auftreten.[20]

Jedes Poolmitglied stellt dem als BGB-Gesellschaft organisierten Pool einen bestimmten Betrag, bis zu dem es im Schadenfall dann auch haftet, als Zeichnungskapazität zur Verfügung. Gleichzeitig verpflichten sich die Poolmitglieder, sämtliche im Poolvertrag festgelegten Risiken nur im Rahmen des Pools zu zeichnen und an allen in den Pool eingebrachten Risiken eine zuvor festgelegte Quote zu übernehmen.[21] Der Pool kann dann als Erstversicherer oder als Rückversicherer im Versicherungsmarkt auftreten. Tritt der Pool als Erstversicherer auf (Mitversicherungspool), so werden dem Versicherungsnehmer die einzelnen Poolmitglieder und deren Anteile offengelegt. Bei einem Rückversicherungspool werden die Risiken zunächst von einem Poolmitglied abgeschlossen und dann – meist zu 100 % – in den nicht nach außen in Erscheinung tretenden Pool eingebracht.[22]

Versicherungspools spielen für die Absicherung von Produktions- und Produktrisiken eine bedeutende Rolle. Vor allem dann, wenn die möglichen Folgen qualitativer Mängel einer betrieblichen Leistung zu exorbitant hohen Schäden führen können und die Ersteller der Leistung dafür haften, sind einzelne Versicherer häufig nur im Rahmen einer Mitversicherungs- oder Poollösung dazu bereit, für dieses Haftungsrisiko Versicherungsschutz zu gewähren. Die im nationalen Raum bedeutendsten Versicherungspools sind die Deutsche Kernreaktor-Versicherungsgemeinschaft (DKVG), welche die Sach- und Haftpflichtversicherung für Kernkraftwerke übernimmt[23], der Deutsche Luftpool (DLP), der Deckung für Unfall-, Haftpflicht- und Kaskorisiken der Luftfahrt anbietet, sowie die Deutsche Pharma-Rückversicherungs-Gemeinschaft, welche die Träger der Pflicht-Haftpflichtversicherung von Personenschäden durch Arzneimittel rückversichert.

3.4 Selbstversicherung

Die Selbstversicherung kennzeichnet den Ausgleich zwischen einer Vielzahl von Einzelrisiken eines Unternehmens, indem unternehmensintern Reserven gebildet werden und auf die Abgabe versicherbarer Risiken an externe Risikoträger verzichtet wird. Die Höhe der Reserven und die als notwendig erachteten Zuflüsse

---

[20] Vgl. Liebwein, 2000, S. 36; Schmidt, 1988, S. 346.

[21] Vgl. Gerathewohl, 1976, S. 134.

[22] Vgl. Gerathewohl, 1976, S. 134.

[23] Der DKVG gehören derzeit 84 in Deutschland zugelassene Versicherungsunternehmen an. Sie zeichnet für Rechnung der Mitgliedsunternehmen weltweit Nuklearrisiken im Rückversicherungsgeschäft. Vgl. GDV, 1999, S. 94.

werden wiederum gemäß versicherungstechnischer Überlegungen berechnet.[24] Das Konstrukt der Selbstversicherung ist damit als unternehmensintern gebildeter Schadenfonds interpretierbar.[25]

Die auf diese Art und Weise betriebene unternehmensinterne Selbstversicherung entspricht keiner Versicherung im rechtlichen Sinne. Die Kongruenz zur externen Versicherungsnahme liegt jedoch in der kollektiven Zusammenfassung vieler unabhängiger Einzelrisiken — wenn auch diese hier nur einen Risikoträger betreffen — und deren Ausgleich im Kollektiv und gegebenenfalls auch in der Zeit begründet.

Als Beweggrund für die Wahl der Alternativen Selbstversicherung gegenüber einer Fremdversicherungslösung werden häufig Kosteneinsparungspotentiale genannt. So ist Selbstversicherung der Fremdversicherung immer dann überlegen, wenn die Betriebskosten für die Selbstversicherung die Betriebskostenzuschläge in der Fremdversicherungsprämie unterschreiten.[26] Daneben entfallen die in den Fremdversicherungsprämien enthaltenen Vermittlerprovisionen. Schließlich sind die im Rahmen der Selbstversicherung ermittelten Schaden- und Betriebsaufwendungen im Gegensatz zur Versicherungsprämie nicht bereits zu Beginn der Versicherungsperiode auszahlungswirksam, so daß die im Unternehmen gehaltenen Mittel ertragbringend angelegt werden können.

Diese Vorteile werden allerdings durch die differenzierte steuerliche Behandlung von Fremdversicherung und Selbstversicherung kompensiert. Während die an ein Versicherungsunternehmen gezahlten Prämien als steuerlich abzugsfähige Kosten gelten, sind betriebsinterne Reserven aus versteuertem Gewinn zu bilden. Zur korrekten Erfassung der für die Reservebildung tatsächlich anfallenden Kosten sind daher entsprechend kalkulatorische Kosten auf Basis der aktuellen Kapitalmarktzinsen zu berechnen.

3.5 Beratungsleistungen: Schadenverhütung

Der Preis für das am Markt angebotene Gut Versicherungsschutz bestimmt sich in erster Linie durch die mit dem versicherten Risiko verbundenen Schadeneintritts- und Schadenhöhenwahrscheinlichkeiten. Eine Prämienreduzierung kann für Unternehmen beispielsweise dadurch erzielt werden, daß neben dem Einkauf von Versicherungsdeckung weitere risikopolitische Maßnahmen eingesetzt werden,

---

[24] Vgl. Hets, 1995, S. 8; Müller, 1988, S. 781.
[25] Vgl. Wagner, 2000, S. 446.
[26] Vgl. Müller, 1988, S. 782.

die nachweislich zur Reduktion der Schadeneintrittswahrscheinlichkeit oder der möglichen Schadenhöhe führen. Daneben ist erfolgreich implementierte Schadenverhütung und ein in der Folge daraus reduziertes Schadenpotential häufig eine notwendige Bedingung, um überhaupt Versicherungsschutz gewährt zu bekommen. Ein nicht versicherbares Risiko wird durch geeignete Schadenverhütungsmaßnahmen eventuell versicherbar.

Auch für Versicherungsunternehmen bietet das Wissen um die Durchführung schadenverhütender Maßnahmen bei den Versicherungsnehmern Vorteile. Viele Risiken werden erst dadurch kalkulierbar, daß aufgrund des Einsatzes bestimmter technischer Vorkehrungen mit bestimmten maximalen Schadenhöhen zu rechnen ist. Des weiteren können Risiken leichter zu homogenen Kollektiven zusammengefaßt werden, wenn schadenverhütende Maßnahmen dazu führen, daß die letztlich verbleibende Schadenverteilung leichter bestimmbar wird. Zudem wird häufig die Durchführung bestimmter Schadenverhütungsmaßnahmen seitens der Versicherungsunternehmen vertraglich fixiert, um das Problem des moralischen Risikos[27] zu bewältigen. Wird nämlich einem Versicherungsnehmer voller Versicherungsschutz gewährt, sinkt dessen Anreiz, auf freiwilliger Basis schadenverhütend tätig zu werden. Dies kann sogar so weit führen, daß bislang vollzogene Maßnahmen in Zukunft unterlassen werden, da möglicherweise auftretende Schäden vom Versicherungsunternehmen getragen werden. Letztlich steigt damit die Schadeneintrittswahrscheinlichkeit und folglich, aufgrund nicht mehr risikogerecht kalkulierter Prämien, für das Versicherungsunternehmen dessen versicherungstechnisches Risiko.[28]

Aufgrund dieser Tatsache ist die Beratung im Bereich der Schadenverhütung seit langem eine der bedeutendsten Zusatzleistungen der Versicherungswirtschaft. Neben der Bereitstellung statistischer Auswertungen werden den Versicherungsnehmern Ergebnisse der versicherungseigenen Schaden- und Unfallforschung zur Verfügung gestellt, auf deren Basis dann die Entwicklung technischer oder organisatorischer Maßnahmen zur Schadenverhütung erfolgen kann.

---

[27] Vgl. zum moralischen Risiko Helten / Hartung, 2001 bzw. Eisen, 1976.

[28] Das versicherungstechnische Risiko beschreibt für ein Versicherungsunternehmen die Gefahr, daß der Gesamtschaden eines Bestandes einer Versicherungsperiode die kalkulierte Prämie zuzüglich der vorhandenen Sicherheitsmittel übersteigt, vgl. Helten, 1994, S. 7 f.

4 Moderne Formen des Insurance Managements

4.1 Franchisen

Der Umfang von Entschädigungsleistungen und der dazu korrespondierenden Prämien kann durch die Vereinbarung bestimmter Formen der Selbstbeteiligung reduziert werden. Franchisen stellen in diesem Zusammenhang eine zwischen dem Versicherungsnehmer und dem Versicherungsunternehmen vereinbarte Betragsgrenze dar, bis zu der der Versicherungsnehmer Schäden selbst trägt.[29] Je nach Art der vereinbarten Franchise ergeben sich bei Überschreitung des Franchisebetrags unterschiedliche Konsequenzen. Eine Integralfranchise führt dazu, daß das Versicherungsunternehmen den Schaden voll trägt, sobald der Schaden den vereinbarten Franchisebetrag übersteigt. Im Rahmen einer Abzugsfranchise wird der vom Versicherungsnehmer zu tragende Franchisebetrag vom Schaden abgezogen und der verbleibende Restschaden vom Versicherungsunternehmen übernommen. Eine Kombination der genannten Franchisearten stellt die verschwindende Abzugsfranchise dar. Hier sind zwei Betragsgrenzen festzulegen. Bei Schäden bis zum niedrigeren Wert hat der Versicherungsnehmer die Schäden voll selbst zu übernehmen, bei Schäden ab dem höheren der beiden Werte zahlt das Versicherungsunternehmen voll. Bei Schäden zwischen den beiden Betragsgrenzen erfolgt eine Aufteilung der Schäden zwischen Versicherungsunternehmen und Versicherungsnehmer. Eine Zeitfranchise liegt vor, wenn die Übernahme eintretender Schäden seitens des Versicherungsunternehmens erst nach Ablauf einer gewissen Zeitspanne erfolgt. Sie ist in der Betriebsunterbrechungsversicherung üblich, um den Versicherungsnehmer zur Schadenminderung zu motivieren.

Ziel der Vereinbarung einer Franchise ist es, die kostenintensive Regulierung einer hohen Anzahl von Bagatellschäden zu vermeiden, so daß im Gegenzug Prämiensenkungen gewährt werden können. Zudem trägt eine Franchise dazu bei, das moralische Risiko auf Seiten des Versicherungsnehmers zu senken, da dieser aufgrund seiner Beteiligung an eintretenden Schäden Anreize für entsprechende Vorsorgemaßnahmen bzw. entsprechendes Vorsorgeverhalten erhält.[30]

---

[29] Vgl. Sterk, 1979, S. 181 ff.
[30] Vgl. Schradin, 1994, S. 360; Sterk, 1988, S. 775.

4.2 Captives

Eine Captive Insurance Company – oder kurz Captive – stellt eine Versicherungsgesellschaft dar, die als Tochtergesellschaft eines Nicht-Versicherungsunternehmens bzw. eines Konzerns schwerpunktmäßig die Risiken dieser Unternehmen und der damit verbundenen Gesellschaften versichert.[31] Im Gegensatz zur unternehmensinternen Selbstversicherung agieren Captives selbständig und mit eigener Rechtspersönlichkeit. In erster Linie werden Captives zur Versicherung von Sach- und Vermögensschäden eingesetzt,[32] so daß dieses Instrument vor allem auch für die Deckung von Produktions- und Produktrisiken hohe Relevanz aufweist. Insbesondere eignen sich Captives zur Deckung kleinerer und mittlerer Risiken, für die ansonsten Versicherungslösungen zu teuer wären bzw. die den Charakter von Geldwechselgeschäften aufweisen, sowie zur Deckung von Risiken, die als schwer oder kaum versicherbar gelten.

Captives lassen sich nach verschiedenen Kriterien unterscheiden. Beispielsweise kann danach differenziert werden, ob die Captive als Erstversicherer oder als Rückversicherer auftritt.[33] Hinsichtlich der Eigentums- bzw. Beteiligungsverhältnisse werden Single-Parent-Captives und Group-Owned-Captives unterschieden, sowie hinsichtlich des Sitzlandes Off-Shore-Captives[34], die außerhalb des Sitzlandes der Muttergesellschaft residieren, und On-Shore-Captives, bei denen das Sitzland der Muttergesellschaft und das der Captive identisch sind.[35]

Für ein Unternehmen muß die Gründung einer Captive betriebswirtschaftliche Vorteile gegenüber anderen risikopolitischen Instrumenten wie Selbstversicherung oder Fremdversicherung aufweisen. Gegenüber einer Fremdversicherungslösung bietet eine Captive den Vorteil, mit geringeren Vertriebs- und Administrationskosten agieren und einen direkten Zugang zum Rückversicherungsmarkt auch für Industrieunternehmen erschließen zu können. Daneben lassen sich zyklische Prämienschwankungen im Versicherungsmarkt durch eine Captive ausgleichen und damit eine höhere Planungssicherheit hinsichtlich des zukünftig notwendigen

---

[31] Vgl. Hets, 1995, S. 8.

[32] Vgl. Brühwiler / Stahlmann / Gottschling, 1999, S. 44.

[33] Zu den damit jeweils verbundenen Implikationen vgl. Reinhard, 1999, S. 36 ff.

[34] Off-Shore-Captives werden meist mit dem Ziel gegründet, die Gewinnsteuerbelastung des Captives zu minimieren und die Einbeziehung in nationale Versicherungsaufsichtssystem zu vermeiden. Folglich sind die wichtigsten Standorte für Captives Steueroasen wie zum Beispiel die Bermudas, die Caymans, Guersey, Luxemburg, die Isle of Man, Dublin, Liechtenstein und die Schweiz, vgl. Brühwiler / Stahlmann / Gottschling, 1999, S. 45; Bawcutt, 1991, S. 121 ff.

[35] Vgl. Wätke, 1982, S. 99 f.

Prämienaufkommens für Versicherungsschutz erzielen. Gegenüber der Selbstversicherung bestehen steuerliche Vorteile dahingehend, daß die Prämienzahlungen an den Captive steuerlich anerkannt werden bzw. sich in weit größerem Ausmaß versicherungstechnische Rückstellungen bilden lassen als klassische Bilanzrückstellungen im Unternehmen.[36] Schließlich profitiert die Muttergesellschaft vom eigenen guten Schadenverlauf, da die an den Captive abgeführte Versicherungsprämie weiterhin im Konzern bzw. zumindest im unmittelbaren Umfeld des Unternehmens verbleibt.

4.3 Alternativer Risikotransfer

Der Begriff des Alternativen Risikotransfers enthält alle Methoden und Möglichkeiten der Weitergabe von traditionell an (Rück-)Versicherungsunternehmen übertragenen Risiken an Teilnehmer der internationalen Finanzmärkte mittels kapitalmarktspezifischer Instrumente.[37] Als Begründung für die Entwicklung derartiger Bemühungen werden vor allem die zu Beginn der 90er Jahre anwachsenden Schäden durch Naturkatastrophen und die daraus sich entwickelnden Kapazitätsengpässe auf den herkömmlichen Versicherungsmärkten angeführt.[38] Wurde daher zunächst versucht, schwerpunktmäßig Deckungskapazitäten für Wirbelsturm- und Erdbebenrisiken durch Gestaltung entsprechender Finanzinstrumente zu generieren, hat sich das Spektrum der auf den Kapitalmarkt transferierten Risiken zwischenzeitlich erweitert, so zum Beispiel auch auf Kreditrisiken.

Als geeignetes Instrumentarium zum Transfer der Risiken auf Kapitalmarktakteure wurde insbesondere die Risk Securitisation bzw. Insurance Securitisation erkannt. Hierbei erfolgt eine Verbriefung von Versicherungsrisiken in der Form festverzinslicher Wertpapiere und deren Verkauf an Investoren.[39] In Abhängigkeit eintretender Schadenereignisse können entweder die Zinszahlungen variieren (Coupon-at-Risk-Bond) oder der Nennwert der Wertpapiere und damit der Rückzahlungsbetrag reduziert werden (Principal-at-Risk-Bond). Auslöser für die Veränderung der Anleihekonditionen ist damit ein Schadenereignis, das einen vorher

---

[36] Vgl. Brühwiler / Stahlmann / Gottschling, 1999, S. 46.

[37] Dabei sei besonders darauf hingewiesen, daß sich der Terminus „alternativ" auf das Instrumentarium der Risikoweitergabe und nicht auf die Art des weitergegebenen Risikos bezieht, vgl. Liebwein, 2000, S. 366.

[38] Vgl. Flasse / Hartung / Liebwein, 1999, S. 239; Borden / Sarkar, 1996, S. 1 f.

[39] Bislang werden über die Instrumente der Risk Securitisation überwiegend Schäden aufgrund von Naturkatastrophen abgesichert. Prinzipiell können aber alle versicherbaren Risiken verbrieft und über Kapitalmärkte gehandelt werden, vgl. Dresig, 2000, S. 1; Anders, 1999, S. 161; Hanft / Struve, 1999, S. 1422.

definierten Grenzwert (Trigger[40]) übersteigt. Dieser Grenzwert kann durch Marktschäden oder physikalisch meßbare Gegebenheiten wie beispielsweise Windgeschwindigkeiten oder Werte auf der Richterskala repräsentiert werden.

Parallel zur Entwicklung der Insurance Securitisation ist die Entwicklung risikotransferierender Terminmarktinstrumente zu nennen. Hierbei werden derivative Finanzinstrumente wie Futures oder Optionen auf diverse versicherungstechnische Risiken widerspiegelnde Underlyings konstruiert.[41] Ein institutionalisierter und standardisierter Handel bestimmter Versicherungsderivate erfolgt inzwischen durch die Schaffung entsprechender Marktsegmente an der Chicago Board of Trade (CBOT) und der Bermuda Commodities Exchange (BCOE).[42] Als Underlying fungieren in diesen Fällen Katastrophenschaden-Indizes[43], die geschätzte versicherte Schäden in einer Region aufgrund definierter Katastrophenereignisse innerhalb eines festgelegten Zeitraumes abbilden.

Werden die Instrumente des alternativen Risikotransfers bislang überwiegend von Erst- und Rückversicherungsunternehmen genutzt, könnte sich in der Zukunft ein Trend zur Ausschaltung der bislang üblichen Intermediation durch Versicherungsunternehmen abzeichnen. Insbesondere für international agierende Industriekonzerne kann die Bündelung bestimmter Risikoarten sowie deren Verbriefung und Kapitalmarktplazierung Deckungskapazitäten erschließen, die bislang auf dem Versicherungsmarkt nicht oder nicht zum gewünschten Preis erhältlich waren. Beispielsweise lassen sich Produkthaftungsrisiken, deren Ausmaß für unterschiedliche Regionen differiert, in der Form der Risk Securitisation unter Umständen effizienter abdecken, als dies bislang über Fremdversicherungsschutz möglich ist. Ähnliche Möglichkeiten können sich gegebenenfalls für die weltweite Absicherung von Produktionsausfällen, notwendigen Produktrückrufen oder ähnlicher Produktions- und Produktrisiken ergeben.[44]

---

[40] Vgl. hierzu beispielsweise Liebwein / Müller, 2001.

[41] Vgl. Liebwein, 2000, S. 408; Rust, 1998, S. 24 ff.

[42] Vgl. Anders, 1999, S. 161. Damit wird das Ziel verfolgt, eine ausreichende Liquidität dieser Instrumente zu gewährleisten, um den nachhaltigen Erfolg der Schadenderivate zu sichern. Zu den entsprechenden Anforderungen an liquide Märkte für Schadenderivate vgl. Dresig, 2000, S. 168.

[43] Zu den Anforderungen an geeignete Schadenindizes vgl. Anders, 1999, S. 232.

[44] Vgl. beispielsweise Dembo / Freeman, 1998, S. 35 f.

4.4 Beratungsleistungen: Risikomanagement-Prozeß

Ein Wandel in der Beziehung zwischen Versicherer und Versicherungsnehmer läßt sich auch im Bereich der von Versicherungsunternehmen angebotenen Beratungsleistungen konstatieren. Hier erfolgt eine Ausweitung der entsprechenden Angebote über das gesamte Feld des Risikomanagement-Prozesses hinweg.[45] Damit wird den Versicherungsnehmern beispielsweise Know-how in den Problembereichen Risikoidentifikation, Risikoanalyse, Auswahl geeigneter risikopolitischer Instrumente oder auch Risikocontrolling vermittelt.

Aufgrund der bei den Versicherungsunternehmen existierenden Schadenerfahrungen können für den Bereich der Produkt- und Produktionsrisiken entsprechende Instrumente zur Identifikation potentieller Schadenursachen, wie beispielsweise Checklisten oder Unfallvorgangsbeschreibungen, zur Verfügung gestellt werden. Auch die Bereitstellung von Notfall- oder Rückrufplänen wird inzwischen als Zusatzleistung neben dem Angebot geeigneter Versicherungsschutzkonzepte offeriert.

5 Fazit

Neue Formen der Arbeitsteilung, ausgelöst durch Prozeß- oder Produktinnovationen, werden selten unter risikopolitischen Gesichtspunkten analysiert. Es entspricht einem Unternehmer mehr, vom Erreichen der gesetzten Unternehmensziele überzeugt zu sein, als potentielle Zielabweichungen intensiv in Erwägung zu ziehen und sie einem differenzierten Risk Management-Prozeß zu unterwerfen. In der Ökonomie herrscht eben immer noch das deterministische Denken vor.

Das die empirischen Gesetzmäßigkeiten besser abbildende hybride Weltbild, das deterministische Ursache-Wirkungs-Zusammenhänge mit stochastischen Zufallsprozessen koppelt, verbreitet sich nur langsam. In der Sachgüterproduktion hat das hybride Modell lediglich in der Qualitätskontrolle eine zentrale Bedeutung erlangt. Bei den Finanzdienstleistungsunternehmen, insbesondere in der Versicherungswirtschaft, setzte sich das Denken in stochastischen Modellen schon länger durch. Durch das Gesetz zur Kontrolle und Transparenz im Unternehmensbereich sind jedoch alle börsennotierten Unternehmen und langfristig alle größeren

---

[45] So bietet beispielsweise die Allianz Zentrum für Technik GmbH (AZT) als eine der führenden Einrichtungen im Bereich der technischen Schadensforschung nicht mehr nur Aus- und Weiterbildungsprogramme für technische Sicherheits-Fragestellungen sondern erweitert ihr Spektrum nach eigenem Bekunden auf die Beratung von Unternehmen in allen Fragen des Risiko- und Sicherheitsmanagements.

Unternehmen gezwungen, sich mit den existenzgefährdenden Risiken – welche Risiken sind nicht existenzgefährdend, wenn sie im Kumul oder als Ansteckungsprozeß (Dominoeffekt) auftreten? – analytisch auseinanderzusetzen und risikopolitische Maßnahmen zu ergreifen.

Um diese Veränderungen bei den Rahmenbedingungen der Unternehmen zu bewältigen, treten die Produkte und Dienstleistungen der professionellen Risikomanager, der Versicherungsunternehmen und zum Teil auch der Banken, stärker in den Vordergrund der Betrachtung. Dabei geht es weniger um Veränderungen der klassischen Versicherungsprodukte als vielmehr um innovative Deckungskonzepte, die nicht mehr nach dem klassischen Ausgleichsprinzip im homogenen Kollektiv, sondern über Ausgleichsverfahren in der Zeit oder über singuläre (alternative) Risikotransferverfahren auf dem Kapitalmarkt produziert werden. Insofern wandelt sich das Insurance Management bei Produktions- und Produktrisiken und es werden höhere Anforderungen an die Insurance Manager gestellt.

Literatur

Anders, Stephan (1999): Einsatz von Katastrophen-Indizes als Schadenbasis bei der Risk Securitization, in: Versicherungswirtschaft, 54. Jg., Nr. 3, S. 161-165 und Nr. 4, S. 232-237.

Bawcutt, P. A. (1991): Captive Insurance Companies: Establishment, Operation and Management, 3rd edition, New York et al.

Borden, Sara / Sarkar, Asani (1996): Securitizing Property Catastrophe Risk, in: Federal Reserve Bank of New York, Current Issues in Economics and Finance, Vol. 2, No. 9, S. 1-6.

Brühwiler, Bruno / Stahlmann, Bert H. / Gottschling, Henner D. (Hrsg.) (1999): Innovative Risikofinanzierung: Neue Wege im Risk Management, Wiesbaden 1999.

Dembo, Ron S. / Freeman, Andrew (1998): Die Revolution des finanziellen Risikomanagements: Gesetze, Regeln, Instrumente, München 1998.

Dresig, Tilo (2000): Handelbarkeit von Risiken: Erfolgsfaktoren von Verbriefungen und derivativen Finanzinstrumenten, Wiesbaden 2000.

Eisen, Roland (1976): Unsicherheit und Information: Unkontrollierbares Verhalten und das Problem des moralischen Risikos, in: Jahrbücher für Nationalökonomie und Statistik, Band 191, S. 193-211.

Flasse, Oliver / Hartung, Thomas / Liebwein, Peter (2000): Ein Modell zur Bewertung von PCS-Optionen, in: Blätter der Deutschen Gesellschaft für Versicherungsmathematik, Band XXIV, Heft 2, S. 239-264.

GDV (Hrsg.) (1999): Jahrbuch 1999: Die deutsche Versicherungswirtschaft, Berlin 1999.

Gerathewohl, Klaus (1976): Rückversicherung: Grundlagen und Praxis, Band I, Karlsruhe 1976.

Gutenberg, Erich (1983): Grundlagen der Betriebswirtschaftslehre: Erster Band: Die Produktion, 24. Auflage, Berlin et al. 1983.

Hahn, Dietger / Krystek, Ulrich (1997): Risk-Management, in: Gabler Wirtschafts-Lexikon, 14. Auflage, Bd. 3 L-SO, Wiesbaden 1997, S. 3279-3282.

Haller, Matthias (1975): Sicherheit durch Versicherung? Gedanken zur künftigen Rolle der Versicherung, Bern und Frankfurt am Main 1975.

Hanft, Andreas / Struve, Melanie (1999): Insurance Linked Securities, in: Versicherungswirtschaft, 54. Jg., Nr. 19, S. 1422-1423.

Härterich, Susanne (1987): Risk Management von industriellen Produktions- und Produktrisiken, Karlsruhe 1987.

Helten, Elmar (1984): Strategische Unternehmensplanung und Risk-Management, in: Gaugler, E. / Jacobs, O.H. / Kieser, A. (Hrsg.): Strategische Unternehmensführung und Rechnungslegung, Stuttgart 1984, S. 15-29.

Helten, Elmar (1989): Betriebswirtschaftliche Risikoforschung und Allgemeine Betriebswirtschaftslehre, in: Kirsch, Werner / Picot, Arnold (Hrsg.): Die Betriebswirtschaftslehre im Spannungsfeld zwischen Generalisierung und Spezialisierung: Edmund Heinen zum 70. Geburtstag, Wiesbaden 1989, S. 433-441.

Helten, Elmar (1994): Die Erfassung und Messung des Risikos, Wiesbaden 1994.

Helten, Elmar (1998): Umwelt, Verkehr, Technik – welchen Preis hat der Fortschritt?, in: Gesamtverband der Deutschen Versicherungswirtschaft e. V. (Hrsg.): Risiko: Wieviel Risiko braucht die Gesellschaft, Berlin 1998, S. 192-207.

Helten, Elmar / Hartung, Thomas (2001): Auswirkungen des moralischen Risikos für Versicherungsunternehmen: Eine Betrachtung aus volks- und betriebswirtschaftlicher Perspektive (erscheint demnächst).

Hets, Stefan (1995): Captive Insurance Company: Ein risikopolitisches Instrument für deutsche Industrieunternehmen, Wiesbaden 1995.

Hoffmann, Klaus (1987): Risk Management – neue Wege der betrieblichen Risikopolitik, Karlsruhe 1985.

Hörschgen, Hans (1992): Grundbegriffe der Betriebswirtschaftslehre, 3. Auflage, Stuttgart 1992.

Imboden, Carlo (1983): Risikohandhabung: Ein entscheidungsbezogenes Verfahren, Bern und Stuttgart 1983.

Liebwein, Peter (2000): Klassische und moderne Formen der Rückversicherung, Karlsruhe 2000.

Liebwein, Peter / Müller, Andreas (2001): Das Flexible-Trigger Konzept: Eine neue Generation von Problemlösungen innerhalb des integrierten Risikomanagements, Karlsruhe 2001.

Müller, Helmut (1988): Selbstversicherung, in: Farny, Dieter / Helten, Elmar et al. (Hrsg.): Handwörterbuch der Versicherung HdV, Karlsruhe 1988, S. 781-784.

Philip, Fritz (1967): Risiko und Risikopolitik, Stuttgart 1967.

Reinhard, Frank (1999): „Fronting" für eine Captive Insurance Company: Risiken und Sicherungsmöglichkeiten, Karlsruhe 1999.

Rust, Ferdinand (1998): Schadenderivate: Aspekte eines kapitalmarktorientierten Risikotransfers, Wiesbaden 1998.

Schmidt, Günter (1988): Kernenergieversicherung, in: Farny, Dieter / Helten, Elmar et al. (Hrsg.): Handwörterbuch der Versicherung HdV, Karlsruhe 1988, S. 345-348.

Schradin, Heinrich R. (1994): Erfolgsorientiertes Versicherungsmanagement: Betriebswirtschaftliche Steuerungskonzepte auf risikotheoretischer Grundlage, Karlsruhe 1994.

Schweizer Rückversicherungs-Gesellschaft (1997): Betriebsunterbrechungsversicherung, Zürich 1997.

Sterk, Hans-Peter (1988): Selbstbeteiligung, in: Farny, Dieter / Helten, Elmar et al. (Hrsg.): Handwörterbuch der Versicherung HdV, Karlsruhe 1988, S. 776-780.

Sterk, Hans-Peter (1979): Selbstbeteiligung unter risikotheoretischen Aspekten, Karlsruhe 1979.

Wagner, Fred (2000): Risk Management im Erstversicherungsunternehmen: Modelle, Strategien, Ziele, Mittel, Karlsruhe 2000.

Wätke, Jörg-Peter (1982): Die Captive Insurance Company – Ein Instrument des Risk Managements, Dissertation, Universität Hamburg 1982.

Innovatives Management von Kreditportfoliorisiken

B. Rolfes

1   Rahmenbedingungen für die Risikopolitik der Kreditinstitute

2   Aktuarische Methoden des Kreditrisikomanagements

3   Optionspreistheoretische Portfoliomodelle

4   Ansätze auf Basis von Bonitätsmigrationen

5   Integrationsfähigkeit der Modelle in den Kreditmanagementprozeß

1 Rahmenbedingungen für die Risikopolitik der Kreditinstitute

In den vergangenen 30 Jahren hat sich die Geschäftspolitik und Steuerung von Banken entscheidend gewandelt. Während in den 70er Jahren die Volumenorientierung vorherrschte, entwickelte sich ein ertragsorientiertes Bankmanagement im folgenden Jahrzehnt. Erklärtes Ziel war es, die jeweiligen Ergebnisbeiträge der verschiedenen Kundengruppen, Produkte und Profit-Center entscheidungsrelevant darzustellen. Die auf diese Weise gewonnene Transparenz zeigte die verschiedenen Ergebnisquellen einer Bank auf und war der erste Schritt zu einer Gesamtbanksteuerung. Während im ertragsorientierten Bankmanagement der periodische Überschuß im handelsrechtlichen Sinn den Erfolgsmaßstab bildet, steht heute die Marktwertentwicklung des Eigenkapitals im Mittelpunkt.

Die erhebliche Zunahme - bezüglich des Volumens der gehaltenen Anteile - der institutionellen Anleger in den 90ern hat zu einer Neuorientierung des Bankmanagements geführt. Im Gegensatz zu den privaten Anlegern fordern gerade Fondsgesellschaften und Großinvestoren auf ihr eingesetztes Kapital eine Rendite zumindest in Höhe ihrer Eigenkapital- bzw. Opportunitätskosten und erzwingen eine Orientierung der Geschäftspolitik an dem Wert des Eigenkapitals bzw. dem Shareholder Value. Der Shareholder Value wird so zur Meßskala der Zielerreichung der Geschäftsleitung. Jedoch kann Shareholder Value ausschließlich im Einvernehmen mit den anderen Interessenparteien einer Bank geschaffen werden. Zufriedenheit der Kunden und Motivation der Mitarbeiter sind wichtige Nebenbedingungen, die im Einklang mit dem Shareholder Value–Konzept eingehalten werden müssen. Die Banken sehen sich zunehmend in dem Dilemma bei sinkenden Margen höhere Renditen erzielen zu müssen, um der Wertorientierung gerecht zu werden. Dies ist oftmals nur durch die Übernahme höherer Risiken möglich, wodurch die aufsichtsrechtlichen Eigenkapitalanforderungen steigen und weiterhin die Gesamtrisikoposition des Kreditinstitutes regelmäßig zunimmt.

So erscheint es zielführend, daß das Management von Risiken einen wichtigen Baustein des Bankgeschäfts darstellt. Die Kreditinstitute tragen dieser Erkenntnis zunehmend Rechnung, indem sie ein Risikomanagement organisatorisch institutionalisieren und sich intensiv mit Konzepten zur Risikosteuerung auseinandersetzen. Intensiviert wird diese Entwicklung durch den Strukturwandel im Finanzsektor, mit dem sich auch die Anforderungen an die Steuerungssysteme der Banken deutlich erhöht haben. Aufgrund veränderter aufsichtsrechtlicher Normen, der Etablierung eines effizienten Marktes für Hedging-Instrumente, eingegrenzter methodischer Komplexität und erheblicher Fortschritte bei der prozessualen Integration in die Bankabläufe fokussieren zahlreiche Aktivitäten in Theorie und Praxis bis dato primär auf das Management von Marktpreisrisiken.

Diese Priorisierung des Marktrisikos verkennt jedoch, daß für die Mehrzahl der Kreditinstitute die größte Gefahr von Ausfällen ihrer Kreditnehmer ausgeht. Trotz des Strukturwandels bleiben Kreditrisiken weiterhin die häufigste Ursache existenzbedrohender Schwierigkeiten von Banken und Auslöser von Krisen ganzer Bankensysteme. Allein in der Bundesrepublik Deutschland sind seit Anfang der 60er Jahre fast 100 private Banken aus dem Markt verschwunden und auch im Sparkassen- und Genossenschaftssektor erhebliche Rettungsaktionen durch einen Wertverfall des Kreditportfolios ausgelöst worden. Detaillierte Untersuchungen führen als Hauptursachen für Bankenkrisen neben Ausfällen bei Großkrediten vor allem ein unzureichendes Management der Konzentrationsrisiken (Regionen, Branchen etc.) im Kreditportfolio an. Vor diesem Hintergrund wird verständlich, daß in einer aktuellen Studie zur Kreditwürdigkeitsanalyse im Firmenkundengeschäft fast die Hälfte aller Kreditinstitute erklärt haben, in Zukunft eine Risikoanalyse des gesamten Kreditportfolios anzustreben. Im Rahmen dieses Beitrages sollen deshalb verschiedene Verfahren zur Quantifizierung von Kreditportfoliorisiken, die analog zu den Marktpreisrisiken Verbundbeziehungen zwischen den Einzelrisiken berücksichtigen und so zur Abbildung des diversifizierten Gesamtkreditrisikos einer Bank führen, dargestellt und beurteilt werden. Nacheinander werden dazu aktuarische Methoden, die der Versicherungsmathematik entlehnt sind, optionspreistheoretische Modelle, die auf der Theorie derivativer Finanzinstrumente beruhen, und Migrationskonzepte, die auf Konzepten zu Wanderungsbewegungen zwischen verschiedenen (Risiko-)Gruppen basieren, untersucht.

2 Aktuarische Methoden des Kreditrisikomanagements

Kreditrisiken weisen zahlreiche Analogien zu den von der (Sach-)Versicherungsindustrie bewirtschafteten Risiken auf. Vor allem sind die relative Seltenheit des Versicherungsfalls bzw. Kreditausfalls, die u. U. sehr hohen Schadensvolumina und die Existenz von kontraktübergreifenden Risikointerdependenzen (Risikoagglomeraten) zu nennen. Entsprechend existieren auch Ähnlichkeiten bezüglich der Managementansätze in beiden Bereichen, wie z. B. der konsequenten Portfolioorientierung in der Risikobewirtschaftung. Folgerichtig ist es wichtig zu untersuchen, inwieweit die quantitativen Modelle der Versicherungsmathematik auf den Bereich des Kreditrisikos übertragen werden können. Charakteristisch für die hier aufgeführten Ansätze ist die alleinige Betrachtung des Kreditnehmerausfalls als „Versicherungsereignis". Dies entspricht einer eher traditionellen Auffassung bzgl. des Kreditrisikos, die von Wertänderungen durch Bonitätsverbesserungen oder -verschlechterungen der (noch) solventen Schuldner abstrahiert und ausschließlich auf das Insolvenzereignis fokussiert. Inhalt dieses Kapitels ist dabei ein aktuarischer Basisansatz, der bereits zu diversen Erkenntnissen bezüglich des Kreditrisikos auf Portfolioebene führen wird und die Grundlage für das komplexere Kreditrisikomodell CreditRisk+^{TM} der Credit Suisse Financial Products bildet. Schließlich werden die aktuarischen Kreditportfolioansätze kritisch gewürdigt.

Als Basis der Überlegungen zum Kreditrisikomanagement auf Portfolioebene bietet es sich an, ein aktuarisches Modell zu konstruieren. Um eine unnötige Komplexität zu Beginn zu vermeiden, werden die Ausfallwahrscheinlichkeiten, die Kreditvolumina, die Rückzahlungsquoten im Insolvenzfall sowie die paarweisen Ausfallkorrelationen zur Beschreibung der Portfoliointerdependenzen zunächst als konstant angenommen. Das zu verwendende Prämissenbündel läßt sich wie folgt zusammenfassen:

- Jeder Kreditnehmer weist ein individuelles und zeitlich konstantes Kreditvolumen auf.
- Jedem Kreditnehmer kann eine individuelle und zeitlich konstante Ausfallwahrscheinlichkeit zugeordnet werden. Der Ausfall des Kreditnehmers verursacht den Ausfall sämtlicher Kredite des Kreditnehmers.
- Jeder Kredit weist eine individuelle und zeitlich konstante Rückzahlungsquote im Insolvenzfall auf.
- Die Ausfallinterdependenzen (Möglichkeit eines gemeinsamen Ausfalls) lassen sich für jedes Kreditnehmerpaar durch eine zeitlich konstante Ausfallkorrelation charakterisieren.

Nachfolgend wird sukzessive der Einfluß der einzelnen Parameter auf die Kreditportfolioverluste in einer sehr allgemein gehaltenen Betrachtung untersucht. Neben dem Kreditvolumen bestimmen somit insbesondere die Ausfallwahrscheinlichkeiten und die Rückzahlungsquoten im Insolvenzfall die Höhe der zu erwartenden Verluste. Abbildung 1 zeigt die aus dieser Gleichung resultierenden Kombinationen von Ausfallwahrscheinlichkeiten und Rückzahlungsquoten, die zu einem erwarteten Verlust von 1 %, 3 % und 5 % des Kreditvolumens führen, als Indifferenzkurven auf. So führt z. B. eine Ausfallwahrscheinlichkeit von 1 % mit Totalausfall zu demselben Verlust wie eine Ausfallwahrscheinlichkeit von 5 % und eine Rückzahlungsquote im Insolvenzfall von 80 %. Es lassen sich zwei Bereiche identifizieren, in denen der Einfluß der Rückzahlungsquoten im Insolvenzfall auf den erwarteten Verlust von sehr unterschiedlicher Bedeutung ist. Im Bereich niedriger Rückzahlungsquoten ändert sich der erwartete Verlust kaum, wenn die Rückzahlungsquote im Insolvenzfall variiert wird; Veränderungen der Ausfallwahrscheinlichkeit haben hier einen weitaus größeren Einfluß. Im Bereich sehr hoher Rückzahlungsquoten reagiert der erwartete Verlust hingegen sehr sensitiv auf Veränderungen der Rückzahlungsquote im Insolvenzfall.

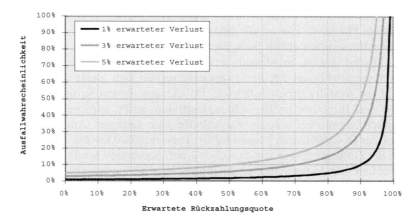

Abb. 1: Indifferenzkurve zwischen Ausfallwahrscheinlichkeit und erwarteter Rückzahlungsquote im Insolvenzfall

Aus diesen Überlegungen läßt sich schließen, daß gerade bei gut besicherten Krediten mit hohen Rückzahlungen im Insolvenzfall zwar relativ geringe Verluste zu erwarten sind, diese jedoch sehr schnell anwachsen können, wenn der zu erwartende Rückzahlungserlös sinkt. So gelten z. B. durch Immobilien gesicherte Kredite in der Praxis als sehr sichere Forderungen, für die sich i. d. R. hohe Rückzahlungsquoten ergeben, falls der Kreditnehmer insolvent wird. Ein Preisverfall auf dem Immobilienmarkt läßt die zu erwartenden Verluste jedoch markant ansteigen. Ist z. B. eine Rückzahlungsquote im Insolvenzfall von 90 % erwartet worden und sinken die Immobilienpreise nun um nur 10 %, so beträgt die neu zu erwartende Rückzahlungsquote im Insolvenzfall nur noch 81 % (= 90 % - 90 %·10 %); daher erhöhen sich die dann zu erwartenden Verluste bei gleicher Ausfallrate um ca. 90 %. Entsprechend geht ein deutlicher Immobilienpreisverfall in einem Land sehr häufig mit Bankenkrisen einher; Japan (seit 1990), die Schweiz (1990-1994) und Thailand (seit 1997) sind prominente Beispiele für derartige Entwicklungen. Für die Anwendung von Kreditportfoliomodellen bedeutet dies, daß die Annahme einer konstanten Rückzahlungsquote im Insolvenzfall vor allem bei hohen Werten dieses Parameters dazu führen kann, daß die Risikointensität eines Kreditportfolios deutlich unterschätzt wird. Empirisch gestützt werden diese Überlegungen zudem durch Studien, die eine signifikante zeitliche Veränderung der Rückflußquoten nachweisen. So ergeben sich für die Zeit der amerikanischen Konjunkturkrise Anfang der neunziger Jahre mittlere Rückzahlungsquoten im Insolvenzfall von 50-60 %, während in der zweiten Hälfte des Jahrzehnts Rückzahlungsquoten von 70-80 % zu verzeichnen sind. Bei einer Rückkehr auf das Niveau der Konjunkturkrise sinkt die Rückzahlungsquote zwar nur um 20 Prozentpunkte, jedoch führt dies zu einer Verdopplung der Verluste im Insolvenzfall.

Sind nun der erwartete Portfolioverlust und dessen Schwankungsbreite ungefähr von gleicher Größe, so können die Mindestvoraussetzungen für eine hinreichend gute Diversifikation als erfüllt betrachtet werden. Die Anzahl der für eine ausreichende Diversifikation mindestens erforderlichen und in ihrer Qualität und Quantität vergleichbaren Kreditengagements verhält sich somit umgekehrt proportional zur Ausfallwahrscheinlichkeit. Da sich aus diesem Kriterium im Mittel ungefähr eine Insolvenz im Betrachtungszeitraum ergibt, wird auch anschaulich verständlich, warum bei höheren Ausfallraten eine geringere Anzahl an Kreditnehmern zur Diversifikation notwendig ist. Typische Bankkredite weisen Ausfallraten in der Größenordnung von ca. 0,5-1 % auf. Somit sind bei 1 % Ausfallwahrscheinlichkeit mindestens 100 unabhängige Kreditengagements mit ähnlichen Verlusterwartungen im Insolvenzfall notwendig, um über ein recht gut diversifiziertes Portfolio zu verfügen, das geringe Verlustschwankungen aufweist (vgl. Abbildung 2).

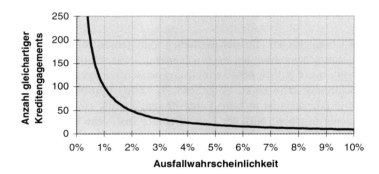

Abb. 2: Mindestzahl gleichartiger Kreditengagements zur Portfoliodiversifikation

Um der Tatsache Rechnung zu tragen, daß die Ausfälle von Kreditnehmern im allgemeinen nicht unabhängig voneinander sind, sondern z. B. aufgrund einer konjunkturellen Krise häufig gemeinsam auftreten, ist die Berücksichtigung von Ausfallkorrelationen erforderlich. Bereits Abbildung 3 zeigt auf, daß die Standardabweichung der Portfolioverluste sehr sensitiv von den Ausfallkorrelationen und der Zahl der Kreditengagements im Portfolio abhängt. Dementsprechend sind bei einer Ausfallwahrscheinlichkeit von 1 % und Ausfallkorrelationen von 0,5 % somit ca. 200 gleichartige Kredite für eine ausreichende Portfoliodiversifikation notwendig (vgl. Abbildung 4).

Für eine qualitativ orientierte Transformation der Resultate auf die diversen Subportfolios im Kreditgeschäft einer Bank sind somit vor allem vier Faktoren zu berücksichtigen:

- Die typischen Ausfallwahrscheinlichkeiten der Subportfolios
- Die Höhe und Verteilung der zugehörigen Verluste im Insolvenzfall
- Die Anzahl der Kreditnehmer in den Subportfolios
- Die Ausfallkorrelationen dieser Kreditnehmer

Bei relativ großer Ausfallwahrscheinlichkeit, ähnlichen und kleinen Kreditvolumina, hoher Kreditnehmerzahl und geringer Korrelation ist eine stabile und relativ gut vorhersagbare Wahrscheinlichkeitsverteilung der Verluste des Subportfolios zu erwarten. Typische Beispiele für diese Charakteristika bieten insbesondere die Portfolios für Konsumentenkredite und für Kredite gegenüber kleineren Firmen und Gewerbetreibenden. Bei Hypothekarkrediten an Privatpersonen kann sich trotz großer Kreditnehmerzahl und ähnlichen Kreditvolumina aufgrund der geringen Ausfallwahrscheinlichkeit von ca. 0,10 % und der hohen Ausfallkorrelation bei einem Preissturz auf dem Immobilienmarkt ein sehr hoher unerwarteter Verlust einstellen. Konform zur Praxiserfahrung stellen jedoch in erster Linie die Kreditportfolios der Großkredite an Firmen und Institutionelle sowie der gewerblichen Immobilienfinanzierungen die Hauptquellen des Kreditrisikos dar. Sie sind durch hohe individuelle Nettoexpositionen, kleine Kreditnehmerzahlen und häufig recht hohe Korrelationen gekennzeichnet. Daher ist auch bei der Analyse komplexerer Modelle zur Kreditrisikosteuerung das Hauptaugenmerk auf diese Subportfolios zu richten.

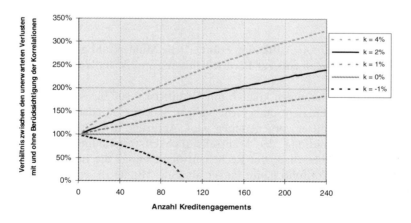

Abb. 3: Höhe des unerwarteten Verlustes bei korrelierten Kreditengagements relativ zu unkorrelierten Kreditengagements

CreditRisk+ stellt ein auf Kreditausfälle bezogenes Konzept zur Risikomessung auf Portfolioebene dar, das von der Investmentbank Credit Suisse Financial Products entwickelt und im Oktober 1997 veröffentlicht wurde. Das Modell kann als eine adäquate Adaption eines für die Versicherungsmathematik charakteristischen Ansatzes an die Anforderungen im Kreditportfoliomanagement interpretiert werden und stellt zudem eine Erweiterung und Operationalisierung des vorangegangenen Basismodells dar. Im Vergleich zu anderen Modellen erfordert CreditRisk+ relativ wenige und verhältnismäßig leicht zu beschaffene Daten. Je Kreditnehmer sind folgende auf die Betrachtungsperiode bezogene Daten erforderlich:

- Der Verlust im Insolvenzfall (Netto-Exposure)
- Die mittlere Ausfallrate
- Die Standardabweichung der Ausfallrate
- Die anteilige Zuordnung zu spezifischen und systematischen Einflußfaktoren

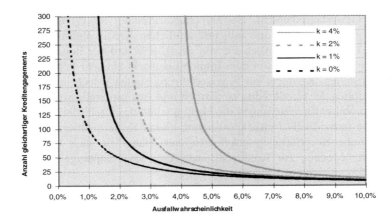

Abb. 4: Zur Diversifikation erforderliche Mindestzahl gleichartiger Kreditengagements zur Berücksichtigung von Ausfallkorrelationen

Zahlreiche Fragestellungen können mit CreditRisk+ auf Basis von Simulationen sehr einfach und effizient untersucht werden, indem eine adäquate Veränderung der Eingangsparameter vorgenommen wird. Aufgrund des analytischen Lösungsansatzes zur Ermittlung der Wahrscheinlichkeitsverteilungen ergibt sich bei CreditRisk+ ein überschaubarer Rechenaufwand, so daß die Berechnungen selbst für ein größeres Portfolio kaum länger als eine Minute dauern. Zwei besonders wichtige Fragestellungen, die mit Hilfe von Simulationen untersucht werden können, sind die Beeinflussung der Verlustverteilung durch makroökonomische Faktoren und die Auswirkungen veränderlicher Verluste im Insolvenzfall. Die zu antizipierende Verteilung der Kreditportfolioverluste ist in hohem Maße an den ökonomischen Gesamtzustand und die Konjunkturlage gebunden. Eine explizite Berücksichtigung dieser Abhängigkeiten kann dazu beitragen, das wahre Portfoliorisiko deutlich besser zu reflektieren, als dies bei Verwendung von Ausfallraten und Kreditverlusten möglich ist, die über Kreditzyklen hinweg durch Durchschnittsbildung bestimmt worden sind. Für ein gut diversifiziertes Portfolio wird den kreditzyklischen Ausfalleffekten sogar der größte Risikoanteil zugesprochen. Generell erfordert CreditRisk+ keine gesonderte Betrachtung makroökonomischer Faktoren, da sie konzeptionell bereits über die Ausfallraten und deren Volatilität Eingang in das Modell finden. Ist es jedoch möglich, die Eingangsparameter des Modells (Ausfallraten, deren Volatilitäten, Verluste im Insolvenzfall) in Abhängigkeit von makroökonomischen Zuständen zu schätzen und parallel dazu Wahrscheinlichkeitsaussagen bezüglich zukünftiger ökonomischer Zustände zu treffen, so kann das Portfoliorisiko unter Einbezug möglicher Konjunkturentwicklungen u. U. genauer beurteilt werden. Das notwendige Vorgehen sei am Beispiel der Abbildung 5 näher erläutert. Dort werden vier potentielle Konjunkturzustände aufgeführt, denen jeweils eine bestimmte Eintrittswahrscheinlichkeit zugeordnet werden kann.

Aktuarische Modelle des Kreditrisikos übertragen statistische Methoden aus der Versicherungsmathematik auf das Problemfeld des Kreditportfoliorisikos. Diese Transformation basiert auf ausgeprägten Analogien zwischen Kreditausfällen und Schadensfällen in der Sachversicherung. Charakteristisch für beide Bereiche sind die Indeterminiertheit und die relativ geringe Eintrittswahrscheinlichkeit von Versicherungsschäden bzw. Kreditausfällen, die Unsicherheit bezüglich der Höhe der potentiell sehr großen Schäden und das Vorhandensein von kontraktübergreifenden Risikoagglomerationen. Das zunächst vorgestellte aktuarische Basismodell beruht auf den drei identifizierten zentralen Risikoparametern Kreditvolumen, Rückzahlungsquote im Insolvenzfall und Ausfallrate, die alle als zeitlich konstant angenommen werden. Zur Charakterisierung von Ausfallinterdependenzen werden paarweise und zeitlich konstante Ausfallkorrelationen verwendet. Vor allem die in den Prämissen geforderte zeitliche Konstanz der Risikoparameter wird in der Realität nie gegeben sein, so daß die praktischen Anwendungsmöglichkeiten des Basismodells limitiert sind. Zudem wird mit der paarweisen Ausfallkorrelation ein Eingangsparameter verwendet, der weder in der Praxis zur Verfügung steht noch direkt gemessen werden kann.

Der Ansatz CreditRisk+ gründet ebenso auf einem versicherungsmathematischen Portfoliomodell und ist an die speziellen Gegebenheiten im Kreditgeschäft angepaßt worden. Er kann auch als eine Weiterentwicklung des aktuarischen Basismodells angesehen werden. Allen aktuarischen Ansätzen gemeinsam ist der empirisch-phänomenologische Modellcharakter, durch den die Ursachen der Kreditausfälle völlig ausgeklammert werden und die Insolvenzen ausschließlich als Ereignisse beschrieben werden, denen ein bestimmter stochastischer Prozeß zugrunde liegt. Ein Vorzug von CreditRisk+ besteht darin, daß es sich nicht nur um einen in der Versicherungsindustrie etablierten mathematischen Ansatz handelt, sondern auch um ein Modell, das bereits in der Bankpraxis erfolgreich eingesetzt wird. Ein markanter Vorteil von CreditRisk+ ist, daß sich für den praktischen Einsatz vergleichsweise geringe Datenanforderungen ergeben. Neben den

Verlusten im Insolvenzfall und den mittleren Ausfallraten der Schuldner, werden nur die Standardabweichung der Ausfallraten und die anteilige Zuordnung der Kreditnehmer zu kreditnehmerspezifischen und kreditnehmerübergreifenden Einflußfaktoren (Sektoren) benötigt.

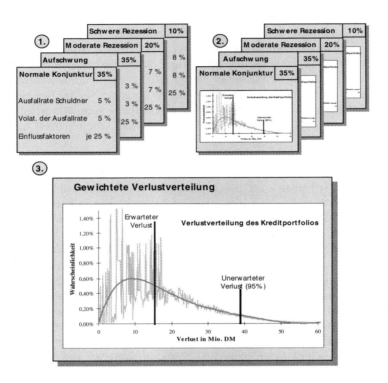

Abb. 5: Simulation makroökonomischer Einflüsse

Unter der Voraussetzung, daß ein Kreditinstitut eine Risikoeinstufung der Kreditnehmer vornimmt und hinreichend große Zeitreihen für die Ausfälle in den verschiedenen Risikokategorien vorliegen, lassen sich zumindest die ersten drei Parameter relativ unkompliziert ermitteln. Daher können mit CreditRisk+ die Auswirkungen von Ausfallinterdependenzen reflektiert werden, ohne jedoch die schwer zugänglichen und zeitlich instabilen Ausfallkorrelationen explizit als Eingabeparameter berücksichtigen zu müssen. Von hoher praktischer Relevanz sind auch die einfache Handhabbarkeit sowie die gute Skalierbarkeit und hohe Flexibilität des Ansatzes. Die vergleichsweise geringen und plausiblen Datenanforderungen sowie die Möglichkeit, die Auswirkungen von Parametervariationen schnell zu analysieren, erhöhen zudem die Transparenz des Ansatzes und die Nachvollziehbarkeit der Modellresultate. Die hohe zeitliche Effizienz bei den Auswertungen und die einfache Implementierbarkeit gehen dabei mit der Möglichkeit einher, das Konzept sukzessive weiterzuentwickeln und an die eigenen

Bedürfnisse sowie die sich ändernden Bedingungen im Umfeld der Bank anzupassen.

Ein erheblicher Nachteil von CreditRisk+ besteht darin, daß das Modell faktisch nur ein Konzept zur Aggregation von Kreditrisikodaten darstellt und praktische Problemstellungen zumeist auf die Ebene der Eingangsparameter verlagert werden. So ist es zwar problemlos möglich, die Auswirkungen konjunktureller Entwicklungen auf das Portfoliorisiko zu analysieren, jedoch sind die für diesen Zweck adäquaten Eingangsparameter modellextern zu generieren. Ebenso werden Ausfallinterdependenzen zwischen den Kreditnehmern in CreditRisk+ zwar berücksichtigt, jedoch wird nur rudimentär darauf eingegangen, nach welchem Prinzip und auf Basis welcher quantitativen Faktoren die anteilige Zuordnung der Kreditnehmer auf die Einflußfaktoren bzw. Sektoren erfolgen soll. Da kein methodisch überzeugendes Konzept zur Ermittlung der Sektorzuordnung existiert und diese eine hohe Ergebnissensitivität aufweist (vor allem bezüglich des Value-at-Risk für ein hohes Konfidenzniveau), erfordert gerade die Ermittlung dieses Parameters in der Praxis viel Erfahrung und sehr gutes Einschätzungsvermögen. Aus diesem Grund können die kreditnehmerspezifischen und makroökonomischen Einflüsse auf die Wahrscheinlichkeitsverteilung in der Praxis häufig nur relativ grob abgebildet werden. Da CreditRisk+ auf dem Ausfallparadigma basiert, bestehen überdies methodische Nachteile und Probleme bei der Quantifizierung der Kreditrisiken von Portfolios marktbewerteter Kredittitel. Dies betrifft insbesondere Anleihen und andere Instrumente, die auf einem liquiden Markt gehandelt werden und für die daher Marktpreise existieren. Hier erscheinen Kreditportfolioansätze auf Basis des Marktwertparadigmas den handelsorientierten Strukturen dieses Geschäftes deutlich besser zu entsprechen.

3 Optionspreistheoretische Portfoliomodelle

Eigenkapital- und Fremdkapitalpositionen können unabhängig von der konkreten Ausgestaltung einer Finanzierung als bedingte Ansprüche (Contingent Claims) der Kapitalgeber auf den zukünftigen Marktwert des Unternehmensvermögens charakterisiert und mittels optionspreistheoretischer Ansätze monetär bewertet werden. Da die Bewertung von Fremdkapitalpositionen (Krediten, Anleihen) im Zentrum des Kreditrisikomanagements steht, ist zu analysieren, inwieweit optionspreistheoretische Ansätze als Basis für die Entwicklung von Kreditportfoliomodellen eingesetzt werden können. Optionspreismodelle zur Analyse der Kreditausfallrisiken von Fremdkapitaltiteln sind als kausal-analytische Modelle einzuordnen. Sie konkretisieren sowohl den Kreditausfall als auch die Rückzahlung im Insolvenzfall aus einem ursachenbezogenen Blickwinkel und bilden einen Gegenpol zu den empirisch-phänomenologischen Ansätzen, die den Ausfall des Kreditnehmers als einen modellexogen determinierten Prozeß beschreiben. Während empirisch-phänomenologische Ansätze die Prognosen bezüglich zukünftiger Entwicklungen nur auf Basis historischer Daten generieren, gestatten es kausal-analytische Verfahren, den Kreditausfallprozeß auch für Zukunftsszenarien zu modellieren, die nicht an der Historie angelehnt sind. Daher ergeben sich insbesondere bei dynamischen Umweltveränderungen und strukturellen Umbrüchen erhebliche Vorteile für die kausal-analytischen Modelle, solange deren Prämissen als hinreichend gut erfüllt gelten können. Ein zentrales Element aller optionspreistheoretischen Ansätze im Kreditrisikomanagement ist, daß die Eigen- und Fremdkapitalpositionen eines Unternehmens als Ansprüche auf den Marktwert des Unternehmensvermögens bzw. einzelner Vermögensanteile interpretiert werden.

Das Fundament optionspreistheoretischer Ansätze zur Bestimmung von Ausfallprämien bildet das von Fischer Black und Myron Scholes entwickelte Modell zur Bewertung dividendengeschützter Optionen auf Aktien. Die Transformation dieses Bewertungsansatzes auf ausfallrisikobehaftete Kredite und Anleihen erfordert eine adäquate Modifikation der zugrundeliegenden Prämissen. Bereits Black und Scholes regten die Übertragung des von ihnen entwickelten Bewertungsmodells auf die Bestimmung von Ausfallprämien an. Abbildung 6 illustriert die resultierende Modellsituation.

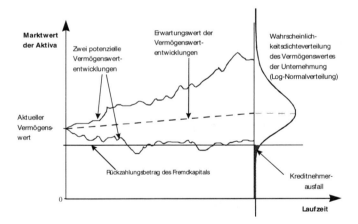

Abb. 6: Wertentwicklung des Unternehmensvermögens und Kreditausfall

Entsprechend den bisherigen Ausführungen wird in der Literatur die Ermittlung der Ausfallprämie bzw. die Bepreisung eines Kredites als das Hauptanwendungsfeld von Optionspreismodellen im Kreditrisikomanagement angeführt. Die formale Zielsetzung des Kreditportfoliomanagements besteht hingegen darin, die Wahrscheinlichkeitsverteilung der potentiellen Kreditverluste zu bestimmen, um daraus betriebswirtschaftliche Steuerungsimpulse ableiten zu können. In diesem Sinne stellt die Berechnung von Ausfallprämien eine stark reduzierte und limitierte Sichtweise dar, die nur den Erwartungswert dieser Wahrscheinlichkeitsverteilung widerspiegelt.

Ziel dieses Abschnittes ist es, das Verfahren zur Ermittlung der Wahrscheinlichkeitsverteilung von Kreditverlusten von dem Fall eines einzelnen Kredites auf ein Kreditportfolio zu übertragen, dessen potentielle Ausfälle auf einen einheitlichen ursächlichen Prozeß zurückzuführen sind. Das Grundschema zur Bestimmung der Wahrscheinlichkeitsverteilung läßt sich in fünf Phasen aufteilen, die in Abbildung 7 dargestellt sind.

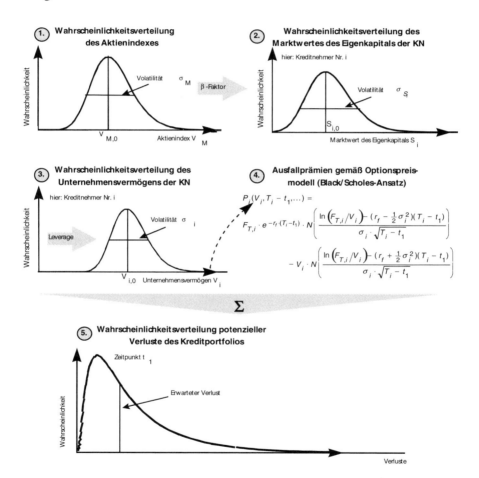

Abb. 7: Prinzip zur Bestimmung der Verlustverteilung eines Kreditportfolios auf Basis eines Aktienindexes

Das vorstehende Indexmodell gestattet es, das Verfahren zur Ermittlung der Wahrscheinlichkeitsverteilung für Kreditportfolioverluste von dem Fall eines einzelnen Kredites auf ein Kreditportfolio zu übertragen. Allerdings muß die sehr restriktive Prämisse getroffen werden, daß die Marktveränderungen des Eigenkapitals der Kreditnehmer vollständig parallel zur Entwicklung eines Aktienindexes verlaufen. Diese unrealistische Prämisse schränkt die Möglichkeiten, das Modell praktisch anzuwenden, sehr stark ein und ist durch eine realistischere Voraussetzung zu substituieren. Zu diesem Zweck bietet es sich an, jedem Kreditnehmer eine individuelle Volatilität des Unternehmensvermögens (oder des Eigenkapitals) zuzuordnen und die gegenseitigen Abhängigkeiten durch Korrelationen zu beschreiben. Für das so definierte Korrelationsmodell existiert keine einfache analytische Lösung. Die Berechnung der Verlustverteilung erfordert ein numerisches Verfahren, in der Praxis wird dabei zumeist eine Monte-Carlo-Simulation eingesetzt. Bei einer Monte-Carlo-Simulation kann zwar kein exaktes Ergebnis ermittelt werden, jedoch ist es möglich, den Standardfehler der unternommenen Berechnung zu schätzen und durch eine entsprechende Erhöhung der Simulationsanzahl zu reduzieren.

Im Gegensatz zum Indexmodell sind die Entwicklungen der Vermögenswerte der einzelnen Kreditnehmer nicht mehr vollständig korreliert, so daß auch gegenläufige Entwicklungen bei den Marktwerten der Aktiva und folglich auch bei den Ausfallprämien der Kreditnehmer auftreten können. Durch derartige kompensatorische Effekte nimmt die Breite der Verteilung und damit die Risikointensität des Kreditportfolios ab. So ergibt sich z. B. auch für einen Bezugszeitraum von einem Monat und einem Konfidenzniveau von 95 % (d. h. für 9500 Szenarien) ein Kreditverlust in dem Portfolio von höchstens 276,0 TDM, dies entspricht einem Value-at-Risk von ca. 120,7 TDM (vgl. Abbildung 9). Im Indexmodell ergeben sich für dasselbe Portfolio deutlich größere analoge Werte von 315,9 TDM bzw. 160,5 TDM (vgl. Abbildung 8). Entsprechend nimmt der Diversifikationseffekt bei ansteigender Kreditnehmerzahl erheblich zu.

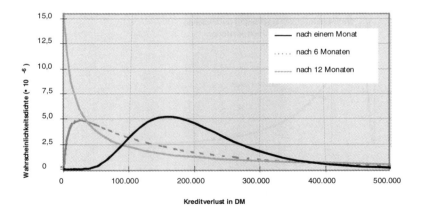

Abb. 8: Verlustverteilung auf Portfolioebene für mittelfristige Bezugszeiträume

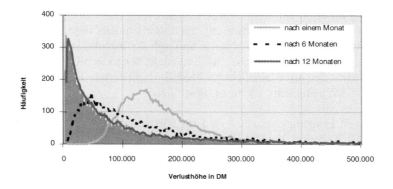

Abb. 9: Verteilung der Portfolioverluste für mittelfristige Bezugszeiträume

Ein wichtiges Differenzierungskriterium der optionspreistheoretischen Kreditportfoliomodelle gegenüber anderen Ansätzen ist ihr kausal-analytischer Charakter. Während auf empirischen Statistiken beruhende Ansätze die Kreditausfälle als exogen gegebene Ereignisse darstellen (z. B. aktuarische Modelle) oder auf einen Satz nicht ursächlich determinierender Faktoren zurückführen (z. B. Diskriminanzmodelle), gründen Optionspreismodelle auf einem ökonomisch kausalen Ereignis (ökonomische Überschuldung bzw. Zahlungsunfähigkeit) für Kreditausfälle. Im Rahmen der durch die Optionspreistheorie gesetzten Prämissen ist ihnen eine zeitliche Allgemeingültigkeit zuzusprechen; sie verlieren im Gegensatz zu zahlreichen anderen Ansätzen ihre Gültigkeit weder bei wirtschaftlichen Strukturbrüchen noch bei hoher Marktdynamik. Durch die Unabhängigkeit von empirisch-statistischen Modellparametern werden Probleme wie Parameterdrift oder nicht modellimmanente Erklärungsfaktoren vermieden. Generell ist die Anwendung der Optionspreismodelle auf das Firmenkundengeschäft eingeschränkt. Optionspreisansätze zeichnen sich durch eine ausgeprägte Konformität zu anderen kapitalmarkttheoretischen Ansätzen wie dem Modigliani/Miller-Theorem und dem Markowitz-Modell aus. Alle diese Modelle basieren auf ähnlichen und zumeist restriktiven Voraussetzungen wie z. B. dem vollkommenen Kapitalmarkt, weisen ein geschlossenes theoretisches Fundament auf und fungieren in der betriebswirtschaftlichen Praxis wegen der restriktiven Prämissen primär als theoretische Referenzmodelle.

Die modelltheoretischen Eigenschaften besitzen größtenteils auch Bedeutung für die Bankpraxis. Wie bei fast allen betriebswirtschaftlichen Theorien sind jedoch die zugrundeliegenden Prämissen nur partiell oder approximativ erfüllt, da sie die reale Komplexität erheblich reduzieren. Ausschlaggebend für die Praxisrelevanz sind daher vor allem die Güte der erzielbaren Ergebnisse und die Möglichkeiten zur Umsetzung in den Kreditinstituten. Die im Black/Scholes-Modell implizierten mittleren Rückzahlungsquoten erweisen sich als unrealistisch hoch und auch empirisch gemessene Häufigkeitsverteilungen der Rückzahlungsquoten stimmen nicht mit den theoretisch zu erwartenden Modellergebnissen überein. Als eine

Begründung für diese Differenzen läßt sich anführen, daß das Optionspreismodell auch im Insolvenzfall eine Fortführung des Unternehmens impliziert und die mit einer Liquidation häufig einhergehende sprunghafte Reduktion des für die Gläubiger verfügbaren Unternehmensvermögens nicht berücksichtigt. Daher erscheint es angebracht, die im Black/Scholes-Modell implizierten Rückzahlungsquoten durch empirisch gemessene Werte zu substituieren.

Die benötigen Eingangsparameter sind für börsennotierte Unternehmen im Hinblick auf die Kriterien Verfügbarkeit, Objektivität, Aktualität, Umfang und Kosten relativ gut zu ermitteln. Für nicht börsennotierte Unternehmen sind Näherungslösungen für die Bestimmung der Volatilität und des Marktwertes des Unternehmensvermögens unumgänglich, welche die Qualität der Modellresultate beeinträchtigen können. Somit sind Optionspreisansätze vor allem für Portfolios mit großen, börsennotierten Kreditnehmern geeignet. Gerade für dieses Segment lassen sich auch an Marktparametern orientierte Szenarioanalysen (Standard-, Stress-, Crash- und What-if-Analysen) sehr gut durchführen. Nur bei der Korrelationsbestimmung für die Unternehmenswerte der Kreditnehmer und bei der empirischen Adaption der Ausfallwahrscheinlichkeiten kann sich eine hohe Datenintensität als Hindernis erweisen. Die DV-technische Umsetzung eines optionspreisbasierenden Portfoliomodells ist vergleichsweise aufwendig und die benötigte Rechenzeit sehr hoch, wenn eine Monte-Carlo-Simulation zur Bestimmung der gesuchten Wahrscheinlichkeitsverteilung der Portfolioverluste erforderlich ist. Schließlich ist noch anzuführen, daß die Optionspreismodelle des Kreditrisikos implizit voraussetzen, daß der am Markt zu beobachtende Zinsaufschlag (Credit Spread) für ausfallrisikobehaftete Anleihen ausschließlich durch die Ausfallprämie determiniert wird. Real kann jedoch die Bedeutung anderer Einflußfaktoren wie der Liquidität (Volumen der Anleihe) und der Emissionsbedingungen auf den Zinsaufschlag mit statistischer Signifikanz nachgewiesen werden. Zudem gibt es Hinweise auf die Existenz einer Risikoübernahmeprämie als Bestandteil des Zinsaufschlags.

4 Ansätze auf Basis von Bonitätsmigrationen

Bonitätsmigrationsansätze stellen empirisch-phänomenologische Kreditrisikokonzepte dar, deren zentrales Element die Modellierung der Wanderungsbewegungen von Kreditengagements zwischen verschiedenen Risikokategorien ist. Typisch ist weiterhin, daß für die potentiellen Migrationen eine an Marktpreisen orientierte Neubewertung der Kredittitel vorgenommen wird. Dies entspricht einer modernen wertorientierten Auffassung bzgl. des Kreditrisikos, die auch potentielle Wertänderungen berücksichtigt, die nicht unmittelbar an Insolvenzereignisse gebunden sind. Erhöhte Relevanz für die Finanzinstitutionen erlangten die Migrationskonzepte jedoch erst mit der Veröffentlichung von entsprechendem Datenmaterial durch Altman (1989). Eingang in Portfolioansätze finden Bonitätsmigrationen schließlich mit dem von J. P. Morgan publizierten Kreditrisikomodell CreditMetrics.

Der Einsatz von CreditMetrics erfordert relativ umfangreiche Angaben zu den einzelnen Kreditengagements und Risikoklassen (vgl. dunkelgraue Rechtecke in Abbildung 10):

- Die Zahlungsströme der Einzelengagements
- Die Risikoklassen der Einzelengagements
- Die Migrationsmatrix mit den mittleren Migrationsraten zwischen den Risikoklassen
- Die risikofreie Zinsstrukturkurve und die Zinsaufschläge je Risikoklasse und Laufzeit
- Die zu erwartenden Marktpreise im Insolvenzfall und ihre Standardabweichung
- Der kreditnehmerspezifische Anteil der Volatilität des Unternehmensvermögens
- Die anteilige Zuordnung der systematischen Komponente an der Volatilität des Unternehmensvermögens auf regionen- und branchenspezifische Aktienindizes
- Die Volatilitäten und Korrelationen der regionen- und branchenspezifischen Indizes

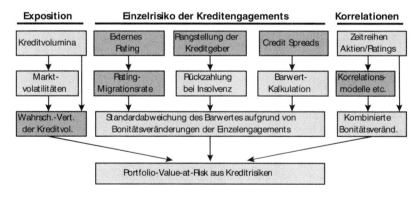

Abb. 10: Detailschema zu CreditMetrics

Der Übergang von der Einzelkreditbetrachtung zu einer Portfolioanalyse erfordert die Berücksichtigung von Interdependenzen zwischen den Kreditereignissen verschiedener Engagements. Erst deren Integration in das Modell ermöglicht es, die Wahrscheinlichkeitsverteilung eines Kreditportfoliowertes adäquat zu ermitteln. Zur Berücksichtigung der Interdependenzen zwischen den Kreditengagements ist die Kenntnis der gemeinsamen Migrationswahrscheinlichkeiten in Bezug auf beliebige Ratingkombinationen erforderlich. Das Korrelationsmodell läßt sich in folgende zwei Schritte separieren. Zum einen sind Veränderungen des Unternehmenswertes und Veränderungen der Ratingklassen gegenseitig zuzuordnen. Zum anderen müssen von gemeinsamen Migrationsraten aus dem Modell korrelierter Werte des Unternehmensvermögens ableitet werden. In der Praxis wird das erforderliche Datenmaterial zur Bestimmung aller Korrelationen zwischen den Marktwerten der Aktiva bzw. den Unternehmenswerten nur selten für alle Schuldner eines Portfolios verfügbar sein. Aus diesem Grunde wird in CreditMetrics die Korrelation zweier Kreditnehmer mittels Daten zu regionenspezifischen Branchenindizes und den kreditnehmerspezifischen Einflüssen abgeschätzt.

Kreditrisikomodelle auf Basis von Bonitätsmigrationen verwenden diskrete Risikoklassen, die generell als Kategorien von Kreditengagements bzw. Kreditnehmern mit ähnlicher Kreditqualität definiert werden können. In der Praxis werden gemeinhin die Einstufungen der Ratingagenturen als Risikoklassen verwendet, obwohl das Modellkonzept durchaus auch auf andere Bonitätsklassifikationen anwendbar ist. Eine Analyse der Adäquanz von Ratingeinstufungen ist daher von hoher Relevanz für die Beurteilung der Migrationsansätze. Die Verwendung des Ratings in CreditMetrics beruht implizit auf den Prämissen, daß alle Schuldner derselben Ratingkategorie dieselbe Ausfallwahrscheinlichkeit haben und die Ausfallraten dem historischen Durchschnitt der Ratingkategorie entsprechen. Zusammengenommen folgt aus beiden Prämissen, daß Veränderungen des Ratings stets mit Veränderungen der Ausfallrate einhergehen und umgekehrt. Selbst unter der Annahme identischer Ausfallraten innerhalb der Ratingkategorien können sich signifikante Abweichungen der Ausfallraten von den historischen Mittelwerten ergeben. Die Ratingagenturen selbst geben Standardabweichungen zu den empirisch ermittelten Ausfallraten an, die bisweilen sogar größer als die Ausfallraten sind. Zum Beispiel betrug für die Jahre 1970-1995 die mittlere jährliche Ausfallrate für das Moody's-Rating Baa (S&P-Rating BBB) 0,12 % und die zugehörige Standardabweichung 0,29 %.

Vollkommen identische Ausfallwahrscheinlichkeiten für alle Schuldner derselben Ratingkategorie sind bereits deshalb nicht zu erwarten, da es sich bei den Ausfallraten um kontinuierliche und bei den Ratingkategorien um diskrete Größen handelt. Innerhalb einer Ratingkategorie gibt es jedoch signifikante Disparitäten der Ausfallraten, die auch eine approximative Übereinstimmung von Ratingkategorien und Ausfallraten in Frage stellen. So können gemäß den in Abbildung 11 dargestellten Untersuchungsergebnissen innerhalb der Ratingkategorie B- ex ante 47 % der Kreditausfälle ausgeschlossen werden, indem diejenigen 20 % der Anleihen dieser Ratingstufe nicht gekauft werden, die mittels eines modifizierten Optionspreisansatzes (KMV-Modell) als schlechteste Anleihen identifiziert werden. Innerhalb dieser Ratingkategorie ist eine statistisch signifikante Prognosefähigkeit (99 % Konfidenz) des KMV-Ansatzes ab 24 Monaten vor dem Ausfall nachzuweisen.

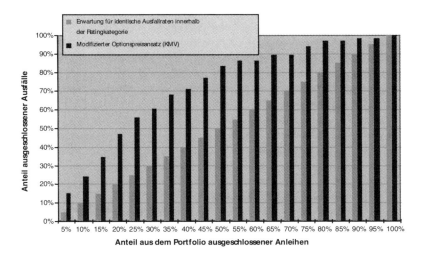

Abb. 11: Klassifizierungseffizienz optionspreisdeduzierter Ausfallraten (EDF) innerhalb der Ratingstufe B- (18 Monate vor dem Ausfall)

Die in Abbildung 12 dargestellten Ergebnisse legen zudem nahe, daß die mittleren Ausfallraten der Ratingkategorien im allgemeinen nicht als repräsentativ für diese Risikoklasse angesehen werden können. So ist der Median der Ausfallraten einer Ratingkategorie, der die Grenze zwischen der besseren und der schlechteren Hälfte der Ausfallraten beschreibt und als typische Ausfallrate angesehen werden kann, deutlich kleiner als die mittlere Ausfallrate (Erwartungswert der Ausfallrate). Da sich die mittleren Ausfallraten häufig nahe dem 75%-Quantil befinden, weisen rund drei Viertel der Schuldner zu einem festen Zeitpunkt eine geringere Ausfallrate auf, als dies durch den Mittelwert erfaßt wird. Die mittlere Ausfallrate wird von den hohen Ausfallraten der wenigen schlechten Unternehmen innerhalb der Ratingkategorie dominiert.

Aus diesem Resultat lassen sich zwei bedeutsame Konsequenzen ableiten: Erstens führt die übliche Transformation der bankinternen Risikoklassen in externe Ratingkategorien nur dann zu keinen zusätzlichen Diskrepanzen, wenn innerhalb der internen Risikoklassen eine ähnliche Verteilung der Ausfallraten vorliegt wie in den externen Risikoklassen. Die Transformation eines sehr guten internen Ratingsystems auf externe Risikoklassen, die eine schlechtere Differenzierung zwischen den Ausfallraten aufweisen, ist in der Praxis daher immer mit signifikanten Fehlern verbunden.

Insgesamt ist eine mangelnde Aktualität der Sekundärratings zu konstatieren. Die Ratingagenturen nehmen Entscheidungen bezüglich Herab- und Heraufstufungen zu selten und zu spät vor. Dies führt zu einer völlig unzureichenden Aussagekraft der statischen Migrationsraten auf Basis von Ratingurteilen der Ratingagenturen. Es bedeutet auch, daß für praktische Anwendungen das Grundkonzept von Credit-

Metrics zumindest um Modifikationen zur Integration makroökonomischer Faktoren zu ergänzen ist.

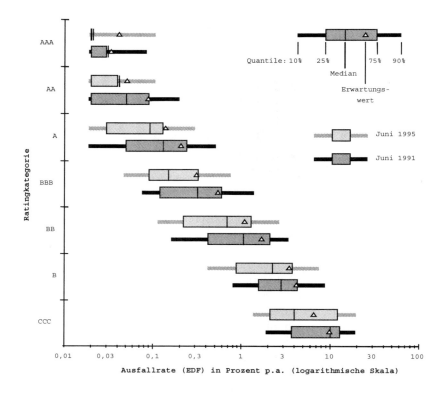

Abb. 12: Statistik optionspreistheoretisch ermittelter Ausfallraten für unterschiedliche Ratingkategorien

Für CreditMetrics spricht zunächst, daß J. P. Morgan als Initiator des Modells eines der weltweit führenden Finanzinstitute im Risikomanagement darstellt, das z. B. mit der Publikation des RiskMetrics[TM]-Ansatzes auch nachhaltig zur Etablierung von Value-at-Risk-Modellen im Marktrisikomanagement beigetragen hat. Zudem unterstützen mehr als zwei Dutzend namhafte Banken, Ratingagenturen, Unternehmensberatungen und Softwareanbieter die CreditMetrics-Initiative als Co-Sponsoren. Neben der Möglichkeit, auf existierende Softwarelösungen zugreifen zu können, wird die praktische Umsetzung dadurch erleichtert, daß ein Teil der benötigten Daten (Ausfall- und Migrationsraten der Ratingkategorien, risikofreie Zinssätze und Credit Spreads, Devisenkurse, Rückzahlungsquoten, Aktienindexkorrelationen) von J. P. Morgan kostenfrei im Internet zur Verfügung gestellt wird. Allerdings ist der technische Umsetzungsaufwand nicht zu unterschätzen, da für jedes einzelne Engagement die Kenntnis der Zahlungsströme, externen Ratingeinstufungen und paarweisen Korrelationen erforderlich ist.

Auf der anderen Seite führt CreditMetrics vor allem in der Praxis zu Schwierigkeiten bei Portfolios aus Kredittiteln, die nicht auf einem Markt gehandelt werden oder über kein externes Rating verfügen. Gerade diese Titel stellen jedoch die Hauptrisikoquelle vieler Finanzinstitute dar. So ist die Zuordnung von Marktwerten für illiquide, bis zum Laufzeitende zu haltende Kreditengagements bereits aus terminologischer Hinsicht fragwürdig, da die Begriffe Markt und Marktwert eine Handelbarkeit unterstellen. Da in der Praxis zumeist bankinterne Risikoklassen verwendet werden, für die sich die Wanderungsmatrizen aufgrund unzureichender historischer Migrationsstatistiken nicht bestimmen lassen, ist eine fehleranfällige Transformation dieser internen Risikoeinstufungen auf externe Ratingklassen häufig nicht vermeidbar.

Sehr bedeutsam ist, daß in CreditMetrics die Auswirkungen makroökonomischer Entwicklungen auf das Kreditrisiko ignoriert werden, obwohl ein signifikanter Zusammenhang in zahlreichen Untersuchungen empirisch untermauert wird. Als Nachteil wird zudem angesehen, daß CreditMetrics von einem festen, im allgemeinen einjährigen Zeithorizont ausgeht, während sich diese Betrachtungsweise gerade bei illiquiden Kreditinstrumenten als ungeeignet erweisen kann, da die Titel faktisch bis zur jeweiligen Fälligkeit gehalten werden müssen. Für diese Instrumente erscheint es sinnvoller, auf das Verlustpotential bis zur jeweiligen titelspezifischen Fälligkeit abzustellen; ein derartiges Vorgehen ist jedoch im CreditMetrics-Konzept nicht realisierbar. Ein weiteres Manko des Modells beruht auf dem empirisch-phänomenologischen Charakter der Bonitätsmigrationsansätze, der bedingt, daß die Wanderungsbewegungen lediglich beobachtet, nicht jedoch erklärt werden, und somit keine Transparenz bezüglich der zugrundeliegenden Einflußgrößen geschaffen wird. Von hoher praktischer Relevanz ist ebenfalls, daß eine analytische Berechnung der Verteilung der Portfoliowerte zwar grundsätzlich möglich ist, der erforderliche Rechenaufwand allerdings exponentiell anwächst und bereits für ein Portfolio mit zwanzig Kreditnehmern nicht mehr realisierbar erscheint. Die gesuchte Wahrscheinlichkeitsverteilung der Kreditportfoliowerte wird daher mittels einer Monte-Carlo-Simulation approximiert, die jedoch ebenfalls sehr rechenintensiv ist. So werden z. B. für dasselbe Kreditportfolio Rechenzeiten von rund zwei Stunden bei CreditMetrics gegenüber rund einer Minute bei CreditRisk+ angeführt.

5 Integrationsfähigkeit der Modelle in den Kreditmanagementprozeß

Die Integrationsfähigkeit in die Abläufe des Kreditrisikomanagements einer Bank umfaßt zahlreiche Aspekte, die nur zu einem Teil von der konkreten Wahl eines Kreditportfoliomodells beeinflußt werden. So ist z. B. die aufbau- und ablauforganisatorische Ausgestaltung des Kreditrisikomanagements prinzipiell nicht an den

Einsatz eines bestimmten Modells gebunden. Generell muß jedoch sichergestellt werden, daß die Steuerungsgrößen und -signale des ausgewählten Modells konform zu den strategischen und operativen Zielsetzungen der Bank sind. In Bezug auf die diskutierten Modellalternativen bedeutet dies, daß sich sowohl CreditMetrics als auch die optionspreistheoretischen Ansätze primär für die Kreditrisikomodellierung liquider Portfolios eignen. Die aktuarischen Ansätze wie CreditRisk+ scheinen hingegen für illiquide Kreditportfolios prädestiniert zu sein. Im Gegensatz zu den anderen Modellen erweist sich CreditRisk+ als sehr flexibel bezüglich der Abbildung von ursächlichen Risikofaktoren, da Kreditereignisse abgebildet werden können, ohne Aussagen über die Kausalität der Kreditereignisse machen zu müssen. Dies eröffnet die Möglichkeit, über die Festlegung der Eingangsparameter je nach Eignung für die Kreditengagements verschiedene kausale Risikofaktoren einfließen zu lassen. Die konkrete Parametrisierung des Modells erweist sich daher als maßgeblich dafür, ob ein stärker kreditnehmerindividuelles oder ein stärker makroökonomisch geprägtes Risikoverständnis impliziert wird. Auf der anderen Seite zeigt dies, daß CreditRisk+ de facto nur ein Konzept zur Aggregation von Kreditrisikodaten darstellt, das viele praktische Problemstellungen auf die Ebene der Eingangsparameter verlagert. Die Kreditportfoliostrukturen der Banken haben noch einen weitergehenden Einfluß auf die Wahl eines Kreditrisikomodells, der sich im wesentlichen auf die Möglichkeit zur Erfüllung der modellspezifischen Datenanforderungen und die Eignung dieser Daten für die unterschiedlichen Segmente des Kreditgeschäftes bezieht. So ist CreditMetrics besonders einfach anzuwenden, wenn Kreditportfolios aus Anleihen mit einem externen Rating zu betrachten sind, da für diese Kredittitel eine Reihe an Eingangsparametern veröffentlicht werden, die eine Implementierung erheblich erleichtern. Für andere Kreditinstrumente sind z. B. die Credit Spreads je Bonitätsklasse und die Migrationsmatrizen nur schwer in geeigneter Qualität zu ermitteln. Optionspreistheoretische Ansätze eignen sich vor allem für Anleihen und Kredite börsennotierter Unternehmen, da die besonders kritischen Modellparameter Marktwerte der Aktiva, Volatilität dieser Marktwerte und Korrelationen zwischen den Unternehmenswerten für diese Kreditnehmer besonders gut zu bestimmen sind.

Für die vorgestellten Kreditportfoliomodelle existieren kostenfrei erhältliche bzw. kommerziell vertriebene Softwarepakete, die eine technische Implementierung der Konzepte deutlich erleichtern. Zentrale Aufgabe der technischen Implementierung ist daher die Anbindung der Softwarelösungen an die Datenstrukturen der Banken, die im allgemeinen mit einem erheblichen personellen, finanziellen und technischen Aufwand verbunden ist. Die technische Implementierung von CreditRisk+ erscheint dabei vor allem für kleinere Institute, deren verfügbare Ressourcen stärker eingeschränkt sind, durch zwei Faktoren erleichtert zu werden. Die vergleichsweise geringen Datenanforderungen begrenzen den Einführungsaufwand, und die von der Credit Suisse Group im Internet kostenlos zur Verfügung gestellte Softwareimplementation des Konzeptes basiert auf dem weitverbreiteten Tabellenkalkulationsprogramm Microsoft Excel^{TM}, so daß eine Integration in die vorhandenen technischen Strukturen vereinfacht wird.

Welches der vorgestellten Modelle sich schließlich in der Praxis bzw. in den unterschiedlichen Bankengruppen durchsetzen wird kann im Rahmen dieses Beitrags nicht abschließend geklärt werden. Neben der hier erläuterten Integrationsfähigkeit und Implementierbarkeit sind mit der Richtigkeit, Akzeptanz, Flexibilität und Wirtschaftlichkeit noch weitere wesentliche Kriterien zu prüfen, die über den Einsatz der Alternativen entscheiden. Insgesamt konnten durch die Analyse verschiedener Konzepte zur Quantifizierung von Kreditportfoliorisiken jedoch die Gemeinsamkeiten und Unterschiede sowie die Stärken und Schwächen der einzelnen Modellalternativen herausgearbeitet und in Leitlinien für die Selektion und Realisierung eines konkreten Ansatzes umgesetzt werden. Es ist zu konstatieren, daß die Kreditportfoliomodelle die Transparenz des Aktivgeschäftes nachhaltig erhöhen und von grundlegender Bedeutung für ein gezieltes Management der Risiko-/Ertragsstrukturen im Rahmen einer wertorientierten Gesamtbanksteuerung sind. Die auch von den Regulatoren intensiv verfolgte kritische Auseinandersetzung mit diesem Themenkomplex sowie die nicht unerheblichen Anstrengungen und Investitionen zur Umsetzung dieser Konzepte in den Banken sind ein Beleg dafür, welche Relevanz den Kreditportfoliomodellen für zukünftige Strukturveränderungen im Kreditgeschäft zugemessen wird.

Wissenschaft, neue Technologien und unternehmerisches Handeln

W. Weber

1   Wissenschaft und Technologieentwicklung als Einflußfaktoren der wirtschaftlichen Entwicklung

2   „Brücken" im Prozeß der technologischen Entwicklung und ihrer wirtschaftlichen Nutzung

3   Unternehmerisches Handeln und unternehmerische Potentiale

      3.1   Mikroperspektive

      3.2   Makroperspektive

4   Hochschulen als Impulsgeber für die wirtschaftliche Entwicklung

Literatur

1 Wissenschaft und Technologieentwicklung als Einflußfaktoren der wirtschaftlichen Entwicklung

Forschung und Entwicklung bestimmen in erheblichem Umfang die wirtschaftliche Entwicklung. Es besteht weitgehender Konsens darüber, daß ein erheblicher Teil — wahrscheinlich mehr als 50 % — des Wirtschaftswachstums in hochentwickelten Gesellschaften auf Forschung und Entwicklung und damit auf wissenschaftliche Arbeit und deren Nutzung zurückzuführen ist.

Die wirtschaftliche Entwicklung wird durch neue und verbesserte Produkte vorangetrieben. Das ist besonders augenfällig in solchen Feldern wie der Biotechnologie, der Informationstechnik sowie ihren Anwendungsfeldern z. B. in der Kommunikationsgestaltung oder in der Mechatronik.

Der für die wirtschaftliche Entwicklung entscheidende Markterfolg neuer Produkte hängt nicht nur, aber doch wesentlich von der Entwicklung neuer Technologien ab, die wiederum eng mit Wissenschaft und Forschung generell und in einer längeren Wirkungskette mit den Ergebnissen der Grundlagenforschung verbunden ist. „Originäre wissenschaftliche Forschung ist der Rohstoff sowohl für die später hieraus zu entwickelnden Technologien als auch für die wissenschaftlichen Fähigkeiten derjenigen Personen, die die Technologien entwickeln sollen." (Gries 1998, S. 143). Forschung steht am Beginn der Wirkungskette, an deren Ende die wirtschaftliche Entwicklung steht.

Dieser Zusammenhang ist in Zeiten großer Umbrüche von besonderer Bedeutung. Der Übergang von einer Industriegesellschaft zu einer Gesellschaft, in der Dienstleistungen insgesamt und im besonderen Informationstechnologien und deren Anwendungen eine dominante Rolle spielen, muß hier eingeordnet werden.

Veränderungen vollziehen sich auch in den bestehenden Unternehmungen. Die entscheidende Bedeutung im Prozeß der wirtschaftlichen Entwicklung in Verbindung mit einem weitreichenden Strukturwandel haben jedoch technologieorientierte Unternehmensgründungen (Albach/Hunsdiek 1987, S. 563; Kriegesmann 2000, S. 398): „Sie tragen wesentlich dazu bei, daß technologisches Wissen generiert wird und in Form neuer Produkte und Verfahren in die Wirtschaft diffundiert." (Kriegesmann 2000, S. 398).

Die Zahl der Unternehmensgründungen war in Deutschland 1999 zwar höher als die Zahl der Liquidationen; es fehlt dennoch an Selbständigen in Deutschland. Die Deutsche Ausgleichsbank (2000, S. 15) nennt z. B. die Zahl von 600.000 fehlenden Selbständigen. Ein großer Teil der Unternehmensgründungen erfolgt überdies im Bereich klassischer wirtschaftlicher Betätigungsfelder. Solche und ähnliche Befunde werden als Beleg für die Innovationsschwäche der deutschen Industrie angeführt (Hirsch-Kreinsen 1997, S. 153 ff.). Gries (1998, S. 143 ff.) spricht von einer Technologieschwäche des Standorts Deutschland; er lokalisiert diese Schwäche auf dem Gebiet der Forschung und im Rückzug der Unternehmen aus der Innovationstätigkeit, konstatiert aber ein noch hohes technologisches Niveau.

2 „Brücken" im Prozeß der technologischen Entwicklung und ihrer wirtschaftlichen Nutzung

Der marktlichen Umsetzung neu entwickelter Produkte geht deren Entwicklung, gegebenenfalls die Entwicklung neuer Technologien voraus, die auf den Erkenntnissen der Grundlagenforschung beruhen. Vielfach, z. B. bei der optischen Signalübertragung oder in der Nanotechnologie, stehen die Erkenntnisse aus der Grundlagenforschung sichtbar am Beginn des Prozesses. Für den Erfolg solcher „Ketten" von der Grundlagenforschung über die Entwicklung neuer Technologien bis zur Entwicklung neuer Produkte und deren marktlicher Umsetzung sind vor allem zwei Faktoren entscheidend: das Volumen bzw. der Umfang, insbesondere der Inhalt von Forschung und Entwicklung sowie die Verknüpfung der Teilaspekte dieses Zusammenhangs. Innovative Entwicklungen basieren in hohem Maße auf der Wissenschaft und ihren Ergebnissen.

Dieser Aspekt des Zusammenhangs, die Verknüpfung der Teilaspekte bzw. Schritte im Forschungs- und Entwicklungsprozeß ist quantitativ nur partiell erfaßbar. Ein möglicher Ansatzpunkt ist z. B. die Bildung von Indizes, die für eine bestimmte Technologie die Häufigkeit des Bezugs zu wissenschaftlichen Publikationen bzw. Ergebnissen wissenschaftlicher Forschung erfassen. Auf dieser Grundlage wurden z. B. Biotechnologie, Chemie und Informationstechnik als in besonderem Maße wissenschaftsbasierte Technologien identifiziert (Meyer-Krahmer/Schmoch 1998).

Eine wichtige Voraussetzung für innovative Produktentwicklung ist die Existenz von „Brücken" zwischen den Teilaufgaben im Forschungs- und Entwicklungsprozeß und – eng damit verbunden – zwischen den institutionellen Trägern. Die Verbindung von Grundlagenforschung und deren Verknüpfung mit der technologischen Entwicklung ist ein besonders wichtiger Teilaspekt. Das Hauptinteresse der Industrie liegt in der Beobachtung und Auswertung der Grundlagenforschung und ihrer Ergebnisse. Ein solches Verhalten bedeutet, daß die Wirtschaft als „free rider" an der wissenschaftlichen Entwicklung partizipieren will. Das hat in der Vergangenheit meistens ausgereicht. Für die Gegenwart gilt das angesichts kürzer werdender Innovationszyklen nur noch bedingt. Deshalb suchen die Unternehmen nach Wegen, einen schnelleren Zugang zur Grundlagenforschung und ihren Ergebnissen zu finden. Hierzu gehört auch die Grundlagenforschung in der Industrie selbst, die dann allerdings stärker zielgerichtet ist. Die Feststellung „Grundlagenforschung ist prinzipiell ergebnisoffen" (Wegner 1999, S. 41) gilt zwar grundsätzlich auch hier, wird aber auf bestimmte Fenster möglicher Ergebnisse eingeschränkt und mit anwendungsorientierter Weiterführung des Forschungs- und Entwicklungsprozesses verknüpft.

Die Verknüpfung von Grundlagenforschung und der stärker anwendungs- bzw. produktbezogenen Forschung stellt eine erste große Herausforderung in dem Prozeß dar, der wissenschaftliche Erkenntnisse und neues Wissen in wirtschaftlich relevante Entwicklungen und deren Vermarktung führen will. Die „innere Logik der Forschungskette Forschung, Entwicklung, Anwendung" (Winnacker 1999, S. 17) führt nicht nur zu der Unterscheidung zwischen Grundlagenforschung und produkt- oder technologieorientierter Forschung, sondern auch zu der Unterscheidung zwischen dem Schritt von der anwendungsorientierten Forschung und Entwicklung auf der einen und der marktlichen Umsetzung auf der anderen Seite.

Erst wenn diese Umsetzung gelingt, liegen Innovationen vor. Es wird darüber geklagt, daß es nur unzureichend gelingt, den „durch Grundlagenforschung gewonnenen Erkenntnisfortschritt in Innovationen umzusetzen" (Winnacker 1999, S. 23): Es fehlte für lange Zeit eine Innovationskultur, die als Gemenge aus exzellenter Grundlagenforschung, Wagniskapital und Unternehmergeist beschrieben wird (S. 23). Damit wird die Rolle und die Bedeutung von Unternehmern bzw. von unternehmerischem Handeln in der oben erwähnten Forschungskette angesprochen, dem die folgenden Überlegungen gelten.

3 Unternehmerisches Handeln und unternehmerische Potentiale

Unternehmerisches Handeln ist zunächst an Personen geknüpft. Potentiale an unternehmerisch handelnden Personen entwickeln sich durch den Sozialisationsprozeß in Familien, Bildungseinrichtungen und im Arbeitsleben. Das Umfeld kann unternehmerisches Handeln durch mehr oder weniger günstige Rahmenbedingungen fördern oder behindern und durch Chancen, persönlichen Nutzen aus unternehmerischem Handeln zu ziehen, auslösen.

Es kann dort ausgelöst werden, wo erfolgträchtige Ressourcen als attraktiver Ansatzpunkt zur marktlichen Nutzung zur Verfügung stehen. Dabei ist in dem hier erörterten Kontext insbesondere an neu produziertes Wissen und an Personen, die über dieses Wissen verfügen, zu denken. Damit rücken Forschungseinrichtungen, vor allem also Universitäten in das Blickfeld.

Diese Aspekte werden insbesondere in der Entrepreneur- und Intrapreneur-Forschung sowie in der Innovationsforschung aus einer Mikro-Perspektive, in der evolutionär-ökologischen Forschung (Wiedenmayer/Aldrich/Staber 1995) aus einer Makro-Perspektive betrachtet und analysiert.

3.1 Mikroperspektive

Charakteristisch für die meisten Beiträge zum unternehmerischen Handeln ist die Betrachtung der Akteure in unterschiedlichen Kontexten, wobei entweder die handelnden Personen oder der Kontext Ausgangspunkt der Überlegungen ist. In beiden Fällen herrscht eine Sichtweise vor, die mit Personen oder einzelnen Unternehmen einen kleinen Ausschnitt aus dem Gesamtgeschehen zum Gegenstand hat. Sie kann als Mikroperspektive bezeichnet werden.

In der Entrepreneur-Forschung dominieren Beiträge, die entweder als personenorientiert oder als kontextorientiert gekennzeichnet werden können. Bei der personenorientierten Perspektive werden die Persönlichkeitsmerkmale, Eigenschaften und Verhaltensweisen der Gründungspersonen sowie die Unterschiede zwischen Unternehmensgründern und -nichtgründern in den Mittelpunkt der Überlegungen gestellt; bei der kontextorientierten Forschung steht das wirtschaftliche, das wissenschaftliche und das soziale Umfeld im Zentrum (Wiedenmayer/Aldrich/Staber 1995, S. 222).

Die Leitfigur der Beiträge zu einer innovativen Erneuerung der Wirtschaft ist der Schumpetersche Pionierunternehmer, der die sich bietenden Marktchancen nutzt, damit Vorteile im Marktgeschehen erringt, andere Unternehmer zur Nachahmung anregt und damit wichtige Beiträge zur wirtschaftlichen Entwicklung leistet (Schumpeter 1912).

Die Beiträge zur Entrepreneurship-Diskussion knüpfen explizit oder implizit an das Schumpeterschen Gedankengut an. Bull/Willard (1995, S. 4) kommen zu dem Ergebnis, daß das Schumpetersche Verständnis des Entrepreneurs ausreichend präzise ist und fassen zusammen: „An entrepreneur is the person who carries out new combinations, causing discontinuity." Mugler (1997, S. 12-25), Klandt (1997, S. 112-137 und Aschoff (1997, S. 296-306) haben den Stand der Diskussion zum Thema Entrepreneurship jeweils für Österreich, Deutschland und die Schweiz zusammengefaßt. Dabei zeigt Klandt für Deutschland die Analyseschwerpunkte Entrepreneur und seine Umwelt, Struktur und Prozeß des Unternehmens sowie Umwelt des Unternehmens auf. Ein für weitere Analysen schlüssiges theoretisches Konzept, das eine Alternative zu den klassischen ökonomischen Beiträgen darstellen könnte, ist nicht zu erkennen. Auch die angelsächsische Diskussion liefert allenfalls Versatzstücke für einen Erklärungsansatz. Bull/Willard (1995, S. 5 ff.) konzentrieren ihre Überlegungen auf den Motivations- und Wertaspekte, Sachverständigkeit, Gewinnerwartungen und das unterstützende Umfeld.

Die Beiträge zum Thema Intrapreneurship sind größtenteils populärwissenschaftlich und auf Persönlichkeitsmerkmale hin ausgerichtet, die z. B. Lessem (1987) mit den Rollen Innovator, New Designer, Leader, New Extrapreneur, Change Agent, Animateur und Adventurer und den jeweils adäquaten Rahmenbedingungen in Verbindung bringt. Für solche charakteristischen Konstellationen stellt er erfolgreiche Vertreter dieser Rollen vor. Insgesamt dominiert die Kreativitätsrolle innerhalb bestehender Unternehmen, die als trainierbar dargestellt wird.

Weit fortgeschritten ist in dem hier erörterten Themenfeld die Innovationsforschung, zu der eine Fülle von Beiträgen vorliegt (z. B. Bürgel/ Haller/Binder 1996 und Hauschildt 1997). Unter Innovation wird die auf Forschung und Entwicklung beruhende Einführung und Durchsetzung neuer technischer Produkte auf dem Markt verstanden (Albach 1991, S. 46, Schüler 1991, S. 11). Auch hier wird die personale Komponente angesprochen; im Mittelpunkt stehen jedoch Fragen des Innovationsprozesses, dessen Planung, der Entwicklung von Innovationsstrategien, der Überwindung von Widerständen (Böhnisch 1979) und der Unterstützung des Innovationsprozesses durch Promotoren (Witte 1973).

Die Innovationsthematik wird im Zusammenhang mit Unternehmensgründungen insbesondere in Beiträgen zu „Spin-offs" angesprochen. Als innovative Spin-offs werden Unternehmen betrachtet, die durch ehemalige Mitarbeiter von Forschungseinrichtungen wie Universitäten, Forschungsinstituten und Wirtschaftsunternehmen gegründet werden (Knecht 1998, S. 6 f.). Auch hier stehen Aspekte wie die Gründerperson und das Gründungsumfeld, aber auch das Gründungsunternehmen, insbesondere jedoch der Gründungsinkubator im Mittelpunkt der Analyse. Als Gründungsinkubator wird die Organisation bezeichnet, aus dem das Spin-off hervorgeht und in dem ein unternehmerisches Klima besteht, das die Gründung begünstigt.

Insgesamt betrachtet vermitteln die Beiträge zur Unternehmensgründungs-, Unternehmererfolgs- und Innovationsforschung nicht den Eindruck, daß die Identifizierung von Persönlichkeitsfaktoren und ein auf deren Entwicklung ausgerichtetes Training ein erfolgversprechender Weg ist. Selbst wenn es gelänge, die relevanten Persönlichkeitsfaktoren zu identifizieren, sind andere Ansatzpunkte erklärungskräftiger. Ein dynamischer Unternehmer kann in einem statischen Umfeld zwar erfolgreich sein; er steht dennoch nicht für eine insgesamt dynamische wirtschaftliche Entwicklung, da ihm das Umfeld Grenzen auferlegt, die nicht beliebig gesprengt werden können. Treibende Kraft für wirtschaftliche Entwicklung und Wachstum sind Innovationen, die ohne die Produktion von neuem Wissen durch Forschung und Entwicklung nicht denkbar sind. Das Hauptaugenmerk gilt deshalb dem situativen Kontext bzw. den zu nutzenden Marktchancen in einer Wirtschaft im Umbruch. Dies gilt zumindest in der gegenwärtigen Wirtschaftssituation.

Diese Perspektive wird in einer makroskopisch angelegten Analyse dominant. Die Beiträge zur Planung und Gestaltung von Innovationsprozessen liefern allerdings für bereits bestehende Unternehmen wertvolle Hinweise.

3.2 Makroperspektive

Makroperspektive bedeutet hier, daß nicht die einzelnen Akteure, sondern ganze Populationen von Organisationen betrachtet werden. Wiedenmayer et al. (1995, S. 224) umreißen als das zentrale Anliegen der auf Hannan und Freeman (1977, 1989) zurückgehenden Populationsökologie das Streben nach der „Erklärung des langfristigen Wandels ganzer Populationen von Organisationen in Abhängigkeit von Veränderungen der Umwelt".

Wandel vollzieht sich weniger innerhalb von Organisationen als über das Entstehen neuer und das Verschwinden bestehender Organisationen. Im Mittelpunkt des Interesses stehen deshalb Gründungen und die Beendigung von Organisationen bzw. hier von Unternehmungen und bei einer Populationsbetrachtung Gründungs- und Sterberaten. Der evolutionäre Prozeß wird in Analogie zur biologischen Evolution gesehen, wobei die Selektion treibende Kraft ist (Wiedenmayer et al. 1995, S. 224 ff.). Die Evolution vollzieht sich in einem vierstufigen Prozeß, der Variation, Selektion, Diffusion der Kopien vorteilhafter Formen und Wettbewerb um Ressourcen (S. 225) umfaßt.

In diesem Konzept wird die Umwelt als Quelle von Ressourcen gesehen, die es auszubeuten gilt (S. 224). Solche Ressourcen können Rohstoffe, Arbeitskräfte, Kunden usw. sein. Es liegt nahe, auch neues Wissen, das marktlich ausgebeutet werden kann, als eine solche Ressource zu sehen. Ergebnisse der Grundlagenforschung, der angewandten Forschung und der technologischen Entwicklung können in marktfähige Produkte transformiert und mit dem Einsatz von Arbeitskräften, die mit der jeweiligen Gedankenwelt z. B. durch ihr Studium vertraut sind, ausgebeutet werden.

Dabei kommt es in der ersten Phase der marktlichen Verwertung auf die Herausbildung geeigneter Organisationsvarianten an, die die oft für längere Zeit fast unbegrenzten Kundenpotentiale erschließen. Die knappe Ressourcen sind Wissen und Arbeitskräfte, die mit diesem Wissen umgehen können und gegebenenfalls Kapital, während etwa bei den Produkten und Serviceangeboten in der Informationstechnologie zunächst ein unübersehbares Kundenpotential auf „marktliche Bearbeitung" wartet.

In dieser Situation können vielfach auch die weniger effizient arbeitenden Unternehmen für eine gewisse Zeit überleben. Letztlich werden sie aber auf dem Markt durch diejenigen Unternehmen verdrängt, die bei der Produktentwicklung und bei der Erstellung der Marktleistungen am schnellsten sind. Dies schlägt sich auch in populärwissenschaftlichen und journalistischen Beiträgen zu dieser Thematik nieder. In einem Beitrag in der „Wirtschaftswoche" (o.V. 2000, S. 128) heißt es: „Wer in der New Economy überleben will, muß schnell sein. Das dafür notwendige Wachstum ist das eigentliche Wagnis. ... Längst zählt in der New Economy nicht mehr die Macht des Stärkeren, sondern der Vorsprung des Ersten."

Sobald sich vorteilhafte Formen und Konzepte unternehmerischer Tätigkeit herausgebildet haben, werden diese kopiert. Es setzt ein Diffusionsprozeß ein, der zu vielen Konkurrenten in einem engeren Markt führt. Die auf diesem Markt etablierte Unternehmenspopulation stößt an die Kapazitätsgrenze. Für die Unternehmenspopulation insgesamt und für die einzelnen Unternehmen bestehen nur noch geringe Wachstumschancen. Der Wettbewerb konzentriert sich nun auf die effiziente Nutzung der eingesetzten Ressourcen. Jetzt scheiden diejenigen Unternehmen aus dem Wettbewerb aus, die die Effizienzbedingung nicht erfüllen bzw. von anderen Unternehmen übertroffen werden und die deshalb mit dem Preis-Leistungs-Verhältnis ihrer Angebote von anderen Anbietern übertroffen werden.

Eine zentrale Herausforderung für die erfolgreichen schnellen Unternehmen der ersten Phase des vierstufigen Evolutionsprozesses ist der Übergang von einem Unternehmen, das den „First-Mover Advantage" genießt, zu einem etablierten Unternehmen, das auf einem stabilen Markt erfolgreich agiert, sich durch effiziente Strukturen auszeichnet und die Nachfrage eines in seinen Erwartungen weitgehend bekannten Kundenstamms zuverlässig erfüllt. Diese Unternehmen benötigen selbstverständlich zur Sicherung ihres Bestehens innovatorische Anstöße. Hier setzen die Überlegungen ein, die im Rahmen der Intrapreneurship-Diskussion geführt werden.

4 Hochschulen als Impulsgeber für die wirtschaftliche Entwicklung

Die oben angesprochenen Zusammenhänge zwischen Wissenschaft und den Ergebnissen von Grundlagen- und angewandter Forschung, technologischer Entwicklung, Produktentwicklung und marktlicher Umsetzung durch unternehmerisches Handeln können durch die Rahmenbedingungen gefördert oder behindert werden. Wenn sich das Interesse auf die Beiträge von Wissenschaft und Forschung zur wirtschaftlichen Entwicklung konzentriert, gilt Produktinnovationen und den dahinter stehenden Forschungs- und Entwicklungsleistungen besonderes Augenmerk.

Für die wirtschaftliche Entwicklung spielen insbesondere in Zeiten eines Umbruchs Innovationen im oben gekennzeichneten Sinne die herausragende Rolle:

die auf Forschung und Entwicklung beruhende Einführung und Durchsetzung neuer technischer Produkte auf dem Markt.

Damit rücken zwei Themenbereiche in das Zentrum des Interesses: 1. das Funktionieren der Brücken in der Kette von der Grundlagenforschung bis zum marktfähigen und auf dem Markt eingeführten Produkt, 2. innovative Spin-offs, d. h. Unternehmensgründungen auf den jeweils neu entstehenden Märkten.

Das „Brückenproblem" gilt für schon bestehende Unternehmen; es muß jedoch auch auf dem Weg zu Neugründungen gelöst werden. Hier sind die institutionelle Verknüpfung – etwa von Hochschulinstitut, von anwendungsorientierten Forscher- und Entwicklungsgruppen in Unternehmen und dem marktnahen Management – sowie ein Personentransfer, bei dem Hochschulabsolventen das aktuellste Wissen in anwendungsorientierte Zusammenhänge übernehmen, die wichtigsten und erfolgträchtigsten Ansatzpunkte. Ein Kooperationsmodell, das als „best practice-Beispiel" für Public Private Partnership in der Forschung eingeordnet wurde, ist das von der Universität Paderborn und der Firma Siemens gemeinsam betriebene Forschungs-Joint-Venture C-LAB (Vogel/Stratmann 2000, S. 60-62) und das an der gleichen Universität derzeit entstehende L-LAB, eine Forschungskooperation auf dem Gebiet der Lichttechnik in einem gemeinsam mit der Hella KG betriebenen Institut. Das Erfolgskonzept dieser beiden Einrichtungen beruht auf dem institutionalisierten Konflikt zwischen langfristiger und grundlagenorientierter Forschungsorientierung auf der einen und anwendungs- bzw. umsetzungsorientierter Perspektive als treibender Kraft auf der anderen Seite, der in konstruktive Bahnen gelenkt wird. Die Entwicklung von Modellen einer erfolgreichen Kooperation zwischen Wissenschaft und Wirtschaft ist ein erfolgversprechender Ansatz zur Lösung des „Brückenproblems".

Aus diesem C-LAB-Klima sind bereits mehrere erfolgreiche Spin-offs entstanden, für die die Verknüpfung beider Perspektiven und das hieraus entstehende Innovationsklima maßgeblich sind.

Universitäten finden zunehmend Beachtung als Inkubatororganisationen für innovative Spin-off- Unternehmen (Knecht 1998). Hier liegt in dem Prozeß der forschungs- und technologiegetriebenen wirtschaftlichen Entwicklung eine der zentralen Rollen von Hochschulen insgesamt. Dabei sind neben dem generell gültigen und oben angesprochenen Ansatz des Schaffens von funktionierenden Ketten von der Grundlagenforschung bis zur Produktinnovation drei Aspekte besonders wichtig, die durch die Hochschulen auch beeinflußt werden können: die Qualität der Forschung, die Schaffung eines Gründungsklimas und die Vermittlung von Gründungs-Know-how. Dies kann gegebenenfalls durch die Unterstützung bei der Beschaffung von Gründungskapital, begleitende Beratung durch Technologietransferstellen und die Zusammenarbeit mit Technologieparks ergänzt und gefördert werden.

Herausragende Bedeutung in diesem Zusammenhang hat die Wissensproduktion durch erfolgreiche, d. h. qualitativ hochwertige Forschung. Hauptimpulsgeber ist die Produktion von neuem Wissen, das bisher auf dem Markt nicht ausgebeutet wurde. Dabei ist allerdings nicht beliebiges Wissen, sondern solches Wissen gefragt, das in Wachstumsfeldern verwertet und mit wirtschaftlichem Erfolg eingesetzt werden kann. Damit sind die oben bereits erwähnten Gebiete wie die Informationstechnik und ihre Anwendungen, Materialwissenschaften oder Biotechnologie gemeint. Vor diesem Hintergrund liegen Schwerpunktbildungen für die meisten Hochschulen nahe, die darauf angewiesen sind, in eventuell schmaleren Bereichen Spitzenpositionen als Forschungseinrichtungen einzunehmen. Das bedeutet für die Universitäten gleichzeitig das Risiko der einseitigen Ausrichtung, das Schwerpunktbildungen begrenzt.

Auch in diesem Kontext muß der Aspekt funktionierender Brücken in dem Prozeß von der Grundlagenforschung über angewandte Forschung und Entwicklung bis zur Produktentwicklung und der marktlichen Verwertung dieser Produkte beachtet werden. Deshalb kommt der angewandten Forschung und der Technologieentwicklung an Fachhochschulen und Universitäten gleichermaßen große Bedeutung zu. In diesem Prozeß hat das Schaffen von Arenen, die Forscher der verschiedenen Phasen dieses Prozesses zusammenbringen, eine wichtige unterstützende Funktion, wenn auf diesem Wege Kontakte und Kooperationschancen geschaffen werden.

Gleichzeitig leistet die Qualifizierung einer großen Zahl von Studierenden für die jeweiligen Forschungs- und Technologiefelder einen zweiten und wichtigen Beitrag zur Sicherung der wirtschaftlichen Impulsfunktion der Hochschulen.

Hochschulen insgesamt, nicht nur Universitäten, spielen in dem technologischen Entwicklungs- und Umsetzungsprozeß eine bedeutende Rolle als Gründungsinkubator. Dabei sind für den Erfolg dieser Rolle insbesondere ein unterstützendes System von Werten im Hochschulbereich, das als Gründungsklima bezeichnet werden kann, und die Vermittlung von Gründungs-Know-how wichtig.

Gründungsklima ist erforderlich, um sicherzustellen, daß die gebotenen Chancen genutzt werden. Es kann vor allem durch Beispiele und deren Erfolg gefördert werden. Deshalb haben Spin-offs aus der Hochschule heraus eine selbstverstärkende Wirkung, wenn ersten positiven Beispielen weitere Ausgründungen aus der Hochschule folgen. Hochschulen können das Herausbilden von Gründungsklima unterstützen, wenn sie zumindest bei ersten Ausgründungen Hilfestellung leisten, um diesen Prozeß in Gang zu bringen. Die Universität Paderborn hat z. B. im Jahr 2000 eine Gründermesse veranstaltet, bei der sich Gründungen aus der Hochschule auf dem Hochschulgelände in einer eintägigen messeartigen Veranstaltung der Hochschulöffentlichkeit und der regionalen Öffentlichkeit vorgestellt haben. Dieses Projekt des Technologietransfers ist ein Beispiel für unterstützende Maßnahmen auf diesem Gebiet: Studentinnen und Studenten kamen bei dieser

Messe und den begleitenden Veranstaltungen in das Gespräch mit Gründern und den dort Beschäftigten, die zum großen Teil ebenfalls aus der Universität stammen, sie lernen die Möglichkeiten kennen und erleben, daß innovative Unternehmensgründungen aus der Hochschule heraus keine abstrakte Möglichkeit sondern reale Chance ist.

Eine wichtige Rolle könnten Professoren spielen, die selbst unternehmerisch tätig sind. Diese Möglichkeit wird in Deutschland wegen der Beschränkungen im Dienstrecht begrenzt. Die Schaffung von Freiräumen – z. B. durch Teilzeitprofessuren oder Teilbeurlaubungen – könnte bessere Bedingungen schaffen und noch mehr als bisher zu Gründungstätigkeiten ermuntern. Schließlich könnten Unternehmensgründungen aus der Arbeitsgruppe heraus neben Forschungs- und Lehrleistungen in den Kriterienkatalog zur Beurteilung einer erfolgreichen Hochschullehrertätigkeit aufgenommen werden.

Auf einer eher technischen Ebene liegt die Vermittlung von Gründungs-Knowhow über Vorträge, Lehrveranstaltungen, Workshops, Publikationen etc. Gründungslehrstühle können dies zwar unterstützen, sind aber keinesfalls notwendige Voraussetzung, um sicherzustellen, daß Gründungs-Know-how an einer Hochschule breit gestreut wird. Dieses ist ein wichtiges Betätigungsfeld von Transferstellen. Gründungsforschung, d. h. das Bemühen um mehr Wissen über Gründungsgeschehen und wirtschaftliche Entwicklung, ist ein relevantes wirtschaftswissenschaftliches Thema; die Bedeutung von Einrichtungen für die Sicherung der Impulsfunktion von Hochschulen in der wirtschaftlichen Entwicklung, die sich dieser Thematik widmen, wird aber eher überschätzt.

Die Kombination Produktion von neuem Wissen durch Forschung im Umfeld und im Vorfeld neuer Technologien, die Vermittlung dieses Wissens, Gründungsklima und unterstützende Maßnahmen für Gründungen, insbesondere die Vermittlung von Gründungs-Know-how und die Gründungsberatung z. B. durch Technologie-Transferstellen stellen eine geeignete Grundlage dar, um die wissenschaftlich-technischen Potentiale von Hochschulen bestmöglich zu nutzen. Hochschulen sind dann wirksame Impulsgeber für die wirtschaftliche Entwicklung. Dies ist zwar nur eine Funktion von Hochschulen; es ist aber eine außerordentlich wichtige Aufgabe.

Literatur

Albach, Horst: Innovationszeitmanagement, in: Schüler, Wolfgang (Hrsg.), Aspekte des Innovationsmanagements, Wiesbaden: Gabler 1991, S. 43-69

Albach, Horst: Rahmenbedingungen für Existenzgründungen in Deutschland, in: Zeitschrift für Betriebswirtschaft, 67. Jg., 1997, S. 441-451

Albach, Horst/Hunsdiek, Detlef: Die Bedeutung von Unternehmensgründungen für die Anpassung der Wirtschaft an veränderte Rahmenbedingungen, in: Zeitschrift für Betriebswirtschaft, 57. Jg., 1987, S. 562-580

Böhnisch, W.: Personale Widerstände bei der Durchsetzung von Innovationen, Stuttgart: Poeschel 1979

Bürgel, Hans Dietmar/Haller, Christine/Binder, Markus: F&E-Management, München: Vahlen 1996

Bull, Ivan/Thomas, Howard/Willard, Gary: Entrepreneurship: perspectives on theory building, Elsevir 1995

Bull, Ivan/Willard, Gary: Towards a Theory of Entrepreneurship, In: Bull, Ivan et al. (Hrsg.): Entrepreneurship: perspectives on theory building, Elsevir 1995, S. 1-16

Franke, Nikolaus/von Braun, Christoph-Friedrich (Hrsg.): Innovationsforschung und Technologiemanagement: Konzepte, Strategien, Fallbeispiele, Berlin usw.: Springer 1998

Gerpott, Torsten J.: Innovations- und Technologiemanagement, in: Vahlens Kompendium der Betriebswirtschaftslehre, hrsg. Von Michael Bitz et al., 4. Aufl., München: Vahlen 1999, S. 289-338

Gries, Thomas: Internationale Wettbewerbsfähigkeit: Eine Fallstudie für Deutschland; Rahmenbedingungen – Standortfaktoren – Lösungen, Wiesbaden: Gabler 1998

Hannan, Michael T./ Freeman, John H. (1977): The Population Ecology of Organizations, in: American Journal of Sociology Vol. 82 (1977), S. 929-964

Hannan, Michael T./Freeman, John H. (1989): Organizational Ecology, Cambridge, MA

Hauschildt, Jürgen: Innovationsmanagement, 2. Aufl., München: Vahlen 1997

Klandt, Heinz: State of the art of entrepreneurship and SME research and education in Germany, in: Landström, Hans et. Al (Hrsg.): Entrepreneurship and Small Business Research in Europe. An ECSB Survey, Aldershot: Avebury 1997, S. 112 - 137

Knecht, Thomas C.: Universitäten als Inkubatororganisationen für innovative Spin-off Unternehmen, Köln-Dortmund-Oestrich-Winkel 1998

Kriegesmann, Bernd: Unternehmensgründungen aus der Wissenschaft, in: Zeitschrift für Betriebswirtschaft, 70. Jg., 2000, S. 397-414

Kuhlmann, Stefan/Holland, Doris: Erfolgsfaktoren der wirtschaftsnahen Forschung, Heidelberg: Physica-Verlag 1995

Landström, Hans/Frank, Hermann/Veciana, Joeé M. (Hrsg.): Entrepreneurship and Small Business Research in Europe. An ECSB Survey, Aldershot usw.: Avebury 1997

Lessem, Ronnie: Intrapreneurship. How to be an enterprising individual in a succeful business, Guildford and King´s Lynn: Biddles 1987

Low, Morris/Nakayama, Shigeru/Yoshioka, Hitoshi: Science, Technology and Society in Contemporary Japan, Cambridge University Press 1999

Meyer-Krahmer, Frieder/Schmoch, Ulrich: Science-based technologies: university-industry interactions in four fields, in: Research Policy 27 (1998), S. 835-851

o. V.: Boom aus dem Bauch, In: Wirtschaftswoche Nr. 14, 30.3.2000, S. 128 ff.

Schüler, Wolfgang: Einführung, in: Schüler, Wolfgang (Hrsg.): Aspekte des Innovationsmanagements, Wiesbaden: Gabler 1991, S. 11-14

Schumpeter, J.: Theorie der wirtschaftlichen Entwicklung, Leipzig 1912

Vogel, Bernd/Stratmann, Bernhard: Public Private Partnership in der Forschung. Neue Formen der Kooperation zwischen Wissenschaft und Wirtschaft, Hannover: HIS 2000

Wegner, Gerhard: Grundlagenforschung im deutschen Forschungssystem, in: Zintzen 1999, S. 33-42

Wiedenmayer, Gabriele/Aldrich, Howard E./Staber, Udo: Von Gründungspersonen zu Gründungsraten. Organisationsgründungen aus populationsökologischer Sicht, in: Die Betriebswirtschaft, 55. Jg., 1995, S. 221-235

Winnacker, Ernst-Ludwig: Grundlagenforschung und Forschungsförderung – eine ständige Herausforderung, in: Zintzen 1999, S. 17-31

Witte, Eberhard: Organisation für Innovationsentscheidungen, Göttingen 1973

Zintzen, Clemens (Hrsg.): Die Zukunft der Grundlagenforschung. Vorträge des Symposions vom 15. Juli 1999, Akademie der Wissenschaften und der Literatur, Mainz, Stuttgart: Steiner 1999

Autoren- und Adreßverzeichnis

Albayrak, Sahin, Dr.-Ing., Dipl.-Ing.
Technische Universität Berlin, Fachbereich 13 – Informatik, FG Systemanalyse und EDV, Franklinstraße 28/29, D-10587 Berlin, URL: http://sysedv.cs.tu-berlin.de, email: sahin@cs.tu-berlin.de

Bellmann, Klaus, Univ.-Prof., Dr. rer. pol. habil., Dipl.-Ing.
Johannes Gutenberg-Universität Mainz, Lehrstuhl für ABWL und Produktionswirtschaft, Jakob-Welder-Weg 9, D-55099 Mainz, URL: http://prod-org.bwl.uni-mainz.de/prowi/, email: bellmann@prod-org.bwl.uni-mainz.de

Blecker, Thorsten, Dr., Dipl.-oec.
Universität Klagenfurt, Institut für Wirtschaftswissenschaften, Abteilung Produktions-, Logistik- und Umweltmanagement, Universitätsstr. 65 – 67, A-9020 Klagenfurt, URL: http://www.uni-klu.ac.at/plum/, email: blecker@ieee.org

Bretzke, Wolfgang-Rüdiger, Prof., Dr. rer. pol., Dipl.-Kfm.
KPMG Consulting AG, Am Bonneshof 35, D-40474 Düsseldorf, URL: http://www.kpmg.de, email: wbretzke@kpmg.com

Corsten, Hans, Univ.-Prof., Dr. habil., Dipl.-Kfm.
Universität Kaiserslautern, Lehrstuhl für Allgemeine Betriebswirtschaftslehre, insbesondere Produktionswirtschaft, Postfach 3049, D-67653 Kaiserslautern, URL: http://www.uni-kl.de/FB-SoWi/LS-Corsten/

Erkollar, Alptekin, Dr., Dipl.-Ing.
Universität Klagenfurt, Institut für Wirtschaftsinformatik und Anwendungssysteme, Universitätsstr. 65 – 67, A-9020 Klagenfurt, URL: http://www.ifi.uni-klu.ac.at/IWAS/, email: alp@ifit.uni-klu.ac.at

Fischer, Joachim, Univ.-Prof., Dr. rer. pol., Dipl.-Kfm.
Universität GH Paderborn, FB05 - Schwerpunkt Wirtschaftsinformatik 1: Betriebswirtschaftliche Informationssysteme, Warburger Str. 100, D-33098 Paderborn, URL: http://winfo1-www.uni-paderborn.de, email: Joachim_Fischer@notes.uni-paderborn.de

Franz, Klaus-Peter, Univ.-Prof., Dr. rer. pol., Dipl.-Kfm.
Heinrich-Heine-Universität Düsseldorf, Lehrstuhl für Betriebswirtschaftslehre; insbes. Unternehmensprüfung und –besteuerung, Universitätsstr. 1, D-40225 Düsseldorf, URL: http://www.wiwi.uni-duesseldorf.de/upb/, email: franzp@uni-duesseldorf.de

Gärtner, Andreas, Dipl.-Kfm.
KPMG Consulting AG, Am Bonneshof 35, D-40474 Düsseldorf, URL: http://www.kpmg.de, email: agaertner@kpmg.com

Gemünden, Hans Georg, Univ.-Prof., Dr. rer. oec. habil., Dipl.-Kfm.
Technische Universität Berlin, Fachgebiet Technologie- und Innovationsmanagement, Hardenbergstr. 4-5, D-10623 Berlin, URL: http://www.tim.tu-berlin.de/, email: hans.gemuenden@tim.tu-berlin.de

Haritz, André, Dr., Dipl.-Kfm.
Deutsche Bank AG, Abteilung Controlling, Taunusanlage 12, D-60262 Frankfurt, email: andre.haritz@db.com

Hartung, Thomas, Dr.
Ludwig-Maximilians-Universität München, Institut für Betriebswirtschaftliche Risikoforschung und Versicherungswirtschaft (INRIVER), Geschwister-Scholl-Platz 1, D-80539 München, URL: http://www.inriver.bwl.uni-muenchen.de/, e-mail: hartung@bwl.uni-muenchen.de

Helten, Elmar, Univ.-Prof., Dr. rer. pol., Dipl.-Math.
Ludwig-Maximilians-Universität München, Institut für Betriebswirtschaftliche Risikoforschung und Versicherungswirtschaft (INRIVER), Geschwister-Scholl-Platz 1, D-80539 München, URL: http://www.inriver.bwl.uni-muenchen.de/, email: helten@bwl.uni-muenchen.de

Höllweger, Thomas, Mag. rer. soc. oec.
Universität Klagenfurt, Institut für Wirtschaftswissenschaften, Abteilung Innovation und Unternehmensgründung, Universitätsstr. 65 – 67, A-9020 Klagenfurt, URL: http://www.uni-klu.ac.at/iug/, email: thomas.hoellweger@uni-klu.ac.at

Kajüter, Peter, Dr., MBA
Heinrich-Heine-Universität Düsseldorf, Lehrstuhl für Betriebswirtschaftslehre; insbes. Unternehmensprüfung und –besteuerung, Universitätsstr. 1, D-40225 Düsseldorf, URL: http://www.wiwi.uni-duesseldorf.de/upb/, email: kajueter@uni-duesseldorf.de

Kersten, Wolfgang, Univ.-Prof., Dr. rer. pol.
Technische Universität Hamburg-Harburg, Arbeitsbereich Produktionswirtschaft, Schwarzenbergstr. 95, D-21073 Hamburg, URL: http://www.tu-harburg.de/prw/, email: w.kersten@tu-harburg.de

Koser, Martin, Dipl.-Ing., Dipl.-Kfm.
Universität Stuttgart, Betriebswirtschaftliches Institut, Abteilung II: Lehrstuhl für Organisation, Keplerstraße 17, D-70174 Stuttgart, URL: http://www.uni-stuttgart.de/lfo/, email: martin.koser@po.uni-stuttgart.de

Krallmann, Hermann, Univ.-Prof., Dr. rer. pol., Dipl.-Ing.
Technische Universität Berlin, Fachbereich 13 – Informatik, FG Systemanalyse und EDV, Franklinstraße 28/29, D-10587 Berlin, URL: http://sysedv.cs.tu-berlin.de, email: hkr@sysedv.cs.tu-berlin.de

Kropfberger, Dietrich, o.Univ.-Prof., Dr., Mag. rer. soc. oec.
Universität Klagenfurt, Institut für Wirtschaftswissenschaften, Abteilung Controlling und Strategische Unternehmensführung, Universitätsstr. 65 – 67, A-9020 Klagenfurt, URL: http://www.uni-klu.ac.at/csu, email: dietrich.kropfberger@uni-klu.ac.at

Lechner, Christoph, Dr.
Universität St. Gallen, Institut für Betriebswirtschaft (IfB), Dufourstrasse 48, CH-9000 St. Gallen, URL: http://www.ifb.unisg.ch, email: christoph.lechner@unisg.ch

Lehner, Franz, Univ.-Prof., Dr. phil., Dipl.-Soz.
Wissenschaftszentrum Nordrhein-Westfalen, Präsident des Instituts Arbeit und Technik, Munscheidstraße 14, D-45886 Gelsenkirchen, URL: http://www.iatge.de, email: lehner@iatge.de

Mayr, Heinrich C., o.Univ.-Prof., Dr., Mag.
Universität Klagenfurt, Institut für Wirtschaftsinformatik und Anwendungssysteme, Universitätsstr. 65 – 67, A-9020 Klagenfurt, URL: http://www.ifi.uni-klu.ac.at/IWAS/, email: mayr@ifit.uni-klu.ac.at

Möhlenbruch, Dirk, Univ.-Prof., Dr. rer. pol., Dipl.-Kfm.
Martin-Luther-Universität Halle-Wittenberg, Lehrstuhl für Betriebswirtschaftslehre insbesondere Marketing und Handel, Große Steinstraße 73, D-06108 Halle (Saale), URL: http://www.wiwi.uni-halle.de/wiwi/lui/bwl/MARUHDL/MARUHDL.HTM, email: moehlenbruch@wiwi.uni-halle.de

Muchow, Kai-Christian
Universität St. Gallen, Institut für Betriebswirtschaft (IfB), Dufourstrasse 48, CH-9000 St. Gallen, URL: http://www.ifb.unisg.ch, email: kai-christian.muchow@unisg.ch

Müller-Stewens, Günter, o.Univ.-Prof., Dr. rer. pol., Dipl.-Kfm.
Universität St. Gallen, Institut für Betriebswirtschaft (IfB), Dufourstrasse 48, CH-9000 St. Gallen, URL: http://www.ifb.unisg.ch, email: guenter.mueller-stewens@unisg.ch

Mussnig, Werner, ao.Univ.-Prof., Dr., Mag. rer. soc. oec.
Universität Klagenfurt, Institut für Wirtschaftswissenschaften, Abteilung Controlling und Strategische Unternehmensführung, Universitätsstr. 65 – 67, A-9020 Klagenfurt, URL: http://www.uni-klu.ac.at/csu, email: werner.mussnig @uni-klu.ac.at

Ostendorf, Ralf-Jürgen, Dr., Dipl. -Ök., Dipl. -Soz. -Wiss.
BAG Bank Aktien Gesellschaft, Postfach 1573, D-59061 Hamm, URL: http://www.bankaktiengesellschaft.de, email: ost@bankaktiengesellschaft.de

Pasckert, Andreas, Prof., Dr., Dipl.-Ök.
Fachhochschule Würzburg-Schweinfurt-Aschaffenburg, Würzburger Str. 45, D-63743 Aschaffenburg, URL: http://www.fh-aschaffenburg.de/www/proflist/ pasckert.htm, email: pasckert@ fh-aschaffenburg.de

Reiß, Michael, Univ.-Prof., Dr. rer. pol. habil., Dipl.-Volksw., Dipl.-Psych.
Universität Stuttgart, Betriebswirtschaftliches Institut, Abteilung II: Lehrstuhl für Organisation, Keplerstraße 17, D-70174 Stuttgart, URL: http://www. uni-stuttgart.de/lfo/, email: michael.reiss@po.uni-stuttgart.de

Ritter, Thomas, Prof., Dr.
Copenhagen Business School, Department of International Economics and Management, Howitzvej 60, DK-2000 Frederiksberg, URL: http://www.cbs. dk/indexuk.html, email: tr.int@cbs.dk

Roelofsen, Volker, Dipl.-Kfm.
KPMG Consulting AG, Am Bonneshof 35, D-40474 Düsseldorf, URL: http://www.kpmg.de, email: vroelofsen@kpmg.com

Rolfes, Bernd, Univ.-Prof., Dr., Dipl.-Kfm.
Gerhard-Mercator-Universität Duisburg, Fachbereich 5, Fachgebiet Banken und Betriebliche Finanzwirtschaft, Lotharstr. 65, D-47057 Duisburg, URL: http://www.uni-duisburg.de/FB5/BWL/BUBF/home.html

Schmieder, Ulf-Marten, Dipl-Kfm.
Martin-Luther-Universität Halle-Wittenberg, Lehrstuhl für Betriebswirtschaftslehre insbesondere Marketing und Handel, Große Steinstraße 73, D-06108 Halle (Saale), http://www.wiwi.uni-halle.de/wiwi/lui/bwl/MARUHDL/ MARUHDL.HTM, email: schmieder@wiwi.uni-halle.de

Schneider, Dieter J. G, o.Univ.-Prof., Dr., Mag. rer. soc. oec.
Universität Klagenfurt, Institut für Wirtschaftswissenschaften, Abteilung Marketing und Internationales Management, Universitätsstr. 65 – 67, A-9020 Klagenfurt, URL: http://www.uni-klu.ac.at/groups/wiwi/wiwi_mim, email: dieter. schneider@uni-klu.ac.at

Schwarz, Erich, o.Univ.-Prof., Dr., DI
Universität Klagenfurt, Institut für Wirtschaftswissenschaften, Abteilung Innovation und Unternehmensgründung, Universitätsstr. 65 – 67, A-9020 Klagenfurt, URL: http://www.uni-klu.ac.at/iug/, email: erich.schwarz@uni-klu.ac.at

Schwarz-Musch, Alexander, Mag. rer. soc. oec.
Universität Klagenfurt, Institut für Wirtschaftswissenschaften, Abteilung, Marketing und Internationales Management, Universitätsstr. 65 – 67, A-9020 Klagenfurt, URL: http://www.uni-klu.ac.at/groups/wiwi/wiwi_mim, email: alexander.musch@uni-klu.ac.at

Sonnenschein, Martin, Dr., Dipl.-Wi.-Ing.
A.T. Kearney GmbH, Charlottenstr. 57, D-10117 Berlin, URL: http://www.atkearney.de, email: martin.sonnenschein@atkearney.com

Tenge, Stephan, Dr.
A.T. Kearney GmbH, Charlottenstr. 57, D-10117 Berlin, URL: http://www.atkearney.de, email: stephan.tenge@atkearney.com

Wasner, Michael, Mag., Dipl.-Ing.
Johannes Kepler Universität Linz, Institut für Industrie und Fertigungswirtschaft, Alterberger Str. 69, A-4040 Linz, URL: http://www.ifw.uni-linz.ac.at, email: michael.wasner@jk.uni-linz.ac.at

Weber, Wolfgang, Univ.-Prof., Dr. rer. pol. habil., Dr. h. c. mult., Dipl. -Kfm.
Universität GH Paderborn, Fachbereich 5, Fachgebiet Personalwirtschaft, Warburger Str. 100, D-33098 Paderborn, URL: http://wiwi.uni-paderborn.de/bwl2/index.html, email: wolfgang_weber@notes.uni-paderborn.de

Wildemann, Horst, Univ.-Prof., Dr. rer. pol., Dipl.-Kfm., Dipl.-Ing.
Technische Universität München, Lehrstuhl für Betriebswirtschaftslehre mit Schwerpunkt Logistik, Leopoldstr. 145, D-80804 München, URL: http://www.bwl.wiso.tu-muenchen.de, und TCW Transfer-Centrum GmbH für Produktions-Logistik und Technologie-Management, Leopoldstr. 146, D-80804 München, URL: http://www.tcw.de, email: Mail@tcw.de

Zäpfel, Günther, o.Univ.-Prof., Dr. rer. pol., Dipl. rer. pol. (techn.)
Johannes Kepler Universität Linz, Institut für Industrie und Fertigungswirtschaft, Alterberger Str. 69, A-4040 Linz, URL: http://www.ifw.uni-linz.ac.at, email: guenther.zaepfel@jk.uni-linz.ac.at

Lebenslauf des Jubilars

Ausbildung und berufliche Tätigkeit

Geboren am 26.06.1941 in Essen, 1957 – 1960 Lehre als Industriekaufmann, 1960 – 1962 Tätigkeit in einem Industrieunternehmen, 1962 – 1964 Höhere Wirtschaftsfachschule, 1964 Abschluß als Betriebswirt (grad), 1964 – 1969 Studium der Betriebswirtschaftslehre an den Universitäten Bonn und Köln, 1969 Examen als Diplom-Kaufmann in Köln, 1970 – 1980 wissenschaftlicher Mitarbeiter an der Universität Mannheim, 1978 Promotion zum Dr. rer. pol. an der Universität Mannheim, 1980 – 1986 Hochschulassistent an der Universität Mannheim, 1987 Habilitation an der Universität Mannheim, 1989 – 1990 Professor für Betriebswirtschaftslehre in Karlsruhe, 1990 – 1996 Professor für Betriebswirtschaftslehre, insbesondere Produktion und Industrie, an der Gerhard-Mercator-Universität Duisburg, Ablehnung eines Rufes an die FU Berlin, seit Oktober 1996 Professor für Betriebswirtschaftslehre, insbesondere Produktions-, Logistik- und Umweltmanagement, an der Universität Klagenfurt, 1999/2000 Vorstand des Instituts für Wirtschaftswissenschaften der Universität Klagenfurt, seit Oktober 2000 stellvertretender Vorstand des Instituts für Wirtschaftswissenschaften der Universität Klagenfurt

Gastprofessuren und Lehrstuhlvertretungen

1987 – 1988 Lehrstuhlvertretung in Bremen, 1988 – 1989 Lehrstuhlvertretung in Trier, 1989 – 1990 Lehrstuhlvertretung in Duisburg, 1989 – 1990 Gastprofessor in Innsbruck

Tätigkeiten in wissenschaftlichen Kommission und als Gutachter

Mitglied der Gesellschaft für Operations Research (GOR) e.V., Mitglied des Deutschen Vereins für Versicherungswissenschaften e.V., Mitglied des EIASM — European Institute for Advanced Studies in Management, Mitglied des SAP Hochschulkreis, Mitglied der Schmalenbach-Gesellschaft für Betriebswirtschaft (SG) e.V., Mitglied des Verbandes der Hochschullehrer für Betriebswirtschaft e.V., Mitglied der Kommission Logistik, seit 1996 stellvertretender Vorsitzender der Kommission Produktionswirtschaft, Mitglied der Kommission Personalwesen, Mitglied der Kommission Rechnungswesen, Mitglied der Kommission Umweltwirtschaft, Mitglied der Kommission Öffentliche Unternehmen und Verwaltungen, Gutachter für den Bayerischen Forschungsverbund Software-Engineering (FORSOFT), Gutachter für die Volkswagen-Stiftung, Gutachter für die Europäische Kommission

Auszeichnungen

1980 Karin-Islinger-Preis für die Dissertationsschrift, 1988 Karin-Islinger-Preis für die Habilitationsschrift, 1995 Lehrpreis der Gerhard-Mercator-Universität Duisburg

Schriftenverzeichnis des Jubilars

I. Selbständige Schriften

1. Spieltheoretische Modelle und ihre Anwendungsmöglichkeiten im Versicherungswesen, Verlag Duncker & Humblot, Berlin 1972
2. Entscheidungsprozesse und empirische Zielforschung in Versicherungsunternehmen, Verlag Versicherungswirtschaft, Karlsruhe 1979
3. Erzeugniswechsel als unternehmenspolitische Aufgabe. Integrative Lösungen aus betriebswirtschaftlicher und ingenieurwissenschaftlicher Sicht, Erich Schmidt Verlag, Berlin 1989
4. Wettbewerbsstrategien — Markt- und ressourcenorientierte Sicht der strategischen Führung, Konzepte — Gestaltungsfelder — Erfolgreiche Umsetzungen, TCW-report Nr. 16, TCW Transfer-Centrum Verlag, München 2000 (zusammen mit Th. Blecker)

II. Herausgeber und Mitherausgeber

1. Internationale und nationale Problemfelder der Betriebswirtschaftslehre, Festgabe für Heinz Bergner zum 60. Geburtstag, Abhandlungen aus dem Industrieseminar der Universität Mannheim, Heft 32, Verlag Duncker & Humblot, Berlin 1984
(zusammen mit G. von Kortzfleisch)
2. Alterssicherung bei sich ändernden Rahmenbedingungen, Verlag Versicherungswirtschaft, Karlsruhe 1984
(zusammen mit E. Helten)
3. Unternehmung und Umwelt, S+W Steuer- und Wirtschaftsverlag 1. Auflage, Hamburg 1994; 2., überarbeitete Auflage, Hamburg 1997
4. Herausforderung Materialwirtschaft – Zur Bedeutung internationaler und nationaler Beschaffung S+W Steuer- und Wirtschaftsverlag, Hamburg 1997
(zusammen mit J. Trefz)
5. Kreislaufwirtschaft und Umweltmanagement, S+W Steuer- und Wirtschaftsverlag, Hamburg 1998
6. Gedanken zur Chinesischen Zukunft, Gesamtreihe Strukturen der Macht - Studien zum politischen Denken Chinas, Bd. 4, Lit Verlag, Münster 1998
(zusammen mit K. Wegman)

7. Produktions- und Logistikmanagement in Virtuellen Unternehmen und Unternehmensnetzwerken, Springer-Verlag, Berlin et al. 2000
(zusammen mit Th. Blecker)

III. Beiträge in Sammelwerken und in Fachzeitschriften

1. Empirical goal research in insurance companies, in: Göppl, H. und Henn, R. (Hrsg.): Geld, Banken und Versicherungen, Band II, Athenäum-Verlag, Königstein (Ts) 1981, S. 792 – 811

2. Entscheidungsziele und Unternehmungsziele von Versicherungsunternehmen, in: Deutsche Gesellschaft für Operations Research [DGOR] (Hrsg.): Operations Research Proceedings 1981, Papers of the 10th Annual Meeting in Göttingen, Springer-Verlag, Berlin et al. 1982, S. 142 – 151

3. Neuere Erkenntnisse der Theorie der Kostenrechnung als Grundlage für die Gestaltung von Operations Research-Modellen, Kurzfassung, in: Deutsche Gesellschaft für Operations Research [DGOR] (Hrsg.): Operations Research Proceedings 1981, Papers of the 10th Annual Meeting in Göttingen, Springer-Verlag, Berlin et al. 1982, S. 335 – 336
(zusammen mit J. Hakenmüller)

4. Some considerations on the empirical research of goal systems of insurance companies, in: The Geneva Papers on Risk and Insurance, Vol. 7, 1982, Nr. 24, S. 248 – 263

5. Das Promotoren-Modell, in: WiSt, Wirtschaftswissenschaftliches Studium, 11. Jg., 1982, Nr. 9, S. 408 – 412 und S. 447

6. Integrationsmöglichkeiten von Deckungsbeitragsrechnung und Operations Research, in: Zeitschrift krp, Kostenrechnungs-Praxis, 1983, Nr. 2, S. 79 – 87
(zusammen mit J. Hakenmüller)

7. Betriebswirtschaftliche Aspekte der Zielkonzeption und der Erfolgsermittlung der Deutschen Bundespost, in: Zeitschrift für öffentliche und gemeinwirtschaftliche Unternehmen, Bd. 6, 1983, S. 48 – 73
(zusammen mit K. Felscher)

8. Promotoren in innovativen Entscheidungsprozessen von Versicherungsunternehmen, in: Göppl, H. und Henn, R. (Hrsg.): Geld, Banken und Versicherungen 1982, Band II, Verlag Versicherungswirtschaft, Karlsruhe 1983, S. 969 – 984

9. Flexibilität der Produktionsvorbereitung industrieller Unternehmen, in: von Kortzfleisch, G. und Kaluza, B. (Hrsg.): Internationale und nationale Problemfelder der Betriebswirtschaftslehre, Verlag Duncker & Humblot, Berlin 1984, S. 287 – 333

10. Zur Anwendbarkeit des Erfahrungskurven-Konzeptes bei Versicherungsunternehmen, in: Göppl, H. und Henn, R. (Hrsg.): Geld, Banken und Versicherungen 1984, Band II, Verlag Versicherungswirtschaft, Karlsruhe 1985, S. 1363 – 1384
    (zusammen mit G. Kürble)

11. Die Erfahrungskurve als Instrument der strategischen Unternehmensführung in Krankenversicherungsunternehmen, in: Zeitschrift für die gesamte Versicherungswissenschaft, Bd. 75, 1986, S. 193 – 232
    (zusammen mit G. Kürble)

12. Unternehmensverfassung öffentlich-rechtlicher Versicherer, in: Eichhorn, P. (Hrsg.): Unternehmensverfassung in der privaten und öffentlichen Wirtschaft, Nomos Verlag, Baden-Baden 1989, S. 268 – 277

13. Versicherungsunternehmen, in: Chmielewicz, K. und Eichhorn, P. (Hrsg.): Handwörterbuch der Öffentlichen Betriebswirtschaft, Poeschel Verlag, Stuttgart 1989, Sp. 1608 – 1619

14. Empirische Analyse strategischer Erfolgsfaktoren von privaten Krankenversicherungsunternehmen, in: Deutsche Gesellschaft für Operations Research [DGOR] (Hrsg.): Operations Research Proceedings 1988, Papers of the 17th Annual Meeting in Berlin, Springer-Verlag, Heidelberg et al. 1989, S. 455 – 460

15. Die Betriebsgröße - ein strategischer Erfolgsfaktor von Versicherungsunternehmen?, in: Zeitschrift für die gesamte Versicherungswissenschaft, Bd. 79, 1990, S. 251 – 273

16. Wettbewerbsstrategien und sozioökonomischer Wandel, in: Czap, H. (Hrsg.): Unternehmensstrategien im sozio-ökonomischen Wandel, Kongreßband der Jahrestagung 1989 der Gesellschaft für Wirtschafts- und Sozialkybernetik (GWS), Verlag Duncker & Humblot, Berlin 1990, S. 57 – 73 Wiederabdruck in: Corsten, H. (Hrsg.): Produktion als Wettbewerbsfaktor. Beiträge zur Wettbewerbs- und Produktionsstrategie – ein Reader, Gabler Verlag, Wiesbaden 1995, S. 85 – 98

17. CIM als Element der Wettbewerbsstrategie, in: Neue Systeme – Technik für Menschen. Technologieregion Ruhrgebiet '90, Essen 1990, S. 15

18. Kosten- und Erlösrechnung bei neuen Technologien, in: Milling, P. (Hrsg.): Systemmanagement und Managementsysteme, Verlag Duncker & Humblot, Berlin 1991, S. 157 – 190

19. Betriebswirtschaftliche und fertigungstechnische Aspekte der Gruppentechnologie, in: CIM Management, 8. Jg., 1992, 6, S. 16 – 23

20. Management von Prozeßinnovationen, in: Gemünden, H. G. und Pleschak, F. (Hrsg.): Innovationsmanagement und Wettbewerbsfähigkeit. Erfahrungen aus den alten und neuen Bundesländern, Gabler Verlag, Wiesbaden 1992, S. 33 – 53
   (zusammen mit H. G. Gemünden und F. Pleschak)

21. Flexibilität, betriebliche, in: Handwörterbuch der Betriebswirtschaft, Teilband 1 - A bis H., Hrsg.: W. Wittmann, W. Kern u.a., Verlag C.E. Poeschel, 5. Aufl., Stuttgart 1993, Sp. 1173 – 1184

22. Kostenmanagement bei neuen Technologien, in: Dellmann, K. und Franz, K.-P. (Hrsg.): Neuere Entwicklungen im Kostenmanagement, Haupt-Verlag, Bern et al. 1994, S. 371 – 421

23. Rahmenentscheidungen zu Kapazität und Flexibilität produktionswirtschaftlicher Systeme, in: Corsten, H. (Hrsg.): Handbuch Produktionsmanagement. Strategie - Führung - Technologie - Schnittstellen, Gabler-Verlag, Wiesbaden 1994, S. 51 – 72

24. Kreislaufwirtschaft und umweltorientiertes Technologiemanagement, in: Kaluza, B. (Hrsg.): Unternehmung und Umwelt, S + W Steuer- und Wirtschaftsverlag, Hamburg 1994, S. 105 – 144
   (zusammen mit A. Passkert)

25. Zeitmanagement, in: Corsten, H. (Hrsg.): Lexikon der Betriebswirtschaftslehre, 3., überarb. u. erw. Aufl., Oldenbourg Verlag, München-Wien 1995, S. 1064 – 1071

26. Dynamische Wettbewerbsstrategien und moderne Produktionskonzepte, in: Unsere Duisburger Hochschule, Zeitschrift der Duisburger Universitäts-Gesellschaft, 47. Jg., 1995, 1, S. 76 – 82

27. Umweltschutz - zentraler Erfolgsfaktor der Unternehmen? Kritische Anmerkung zur „Kausalanalyse" von W. Fritz, in: DBW Die Betriebswirtschaft, 55. Jg., 1995, S. 813 – 816
   (zusammen mit H. G. Gemünden)

28. Dynamische Produktdifferenzierungsstrategie und moderne Produktionssysteme, in: Wildemann, H. (Hrsg.): Produktions- und Zuliefernetzwerke, TCW Transfer-Centrum-Verlag, München 1996, S. 193 – 238

29. Gruppen- und Inselfertigung, in: Handwörterbuch der Produktionswirtschaft, Hrsg.: W. Kern u.a., 2., völlig neu gestaltete Aufl., Schäffer-Poeschel Verlag, Stuttgart 1996, Sp. 613 – 622

30. Flexibilität, Controlling der in: Schulte, Chr. (Hrsg.): Controlling-Lexikon, Oldenbourg Verlag, München-Wien 1996, S. 257 – 260

31. Umweltorientiertes Technologiemanagement und Sustainable Development, in: Krallmann, H. (Hrsg.): Herausforderung Umweltmanagement. Zur Harmonisierung des Spannungsfeldes zwischen Ökonomie und Ökologie, Verlag Duncker & Humblot, Berlin 1996, S. 41 – 73

32. Management interindustrieller Entsorgungsnetzwerke in: Bellmann, K.; Hippe, A. (Hrsg.): Management von Unternehmensnetzwerken - Interorganisationale Konzepte und praktische Umsetzung, Gabler Verlag, Wiesbaden 1996, S. 379 – 417
(zusammen mit Th. Blecker)

33. Kreislaufwirtschaftsgesetz und umweltorientiertes Technologiemanagement, in: Kaluza, B. (Hrsg.): Unternehmung und Umwelt, 2., überarb. Aufl., S + W Steuer- und Wirtschaftsverlag, Hamburg 1997, S. 105 – 144
(zusammen mit A. Pasckert)

34. Dynamisches Supply Management und Dynamische Produktdifferenzierungsstrategie — Moderne Konzepte für schlanke Industrieunternehmen —, in: Kaluza, B./Trefz, J. (Hrsg.): Herausforderung Materialwirtschaft – Zur Bedeutung internationaler und nationaler Beschaffung, S + W Steuer- und Wirtschaftsverlag, Hamburg 1997, S. 3 – 53
(zusammen mit J. Kemminer)

35. Betriebliches Umweltinformationssystem, in: Mertens, P. et al. (Hrsg.): Lexikon der Wirtschaftsinformatik, 4. Aufl., Springer-Verlag, Berlin et al. 1997, S. 61 – 62

36. Erhöhte Wettbewerbsfähigkeit aufgrund geringeren Ressourcenverbrauchs, in: Weber, J. (Hrsg.): Umweltmanagement. Aspekte einer umweltbezogenen Unternehmensführung, Schäffer-Poeschel Verlag, Stuttgart 1997, S. 519
(zusammen mit F. Schmidt-Bleek, F. Hinterberger, B. Gotsche, N. Yavuz)

37. Entsorgungsnetzwerke als Instrument des betrieblichen Umweltmanagements, in: Kaluza, B.: (Hrsg.): Kreislaufwirtschaft und Umweltmanagement, S+W Steuer- und Wirtschaftsverlag, Hamburg 1998, S. 263 – 301
(zusammen mit Th. Blecker)

38. Wirtschaftliche Entwicklungsperspektiven Ostasiens - aufgezeigt mit Hilfe der Szenario-Technik, in: Kaluza, B./Wegman, K. (Hrsg.): Gedanken zur Chinesischen Zukunft, Gesamtreihe Strukturen der Macht - Studien zum politischen Denken Chinas, Bd. 4, Lit Verlag, Münster 1998, S. 1 – 124
(zusammen mit R. Ostendorf)

39. Gruppenarbeit in der Produktion, in: wisu, das wirtschaftsstudium, 27(1998)10, S. 1128 – 1142

40. Stabilität und Funktionsmechanismen von Umweltmanagement-Netzwerken, in: Liesegang, D. G./Sterr, Th./Würzner, E. (Hrsg.): Kostenvorteile durch Umweltmanagement-Netzwerke, Institut für Umweltwirtschaftsanalysen Heidelberg e.V., Heidelberg 1998, S. 27 – 50
(zusammen mit Th. Blecker)

41. Dynamische Produktdifferenzierungsstrategie und Produktionsnetzwerke, in: Nagel, K./Erben, R. F./Piller, F. T. (Hrsg.): Produktionswirtschaft 2000. Perspektiven für die Fabrik der Zukunft, Gabler Verlag, Wiesbaden 1999, S. 261 – 280
(zusammen mit Th. Blecker)

42. Implications of Digital Convergence on Strategic Management, in: Dahiya, S. B. (Ed.): The Current State of Economic Science, Vol. 4, Spellbound Publications, Rohtak 1999, S. 2223 – 2249
(zusammen mit Th. Blecker und Ch. Bischof)

43. Supply Chain Management und Unternehmung ohne Grenzen — Zur Integration zweier interorganisationaler Konzepte, in: Wildemann, H. (Hrsg.): Supply Chain Management, TCW Transfer-Centrum Verlag, München 2000, S. 117 – 152
(zusammen mit Th. Blecker)

44. Technologiemanagement in Produktionsnetzwerken und Virtuellen Organisationen, in: Albach, H./Specht, D./Wildemann, H. (Schriftl.): Virtuelle Unternehmen. Zeitschrift für Betriebswirtschaft (ZfB) –Ergänzungsheft 2/2000, Gabler Verlag, Wiesbaden 2000, S. 137 – 156
(zusammen mit Th. Blecker)

45. Management der Produktion und Logistik in der Unternehmung ohne Grenzen, in: Kaluza, B./Blecker, Th. (Hrsg.): Produktions- und Logistikmanagement in Virtuellen Unternehmen und Unternehmensnetzwerken, Springer-Verlag, Berlin et al. 2000, S. 1 – 31
(zusammen mit Th. Blecker)

46. Strategische Optionen der Unternehmung ohne Grenzen, in: Kaluza, B./ Blecker, Th. (Hrsg.): Produktions- und Logistikmanagement in Virtuellen Unternehmen und Unternehmensnetzwerken, Springer-Verlag, Berlin et al. 2000, S. 533 – 567
(zusammen mit Th. Blecker)

47. Characteristics and Implications of Environmental Management Networks, in: Spenger, R.-U. (Ed.): Regional competitiveness, employment and environment: The potential of bottom-up approaches, Edward Elgar Publishing, Cheltenham 2001 (im Druck)
(zusammen mit Th. Blecker und Ch. Bischof)

48. Produktionsplanung und –steuerung in der Unternehmung ohne Grenzen, in: Bellmann, K. (Hrsg.): Kooperations- und Netzwerkmanagement, Duncker & Humblot, Berlin 2001 (im Druck)
    (zusammen mit Th. Blecker)

Zudem über 20 Arbeitspapiere, verschiedene Buchbesprechungen und sonstige Veröffentlichungen sowie (Mit-)Herausgeber der Schriftenreihen „Duisburger Betriebswirtschaftliche Schriften" im Erich Schmidt Verlag, Berlin, und „Angewandte Betriebswirtschaftslehre" im Verlag Wissenschaft und Praxis, Sternenfels.